Indien
Der Süden

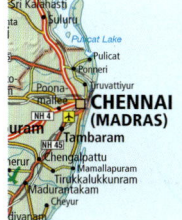

Karen Schreitmüller

DUMONT RICHTIG REISEN

Inhalt

Wissenswertes über Südindien

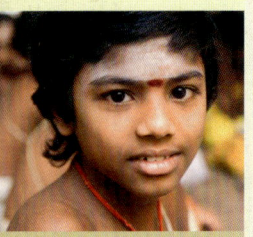

Wissenswertes für die Reise

Unterwegs in Südindien

Inhalt

Kapitel 2   Goa und die Küste von Karnataka

Kapitel 3 Kerala

Inhalt

Kapitel 6 **Bangalore und das Hochland im Süden**

Kapitel 7 **Chennai und der Südosten**

Inhalt

Themen

Alle Karten auf einen Blick

Für viele Küstenbewohner kommt der ›Reichtum‹ aus dem Meer

Wissenswertes
über Südindien

Gleichgewicht der Gegensätze

Über 3000 km trennen Kanniyakumari, den südlichsten Zipfel Indiens, von den Gebirgsketten des Himalaya im Norden. Dazwischen liegen nicht nur Flusstäler und Hochebenen, Wüsten, Dschungelgebiete oder Berge. Dazwischen liegen auch Welten. Obwohl Indien als Staatsgebilde ein ständig wachsendes Band vereint, ticken die Uhren im Süden anders, und die Hauptstadt New Delhi scheint manchmal weit entfernt.

Wo Südindien anfängt, weiß keiner ganz genau. Im Zentrum des Subkontinents erstreckt sich die Dekkan-Hochebene. Sie markiert einen breiten Korridor, wo die Kulturen des Nordens und des Südens aufeinandertreffen. Dort liegt an der Schwelle zwischen dem nördlichen und dem südlichen Teil des Subkontinents der große Bundesstaat Maharashtra. Er vereint in seiner Landschaft und seiner Kultur die beiden Großregionen Indiens. Auch Mumbai, die aufstrebende Millionenmetropole und Hauptstadt Maharashtras gibt sich von ihrer Einwohnerschaft her als gesamtindisches Konglomerat. Sie befindet sich an der Küste des Arabischen Meeres, ebenso wie der kleine Bundesstaat Goa. Jahrhundertelang war Goa eine portugiesische Kolonie und ein kulturell eigenständiger Fleck an der Südwestküste.

Das Herz Südindiens bilden die Staaten Kerala, Karnataka, Tamil Nadu und Andhra Pradesh. Sie unterscheiden sich nicht nur durch die dravidischen Sprachen vom Norden des Subkontinents. Hier tragen die Tempel andere Türme als im Norden und die Frauen mehr Blumen im Haar. Dampfender Reis in verschiedenen Sorten ersetzt die knusprigen Brotfladen des Nordens, jede Menge Chili, Tamarinde und Kokosnuss würzen das Essen. Im südöstlichsten Bundesstaat Tamil Nadu, dort wo die Tempel sich zu Tempelstädten auswachsen, Mahlzeiten auf dem Bananenblatt serviert werden und gerne

Kaffee statt Tee getrunken wird, glaubt man, im wahren Süden angelangt zu sein. Und doch ist auch Tamil Nadu nur ein Facette Südindiens, das in sich selbst äußerst vielschichtig ist. Oftmals wird der südliche Teil des Subkontinents als das ursprünglichere Indien beschrieben, wo sich religiöse Glaubensvorstellungen und Traditionen unverfälschter als im Norden erhalten haben. Farbenfrohe Feste, bei denen reich geschmückte Götterfiguren durch die Straßen getragen werden, sieht man allerorten. Tamil Nadu mit seinem Reichtum an hinduistischen Heiligtümern gilt als Hort dravidischer Kultur. Auch Kerala an der Südwestküste ist eine Schatztruhe lokaler Traditionen. Tanzformen wie der Kathakali oder die altehrwürdige Heilkunst des Ayurveda zeugen davon. Das Bild des Südens wäre aber unvollständig, würde man nicht auf seine Küsten blicken. Sie waren für Jahrtausende das Ziel von Händlern und Seefahrern, später auch von Eroberern wie Portugiesen, Holländern, Franzosen und natürlich Briten. An zahlreichen Orten sind multikulturelle Gesellschaften entstanden, die Impulse von außen aufgenommen haben, beispielsweise in Kochi, Mumbai oder Goa an der Westküste oder in Puducherry an der Ostküste.

Bewahrung kultureller Traditionen und Offenheit für Neues sind die Pole, zwischen denen sich der Süden bewegt. Sie erzeugen ein spannungsreiches und dynamisches Bild jener Region. Kein Wunder, dass gerade hier Globalisierung und Modernisierung Zeichen gesetzt haben. Nicht ohne Grund nennt man die Gegend um Karnatakas Hauptstadt Bangalore das indische Silicon Valley und Hyderabad, die Hauptstadt von Andhra Pradesh, Cyberabad. Dort sitzen hoch qualifizierte IT-Spezialisten hinter klimatisierten Glasfronten und versorgen die Welt mit digitalen Dienstleistungen, während in der Ecke auf dem Büroaltar die Räucherstäbchen für Gott Ganesha brennen. Sechsspurige, von Oleander flankierte Autobahnen wie der East Coast Highway von Chennai Richtung Kolkata erinnern an italienische Autostradas, würde einem nicht plötzlich ein Ochsenkarren auf der eigenen Fahrspur entgegenkommen. Auch das ist Südindien. Die Ungleichzeitigkeit des Seins zeigt sich in all ihren Dimensionen – besonders in den Großstädten. Millionenmetropolen wie Mumbai protzen mit ihrem Reichtum ebenso deutlich, wie sie die Armut vieler Bewohner nicht verstecken können.

Eine Reise durch Südindien führt durch viele Welten und konfrontiert den Besucher mit all den Gegensätzlichkeiten des Subkontinents. Es sind aber die vielen besonderen Momente, durch die man sich am Ende einer Reise so reich beschenkt fühlt: Eine Tigerspur an den Ufern des Kabini-Stausees ehrfurchtsvoll mit den Fingern berühren, plötzlich vor einer Herde Dickhäuter stehen oder staunend den vielen Geräuschen des Dschungels lauschen. Ein Frühstück an der Landstraße bei Madurai mit Idli, den frischen heißen Reisküchlein, und einer Tasse dampfendem südindischem Kaffee genießen. Sich einmal in den Ruinen der alten Königsstadt Vijayanagar ein wenig verlaufen und dabei auf eine besonders eindrückliche Skulptur stoßen, die gerade ein Strahl der untergehenden Sonne trifft. Im spitz zulaufenden Dreieck des Subkontinents präsentiert Indien sich in konzentrierter Form: manchmal bedrückend, immer wieder bezaubernd – auf jeden Fall bewegend.

Trotz harter Arbeit – fremde Besucher werden meist mit einem Lächeln begrüßt

13

Daten und Fakten

Name: Republic of India (Bharat Juktarashtra)

Fläche: 3,29 Mio. km² (davon entfallen auf das hier behandelte Gebiet ca. 1,2 Mio. km²)

Hauptstadt: New Delhi
Einwohner: ca. 1,1 Mrd.
Bevölkerungswachstum: ca. 1,8 %
Lebenserwartung: Männer 62 Jahre, Frauen 64 Jahre

Amtssprachen: Hindi, Englisch und diverse Regionalsprachen
Analphabetenrate: 34 % (Gesamtindien; je nach Region zwischen 10 % und 53 %)

Währung: Indische Rupie (Rs), bestehend aus 100 Paise (p)
Zeitzone: MEZ + 4,5 Std. bzw. + 3,5 Std. während der europäischen Sommerzeit

Landesvorwahl: 00 91
Internetkennung: .in

Landesflagge: Waagerecht gestreifte Trikolore in den Farben safrangelb, weiß und grün. Im Zentrum des weißen Feldes befindet sich das Dharmachakra, das buddhistische Rad der Lehre. Das Motiv entstammt dem Löwenkapitell von Sarnath aus dem 3. Jh. v. Chr., als unter Kaiser Ashoka das erste indische Großreich gegründet wurde.

Geografie

Indien besteht aus drei Großlandschaften: der Himalaya-Kette im Norden, den südlich daran anschließenden Flussebenen von Ganges und Brahmaputra sowie dem Dekkan-Plateau noch weiter im Süden. Die Hochebene ist der Kern Südindiens. Sie wird im Westen begrenzt durch die Western Ghats (bis 2700 m) und im Osten durch die Eastern Ghats (bis 1600 m). Fruchtbare Ebenen säumen die Küsten Südindiens. Entlang der Westseite erstreckt sich in den Staaten Goa und Karnataka die Konkan-Küste sowie weiter südlich die Malabar-Küste in Kerala. An der Südostseite liegt in Tamil Nadu die Coromandel-Küste. Die größten Städte des Südens sind Mumbai, Chennai, Bangalore und Hyderabad.

Geschichte

Indien blickt auf eine mehrtausendjährige Geschichte zurück. Die ersten Hochkulturen entwickelten sich ab 2300 v. Chr. im Industal mit den Siedlungen Harappa und Mohenjo Daro. Durch die Einwanderung arischer Stämme aus Nordwesten um 1750 v. Chr. wurde eine Entwicklung in Gang gesetzt, die Indien bis heute prägt. Hier finden sich die Ursprünge vieler religiöser Vorstellungen und der sozialen Gesellschaftsstruktur, insbesondere des Kastensystems. Der dravidische Süden des Landes wurde zwar auch davon beeinflusst, behielt aber in vielerlei Hinsicht seine eigenen kulturellen Wurzeln.

Bis zum 12. Jh. n. Chr. entstanden in ganz Indien regionale Reiche, geführt von hinduistischen oder buddhistischen Dynastien. Einige erlangten Ausmaße großer Imperien wie das Maurya-Reich unter dem buddhistischen Kaiser Ashoka (3. Jh. v. Chr.), das Gupta-Reich (4.–6. Jh. n.Chr.) oder das Imperium der südindischen Chola-Dynastie (10.–13. Jh. n. Chr.).

Mit dem Beginn der islamischen Eroberung des Subkontinents im 11. Jh. und der Begründung des Sultanats von Delhi zu Beginn des 13. Jh. fand besonders in Nord- und Zentralindien eine Vermischung der Kulturen statt, die bis heute die Gesellschaft prägt. Die Festsetzung der Europäer an Indiens Küsten zu Beginn des 16. Jh. leitete das lange Kapitel der Kolonialgeschichte ein, das erst mit der Unabhängigkeit von Großbritannien im Jahr 1947 beendet wurde. Seither ist Indien ein unabhängiger demokratischer Staat.

Staat und Politik

Die Republik Indien ist ein parlamentarischer Bundesstaat mit föderalistischer Grundstruktur, bestehend aus 28 Bundesstaaten und sieben zentral regierten Unionsterritorien. Indiens Verfassung trat am 26. Januar 1950 in Kraft und basiert auf dem Grundgedanken der säkularen Demokratie und der Gewaltenteilung. Die Gesetzgebung liegt beim Bundesparlament, das aus zwei Kammern besteht: der Volkskammer (Lok Sabha), dem eigentlichen Ort politischer Entscheidungen, und der Staatenkammer (Rajya Sabha). Der Staatspräsident ist das repräsentative Oberhaupt des Staates, die Regierung wird vom Ministerpräsidenten geführt.

Aufgrund der langjährigen Dominanz der Kongresspartei und starker dynastischer Traditionen führte die Nehru-Gandhi-Dynastie über viele Jahrzehnte (mit Unterbrechungen) die Regierung: zuerst Jawaharlal Nehru, später seine Tochter Indira Gandhi, gefolgt von ihrem Sohn Rajiv Gandhi. 2004 verhinderten Proteste seitens nationalistischer Kreise die Übernahme der Regierung durch Sonia Gandhi, der Witwe Rajiv Gandhis. Zurzeit ist Dr. Manmohan Singh Chef einer vom Kongress geführten Koalitionsregierung.

Wirtschaft und Tourismus

Starke Wachstumsraten in bestimmten Wirtschaftsbereichen wie der IT-Branche, boomende Städte wie Mumbai oder Bangalore und eine starke Mittelklasse (300 Mio.) zeigen eine Seite Indiens im Zeitalter der Globalisierung. Armut der Landbevölkerung, wachsende Slums und viele andere ungelöste soziale Probleme sind die Schattenseiten. Große regionale Unterschiede verdeutlichen die verschiedenen Entwicklungsstufen, die in Indien gleichzeitig existieren. Dies gilt auch für den Tourismus. Eine sehr gut ausgebaute touristische Infrastruktur besitzen die Bundesstaaten Goa und Kerala. Auch Maharashtra, Karnataka, Tamil Nadu und Andhra Pradesh unternehmen vermehrt Anstrengungen, ihre vielen Schätze ins rechte Licht zu rücken.

Bevölkerung und Religion

Zu Südindien zählt man die Staaten Kerala, Karnataka, Tamil Nadu und Andhra Pradesh, in denen dravidische Sprachen gesprochen werden. Geografisch können auch Maharashtra und Goa sowie Teile des Unionsterritoriums Puducherry dazugerechnet werden. Die große Mehrheit der Menschen in Indien sind Hindus (80,5 %). An zweiter Stelle stehen die Muslime (13,4 %), gefolgt von Christen (2,3 %). Letztere sind in Goa und Kerala viel stärker als im Landesdurchschnitt vertreten. Der Anteil der Buddhisten und Jainas liegt bei 0,8 % bzw. 0,41 %. Die Sikhs (1,87 %) sind hauptsächlich in Nordindien beheimatet. Daneben existieren kleinere religiöse Gruppen wie die Parsen.

Natur und Umwelt

Tropisch grüne Küstenlandschaften, die hohen, teils bewaldeten Bergketten der Western und Eastern Ghats, die weite trockene Hochebene des Dekkan: Südindien besitzt zwar nicht die Achttausender des Himalaya und die Wüsten Westindiens, doch im spitz zulaufenden, von zwei Meeren umspülten Dreieck des Subkontinents konzentrieren sich die verschiedensten Landschaften und Vegetationsformen.

Landschaften und Klima

(Süd-)Indiens Großregionen

Indien erstreckt sich über eine Fläche von ca. 3,2 Mio. km^2 und ist damit das größte Land Südasiens. Der indische Subkontinent gliedert sich in mehrere Großräume: Im Norden erhebt sich von West nach Ost die Gebirgskette des Himalaya, südlich davon erstrecken sich die fruchtbaren Flussebenen von Ganges und Brahmaputra, daran grenzt weiter im Süden das Dekkan-Plateau, umrahmt von Bergen und Küstenebenen. Die geologisch sehr alte Dekkan-Scholle entstammt dem Urkontinent Gondwana und bildet das Herz Südindiens.

Der zentrale Teil des Südens besteht aus jener weiten, von West nach Ost geneigten Dekkan-Hochebene. Im Nordwesten wird sie begrenzt durch das Vindhya-Gebirge sowie die Flüsse Narmada und Tapti, die beide ins Arabische Meer fließen. Im Nordosten bildet das Hochland von Chota Nagpur eine natürliche Grenze, und entlang der Westseite des Dekkan verläuft die Gebirgskette der Western Ghats mit Gipfeln bis fast 2700 m, darunter die Nilgiri- und Kardamom-Berge im Süden. Die Western Ghats fallen teils steil ab zu den fruchtbaren Ebenen der Konkan-Küste und weiter südlich der Malabar-Küste. Im Osten erheben sich die Eastern Ghats mit Höhen bis rund 1600 m. Die Eastern Ghats werden zerschnitten durch die Flusstäler von Mahanadi, Godavari, Krishna und Kaveri, die wie fast alle Flüsse des Südens in west-östlicher Richtung von den Western Ghats in den Golf von Bengalen fließen und im Südosten fruchtbare Ebenen geschaffen haben. Im südöstlichen Teil des Subkontinents bildet die Coromandel-Küste die Grenze zum Golf von Bengalen. Etwa 1100 km östlich der Küste liegen die Inselgruppen der Andamanen und Nicobaren, die ebenfalls zu Indien gehören. Auch die Korallenatolle der Lakshadweep-Inseln im Arabischen Meer, rund 300 km vor der Westküste, zählen sowohl geografisch als auch politisch zu Indien.

Der Monsun

Das arabische Wort *mausim* bedeutet ›Jahreszeit‹ und ist der Ursprung des Worts Monsun. Die immer wiederkehrenden Regenfälle prägen das Leben und große Teile der Landwirtschaft sind von ihnen abhängig. In Südindien gibt es zwei Regenperioden: 80 % bis 90 % der jährlichen Niederschlagsmenge fällt zwischen Juni und September im Gefolge des Südwestmonsuns oder Sommermonsuns; zwischen Oktober und Dezember ist der Nordostmonsun vor allem an der Südostküste und im äußersten Süden des Subkontinents aktiv.

Die Niederschlagsmengen variieren während beider Regenperioden beträchtlich zwischen den einzelnen Landesteilen. An der Westküste fallen besonders starke Niederschläge zur Zeit des Südwestmonsuns, da sich die Wolken an der Gebirgskette der Western Ghats abregnen. Die östlich angrenzende Hochebene des Dekkan, vor allem die im Regenschatten der Berge liegenden Gebiete, erhalten oftmals nur einen Bruchteil dieser Regenmassen. Der Nordostmonsun bringt den Küstengebieten von Tamil Nadu und Andhra Pradesh sehr viel Regen und manchmal auch heftige Wirbelstürme oder Zyklone. Teilweise entladen sich die Regenfälle des Nordostmonsuns auch in den Bergen von Kerala sowie in Süd-Karnataka bis hin zur Westküste, oftmals begleitet von heftigen Gewittern. Insgesamt ist der Nordostmonsun jedoch bedeutend schwächer als der Südwestmonsun.

Flora und Fauna

Die Verschiedenartigkeit der Landschaften spiegelt sich in der Tier- und Pflanzenwelt Südindiens wider, die eine riesige – allerdings bedrohte – Artenvielfalt kennzeichnet.

Pflanzenwelt

Nicht von ungefähr befindet sich an den regenreichen Hängen der Western Ghats eines der wichtigsten Naturschutzgebiete des Landes: das artenreiche Nilgiri-Biosphärenreservat (s. S. 18). Infolge der hohen Niederschlagsmengen des Südwestmonsuns sind Teile der Western Ghats mit dichtem immergrünem bzw. halbimmergrünem Regenwald, Laub abwerfenden Feuchtwäldern sowie einer Vielzahl tropischer Pflanzen bedeckt. Westlich dieser Bergkette verläuft eine nur rund 30 km bis 50 km breite fruchtbare Ebene, in der vor allem im südlichsten Teil (Kerala) intensive Landwirtschaft betrieben wird. Hier bestimmen neben tiefgrünen Reisfeldern insbesondere Kokospalmen das Landschaftsbild. Dies gilt auch für Teile von Goa und die Konkan-Küste.

Östlich der Western Ghats ändert sich die Vegetation, da die Gebiete zum Teil im Regenschatten liegen. Laub abwerfende Bäume wie Teak, Sal-Bäume sowie Bambusgehölze prägen die Wälder. Je weiter man nach Osten vordringt, desto niedriger und lichter wird

Südindiens Berge sind teils von Teeplantagen überzogen

Das Nilgiri-Biosphärenreservat

Die Nilgiri-Region zwischen den Bergen der Western und Eastern Ghats birgt einen immensen Artenreichtum. Zum Schutz von Flora und Fauna sowie der dort lebenden indigenen Stämme wurde hier bereits 1986 Indiens erstes Biosphärenreservat eingerichtet. Das Gebiet gehört damit zu den von der Unesco weltweit ausgewählten Modellregionen für eine nachhaltige Entwicklung.

In den immergrünen Regenwäldern der Western Ghats sind ganze Kolonien von Schmetterlingen und Vögeln zu Hause. Tiger und Leoparden verbergen sich im Bambusdickicht und im Shola-Wald der höheren Bergregionen. Auch die weltweit größte zusammenhängende Elefantenpopulation hat hier ihre Heimat. In den Nilgiri-Bergen brummt und summt es, denn das Gebiet gehört zu den international wichtigsten Hotspots für Biodiversität. Allein 3300 Pflanzenarten, davon 132 endemisch, gedeihen hier. In der Tierwelt tummeln sich über 100 Säugetierarten, ungefähr 350 Vogelarten und über 300 Sorten von Schmetterlingen. Vom Aussterben bedrohte Tiere wie der Nilgiri Tahr, eine wilde Bergziegenart, leben auf den Höhen der Western Ghats.

Bis auf 2650 m reichen die Berggipfel. Der tiefste Punkt des Reservats, die Nilambur-Ebene in Kerala, liegt bei 80 m. Doch nicht nur die Höhen variieren, auch die Regenmengen unterscheiden sich ganz beträchtlich: von 7000 mm an den der Küste zugewandten Hängen der Western Ghats bis zu 500 mm in zentralen Gebieten, die im Regenschatten liegen. Auf diese Weise konnten sich verschiedene Ökosysteme bilden, die vielen verschiedenen Tieren und Pflanzen eine Heimat bieten.

Die Region umfasst eine Fläche von etwa 5520 km² und erstreckt sich über die drei Staaten Karnataka, Kerala und Tamil Nadu. Einige der wichtigsten Wildschutzgebiete und Nationalparks Südindiens formen die Kernzone des Biosphärenreservats. Dazu gehören der Rajiv Gandhi (Nagarhole) National Park und der Bandipur National Park in Karnataka (s. S. 400 u. 401), die Nationalparks von Wayanad und Silent Valley in Kerala (s. S. 219) sowie die in Tamil Nadu liegenden Parks Mudumalai und Mukurthi (s. S. 401).

In den Parks leben an die 10 000 Elefanten, beinahe die Hälfte des indischen Gesamtbestands. Die aneinander grenzenden Nationalparks bilden ein Schutzgebiet für die größte zusammenhängende Elefantenpopulation der Welt. Korridore verbinden die einzelnen Habitate der Elefanten miteinander, denn auf ihrer Suche nach Futter und Wasser wandern die Tiere oft einige Hundert Kilometer weit. In den trockenen Sommermonaten von Februar bis Mai finden sich viele Dickhäuter an den Ufern des Kabini-Stausees im Rajiv Gandhi National Park zur Tränke ein. Sobald die Monsunzeit einsetzt, ziehen sie sich größtenteils wieder in die Eastern Ghats nach Tamil Nadu zurück. Unterwegs passieren sie im Biosphärenreservat liegende Dörfer und Agrarflächen und verwüsten dabei nicht selten die Felder der Bauern, was zu regelmäßigen Spannungen zwischen Betroffenen und Tierschützern führt. Der komplette Titel des Unesco-Programms heißt daher auch »Der Mensch und die Biosphäre«. Das friedliche Miteinander zwischen beiden ist eines der Ziele, das in den weltweit über 500 Modellregionen verwirklicht werden soll – ein langer und beschwerlicher Weg.

In der Nilgiri-Region sind viele Adivasis (s. S. 53) beheimatet; neben Todas leben hier Kurumba-Stämme, Irullas, Paniyas und andere indigene Bewohner, die in der Regel Landwirtschaft nach traditionellen Methoden betreiben. Ihre Lebensformen zu erhalten und ihnen gleichzeitig zu ermöglichen, ihren Unterhalt unter veränderten ökonomischen und sozialen Bedingungen zu bestreiten, steht ganz oben auf der Agenda des Projekts.

Nicht zuletzt stellt sich die Frage eines sozial- und umweltverträglichen Tourismus, denn Nationalparks wie Rajiv Gandhi, Bandipur oder Mudumalai ziehen jedes Jahr mehr Besucher an – mit all den bekannten Folgen, die dies für die Umwelt hat. Allerdings finden ökologische Themen in Indien immer mehr Gehör. Viele Nichtregierungsorganisationen kümmern sich zusammen mit den staatlichen Forest Departments um die Belange von Mensch, Tier und Ökosystem dieser einmaligen Region. Ein Schwerpunkt der Asian Nature Conservation Foundation (ANCF; www.asiannature.org) mit Sitz in Bangalore ist der Schutz des Asiatischen Elefanten. Auch der World Wildlife Fund (www.wwfindia.org) und der Wildlife Trust of India (www.wildlifetrust ofindia.org) haben sich diesem Thema verschrieben. Die Keystone Foundation (www.keystone-foundation.net) unterstützt die Adivasis beim Anbau organisch produzierter Lebensmittel und die Forest Departments der drei Anrainerstaaten kooperieren mit einer Vielzahl von Projekten (Kerala: www.kerala forest.org, Tamil Nadu: www.forests.tn.nic.in, Karnataka: www.karnatakaforest.gov.in, www.karnatakawildernesstourism.org).

Die größte und gefährlichste aller Raubkatzenarten: der Bengalische Tiger

der Baumbestand. Allmählich geht er über in die steinige Hochebene, die so typisch für den Dekkan ist.

Die Berge der Eastern Ghats erhalten durch den Nordostmonsun ebenfalls reiche Regenmengen. Große Gebiete sind mit dichten, Laub abwerfenden Wäldern bedeckt. In den fruchtbaren Küstenebenen des Südostens wird ebenfalls intensive Landwirtschaft, insbesondere Reisanbau betrieben.

Tierwelt

Der Indische Elefant und der Bengalische Tiger sind die beiden berühmtesten tierischen Bewohner des Subkontinents. Außerdem ist Südindien die Heimat der weltweit größten zusammenhängenden Elefantenpopulation (s. S. 18). Im hiesigen Dschungel sind auch zahlreiche Leoparden beheimatet, die im Sanjay Gandhi National Park in Mumbai praktisch vor den Toren der Metropole leben. Zu den größeren heimischen Raubtieren gehören außerdem der Lippenbär, die Hyäne und der Asiatische Wildhund. In den Wäldern des Südens tummeln sich überdies viele Hirsch- und Antilopenarten sowie der Indische Bison (Gaur) und zahlreiche Affenarten. Eine Besonderheit ist das endemische Malabar-Rieseneichhörnchen *(Malabar Giant Squirrel)*, das in den Wäldern der Western Ghats beheimatet ist. Das bis zu 40 cm große Säugetier mit seinem buschigen, ca. 60 cm langen Schwanz ist vor allem in den Kronen höherer Bäume zu sichten.

Besonders vielfältig präsentiert sich auch die Vogelwelt. Zu den auffallendsten Exemplaren zählen die verschiedenen Arten des Großen Doppelhornvogels *(hornbill)* sowie des Eisvogels *(kingfisher)*, der sich oftmals in einem prächtig schillernden blauen Kleid zeigt. Zur natürlichen Geräuschkulisse von Wäldern und Hainen gehört der unüberhörbare Ruf des Bartvogels *(barbet)*. Auch das Gekreische der grünen Papageien ist vielerorts zu hören. Südindiens Binnengewässer sind die Heimat von vielen Zugvögeln, die sich insbesondere in den Wintermonaten versammeln. Dann trifft man auf ganze Kolonien von Störchen, Pelikanen, Reihern, Kormoranen usw.

Der berühmteste Vertreter der Reptilien ist die Kobra, aber es schlängeln sich noch viele andere giftige und ungiftige Artgenossen durch das Dickicht. Auch Krokodile wie das Sumpf- oder das Leistenkrokodil findet man im Süden des Subkontinents.

Tierschutz und Nationalparks

Viele Tiere wie der Elefant oder die Kobra gelten in Indien als heilig (s. S. 42) – was skrupellose Wilderer jedoch nicht daran hindert, rücksichtslos nach ihnen zu jagen. Zwar konnte der Tiger dank der groß angelegten Kampagne Project Tiger (http://projecttiger. nic.in) vor der Ausrottung bewahrt werden, doch seriösen Quellen zufolge gibt es in Indien nurmehr rund 1400 Exemplare dieser Spezies, und der Bestand schrumpft weiter. Im Süden leben Tiger vor allem im zusammenhängenden Gebiet des Rajiv Gandhi National Park, des Bandipur National Park sowie der Wildschutzgebiete Mudumalai und Wayanad. Insgesamt besitzt Indien knapp 100 Nationalparks und fast 500 Naturschutzgebiete, die zusammen rund 5 % der Landesfläche ausmachen. Weitere Infos zu diesem Thema liefert die Webseite www.sanctuaryasia.com.

Umweltprobleme

Ökonomie und Ökologie verknüpft auch in Indien ein sensibles Band. Das rasant zunehmende Wirtschaftswachstum beschleunigt massiv die Ausbeutung der natürlichen Ressourcen und bedroht das ohnehin span-

Indiens Vögel
Die äußerst informative Webseite www.indiabirds.com gibt einen guten Überblick über die Vogelarten des Subkontinents und macht auch gleich mit deren Stimmen vertraut.

Umweltfreundliche Transportmittel wie Fahrrad oder Esel werden immer seltener

nungsreiche Verhältnis zwischen Mensch und Natur. Dies geschieht trotz alter Traditionen und religiöser Vorstellungen, denen eigentlich der Schutz von Natur und Tier zugrunde liegt.

Großprojekte wie Staudämme haben zur Folge, dass ganze Regionen überflutet werden. Gleichzeitig kämpft der Subkontinent zunehmend mit Wasserknappheit und einem sinkenden Grundwasserspiegel. Große Teile der Wälder wurden schon während der Kolonialzeit abgeholzt und noch heute bedrohen illegaler Baumschlag und kommerzielle Abholzung das ökologische Gleichgewicht und führen zu Bodenerosion, Bergrutschen und Überschwemmungen.

An der Ostküste wurde in wenigen Jahrzehnten ungefähr die Hälfte des gesamten Mangrovenbestandes zerstört. Er musste den unzähligen Shrimps-Farmen weichen, die hier entstanden sind und die überdies erheblichen Anteil an der zunehmenden Versalzung und Verschmutzung des Wassers haben. Erst seit dem schrecklichen Tsunami von 2004 rückte die Bedeutung der Mangroven u. a. als Schutzschild gegen Fluten wieder mehr ins Bewusstsein.

In Megastädten wie Mumbai, Bangalore oder Chennai ist die Luftverschmutzung ein großes Thema. Sollte der neue Nano, das 1700-Euro-Auto von Tata Industries, den indischen Markt erobern, wird sich eine neue riesige Blechlawine über die indischen Städte ergießen, deren Folgen noch gar nicht absehbar sind. Indien war zwar der erste Staat, der sich per Verfassung zum Umweltschutz verpflichtete, und besaß sogar schon ein Jahr vor Deutschland ein Umweltministerium, doch genießt das Wirtschaftswachstum in Indien eindeutig Vorrang vor dem Schutz der Umwelt. Internationale Verpflichtungen zum Klimaschutz wurden bisher nicht eingegangen und das Protokoll von Kyoto nicht unterzeichnet.

Mehr zum Thema Umwelt in Indien ist beispielsweise nachzulesen auf der Internetseite des renommierten Umweltmagazins »Down to Earth« (www.downtoearth.org.in) oder auf der Webseite von Greenpeace (www.green peace.org/india).

Wirtschaft, Soziales und aktuelle Politik

In der ›größten‹ Demokratie der Welt leben über 1,1 Mrd. Menschen. Eine boomende Wirtschaft und eine wachsende Mittelklasse einerseits, starke soziale und regionale Gegensätze andererseits kennzeichnen die Lage auf dem Subkontinent. Ob Indien seine Rolle als führende Nation und Wissensmacht der Zukunft wahrnehmen kann, hängt auch davon ab, inwieweit die sozialen Fragen gelöst werden können.

Wirtschaft

Mit Wachstumsraten von 8 %, stark steigenden Exporten, blühenden Industriezweigen wie der IT-Branche und einer ca. 300 Mio. Menschen umfassenden Mittelklasse als potenzielle Konsumenten ist Indien zum umworbenen Global Player geworden. Seine Integration in den Weltmarkt war allerdings ein allmählicher Prozess, der erst 1991 richtig in Gang gesetzt wurde.

Nachdem die ehemalige britische Kolonialmacht den Indern eine zu großen Teilen desolate Ökonomie hinterlassen hatte, optierte der erste Ministerpräsident Nehru für eine sozialistisch orientierte Wirtschaftspolitik und eine starke Industrialisierung mit Verstaatlichung der Schlüsselindustrien. Auch seine Tochter Indira Gandhi behielt diesen Weg bei. Unter ihrem Sohn und Nachfolger Rajiv Gandhi wurden in den 1980er-Jahren schließlich erste Schritte zu einer umfassenderen Privatisierung der Wirtschaft eingeleitet. 1991 führten ein riesiger Schuldenberg und die damit verbundene Zahlungsunfähigkeit des Staates zu einer von Weltbank und IWF mit initiierten neoliberalen Wirtschaftspolitik mit zunehmender Integration in den globalen Markt. Nach anfangs zögerlichen Zuwächsen kam die Wirtschaft in Fahrt. Doch das beein-

Bangalore: modernes und pulsierendes Geschäftszentrum der IT-Branche

druckende Wachstum der Ökonomie konzentriert sich bisher vor allem auf bestimmte Wirtschaftsbranchen wie den IT-Sektor. Auch regional bzw. zwischen Stadt und Land gibt es diesbezüglich große Unterschiede. Darum sind die sozialen Konsequenzen der fortschreitenden Globalisierung für die Bevölkerung ebenfalls sehr unterschiedlich.

Soziales und aktuelle Politik

Regionen und Sprachen

Die nationale Integration der verschiedenen Ethnien und Sprachengruppen des Subkontinents war von Anfang an eines der großen Ziele der Republik. Als föderalistischer Staat mit starker Zentralgewalt betont New Delhi zwar sein Mitspracherecht in vielen Dingen, doch die 28 Bundesstaaten besitzen ihre eigenen Landesregierungen und verfolgen auch eigene Interessen. Immer musste sich der Staat mit Forderungen nach mehr Unabhängigkeit einzelner Regionen bis hin zur Abspaltung auseinandersetzen. Schon in den 1950er-Jahren schieden sich am sogenannten Sprachenstreit die Geister. Besonders die südindischen Staaten, allen voran Tamil Nadu, waren nicht bereit, Hindi als Nationalsprache zu akzeptieren. Sie fühlten sich in ihrer kulturellen Eigenständigkeit beschnitten. Ihre Gegenwehr führte letztendlich zum Erfolg, denn noch heute dient Englisch als Verkehrssprache in Indien. In den einzelnen Bundesstaaten findet der Unterricht an Schulen meist in den Regionalsprachen statt. Die Nationalsprache Hindi sprechen und verstehen ungefähr die Hälfte aller Bürger.

Regionale Interessen und militante Gewalt

Vor allem in den 1970er- und 1980er-Jahren führten separatistische Bewegungen im Punjab und in den Nordoststaaten zu bürgerkriegsähnlichen Zuständen, die mit massivem Militäraufgebot bekämpft wurden. Noch heute flammen regelmäßig Konflikte auf. Auch der Dauerstreitfall Kaschmir rüttelt an der Einheit Indiens. Dem bewaffneten Kampf gegen den Staat hat sich auch die Bewegung der Naxaliten verschrieben, die in den 1960er-Jahren im Ort Naxalbari in Westbengalen ihren Anfang nahm. Die Naxaliten beziehen sich in ihrer Ideologie auf Mao Zedong und finden Unterstützung vor allem bei der verarmten ländlichen Bevölkerung in Teilen Ost- und Zentralindiens. Auch im südindischen Staat Andhra Pradesh sind sie aktiv. Die zahlreichen regionalen Parteien – besonders aus dem Süden – sind ein demokratisches Spiegelbild der Pluralität Indiens und spielen nicht nur auf Landesebene eine wichtige Rolle, sondern haben auch in der Hauptstadt Gewicht.

Religionen und Kommunalismus

Indien ist ein säkularer Staat, der die ökonomische und soziale Gleichbehandlung aller Religionen als Basis hat. Die Mehrheit seiner Bewohner sind zwar Hindus, doch in Indien leben 138 Mio. Muslime (13,4 % der Gesamtbevölkerung, letzter Zensus: 2001). Außerdem gibt es Christen, Sikhs, Jains, Buddhisten, Parsen und Anhänger von Naturreligionen. Interreligiöse Toleranz gehörte für die Gründer Indiens zu den Säulen des neuen Landes. Im Alltag leben die Anhänger der verschiedenen Glaubensrichtungen normalerweise friedlich zusammen, doch politischen Fanatikern gelingt es immer wieder, Menschen mit religiösen Inhalten und Symbolen für ihre machtpolitischen Zwecke zu mobilisieren und gegeneinander aufzubringen – ein Phänomen, das als Kommunalismus bezeichnet wird.

Religiöser und politischer Extremismus

Eine lange Tradition hat der Hindu-Nationalismus, der Indien als ein Land der Hindus sieht, in dem sich andere Religionen und Ethnien unterordnen müssen. Bereits in den 1920er-Jahren gründete sich der Nationale Freiwilligenbund RSS (Rashtriya Swayamsevak Sangh) und in den 1960er-Jahren der Weltrat der Hindus (Vishwa Hindu Parishad, VHP). Beide sind militante Anhänger der Hindutva-Ideologie, die ihren Hauptfeind in den indischen Muslimen sehen und versuchen, gegen diese zu mobilisieren. Ein Höhepunkt hindu-fundamentalistischer Agitation war 1992 die Zerstörung der Babri-Masjid-Moschee in Ayodhya in Uttar Pradesh durch fanatische Hindus. Fundamentalistische Politiker hatten behauptet, dass genau dort, wo die Babri Masjid stand, der legendäre Gottkönig Ram geboren sei. Im Zuge der Auseinandersetzungen starben in Mumbai und anderen Städten viele Menschen, mehrheitlich Muslime. Die zunehmende Vereinnahmung der Religion durch die Politik zeigte sich auch im Aufstieg der hindu-nationalen Bharatiya Janata Party (BJP), die von 1998 bis 2005 den Ministerpräsidenten stellte und mittlerweile fester Bestandteil des indischen Parteiensystems ist. Die ungelöste Kaschmirfrage und der weltweit zunehmende islamische Fundamentalismus fördern auch in Indien den Aufbau militanter Muslim-Organisationen, die vor allem im Norden des Landes mit Bombenattentaten die Öffentlichkeit einschüchtern. Der Süden des Landes ist bisher weniger davon betroffen, abgesehen von den Metropolen Mumbai, Bangalore und Hyderabad.

Frauen – zwischen Karriere und Diskriminierung

Zu den benachteiligten Gruppen gehören in Indien auch die Frauen. Zwar herrscht an gut ausgebildeten Frauen kein Mangel – aus den oberen Etagen vieler Firmen sind sie nicht mehr wegzudenken. In der Politik besetzen sie immer wieder Schlüsselpositionen wie die Ministerpräsidentin Indira Gandhi, ihre Schwiegertochter Sonia Gandhi und diverse Ministerpräsidentinnen auf Landesebene, auch die derzeitige Staatspräsidentin, Pratibha Patil, ist eine Frau. Andererseits sind besonders Frauen ärmerer Schichten vielfältigen Formen der Diskriminierung ausgesetzt.

Noch immer wird beispielsweise die Geburt einer Tochter häufig als Bürde betrachtet, wohingegen die Ankunft eines Jungen gefeiert wird. Da Frauen nach der Heirat traditionellerweise in der Familie ihres Mannes leben, investieren viele Eltern nicht in die Ausbildung ihrer Tochter. Auch die Mitgiftforderungen tragen erheblich zur Verschiebung des Geschlechterverhältnisses zugunsten der Männer bei: Ehen werden in Indien mehrheitlich von den Familien der Ehepartner arrangiert; dabei erwartet die Familie des Mannes oft eine Mitgift, die den Geldbeutel seiner zukünftigen Schwiegereltern meist erheblich belastet. Wohin die Auswüchse dieses Systems führen können, zeigen auf schockierende Weise die Mitgiftmorde. Da die Forderungen an die Familie der Ehefrau manchmal auch nach der Heirat nicht aufhören, ist sie vielfältigen Schikanen ausgesetzt, die im äußersten Fall bis zur Ermordung aus Habgier führen können.

Doch es gibt in Indien auch eine starke Frauenbewegung und viele Nichtregierungsorganisationen setzen sich für die Rechte der Frauen ein. Von staatlicher Seite wurden Quotenregelungen eingeführt, sodass mittlerweile mindestens 33 % der Posten auf kommunaler Ebene Frauen zur Verfügung stehen. In Bezug auf die Stellung der Frauen herrschen überdies große regionale Unterschiede. In Kerala und in der Region Kodagu in Karnataka ist ihre Position beispielsweise durch Traditionen gestärkt, denn in manchen Kasten Keralas wird noch heute das matrilineare Erbrecht gepflegt.

Bildung für alle?

Große Unterschiede prägen den Bildungsstand der Inder und Inderinnen. Immer noch können ein Viertel aller Männer und fast die Hälfte aller Frauen nicht lesen und schreiben. Die indische Volkszählung 2001 ergab eine Alphabetisierungsrate von 65,38 %. Dabei wurde auch ermittelt, dass 65 Mio. der 6- bis 14-Jährigen nicht zur Schule gehen, obwohl eine Schulpflicht bis zum 14. Lebensjahr besteht. Dies hängt auch zusammen mit dem verbreiteten Problem der Kinderarbeit, von dem nach Schätzungen 25 bis 30 Mio. Kinder betroffen sind.

Beim Thema Bildung lassen sich große regionale Differenzen ausmachen. So liegt die Alphabetisierungsquote im vergleichsweise reichen und entwickelten Kerala bei nahezu 90 %, während arme Staaten wie Bihar mit 47 % am unteren Ende der Skala rangieren. Auch ein starkes Stadt-Land-Gefälle wird deutlich, da in vielen ländlichen Gebieten wenige Schulen existieren bzw. der Unterricht oft ausfällt. Dies spiegelt die langjährige Vernachlässigung des Primarschulbereichs in Indien wider, während permanent größere Summen in die höheren Bildungsinstitutionen geflossen sind.

Wissensmacht der Zukunft

Eliteuniversitäten wie das Indian Institute of Technology (IIT) oder das Indian Institute of Management (IIM) gehören weltweit zu den besten Hochschulen. Hoch qualifizierte Spezialisten bietet Indien nicht nur im Bereich der Informationstechnologie, sondern auch in vielen verschiedenen Berufssparten. Doch auch hier zeigt sich die Abhängigkeit zwischen Bildungsniveau und ökonomischem bzw. sozialem Status, denn die Mehrheit der Studenten stammt aus den höheren Kasten.

Als Wissensmacht der Zukunft wird Indien zwischenzeitlich gehandelt. Ein Vorteil gegenüber dem Konkurrenten China ist die Verwendung von Englisch als Unterrichtssprache im höheren Bildungsbereich. Ob Indien den Erwartungen gerecht wird, hängt entscheidend davon ab, wie sehr sich die Bildungschancen für alle Bevölkerungsschichten verbessern. Seit einigen Jahren unternimmt der Staat verstärkt Anstrengungen, die Qualität des Primarschulbereichs zu steigern.

Das indische IT-Wunder

Wissensmacht der Zukunft, Büro und Forschungslabor der Welt – mit solchen Etiketten wird Indien gerne betitelt. Die boomende IT-Branche hat nicht nur die Wahrnehmung des Landes von außen verändert, sie stärkt auch das Selbstbewusstsein vieler Inderinnen und Inder im Streben nach einem angemessenen Platz in der globalisierten Welt.

Mit Wachstumsraten von rund 30 % heizt die Softwarebranche schon seit mehreren Jahren die indische Wirtschaft an. Experten gehen davon aus, dass mit Informationstechnologie, damit verbundenen Bürodiensten sowie Forschung und Entwicklung bis zum Jahr 2010 etwa 60 bis 80 Mrd. US-Dollar erzielt werden können. »Indische Gehime werden zum Öl des 21. Jh.«, ist ein indischer Insider überzeugt.

Die vielen Callcenter, in denen Zigtausende von jungen Leuten amerikanische Versicherungs- oder deutsche Bankkunden beraten, sind nur ein Teil des Geschäfts. Die Verlagerung von Dienstleistungen wird von Jahr zu Jahr komplexer. Heute schon wickeln indische Banker Finanzgeschäfte für die Wall Street ab oder werden Teile von Hollywoodfilmen in indischen Animationsstudios produziert. Ein US-amerikanischer Zeitungsverleger lässt sogar seine Lokalnachrichten in Bangalore verfassen – auf der Basis von Videomitschnitten aus den Gemeinderatssitzungen seiner Stadt.

Bangalore, die Hauptstadt von Karnataka, ist das Silicon Valley Indiens und ihre südindische Schwestermetropole Hyderabad führt den Beinamen Cyberabad. Doch auch die anderen großen indischen Metropolen sind Zentren der IT-Industrie mit riesigen Stadtteilen, in denen sich nicht nur indische Firmen, sondern die Großen der Welt aus dieser Branche angesiedelt haben. Microsoft, IBM, auch SAP und viele andere – kein Konzern kann es sich heute leisten, nicht in Indien vertreten zu sein. Wie hat es Indien geschafft, in so kurzer Zeit ein anerkannter Global Player zu werden und sein Image so zu verändern?

Natürlich vollzog sich das indische IT-Wunder, wie alle Veränderungen, nicht von heute auf morgen. Lange Zeit haben die Medien dazu beigetragen, Indien als Hort von Armut und Unkenntnis, Stagnation und gläubiger Ergebenheit in den Lauf der Dinge zu betrachten. Und wie bei allen Klischees spricht daraus ein Stück Wahrheit und eine ganze Menge Ignoranz. Denn Wissenschaft und Forschung sowie rationale Philosophie haben eine jahrtausendealte Tradition auf dem Subkontinent. Vor allem Mathematik und Astronomie blühten in Zeiten, als sich Europa diesbezüglich noch im Dämmerschlaf befand. Schon die alten Industalkulturen von Harappa und Mohenjo Daro kannten ein ausgeklügeltes System von Maßen und Gewichten sowie die Dezimalzahlen. Ihre Städte hätten ohne einfache Kenntnisse der Geometrie nicht erbaut werden können. Auch in den Veden, dem traditionellen Wissensschatz der Arier, die den Subkontinent vor dreieinhalb Jahrtausenden besiedelten, wurden astronomische Berechnungen angestellt. Die Beschäftigung mit Zahlen war Teil des vedischen Rituals. Der Astronom Aryabhata, der im 5. Jh. n. Chr. in Kerala lebte, erklärte schon 1000 Jahre vor Galilei, dass sich die Erde um

Thema

die Sonne dreht. Man nimmt auch an, dass das Konzept der Null – Shunya in Sanskrit – seinen Ursprung in Indien hat. Die Vorstellung des Nichts (Shunyata) ist ein zentraler Bestandteil hinduistischer und buddhistischer Philosophie und zeigt, dass Philosophie, Religion und Wissenschaft in Indien keine gegensätzlichen Pole bilden.

Die Null, das Dezimalsystem und die negativen Zahlen erreichten über die Araber den Westen und werden deswegen bei uns als arabische Ziffern bezeichnet. Auf dieses jahrtausendealte Erbe griff auch Indiens erster Ministerpräsident Jawaharlal Nehru zurück. Als Rationalist und bekennender Atheist war er ein glühender Verfechter der Naturwissenschaften. Schon zu seiner Regierungszeit

wurden die prestigeträchtigen Indian Institutes of Technology gegründet, die heute zu den Kaderschmieden der indischen Elite zählen. Sein Vermächtnis ist die Förderung zahlloser Forschungseinrichtungen und der Aufbau eines Pools von Wissenschaftlern, die in der heutigen, gut ausgebildeten Jugend der neuen Mittelschicht ihre Erben finden. Eine Ahnung davon, wie es sein könnte, wenn auch breitere Bevölkerungsschichten von der IT-Entwicklung profitierten, zeigt der allmähliche Einsatz von Computer und Internet in ländlichen Gegenden, wo Bauern die aktuellen Handelspreise online recherchieren, Fischerfrauen die Wettervorhersage im Netz aufrufen und Analphabeten sprachgestützte Computer bedienen.

Wie es sich ziemt: Die Wissensmacht der Zukunft bietet futuristische Arbeitsplätze

Geschichte

Tausende von Jahren reicht die Geschichte des Subkontinents zurück. Schon lange bevölkerten indigene Stämme die Region, bevor über den Nordwesten die Arier und viel später muslimische Eroberer aus Zentralasien ins Land kamen. Indiens Küsten waren Anlaufstelle für Händler aus aller Welt. Später folgten ihnen die Kolonialherren. Heute ist Südindien das Resultat all jener Kräfte: ursprünglich und weltoffen zugleich.

Frühzeit

Nordindien im Fokus

Ein Blick auf die frühe Geschichte Indiens ist immer auch ein Blick auf den Norden des riesigen Landes und die Entwicklungen, die sich dort vor rund 4000 Jahren abspielten. Die Ausgrabungen der berühmten Stätten von Harappa und Mohenjo Daro im heutigen Pakistan werfen ein Licht auf die erste Hochkultur des indischen Subkontinents, die um 1750 v. Chr. unterging. Mit der Einwanderung der sogenannten **Arier**, nomadisierender Rinderhirten aus Zentralasien, gegen Mitte des 2. Jh. v. Chr. entsteht im Norden Indiens eine neue Kultur. Im Laufe der Jahrhunderte besiedeln die Arier die fruchtbare Ganges-Ebene im Osten und schaffen jene sozialen Strukturen des Kastensystems, die noch auf die heutige indische Gesellschaft Einfluss ausüben. Mit den Veden, dem gesammelten Wissen ihres Volkes, hinterlassen sie bedeutende Zeugnisse für die Nachwelt.

Dravidesa – das Land der Draviden

Südindien wird nach den dort vorherrschenden dravidischen Sprachen auch als Land der **Draviden** oder Dravidesa bezeichnet. Man geht davon aus, dass die dortigen indigenen Stämme besonders weibliche Gottheiten und die Natur verehrten. Über den Ursprung dieser Bevölkerungsgruppen gibt es verschiedene Theorien. Erstmals wird Dravidesa im 3. Jh. v. Chr. auf den Steinedikten des mächtigen buddhistischen Kaisers Ashoka aus der Maurya-Dynastie erwähnt, der zu dieser Zeit das erste indische Großreich errichtete.

Frühe südindische Dynastien

Als Nachbarn im Süden nennen die Steinedikte die Königreiche der **Cholas** südlich des heutigen Chennai, der **Pandyas** im äußersten Süden und der **Cheras** in Kerala. Einblicke in die südindische Kultur und Gesellschaft jener Zeit gibt auch die tamilische Sangam-Literatur (s. S. 69).

Die geografische Lage prägt die Geschicke der Region in besonderem Maße. Durch den Zugang zum Meer entwickelt sich ein intensiver Seehandel zwischen den südindischen Reichen und der malayischen Inselwelt, Arabien sowie dem Mittelmeerraum. Römische Münzfunde in Musiris an der Küste Keralas oder die Ausgrabung alter Hafenanlagen in Arikamedu südlich des heutigen Puducherry weisen darauf hin. Gewürze und Seide, Edelsteine und Perlen gehören zu den begehrten Handelsprodukten. Der damit erworbene Reichtum verhilft den südindischen Herrschern während der ersten Jahrhunderte n. Chr. zu wachsender Macht und Einfluss. Dennoch verschwinden die drei ersten Königreiche ab dem 6. Jh. für mehrere Jahrhunderte von der Bildfläche, da sie von den **Kalabhras,** einer Macht, über die wenig bekannt ist, besiegt werden.

Der Süden positioniert sich

Erste Großreiche auf dem Dekkan

Ab dem 1. Jh. v. Chr. steigen die **Satavahanas** zur Großmacht auf dem Dekkan auf. Ihr Stammesgebiet befindet sich in Paithan im heutigen Maharashtra, doch ihr Reich dehnt sich bis an die Ostküste Indiens aus. Intensiver Handel mit anderen Völkern, z. B. den Römern, fördert ihren Reichtum und ermöglicht den Aufbau einer großen Armee. Auch als Patrone der Künste treten die Satavahanas hervor. Obwohl sie urspünglich Hindus sind, unterstützen sie den Bau von buddhistischen Klosteranlagen auf ihrem Gebiet – der berühmte Stupa von Amaravati bei Vijaywada in Andhra Pradesh geht auf diese Dynastie zurück. Kontinuierliche Konflikte mit den Nachbarn führen jedoch zu ihrer Schwächung, sodass sich das Reich um 250 n. Chr. in mehrere kleinere Herrschaftsgebiete aufspaltet. Einer ihrer Nachfolger ist das Reich der **Vakatakas,** unter deren Herrscher Harisena (460–477 n. Chr.) viele der berühmten Wandmalereien in den Höhlen von Ajanta entstehen (s. S. 295).

Chalukyas und Rashtrakutas

Über mehrere Jahrhunderte hinweg ringen verschiedene Dynastien um die Vorherrschaft in Südindien, aber keiner gelingt es, die anderen zu dominieren. Dies führt nicht nur zu Auseinandersetzungen, sondern auch zur regionalen Blüte verschiedener Königreiche mit eigenständigen Traditionen und Stilen, die sich gegenseitig beeinflussen. Einige Dynastien haben ihr Machtzentrum auf dem Dekkan, andere in den Ebenen des Südens.

Auf dem Dekkan etablieren sich ab Mitte des 6. Jh. unter dem Herrscher Pulakeshin I. (543–566 n. Chr.) die **Frühen Westlichen Chalukyas** als herausragende Macht. Von ihrer Hauptstadt Badami aus erobern sie weite Teile des Dekkan und dringen bis ins Tamil-Land nach Kanchipuram vor. Ihre berühmten Heiligtümer in Badami und Aihole sowie in der Tempelstadt Pattadakal weisen eine einzigartige Verschmelzung südlicher und nördlicher sakraler Bautraditionen auf und gehören zu den herausragenden Zeugnissen südindischer Kunst.

Auf dem östlichen Dekkan regieren die **Östlichen Chalukyas** (Chalukyas von Vengi) aus dem gleichen Herrschergeschlecht. 753 erobert der Rashtrakuta-Herrscher Dantidurga (735–755) das Gebiet der Frühen Westlichen Chalukyas, deren Nachfolger erst 200 Jahre später wieder zu politischer Bedeutung gelangen sollten. Die **Rashtrakutas** entwickeln sich zu einer bedeutenden Großmacht und dringen mehrmals weit in den Norden und Osten Indiens vor, können ihre Gebiete aber nicht halten. An ihre Zeit erinnern noch heute die berühmten Höhlen von Ellora (s. S. 291), die während ihrer Herrschaftsperiode geschaffen wurden. Der Niedergang der Rashtrakutas gegen Ende des 10. Jh. wird durch das Erstarken der **Späten Westlichen Chalukyas,** der Nachfolger der Herrscher von Badami, besiegelt.

Die Blüte südindischer Kulturen

Im Süden des Landes gewinnen die früheren Dynastien der Cheras, Cholas und Pandyas zunehmend ihre Macht zurück. Auch die Dynastie der **Pallavas** nimmt teil am Kräftereigen der südindischen Herrscherstaaten. Von ihrer Hauptstadt Kanchipuram aus dominieren sie ab dem 6. Jh. weite Teile des nördlichen Tamil Nadu. Sie gelten als die Vorreiter und Patrone der klassischen dravidischen Architektur und schaffen mit ihren herrlichen Tempeln in Kanchipuram und Mamallapuram eindrucksvolle architektonische Vorbilder, an denen sich spätere Dynastien orientieren.

Ihre Rivalen sind die **Pandyas,** die von ihrer Hauptstadt Madurai aus agieren. Gestürzt werden die Pallavas jedoch im 8. Jh.

Geschichte

Zeugnis einer hoch entwickelten Kultur: die Tempelanlage Chennakeshava in Belur

von ihren ehemaligen Vasallen, den Cholas. Gleiches widerfährt den Pandyas, die ins Exil nach Lanka fliehen und erst im 13. Jh. wieder Bedeutung erlangen. Auch die Gebiete der Chera-Dynastie an der Südwestküste werden von den mächtigen Cholas annektiert.

Chola-Dynastie

Der Aufstieg der **Chola-Dynastie** vom kleinen Vasallenstaat mit seiner Hauptstadt Thanjavur zur größten Macht Südasiens vollzieht sich zwischen dem 10. Jh. und 12. Jh. Von ihrer neuen, 1030 gegründeten Hauptstadt Gangaikondacholapuram aus regieren sie ein riesiges Gebiet, zu dem die Malediven sowie weite Teile entlang der Ostküste bis Bengalen gehören. Damit schaffen sie das erste große stabile Staatsgebilde Südindiens. Ihr besonderes Verdienst ist die Patronage tamilischer Kunst und Literatur. Die berühmten Chola-Bronzen (s. S. 60) gelten als Meisterwerke jener Zeit.

Mit dem Erstarken der Späten Westlichen Chalukyas auf dem Dekkan geht die Glanzzeit der Cholas zu Ende. Nachdem die Späten Westlichen Chalukyas die Dynastie der Rastrakutas besiegt haben, versetzen sie auch den Cholas einen entscheidenden Schlag. Doch ihre Macht währt nicht lange.

Die Dynastien der Hoysalas, Kakatiyas und Yadavas

Ab dem 12. Jh. löst sich die große Dynastie der Späten Westlichen Chalukyas allmählich auf und kleinere Herrschergeschlechter drängen nach oben. Im Süden des Dekkan sind dies die **Hoysalas,** deren berühmte sternförmige Tempel noch heute in der ehemaligen Hauptstadt Halebid, in Belur und Somnathpur besichtigt werden können. Im Osten setzt sich die Dynastie der **Kakatiyas** durch, die ihre Hauptstadt in Warangal im heutigen Andhra Pradesh bauen, und im Norden die **Yadavas** mit ihrem Herrschaftssitz Devagiri. Aus diesen Jahrhunderten sind viele Kulturdenkmäler erhalten geblieben, die Zeugnis ablegen von der immensen Schaffenskraft jener Zeit.

Südindien ab dem 13. Jh.

Erste islamische Eroberer

Im Norden Indiens haben sich nach mehreren Eroberungszügen die **Ghuriden,** islamische Eroberer aus Afghanistan, festgesetzt. Sie machen Delhi zu ihrer Hauptstadt und begründen unter Aibak 1206 das Sultanat von Delhi. Ab 1296 dringen ihre Armeen unter Alauddin Khalji und seinem Feldherrn Malik Kufur weit nach Süden vor und erobern viele der kleineren hinduistischen Königreiche, die teils untereinander zerstritten sind und somit kaum Gegenwehr bieten.

Unter der **Tughluk-Dynastie** und Sultan Mohammed von Tughluk (1325–51) avanciert die alte Yadava-Hauptstadt Devagiri 1327 zum zweiten Regierungssitz der Herrscher und erhält den Namen Daulatabad (›Stadt des Reichtums‹). Viele der hinduistischen Königreiche des Südens werden Vasallenstaaten der Delhi-Sultane, deren Arm bis nach Madurai reicht, Hauptstadt der Malabar-Provinz von Delhi.

Lange können sich die Sultane im Süden nicht halten. Schon bald bröckelt ihre Macht und die eroberten Reiche befreien sich von der Fremdherrschaft. Dieses Machtvakuum ermöglicht neuen Herrschergeschlechtern den Aufstieg: den islamischen Bahmani-Sultanen sowie den hinduistischen Sangamas, die später das Großreich von Vijayanagar begründen sollten. Da beide den Dekkan als ihr Stammgebiet betrachten, ist der Konflikt vorprogrammiert.

Machtprobe auf dem Dekkan

Der schnelle Aufstieg der **Sangama-Dynastie** unter ihren Begründern Harihara und Bukka überrascht auch ihre Widersacher. Nach diversen Kleinkriegen gegen hinduistische und muslimische Rivalen gründen sie 1336 ihre Hauptstadt Vijayanagar (›Stadt des Sieges‹), dehnen rasch ihre Besitztümer aus und vertreiben 1371 auch die islamischen Herrscher von Madurai. Anderthalb Jahrhunderte lang besetzen sie und ihre Nachfolger, die **Saluvas** und die **Tuluvas,** den Thron. Ihr Imperium reicht zeitweise im Osten bis an den Golf von Bengalen, im Westen ans Arabische Meer und bis zur Südspitze des Subkontinents. In ihrer Stadt bauen sie wunderbare Tempelanlagen, die meisten für ihre Schutzgottheit Vishnu.

Doch nur ca. 150 km trennen die Vijayanagar-Herrscher von ihren nördlichen Nachbarn, den **Bahmani-Sultanen.** Diese haben sich 1345 nach einer Rebellion gegen die Delhi-Sultane selbstständig gemacht und sind das erste von Delhi unabhängige muslimische Herrschergeschlecht in Indien. Von deren neuen, 1350 gegründeten Hauptstadt Gulbarga aus kontrolliert Alauddin Hasan Bahman Shah viele früher von den Tughluks besetzte Gebiete und erobert zusätzlich die Konkan-Küste im Westen. Die einzigartige Freitagsmoschee von Gulbarga entsteht in jener Zeit. Der Bahmani-Herrscher Ahmad I. verlegt die Hauptstadt 1423 ins weiter nördlich gelegene Bidar und verstärkt seine Kontakte nach Persien, was insbesondere in der Architektur der Stadt sichtbar wird – die Medrese von Bidar ist ein gutes Beispiel dafür.

Zu Beginn des 16. Jh. zerfällt das Bahmani-Reich in mehrere kleine Sultanate, die von unabhängigen Dynastien regiert werden. Sitz der neu gegründeten **Dekkan-Sultanate** sind die Städte Berar, Ahmednagar, Bidar, Golkonda und Bijapur. Besonders die Dynastie der **Adil Shahis von Bijapur** (1490–1686) erlangt große Macht und demonstriert dies durch die Errichtung imposanter Bauwerke wie des berühmten Mausoleums Gol Gumbaz.

In all diesen Jahren sind sowohl die Dekkan-Sultanate untereinander als auch die Vijayanar-Könige mit ihren muslimischen Nachbarn immer wieder in Auseinandersetzungen verwickelt. Dabei geht es nicht um Religion und Glauben, sondern um Macht und Einfluss. Letztendlich verbünden sich aber die Dekkan-Sultanate gegen Vijayanagar und schlagen das mächtige Königreich 1565 vernichtend in der Schlacht bei Talikota. Durch den Fall des größten hinduistischen Reichs im Süden ist wieder Platz geschaffen für neue Konkurrenten, die dieses Mal jedoch nicht nur aus der Region stammen, sondern von weither übers Meer kommen.

Europas Griff nach Indien

Schon seit Jahrtausenden gibt es Handelsbeziehungen zwischen dem indischen Subkontinent und Übersee, sowohl nach Osten bis China als auch nach Westen bis in den Mittelmeerraum führen die Wege. Der Reichtum Indiens (Gewürze, Seide, Perlen etc.) ist bekannt und geschätzt. Kein Wunder, dass die aufstrebenden Mächte Europas ein Auge auf den Subkontinent geworfen haben.

Die **Portugiesen** sind die Ersten. Vasco da Gama, der 1498 in Nord-Kerala beim heutigen Kozhikode landet, bereitet den Weg für die Etablierung vieler portugiesischer Handelsniederlassungen entlang der West- und Ostküste Indiens. Fast das gesamte 16. Jh. beherrschen die Portugiesen den Küstenhandel, bis Portugal 1580 an Spanien fällt. Schnell nutzen andere europäische Mächte ihre Chance, darunter **Holländer, Briten, Franzosen** und auch **Dänen.**

Schon früh errichten die Holländer Niederlassungen in den wichtigen südindischen Häfen. 1600 wird von den Briten die Ostindische Handelsgesellschaft gegründet, die das Monopol für den Indienhandel innehat. Die Franzosen lassen sich in Pondicherry nieder, und die Dänen gründen den Handelsposten Tranquebar an der Ostküste, das heutige Tarangambadi in Tamil Nadu. Die stärkste Präsenz zeigen die Briten; Kalkutta und Madras an der Ostküste sowie Bombay und Surat an der Westküste dienen als Basen für ihr wachsendes Engagement. Auseinandersetzungen mit den europäischen Konkurrenten bleiben dabei nicht aus. In den vier **Karnatischen Kriegen** Mitte des 18. Jh. wird Indien zum Schauplatz französisch-britischen Kräftemessens. Letztendlich behalten die Briten jedoch die Oberherrschaft, gestützt durch eine Bündnispolitik mit regionalen Mächten.

Regionalreiche ab dem 16. Jh.

Nach dem Zerfall des Vijayanagar-Reichs machen sich viele der früheren Vasallen selbstständig, verbünden sich teils miteinander oder führen Kriege gegeneinander. Die Nayaks, ehemalige Gouverneure der Vijayanagar-Könige in Tamil Nadu, regieren ab der ersten Hälfte des 16. Jh. in Madurai, Thanjavur und Senji. In Mysore herrscht die Dynastie der Wodeyar-Könige nun unabhängig von Vijayanagar, verliert die Macht allerdings später an ihre Heerführer Hyder Ali und Tipu Sultan. Mächtige Akteure im Kräftespiel des Südens sind auch die muslimischen Reiche von Bijapur und Hyderabad im südlichen Dekkan.

Im Norden des Dekkan gelangt ab der zweiten Hälfte des 17. Jh. eine neue Macht zu Stärke und Ruhm: die **Marathen.** Auch die Europäer mischen heftig mit im Kräftespiel, geht es doch um ihre koloniale Vormachtstellung in der Region. Und nicht zuletzt hat auch der mächtige Mogul-Kaiser Aurangzeb seine Hände im Spiel.

Aurangzeb ist der Letzte der Mogul-Herrscher, die zwischen 1504 und 1739 weite Teile des Subkontinents von Nordindien aus beherrschten. Immer wieder hatten die Moguln versucht, auch Südindien ihrem Machtbereich einzuverleiben, waren aber durch die Dekkan-Sultanate sowie das große Vijayanagar-Reich in ihre Schranken verwiesen worden. Unter dem mächtigen Kaiser Aurangzeb stoßen die Moguln nochmals tief in den Süden des Subkontinents bis nach Tamil Nadu vor und verwickeln sich in zahlreiche Auseinandersetzungen mit den lokalen Machthabern. Aurangzebs Fokus nach Süden führt letztendlich zu einer Zerbröcklung seiner Macht im Norden und zur Auflösung des Mogul-Reichs.

Wodeyars

Ab 1610 regiert die Dynastie der **Wodeyars** in Mysore und später von ihrer Hauptstadt Srirangapatna für mehr als anderthalb Jahrhunderte. 1761 übernimmt jedoch ihr Heerführer **Hyder Ali** die Macht. Unter ihm sowie unter seinem erfolgreichen Sohn und Nachfolger **Tipu Sultan** (1750–99) gewinnt das Reich für kurze Zeit an Stärke und Einfluss. Mehrmals stellt sich Tipu Sultan gegen eine mächtige Allianz, die aus den Nizams von Hyderabad, den Briten sowie den Marathen besteht. Dank seiner Einnahmen aus dem intensiven Handel mit Übersee kann Tipu Sultan ein schlagkräftiges Heer aufbauen. Er verhält sich militärisch äußerst geschickt und gilt in seinem Denken als fortschrittlicher Regent seiner Zeit. Das britische Engagement in Indien betrachtet Tipu mit großem Argwohn und unterstützt seinerseits die Ideen der französischen Revolution. Auch militärisch geht er eine Allianz mit den Franzosen in Indien ein. Doch nach mehreren Kriegen wird der Tiger von Mysore, wie Zeitgenossen Tipu Sultan nennen, 1799 vernichtend geschlagen und findet dabei den Tod in seiner Hauptstadt Srirangapatna. Die Briten setzen danach die ehemaligen Wodeyar-Könige wieder ein, die jedoch nie über ein Marionettendasein hinausfinden sollten.

Herrscher von Bijapur und Nizams von Hyderabad

Nach der Zerschlagung des Vijayanagar-Reichs gelangen die muslimischen Nachbarstaaten Bijapur und Hyderabad zu Macht und Wohlstand. Die Herrscher von **Bijapur** gewinnen große Gebiete im Süden dazu und entwickeln ihr Reich zum mächtigsten Dekkan-Sultanat jener Zeit. Auch Hyderabad ist vom späten 16. Jh. bis Anfang des 17. Jh. eine der wohlhabendsten Städte Indiens und Zentrum des großen Herrschaftsgebiets der **Nizams von Hyderabad,** der Nachfolger der Qutb-Shahi-Dynastie aus dem nahen Golconda. Beide Reiche werden jedoch von den Truppen des Mogul-Kaisers Aurangzeb besetzt und nur Hyderabad kann sich davon später wieder erholen.

Marathen

Es ist das Verdienst des legendären **Shivaji Bhonsle** (1630–80), die **Marathen** zu Einigkeit und Schlagkraft geführt zu haben. Der militärische Führer, auf den man im Staat Maharashtra heute noch sehr stolz ist und dem unzählige Denkmäler errichtet wurden, gilt als Begründer des marathischen Staates und als Nationalheld. Seine Karriere beginnt er als Anführer von Marathen-Verbänden, die im

Dienst des Reichs von Bijapur stehen. Militärische Erfolge gegen seine früheren Herren und die Armee des Mogul-Kaisers Aurangzeb ermöglichen ihm den Aufbau eines eigenen Reichs, das aus einem Verband von Kleinstaaten besteht und zu seinen Glanzzeiten im Westen bis nach Gujarat und im Osten nach Bengalen reicht. An seiner Spitze steht der erste Minister (Peshwa), der ab der Mitte des 18. Jh. von der Hauptstadt Pune aus regiert. Die Überreste zahlreicher unter Shivaji und dessen Nachfolgern errichteten Festungen säumen noch heute die Küste Maharashtras und das bergige Landesinnere. Ab dem Ende der 1770er-Jahre beginnt der Verband jedoch infolge von Interessengegensätzen auseinander zu brechen und erleichtert es den Briten, ihre Stellung zu festigen. 1817 setzen sie den letzten Peshwa ab und übernehmen die Führung in der Region, wie schon in anderen Teilen des Subkontinents zuvor.

Ausbau der britischen Herrschaft

Durchdringung des Subkontinents

Schon seit 1600 besitzt die **East India Company** das Monopol für den britischen Indienhandel. Anfangs bestimmen rein ökonomische Interessen das Engagement der Briten, die im Laufe des 17. und 18. Jh. die anderen europäischen Mächte zunehmend aus dem Rennen schlagen. Doch immer mehr kommen auch machtpolitische Überlegungen ins Spiel, denn nur eine militärische Beherrschung des Subkontinents kann den Briten die kontinuierliche Ausbeutung der indischen Rohstoffquellen gewährleisten.

Nachdem europäische Konkurrenten in ihre Schranken verwiesen wurden, kommt es zu wiederholten Auseinandersetzungen mit einheimischen Kräften. In der **Schlacht von Plassey** 1757 besiegen die Briten den Nawab von Bengalen, der sich ihren Interessen in den Weg gestellt hat. Von Bengalen und verschiedenen Küstenstädten wie Bombay und Madras aus durchdringen die Briten den indischen Subkontinent und versuchen – oftmals auch mit Verträgen zu ihren Gunsten –, die Kontrolle über neue Gebiete zu erringen.

Korruption und Raffgier von Angestellten der East India Company führen dazu, dass diese zunehmend staatlicher Kontrolle unterworfen wird. Das Handelsunternehmen entwickelt sich allmählich zu einer Kolonialregierung mit bürokratischem Apparat und hierarchischen Strukturen. Sitz der Gesellschaft ist Kalkutta. Die katastrophalen Folgen dieser imperialistischen Politik äußern sich in einer Ausblutung der lokalen Rohstoffquellen, Massenarbeitslosigkeit infolge der Zerstörung gewachsener sozialer Strukturen und zunehmendem Rassismus. Einige der einheimischen Herrscher kollaborieren mit der Kolonialmacht, andere stellen sich den Briten beherzt entgegen. Kriege und Rebellionen sind an der Tagesordnung.

British Raj – britische Herrschaft über Indien

Nach der Niederschlagung des großen Aufstands von indischen Söldnern der East India Company im Jahr 1857 in Nordindien, dem sogenannten **Indian-Mutiny-** oder **Sepoy-Aufstand,** wird Indien 1858 direkt der Krone unterstellt. Der Generalgouverneur, bisher Oberbefehlshaber, erhält den Titel Vizekönig von Indien und die britische Regierung wird um ein Indienministerium erweitert. Ab 1876 darf die englische Königin auch den Titel Kaiserin von Indien tragen. Die traditionellen indischen Fürstenstaaten gliedert man innerhalb eines hierarchischen Systems – des sogenannten **British Raj** – an, allerdings besitzen sie kaum eigene Mitbestimmungsrechte.

Der Freiheitskampf

Der Indische Nationalkongress

Mit der bildungsbürgerlichen indischen Schicht erwächst den Briten ein weiterer Feind, der sich zunehmend gegen die Kolonialmacht wendet. Da die Briten zum Regieren des riesigen Subkontinents auch auf einheimische Kräfte angewiesen sind, genießen zahlreiche Inder eine Erziehung in britischen Schulen und Verwaltungsinstitutionen. Bei diesem neuen Bildungsbürgertum überwiegt zunächst noch die Anpassung an britische Normen und Gesetze, doch bald formiert sich eine wachsende Opposition indischer Intellektueller, deren westliche Ideen von Mitbestimmung, Demokratie und Nationalismus 1885 zur Gründung des **Indischen Nationalkongresses** (der späteren Kongresspartei) in Bombay führen.

Anfangs fordern die Mitglieder vor allem eine verantwortungsvolle Mitwirkung bei der Gestaltung des Staates, aber schnell werden revolutionäre Töne angeschlagen, insbesondere solche nach Unabhängigkeit von der Kolonialmacht. Gleichzeitig findet in einigen Kreisen eine erneute Hinwendung zu hinduistischem Gedankengut statt, was zur Gründung weiterer Organisationen führt: 1906 wird die **Muslim-Liga** gegründet, ein Jahr später die **Hindu-Mahasabha.** Auch in Südindien entsteht mit der **Gerechtigkeitspartei** eine neue Kraft, die sich für die Rechte von Niederkastigen einsetzt, und im Maharashtra der 1920er-Jahre gründet Bhimrao Ramji Ambedkar die **Bewegung der Unberührbaren.**

Mahatma Gandhi

Einen Schub erhält die nationale Bewegung, als sich **Mahatma Gandhi** (1869–1948) an ihre Spitze stellt. Im Jahr 1920 übernimmt er die Führung des Nationalkongresses. Sein Charisma und seine schlagkräftigen Ideen bescheren ihm in kurzer Zeit große Popularität und machen aus den Anliegen des Nationalkongresses ein Anliegen der breiten Massen. Mit immer neuen gewaltlosen Aktionen gewinnt er in ganz Indien eine große Anhängerschaft.

Die Briten reagieren mit Gewalt und drängen die Mitglieder des Nationalkongresses in die Illegalität. Gandhi, der spätere Ministerpräsident **Jawaharlal Nehru** sowie zahlreiche weitere prominente Führer der Bewegung verbringen Teile ihres Lebens in britischen Gefängnissen. Andererseits versuchen die Briten unter dem Druck der Massen mit Verfassungsreformen Zugeständnisse zu machen. Immer deutlicher treten dabei die unterschiedlichen Vorstellungen des Nationalkongresses und eines Teils der Muslime zutage, als deren Führer **Mohammed Ali Jinnah** fungiert.

Die Forderung nach zwei Staaten

Bis in die 1920er-Jahre ist von einem Hindu-Muslim-Nationalismus nur wenig zu spüren. Doch die gezielte Förderung der Muslim-Liga durch die Briten, die darin auch ein Instrument zur Schwächung des Nationalkongresses sehen, hat weitreichende Folgen. Gleichzeitig befürchten die Muslime, in einem von Hindus dominierten Staat zu kurz zu kommen. Beides führt in der Öffentlichkeit zu einer stärkeren Wahrnehmung religiöser Unterschiede, die von manchen Politikern sogar bewusst geschürt werden.

Die Forderung der Muslim-Liga nach separaten Wählerschaften entlang von Religionsgrenzen ist der erste Schritt, der in der späteren Gründung Pakistans enden sollte. 1935 steigt Jinnah zum Führer der Muslim-Liga auf und wird von den Briten mit ihrer Teile-und-herrsche-Politik unterstützt. 1939 kommt es zum endgültigen Bruch zwischen Muslim-Liga und Nationalkongress. Dies resultiert 1940 in Jinnahs Ruf nach einem unabhängigen Staat Pakistan. Der Eintritt Indiens in den Zweiten Weltkrieg an der Seite der Briten – eine alleinige Entscheidung der britischen Regierung – führt zur weiteren Radikalisierung des Nationalkongresses. Ab 1942 verlangt die vom Nationalkongress initiierte Quit-India-Bewegung den völligen Rückzug der Briten aus Indien. Die Führer der Bewegung werden bis Kriegsende von der Kolonialmacht in Gefängnissen interniert.

Indien nach 1947

Teilung und Unabhängigkeit

Nach Kriegsende ist den geschwächten Briten daran gelegen, ihre Kolonie so schnell wie möglich in die Unabhängigkeit zu entlassen.

Auch im Tod asketisch: Mahatma Gandhis Gedenkstätte in Delhi ist sehr schlicht

Geschichte

Von Politikern und Provokateuren geschürte Unruhen zwischen Hindus und Muslimen treiben Indien mehrmals an den Rand eines Bürgerkriegs. Die Positionen von Nationalkongress und Muslim-Liga haben sich inzwischen so verhärtet, dass ein gemeinsamer Staat in weite Ferne gerückt ist. Dessen Verfechter, Mahatma Gandhi und Jawaharlal Nehru, müssen klein beigeben und so kommt es zu einer schnellen Teilung des Landes durch die unter Druck geratenen Briten. Am 15. August 1947 wird die Unabhängigkeit Indiens erklärt, nachdem am Tag zuvor der Staat Pakistan ins Leben gerufen wurde. Besonders in den geteilten Provinzen Bengalen und Punjab kommt es zu großem Blutvergießen. 1 Mio. Menschen verlieren ihr Leben, rund 12 Mio. sind auf der Flucht.

Neuordnung des Staates

Die Ermordung Mahatma Gandhis und ein erster Krieg mit Pakistan markieren den Beginn des ›neuen‹ Indien. Unter dem ersten Ministerpräsidenten Jawaharlal Nehru verfolgt der Staat in Zeiten des Kalten Krieges eine Neutralitäts- und Friedenspolitik und orientiert sich in ökonomischer Hinsicht an einer sozialistischen Politik mit forcierter Industrialisierung. Auch die Eingliederung der ehemaligen Fürstentümer und die Neuordnung des Staates nach Sprachgrenzen findet unter seiner Federführung statt.

Während der britischen Herrschaft war Indien in Provinzen untergliedert, die direkt der Kolonialregierung unterstanden. Doch mehr als 50 % des Gebiets teilten sich 562 Fürstenstaaten, die zwar von den Briten befehligt wurden, aber Autonomie nach innen besaßen. Die Mehrheit davon schließt sich nun dem neuen indischen Staat an. Eine Ausnahme bildet das große Fürstentum Hyderabad, das sich der Anbindung widersetzt und daraufhin annektiert wird. Der hinduistische Herrscher von Kaschmir optiert für einen Anschluss an Indien, obgleich die Mehrheit der Bevölkerung dem muslimischen Glauben anhängt – dieser Streit ist bis heute nicht beigelegt und Kaschmir nach wie vor ein Zankapfel zwischen Indien und Pakistan.

›Größte‹ Demokratie der Welt

Die große Herausforderung für die junge indische Demokratie ist es, das riesige, unterschiedlichste Regionen umfassende Land zu regieren und dabei die wichtigsten sozialen Themen wie Massenarmut und Ungerechtigkeit des Kastenwesens nicht aus den Augen zu verlieren. Immer wieder versuchen einzelne Regionen, mehr Autonomie oder gar die völlige Unabhängigkeit von Delhi zu erlangen, was teilweise zu bürgerkriegsähnlichen Zuständen wie im Punjab oder in den neuen Nordoststaaten führt. Auch die Staaten Südindiens, allen voran Tamil Nadu, fordern die Zentralregierung im Norden immer wieder heraus.

Neue regionale Parteien entstehen, die in den Bundesstaaten große Mehrheiten erhalten und der regierenden Kongresspartei in Delhi Konkurrenz machen. Regelmäßig betont daher die Kongresspartei ihre Macht im föderalistischen Staat. Besonders **Indira Gandhi,** die Tochter und Nachfolgerin des ersten Ministerpräsidenten Nehru, führt Indien mit zum Teil harter Hand. In ihre Regierungszeit – mit kürzeren Unterbrechungen 1966 bis 1984 – fallen unter anderem der Krieg gegen Pakistan im Jahr 1971, aus dem der neue Staat Bangladesh hervorgeht, und die Jahre des Notstandsregimes (1975–77), in denen viele demokratische Rechte ausgesetzt werden.

Nach der Ermordung von Indira Gandhi 1984 besteigt ihr Sohn **Rajiv Gandhi** den Präsidentensessel. Er versucht die wirtschaftliche Öffnung des Landes voranzutreiben, wird jedoch 1991 bei einem Selbstmordattentat der tamilischen Befeiungsorganisation Tamil Tigers getötet. Mit Rajiv Gandhis Tod ist auch der jahrzehntelangen Herrschaft der Kongresspartei unter der Nehru-Gandhi-Dynastie ein vorläufiges Ende gesetzt. Die 1990er-Jahre kennzeichnet eine Globalisierung des indischen Marktes bei einem gleichzeitigen Erstarken hindu-nationalistischer Parteien wie der Bharata Janata Party (BJP), die von 1998 bis 2005 die Zentralregierung stellt. Seit 2005 hat auf Bundesebene wieder die Kongresspartei das Sagen.

Der Sonderweg von Goa   Thema

Ganz anders als im restlichen Indien verlief die Geschichte von Goa, wo die Portugiesen über 400 Jahre lang herrschten und die Kolonie erst 1961 unter militärischem Zwang verließen. Ihr koloniales Erbe zeigt sich heute noch in der Kultur des kleinen Bundesstaates an der Westküste.

Verschiedene hinduistische Reiche regierten in Goa über viele Jahrhunderte. Vom 8. Jh. bis zum 11. Jh. entwickelte sich Goa unter der Herrschaft der Silharas zu einem Zentrum des Seehandels mit der arabischen Halbinsel. Die nachfolgenden Kadambas errichteten die neue Hauptstadt Gopaka (Govapuri), deren Wohlstand sich im Bau zahlreicher Tempel und Paläste niederschlug. Infolge kriegerischer Auseinandersetzungen zerfiel das Herrschaftsgebiet im 12. Jh. und wurde unter verschiedenen südindischen Königreichen aufgeteilt.

Zu Beginn des 16. Jh. betraten neue Eroberer das fruchtbare Land an der Westküste: die Portugiesen. Sie waren die ersten Kolonialherren und sollten auch die letzten sein, die Indien wieder verließen. 1498 war Vasco da Gama erstmals in Indien gelandet. Bereits 12 Jahre später nahmen die Portugiesen mit Unterstützung der Vijayanagar-Könige Teile von Goa ein. Nach der Ausweitung ihrer Besitzungen auf dem Subkontinent und in anderen Teilen Asiens machten die neuen Herren Ela (Old Goa) 1534 zur Hauptstadt ihres Imperiums in Asien und nannten es Velha Goa. Zahlreiche weitere Distrikte wurden im Laufe der nächsten Jahrzehnte dazugewonnen.

Mit den Portugiesen gelangte auch der Katholizismus nach Goa. In Velha Goa errichtete man prächtige Kirchen und bekehrte die mehrheitlich hinduistische Bevölkerung unter Zwang zum Christentum. Mitte des 16. Jh. wurden die ersten Tempel der Hindus niedergebrannt, die daraufhin ins wilde Hinterland flüchteten. Gleichzeitig erlaubten die Kolonialherren eheliche Verbindungen zwischen portugiesischen Soldaten und einheimischen Frauen. Diese Politik hatte allerdings weniger mit Toleranz zu tun als mit der Absicht, sich auf diese Weise neue Untertanen heranzuziehen.

Ab dem Ende des 16. Jh. wurde die Stellung der Portugiesen als Kolonialmacht entscheidend geschwächt – Holländer und vor allem Briten übernahmen zunehmend das Ruder. Auseinandersetzungen mit den Marathen führten im 17. Jh. und 18. Jh. zu weiteren Gebietsverlusten. Doch die Portugiesen konnten Goa halten, das seit 1791 in seinen heutigen Grenzen und seit 1843 mit Panjim als neuer Hauptstadt besteht.

Anfänglich wurden der einheimischen Bevölkerung begrenzte politische und religiöse Rechte zugestanden. Doch mit der Errichtung der Diktatur in Portugal unter Salazar 1932 fielen Goa und seine Bewohner zurück auf den Status einer autoritär gelenkten Kolonie. Auch nach der Unabhängigkeit Indiens verblieb das Gebiet unter der Herrschaft Portugals. Immer wieder kam es zu politischem Aufruhr und zu Massendemonstrationen für die Unabhängigkeit. Am 19. Dezember 1961 schließlich marschierten indische Truppen in die letzte koloniale Bastion auf dem Subkontinent ein und vertrieben die Portugiesen. Danach war Goa zunächst ein Union Territory, wurde jedoch 1987 zum 25. Bundesstaat der Indischen Union ernannt.

Zeittafel

2300–1700 v. Chr.	Industal-Kultur mit den Großstädten Harappa und Mohenjo Daro.
Ab 1750 v. Chr.	Einwanderung der Arier nach Nordwestindien.
6. Jh. v. Chr.	Geburtsstunde von Jainismus und Buddhismus.
272–231 v. Chr.	Erstes indisches Großreich unter dem buddhistischen Kaiser Ashoka aus der Maurya-Dynastie.
3. Jh. v. Chr.– 6. Jh. n. Chr.	Reiche der Cholas, Pandyas und Cheras in Südindien; Handelsbeziehungen mit China, Arabien und Europa.
1. Jh. v. Chr.– 250 n. Chr.	Die Satavahanas bilden das erste Großreich auf dem Dekkan.
543–753 n. Chr.	Die Chalukyas von Badami regieren über den Dekkan und weitere Teile des Südens.
6. Jh.–8. Jh.	Die Dynastie der Pallavas dominiert von Kanchipuram aus weite Teile des nördlichen Tamil Nadu.
Mitte 6. Jh.– Anfang 10. Jh.	Die Pandyas regieren von ihrer Hauptstadt Madurai aus.
Mitte 8. Jh.– Mitte 10. Jh.	Die Dynastie der Rashtrakutas herrscht über den Dekkan.
10.–13. Jh.	Blütezeit der Chola-Dynastie – das ›Goldene Zeitalter‹ Südindiens. Entfaltung von Kunst und Kultur.
1022–1342	Die Hoysalas herrschen im südlichen Dekkan und bauen ihre sternförmigen Tempel.
1206–1526	Die muslimischen Eroberer aus Zentralasien begründen das Sultanat von Delhi und regieren über große Teile Nordindiens.
1336–1565	Das letzte südindische Großreich von Vijayanagar beherrscht weite Teile des Südens.
Mitte 14. Jh.– Ende 17. Jh.	Die Dekkan-Sultanate herrschen über große Teile des südlichen Dekkan.

Vasco da Gama landet an der Küste des heutigen Kerala.	**1498**
Herrschaft der Moguln in Delhi und weiten Teilen Nordindiens.	**1526–1857**
Gründung der Ostindischen Kompanie durch die Briten.	**1600**
Regionalreiche von Mysore und der Marathen.	**Anfang 17. Jh.–Ende 18. Jh.**
British Raj – britische Herrschaft über Indien.	**1858–1947**
Gründung des Indischen Nationalkongresses.	**1885**
Gründung der Muslim-Liga.	**1906**
Mahatma Gandhi (1869–1948) übernimmt die Führung des Nationalkongresses.	**1920**
Mohammed Ali Jinnah und die Muslim-Liga fordern einen eigenen Staat Pakistan.	**1940**
Indien wird unabhängig. Millionen Menschen verlieren aufgrund der Teilung in zwei Staaten ihr Leben oder ihre Heimat.	**15. August 1947**
Mahatma Gandhi wird von einem Hindu-Fanatiker ermordet.	**30. Januar 1948**
Jawaharlal Nehru ist Ministerpräsident von Indien.	**1947–1964**
Indische Truppen befreien Goa von der Kolonialmacht Portugal.	**1961**
Die Kongresspartei regiert – mit kleineren Unterbrechungen – das Land. Präsidentschaft von Indira Gandhi und Rajiv Gandhi.	**1966–1989**
Öffnung des indischen Marktes. Erstarken hindu-fundamentalistischer Parteien. Koalition unter Ministerpräsident Narasimha Rao (1991–95).	**Ab 1991**
Die hindu-nationalistische Partei Bharatya Janata Party (BJP) gewinnt die Wahlen und führt die Regierung unter Atal Bihari Vajpayee.	**1998–2005**
Koalitionsregierung unter Führung der Kongresspartei und Ministerpräsident Manmohan Singh.	**2005–2009**

Gesellschaft und Alltagskultur

Bewahrung der reichen Traditionen nach innen und Offenheit nach außen – ein Kontinuum, das für Südindiens Gesellschaft ganz besonders zutrifft. Die exponierte Lage, umgeben von Meer zu beiden Seiten, prägte die Geschichte und Kultur seiner Bewohner. So sind tief verwurzelte Religiosität und konservatives Denken einerseits sowie Toleranz und Aufbruchgeist andererseits bestimmende Faktoren der südindischen Identität.

Indien ist nach China das bevölkerungsreichste Land der Erde und wird 2050 vermutlich an erster Stelle stehen. Zur Zeit leben 1,17 Mrd. Menschen auf dem Subkontinent, davon 40 % jünger als 15 Jahre. Zahlreich wie seine Bewohner sind auch die Unterschiede zwischen den Menschen. Gerade die Vielzahl der nebeneinander existierenden Sprachen, Traditionen und Religionen machen Indien zu einem multikulturellen und vielfältigen, für Besucher manchmal auch verwirrenden Land.

Die Linie zwischen Nord- und Südindien wird gemeinhin entlang sprachlicher Grenzen gezogen. Als Südindien bezeichnet man diejenigen Landesteile, in denen die Menschen dravidische Sprachen sprechen: die Staaten Karnataka, Kerala, Tamil Nadu und Andhra Pradesh. Aus geografischer Sicht kann man auch die beiden Staaten Maharashtra und Goa sowie Teile Puducherrys dazuzählen.

Ethnien und Sprachen

Ethnien

Über die Ursprünge der indischen Bevölkerung gibt es zahlreiche Theorien. Bis heute vorherrschend ist die arische Migrationstheorie, die von verschiedenen Wanderungsbewegungen zentralasiatischer Hirtennomaden ausgeht, den sogenannten **Ariern.** Diese besiedelten ab 1750 v. Chr. von Nordwesten kommend den Subkontinent, auf dem bereits andere Völker lebten: indische Ureinwohner, deren Nachfahren heute als **Adivasis** bezeichnet werden, sowie Menschen mit dravidischem Sprachgebrauch. Deren Herkunft und Ursprung sind ebenfalls Streitpunkte unter Wissenschaftlern.

Sprachgruppen

In Nord- und Zentralindien waren und sind bis heute die **indoarischen Sprachen** vorherrschend. Zu ihnen gehören neben der Staatssprache **Hindi** auch **Marathi** und **Konkani;** Ersteres wird in Maharashtra gesprochen, Letzteres an der Westküste rund um Goa. Auch **Urdu,** die Sprache der meisten indischen Muslime, ist dazuzurechnen. Es unterscheidet sich von Hindi durch die arabische Schrift (Hindi wird in der Devanagari-Schrift geschrieben) und den vermehrten Gebrauch arabischer und persischer Wörter.

Die klassischen **dravidischen Sprachen,** die auch jeweils unterschiedliche Schriften besitzen, sind **Tamil** in Tamil Nadu, **Telugu** in Andhra Pradesh, **Kannada** in Karnataka und **Malayalam** in Kerala. In allen sechs Bundesstaaten, besonders in Teilen von Andhra Pradesh und Maharashtra, leben auch Adivasis, die ihre eigenen Sprachen und Dialekte sprechen. Die Mehrzahl der Adivasis hat sich jedoch in Zentralindien niedergelassen, wo auch Mundarten mit zum Teil austroasiatischem Ursprung existieren. Auf der Inselgruppe der Andamanen gibt es ebenfalls eine eigene Sprachgruppe und in Ostindien werden diverse **tibeto-birmanische Sprachen** gesprochen.

Insgesamt besitzt Indien 22 anerkannte Nationalsprachen, wobei **Englisch** nach wie vor als Verkehrssprache fungiert. Angehörige der gebildeten Schichten aus Südindien unterhalten sich mit Nordindern in der Regel auf Englisch. Typisch ist die **Multilingualität** in Indien. Viele Menschen sprechen bzw. verstehen neben ihrer Muttersprache mindestens noch eine andere indische Sprache.

Religionen

»Im unabhängigen Indien sind wir alle Minderheiten. Keine Gruppe kann für sich ihre Dominanz beanspruchen, ohne die Mehrheit der Inder in Minderheiten zu verwandeln.« Von Shashi Tharoor, einem der führenden indischen Köpfe der internationalen Politik, stammen diese Sätze, die zeigen, welche existenzielle Bedeutung Pluralismus und Toleranz für den modernen indischen Staat haben. Neben Region und Ethnie sind Religion und Kaste bestimmende Merkmale für die indische Gesellschaft. Auf dem Subkontinent entwickelten sich die beiden großen Weltreligionen Hinduismus und Buddhismus. Außerdem lebt im heutigen Indien die drittgrößte Anzahl der Muslime nach Indonesien und Pakistan.

Religion und religiöses Denken besitzen in Indien einen sehr hohen Stellenwert und prägen das Handeln der Menschen in vielfältiger Weise. Gemäß der letzten Volkszählung im Jahr 2001 sind 80,5 % der Menschen Hindus, 13,4 % Muslime, 2,34 % Christen, 1,87 % Sikhs, 0,8 % Buddhisten, 0,41 % Jainas und 0,6 % fühlen sich anderen Glaubensrichtungen zugehörig wie beispielsweise den Parsen. Die Verbreitung der Religionsgemeinschaften ist von Region zu Region unterschiedlich. Außer den Sikhs, die haupt-

Schüler in Brahmanen-Schule – das Studium der religiösen Schriften beginnt früh

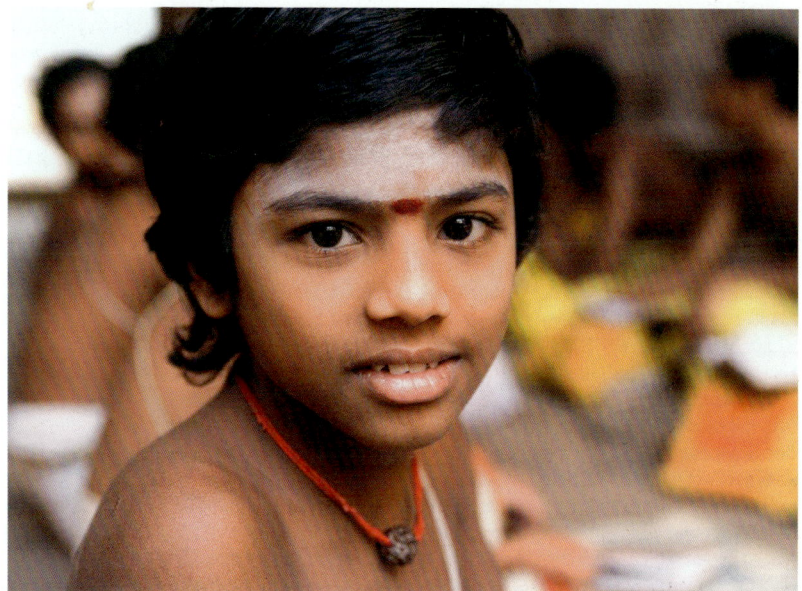

Heilige Tiere der Hindus

Thema

Kühe und Schlangen, Affen und Elefanten, Pfauen und sogar Ratten werden als heilige Tiere von den Hindus verehrt. Tierkulte haben eine lange Geschichte auf dem Subkontinent und wurzeln in verschiedenen Traditionen.

Schon die jahrtausendealte Indus-Zivilisation verehrte Tiere wie den Stier, was Fundstücke aus jener Zeit belegen. Auch bei den ab 1750 v. Chr. eingewanderten Ariern besaßen Tiere einen hohen religiösen Symbolwert – das arische Pferdeopfer ist ein Beispiel dafür. Die Ureinwohner des Subkontinents kannten ebenfalls zahlreiche Naturgottheiten und Tiere als Götter. All diese Kulte flossen im Laufe der Jahrtausende in den Hinduismus ein und gaben ihm sein vielfältiges Gesicht.

Zwei Tiere tauchen besonders häufig auf in Mythologie und Verehrungspraxis: die Kuh bzw. der Stier und die Schlange. Den berühmten heiligen Kühen begegnet man in Indien an fast jeder Straßenecke oder oft mitten auf dem Highway. Dort dösen sie friedlich vor sich hin, als ob sie wüssten, dass ihre Verletzung oder gar Tötung ein absolutes Tabu ist. Das war nicht immer so. Noch die Arier opferten ihren Göttern Rinder. Erst die großen Reformreligionen – der Buddhismus und der Jainismus – beharrten auf einem Tötungsverbot von Lebewesen. ›Heiliggesprochen‹ wurde die Kuh erst im 11. Jh. Von da an betrachtete man sie als Symbol einer friedlichen nährenden Muttergöttin.

Auch der Stier, ein Symbol der Stärke, Fruchtbarkeit und Fortpflanzung, gilt als heilig. Das Reittier des Gottes Shiva, der ebenfalls mit diesen Aspekten verknüpft wird, ist der Bulle Nandi. In Tamil Nadu wird jedes Jahr ein Fest gefeiert, bei dem junge Männer sich mit den Stieren messen. Eine besondere Stellung genießen auch Ochsen, deren Hörner oft mit bunten Farben bemalt werden.

Besondere Verehrung bringt man vor allem in Südindien den Schlangen entgegen, allen voran der Kobra. Schlangenkulte existierten vermutlich schon bei den Ureinwohnern und werden mit Wasser, Regen, Fruchtbarkeit und Sexualität in Verbindung gebracht. Häufig sieht man in Tempelhöfen, unter Bäumen oder an Teichen Schlangensteine (Nagakals, *naga* = Kobra). Sie zeigen halbgöttliche Wesen mit Schlangenkörper und Menschenkopf, oftmals dargestellt als verschlungenes Paar, bei dem Naga den männlichen und Nagini den weiblichen Teil repräsentiert. Opfer werden ihnen insbesondere von Frauen dargebracht, speziell zum Fest Naga Panchami, das jährlich am 5. Tag nach Neumond (Juli/Aug.) stattfindet. In Baltis Shirale in Süd-Maharashtra wird es mit einer spektakulären Prozession begangen: Schlangenfänger fangen Hunderte von Kobras und bringen sie in Tontöpfen zum Tempel des Orts, wo sie mit lila Farbpuder gesegnet werden. Danach kutschiert man sie auf geschmückten Festwagen und in Begleitung ohrenbetäubender Trommelmusik durch die Straßen des Städtchens. Immer wieder halten die Schlangenfänger an Häusern und die Frauen opfern den Kobras Butter, Milch, Blumen und sogar Geld. Aber auch sonst verehren Gläubige das heilige Tier in den vielen Schlangentempeln Indiens – in Mannarassala (Kerala) bitten kinderlose Ehepaare um seine Gunst; zum Tempel von Papumecat (Kerala) pilgern Menschen, die um die Heilung ihrer Hautkrankheiten bitten, denn auch die Schlange erhält regelmäßig eine neue Haut.

sächlich im Punjab und in anderen Teilen Nordindiens leben, sind alle größeren Religionen auch in Südindien vertreten.

Hinduismus

Nicht ein Gott, sondern 330 Mio. Götter soll es im Hinduismus geben. Er ist auch keine einheitliche Religion, sondern eine Sammelbezeichnung für einen Großteil der vielfältigen Glaubensvorstellungen, die auf dem indischen Subkontinent existieren. Das Wort Hindu ist genauso wie das Wort Kaste keine Eigen-, sondern eine Fremdbezeichnung. Der Hinduismus wird nicht nur als Religion gesehen, sondern als Lebensweise, und prägt durch das mit ihm in Verbindung stehende Kastensystem die Gesellschaft bis heute maßgeblich.

Im Hinduismus begegnen die religiösen und sozialen Vorstellungen der eingewanderten Arier denen der Völker, die schon vor ihnen auf dem Subkontinent siedelten. In einem jahrtausendelangen Prozess beeinflussten und befruchteten sich ihre Ideen, Praktiken und Rituale gegenseitig und verschmolzen teils miteinander.

Die religiösen Vorstellungen der Arier sind in ihren heiligen Schriften, den **Veden** (*veda* = Wissen), dargelegt, weshalb diese religionsgeschichtliche Epoche auch als **Vedismus** bezeichnet wird. Zentrales Element der vedischen Religion war das Opfer und die es begleitenden Rituale. Eine Vorrangstellung in der damaligen Gesellschaft hatten daher die Priester, d. h. die **Brahmanen** inne, die die heiligen Schriften studierten und die Opfer durchführten. Sie selbst definierten sich als Spitze einer hierarchischen Gesellschaftsordnung, die sich heute noch in Elementen des Kastensystems widerspiegelt.

Allmählich bildeten sich jedoch Ideen heraus, die sich gegen die beherrschende Stellung der Priester als Vermittler zwischen den Menschen und den Göttern wandten. In den ab 600 v. Chr. entstandenen **Upanishaden** (›Geheimlehren‹) wurde erstmals ein alternativer Heilsweg für das Individuum aufgezeigt:

Entsagung und Asketismus. Die Upanishaden prägten auch entscheidend die neuen Glaubensrichtungen Buddhismus und Jainismus, die sich um 500 v. Chr. entwickelten. Auch die fundamentalen Vorstellungen von Wiedergeburt, Karma und Dharma wurden damals formuliert. Sowohl die Ideen der Arier als auch die der neuen Glaubensrichtungen gelangten durch wandernde Priester und Asketen in alle Teile des Subkontinents.

Ab dem 2. Jh. v. Chr. erstarkten die Brahmanen wieder und ihre Ideologie breitete sich unter der Schirmherrschaft verschiedener Könige erneut aus. Gleichzeitig existierten auf dem Subkontinent die vielfältigen Glaubensvorstellungen und Kulte der Ureinwohner sowie der Draviden, die im Süden des Landes siedelten. Sie verehrten die Natur und ihre Ahnen. Außerdem besaß jeder Stamm bzw. jedes Dorf seine eigenen Götter und Göttinnen, denen in ganz unterschiedlichen Ritualen gehuldigt wurde. Man geht davon aus, dass auch matriarchale Gesellschaften existierten, in denen weibliche Gottheiten eine zentrale Stellung einnahmen.

Im Laufe der Jahrhunderte verschmolzen volkstümliche Glaubensvorstellungen, Bräuche und Rituale mit brahmanischer Ideologie und brahmanischen Göttern, die lokalen Gottheiten wurden als Aspekte der großen Götter angesehen – ein Prozess, der heute als Hinduisierung bezeichnet wird. Sie kennzeichnet die Periode des **klassischen Hinduismus** und wird zwischen dem 2. Jh. v. Chr. bis 1100 n. Chr. angesetzt.

Indiens Götter

Vishnu, Shiva, Rama, Krishna, Ganesha, Durga, Parvati: viele Namen, viele Köpfe, viele Arme, viele Aspekte und viele Mythen. Die indische Götterwelt ist reich an Ausdrucksformen und Geschichten, die von Hindus oftmals als verschiedene Manifestationen des ›Einen‹ betrachtet werden. Hinduistische Götter können gleichzeitig männliche und weibliche Aspekte besitzen, wohlwollend und zerstörerisch sein, sehr menschliche und überirdisch göttliche Qualitäten besitzen. Auf den Unkundigen mag das zunächst verwirrend und chaotisch wirken, doch einigen der angeblich 330 Mio. Götter begegnet man auf einer Indienreise immer wieder, und so lichtet sich zumindest ein kleiner Teil des Götterwirrwarrs.

Man erkennt die verschiedenen Götter oftmals an bestimmten Attributen wie einem Muschelhorn oder einem Dreizack. Viele haben auch ein sogenanntes Begleittier bzw. Fahrzeug *(vahana),* das ihnen zugeordnet ist. Nicht selten trägt ein und dieselbe Gottheit in verschiedenen Regionen andere Namen.

Als wichtigste Götter des hinduistischen Pantheons gelten Vishnu und Shiva. Während Vishnu ein milder und wohlwollender Charakter zugeschrieben wird, überwiegen bei Shiva wilde und furchterregende Züge. Zusammen mit dem Schöpfergott Brahma sind sie manchmal als höchstes Dreigestirn der hinduistischen Götter dargestellt: Brahma als Erschaffer, Vishnu als Erhalter und Shiva als Zerstörer der Welt. Brahma spielt in der heutigen Verehrungspraxis allerdings kaum eine Rolle und ihm sind nur sehr wenige Tempel geweiht. Dagegen bekennen sich die meisten Hindus entweder zu Vishnu (bzw. ihm zugeordneten Inkarnationen) oder Shiva und dessen Söhnen. Auch diverse weibliche Gottheiten sind sehr populär.

Vishnu und seine Inkarnationen

Vishnu gilt als Erschaffer der Welt. In Darstellungen wird er mit einer hohen Königskrone und häufig mit den Attributen Rad, Muschelhorn, Keule oder Lotos gezeigt. Sehr bekannt ist die Abbildung Vishnus auf einer Schlange liegend, die die Welt symbolisiert: **Shesa Narayana.**

Vishnus Begleittier ist der Vogel **Garuda.** Der Legende nach erscheint Vishnu in zehn Inkarnationen (Avatara), um die Welt zu retten: **Matsya** (Fisch), **Kurma** (Schildkröte), **Varaha** (Eber), **Narasimha** (Mann-Löwe), **Vamana** (Zwerg), Gottkönig **Rama, Parasurama** (Gottkönig Rama mit der Axt), Hirtengott **Krishna** (der Dunkle, der Schwarze), **Buddha** und **Kalkin** (Reiter). Man erkennt dabei eine interessante Parallele zur Evoluti-

onsgeschichte vom Wassertier zum Menschen. Besonders populär ist die Inkarnation als **Krishna,** über den unzählige Geschichten kursieren. Aber es sind auch viele andere Erscheinungen und Namen Vishnus bekannt. Zum vishnuitischen Kreis gehört außerdem der Affengott **Hanuman,** der im Epos Ramayana auftritt. Die Anhänger Vishnus, Vishnuiten oder Vaishnavas genannt, tragen oft ein u-förmiges Zeichen auf der Stirn.

Shiva

Shiva gilt seinen Anhängern als Erschaffer und Zerstörer des Universums und wird in vielen Teilen Südindiens als höchste Gottheit

Den hinduistischen Göttern wird überall gehuldigt, auch mit Altären in der Rikscha

verehrt. Shivas Reittier ist der Stier **Nandi.** Die Gottheit verkörpert überdies den Aspekt der Fruchtbarkeit, weshalb sie symbolisch als Phallus bzw. **Lingam** dargestellt wird. Eine in Südindien sehr bekannte Darstellung zeigt Shiva als Herrn des Tanzes, **Nataraja.** Shivas Anhänger, die Shivaiten, erkennt man häufig an ihrem Stirnzeichen, das aus drei übereinanderliegenden waagrechten Strichen besteht.

Shivas Söhne: Ganesha und Skanda

Einer der beliebtesten Götter des Hindu-Pantheons ist **Ganesha** (auch: **Ganapati**), der Gott mit dem Elefantenkopf und einem Stoß-

zahn. Er ist der große Helfer der Menschen beim Überwinden von Hindernissen und wird darum bei wichtigen Vorhaben wie Hochzeiten, Hausbau oder Prüfungen um Unterstützung angerufen. Ganesha ist auch der Gott der Klugheit und des Lernens. Als Reittier dient ihm eine Ratte. Seinen Bruder **Skanda** nennt man in Südindien meist **Subramanya** oder **Murugan.** Er gilt als Kriegsgott und sein Begleittier ist ein Pfau.

Weibliche Gottheiten

Schon vor der Ankunft der Arier wurden in Indien verbreitet Muttergottheiten verehrt. Man geht davon aus, dass viele dieser lokalen

Gesellschaft und Alltagskultur

Göttinnen in das hinduistische Götterpantheon integriert wurden. Besonders bei den Shivaiten spielen weibliche Gottheiten – **Devi** oder **Shakti** genannt – eine wichtige Rolle.

Eine zentrale Göttin ist **Durga,** die wie ihr männlicher Gegenpart, Shiva, wilde oder milde Aspekte zeigt. In Südindien findet man sie häufig als kämpfende, zornige Göttin und Bezwingerin des Büffeldämons Mahisha – sie heißt dann **Mahishasuramardini.** Oftmals reitet sie auf einem Löwen oder Tiger. Auch unter ihren Namen **Kali** und **Bhairavi** sind die furchterregenden Aspekte vorherrschend. Ihre milden und mütterlichen Eigenschaften kommen als **Uma** oder **Parvati,** der Partnerin von Shiva, zum Vorschein. Als symbolische Vereinigung von Shiva und Shakti sieht man häufig ein Phallussymbol, das Shiva-Lingam inmitten eines Kreises, der das weibliche Geschlechtsteil (Yoni) repräsentiert.

Auch bei den Vishnuiten spielen weibliche Gottheiten eine wichtige Rolle. Besonders **Lakshmi** oder **Shri,** die Gemahlin Vishnus, ist sehr populär. Sie wird als Göttin des Glücks und des Reichtums verehrt. Zu den wichtigen weiblichen Gottheiten zählt auch **Sarasvati,** die Göttin der Gelehrsamkeit und der Künste, die als Gemahlin des Gottes Brahma betrachtet wird und eine Stabzither (Veena), spielt. Außerdem gilt sie zusammen mit den Flussgöttinnen **Ganga** und **Yamuna** als Verkörperung der gleichnamigen heiligen Flüsse.

Verehrungspraxis und spirituelle Wege

Zahlreich wie die Götter sind auch die Wege, ihnen nahezukommen. Dabei spielen brahmanische Opferrituale ebenso eine Rolle wie Askese oder die vielen unterschiedlichen Formen der Volksreligiosität.

Praktizierende Hindus verehren regelmäßig einen oder mehrere Götter. Dieses Ritual, bei dem die Gottheit angerufen, ihr Opfergaben dargebracht werden und sie wieder verabschiedet wird, heißt **Puja.** Es kann zu Hause vor einem Hausaltar oder in einem Tempel stattfinden, wo dann Priester das Ritual vollziehen. Sie nehmen Opfergaben entgegen, z. B. Blumen, Kokosnüsse, Geld, und sprechen **Mantras** (Opfersprüche) in der heiligen Sprache Sanskrit. Die Gläubigen erhalten **Prasad,** eine geweihte Speise, oftmals in Form kleiner, weißer, gezuckerter Kügelchen.

Wichtiger Bestandteil hinduistischer Glaubenspraxis ist auch die Wallfahrt. Besonders zu bestimmten Festtagen strömen Hunderttausende von Pilgern an Orte, die als heilig gelten, in Südindien beispielsweise in die Tempelstädte Rameshwaram und Tirupati. Auch Kannyakumari, an der äußersten Südspitze des Subkontinents, ist ein heiliger Platz, und ein Bad in den dortigen Gewässern soll die Gläubigen reinwaschen. Das rituelle Bad spielt im Hinduismus eine wichtige Rolle, weshalb südindische Tempel immer auch einen Tempelteich besitzen.

Neben den vielfältigen Verehrungspraktiken sind Wege der Askese sowie spirituelle Übungen wie Yoga Formen der Annäherung an Gott. Die im 7. Jh. in Südindien entstandenen, bis heute sehr populären Bhakti-Bewegungen stützen sich auf die liebende Hingabe des Gläubigen an einen Gott – **Bhakti** (›Hingabe‹) wird vor allem von Anhängern des Gottes Krishna praktiziert. Auch traditionelle Musik und Tanz sind Ausdruck religiöser Hinwendung.

Buddhismus

Der Buddhismus zählt zu den großen Weltreligionen und hat mehrere Hundert Millionen Anhänger. Entstanden ist er um 500 v. Chr. auf dem indischen Subkontinent. Als Begründer der Lehre gilt **Siddharta Gautama,** der wahrscheinlich 563 v. Chr. in Lumbini im heutigen Nepal als Sohn eines Königs geboren wurde. Persönliche Erfahrungen, insbesondere mit dem Leid der Welt, veranlassten ihn, im Alter von 29 Jahren den Palast und seine Familie zu verlassen. Nach Jahren der Askese, des Studiums und der Meditation soll er in Bodhgaya im heutigen Bihar die Erleuchtung erlangt haben. Danach verbrachte er den Rest seines Lebens mit der Weitergabe seiner Lehre, bis er vermutlich 483 v. Chr. starb.

Der Buddhismus ist wie der Jainismus in einer Zeit entstanden, in der die religiösen Vorstellungen des späten Vedismus dominierten. Beide Bewegungen richteten sich gegen die beherrschende Rolle der Priester und lehnten das vedische Opferritual als Weg zum Heil ab. Stattdessen standen das Individuum und dessen Streben nach Erlösung im Mittelpunkt.

Mit seiner Verkündigung der **Vier Edlen Wahrheiten** und dem **Achtfachen Pfad** wies Buddha einen Weg, um aus dem Kreislauf der Wiedergeburten erlöst zu werden und ins **Nirvana** (›Verwehen‹, ›Verlöschen‹) einzugehen. Dies geschieht über die Erkenntnis des Leidens und seiner Ursachen, deren Überwindung durch entsprechendes Denken und Handeln sowie durch Meditieren. Wandernde Mönche brachten den neuen Glauben in alle Teile des Subkontinents, auch der mächtige Kaiser Ashoka (272–231 v. Chr.) trug zu seiner Verbreitung bei.

Schulen des Buddhismus

Im Laufe der Zeit entwickelten sich innerhalb des Buddhismus verschiedene Schulen. Die älteste Form des Buddhismus nennt man **Hinayana-** (›Kleines Fahrzeug‹) bzw. **Theravada-Buddhismus;** er ist heute noch in Thailand, Laos, Kambodscha sowie in Birma verbreitet.

Im sogenannten **Mahayana-Buddhismus** (›Großes Fahrzeug‹) spielen die Bodhisattvas eine wichtige Rolle. Diese erleuchteten Wesen verzichten auf ihren Eingang ins Nirvana, um anderen Lebewesen auf ihrem Weg zur Erlösung behilflich zu sein. Im Mahayana-Buddhismus verehrt man Buddha wie einen Gott und mit ihm die Bodhisattvas. Diese Lehre wurde rasch populär und verbreitete sich in Indien, Zentralasien, später auch in China und Japan.

In der zweiten Hälfte des ersten Jahrtausends entwickelte sich eine dritte Richtung, der **Vajrayana-Buddhismus** (›Diamantenes Fahrzeug‹). Beeinflusst von Hinduismus und insbesondere Tantrismus wurden weibliche Gottheiten in das Pantheon integriert und man versuchte, mit magischen Formeln, Ri-

tualen und Techniken den Weg zur Erlösung zu beschleunigen.

Buddhismus heute

Heute hängen in Indien ungefähr 8 Mio. Menschen dem buddhistischen Glauben an, also nur rund 0,8 % der Bevölkerung. Unter der Leitung von Bhimrao Ambedkar, dem charismatischen Führer der Dalits (s. S. 53), sind viele ehemalige Unberührbare zum Buddhismus übergetreten, um dem Dasein als Kastenlose zu entgehen. In Südindien lebt derzeit die zweitgrößte buddhistische Gemeinde von Exil-Tibetern in einer ausgedehnten Siedlung im Kodagu-Distrikt westlich von Mysore (s. S. 395).

Jainismus

Auch der Jainismus war – wie der Buddhismus – ursprünglich eine Reformbewegung, die sich gegen die Allmächtigkeit der Priester im Vedismus und manche seiner religiösen Praktiken wie das Opferritual richtete. Als historisch nachweisbarer Begründer des Jainismus gilt **Mahavira,** der wahrscheinlich von 599 bis 527 v. Chr. gelebt hat und ein Zeitgenosse Buddhas war.

Die Jainas betonen wie die Buddhisten den individuellen Heilsweg, der jedoch noch stärker auf asketischer Lebensführung beruht. Zentrales Element des jainistischen Glaubens ist **Ahimsa,** die Nicht-Verletzung jeglichen Lebewesens, d. h. die absolute Gewaltlosigkeit. In der Praxis bedeutet dies, dass Jainas bestimmte Berufe nicht ausüben dürfen, beispielsweise weder Landwirt noch Krieger bzw. Soldat sein können. Auch ihre Speisevorschriften sind stark reglementiert. Jainas sind strenge Vegetarier.

Die Gemeinschaft der Jainas zerfällt in mehrere Untergruppen, die eine ähnliche soziale Funktion wie die Kasten bei den Hindus haben. Es gibt allerdings zwei Hauptgruppen: die **Shvetambaras** (›Weißgekleidete‹) und die **Digambaras** (›Luftgekleidete‹). Letztere verzichten teilweise auf Kleidung. Wie Hindus und Buddhisten glauben Jainas an die Karmalehre und die Erlösung aus dem Kreislauf der Wiedergeburten. Sie verehren die **24 Tirthankaras** (›Furtbereiter‹), die ihnen beim Erreichen der Erlösung behilflich sind.

Der Begründer der Lehre, Mahavira, gilt als letzter der 24 Furtbereiter. Er und seine Vorgänger werden als Heilige verehrt, denen infolge idealen Lebenswandels Erlösung zuteil wurde. Die Lehren Mahaviras verbreiteten sich nach seinem Tod durch zahlreiche Mönchs- und Nonnenorden und gelangten durch wandernde Asketen in verschiedene Teile des Subkontinents. In Südindien gibt es vielfältige Zeugnisse jainistischen Glaubens aus verschiedenen Epochen. Das Zentrum der Digambaras ist der Pilgerort Sravana Belgola, zwischen Mysore und Bangalore.

Islam

Schon im 7. Jh. erreichte der Islam Südindien. Nicht durch gewaltsame Eroberungen wie später im Norden des Subkontinents, sondern durch Seefahrer und Händler aus Arabien hielt die Religion Einzug. Diese landeten an der Küste Keralas, wo in Kodungallur die älteste Moschee des Subkontinents steht. Ihre Nachfahren, die **Mappilas,** siedeln vor allem im Norden von Kerala an der Malabar-Küste, wo 25 % der Bevölkerung Muslime sind. Im Süden stiegen ab der Mitte des 14. Jh. die Bahmani-Sultane zu den Herren der Dekkan-Hochebene auf. Als ab dem 16. Jh. verschiedene Herrscher der Mogul-Dynastie weit in den Süden des Landes vordrangen, trafen sie auf Widerstand der dortigen hinduistischen Fürstentümer. Während vieler Jahrhunderte kam es dabei einerseits zu Konflikten und Kriegen, andererseits zu einer einzigartigen Verschmelzung von hinduistischer und islamischer Kultur. Beispiele aus der Wissenschaft über die Architektur bis zur Küche sind zahlreich und faszinierend.

Zwar behielt die Mehrheit der Menschen ihren angestammten Glauben, doch es fanden auch Zwangsbekehrungen zum Islam statt, z. B. unter dem mächtigen Herrscher Aurangzeb im 17. Jh. Manche Hindus wechselten ihren Glauben freiwillig, um so ihrem Dasein am Ende der sozialen Hierarchie zu entrinnen. Zur Verwurzelung des Islam in Indien trugen außerdem verschiedene volksreligiöse Strömungen und insbesondere der **Sufismus** bei. Diese mystische Strömung innerhalb des Islam breitete sich ab dem 12. Jh. durch Wanderasketen in Indien aus und war für Hindus ebenfalls attraktiv. Noch heute werden vielerorts auf dem Subkontinent die Gräber von islamischen Gelehrten und Sufi-Heiligen, sogenannte **Dargahs,** nicht nur von Muslimen, sondern auch von Hindus verehrt. Bei den jährlich stattfindenden **Urs-Festen,** die die symbolische Hochzeit des jeweiligen Heiligen mit Allah feiern und an deren Leben erinnern, nehmen Angehörige verschiedener Religionsgemeinschaften teil.

Die Dekkan-Hochebene ist nach wie vor ein Zentrum des Islam in Südindien. Städte wie Gulbarga, Bijapur oder Hyderabad sind geprägt von ihrer reichen islamischen Geschichte und haben einen sehr hohen Anteil muslimischer Einwohner. Auch im ökonomischen und sozialen Leben von Mumbai spielen die Muslime eine wichtige Rolle, besonders stark vertreten sind sie in der Filmindustrie von Bollywood.

Indiens Muslime bilden heute allerdings alles andere als eine homogene Gemeinschaft. Zwar sprechen viele von ihnen Urdu und mehrheitlich gehören sie der **sunnitischen Glaubensrichtung** an, doch es gibt viele regionale, soziale und religiöse Unterschiede. Insgesamt leben 138 Mio. Menschen in Indien, die sich zum Islam bekennen (13,4 % der Gesamtbevölkerung, letzter Zensus: 2001). Die Mehrheit davon ist im Norden und Westen des Subkontinents beheimatet.

Andere Glaubensgemeinschaften

Christen

In Indien leben heute ungefähr 24 Mio. Christen, davon ca. 15 Mio. in Südindien. Sie gehören vielen verschiedenen christlichen Kirchen und Sekten an, die durch Missionstätigkeit bzw. durch Abspaltungen untereinander entstanden.

Die ersten Christen kamen vermutlich über die seit langem bestehenden Handelsrouten zwischen dem arabischen bzw. dem Mittelmeerraum und Indien auf den Subkontinent. Aus ihnen gingen die südindischen **Thomas-Christen** hervor, die sich auf den Apostel Thomas berufen, der 52 n. Chr. an der Malabar-Küste gelandet sein soll.

Erste historisch belegte Nachweise stammen aus dem 6. Jh. und bezeugen die Existenz von christlichen Gemeinschaften in Südindien, die in Verbindung mit der syrischen Kirche standen. Die **Syrischen Christen** verbreiteten sich in den folgenden Jahrhunderten im südlichen Teil des Subkontinents.

Mit der Festsetzung der Portugiesen an der Westküste Indiens im 16. Jh. hielt der **Katholizismus** Einzug. Die Syrischen Christen, die im Einflussbereich der Portugiesen lebten, mussten sich römisch-katholischem Recht unterordnen. In der Folge kam es zu zahlreichen Spaltungen innerhalb ihrer Kirche.

In der zweiten Hälfte des 17. Jh. vertrieben die Holländer die Portugiesen aus einem Großteil ihrer besetzten Gebiete. Mit den Holländern und den darauf folgenden Dänen kamen erstmals auch **protestantische Missionare** ins Land. Die Briten konzentrierten sich lange Zeit vorrangig auf ihre Handelsgeschäfte und überließen die Missionstätigkeit anderen. Ab 1834 begann die **Basler Mission** an der Südwestküste Indiens ihre Aktivitäten. Mangalore ist noch heute eines ihrer Zentren, und in Thalassery im Norden Keralas wirkte Hermann Gundert, der Großvater von Hermann Hesse, als deren Missionar.

Die Aktivitäten verschiedener christlicher Kirchen spiegeln sich im Anteil der Christen an der Bevölkerung wider. Während ihr Anteil für ganz Indien gesehen nur 2,34 % beträgt, bekennt sich in Kerala ungefähr ein Fünftel der Einwohner zum Christentum und in Goa über ein Viertel. Tamil Nadu liegt mit 6,1 % ebenfalls über dem Durchschnitt. Die Mehrheit der Christen kommt aus den ärmeren Bevölkerungsschichten, darunter viele ehemalige Dalits (s. S. 52).

Parsen

Ihre Zahl ist zwar insgesamt gering, doch in Mumbai spielen sie eine wichtige Rolle: die Parsen. Die Anhänger des **Propheten Zarathustra** (ca. 1500 v. Chr.) waren im 10. Jh. n. Chr. wegen der muslimischen Eroberung ihres Heimatlandes Persien nach Indien geflüchtet und ließen sich vor allem in Gujarat und dem heutigen Mumbai nieder. Dort gab man ihnen den Namen **Parsis** (›Perser‹). Derzeit leben knapp 100 000 Parsen in Indien, die überwiegende Mehrzahl in Mumbai.

Der stark dualistische Charakter ihrer Religion, **Zoroastrismus** genannt, betont den Kampf des Guten *(ohrmuzd)* gegen das Böse *(ahirman)*. Parsische Tempel dürfen von Mitgliedern anderer Religionsgemeinschaften nicht betreten werden.

Durch die Türme des Schweigens in Mumbai wurde lange Zeit die traditionelle Bestattungsmethode der Parsen ins Blickfeld gerückt: Man überließ die Leichname auf einer Plattform den Naturkräften und den Geiern, da die Berührung eines Toten mit den Elementen Feuer, Erde und Wasser als Tabu gilt. Heute wird diese Tradition jedoch kaum mehr praktiziert.

Die Parsen sind einerseits eine sehr weltoffene Gemeinschaft, andererseits werden bei Eheschließungen – wie überall in Indien – Partner aus der eigenen Gemeinschaft vorgezogen. Schon unter britischer Kolonialherrschaft entwickelten sich die Parsen zu einer erfolgreichen Händlergruppe, die eng mit den Briten kooperierte – die Unternehmerfamilie Tata mit ihrem großen Stahl- und Automobil-Imperium ist ein gutes Beispiel dafür.

Juden

Über die Seehandelsrouten kamen auch die ersten Juden nach Indien. Seit dem 1. Jh. n. Chr. wird in verschiedenen Reiseberichten von jüdischen Siedlungen an der Malabar-Küste berichtet (z. B. Kodungallur). Unter den dort herrschenden Rajas genossen die Juden Schutz und Privilegien, wie Inschriften auf Kupferplatten aus dem 10. Jh. zeigen. Ab dem 15. Jh. entwickelte sich in Kochi eine blühende jüdische Gemeinde, wohin auch

Warum Frau Iyer nicht Herrn Shetty heiratet

Frau Iyer ist Computeringenieurin. Herr Shetty arbeitet in der gleichen Branche. Wenn sie sich einander vorstellen, so kennen sie nicht nur ihre Namen, sie wissen auch, woher der andere kommt und welcher Kaste er angehört. Ja, sie wissen noch mehr: beispielsweise dass Frau Iyer keine Eier isst und Knoblauch bei ihr zu Hause verpönt ist und dass Herr Shetty gerne Fisch verspeist. Eigentlich sind sie sich sehr sympathisch, aber heiraten werden sie vermutlich nicht.

Sage mir, wie du heißt, und ich sage dir, wer du bist – ein Satz, der in Indien vielerorts Gültigkeit besitzt. Nicht selten fragen darum Fremde zuerst nach dem Nachnamen des Gegenübers, um ihn besser einschätzen zu können.

Die bekannte Schriftstellerin Arundhati Roy hat ihrer Heimat Kerala den berühmten Roman »Der Gott der kleinen Dinge« gewidmet. Und doch weiß man in Indien, dass ihr Vater ein Bengale ist – das besagt ihr Nachname Roy. Einen typisch keralesischen Namen trägt hingegen die Filmregisseurin Mira Nair (»Monsoon Wedding«). Ihr Name verrät dem Insider nicht nur die Region, aus der sie kommt, sondern gibt auch Auskunft darüber, dass sie zur Kshatriya- oder Kriegerkaste gehört und dass die Nairs bis heute zum Teil das matrilineare Erbrecht praktizieren, bei dem der Besitz von der Mutter auf die Tochter übergeht. Der Nachname des ehemaligen indischen Ministerpräsidenten P. V. Narasimha Rao weist auf dessen Herkunft aus dem südindischen Andhra Pradesh hin. Zusätzlich verrät er, dass in seiner Familie Gott Vishnu verehrt wird, der zugleich in der Form des Mann-Löwen Narasimha auftritt.

Eindeutig identifiziert sind auch Frau Fernandes oder Frau de Souza – sie sind Christinnen und kommen aus Goa bzw. Mangalore. Der Beruf von Herrn Screwwala steckt ebenfalls schon im Namen: Er verkauft Schrauben und ist wahrscheinlich ein Parse. Bei Herrn Engineer oder Herrn Pilot sind zumindest seine Beschäftigung – oder die seines Vaters – bekannt. Über die politischen Vorlieben der Eltern von Herrn Lenin braucht man nicht zu spekulieren.

Indische Familien- bzw. Kastennamen erzählen so viele Geschichten über die betreffenden Personen, dass manche Menschen lieber nur ihren Vornamen benutzen. In Südindien wurde früher sowieso nur ein Name vergeben, der normalerweise auf den Herkunftsort oder die Familie, aus der man stammte, verwies. Auch der Vorname des Vaters oder Großvaters wird häufig als Familienname benutzt.

Besonders wichtig sind Religion und Kaste beim Heiraten. Der Tradition gemäß werden Ehen in Indien arrangiert, d. h. die Eltern bzw. die Familie suchen den passenden Partner aus. Dies ist auch heute noch die Regel, wenngleich in den Städten Liebesheiraten zunehmen. Die Zeitungen und Webseiten sind voll mit Heiratsannoncen und natürlich soll der zukünftige Partner aus derselben Religionsgemeinschaft und Kaste stammen. »Brahmanen«, »Kshatriyas«, »Scheduled Caste« (›Registrierte Kaste‹) oder »Muslim« lauten die Überschriften, als besonders fortschrittlich gilt die Spalte »Cosmopolitan«, bei der die

Thema

Kaste keine oder eine geringere Rolle spielt. Enorm an Prestige gewonnen hat dafür der Bildungsabschluss eines Gatten in spe, und wer eine Green Card für die USA besitzt, bekommt eine hübsche und gut situierte Braut gleich mit dazu. Eltern preisen ihre Töchter in den Anzeigen nicht nur als gut ausgebildet und schön, sondern besonders gern auch als hellhäutig an, ein begehrtes Attribut auf dem indischen Heiratsmarkt.

Natürlich wird eine brahmanische Frau aus Tamil Nadu nur an einen Brahmanen aus Tamil Nadu verheiratet. Brahmanen aus Benga-len kämen gar nicht infrage, denn die essen Fisch – ein absolutes Tabu für die strengen Vegetarier aus dem indischen Südosten. Dies erklärt übrigens, warum Frau Iyer nicht Herrn Shetty heiratet: Sie ist nämlich auch eine streng vegetarische Tamil-Brahmanin. Doch Herr Shetty kommt aus Mangalore an der Westküste, und zwar aus einer Farmerkaste. Der sympathische Herr ist damit tabu für Frau Iyer. Zudem essen die Shettys ja Fisch, und zwar gerne mit viel Knoblauch zubereitet – da würde Frau Iyer vermutlich die Nase rümpfen und ganz schnell weglaufen.

Eine prunkvolle Hochzeit dient auch dazu, seinen Stand zu demonstrieren

Juden aus Spanien und Portugal vor der Inquisition flüchteten. Im Gegensatz zu den alteingesessenen ›schwarzen Juden‹ bezeichneten sie sich selbst als ›weiße Juden‹ (Paradesi-Juden) und gingen bald getrennte Wege. Sie bauten ihre eigenen Synagogen und heirateten auch nicht in die alteingesessene jüdische Gemeinschaft ein.

Größere jüdische Gemeinden bestanden in Indien bis ins 20. Jh. hinein. Nach der Gründung des Staates Israel ist die überwiegende Mehrheit von ihnen dorthin ausgewandert.

Kaste und Gesellschaft

Offiziell sind sie längst abgeschafft, aber ein Blick auf die Heiratsanzeigen in indischen Zeitungen oder im Internet belehrt eines Besseren: Kasten sind nach wie vor existent in Indien und spielen eine Rolle in vielen Bereichen des täglichen Lebens der Hindus. Das Kastensystem ist so bestimmend für die Gesellschaft, dass einige seiner Grundsätze auch bei anderen Religionsgemeinschaften zu finden sind.

Das Wort Kaste ist kein Wort aus einer indischen, sondern entstammt der portugiesischen Sprache. Mit *casta* (›rein‹, ›keusch‹, ›unvermischt‹) bezeichneten die Eroberer aus Portugal die Existenz von unterschiedlichen sozialen Gruppen auf dem Subkontinent. Die Verwirrung und Diskussion, die sich im Laufe der Zeit um diesen Begriff entspann, hat sicherlich auch damit zu tun, dass man ein fremdes, kompliziertes Phänomen aus europäischem Blickwinkel und mit europäischen Kategorien zu beschreiben versuchte.

Im Hinduismus kennt man mehrere Begriffe, um die soziale Ordnung der Gesellschaft zu beschreiben, die beiden wichtigsten sind *varna* und *jati*.

Varna

Varna bedeutet eigentlich Farbe und bezieht sich auf die jahrtausendealte Ständeordnung der Arier. Im zehnten Buch des Rigveda wird der kosmische Urmensch Purusha in vier Bereiche gegliedert. Der Mund war der Brahmane (Priester), die Arme der Kshatriya (Krieger), die Schenkel der Vaishya (Händler) und die Füße der Shudra (Diener). Mit diesem Mythos, der einer sozialen und religiösen Ideologie gleichkommt, legitimierten die damals herrschenden Brahmanen ihre Vorrangstellung in der Gesellschaft. Gleichzeitig führten sie eine hierarchische Ordnung ein und verbannten die dunkelhäutigeren Ureinwohner (Dasas) vermutlich an das untere Ende der sozialen Leiter. Später entwickelte sich eine Fünfteilung des Systems, denn es kamen die sogenannten Unberührbaren dazu, die niedere bzw. unreine Arbeiten zu verrichten hatten und von den oberen Ständen ausgebeutet wurden. Diese Weltanschauung dient auch heute noch als Basis, um Hindus in gesellschaftliche Gruppen einzuteilen. Besonders auf dem Land bildet das Kastensystem die Grundlage von Ungerechtigkeit und Unterdrückung, obwohl es 1950 von der indischen Verfassung offiziell abgeschafft wurde.

Jati

Mit dem Begriff Jati werden Berufsgruppierungen bezeichnet, d. h. Menschen, die den gleichen Beruf ausüben, denselben Namen tragen und die auch den gleichen Traditionen folgen. Man isst bestimmte Speisen, teilt gemeinsame Tabus und heiratet innerhalb der Kaste. Insgesamt geht man von mehreren Tausend Jatis in Indien aus, die jedoch nicht statisch sind, sondern sich im Laufe der Zeit wandeln. Auch besteht – im Gegensatz zu den Varnas – die Möglichkeit, die Jati zu wechseln.

Kasten sind einerseits eng verbunden mit der hinduistischen Weltsicht und andererseits ein so starkes gesellschaftliches Strukturmerkmal, dass dies auf andere Religionsgemeinschaften abgefärbt hat. Auch bei Christen und Muslimen gibt es teilweise berufsbezogene Gruppen und Hierarchien, die ähnlich funktionieren.

Dalits

Traditionell außerhalb des Kastensystems standen die sogenannten **Unberührbaren** oder **Dalits** sowie die Ureinwohner Indiens, die Adivasis (s. u.). Schon Mahatma Gandhi hatte sich gegen die Ausgrenzung der Unberührbaren gestellt. Vor der Unabhängigkeit Indiens kämpfte der legendäre Führer der Unberührbaren, Bhimrao Ramji Ambedkar, für die Rechte dieser Gruppe, später wurde er zum ersten Justizminister des neuen Indien gewählt. Kurz vor seinem Tod trat er zusammen mit vielen seiner Anhänger zum Buddhismus über.

In der neuen Verfassung des Staates wurde das Kastensystem offiziell abgeschafft und die Unberührbarkeit zumindest auf dem Papier beseitigt. Dennoch finden sich auch heute in manchen Regionen Dörfer, wo die Siedlungen der Dalits getrennt von jenen der restlichen Bevölkerung stehen und wo die Dalits Formen der Diskriminierung ausgesetzt sind. Insgesamt gehören heute 16 % der Bevölkerung zu den *scheduled casts,* d. h. den registrierten Kasten der ehemaligen Unberührbaren. Für sie existiert ein besonderes Quotensystem: Entsprechend ihrem Bevölkerungsanteil erhalten sie Parlamentssitze, Ausbildungsstellen und in staatlichen Institutionen auch Arbeitsplätze. Die Dalits unterhalten vielfältige Interessensorganisationen und Parteien, die sich für ihre Rechte einsetzen, und pflegen eine eigene Dalit-Literatur.

Adivasis

Zur Bevölkerung Indiens gehören ca. 80 Mio. Stammesangehörige aus beinahe 700 unterschiedlichen Volksgruppen (8,2 % der Gesamtbevölkerung). Sie selbst bezeichnen sich als **Adivasis** (›erste Bewohner‹, ›Ureinwohner‹). Die Adivasis wohnen meist in abgeschiedenen Bergregionen Zentral- bzw. Ostindiens und werden offiziell als **scheduled tribes** (›registrierte Stämme‹) bezeichnet. Sie treiben Ackerbau und Viehzucht, sind Handwerker und vereinzelt auch Jäger und Sammler. Zwar bilden sie keine homogene Gruppe, doch gemeinsam ist ihnen eine enge Verbundenheit mit der Natur, die sie – ebenso wie ihre Ahnen – verehren. In der langen Geschichte Indiens wurden die Adivasis immer wieder aus ihren ursprünglichen Gebieten

verdrängt und noch heute gehören sie zu den stark benachteiligten Gruppen im Land. Immerhin gibt es auch für sie ein Quotensystem, das ihnen entsprechend ihrem Bevölkerungsanteil Zugang zu Ausbildungs- und Arbeitsplätzen in öffentlichen Betrieben verschafft.

Feiertage und Feste

In Indien gibt es neben den staatlichen Feiertagen zahlreiche religiöse Feste, die von den verschiedenen Glaubensgemeinschaften begangen werden. Manche Feste werden auch nur in bestimmten Regionen gefeiert. Daneben existieren unzählige lokale Kulte mit Feierlichkeiten in bestimmten Tempeln oder zu Ehren von Dorfgottheiten.

Hinduistische Feste werden teils nach dem Mondkalender berechnet oder es handelt sich um jahreszeitliche Feste bzw. Erntefeste. Auch islamische Festtage richten sich nach dem Mondkalender, d. h., sie werden nach dem gregorianischen Kalender jedes Jahr um elf Tage vorverlegt. Ein Festivalkalender mit den genauen Daten für die nächsten Jahre findet sich unter www.indiatourism.com (Stichwort ›Culture‹).

Hinduistische Feste

Pongal (Jan.): Das Erntefest begeht man vor allem in Tamil Nadu. Es finden Prozessionen statt, Rinder werden geschmückt und Hauseingänge mit Mustern aus Reismehl *(rangolis)* verziert. Den frisch geernteten Reis isst man als Brei *(pongal)*.

Maha Shivratri (Feb./März): Das Fest zu Ehren des Gottes Shiva wird in ganz Indien gefeiert und erinnert an seinen kosmischen Tanz, bei dem Shiva die Welt erschaffen hat.

Staatliche Feiertage
1. Jan.: Neujahr
26. Jan.: Tag der Republik
15. Aug.: Tag der Unabhängigkeit
2. Okt.: Geburtstag von Mahatma Gandhi

Gesellschaft und Alltagskultur

Die Gläubigen unternehmen Pilgerfahrten zu bekannten Shivatempeln, z. B. nach Thanjavur, Chidambaram oder Gokarna. Der Tag gilt als Glück bringend.

Holi (Feb./März): Das ausgelassene Frühlingsfest findet bei Vollmond statt und markiert den Übergang zur heißen Jahreszeit. Die Menschen bewerfen sich in einer fröhlichen Orgie mit Farbpulver oder bespritzen sich mit farbigem Wasser. Es versteht sich von selbst, dass niemand mit seiner besten Kleidung auf die Straße geht.

Onam (Aug./Sept.): Vor allem in Kerala begeht man am Ende der Monsunzeit das Erntefest. Dann werden die berühmten Schlangenbootrennen in den Backwaters abgehalten, außerdem finden Elefantenprozessionen und andere Feierlichkeiten statt.

Ganesh Chaturthi (Aug./Sept.): Das Fest für den sehr populären Gott mit dem Elefantenkopf feiert man besonders in Mumbai, Pune und anderen Teilen Maharashtras. Große Statuen des Elefantengottes Ganesha (in Maharashtra auch Ganapati) werden in Prozessio-

Beim Pooram-Elefantenmarsch in Trichur/Kerala sind die Trommler fast genauso wichtig wie die Tiere

nen durch die Straßen getragen und anschließend im Meer oder Fluss versenkt.

Navaratri/Dussehra (Sept./Okt.): Neun Nächte *(nau ratri)* dauerte der Kampf der Göttin Durga gegen den Büffeldämon Mahisha – erst am zehnten Tag besiegte sie ihn. In ganz Indien bekannt sind die Feierlichkeiten, die in der alten Königsstadt Mysore stattfinden. Aufwendige Prozessionen mit prachtvoll geschmückten Elefanten erinnern an den Sieg der Göttin, die gleichzeitig die Schutzpatronin der Stadt ist.

Diwali (Okt./Nov.): Die höchste Festlichkeit der Hindus ist das Lichterfest Diwali, bei dem die Häuser mit bunten Laternen, Lichterketten und Öllämpchen geschmückt und jede Menge Feuerwerkskörper in die Luft geschossen werden. Diwali ist auch das Fest der Geschenke. Jeder putzt sich mit neuen Kleidern heraus und auch die Häuser bekommen kurz vorher oftmals eine frische Farbe.

Islamische Feste

Id-ul-Zuha (Bakr Id; Zeitpunkt variabel): Das Opferfest gilt als das höchste Fest der Muslime, bei dem der Bereitschaft Abrahams gedacht wird, seinen Sohn zu opfern. Wer es sich leisten kann, lässt zu dieser Gelegenheit ein Lamm schlachten.

Id-ul-Fitr (Ramzan Id; Zeitpunkt variabel): Nach dem Fastenmonat Ramadan wird das Ende der Fastenzeit gefeiert. Man betet in der Moschee, kocht besondere Speisen und verteilt Süßigkeiten an Familienmitglieder, Freunde und Nachbarn.

Feste anderer Religionsgemeinschaften

Karfreitag, Ostern und **Weihnachten** (25. Dez.): Besonders in Goa, Kerala, Tamil Nadu und in Mumbai gibt es große christliche Gemeinden, in denen diese hohen christlichen Feiertage begangen werden.

Karneval (Feb./März): In Goa bekennt sich ein Viertel der Einwohner zum katholischen Glauben, daher ist der Karneval hier sehr populär. Am Faschingsdienstag und den Tagen davor ziehen Prozessionen durch die größeren Städte des Bundesstaates. Die Menschen feiern ausgelassen und bewerfen sich mit Farbpulver wie beim hinduistischen Holi-Fest.

Jamshed Navroz (21. März): Das Neujahrsfest der parsischen Gemeinde in Mumbai.

Mahavir Jayanthi (März/April): Der höchste Feiertag für die Jainas, an dem ihr Religionsstifter Mahavira geehrt wird.

Buddha Jayanthi (April/Mai): Festlichkeit der Buddhisten zur Erinnerung an die Geburt Buddhas.

Architektur und Kunst

Indien hat eine fast 5000-jährige Geschichte. Lokale Bau- und Kunsttraditionen führen zurück bis zu den Städten der Industal-Kultur. Ihre Lebendigkeit bis in heutige Zeit und die Übernahme oder Adaption traditioneller Formen in die moderne Architektur und Kunst sind Ausdruck von Kontinuität und Wandel gleichermaßen. Von der Vielfalt der Kulturen und Religionen auf dem Subkontinent zeugt der besondere Reichtum an sakraler Architektur und Kunst.

Architektur in Indien

Alte indische Raumkonzeptionen basieren auf kosmologischen Vorstellungen. Sowohl der Vaastu Shastra, eine Abhandlung aus dem 4. Jh., als auch alte dravidische Texte geben darüber Auskunft. Bei der Planung von Gebäuden spielten demnach kosmische Energien und ihr harmonischer Ausgleich eine wichtige Rolle. Lage, Raumeinteilung oder die Planung von Eingängen hatten starke symbolische Bedeutungen ebenso wie der Baubeginn eines Projekts. Aus der Zeit vor dem 2. Jh. v. Chr. sind jedoch fast keine Bauwerke vorhanden, da damals mit vergänglichen Materialien wie Holz oder Lehm gearbeitet wurde.

Buddhistische Architektur

Zu den ältesten Bauwerken des indischen Subkontinents zählen Zeugnisse des frühen Buddhismus. Die Anhänger der Lehre Buddhas lebten in Mönchsgemeinden an teils sehr abgeschiedenen Orten. Oftmals wurden sie von wohlwollenden Königen oder reichen Mäzenen unterstützt, die auch den Bau von Kult- und Wohnstätten für die Mönche finanzierten. Drei Bauformen sind typisch für jene Zeit: der **Stupa** als Kultobjekt, die Versammlungs- oder **Chaitya-Halle** als Ort der An-

dacht bzw. Tempel sowie der **Vihara,** die Klosteranlage mit den Wohn- bzw. Schlafstätten der Mönche.

Stupa

Der Stupa ist ein halbkugelförmiges Monument, das oftmals auf einer quadratischen Plattform steht. Er entwickelte sich aus den Grabhügeln, die schon in vorbuddhistischer Zeit existierten, und wird als Abbild des Kosmos angesehen. Der größte Stupa in Südindien stand in Amaravati im heutigen Andhra Pradesh, wurde jedoch vor ca. 200 Jahren als Steinbruch benutzt und größtenteils abgetragen. Stupas findet man in Südindien vor allem in den vielen buddhistischen Höhlenanlagen auf dem Dekkan, die ab dem 2. Jh. vor Chr. entstanden sind.

Chaitya und Vihara

Die Höhlenanlagen bestehen aus Chaitya-Hallen und Viharas, die in den Fels gehauen wurden. Die klassische Chaitya-Halle, wie man sie beispielsweise in der berühmten Anlage von Karla in Maharashtra sehen kann (1. Jh. n. Chr., s. S. 281), ist ein länglicher Raum mit einem Stupa im hinteren Teil. Um ihn führt ein Umwandlungspfad, sodass sich eine Apsis bildet. Zwei Säulenreihen teilen den Raum in ein Mittelschiff und zwei schmale Seitenschiffe. An der gewölbten Decke sind die ursprünglichen Holzkonstruktionen sichtbar, die in anderen Chaityas aus Stein nachgeahmt wurden. Typisch für die Chaitya-Halle ist auch ein hufeisenförmiges, teils reich geschmücktes Fenster an der Fassade des Bauwerks. In späteren Chaitya-Hallen wie beispielsweise in Ellora oder Ajanta (s. S. 291 u. 295) wurde dem Stupa eine Buddhafigur angefügt.

Die Viharas, Hallen mit kleinen Zellen an den Seiten, dienten den Mönchen als Wohn- und Schlafstätte. Ihnen vorgelagert sind oft eine säulenbestandene Veranda und ein Vorhof.

Hinduistische Architektur

Obwohl es auch einige berühmte hinduistische Höhlenanlagen gibt, z. B. Badami und Ellora (s. S. 332 u. 291), manifestiert sich die hinduistische Architektur vor allem im Bau von frei stehenden Tempeln und Tempelanlagen. Tempel gelten als Orte, an denen sich die menschliche und die göttliche Welt berühren. Deswegen stehen sie häufig an besonderen Stellen wie beispielsweise am Wasser oder auf einem Berg. Tempel gelten außerdem als Abbild des Kosmos und ihr Turm symbolisiert den mythischen Weltberg Meru, den Mittelpunkt des Universums.

Auch eine Analogie zwischen der Welt und dem menschlichen Körper wird im Aufbau eines Tempels deutlich. Der Name für das Sanktum, in dem sich das Kultbild befindet, heißt auf Sanskrit **Garbhagriha,** was ›Schoßraum‹ oder ›Gebärmutter‹ bedeutet. Es handelt sich um einen quadratischen und in der Regel wenig beleuchteten Raum, über dem sich der Tempelturm erhebt.

Reste erster Tempel finden sich ab dem 5. Jh. n. Chr., als der Hinduismus eine Wiederbelebung erfuhr. Frühe Anlagen ähneln teils buddhistischen Heiligtümern.

Nordindischer Baustil

Bis zum 7. Jh. kristallisierten sich zwei Hauptformen des Tempelbaus heraus: der nordindische und der südindische Typ. Kennzeichen des nordindischen oder **Nagara-Stils** ist ein stufenförmig aufragender, sich nach oben verjüngender Turm mit anfangs horizontaler und später vertikaler Gliederung über dem quadratischen Sanktum – er wird **Shikara** genannt. Ihm sind eine oder mehrere Hallen, die **Mandapas,** vorgelagert.

Diese ersten Formen des nordindischen Tempelbaus zeigen sich in der Baukunst der Frühen Westlichen Chalukyas von Badami (7./8. Jh.). Ihre Tempel gelten allerdings auch als Experimentierfeld für den südindischen Stil, denn auf dem Dekkan trafen verschiedene Einflüsse aufeinander und vermischten sich. Der nordindische Nagara-Stil fand seinen Höhepunkt im 10. Jh. und 11. Jh. in Ost- und Zentralindien. Besonders berühmt sind die Tempel Orissas und die Anlage von Khajuraho im heutigen Madhya Pradesh mit mehreren vorgelagerten Hallen.

Südindischer Baustil

Den südindischen oder **dravidischen Baustil** kennzeichnet ein pyramidenförmiger und horizontal geschichteter Turm, der **Vimana** genannt wird. Er steht, umgeben von weiteren Schreinen, in einer ummauerten Anlage. Erste Experimente mit dieser Bauform machte man im 7. Jh. mit den Modelltempeln der Pallava-Dynastie in Mamallapuram. Von dort gelangten die Vorstellungen nach Badami, wo sie unter den Frühen Westlichen Chalukyas zum Einsatz kamen. Auch der berühmte Kailash-Monolith in Ellora (s. S. 294) entspricht diesem Typ. Eine Fortentwicklung des dravidischen Stils fand unter der Chola-Dynastie in Tamil Nadu statt.

Als Meisterwerke ausgereifter südindischer Tempelbaukunst gelten die eindrucksvollen und reich geschmückten Tempel von Thanjavur und Gangaikondacholapuram aus

Immer mit der Uhr
Hinduistische Tempel soll man im Uhrzeigersinn umrunden, denn nur so erschließen sich einem die Geschichten, die an den Fassaden dargestellt sind. Außerdem – so sagt man – bringt es Unglück, gegen den Uhrzeigersinn zu laufen.

Architektur und Kunst

dem 11. Jh. (s. S. 457 u. 455). Das Heiligtum in Thanjavur besteht aus mehreren axial angeordneten Bauten und steht inmitten eines Tempelhofes, umgeben von einer Reihe von kleineren Tempeln und Nebenschreinen. Die gesamte Anlage ist von einer Mauer umgeben, die durch ein Tor im Osten betreten werden kann. Über diesem Tor ragt ein fünfstöckiger Turm, der **Gopuram,** auf. Das hohe Eingangstor mit seinem runden Tonnendach gilt ab dem 11. Jh. als typisches Kennzeichen südindischer Tempelanlagen und wird ab dem 12. Jh. sogar noch höher errichtet, während der Turm über dem Heiligtum ›schrumpft‹ – ein gutes Beispiel hierfür ist die Tempelanlage in Chidambaram aus der späten Chola-Zeit (s. S. 452).

Ab dem 13. Jh. waren weite Teile Nordindiens von muslimischen Eroberern besetzt, doch in Südindien regierten mit kleineren Unterbrechungen verschiedene hinduistische Herrschergeschlechter weiter. Das größte südindische Reich entstand ab dem 14. Jh. in Vijayanagar, dessen Könige ihre Macht im Bau prächtiger und großer **Tempelanlagen** demonstrierten. Ein besonderes Augenmerk wurde nun auf die dekorative Ausgestaltung der Tempelhallen oder **Mandapas** gelegt. Der Vitthala-Tempel in Vijayanagar gilt diesbezüglich als Meisterstück (s. S. 346).

Typisch für die sakrale Architektur in Südindien sind auch die großen Tempelanlagen und Tempelstädte, die im Laufe des 16. Jh. und 17. Jh. entstanden. Hierzu gehört der eindrucksvolle Meenakshi-Sundareshvara-Tempel in Madurai aus dem 17. Jh. (s. S. 464). Er steht inmitten eines ausgedehnten Tempelbezirks, umgeben von Mauern, die an allen vier Seiten durch fast 50 m hohe Eingangstore unterbrochen werden. Diese Gopurams sind über und über mit lebhaftem und bunt bemaltem Skulpturwerk bedeckt – ein weiteres Kennzeichen für den Stil jener Zeit. Auch der große **Tempelteich** ist ein Merkmal großer südindischer Tempelbauten. Ausgedehnte Tempelstädte, die nicht nur religiöse, sondern auch wichtige kommerzielle Zentren waren, findet man vor allem im Bundesstaat Tamil Nadu.

Regionale Baustile

Neben den klassischen Formen des Tempelbaus entwickelten sich in den verschiedenen Regionen des Subkontinents viele Varianten, die lokale Bautraditionen mit Einflüssen von außen kombinierten. Eine elegante Sonderform stellen die sternförmig angelegten Tempel der Hoysala-Herrscher auf dem südlichen Dekkan dar. Die Bauwerke entstanden überwiegend im 12. Jh. und 13. Jh. und kombinierten auf eine ganz eigene Weise südindische mit nordindischen Elementen.

Auch in Kerala an der Südwestküste des Subkontinents findet sich ein ganz eigenständiger Stil im Tempelbau. Eine Besonderheit der hiesigen Tempel sind ihre ausladenden Dächer, die an ostasiatische Bauten erinnern. Oftmals sind zwei oder gar drei sich verjüngende Dächer übereinander gesetzt, wobei Giebel und Dachgesimse mit feinem Schnitzwerk versehen sind. Berühmte Beispiele hierfür sind der Vadakkunatha-Tempel in Thrissur (s. S. 231) und der Mahadevar-Tempel in Ettumanur (s. S. 252).

Im lange Zeit portugiesisch besetzten Goa zeigen viele Tempel eindeutige Einflüsse des europäischen Barockstils und erinnern manchmal mehr an Kirchen als an hinduistische Heiligtümer (s. S. 180).

Islamische Architektur

Islamische Kunst und Kultur werden in der Regel mit Nordindien verknüpft, wo die Delhi-Sultane ab dem 13. Jh. weite Gebiete beherrschten. Auch für ihre Nachfolger, die Moguln, lag der Schwerpunkt ihres Machtbereichs im Norden des Subkontinents, der daher auch über Indiens wohl berühmteste Monumente islamischer Architektur verfügt, allen voran das elegante Grabmal Taj Mahal in Agra und die Jama Masjid in Delhi.

Doch auch Südindien beherbergt bedeutende Zeugnisse islamischer Baukunst, denn für mehrere Jahrhunderte bestanden auf dem Dekkan verschiedene Sultanate, die sich im 14. Jh. von Delhi unabhängig gemacht hatten. Unter dem Einfluss lokaler Bautraditio-

Alles beherrschend und überragend: die neue Moschee in Vizhinjam bei Kovalam

nen und persischer Vorbilder entwickelte sich auf dem Dekkan eine ganz eigene Kunst und Kultur, die insbesondere in den Städten Gulbarga, Bidar, Bijapur und Golconda/Hyderabad eine Vielzahl interessanter Bauwerke hinterließ. Hierzu gehören mächtige Festungsanlagen, wie sie beispielsweise in Daulatabad, Bidar oder Golconda zu sehen sind (s. S. 289, 321 u. 319). Die damaligen Herrscher waren bekannt für ihre Patronage der Künste und unterstrichen ihre Macht besonders mit dem Bau jener Monumente, die als Wahrzeichen islamischer Architektur gelten: der Moschee und des Grabmals.

Moschee

Unter der Bahmani-Dynastie entstand im 14. Jh. die berühmte Moschee von Gulbarga (s. S. 324). Sie gilt als Besonderheit, da sie die einzige komplett überdachte Moschee des Subkontinents ist. Die eindrucksvolle Jama Masjid in Bijapur (s. S. 328), Gotteshaus und Wahrzeichen der Stärke gleichermaßen, wurde von Sultan Ali Adil Shah aus der gleichnamigen Dynastie nach dem Sieg über das Königreich von Vijayanagar errichtet.

Grabmal und Dargah

Berühmtheit genießt Bijapur für sein riesiges Grabmal Golgumbaz aus dem 17. Jh., das das zweitgrößte Kuppeldach der Welt nach dem Petersdom besitzt (s. S. 328). Auch in den anderen Dekkan-Sultanaten ließen sich die Herrscher imposante Kuppelgräber errichten, zu den schönsten zählen die der Bahmani-Sultane in Ashtur bei Bidar (s. S. 321) sowie die Grabstätten der Qutb-Shahi-Herrscher bei Hyderabad (s. S. 319).

Eine Besonderheit sind die Stätten, an denen Heilige Männer, meist Sufis, begraben wurden: die sogenannten Dargahs. In einem umfriedeten Komplex finden sich oftmals mehrere Gräber sowie eine Moschee, Ruhestätten für Pilger und manchmal auch eine Bibliothek. Besonders sehenswert ist die Dargah des Sufi-Heiligen Hazrat Muhammad Gesudaraz in Gulbarga (s. S. 325), die aus dem 15. Jh. stammt.

Koloniale Architektur

Portugiesischer Einfluss

Die Architektur von Goa ist heute noch geprägt von der portugiesischen Kolonialzeit. Vor allem die prächtigen, meist im Stil der Barockzeit ausgestatteten **Kirchen** von Old Goa aus dem 16. Jh. und 17. Jh. zeugen vom immensen Reichtum, den die Kolonialherren damals angehäuft hatten. Verstreut über ganz Goa finden sich weitere Relikte portugiesischer Zeit: prunkvolle **lusitanische Villen.** Viele stammen noch aus dem 18. Jh. und wurden von reichen Händlern oder Grundbesitzern errichtet.

Britische Kolonialarchitektur

Gemäß dem stetig wachsenden Machtanspruch der Briten in Indien beherrschten ab dem Ende des 18. Jh. öffentliche Repräsentationsbauten das Bild einiger Städte. Architektur war auch hier Ausdruck von Autorität und gleichzeitig eine Manifestation europäischer Identität auf dem Subkontinent. Vor allem in Kalkutta, Bombay und Madras, von wo aus die Briten das Land zu dominieren versuchten, entstanden mächtige **Regierungs- und Verwaltungsgebäude.** Bestimmten anfangs gotische Stile die kolonialen Bauwerke, so wurden später lokale Elemente vor allem aus der Mogul-Architektur integriert, und es kam zu jenen Mischformen, die als indo-sarazenisch oder indo-gotisch bezeichnet werden.

Moderne Architektur

Urbanisierung und Modernisierung bestimmen die Architektur seit der Unabhängigkeit ganz wesentlich. Vor allem die Politik des ersten Präsidenten Nehru, eines starken Verfechters des Modernisierungsgedankens, gab der Architektur entscheidende Impulse und lenkte die Bautätigkeiten in Richtung der internationalen Moderne. Beispielsweise beauftragte Nehru in den 1950er-Jahren **Le Corbusier,** die Stadt Chandigarh nördlich von Delhi zu entwerfen. Ab den späten 1960er-Jahren übten die Bauten von **Louis Kahn**

großen Einfluss auf die damalige Architektengeneration in Indien aus, darunter **Charles Correa,** einer der wichtigsten Architekten des heutigen Indien. Er war auch der Chef-Planer von Navi Mumbai, der neuen Schwesterstadt der Riesenmetropole (s. S. 131).

Vor allem seit den 1990er-Jahren bestimmen Globalisierung und Regionalisierung die Architektur des Subkontinents. Besonders in den Außenbezirken der großen Metropolen entstanden Softwareparks und Businesszentren, oftmals im Stil einer eher gesichtslosen globalen Architektur. **Cyberabad** bei Hyderabad sowie **Electronic City** bei Bangalore sind Beispiele jenes an den Bedürfnissen globaler Wirtschaft orientierten Bauens.

Gleichzeitig entwickelte sich eine architektonische Richtung, die das Aufleben regionaler und lokaler Baustile unter Verwendung traditioneller Materialien vorantreibt. Kulturelle und soziale Institutionen, Hotels und die immer größer werdende wohlhabende Schicht sind Auftraggeber solcher innovativer Architektur, die zugleich Ausdruck eines wachsenden ökologischen Bewusstseins ist. Eine Wiederaufwertung der reichen Kunsthandwerkstraditionen des Subkontinents geht damit ebenso einher wie die Besinnung auf das immense architektonische Erbe Indiens.

Chola-Bronzen

Die Kunst der Herstellung von Bronzefiguren im Wachsausschmelzverfahren erreichte ihren Höhepunkt während der Chola-Dynastie zwischen dem 11. Jh. und 13. Jh. Besonders berühmt ist die Darstellung von Shiva als Nataraja, den Herrn des Tanzes. Das Nationalmuseum in Chennai widmet den Chola-Bronzen, die zu den Ikonen südindischer Kunst gehören, eine eigene Galerie (s. S. 418).

Malerei

So groß ist die Fülle beeindruckender Architektur und Skulptur auf dem Subkontinent, dass die malerischen Traditionen manchmal in den Hintergrund geraten. Dabei besitzen viele der Tempel und Paläste faszinierende Wand- und Deckenmalereien, die aufgrund ihres Alters allerdings zumeist nur in Form von Fragmenten überlebt haben. Dennoch vermitteln sie eine Vorstellung von der langen und kunstvollen Tradition der Malerei auf dem Subkontinent.

Den Beginn der Malkunst in Indien markiert in erster Linie die Wandmalerei, bei der meist die sogenannte Fresco-Secco-Technik angewendet wurde. Infolge der Ankunft der islamischen Eroberer bildeten sich später vor allem in Nordindien andere Stile und Techniken heraus. Mit ihren Miniaturen beeindrucken beispielsweise die mogulischen Malschulen. Noch heute schöpfen zeitgenössische indische Künstler aus dem reichen Schatz der bildenden Künste, die sich im Laufe der Jahrtausende entwickelt haben.

Wand- und Deckenmalereien

Zu den frühesten Zeugnissen gehören die exzellenten Wandmalereien in den buddhistischen Höhlen von Ajanta, die zwischen dem 2. Jh. v. Chr. und dem 6. Jh. nach Chr. entstanden sind (s. S. 295). Ihre Ausstrahlungskraft wirkte auch auf die Kunst der Frühen Westlichen Chalukyas von Badami in Zentral-Karnataka. Leider sind von den Wandmalereien in den Höhlen von Badami nur Spuren erhalten geblieben.

Ebenfalls Reste von feinen Wandmalereien befinden sich am herrlichen Kailasanatha-Tempel in Kanchipuram, der aus der Zeit der Pallava-Herrscher stammt und gegen Ende des 7. Jh. errichtet wurde (s. S. 423). Auch die Cholas, die Südindien zwischen dem 10. Jh. und 13. Jh. beherrschten, schmückten ihre Tempel mit wunderbaren Wandbildern. Im Brihadeshvara-Tempel in Thanjavur, der aus dem frühen 11. Jh. stammt, sieht man eindrucksvolle Bildnisse von Shiva (s. S. 458). Malereien aus verschiedenen Epochen enthält der Nataraja-Tempel von Chidambaram (s. S. 452). Von der bedeutenden Stellung der Malkunst zur Zeit der Vijayanagar-Herrscher, die zwischen dem 14. Jh. und 16. Jh. weite Teile Südindiens regierten, zeugen diverse

Wand- und Deckengemälde in ihren Tempeln. Ein absoluter Höhepunkt sind die gut erhaltenen Gemälde im Virabhadra-Tempel von Lepakshi (s. S. 378), denn sie beleuchten nicht nur das hohe Können der damaligen Künstler, sondern geben lebendige Einblicke in die Sitten und Gebräuche jener Zeit. Die Motive der meisten Wand- und Deckenmalereien Südindiens entsprangen jedoch der reichen Vorstellungswelt buddhistischer und vor allem hinduistischer Mythen und Legenden.

Dekkan-Malerei

Einflüsse der nordindischen Mogul- und Miniaturmalerei sowie insbesondere persische Elemente zeigen sich in den verschiedenen Malschulen der sogenannten Dekkan-Malerei, die sich zwischen dem 14. Jh. und 17. Jh. in den von muslimischen Herrschern regierten Dekkan-Sultanaten entwickelte. Ein Besuch des Archäologischen Museums in Bijapur, das eine Sammlung exzellenter Exponate beherbergt, gibt Einblicke in die hohe Kunst der Bijapur-Schule (s. S. 328).

Wandmalereien in Kerala

Kräftige Farben und ein lebendiger, teils dramatischer Malstil kennzeichnen die Wandgemälde Keralas. Sie schmücken die meist aus Holz errichteten Tempel und die Paläste der einheimischen Herrscher mit Geschichten und Gestalten aus der hinduistischen Götterwelt. Da der Besuch der Heiligtümer in Kerala in aller Regel nur Hindus vorbehalten ist, können viele der Wandbilder von Touristen nicht bewundert werden – eine Ausnahme bilden die ausgezeichneten Gemälde am Mahadevar-Tempel in Ettumanur bei Kottayam (s. S. 252).

Besonders im Norden von Kerala gibt es viele Heiligtümer aus der Zeit zwischen dem 12. Jh. und 19. Jh., die eindrucksvolle Malereien beherbergen. Einen Einblick in die für uns verbotene Welt gewährt der schöne Bildband »Wall Paintings in Northern Kerala« von Albrecht Frenz und Krishna Kumar Marar (Stuttgart 2004). Besichtigt werden können aber die imposanten Paläste verschiedener Kerala-Herrscher, die ebenfalls von den rei-

Eine Augenweide sind die Wandmalereien, mit denen viele Heiligtümer im Innern ausgeschmückt sind, beispielsweise die Höhle Nr. 1 von Ajanta

chen Maltraditionen Keralas zeugen, darunter der Mattancherry Palace in Kochi (s. S. 223), der Krishnapuram Palace in den Backwaters südlich von Alappuzha (s. S. 256) sowie der berühmte Padmanabhapuram Palace südlich von Keralas Hauptstadt Thiruvananthapuram (s. S. 264).

Tanjore-Malerei

Ein außergewöhnlicher Malstil entwickelte sich ab dem 16. Jh. in Thanjavur (engl. Tanjore) in Tamil Nadu. Die Tanjore-Malerei zeichnet sich durch eine dreidimensionale Gestaltung des Gemäldes aus. Besonders architektonische Elemente, aber auch andere Teile

gend um Thanjavur in verschiedenen Ateliers zum Einsatz kommt.

Raja Ravi Varma

Zu den berühmtesten südindischen Malern des 19./20. Jh. zählt **Raja Ravi Varma** (1848–1906). Er stammt aus einer Adelsfamilie, die zum Kreis der Herrscher von Travancore in Süd-Kerala gehörte. Seine Ölbilder, besonders aber seine Drucke, wurden zwar immer wieder als kitschig gebrandmarkt, doch Raja Ravi Varma galt als anerkannter und sehr populärer Künstler seiner Zeit und war auch als Porträtmaler an den Höfen der Maharadschas gefragt. Einen Großteil seiner Motive schöpfte er aus der reichen hinduistischen Götterwelt und den großen Epen.

1892 gründete er in Bombay eine Druckerpresse, die von deutschen Ingenieuren betrieben wurde. Dieses frühe indisch-deutsche Gemeinschaftsunternehmen produzierte um die Wende vom 19. Jh. zum 20. Jh. Millionen farbiger Drucke. Eine große Sammlung von Ölgemälden des Künstlers zeigt die Sri Chitra Art Gallery in Thiruvananthapuram (s. S. 259).

Moderne indische Malerei

Die zeitgenössische indische Malerei schöpft aus den ureigensten Quellen vergangener Zeiten, hat aber seit dem Ende des 19. Jh. auch verstärkt westliche Einflüsse aufgenommen. Maler wie Raja Ravi Varma sind dafür ein Beispiel.

Besonders nach der Unabhängigkeit Indiens kam es zu neuen interessanten Entwicklungen. In Mumbai schlossen sich mehrere Künstler zur **Progressive Artists Group** zusammen, einem Kreis, aus dem einige der bedeutendsten modernen Maler Indiens wie **M. F. Hussain, F. N. Souza, Raza** oder **Gaitonde** erwuchsen. In den 1950er-Jahren tauchte eine neue Generation von Malern auf, von denen einige Köpfe heute zu den führenden Figuren des Kunstbetriebs zählen. Mumbaier Künstler wie **Tyeb Mehta** oder **Akbar Padamsee** sind Beispiele dafür. Die Megacity besitzt heute eine lebhafte und vielfältige Kunstszene, die immer wieder neue

des Bildes werden mit Gold- oder Kupferbeschichtungen hervorgehoben. Kleidung und Schmuck der Figuren sind mit Edelsteinen und Halbedelsteinen besetzt, in günstigeren Ausführungen auch mit buntem Glas. Der Hirtengott Krishna ist ein beliebtes Motiv der Tanjore-Malerei, die heute noch in der Ge-

Architektur und Kunst

Künstlerinnen und Künstler hervorbringt. Moderne indische Malerei ist heute mehr denn je gefragt und erzielt auch in internationalen Auktionshäusern hohe Preise. Über aktuelle Entwicklungen der indischen Kunstszene informiert das renommierte Magazin »Art India« (www.artindiamag.com).

Musik

Meditativ und kontemplativ ist ihr Charakter – die klassische indische Musik fordert Ruhe und Besinnung von ihren Zuhörern. Sie verlangt ruhiges Sitzen statt wildes Tanzen, vielleicht ein Schlagen der Hände, ein Mitschwingen und ein anerkennendes »Kya baat«, jenen Zuruf, der wie kein anderer Respekt und Freude zugleich ausdrückt. Im Unterschied zu westlicher Musik ist die indische Musik einstimmig, ohne polyphone Elemente oder Harmonien.

Nordindische und südindische Traditionen

Durch **Ravi Shankar** wurde die klassische indische Musik in den 1960er-Jahren erstmals einem größeren westlichen Publikum bekannt. Auch unter dem Label »Worldmusic« dringen indische Töne seit einiger Zeit verstärkt gen Westen. Zwei Instrumente klingen dabei besonders in den Ohren: der **Sitar,** die populäre Stabzither und das Instrument Ravi Shankars, sowie die Doppeltrommel **Tabla,** berühmt geworden durch den großen Meister **Zakir Hussain.** Beide Interpreten und beide Instrumente sind Teil der hohen Kunst klassischer indischer Musik, gleichzeitig repräsentieren sie nur einen kleinen Ausschnitt der reichen musikalischen Traditionen des Subkontinents. Ihre Wurzeln liegen in der **Hindustani-Musik,** der vor allem in Nordindien verbreiteten und stark von persisch-arabischen Traditionen beeinflussten Variante der klassischen Musik. Der Süden Indiens besitzt eine eigene Musikform, die **Karnatische Musik,** die auch auf anderen Instrumenten gespielt wird. Beide Formen vereint jedoch das musikalische Gerüst von Raga und Tala.

Raga und Tala

Die klassische indische Musik hat ihre Wurzeln in der Religion. Ihre Ursprünge gehen zurück zu den Melodien vedischer Gesänge und Opferrituale. Die Stimme ist deshalb auch die Basis, und entsprechend bewegen sich die Instrumente im Spielraum der etwa drei Oktaven, die die Stimme umfasst. Sieben Haupttöne besitzt die indische Tonleiter. Sie werden durch 22 ungleiche Intervalle voneinander getrennt. Ihre Kombination bei frei gewähltem Grundton bestimmt die Melodie eines Stücks, den **Raga.** Es gibt Morgen-Ragas und Abend-Ragas, Frühlings-Ragas und Sommer-Ragas, je nachdem, wann sie gespielt werden. Ragas drücken Gefühlsstimmungen aus, sie können traurig oder fröhlich sein. Der Rhythmus eines Stücks wird durch die **Talas** bestimmt. Sie sind in Takte gegliedert und erkennbar durch lautmalerische Silben, die von den Musikern rezitiert werden. Sänger und Musiker verknüpft das unsichtbare Band von Raga und Tala.

Karnatische Musik

Die südindische klassische Musik spielte man traditionell in Tempeln und an Höfen. In ihrer heutigen Form wurde sie maßgeblich während der Zeit der ehemaligen Vijayanagar-Könige zwischen dem 14. Jh. und 16. Jh. geprägt. Deren Reich lag im Zentrum von Karnataka, daher stammt auch die Bezeichnung Karnatische Musik *(carnatic music).* Entscheidenden Einfluss auf die Entwicklung der südindischen Musik nahm später, d. h. etwa zwischen 1750 und 1850, das Dreigestirn der Karnatischen Musik: **Shyama Shastri, Muttuswami Dikshitar** und der berühmte **Thyagaraja.** Das Erbe Thyagarajas wird heute noch vielerorts gepflegt, z. B. beim populären Thyagaraja-Musikfestival in Thiruvaijaru bei Thanjavur (s. S. 460). Das größte Musikfestival Südindiens findet alljährlich im Winter in Chennai statt (s. S. 414). Auch Mumbai ist in jener Jahreszeit Austragungsort zahlreicher musikalischer Events mit hochkarätigen Künstlern (s. S. 137).

Die wichtigsten Instrumente der Karnatischen Musik sind die Langhalslaute **Veena**

und die längliche Fasstrommel **Mrdangam.**
Sehr populär sind auch **Ghatam,** ein gewölbter Tontopf, und **Kanjira,** ein Tamburin. Die Geige ist ebenfalls ein populäres Instrument. Im Westen bekannt geworden sind Elemente der Karnatischen Musik vor allem durch die Gruppe **Shakti,** die über Jahre hochkarätige Fusion-Musik produzierte. Auch heute spielen südindische Musiker in internationalen Ensembles. Bekanntheit genießen beispielsweise der Ghatam-Spieler **Vikku Vinayakram** oder die Geiger **L. Subramaniam** und **L. Shankar.** Auch der Komponist **A. R. Rahman** zählt zu den ganz Großen Südindiens. Er bestückt die bekannten Filme Bollywoods mit seinen Hits. Ein wunderbarer klassischer Veena-Spieler war **Doreswamy Iyengar.**

Tanz

Klassischer indischer Tanz

Shiva als Herr des Tanzes, der im schöpferischen Tandava-Tanz mit kraftvoller und feuriger Energie die Welt zerstört und wieder neu erschafft: Eindrucksvoll vermittelt die in Südindien weit verbreitete Vorstellung vom göttlichen Tänzer Shiva die enge Verbindung von Tanz und Religion. Auf dem ganzen Subkontinent haben sich im Laufe der Jahrtausende verschiedene klassische Tanzstile entwickelt, die heute noch lebendig sind.

Das Lehrbuch der dramatischen Künste, Natyashastra, vermutlich entstanden zwischen dem 2. Jh. v. Chr. und dem 2. Jh. n. Chr., beschreibt die Grundlagen des klassischen indischen Tanzes sowie von Musik und Gesang. Es unterscheidet zwischen **Nritta,** rein rhythmischem Tanz, und **Natya,** dem dramatischen und erzählerischen Tanz. Große Bedeutung besitzen dabei Mimik und Gestik. Körperhaltungen, die Stellung der Füße, die Formen des Blicks werden genauestens beschrieben, ebenso wie Kostüme oder Make-up. Der Natyashastra beinhaltet auch eine ästhetische Theorie und beschäftigt sich eingehend mit der Wirkung, die die Tänzer auf ihre Zuschauer haben. Er unterscheidet **Bhava** oder Gefühlshaltungen, die die Darsteller möglichst wirklichkeitsnah ausdrücken sollen, um bei den Zuschauern entsprechende Gefühlszustände, **Rasa,** zu evozieren.

Klassischer Tanz als Tempeltanz

Über lange Zeit wurde die Tradition des Tempeltanzes besonders in den südindischen Tempeln gepflegt und von den Fürstenhöfen gefördert. Devadasis, junge Mädchen und Frauen, die zeitlebens im Tempel lebten und formal mit der Gottheit verheiratet waren, fungierten als Tänzerinnen. Ihr ursprünglich hoher gesellschaftlicher Status, der eine Ausbildung in den klassischen Formen von Musik und Tanz umfasste, wurde im Laufe der Zeit jedoch abgewertet und endete für viele in der Prostitution. Heute wird klassischer indischer Tanz neben den traditionellen Schauplätzen vor allem auf den Bühnen großer indischer Städte und auch im internationalen Rahmen aufgeführt.

Bharata Natyam

Der **Bharata Natyam** zählt zu den ältesten und berühmtesten klassischen Tanzformen und genießt durch zahlreiche Interpretinnen auch im Ausland große Bekanntheit. Er hat seine Wurzeln im südindischen Tempeltanz und wird hauptsächlich von Frauen aufgeführt. Die Themen kreisen oftmals um das Thema der Hingabe an Gott (Bhakti) und schöpfen aus den Krishna-Legenden sowie anderen mythischen Stoffen. Begleitet wird die in mehrere Teile gegliederte Aufführung von einem musikalischen Ensemble mit südindischen Instrumenten. Seit der zweiten Hälfte des 19. Jh. und vor allem durch die Erneuerungsbewegung um engagierte Tänzerinnen wie **Rukmini Devi** hat der Bharata Natyam erneut an Popularität gewonnen. Rukmini Devi gründete in den 1930er-Jahren die angesehene Tanzschule Kalakshetra in Chennai, die auch heute zu den führenden Institutionen der klassischen Künste zählt. Dort gibt es regelmäßig Darbietungen von angesehenen Künstlern des Bharata Natyam sowie anderer Tanzformen (weitere Infos unter www.kalakshetra.in).

Architektur und Kunst

Kuchipudi

Zu den bekannten klassischen Tanzformen Südindiens zählt auch der **Kuchipudi.** Sein Name rührt her vom kleinen Dorf Kuchelapuram nahe der Stadt Vijaywada in Andhra Pradesh. In seiner ursprünglichen Form ist Kuchipudi ein Tanzdrama, aufgeführt von männlichen Tänzern und begleitet von diversen südindischen Instrumenten. Heute praktizieren auch viele Frauen Kuchipudi. Während in manchen Dörfern noch nächtelang Geschichten aus dem Leben Vishnus oder Krishnas sowie dem berühmten Gedicht Gitagovinda vorgeführt werden, bestreiten oftmals Solotänzerinnen die kommerziellen Aufführungen. Höhepunkt einer Darbietung ist das Tanzen auf den Rändern einer Kupferplatte, wobei gleichzeitig ein Wassertopf anmutig auf dem Kopf balanciert wird.

Keralas Tanztraditionen

Besonders reich und vielfältig präsentieren sich die Tanzformen Keralas. In dem kleinen Bundesstaat an der Südwestküste konnte sich vermutlich wegen seiner isolierten Lage zwischen den Bergen der Western Ghats und dem Meer eine ganze Reihe traditioneller kultureller Ausdrucksformen erhalten.

Als älteste Form des indischen Tanzdramas wird das Sanskrittheater **Kutiyattam** betrachtet. Seine Ursprünge reichen über 1000 Jahre zurück in die Zeit der arischen Besiedlung Keralas. Seit jeher wird es in speziellen Theaterhäusern innerhalb des Tempelbereichs aufgeführt und war lange Zeit nur Brahmanen und Adligen vorbehalten. 2001 wurde das Sanskrittheater von der Unesco in die Liste der Meisterwerke des mündlichen und immateriellen Erbes der Menschheit aufgenommen. Es wird heute noch von einigen Familien gelehrt und aufgeführt, darunter am Kerala Kalamandalam in Cheruthuruthi (www.kalamandalam.org) oder am Margi Theatre in Thiruvananthapuram (www.margitheatre.org).

Eng verknüpft mit dem kulturellen Erbe Keralas ist auch der **Kathakali.** Die Tänzer mit ihrem aufwendigen Make-up, ihrem imposanten Kopfschmuck und den weiten Rö-

Beim Kathakali hat das Make-up fast genauso viel Bedeutung wie der Tanz selbst

cken dienen heute oftmals als Aushängeschild zu Werbezwecken und ihr Bild prangt auf zahlreichen Tourismusbroschüren. Dabei hat sich der Kathakali erst ab dem 17. Jh. zu einer eigenständigen Form des Tanztheaters entwickelt, und seine Ursprünge gehen u. a. auf den Kutiyattam zurück. Beim Kathakali dominieren Männer die Bühne, präsentieren Geschichten aus dem Leben Ramas, Krishnas sowie andere religiöse Stoffe und übernehmen dabei auch Frauenrollen. Populär sind die lebendigen Tanzdramen vor allem wegen ihrer einmaligen Mischung aus komplizierten Tanztechniken, ausdrucksvoller Mimik und Gestik und nicht zuletzt wegen ihrer kunstvollen Kostüme und Masken. Mehrere Stunden benötigt der Prozess des Schminkens, bei dem eine festgelegte Farbsymbolik verwendet wird. Besucher von Kathakali-Aufführungen können bei dieser Vorbereitung oftmals zuschauen. Das traditionelle Publikum kannte deren Bedeutungen ebenso wie das Vokabular von Gestik und Mimik. Heute wird dies den Zuschauern bei Einführungen erklärt. Neben dem erwähnten Kerala Kalamandalam und dem Margi Theatre bestehen vor allem in Kochi und Ernakulam viele Gelegenheiten zum Besuch von Aufführungen (Infos z. B. unter www.kathakalicentre.com).

Zu den wichtigen Tanzformen Keralas zählt auch der von Frauen aufgeführte anmutige Solotanz **Mohini Attam,** dessen Wurzeln wie beim Bharata Natyam im Tempeltanz zu suchen sind. Klassische und volkstümliche Elemente vermischen sich bei der relativ jungen, ca. 200 Jahre alten Solotanzform **Tullal.** Sie wird von männlichen Tänzern aufgeführt, die dabei auch singen. Bedeutsam im nördlichen Teil Keralas ist das **Theyyam,** eine rituell bestimmte Volkskunst, bei der verschiedene künstlerische Formen zum Tragen kommen. Theyyam bedeutet Gott und vollzieht die rituelle Verwandlung eines Menschen in einen Gott. Sehr aufwendiger Haarschmuck, eine farbenprächtige Gesichtsbemalung sowie Kleidung aus verschiedenen Materialien, darunter fein geschnitzte Kokoswedel, sind typisch für das Kostüm eines Theyyam-Tänzers. Stoffe für die Aufführung schöpfen aus gesellschaftlichen Themen und besonders aus der Heldenverehrung, wobei auch Heldinnen auftreten können. Ein Theyyam endet mit der Segnung der anwesenden Gläubigen durch den Tänzer, der durch das Ritual als ein Medium Gottes betrachtet wird. Theyyam-Aufführungen finden in den Dörfern Nord-Keralas vor allem zwischen Dezember und Mai statt. Das Tourist Office in Kannur (s. S. 206) gibt jährlich einen Theyyam-Führer heraus, in dem die aktuellen Termine und Veranstaltungsorte zu finden sind. Ganzjährig sehen kann man ein Theyyam im Sri-Mutthapan-Parassinikadavu-Tempel bei Kannur (s. S. 206).

Literatur

Seit der Niederschrift der Veden, der ältesten indischen Texte, vor ca. 3000 Jahren hat sich eine gewaltige Literaturproduktion über den Subkontinent ergossen. Es entstanden religiöse und philosophische Texte, wissenschaftliche Abhandlungen, Dramen, Epen, Lyrik und Prosa in den verschiedensten indischen Sprachen. Indische Literatur präsentiert sich daher als eine äußerst multikulturelle und multilinguale Angelegenheit, die geprägt ist von den unterschiedlichen Regionen und Kulturen. Lange Zeit sicherten orale Überlieferungen die Weitergabe kultureller Schätze. Vor allem Mythen, Märchen, Epen und Volksdichtungen werden seit jeher mündlich überliefert. Besonders in den Dörfern, wo mehr als zwei Drittel der Menschen leben, sind diese in Form von Theater und Geschichtenerzählern noch immer lebendig.

Sanskrit als Literatursprache

Die Sprache der alten vedischen Opfergesänge, **Sanskrit,** war auch die Sprache, in der die **Veden** abgefasst wurden. Die Sammlung religiöser Schriften der arischen Hirtennomaden entstand zwischen 1200 v. Chr. und 500 v. Chr. Der **Rigveda** ist der älteste Teil und enthält 1028 Hymnen an die Götter der Arier. Auch die Texte der späteren **Brahmanas** mit ihren komplizierten Opferritualen sowie die um 600 v. Chr. entstandenen **Upa-**

nishaden (Geheimlehren) waren in Sanskrit verfasst. Es ist bis heute die Sprache der hinduistischen Priester sowie eines kleinen Zirkels von Gelehrten und muss in langem Studium erlernt werden.

Auch die beiden großen Epen Indiens, **Mahabharata** und **Ramayana,** waren ursprünglich in Sanskrit niedergeschrieben. Sie entstanden in der Zeit zwischen 400 v. Chr. und 400 n. Chr. und gehen vermutlich auf verschiedene Autoren zurück, obwohl sie oftmals als das Werk von zwei Verfassern dargestellt werden. Beide Werke sollten in den folgenden Jahrhunderten die indische Literatur sowie andere Künste entscheidend beeinflussen. Die gilt insbesondere für das berühmte Lehrgedicht **Bhagavat Gita,** den wichtigsten Teil des Mahabharata.

Prakrit und Pali

Sanskrit war jedoch nicht die einzige Literatursprache jener Zeit. Ab 500 v. Chr. entstanden in den beiden mittelindischen Sprachen **Prakrit** und **Pali** viele religiöse Texte. In Letzterer wurden sowohl die **Lehren Buddhas** als auch die berühmten **Jatakas,** Legenden aus seinem Leben, verfasst. Prakrit verwendeten die Jains häufig als Grundlage für ihre religiösen Schriften.

Indoarische und dravidische Sprachen

Aus den mittelindischen Sprachen entwickelten sich ab etwa 1000 n. Chr. die verschiedenen indoarischen Sprachen wie die heutige Nationalsprache **Hindi,** das damit verwandte **Urdu, Marathi** in Maharashtra oder **Konkani** an der Küste von Goa und Karnataka. Die Sprachen der vier klassischen südindischen Staaten Karnataka, Kerala, Tamil Nadu und Andhra Pradesh gehören zur eigenständigen dravidischen Sprachfamilie und brachten allesamt eine immense Literaturproduktion hervor.

Südindische Literatur

Auf eine besonders lange Tradition blickt die **tamilische Literatur** zurück, deren älteste

Eines der Aushängeschilder der indischen Literaturszene: Salman Rushdie

Belege ca. 2500 Jahre zurückdatieren. Vom 3. Jh. v. Chr. bis zum 3. Jh. n. Chr. blühte die **Sangam-Literatur** auf Tamil, so benannt nach den Dichterakademien oder Sangams, deren Zentrum sich in Madurai befand. Im 9. Jh. verfasste der Dichter Kamban »Ramayanam«, eine eigenständige Version des Ramayana auf Tamil – ein Meilenstein und eine Inspiration für viele nachfolgende Dichtergenerationen. Hingebungsvolle religiöse Poesie sowohl von Vishnuiten als auch von Shivaiten war über die kommenden Jahrhunderte hinweg das bestimmende Element der tamilischen Literatur. Auch in der Sprache **Kannada** finden sich an den Heiligtümern von Badami Inschriften, die auf ihren schriftlichen Gebrauch seit jener Zeit hindeuten.

Das Telugu, dessen Ursprünge aus dem heutigen Andhra Pradesh stammen, besitzt ebenfalls eine reiche literarische Tradition. Seit dem 10. Jh. sind Übersetzungen wichtiger Sanskrit-Texte bekannt. Ihr Goldenes Zeitalter hatte die **Telugu-Literatur** unter den Herrschern des Vijayanagar-Reichs und sie blühte auch unter deren Nachfolgern, den Nayaks, weiter.

Aus dem **Malayalam,** der Sprache Keralas, sind poetische Texte seit dem 12. Jh. bekannt. Die regionale Literatur wurde auch von den dortigen Rajas stark gefördert, die sich nicht selten selbst als Dichter betätigten. Malayalam-Poesie beeinflusste überdies die dortigen Tanzformen wie den Kathakali oder den Tullal.

Marathi, Konkani und Urdu

Marathi-Poesie ist seit dem 12. Jh. bekannt. Die Dichter Tukaram und Ramdas aus dem 17. Jh. zählen zu den bekanntesten Poeten jener Sprache. Auf sie greifen auch zeitgenössische Literaten noch zurück. Im **Konkani** wurden die ersten Bücher in einer indischen Sprache gedruckt, da die Portugiesen in Goa Mitte des 16. Jh. die erste Druckerpresse installiert hatten. **Urdu** verbreitete sich als Literatursprache ab dem 11. Jh. In Südindien entwickelte sich in den Dekkan-Sultanaten ab dem 16. Jh. der eigene und elegante Stil des **Dekkani-Urdu.**

Zeitgenössische Literatur

Zweimal schon war Indien Gastland auf der Frankfurter Buchmesse. Ungefähr 70 000 Titel von indischen Autoren werden jedes Jahr veröffentlicht, davon fast die Hälfte auf Englisch. Seit dem 19. Jh. entwickelte sich in Indien unter dem Einfluss der Briten das eigene Genre einer englischsprachigen indischen Literatur. Heute gibt es zahlreiche Schriftsteller, die auf Englisch publizieren. Mit ihren Werken der Heimatstadt Mumbai teils sehr verbunden sind beispielsweise die international bekannten Autoren **Salman Rushdie** (»Die satanischen Verse«) oder **Kiran Nagarkar** (»Gottes kleiner Krieger«). Aus Kerala stammen die Bestsellerautorin **Arundhati Roy** (»Der Gott der kleinen Dinge«), der ebenfalls auf Englisch publizierende Schriftsteller **Shashi Tharoor** sowie **Anita Nair,** deren populäre Frauenromane auch bei uns bekannt wurden.

Zu den großen Figuren Südindiens zählt das Urgestein **R. K. Narayan** (1906–2001) aus Tamil Nadu, der in zahlreichen Romanen über die fiktive südindische Provinzstadt Malgudi wie kaum ein anderer südindisches Leben porträtierte. Tamil Nadu war auch die Heimat der Schriftstellerin **Kamala Markandaya** (1924–2004), in deren Romanen oftmals die Schicksale von Frauen und die sich wandelnde indische Gesellschaft im Zentrum stehen. Viele indische Autoren schreiben jedoch in ihren Muttersprachen. Der berühmte bengalische Dichter **Rabindranath Tagore** (1861–1941) erhielt schon 1913 den Nobelpreis. Über eine besonders lebhafte literarische Produktion und eine bunte Verlagslandschaft verfügt der Bundesstaat Kerala. Nur die wenigsten Bücher der in ihrer Muttersprache schreibenden Autoren werden ins Englische oder gar ins Deutsche übersetzt. Werke in direkter Übersetzung aus den indischen Sprachen publizieren beispielsweise der Draupadi-Verlag (www.draupadi-verlag.de) sowie der Lotus-Verlag (www.indienbuch.de). Informationen zur modernen indischen Literatur gibt auch die Gesellschaft zur Förderung der Literatur aus Afrika, Asien und Lateinamerika (www.litprom.de).

Dampfender Reis auf einem Bananenblatt serviert, umrahmt von lecker gewürzten Gemüsesorten, scharfen Soßen und feurigen Pickles, dazu Joghurt zur Kühlung des Gaumens: Wer kann einem solchen Thali widerstehen? Die abwechslungsreichen und mit zahlreichen Gewürzen zubereiteten Gerichte der südindischen Küche sind Ausdruck der vielfältigen und regional äußerst unterschiedlichen Esskulturen auf dem Subkontinent.

Die Vielfalt indischer Küche

Küche der Regionen

Zwar kennzeichnet der – zumindest aus europäischer Sicht – üppige Gebrauch von Gewürzen die indischen Kochgewohnheiten, doch eigentlich ist es nicht angebracht, von einer indischen Küche zu sprechen: Je nach Region werden ganz unterschiedliche Zutaten und Gewürze verwendet.

Reis isst man zwar in ganz Indien, doch während er im tiefen Süden das unangefochtene Grundnahrungsmittel ist, finden im Norden und in Zentralindien vor allem Weizen, aber auch Sorghum und Mais vielfältige Verwendung. Dies manifestiert sich in den zahlreichen Brotsorten, die dort verspeist werden. Auch anhand der Gewürze lassen sich die Regionen unterscheiden. Besonders viele Sorten gibt es im tropischen Süden Indiens, wo man es gerne scharf mag. Frische grüne Chilis oder Pfeffer gehören in das Masala, eine Gewürzpaste, die die Basis vieler Gerichte bildet. Auch das Fleisch der Kokosnuss wird gerne zum Kochen verwendet, ebenso Ingwer, Knoblauch sowie die frischen Blätter des Kari-Strauchs und Koriander. Daneben finden Senfkörner, Kurkuma, Bockshornkleesamen, Zimt, Kardamom und Nelken ihren Weg in die Töpfe. Das Mark des Tamarindenbaums oder der Kokumfrucht gibt manchen Speisen ihre typisch säuerliche Note. Gebraten wird im Süden meist mit Kokos- oder Sonnenblumenöl.

Multikulturelle Einflüsse

Mit den vielen Eroberern, durch Handel und kulturellen Austausch gelangten immer wieder neue Impulse ins Land, die auch die Ernährungsgewohnheiten der Menschen beeinflussten. Besonders in Nordindien machten sich ab dem 10. Jh. **zentralasiatische und persisch-arabische Einflüsse** bemerkbar. Auch den Süden erreichten islamische Esstraditionen, die sich besonders auf dem zentralen Dekkan und an der Malabar-Küste niederschlugen. Die berühmte Küche Hyderabads oder die schmackhaften Speisen der muslimischen Mappila-Gemeinde in Nord-Kerala sind zwei Beispiele dafür.

Natürlich brachten auch die Kolonialherren ihre Essgewohnheiten mit nach Indien, u. a. die **Portugiesen,** deren Kochtraditionen sich vor allem in Goa niederschlugen. Die **Briten** übersäten Südindiens Berge mit Teeplantagen und führten das Teetrinken in Indien ein. Ihre Küche hingegen konnte die Inder offensichtlich wenig überzeugen, denn trotz jahrhundertelanger Herrschaft ist in kulinarischer Hinsicht wenig zurückgeblieben.

Selbst in den kleinsten Orten werden regelmäßig Gemüsemärkte abgehalten

Essen und Trinken

Sage mir, was du isst, und ich sage dir, wer du bist

Ein Blick in Indiens Kochtöpfe offenbart viele Geheimnisse: Er ermöglicht nicht nur Erkenntnisse über die Welt der Gewürze und Zutaten, sondern gibt gleichzeitig Auskunft über eine Gesellschaft, in der das Essen besonders eng mit der Identität und der Zugehörigkeit zu bestimmten sozialen Gruppen verknüpft ist. »Veg or Non-Veg?« ist eine häufig gestellte Frage, die Touristen meist schon im Flugzeug nach Indien, spätestens aber vor Ort auf einer Zugreise oder im Restaurant gestellt wird. Ungefähr ein Drittel aller Inder sind Vegetarier. Dies hat seine Gründe in religiösen Geboten und betrifft vor allem Hindus höherer Kasten wie Brahmanen und Jainas.

Speisevorschriften und Tabus markieren auch innerhalb der einzelnen religiösen Gemeinschaften, vor allem bei den Hindus, soziale Grenzen und Kastenunterschiede. So ist es kein Wunder, dass die Köche vegetarischer Gaststätten normalerweise aus der obersten Kaste der Brahmanen stammen.

Fleisch kommt zwar in vielen Restaurants auf den Tisch, doch in der Regel nur Hähnchen und Lamm bzw. Ziegenfleisch, das beides meist als *mutton* bezeichnet wird. Da den Hindus Kühe als heilig gelten und bei Muslimen der Genuss von Schweinefleisch ein religiöses Tabu ist, sind diese Fleischsorten nur sehr selten auf den Speisekarten der Restaurants zu finden.

Curry – ein Missverständnis

Das Wort Curry hat seinen Ursprung in dem Tamil-Wort Kari und dient in Indien gemeinhin als Bezeichnung für die gewürzten Soßen, die die Basis vieler Gerichte bilden. Bei uns gebräuchliche pulverisierte Gewürzmischungen namens Curry werden in Indien unter diesem Namen nicht verwendet. Das originale indische Pendant dazu heißt Masala und bezeichnet eine je nach Gericht und Region aus verschiedenen Gewürzen bestehende Mischung, die in jedem Haushalt anders und oftmals frisch zubereitet wird.

Kulinarische Reise durch Südindien

Eine Reise durch Südindien gleicht einem Fest für die Sinne. Man taucht ein in eine fremde Welt der Gerüche und Geschmäcker, begegnet neuen Speisen, exotischen Früchten und ebensolchen Gemüsesorten. Trotz der Armut vieler Menschen besitzt das Essen einen hohen Rang, was bei den zahlreichen religiösen Festen, bei Hochzeiten oder anderen gesellschaftlichen Anlässen besonders deutlich wird. Die Küchen und Kochgewohnheiten in den Bundesstaaten Südindiens haben viele Gemeinsamkeiten, unterscheiden sich andererseits jedoch beträchtlich.

Maharashtra

Der große Bundesstaat liegt nicht nur geografisch zwischen dem Norden und dem Süden des Subkontinents, sondern vereint die beiden Regionen auch in seinen Esstraditionen. Brot und Reis werden in Maharashtra gleichermaßen verspeist. Aus der Zeit der Marathen-Herrscher stammt die feurige und fleischreiche Kost der **Kolhapuri-Küche** rund um die gleichnamige Stadt, damals ein Machtzentrum der kriegerischen Marathen. Über 700 km Meeresküste weisen auch Fisch und Meeresfrüchten einen besonderen Platz auf den Speisezetteln zu. Die Schätze des Meeres liebt man besonders in der einst aus einer Fischersiedlung hervorgegangenen Metropole Mumbai.

Goa

Lange bevor die Lifestyle-Restaurants der westlichen Metropolen das sogenannte Fusion-Food für sich entdeckten, war diese Zubereitungsart in Goa weit verbreitet, denn hier mischten sich traditionelle lokale Kochkünste mit den mediterranen Tönen der portugiesischen Kolonialherren. Die vegetarische Küche der alteingesessenen Saraswat-Brahmanen existiert in Goa ebenso wie die reichhaltigen Speisen, die die Handschrift der katholischen Portugiesen tragen. Natürlich stehen Fisch und Meeresfrüchte ganz oben auf der Popularitätsliste einheimischer Speisen, besonders lecker schmeckt das traditionelle **Goan Fischcurry.** Kokosnuss, die säuerliche Kokum-Frucht sowie diverse Gewürze geben den Speisen ihr feines Aroma. Allerdings muss man nach den Restaurants erst suchen, die diese Gerichte anbieten, denn viele der Lokale an den Stränden haben sich einer eher gesichtslosen internationalen Küche verschrieben.

Kerala

Die multikulturelle Vergangenheit des kleinen Bundesstaates an der Südwestküste schlägt sich auch in der Variationsbreite seiner Spezialitäten nieder. Kerala besitzt neben hinduistischen auch große christliche und muslimische Gemeinden, alle mit eigenen Kochtraditionen. Bekanntheit genießt die Küche der Malabar-Küste in Nord-Kerala, die stark von den Gewohnheiten der muslimischen Mappila-Gemeinde geprägt ist. Eine Spezialität der Region ist das **Malabar-Biryani,** ein Reisgericht, das oft mit Krabben und Fisch angereichert wird. Aus den Küchen der syrischen Christen, die vor allem in Zentral-Kerala beheimatet sind, stammt der **Stew,** ein milder, mit viel Kokosnuss gekochter Eintopf auf der Basis von Gemüse, Hähnchen oder Lamm. Dazu gibt es **Appam,** den in ganz Kerala beliebten Reispfannkuchen, der auch gerne zum Frühstück gegessen wird. Die Namboodiris aus der Brahmanen-Kaste lieben den **Aviyal,** einen Gemüseeintopf, in dem Ortsfremde häufig auf ihnen unbekannte Sorten stoßen. Fisch, Meeresfrüchte und Muscheln kommen mit viel Chili und Kokosnuss in den Topf und werden mit der rauchig-säuerlichen Frucht Kodampuli verfeinert.

Das tropische Kerala ist zudem die Heimat unzähliger Obstsorten. Zu den schmackhaftesten zählen die roten Bananen, die wie der rote Reis eine lokale Spezialität sind. Bananen sind auch als frisch zubereitete Chips erhältlich – ein toller Snack für zwischendurch.

Karnataka

Unterschiedlich wie die Landschaften Karnatakas ist seine Küche. Eines hat der Bundesstaat jedoch mit seinem Nachbarn Tamil

Kochrezepte und -kurse

Interessante Webseiten, die indische Rezepte enthalten, sind z. B. www.indianfoodforever.com und www.indianfoodrecipes.net. Gute Kochbücher schreiben die Expertinnen Julie Sahni, Madhur Jafferey und Monisha Bharadwaj. Vor Ort bieten viele Hotels ihren Gästen die Möglichkeit, an einem Kochkurs in regionaler Küche teilzunehmen.

Nadu gemeinsam: die Liebe zu den Reispfannkuchen **Dosa** und den gedämpften Reisküchlein **Idli.** Beide werden mit viel Chutney sowie der würzigen Soße Sambar gereicht und sind auch eine Spezialität der sogenannten **Udupi-Restaurants.** Diese haben dem Namen des gleichlautenden Pilgerortes an der Westküste Karnatakas zu Berühmtheit über die Grenzen Indiens hinaus verholfen.

An der Küste des Arabischen Meeres ist auch die berühmte **Konkan-Küche** zu Hause, so genannt nach dem Küstenabschnitt zwischen Maharashtra und Kerala. Würzige Fischgerichte, Muscheln und Krabben werden in einer reichhaltigen Mischung aus Kokosnuss, Kokum-Paste und Gewürzen gekocht.

Auf dem trockenen Hochplateau des Dekkan sind Hülsenfrüchte besonders beliebt und werden oft mit Gemüsegerichten serviert. Eine Besonderheit sind die Spezialitäten der Region Kodagu westlich von Mysore. Dort isst man Schweinefleisch in scharf gepfefferten Soßen, begleitet von Reiskuchen.

Tamil Nadu

Tamil Nadu ist eine der Reiskammern Indiens, weswegen das Korn hier zu allen Mahlzeiten auf den Tisch kommt. Beliebtheit genießen der lecker gewürzte **Curd Rice,** der mit Joghurt gemischt und mit in Öl gebratenen Senfkörnern, Kari-Blättern und Chilis übergossen wird, sowie der **Lemon Reis** mit leichtem Zitronengeschmack und Erdnüssen verfeinert.

In Tamil Nadu gibt es eine vielfältige vegetarische Küche. Dosas und Idlis findet man in jedem vegetarischen Restaurant. Dazu erhält

Essen und Trinken

man zum Frühstück frisch gebrühten Kaffee. Das **Thali,** serviert auf dem Bananenblatt, begleitet von Gemüsen, Sambar und der scharfen Suppe Rasam ist Bestandteil der alltäglichen Kost der Menschen. Doch auch in Tamil Nadu findet man Regionen und soziale Gruppen, die sich für eine deftige fleisch- und fischreiche Kost begeistern. Weit über die Grenzen des Bundesstaates hinaus bekannt ist die Küche der Region Chettinad östlich von Madurai. Dort kommen auch Enten, Wachteln oder Hasen in den Topf und das mit Gewürzen kurz, aber scharf gebratene **Chettinad Chicken** ist Bestandteil der Speisekarten vieler Restaurants.

Andhra Pradesh

Andhra-Küche oder Hyderabad-Küche? Die Spezialitäten der Hauptstadt des Bundesstaates unterscheiden sich durch deren lange, muslimisch geprägte Geschichte sehr von der sogenannten Andhra-Küche der ländlichen Regionen, die überwiegend vegetarisch ist und mit anderen Gewürzen und Zutaten arbeitet.

Hyderabads köstliche **Biryanis, Kebabs** oder im Ofen gebackene **Lammkeulen** erinnern an die üppige Küche des arabisch-persischen Raums. Lecker und ideenreich ist auch die scharfe **Andhra-Küche.** In der Gegend um Vijaywada sollen die schärfsten Chilies des Subkontinents wachsen und entsprechend feurig sind die Gerichte. Eine Besonderheit ist die Variationsbreite der **Pickles** – von Spinat (Gongura Pickles) bis Krabben reicht das Angebot der eingelegten Köstlichkeiten.

Getränke

Wasser ist das Lieblingsgetränk der Inder, aber Reisende sollten es nur abgekocht und/oder gefiltert trinken. Fast überall bekommt man auch abgefülltes Mineralwasser. Für zwischendurch empfiehlt sich das süße Wasser der Kokosnuss, das an vielen Straßenständen verkauft wird und unbedenklich ist. Enthält die Kokosnuss viel Flüssigkeit,

wird sie als **Paniwalla** angeboten, möchte man auch das süße Kokosfleisch genießen, so ordert man eine **Malaiwalla.**

Problemlos ist auch der Genuss von Tee und Kaffee. Lecker schmeckt der Filterkaffee der Kette Indian Coffee House (www.indian coffeehouse.com), die in Keralas Städten viele Filialen besitzt.

Für einen Teil der Inder ist Alkohol tabu und in manchen Staaten wie in Andhra Pradesh gibt es gewisse Restriktionen beim Ausschank. In Restaurants und Hotels mit Permit, sprich Lizenz, kann man alkoholische Getränke wie Whisky, Rum, Brandy oder Bier erhalten. Indien ist außerdem gerade auf dem

Südindische Essgewohnheiten: Bananenblatt statt Teller, Finger statt Besteck

Weg, sich als Weinanbauregion zu profilieren. Zu den wichtigsten Winzereien gehören Sula Wines und Champagne Indage in Maharashtra sowie Grover Wines in den Nandi Hills bei Bangalore (weitere Informationen unter www.indianwine.com).

Tischsitten

Der Geschmack indischer Speisen entfaltet sich infolge einer guten Durchmischung von Reis oder Brotfladen mit den gewürzten Beilagen und Soßen, was in Indien traditionell mit der Hand gemacht wird. Besonders in den einfachen Restaurants des Südens ist der Gebrauch der Finger bzw. der ganzen Hand beim Essen sehr verbreitet. Ganz wichtig dabei: Nur die rechte Hand benutzen, denn die linke gilt als ›unrein‹, da sie zur Reinigung auf der Toilette benutzt wird. Auf Anfrage bekommt man in der Regel einen Löffel, nur in Zügen ist dies nicht immer gewährleistet. In teureren Restaurants und Hotels wird immer Besteck aufgelegt.

Essen von einem gemeinsamen Teller ist in Indien nicht üblich. Auch sollte man Indern keine Speisen vom eigenen Teller oder Getränke aus einem Glas bzw. aus derselben Flasche anbieten.

Kulinarisches Lexikon

Im Restaurant

Essen	food (engl.)/khanna (hindi)
Frühstück	breakfast (engl.)/ nasta (hindi)
Mittagessen	lunch
Abendessen	dinner
Tellergericht	thali (hindi)
Tisch	table
Löffel/Gabel	spoon/fork
Messer	knife
Glas/Teller	glass/plate
nicht so scharf	not so hot
nicht so süß	not so sweet
Zucker extra	sugar seperate
Salz/Pfeffer	salt/pepper
Kellner	waiter
Speisekarte	menu card
Rechnung	bill

Snacks

appam	Reisküchlein (Kerala)
dosa	Pfannkuchen aus Reis- und Linsenmehl
masala dosa	Dosa mit gewürzter Kartoffelfüllung
idli	gedämpfte Reisküchlein aus Reis- und Linsenmehl
kichdi	Snack aus Reis und Linsen, auch als Beilage
lemon rice	mit Gewürzen und Zitronen aromatisierter Reis
murukku	frittierte Spiralen aus Reisteig (v. a. Tamil Nadu)
pav bhaji	Kartoffeln gestampft, gewürzt und gebraten, mit Brot serviert
puris	kleine Fladenbrote
puttu	Reisküchlein (v. a. Kerala)
upma	gewürzter Snack auf Weizenbasis
uttapam	dicker Pfannkuchen aus Reis- und Linsenmehl
wada	gebackene Ringe aus Reis- und Linsenmehl

Beilagen

chapati/roti	rundes Fladenbrot
chawal	Reis
curd/dahi (hindi)	Joghurt
naan	dickes festes Fladenbrot (ähnlich wie Pizza)
pulao	gewürzter Reis
raita	Joghurt angemacht mit Gurken, Tomaten etc.

Vegetarische Gerichte

alu gobi	Kartoffeln mit Blumenkohl
aviyal	Gemüse in einer Soße aus Kokosnuss und Joghurt (Kerala)
baigan bharta	über dem Feuer geröstete Auberginen
bhindi masala	Okraschoten in Soße
channa	Kichererbsen
curd rice	Reis mit Joghurt gemischt, dazu gebratene Gewürze
dal	Linsen
kosambri	Salatmischung mit Hülsenfrüchten (Karnataka)
malai kofta	Gemüsebällchen in mild gewürzter Soße
mattar	Erbsen
navrattan korma	verschiedene Gemüse, mild gewürzt
palak	Spinat
paneer	Käse
paratha	Fladen, teils gefüllt mit Kartoffeln oder Gemüse
phulgobi	Blumenkohl
rasam	scharf gewürzte Suppe, die man über den Reis gießt
sabzi	Gemüse
sambar	gewürzte Soße auf Linsenbasis
veg thali	Reis oder Brotfladen, div. Gemüse, Linsen, Joghurt und Pickles, serviert auf einem Bananenblatt oder runden Stahltablett (variiert nach Region)

thoran	pfannengerührtes und gewürztes Gemüse (Kerala)
veg stew	Gemüse in einer Soße auf Kokosnussbasis mit Gewürzen (Kerala)

Fleisch- und Fischgerichte

biryani	gewürztes Reisgericht, gemischt mit Lamm, Hähnchen oder Ei
Chettinad chicken	kurz gebratenes und scharf gewürztes Hähnchen (Tamil Nadu)
chicken xacuti	mit getrockneten roten Chilis gewürztes Hühnerfleisch (Goa)
clams	Muscheln
fish curry	Fisch in gewürzter Soße, regional unterschiedlich
fish gassi	Fisch nach Art der Konkan-Küche mit Kokos und Gewürzen
fish molee	Fisch in gewürzter Soße auf Kokosbasis (Kerala)
kheema	Hackfleisch
Kolhapuri mutton	Ziegenfleisch in scharf gewürzter Soße (Kolhapur)
Malabar fish biryani	Reisgericht mit Fisch (Nord-Kerala)
muglai chicken	Hähnchen in mild gewürzter Soße
mutton masala	Ziegenfleisch in pikant gewürzter Soße
non veg thali	Fleisch oder Fisch, Gemüse, Joghurt, Pickles, serviert auf einem Bananenblatt oder Stahltablett
patra ki macchi	im Bananenblatt gedämpfter Fisch (Parsi-Spezialität aus Mumbai)
pomfret	saisonal erhältlicher populärer Fisch der Westküste
tandoori chicken	im Tandoor-Ofen gebratene, vorher eingelegte Hähnchen (Zubereitungs-

	art auch für Lamm, Fisch, Käse etc.)
vindaloo	scharfes, mit Essig gekochtes Fleischgericht (Goa)

Süßigkeiten und Desserts

basundi	Dessert aus gewürzter Milch
bebinca	Süßspeise aus Goa, hergestellt aus Eigelb, Zucker und Gewürzen
halwa	nordindisches Dessert auf Gries- oder Karottenbasis (gajjar ka halwa)
jalebi	orangefarbene Süßigkeit aus Sirup, gebraten und sehr süß
kulfi	traditionelles indisches Eis, gewürzt mit Pistazien, Nüssen etc.
payasam	südindisches Dessert auf Milchbasis mit Gewürzen und Reis, Reisnudeln etc.
rasgulla	mit Sirup übergossene Bällchen auf Käsebasis

Getränke

coffee	Kaffee
feni	Schnaps auf Kokos- oder Cashewbasis (Spezialität in Goa)
lassi	Getränk auf Joghurtbasis
masala chai	mit Kardamom, Ingwer, Nelken etc. gewürzter Tee
pani (hindi)/ water (engl.)	Wasser
paniwalla	Kokosnuss mit viel Kokoswasser
solkadhi	erfrischender Drink der Konkan-Küste auf der Basis von Kokosnuss, Kokum und Gewürzen
tea (engl.)/ chai (hindi)	Tee
toddy	Palmwein

Eines der Highlights von Südindien: die Backwaters in Kerala

Wissenswertes für die Reise

Infos im Internet

www.india-tourism.de: Webseite des Indischen Fremdenverkehrsamtes mit ausführlichen Informationen, die allerdings nicht immer auf dem neuesten Stand sind.

www.incredibleindia.org: Informative Webseite des Tourismusministeriums.

www.suedasien.info: Sehr empfehlenswerte Webseite vom Südasien-Informationsnetz e. V., Berlin, mit vielseitigen Hintergrundinformationen, insbesondere zu den Themen Politik, Soziales, Kultur und Ökonomie.

www.ndtv.com: Webseite eines indischen Nachrichtensenders, unter dem Stichwort ›Videos‹ kann man täglich die neuesten Nachrichten auf Englisch verfolgen.

www.hindu.com: Onlineausgabe einer der wichtigsten indischen Tageszeitungen, die besonders in Südindien verbreitet ist.

www.indien-aktuell.de: Forum zum Austausch von Informationen über Indien.

www.tourism-watch.de: Engagiert sich für einen sozial- und umweltverträglichen Tourismus und informiert diesbezüglich auch über Reisen in Indien.

www.fhrai.com: Webseite des Indischen Hotel- und Gaststättenverbandes mit ausführlichen (nicht immer aktuellen) Informationen zu Hotels und Restaurants.

www.explocity.com: Vielseitige Infos über Hotels, Restaurants, Einkaufsmöglichkeiten usw. in den südindischen Metropolen.

Informationsstellen

... in Deutschland:

Indisches Fremdenverkehrsamt
Basler Str. 48
60329 Frankfurt
Tel. 069-24 29 49-0
www.india-tourism.de
Allgemeine Informationen zu den einzelnen Landesteilen, zu Verkehr, Aktivitäten etc.,

Broschüren auf Anfrage. Zuständig auch für Österreich und die Schweiz.

Deutsch-Indische Gesellschaft
Bundesgeschäftsstelle
Oskar-Lapp-Str. 2, 70565 Stuttgart
Tel. 07 11-29 70 78, www.dig-ev.de
Di 10–16 Uhr
Allgemeine Informationen über Indien sowie Hinweise zu kulturellen Veranstaltungen in Deutschland.

... in Südindien:

In touristisch bedeutsamen Orten und in großen Städten gibt es in der Regel Fremdenverkehrsbüros des jeweiligen Bundesstaates sowie zusätzlich Informationsstellen von India Tourism, dem gesamtindischen Fremdenverkehrsverband (Adressen s. Reiseteil). Die Bundesstaaten und Unionsterritorien unterhalten folgende Webseiten

Andhra Pradesh: www.tourisminap.com
Goa: www.goatourism.org
Karnataka: www.karnatakatourism.org
Kerala: www.keralatourism.org
Maharashtra:
www.maharashtratourism.gov.in
Tamil Nadu: www.tamilnadutourism.org
Andamanen und Nicobaren:
www.tourism.andaman.nic.in
Lakshadweep:
www.lakshadweeptourism.com
Puducherry:
http://tourism.pondicherry.gov.in

Diplomatische Vertretungen

... in Deutschland:

Indische Botschaft
Tiergartenstr. 17, 70785 Berlin
Tel. 030-25 79 50
Fax 030-25 79 51 02
www.indischebotschaft.de
Visa für Bürger aus Berlin, Brandenburg, Thü-

ringen, Mecklenburg-Vorpommern, Sachsen und Sachsen-Anhalt.

Generalkonsulat Frankfurt/M.
Friedrich-Ebert-Anlage 26, 60325 Frankfurt
Tel. 069-153 00 50, Fax 069-55 41 25
www.cgifrankfurt.de
Visa für Bürger aus Hessen, Rheinland-Pfalz, Saarland und Nordrhein-Westfalen.

Generalkonsulat Hamburg
Raboisen 6, 20095 Hamburg
Tel. 040-33 80 36, Fax 040-32 37 57
Visa für Bürger aus Hamburg, Bremen, Niedersachsen und Schleswig-Holstein.

Generalkonsulat München
Widenmayerstr. 15, 80538 München
Tel. 089-21 02 40, Fax 089-21 02 39 80
Visa für Bürger aus Bayern und Baden-Württemberg.

... in Österreich:
Indische Botschaft
Opernring 1, 1010 Wien
Tel. 01-585 07 93 46
www.indianembassy.at

... in der Schweiz:
Indische Botschaft
Kirchenfeldstr. 28, 3005 Bern
Tel. 031-351 11 10, Fax 031-351 15 57
www.indembassybern.ch

Generalkonsulat Genf
9, rue du Valais, 1202 Genf
Tel. 022-738 45 48, Fax 022-731 51 29

... in Südindien:
Deutsches Generalkonsulat Mumbai
Hoechst House, 10th floor
Nariman Point, Mumbai
Tel. 022-22 83 24 22, Fax 022-22 02 54 93
www.mumbai.diplo.de

Deutsches Generalkonsulat Chennai
9 Boat Club Rd., RA Puram
Chennai 600 028
Tel. 044-24 30 16 00, Fax 044-24 34 94 95
www.chennai.diplo.de

Österreichisches Honorargeneralkonsulat Mumbai
26 Maker Chambers, VI
Tel. 022-22 87 47 58
Fax 022-22 87 05 02
www.bmeia.gv.at/newdelhi

Schweizer Generalkonsulat Mumbai
102 Maker Chambers, IV
Tel. 022-22 88 45 63
Fax 022-22 85 65 66
www.eda.admin.ch/mumbai

Karten

Zur Übersicht empfiehlt sich die Karte Indien von Marco Polo (1 : 2 500 000). Brauchbare Straßenkarten der einzelnen Bundesstaaten und Stadtpläne bekommt man am besten vor Ort, z. B. von TTK (Discover India Series) oder Eicher. Beide Produktserien sind in gut sortierten Buchläden erhältlich. Touristenbüros haben manchmal kostenlose Stadtpläne sowie Karten der Region im Angebot. Eine Vielzahl von Karten bietet auch www.mapsof india.com.

Lesetipps

Belletristik

Ghosh, Amitav: Der Glaspalast, München 2002. Familiensaga, Liebesgeschichte und Kolonialgeschichte in einem. Schauplätze des Romans sind das ehemalige Birma, Malaysia und Ratnagiri an der Südwestküste Indiens.

Kamp, Christina und **Punnamparambil, Jose** (Hrsg.): Drei Blinde beschreiben einen Elefanten. Kerala erzählt, Unkel/Bad Honnef 2006. Querschnitt durch die moderne Malayalam-Literatur mit Erzählungen und Gedichten.

Nagarkar, Kiran: Ravan und Eddie, München 2005. Ein lebendiges Porträt von Mumbai und seinen so unterschiedlichen Bewohnern

Strandhändlerinnen versorgen die Touristen mit Vitaminen

zeichnet dieser Roman des bekannten Mumbaier Schriftstellers.

Nair, Anita: Das Salz der drei Meere, München 2004. Unterhaltsamer Roman über eine nächtliche Zugfahrt durch Südindien, auf der sich sechs Frauen gegenseitig ihre Lebensgeschichte erzählen.

Narayan, R. K.: Reifeprüfung, Frankfurt 2004. Die Kleinstadt Malgudi ist Schauplatz für all die Geschichten des großen südindischen Autors und seiner gelungenen Porträts südindischen Alltagslebens.

Roy, Arundhati: Der Gott der kleinen Dinge, München 2006. Der Roman der Bestsellerautorin stimmt in sinnlicher Weise auf eine Reise nach Kerala ein – mit all ihren Licht- und Schattenseiten.

Rushdie, Salman: Mitternachtskinder, Reinbek 2005. Eintauchen in die Welt der Metropole, wie sie sich dem berühmten Schriftsteller in seiner Kindheit und Jugend zeigte.

Sachbücher

Kulke, Hermann und **Rothermund, Dietmar:** Geschichte Indiens. Von der Induskultur bis heute, München 1998. Standardwerk zur indischen Geschichte.

Mehta, Suketu: Bombay. Maximum City, Frankfurt 2006. Die Facetten der Millionenmetropole in brillanten Reportagen.

Michaels, Axel: Der Hinduismus. Geschichte und Gegenwart, München 1998. Kein oberflächlicher Einstieg in den Hinduismus, sondern eine kompetente und ausführliche Einführung von einem renommierten Indologen.

Tharoor, Shashi: Eine kleine Geschichte Indiens, Frankfurt 2005. Einführung in die neuere indische Geschichte seit der Unabhängigkeit.

Calasso, Roberto: KA, Geschichten von Indiens Göttern, Frankfurt 2006. Die großen Mythen und Legenden Indiens, kraftvoll verwoben und eindrücklich erzählt.

Südindien als Reiseziel

Ob zur Tempeltour nach Tamil Nadu, zur Ayurveda-Kur nach Kerala oder auf Dschungelpfaden durch die Nationalparks – Südindien hat jede Menge Abwechslung zu bieten. Grandiose kulturgeschichtliche Monumente gibt es vor allem auf dem Hochland des Dekkan, wo die großen Religionen ihre architektonischen Spuren hinterlassen haben, z. B. in Form der beeindruckenden buddhistischen und hinduistischen Höhlen von Ajanta und Ellora. Weiter südlich finden sich in Badami, Vijayanagar und Bijapur großartige hinduistische und muslimische Stätten. Vollgepackt mit Tempeln ist Tamil Nadu, das einige der schönsten Heiligtümer von ganz Indien aufzuweisen hat, u. a. in Kanchipuram, Thanjavur und Madurai.

Ein riesiges Angebot an Ayurveda- und Wellnesshotels haben besonders Kerala und Goa zu bieten. Südindiens Dschungel und Berge eröffnen tolle Wandermöglichkeiten und die Aussicht, vielleicht einen Tiger oder zumindest Elefanten in freier Wildbahn zu erspähen, z. B. im Rajiv Gandhi National Park. Unvergesslich ist eine Bootsfahrt durch die Backwaters in Kerala, einer tropisch-grünen Landschaft aus Süßwasserseen, Kanälen und Flüssen. A propos Wasser: Südindien hat mehrere Tausend Kilometer Küstenlinie und wunderbare Strände, die schönsten im Touristenparadies Goa, aber auch andernorts.

Vorschläge für Rundreisen

2–3 Wochen: Kerala

Vielseitig und mit sehr guter touristischer Infrastruktur präsentiert sich das kleine, aufstrebende Kerala. Eine empfehlenswerte Reise durch den Bundesstaat beginnt im Norden in **Kasaragod**. Auf dem Weg nach Süden sollte man keinesfalls **Bekal Fort** und die **Valliyaparamba Backwaters** verpassen. Die Stadt **Kannur** eignet sich als Basis für einen mehrtägigen Abstecher in die reizvolle Region **Wayanad** – am besten mit einem Mietwagen. Wieder zurück an der Küste, geht es direkt über **Kozhikode** nach **Thrissur**. Von dort ist es nicht mehr weit nach **Kochi**, einem der Touristenmagneten Keralas und guten Ausgangspunkt zum Besuch der Hill Station **Munnar**. Über Kochi führt die Tour nach **Alappuzha**, das sich als Basis für die Erkundung der **Backwaters** eignet. **Kottayam** dient als Startpunkt für einen Abstecher in den **Periyar National Park**. Über Kottayam und **Kollam** führt der Weg nach **Thiruvananthapuram**. Etwas weiter südlich kann man sich an den Stränden rund um **Kovalam** in vielen schönen Hotels erholen.

2–3 Wochen: Tamil Nadu

Startpunkt ist die Metropole **Chennai**. Von hier geht es zur Tempelstadt **Kanchipuram** und weiter über **Chengalpattu** nach **Mamallapuram**, wo Tempel, tolle Strände und eine gute touristische Infrastruktur zum Verweilen einladen. Über das **Vogelschutzgebiet Vedanthangal** und die alte Festung in **Senji** führt die Route zur Tempelstadt **Thiruvanamalai** und dann zurück zur Küste nach **Puducherry** (Pondicherry), der reizvollen ehemaligen französischen Kolonie, die sich sehr gut zum Entspannen eignet. **Chidambaram** und **Gangaikondacholapuram** liegen auf dem Weg nach **Kumbakonam** und **Thanjavur**. Über **Tiruchirapalli** (Trichy) fährt man nach **Madurai** mit seiner berühmten Tempelanlage. Von hier aus bieten sich ein Abstecher in die **Region Chettinad** mit ihren alten Herrenhäusern oder in die Berge zur Hill Station **Kodaikanal** an. Mit dem Zug gelangt man von Madurai in etwa sechs Stunden nach **Kanniyakumari** an der Südspitze des Subkontinents. Für die gesamte Region gilt: Weniger ist mehr – lieber mal einen Tempel auslassen, aber keinesfalls diejenigen von Mamallapuram, Thanjavur und Madurai.

2–3 Wochen: Tamil Nadu und Kerala

Von **Chennai** fährt man über **Mamallapuram** nach **Puducherry** und weiter nach **Chidambaram**. **Thanjavur** und **Madurai** sind weitere Highlights in Tamil Nadu. Etwa vier Fahrtstunden sind es von Madurai nach Westen in die Berge, bis man den **Periyar National Park** und damit den Bundesstaat Kerala erreicht. Von hier sind die **Backwaters** bei **Kottayam** und **Alappuzha** nur einige Autostunden entfernt. **Kochi** ist der Endpunkt der Reise.

10–14 Tage: südwestliches Karnataka

Bangalore ist der Startpunkt und **Mysore** das erste Ziel. Die alte Maharadschastadt lockt mit angenehmer Atmosphäre und interessanten Monumenten. Von hier aus lassen sich diverse Sehenswürdigkeiten wie die **Insel Srirangapatna**, der **Tempel von Somnathpur** oder die heilige jainistische Stätte **Sravana Belgola** besuchen. Auch der **Rajiv Gandhi National Park** ist nicht weit. Die nächste Etappe ist das Städtchen **Hassan** mit den berühmten Tempeln von **Belur** und **Halebid** in der Nachbarschaft. Zurück über Mysore führt der Weg in die **Region Kodagu**, die für Wanderungen und zum Entspannen auf Plantagen geeignet ist. Über **Madikeri** fährt man dann hinunter ans Meer nach **Mangalore** und weiter über **Mudbidri** und **Karkala** ins Pilgerstädtchen **Udupi**. Entlang der relativ unberührten Küste geht es nordwärts bis **Gokarna** und weiter nach **Goa** oder alternativ von Udupi zurück nach **Mangalore** und von dort direkt nach Bangalore.

7–10 Tage: östliches Andhra Pradesh

Von **Hyderabad** führt die Route nach Südosten zu den buddhistischen Stätten von **Nagarjunakonda** und weiter nach **Vijaywada**, das sich als Basis zum Besuch der buddhistischen Monumente in **Amaravati** eignet. Von Vijaywada fährt man per Zug oder Auto in die angenehme Küstenmetropole **Vishakapatnam**. Sie dient als Ausgangspunkt für einen reizvollen Abstecher ins **Araku Valley**.

7 Tage: südwestliches Maharashtra

Von **Mumbai** geht es nach **Lonavala** mit Besuch der interessanten buddhistischen Höhlen in der Umgebung. Weiter führt die Route nach **Pune** und dann gen Süden in die alte Marathen-Stadt **Kolhapur**. Von dort geht es zur Küste nach **Ratnagiri** mit seinem alten birmesischen Palast und Fort. Die Stadt hat gute Zugverbindungen zurück nach Mumbai oder gen Süden nach Goa und Kerala.

Tipps für die Reiseorganisation

Individualreisen

Südindien lässt sich individuell prima bereisen, zumal es vor Ort viele Agenturen gibt, die Reisenden lästige Organisationsarbeiten abnehmen. Insbesondere Inhaber von Privatunterkünften fungieren manchmal gleichzeitig als Reiseveranstalter und können gute Tipps für die Erkundung der jeweiligen Region geben oder Transportmöglichkeiten vermitteln.

Ein sehr gut ausgebautes Eisenbahnnetz macht die Bahn vor allem für längere Strecken attraktiv. Via Internet kann man schon von zu Hause aus seine Route planen (s. S. 86). Sehr hilfreich als Transportmittel sind auch Touristentaxis, die man in jeder größeren Stadt zu annehmbaren Preisen mieten kann und die eine gute Möglichkeit darstellen, sich auch auf abgelegenen Stecken zu bewegen. Zahlreiche Flugverbindungen zwischen den größeren Städten sowie ein gut ausgebautes Busnetz bieten zusätzliche Alternativen. Bei Reisen mit öffentlichen Verkehrsmitteln (v. a. in ländlichen Gebieten) sollte man jedoch eine große Portion Geduld und

Flexibilität mitbringen und mitteleuropäische Pünktlichkeitsvorstellungen zu Hause lassen.

Pauschalreisen

Über große Erfahrung in Südindien und speziell in Kerala sowie ein sehr breites Angebot vor allem im Bereich Ayurveda-Reisen verfügt Comtour (www.comtour.de). Auf sozialverträgliche und nachhaltige Reiseangebote spezialisiert haben sich verschiedene Reiseveranstalter, die im »Forum anders Reisen« zusammengeschlossen sind (www.foruman dersreisen.de). Interessante Rundreisen hat auch Studiosus im Programm (www.studio sus.com). Ayurveda-Reisen nach Südindien bietet u. a. Aytour (www.aytour.de).

Reiseveranstalter in Indien

Auf Südindien spezialisiert ist z. B. Comindia (www.comindia.org), eine Tochterfirma von Comtour in Thiruvananthapuram. Naturerlebnisreisen und Dschungeltouren sowie entsprechende Unterkünfte hat Jungle Lodges & Resorts (www.junglelodges.com) mit Sitz in Bangalore im Angebot. Touren rund um Mumbai sowie nach Karnataka/Kerala bietet L'Orient Travels in Mumbai (www.orienttravelsin dia.com). Reisen in Südindien, insbesondere in Kerala, organisiert auch Magic India Holidays (www.magicindiaholidays.com). Beim Planen von Routen, Buchen von Unterkünf-

ten und Vermitteln von Fremdenführern vor Ort sind die Fremdenverkehrsämter der einzelnen Bundesstaaten behilflich (s. S. 80).

Reisen mit Kindern

Indien ist ein sehr kinderfreundliches Land. Viele Unterkünfte, vor allem Strandhotels, haben spezielle Angebote für Familien und sogenannte Familienzimmer mit mehreren Betten. Wer mit Kleinkindern reist, sollte die kühlere Jahreszeit wählen und auf organisierte Angebote zurückgreifen, da das Reisen auf eigene Faust sehr anstrengend sein kann. Weitere Infos: www.travelforkids.com.

Reisen mit Handicap

Indiens Verkehrsverhältnisse machen es Behinderten nicht immer leicht, voranzukommen. Dass jedoch viel möglich ist, zeigt der Reisebericht »Mein Traum von Indien« (München 2006) von Andreas Pröve, der das Land schon viele Male im Rollstuhl bereist hat. Nützliche Informationen erhält man z. B. bei der Nationalen Koordinationsstelle für Tourismus für Alle e. V., Tel. 02 11-336 80 01, www. natko.de, oder bei Mobility International in der Schweiz, Tel. 062-206 88 35, www.mis-ch.ch.

Ein Erlebnis: mit dem Luxuszug Deccan Odyssey durch Maharashtra

Einreise und Zoll

Für die Einreise nach Indien benötigt man ein Visum sowie einen mindestens sechs Monate gültigen Reisepass. Das Touristenvisum wird von den zuständigen Botschaften bzw. Konsulaten erteilt (s. S. 80), die auch das hierfür notwendige Formular zusenden; möglich ist auch ein Download von www.indischebotschaft.de. Ab Ausstellungsdatum besitzt das Visum sechs Monate Gültigkeit, eine mehrmalige Einreise ist erlaubt. Wer sich in Indien ärztlich behandeln lassen möchte, benötigt das sogenannte Medical Visa (Infos: www.incredibleindia.org, Stichwort ›Wellness/Medical Tourism‹). Für einige Regionen sind spezielle Einreisegenehmigungen nötig, darunter die Inseln der Andamanen und Nicobaren sowie die Lakshadweep-Inseln. Teilnehmern einer organisierten Reise werden diese Formalitäten vom Reisebüro abgenommen. Visumverlängerungen erteilen vor Ort die Foreigner's Regional Registration Offices (FRRO) der größeren Städte. Die Adressen können über die Fremdenverkehrsämter erfragt werden.

Die Landeswährung darf weder ein- noch ausgeführt werden. Alle persönlichen Gegenstände sind zollfrei, darunter 200 Zigaretten und 1 l alkoholische Getränke. Wer mehr als 10 000 US-Dollar in Reiseschecks oder 2500 US-Dollar in Bargeld einführt, muss dies auf dem Currency Declaration Form bei der Einreise angeben.

Anreise

... mit dem Flugzeug

Internationale Flughäfen gibt es in Mumbai, Chennai, Bangalore und Hyderabad. Auch in Goa, Kochi und Thiruvananthapuram landen Maschinen aus Übersee. In die vier großen Metropolen gibt es zahlreiche Direktflüge mit Lufthansa, nach Mumbai auch mit Swiss und Austrian Airlines. Condor bietet während der Saison (Okt.–April) Direktflüge nach Goa an. Die meisten Flugzeuge aus Europa landen nachts.

Alle Flughäfen besitzen gute Anbindungen ins jeweilige Stadtzentrum, entweder per Bus oder per Taxi. Oftmals gibt es innerhalb des Flughafengebäudes einen sogenannten Prepaid Taxi Service, der festgelegte Preise hat und anstrengendes Feilschen erspart.

Unterwegs im Land

... mit dem Flugzeug

Mit der staatlichen Indian Airlines (www.indian-airlines.com) konkurrieren mittlerweile zahlreiche private Anbieter auf dem Markt. Einen guten Ruf besitzt Jet Airways (www.jetairways.com), die auch internationale Flüge anbieten. Über ein ausgedehntes Streckennetz in Südindien verfügt Kingfisher Airlines (www.flykingfisher.com). Zu ihr gehört nun die Billiglinie Deccan Air (Kingfisher Red). Auch Spice Jet (www.spicejet.com) operiert im Reisegebiet.

... mit der Bahn

Indien besitzt eines der größten Eisenbahnnetze der Welt. Vor allem zwischen Städten gibt es sehr gute und relativ schnelle Verbindungen (z. B. der Schnellzug Rajdhani, der Mumbai, Bangalore, Chennai und Thiruvananthapuram mit der Hauptstadt New Delhi verbindet, und der Shatabdi Express, der zwischen Chennai und Bangalore bzw. Mysore verkehrt). Auf der Webseite von Indian Railways kann man sich über die Verbindungen informieren (www.indianrail.gov.in, Stichwort ›Trains between important stations‹). Die jährlich erscheinende Broschüre »Trains at a Glance«, auch auf der Webseite einsehbar, gibt einen Überblick über das Streckennetz sowie weitere nützliche Hinweise und ist an großen Bahnhöfen erhältlich. Infos speziell zu Südindien findet man auch auf der Webseite www.southernrailway.gov.in. Einige Schmalspurbahnen verkehren auf Panoramastrecken, z. B. die Nilgiri-Blue-Mountain-Bahn von Coimbatore nach Ooty (s. S. 405).

Auch in indischen Zügen gibt es nach Komfort gestaffelte **Klassen**. Die wichtigsten sind: 1. Klasse oder 1st AC (abschließbares Abteil mit zwei oder vier Betten und Klimaanlage), 2. Klasse oder 2nd AC, 2-tier (offenes Abteil mit vier Betten sowie zwei Betten im Gang, Klimaanlage), 2. Klasse oder 2nd AC, 3-tier (offenes Abteil mit sechs Betten sowie zwei Betten im Gang, etwas schmaler, mit Klimaanlage), 2. Klasse oder 2nd non AC (offenes Abteil mit sechs Betten sowie zwei Betten im Gang, ohne Klimaanlage). Empfehlenswert sowohl im Hinblick auf den Komfort als auch auf das Preis-Leistungs-Verhältnis ist die Klasse 2nd AC, 2-tier. Für Bettzeug (inkl. Decken) sowie Verpflegung ist gesorgt, wobei Letztere in den meisten Zügen extra bezahlt werden muss. Bei der Buchung kann man Wünsche bezüglich des Sitzplatzes äußern (upper/lower berth), was vor allem bei Nachtzügen relevant ist.

Fahrkarten erhält man an den Reservierungsschaltern der Bahnhöfe, nachdem man eines der in der Schalterhalle ausliegenden Formulare ausgefüllt hat. Für Touristen gibt es an größeren Stationen oftmals einen eigenen Schalter. Viele Züge sind vor allem während der indischen Feiertage und Ferien lange im Voraus ausgebucht. Reisende, die kurzfristig planen wollen, haben folgende Möglichkeiten: entweder ein Ticket über die sogenannte Tourist Quota kaufen (gibt es nicht an allen Bahnhöfen) oder über die Quote Tatkal. Die Tatkal-Tickets sind frühestens fünf Tage vor Abfahrt des Zuges erhältlich, etwas teurer und können nicht umgetauscht werden.

Es ist auch durchaus üblich, normale Tickets mit dem Status *Waiting List* zu kaufen. Wer diese ein paar Tage vor Abfahrt des Zuges erworben hat und unter den ersten 10 bis 20 Nummern ist, hat relativ gute Chancen auf

Luxuszüge

Nach dem Erfolg des Luxuszuges Palace on Wheels in Rajasthan sind auch andere Bundesstaaten diesem Beispiel gefolgt. In Maharashtra fährt der **Deccan Odyssey** in acht Tagen von Mumbai über Ratnagiri nach Goa und von dort über Kolhapur und Pune nach Aurangabad. Bei den Höhlen in Ajanta und Ellora wird ein Besichtigungsstopp eingelegt (Infos: www.deccan-odyssey-india.com und www.maharashtratourism.gov.in).

In ebenfalls acht Tagen tourt der **Golden Chariot** von Bangalore oder Goa aus durch Karnataka. Haltepunkte sind Mysore mit Besuch des Rajiv Gandhi National Parks, die Tempel von Belur und Halebid sowie Badami, Pattadakal und Aihole (Infos: www.thegolden chariot.co.in).

einen Platz. Der Status (Passenger Current Status, kurz PNR) kann auf der Webseite www.indianrail.gov.in unter PNR Enquiry oder an dafür vorgesehenen Apparaten an den Bahnhöfen abgefragt werden.

Zudem gibt es den Indrail Pass, mit dem man ganz Indien bereisen kann. Er ist an großen Bahnhöfen erhältlich oder bei hiesigen Reiseveranstaltern, die auf Indien spezialisiert sind, z. B. bei Asra-Orient in Frankfurt/M., Tel. 069-256 27 20, www.asraorient.de.

... mit dem Bus

Dorthin, wo kein Zug mehr fährt, gelangt man meist immer noch mit dem Bus. Auf dem Land sind Busse unabdingbar, möchte man nicht ein eigenes Fahrzeug mieten. Allerdings sollte man sich auf unregelmäßige Fahrtzeiten einstellen. Für lange Strecken sind Züge in jedem Fall vorzuziehen, da viele indische Busunternehmen durch Schnelligkeit um Passagiere konkurrieren. Bei der halsbrecherischen Fahrweise mancher Busfahrer bleibt dann die Sicherheit bisweilen auf der Strecke.

Rikschas – eines der gängigen Transportmittel in Südindiens Städten

Es gibt verschiedene Bustypen: einfache und sogenannte Express- oder Deluxe-Busse, die schneller und bequemer sind. Neben den staatlichen Gesellschaften findet man viele private Anbieter (oft teurer, aber komfortabler). Tickets erhält man an den Schaltern der Busbahnhöfe oder direkt im Bus.

… mit dem Touristentaxi bzw. Mietwagen

Zwar gibt es auch in Indien internationale Mietwagenfirmen, am einfachsten ist es aber, ein Touristentaxi zu mieten. Ein Fahrer gehört immer dazu, was bei den gewöhnungsbedürftigen indischen Verkehrsverhältnissen durchaus sinnvoll ist. Touristentaxis werden von Reiseveranstaltern, Hotels und Touristenämtern vermittelt. Der Kilometerpreis beträgt je nach Auto und Ausstattung ab sieben Rupien aufwärts. Es ist üblich, dass der Fahrgast bei Pausen die Mahlzeiten des Fahrers bezahlt und am Ende ein Trinkgeld gibt. Um die Übernachtung kümmert sich der Fahrer in der Regel selbst. Vor der Abfahrt sollte man klären, ob das Taxi eine Fahrerlaubnis für das gesamte Reisegebiet besitzt. Mautgebühren für Brücken, Privatstraßen etc. sind normalerweise im Preis inbegriffen.

… mit dem Motorrad

Bei Chennai wird das legendäre Motorrad Royal Enfield produziert. Auf der Webseite des Unternehmens findet man auch Infos und Angebote über Bike-Touren durch Südindien (www.royalenfield.com). Weitere Veranstalter sind Wheel of India (www.wheelofindia.com) und Asia-Bike-Tours (www.asiabiketours.com).

… mit Taxis und Rikschas

In allen Städten stehen Taxis und Rikschas zur Beförderung bereit, wobei Rikschas die billigere Variante sind. Alle besitzen einen Taxameter, der jedoch manchmal nur auf Drängen, mitunter gar nicht eingeschaltet wird – dann muss man vor der Abfahrt einen Fixpreis aushandeln. Das gilt auch für längere Touren, z. B. Stadtrundfahrten oder Ausflüge in die Umgebung.

Vom Luxushotel bis zum Baumhaus, vom Hausboot bis zur Privatunterkunft oder zum Hotel mit rein vegetarischer Küche – das Angebot an Übernachtungsmöglichkeiten ist groß und vielseitig. Eine Besonderheit ist die wachsende Zahl von Ayurveda- und Wellnesshotels der gehobenen Preisklasse. In den Großstädten findet man Luxus- und Mittelklassehotels ebenso wie günstige, einfache Unterkünfte. Über ein besonders gutes Angebot verfügen die Touristenmagneten Kerala und Goa, doch auch in den anderen Bundesstaaten gibt es an touristischen Orten in der Regel mehrere gute Optionen in verschiedenen Preisklassen.

Hotels der Luxus- und gehobenen Mittelklasse besitzen eine zentrale Klimaanlage und westliche Toiletten. Bei anderen Unterkünften kann man häufig zwischen Zimmern mit und ohne Klimaanlage wählen (*AC* oder *non AC*). Einfache Unterkünfte haben teils Hocktoiletten wie mancherorts in Südeuropa.

Die Zimmerpreise beinhalten in der Regel die Übernachtung ohne Frühstück und Steuern. Letztere können je nach Hotelkategorie und Bundesstaat zwischen 5 % und 20 % betragen und müssen extra ausgewiesen werden. Die Preise für Übernachtungen in Touristenzentren schwanken über das Jahr hinweg teils beträchtlich. Das gilt besonders für die Strandhotels in Goa und Kerala, wo die Preise zur Spitzensaison um Weihnachten und Neujahr um ein Vielfaches steigen. Wo erforderlich, spiegeln die in diesem Buch genannten Preise diese Variationsbreite zwischen Neben- (Juni–Sept.) und Hauptsaison (Dez./Jan.) wider. Ansonsten wird der Mindestpreis genannt. Während der Regenzeit bieten Hotels oft sogenannte Monsun-Packages mit großem Preisnachlass.

In großen Städten sollte man möglichst im Voraus buchen, da die Unterkünfte häufig von Geschäftsleuten belegt sind. Viele Hotels haben Webseiten, über die man direkt reservieren kann, sonst genügt auch ein Anruf.

Hotels

Luxushotels

Moderne, komfortable Stadthotels oder weitläufige Resorts, das Angebot ist groß und wächst ständig. Zu den wichtigsten Hotelketten dieser Klasse gehört die angesehene Gruppe Taj Hotels (www.tajhotels.com).

Ein schöner Pool, ein breites Freizeitangebot, Wellnessbereich sowie mehrere gute Restaurants sind Standard. In der Regel bezahlt man für ein Doppelzimmer ab 6000 Rupien aufwärts, manchmal gibt es Sonderangebote und günstigere Packages.

Heritagehotels

Als Besonderheit gelten die Heritagehotels, die in renovierten Palästen, Bungalows oder Kolonialvillen untergebracht sind und meist zum Segment der Luxusklasse gehören. Einen Überblick über das Angebot findet man z. B. auf der Webseite www.heritagehotels ofindia.com. Einige sehr attraktive Hotels bietet die Gruppe Neemrana Hotels (www.neem ranahotels.com).

Resorts

Am Meer, in den Bergen, am Rand von Nationalparks – an vielen Orten gibt es sehr schöne Resorts, meist mit Ayurveda-Zentrum und interessantem Freizeitangebot. Herausragend in Südindien sind die Hotels der Casino Group of Hotels/Earth (www.cghearth. com), die sich zudem im Bereich des sozialverträglichen und nachhaltigen Tourismus einen Namen gemacht hat. Auch der Veranstalter Trails (www.trailsindia.com) hat sehr attraktive Unterkünfte an reizvollen Orten im Angebot.

Mittelklassehotels

Das Angebot ist sehr breit. In Städten handelt es sich oftmals um Business-Hotels, die in der Regel Internetanschluss haben, bei besseren Hotels sogar im Zimmer. Mittelklassehotels verfügen meist über mindestens ein Restaurant mit internationalen Spezialitäten sowie oftmals eine Bar. Die Preise rangieren von 2000 bis 6000 Rupien.

Einfache Hotels

Auch hier ist die Bandbreite groß. Auf dem Land und außerhalb der Saison erhält man Zimmer bereits für unter 500 Rupien, muss dafür aber Abstriche beim Komfort machen. Einfache Hotels besitzen oftmals nur eine ›indische Dusche‹, d. h. es gibt einen Wasserhahn und dazu einen Eimer mit Schöpfkelle. Auch warmes Wasser ist nicht selbstverständlich oder nur zu gewissen Zeiten verfügbar. Für ein Zimmer mit Klimaanlage muss man mit einem Aufpreis von mehreren Hundert Rupien rechnen. Achtung: Klimaanlagen sollten immer auf ihre Lautstärke und Temperaturregelung hin getestet werden! Einige einfache Hotels an den Stränden von Goa und Kerala sind nur von Oktober bis Ende April geöffnet.

Staatliche Unterkünfte

Alle Bundesstaaten bieten einfache Unterkünfte zu meist sehr moderaten Preisen, manchmal auch bessere Unterkünfte im höheren Preissegment. Die Zimmer sind in der Regel sauber und geräumig. Ein Restaurant ist immer dabei und manchmal wird auch Bier ausgeschenkt. Infos zu entsprechenden Unterkünften in den einzelnen Bundesstaaten

bekommt man auf folgenden Webseiten: www.maharashtratourism.gov.in (Maharashtra), www.ktdc.com (Kerala), www.kstdc.net (Karnataka), www.ttdconline.com (Tamil Nadu), www.tourisminap.com (Andhra Pradesh), www.goa-tourism.com (Goa).

Privatunterkünfte

Das Angebot an Privatunterkünften wächst ständig – vom luxuriösen Bungalow auf einer Kaffeeplantage bis zur einfachen Strandunterkunft mit Familienanschluss reicht das Angebot. In der Regel bieten Homestays Vollpension oder zumindest die Möglichkeit, nach Vorbestellung ein Essen einzunehmen, das dann aber extra bezahlt werden muss. Die Gastgeber betreiben oftmals kleine Reiseagenturen und erweisen sich als kompetente Ratgeber oder gar Führer. Adressen von Homestays findet man z. B. unter www.kerala tourism.org (Stichwort ›Homestay‹).

Hausboote

Eine Besonderheit sind Übernachtungen auf Hausbooten, die man vor allem in den Backwaters von Kerala findet. Zu empfehlenswerten Veranstaltern gehören www.thehouse boatskerala.com und www.greenpalmhouse boat.com. Nähere Informationen liefert auch die Webseite www.keralatourism.org.

Jugendherbergen und Retiring Rooms

Günstige Übernachtungsmöglichkeiten bieten Jugendherbergen (Youth Hostel Association of India, www.yhaindia.com). An großen Bahnhöfen und in manchen Flughäfen kann man – sofern man ein gültiges Ticket besitzt – die Nacht in Retiring Rooms verbringen.

Die Fitness- und Wellnesswelle ist längst auch bei der aufstrebenden Mittelschicht Indiens angekommen. Viele Hotels haben sich inzwischen darauf eingerichtet und zählen nicht nur ausländische Besucher zu ihren Gästen. Südindien ist zudem das Herzland des Ayurveda. Die jahrtausendealte Heilkunst wird ganz selbstverständlich in vielen Krankenhäusern praktiziert und hat bereits vor etlichen Jahren Einzug in die Hotels der gehobenen Klasse gefunden, wo hauptsächlich Kuren angeboten werden.

Südindiens Berge und Dschungelgebiete eröffnen eine Vielzahl von Wandermöglichkeiten und Wassersportlern bieten sich attraktive Reviere auf den zu Indien gehörenden Inselgruppen sowie in Goa.

Ayurveda

Südindien ist eine Hochburg der ayurvedischen Medizin. Besonders in Kerala gibt es viele Kliniken und Hotels, die ayurvedische Behandlungen und Kuren anbieten. Nähere Informationen hierzu s. S. 268.

Musizieren, Tanzen, Kochen

Eigentlich braucht es Jahrzehnte, um das Spiel auf einem klassischen indischen Instrument wie dem Sitar zu erlernen. Das Gleiche gilt für Tanzformen wie Bharata Natyam oder die Kampfkunstform Kalarippayattu. Laien können an Einführungskursen verschiedener Institutionen teilnehmen, z. B. des Vijnana Kala Vedi Cultural Centre in Aranmula/Kerala (www.vijnanakalavedi.org). Weitere Informationen zu diesem Thema liefert der Reiseteil.

Viele Hotels und Privatunterkünfte machen in Kursen mit der indischen Kochkunst und deren regionalen Varianten vertraut.

Wandern, Wild- und Vogelbeobachtung

In den Bergen der Western Ghats gibt es Möglichkeiten zum Wandern, z. B. in der Region Kodagu oder in den Nilgiri-Bergen. Einige Nationalparks organisieren Treks durch den Dschungel. Informationen dazu erhält man bei den Tourist Offices. Für Vogelfreunde gibt es in Südindien zahlreiche lohnenswerte Reviere.

Wassersport

Die Inseln der Andamanen und die Lakshadweep-Inseln sind Paradiese für **Taucher.** Auf beiden Inselgruppen findet man internationale Tauchschulen und natürlich auch andere Wassersportangebote (Infos Lakshadweep: www.cghearth.com; Andamanen: www.dive india.com, www.barefootindia.com). Auch in Goa bestehen viele Möglichkeiten für diverse Wassersportarten.

Auf einigen Flüssen in Karnataka kann man **Kanufahren.** Organisierte Trips hat beispielsweise Jungle Lodges & Resorts im Angebot (www.junglelodges.com). Der gleiche Veranstalter offeriert auch Ausflüge unterschiedlicher Länge zum **Angeln.**

Yoga

Yoga kann in seinen unterschiedlichen Varianten und Schulen in vielen angesehenen Zentren erlernt und geübt werden. Besonders in den Großstädten gibt es eine große Auswahl. Hintergrundinformationen zur Praxis des Yoga erhält man auf der Internetseite des Berufsverbands der Yogalehrenden in Deutschland (www.yoga.de).

Viele Wellnesshotels bieten Yoga- und Meditationskurse als Begleitprogramm z. B. zu ayurvedischen Kuren.

Schon seit Jahrtausenden kommen Händler und Kaufleute auf der Suche nach den sagenhaften Schätzen des Subkontinents nach Indien. Perlen und Diamanten, Seide und Gewürze zählen zu den kostbarsten Produkten. Für Kauflustige ist Indien ein Paradies. Dazu tragen auch die uralten Kunsthandwerkstraditionen bei, die immer noch lebendig sind und in jeder Region andere Objekte aus den verschiedensten Materialien hervorbringen.

Einen guten Überblick über die Vielfalt der Produkte erhält man in den großen staatlichen Kunsthandwerksläden **Central Cottage Industries Emporium,** die in allen Metropolen zu finden sind. Auch einzelne Bundesstaaten besitzen eigene Emporien: Produkte aus Kerala gibt es z. B. bei **Kairali,** aus Andhra Pradesh bei **Lepakshi** und aus Tamil Nadu bei **Poompuhar.** Die Preise in diesen Läden sind nicht verhandelbar. In Touristenvierteln oder Shoppingmeilen großer Hotels ist das Angebot besonders breit, dafür muss man hier deutlich mehr bezahlen als anderswo. Wer Läden in Begleitung von Fremdenführern, Taxifahrern etc. besucht, macht normalerweise keine Schnäppchen, da die Schlepper eine Kommission bekommen, die dem Kunden aufgeschlagen wird. Nicht ausgeführt werden dürfen Häute von geschützten Tieren, Elfenbein sowie über 100 Jahre alte Antiquitäten.

Souvenirs

Seiden- und Baumwollstoffe

Chennai, Kanchipuram und Mysore sind Zentren der Seidenproduktion in Südindien. Kostbare Stoffe und Saris gibt es dort zuhauf. Reine Seide erkennt man daran, dass sie beim Anbrennen verkohlt, während Kunstfasern schmelzen. Baumwolle in sehr guter Qualität erhält man auf vielen Märkten. Berühmt sind die gewebten Baumwollstoffe von Chettinad in Tamil Nadu. Aus Andhra Pradesh stammen wunderbare Ikat-Stoffe, eine spezielle Webart, die geometrische Muster produziert. Die Ladenkette Fab India hat in den großen Städten Dependancen und eine ausgezeichnete Kollektion von Baumwollstoffen, Kleidung und Heimtextilien im ethnischen Stil zur Auswahl (www.fabindia.com).

Schmuck

Hyderabad ist die Stadt der Perlen und Edelsteine, die im dortigen Basar von unzähligen Läden verkauft werden. Typisch für Hyderabad sind auch *bangles,* Armreifen in diversen Materialien und Farben. Silber findet man traditionell mehr in Nordindien, doch die vielen Läden der Kaschmiris in den Touristenzentren haben eine riesige Auswahl parat.

Skulpturen

In Hunderten von Läden meißeln Steinmetze in Mamallapuram bei Chennai Steinskulpturen in allen Größen und Formen – vom Buddha bis zur erotischen Figur. Größere Geschäfte verschicken die Objekte auch nach Übersee. Auch aus Holz werden in Südindien wunderbare Objekte geschnitzt. Ebenfalls weit verbreitet ist die Kunst der Bronzegießerei, die auf die berühmten Chola-Bronzen vor 1000 Jahren zurückgeht.

Sandelholzprodukte

Mysore ist das Zentrum der Sandelholzverarbeitung. Hier gibt es unzählige Produkte aus dem kostbaren Holz, darunter Seifen, Räucherstäbchen, Schmuck und Öle.

Bidri

Die kunstvolle Herstellung von Metallobjekten mit Einlegearbeiten aus Silber stammt ursprünglich aus Persien und ist etwa seit dem 15. Jh. auch in Bidar/Nord-Karnataka, Hyderabad und anderen Orten der Region geläufig. Bidri-Objekte findet man auch in den staatlichen Kunsthandwerk-Emporien (s. S. 323).

Einkaufsparadies Südindien – wer die Wahl hat, hat die Qual

Gewürze und Tee

In den Bergen der Western Ghats gedeihen neben dem berühmten Malabar-Pfeffer zahlreiche andere Gewürze wie Kardamom, Nelken, Zimt oder Vanille. In vielen Regionen werden Tee und teils auch Kaffee angepflanzt. Einige Plantagen haben bereits auf biologisch-organischen Anbau umgestellt. Besonders in Kerala erhält man frische und hochwertige Gewürze, z. B. in Kumily beim Periyar National Park. Guten Tee findet man z. B. in den Hill Stations Munnar oder Ooty.

Weitere typische Produkte

Rund um die Stadt Thanjavur findet man traditionelle Tanjore Paintings (s. S. 62). Die berühmten Paschminaschals aus Kaschmir sind auch in Südindien erhältlich, ebenso Kaschmirteppiche und viele andere Produkte aus Nordindien. Sie werden bevorzugt in den Läden der Kaschmiris verkauft, wo Feilschen zum Business gehört. In Puducherry stellt man handgeschöpftes Papier, Räucherstäbchen mit natürlichen Duftstoffen und hübsche Wohnaccessoires her. Viele Städte haben einen Khadi Gramodyog Bhavan, wo Produkte aus den Gandhi-Produktionswerkstätten wie handgesponnene Kleidung, Ledersandalen, Bio-Produkte etc. verkauft werden.

Antiquitäten

Zahlreiche Antiquitätengeschäfte konkurrieren um Kunden, dabei ist nicht immer antik, was so aussieht. Die Kunst, Objekte auf alt zu trimmen, ist weit verbreitet. Dennoch kommen Antiquitätenliebhaber auf ihre Kosten, z. B. im Chor Bazaar in Mumbai, in Karaikkudi/Chettinad, in Puducherry oder Kochi. Mit Schnäppchen ist nur selten zu rechnen, gute Ware hat ihren Wert. Die Ausfuhr von Objekten, die älter als 100 Jahre sind, ist verboten. Im Zweifelsfall ist eine (schwer erhältliche!) Expertise durch den Archeological Survey of India notwendig, Tel. 022-24 07/74 00 oder 11 02, www.asi.nic.in.

Feilschen

Handeln und feilschen ist in Indien in vielen Geschäften sowie auf allen Basaren üblich und wird erwartet. Es ist durchaus sinnvoll, sich vor größeren Einkäufen über die Preisspanne der Produkte zu informieren, damit man einerseits nicht zu viel bezahlt und andererseits den Händler durch ein zu niedriges Angebot nicht kränkt. Auch in Hotels, bei Touristentaxis etc. ist Feilschen mitunter möglich.

Ausgehen

Bars, Clubs, Discos

Ausgehen ist in Indien eine relativ neue Sache und auf einige wenige Metropolen beschränkt, denn traditionell treffen sich die Menschen innerhalb ihrer Familie, die schon aufgrund der meist zahlreichen Verwandtschaftsmitglieder genügend Abwechslung bietet. Doch besonders in der Megacity Mumbai und in der südindischen Softwaremetropole Bangalore, wo viele junge Inder aus der stark anwachsenden Mittelschicht leben und arbeiten, gibt es zahlreiche Discos, Pubs, Bars oder Lounges, wo man sich vergnügen kann. Auch in Hyderabad und Chennai kommt man auf seine Kosten. An anderen Orten findet man Bars und Discos meist nur in den Luxushotels. Einen Überblick über die Ausgehszene der großen Städte gibt die Internetseite www.explocity.com (Stichwort ›Nightlife‹).

Während der Hauptsaison im Winter verwandeln sich viele Strandorte in Goa zu äußerst lebhaften Vergnügungsvierteln, wo Strandpartys gefeiert werden, Live-Bands spielen und zahlreiche Discos und Bars um Kunden konkurrieren.

Kultur und Unterhaltung

Die großen Metropolen verfügen auch über ein reiches kulturelles Angebot. Führend ist Mumbai, doch auch die anderen Städte besitzen viele kulturelle Einrichtungen und veranstalten regelmäßig – oftmals im Winter – Musik- und Tanzfestivals, wo die Großen ihres Metiers auftreten.

Das Nachtleben findet in Großstädten, Luxushotels und Strandorten statt

Alkohol

Der Verkauf von Alkohol ist in fast allen Bundesstaaten des Reisegebiets erlaubt, nur in Andhra Pradesh gibt es gewisse Restriktionen. In vegetarischen Restaurants erhält man grundsätzlich keinen Alkohol. An sogenannten *Dry days* darf in ganz Indien kein Alkohol ausgeschenkt werden.

Drogen

Der Erwerb und Konsum von Drogen ist bei Gefängnisstrafe verboten.

Elektrizität

Die Stromspannung beträgt 220 Volt. Die Steckdosen sind oftmals dreipolig, aber in der Regel passt der bei unseren Kleingeräten übliche zweipolige Stecker.

Fotografieren

Indiens Denkmäler dürfen normalerweise fotografiert werden, auf Ausnahmen wird immer hingewiesen. Vorsicht ist geboten in Heiligtümern, in denen Zeremonien stattfinden – hier gebietet es der Respekt, vor dem Fotografieren den Priester um Erlaubnis zu bitten. Im Sanktum von Tempeln dürfen normalerweise keine Bilder gemacht werden.

Menschen freuen sich zumeist, abgelichtet zu werden, aber man sollte vorher immer um Erlaubnis bitten – hier ist Geben und Nehmen angesagt, denn durch die Verbreitung von Digitalkameras in Indien sind auch Ausländer ein begehrtes Fotoobjekt. Kindern Geld für Fotos zu bieten ist eine schlechte Angewohnheit, denn es fördert die Bettelei – lieber nach dem Urlaub die Fotos per Mail oder Post schicken.

Frauen allein unterwegs

Generell ist Südindien eine unproblematische Reiseregion für Frauen, wenngleich Unannehmlichkeiten wie Anrempeln und unsittliches Anfassen vor allem in großen Menschenmengen und während ausgelassener Festivals durchaus vorkommen können. Frauen in freizügiger Kleidung müssen mit begehrlichen Blicken und mitunter sogar mit Belästigungen rechnen. Vergewaltigungen von Touristinnen hat es auch in Indien schon gegeben, sie sind jedoch selten. Trotzdem sollte man als Frau einsame Gegenden, vor allem nachts, meiden. Manche Züge und Vorortzüge besitzen spezielle Frauenabteile. In Bussen sind oft die vorderen Sitze für Frauen reserviert.

Kleidung

Kurze Hosen und Röcke sowie knappe T-Shirts sind an den Badestränden von Goa, in Kovalam oder am Pool in Luxushotels akzeptiert, stoßen sonst aber auf Verwunderung bis Missfallen, besonders an heiligen Stätten. Vor dem Betreten von Moscheen und Tempeln werden die Schuhe ausgezogen. Dies gilt auch beim Besuch von Privatwohnungen. Wegen des heißen Bodens in Heiligtümern können Socken von Vorteil sein. In Tempel der Jainas dürfen keine Lederartikel mitgenommen werden, da diese als unrein gelten.

Öffnungszeiten

Geschäfte: Mo–Sa 10–20 Uhr, in Touristenvierteln und Basaren sind viele Läden länger und teilweise auch sonntags geöffnet; Banken: Mo–Fr 10–14 Uhr; Behörden: Mo–Fr 10–16 oder 17 Uhr; Postämter: Mo–Fr 10–17, Sa 10–14 Uhr; Restaurants: meist 10–22 Uhr, in großen Städten auch länger (hängt u. a. davon ab, ob auch Frühstück serviert wird).

Umgang mit der Armut

Ein großer Teil der Bevölkerung Indiens lebt unter der Armutsgrenze, was vielerorts, insbesondere in den großen Städten, sichtbar ist. Ein staatliches soziales Netz für arme, alte oder kranke Menschen gibt es nicht, hier ist die Familie zuständig. Die Kultur verlangt es, dass wohlhabende Menschen nach Tempel- bzw. Moscheebesuchen, an Festtagen etc. Bedürftigen Almosen geben.

Für Touristen gehört die Konfrontation mit Armut und Bettelei zu den schwierigsten Situationen einer Reise durch Indien. Letztendlich ist es eine persönliche Entscheidung, ob und wie viel man einem Bettler geben möchte. Inder spenden in der Regel Paisa-Münzen bis zu einigen Rupien. Man sollte jedoch wissen, dass Bettelei in Touristenzentren oftmals organisiert ist, d. h. die Bettler müssen ihre Einkünfte abliefern. Das gilt insbesondere für Kinder, die somit auf Kosten ihres Schulbesuchs zum Familieneinkommen beitragen. Für viele alte und kranke Menschen ist Betteln aber mitunter die einzige Möglichkeit, etwas Geld zu verdienen. In diesem Zusammenhang sei auf die vielen sinnvollen Projekte hingewiesen, die von internationalen Hilfswerken und Nichtregierungsorganisationen in Indien durchgeführt werden.

Verhalten

Indien tickt in vielen Bereichen anders. In der Kommunikation und beim Blick auf die Uhr, im Verhalten zwischen den Geschlechtern oder zwischen Menschen verschiedener Klassen – zahlreich sind die kulturellen Unterschiede zwischen Indern und Mitteleuropäern und die Möglichkeiten, aus Unwissenheit oder Unachtsamkeit ins Fettnäpfchen zu treten.

Mitteleuropäische Pünktlichkeitsvorstellungen sollte man zu Hause lassen, denn bei Verabredungen, bei Abfahrtszeiten öffentlicher Verkehrsmittel (besonders während der Regenzeit) etc. kann es aus vielen Gründen zu größeren Verspätungen kommen. Das Hindi-Wort *kal* bedeutet sowohl ›gestern‹ als auch ›morgen‹ und macht die eher zyklische Vorstellung von der Zeit deutlich.

Inder benutzen viel mehr Gesten als Mitteleuropäer. Die Eindrücklichste ist das Wackeln mit dem Kopf – es bedeutet in der Regel ›ja‹ und nicht ›nein‹, sollte also keinesfalls mit einem Kopfschütteln verwechselt werden.

Die meisten Inder sind sehr höflich und auskunftsfreudig. Negative Antworten oder ein »Ich weiß es nicht« sind vor allem auf dem Land nicht üblich, denn man fühlt sich verpflichtet zu helfen, egal ob man die Antwort kennt oder nicht. Daher lohnt es sich bei entsprechenden Auskünften immer zweimal zu fragen – *double check*, wie man in Indien dazu sagen würde. Als Antworten auf die Frage nach dem Weg werden oftmals *landmarks* genannt, also wichtige Gebäude, Kinos etc., und keine Straßennamen.

Ob bei Zug- und Busfahrten oder sonstigen Gelegenheiten, in Indien kommen Fremde viel schneller ins Gespräch als bei uns. Da die Familie sehr wichtig ist, gehören direkte Fragen nach dem Familienstand, der Kinderzahl etc. zu den beliebtesten Themen. Andererseits wird häufig indirekt kommuniziert, vor allem, wenn es darum geht, Kritik anzubringen. Ein ›ja‹ kann durchaus ›vielleicht‹ oder sogar ›nein‹ bedeuten, denn es gilt als unhöflich, jemanden offen abzuweisen.

Besonders in ländlichen Gegenden und an Orten, wo ausländische Touristen selten sind, werden diese zum Objekt großer Neugierde, vor allem bei Kindern. Ein wenig Geduld ist hier notwendig und angebracht.

Zeit

MEZ + 4,5 Std. bzw. 3,5 Std. während der europäischen Sommerzeit.

Währung

Die indische Währung heißt Rupie (Rs, Hindi: rupia/rupie, engl. Rupees). Sie ist unterteilt in 100 Paise (Grundeinheit: 1 Paisa). Es gibt Münzen zu 1, 5, 10, 25 und 50 Paise, benutzt werden im normalen Zahlungsverkehr meist nur 25- und 50-Paise-Münzen. Rupien erhält man in den Einheiten 1, 2, 5, 10, 20, 50, 100, 200, 500 und 1000 als Scheine und in den Einheiten 1, 2, 5 als Münzen. Die Ein- und Ausfuhr von Rupien ist verboten.

Wechselkurs (Stand August 2008): 1 € = ca. 65 Rs; 1 CHF = ca. 40 Rs; 100 Rs = 1,53 € = 2,50 CHF.

Geldwechsel und Zahlungsmodalitäten

Die Kombination von Kreditkarte und Reiseschecks (Euro, Schweizer Franken) ist eine gute Lösung für eine Indienreise. Letztere können bei einer Reihe von Banken, vor allem in den größeren Filialen der State Bank of India, sowie in Wechselstuben und besseren Hotels eingelöst werden. In Banken kann der Umtausch von Reiseschecks etwas länger dauern, dafür bekommt man teils bessere Kurse als in Hotels. Über ein großes Netz von Filialen verfügen Thomas Cook und American Express.

Es empfiehlt sich, gleich bei der Ankunft am Flughafen Geld zu tauschen, z. B. in Mumbai noch im Flughafengebäude (State Bank of India, 24-Std.-Service). Sinnvollerweise lässt man sich auch kleinere Scheine geben, z. B. ein versiegeltes Bündel mit 50-Rupien-Scheinen im Wert von 5000 Rupien. Versiegelte Bündel sind mehrfach kontrolliert, offene Scheine sollte man dagegen immer nachzählen und beschädigte Banknoten sofort zurückgeben. Tauschquittungen muss man unbedingt aufbewahren, sie werden mitunter beim Kauf von Flug- und Bahntickets als Nachweis für offiziellen Umtausch verlangt, denn Deals mit den Schwarzgeldhändlern der Touristenviertel sind illegal.

Die Bezahlung mit Kreditkarte ist in Hotels der gehobenen Klasse üblich. Auch in vielen größeren Geschäften und den besseren Restaurants der Städte kann die Rechnung mit Kreditkarte beglichen werden. Große Bahnhöfe besitzen einen Kreditkartenschalter für den Ticketkauf.

Geldautomaten (ATM) sind in größeren Städten verbreitet. Wie bei uns gelten auch in Indien diesbezüglich besondere Vorsichtsmaßnahmen wegen Betrugsgefahr. Vor der Reise sollte mit der eigenen Bank abgeklärt werden, ob die Kreditkarte in Indien verwendbar ist.

Preisniveau

Indien ist insgesamt ein preisgünstiges Land für Reisende mit Euro oder Schweizer Franken in der Tasche. Gleichzeitig gibt es sehr große Preisunterschiede, vor allem bei Unterkünften. Derzeit hat das Land mit einer steigenden Inflationsrate zu kämpfen, die

---

Sperrung von EC-und Kreditkarten bei Verlust oder Diebstahl*:

0049-116 116

oder 0049-30 4050 40509
(* Gilt nur, wenn das ausstellende Geldinstitut angeschlossen ist, Übersicht: www.116116.eu)
Weitere Sperrnummern:
– MasterCard: 0049-69-79 33 19 10
– VISA: 0049-69-79 33 19 10
– American Express: 0049-69-97 97 1000
– Diners Club: 0049-69-66 16 61 23
Bitte halten Sie Ihre Kreditkartennummer, Kontonummer und Bankleitzahl bereit!

sich besonders auf die Nahrungsmittel- und Kraftstoffpreise niederschlägt.

Unterkünfte

In Luxushotels bezahlt man teilweise genauso viel wie bei uns, andererseits besteht die Möglichkeit, in vergleichsweise günstigen, aber sauberen Hotels oder Privatunterkünften zu übernachten. Wer nur Basiskomfort erwartet, findet auch Zimmer für rund 500 Rupien. Ein ordentliches Mittelklassehotel bekommt man ab 2500 Rupien aufwärts. Generell ist es in den großen Städten, vor allem in Mumbai, sehr viel teurer als in kleinen Orten oder auf dem Land. Auch die Jahreszeit spielt eine große Rolle, da die Preise in den Touristenzentren zur Hauptsaison um ein Vielfaches in die Höhe klettern können. In einigen Hotels, besonders der gehobeneren Klasse, gibt es für Inder und Ausländer verschiedene Preise. Diese sind für Ausländer dann in Dollar oder Euro angegeben.

Essen und Trinken

Ein simples vegetarisches Tellergericht (Thali) bekommt man in einem einfachen Restaurant für etwa 30 bis 50 Rupien, manchmal schon für weniger. Wer etwas mehr bezahlt, erhält Nachtisch und Suppe dazu. In manchen der sehr einfachen Restaurants, wo man vom Bananenblatt isst, ist der Nachschlag kostenlos. Die Mahlzeit in einem Restaurant mit mittlerem Preisniveau kostet ab 100 bis 150 Rupien, ab 500 bis 700 Rupien wird man in besseren Restaurants satt. In den Touristenlokalen von Goa bezahlt man mindestens 150 Rupien für ein Abendessen.

Eine Flasche Mineralwasser kostet um 20 Rupien, Bier gibt es ab 60 Rupien, in Bars und Discos muss man mindestens das Doppelte rechnen. Einen Tee im Zug erhält man für rund fünf Rupien, im Luxushotel zahlt man das Zig-Fache dafür, da auf den ohnehin hohen Preis noch Luxussteuern aufgeschlagen werden.

Transport

Öffentliche Verkehrsmittel – abhängig vom Komfort – sind vergleichsweise billig. So kann man für rund 500 Rupien mit dem Zug von Mumbai nach Bangalore fahren, wenn man eine einfache Wagenklasse wählt. Für die gleiche Strecke bezahlt man in einer höheren Klasse wie 2nd AC rund 3000 Rupien. Auch bei den Flugpreisen gibt es große Unterschiede, je nachdem ob man den Billigflieger Deccan Air oder die Luxuslinie Kingfisher Airlines wählt. Tickets in Stadtbussen kosten nur ein paar Rupien, eine Taxifahrt vom Flughafen Mumbai ins Stadtzentrum im Süden etwa 400 Rupien. Für Fahrten mit einem Touristentaxi bezahlt man ab sieben Rupien pro Kilometer bzw. ab 2000/3000 Rupien pro Tag, je nach Fahrzeug und Ausstattung. Mit steigenden Spritpreisen kann sich dies jedoch schnell wieder ändern.

Eintrittspreise

Für den Besuch bedeutender touristischer Sehenswürdigkeiten gibt es für Inder und Ausländer verschiedene Preise. Bei den großen Highlights muss man für den Eintritt mit 100 Rupien, oftmals 250 Rupien pro Person rechnen, Eintrittskosten in Museen sind bis auf wenige Ausnahmen viel niedriger. Ermäßigungen gibt es für Kinder (50 %) sowie für Studenten und Gruppen.

Trinkgeld

Trinkgeld wird erwartet – in Hotels und Restaurants der Luxusklasse 10 %, in den anderen Unterkünften und Lokalen sollte es die 5-%-Marke keinesfalls unterschreiten. Wer mit dem Service zufrieden war, sollte also beim Trinkgeld nicht sparen. Einige Hotels haben eine *Tipbox* an der Rezeption, wo man Trinkgeld für das Personal hinterlassen kann, sodass auch die unsichtbaren Helfer etwas vom Dankeschön abbekommen.

Reisezeit und Klima

Die beste Reisezeit für Südindien ist von November bis März, da die Temperaturen dann am moderatesten sind und die Hauptregenzeit des Südwestmonsuns zwischen Juni und September ausgespart bleibt. Tamil Nadu, Andhra Pradesh und Kerala sind zwischen Oktober und Dezember vom Nordostmonsun betroffen, dies gilt insbesondere für die Küstenregionen des Ostens sowie die Berge. Allerdings handelt es sich nicht um eine Regenperiode, in der permanent Niederschlag fällt. Die höchsten Regenmengen erhält die Westküste während des Südwestmonsuns. Viele Hotels, z. B. in Goa, bieten dann verbilligte Monsun-Packages. Baden im Meer ist während des Monsuns wegen der rauen See jedoch gefährlich.

Im Vergleich zu Nordindien, wo die Temperaturen zwischen den Sommer- und Wintermonaten beträchtlich schwanken können, hat Südindien ein relativ beständiges Klima. Dennoch gibt es Temperaturunterschiede zwischen den Jahreszeiten, den einzelnen Regionen und natürlich den Tageszeiten. Am heißesten sind die Monate April und Mai. Auch der Oktober, wenn die Feuchte der Regenzeit noch in der Luft liegt, ist schwülwarm. Dafür ist zu dieser Zeit die Vegetation besonders üppig und reizvoll. Vor allem auf dem trockenen Dekkan-Hochland kann in der heißeren Jahreszeit tagsüber schnell die 40-°C-Marke erreicht werden. Kühl wird es im Winter in den Bergen. In höheren Bergregionen wie den Nilgiri Hills sind nächtliche Temperaturen um 5 °C oder darunter durchaus möglich. Am angenehmsten sind die Temperaturen im Dezember und Januar. Dann pendeln sie sich tagsüber bei 25–30 °C und nachts bei 15–20 °C ein. Abweichungen von diesem Muster gibt es – insbesondere in Zeiten des Klimawandels – auch hier.

Folgende indische Webseiten informieren über die Wetterverhältnisse im Land: www.weather.nic.in, www.imd.ernet.in. Letztere gibt überdies Auskunft über den Verlauf des Monsuns und warnt vor Zyklonen, was vor allem für die Ostküste relevant ist. Infos auf Deutsch: www.wetteronline.de.

Klimadaten Mumbai

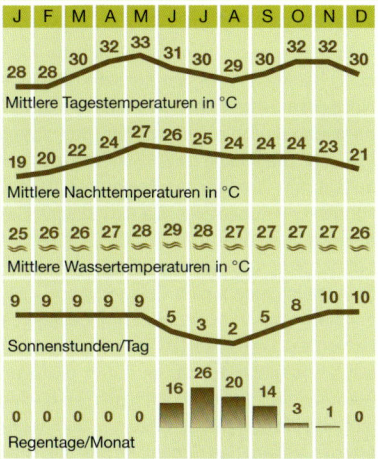

Klimadaten Bangalore

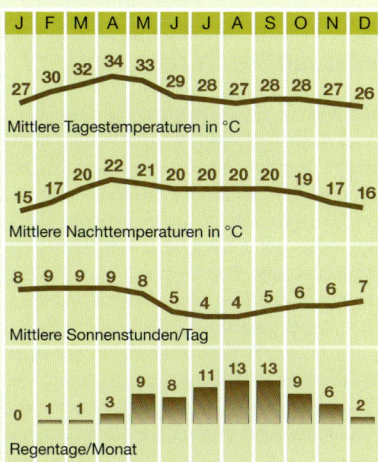

Auf Reisen zur Monsunzeit ein wichtiger Ausrüstungsgegenstand: der Regenschirm

Was sollte in den Koffer?

Mit leichter Baumwollkleidung, Sweatshirt und einem wärmeren Pulli macht man nichts falsch. Je nach Jahreszeit gehört unbedingt auch eine Regenjacke ins Gepäck. Wer die Dschungelgebiete besuchen möchte, benötigt festes Schuhwerk, aber nicht unbedingt Wanderschuhe. Das Gleiche gilt für die Wanderrouten: Sie sind sehr moderat und erfordern keine Trekking-Ausrüstung. Ein Baumwollschal ist unverzichtbar wegen der vielen Ventilatoren und Klimaanlagen, die schnell Halsschmerzen verursachen. Auch eine Kopfbedeckung gegen die Hitze leistet gute Dienste.

In Indien kann man überall günstig Kleidung kaufen. Frauen sei die sehr bequeme Hose-Hemd-Kombination namens Salwar-Kameez empfohlen, die zudem den Vorteil hat, dass man damit als Ausländerin weniger auffällt. Ein überlebensnotwendiges Utensil können Ohrstöpsel sein, da die indische Geräuschkulisse unter Umständen auch nachts beträchtlich von der gewohnten abweicht. Sinnvoll ist zudem eine Taschenlampe, falls der Strom ausfällt oder zur Erforschung von Höhlen etc. Frauen sollten Tampons und/oder Binden mitnehmen, die es nur in größeren Städten und Touristenhochburgen zu kaufen gibt. Kleine Schlösser bzw. ein Vorhängeschloss sichern das Gepäck im Zug und Bus.

Gesundheit

Gefahrenquellen

Über Indien grassieren immer wieder Schreckensmeldungen von Krankheiten und üblen hygienischen Verhältnissen. Von diesen Problemen sind jedoch in erster Linie die ärmsten Bevölkerungsschichten des Subkontinents betroffen, die in Slums oder wenig entwickelten ländlichen Gegenden leben und sich keine ausreichende medizinische Versorgung leisten können. Vor allem in sozialer Hinsicht werden beim Thema Gesundheit große Unterschiede deutlich, denn andererseits wirbt das Land mit seinen teils exzellent ausgestatteten privaten Krankenhäusern um Kunden aus dem Ausland und preist seine Dienste im neuen Sektor Gesundheitstourismus.

Reisenden machen in erster Linie Durchfallerkrankungen zu schaffen, die oftmals nichts mit verdorbenem Essen zu tun haben, sondern mit Unverträglichkeiten, den ungewohnt scharfen Speisen oder dem Genuss von nicht abgekochtem bzw. ungefiltertem Wasser. Unachtsamkeiten im Umgang mit Wasser gehören neben Tropenkrankheiten und Hitze zu den größten Gefahrenquellen. Auch das Risiko einer Ansteckung mit Aids darf nicht unterschätzt werden. Mit einer Reihe von Vorsorge- und Vorsichtsmaßnahmen lässt sich das Risiko von Erkrankungen jedoch beträchtlich einschränken. In jedem Fall sollte vor der Abreise eine Reisekrankenversicherung abgeschlossen werden.

Impfungen

Verbindliche Impfungen sind für Indien derzeit nicht vorgeschrieben. Es empfiehlt sich jedoch, einen wirksamen Impfschutz gegen Polio, Tetanus und Diphtherie zu haben. Eine Impfung gegen Hepatitis A und evtl. B ist ebenfalls sinnvoll. Cholera und Typhus können in Indien auftreten, doch sind die Impfungen dagegen umstritten; im Zweifelsfall sollte man seinen Hausarzt oder ein Tropen-

institut (s. u.) konsultieren. Wer sich innerhalb der letzten sechs Tage vor der Einreise nach Indien in einem Land aufgehalten hat, in dem Gelbfieber verbreitet ist, muss eine gültige Impfbescheinigung aufweisen, sonst könnte eine mehrtägige Quarantäne die Folge sein.

Tropenkrankheiten

Malaria ist in Südindien nördlich einer gedachten Linie Chennai–Goa verbreitet, vereinzelt gab es auch Fälle in Goa. Als Malariaprophylaxe wird von Ärzten in der Regel ein Stand-by-Mittel empfohlen, das man nur bei Ausbruch der Krankheit einnimmt. Genauere Informationen geben Tropenkrankenhäuser wie das Bernhart-Nocht-Institut für Tropenmedizin in Hamburg (www.gesundes-reisen.de) sowie die Webseite www.fit-for-travel.de. Auch Dengue- und Chikungunya-Fieber können in Südindien auftreten. Da alle drei Krankheiten durch Mücken übertragen werden, gehört ein Mückenschutzmittel unbedingt ins Gepäck. Empfehlenswert ist es auch, während der Dämmerung Socken und langärmelige Blusen/Hemden zu tragen bzw. zeitweise die Fenster zu schließen.

Vorsichtsmaßnahmen

Um Durchfallerkrankungen zu vermeiden, gelten folgende Verhaltensregeln: Wasser nur aus fest verschlossenen Flaschen trinken oder nachdem es abgekocht/gefiltert wurde. Während der Regenzeit, in Zügen oder sehr einfachen Hotels Mineralwasser oder abgekochtes/gefiltertes Wasser zum Zähneputzen benutzen. Generell sollte man versuchen, beim Zähneputzen kein Wasser zu schlucken. Das in vielen Hotels in Krügen angebotene gefilterte Wasser ist mit Vorsicht zu genießen, da es manchmal schon sehr lange steht. Auf Eiswürfel und Speiseeis (außer in Luxushotels) möglichst verzichten, ebenso auf Salat und rohe Speisen sowie geschälte Früchte. Auch bei Straßenständen, die geschälte Früchte, Fruchtsäfte, Zuckerrohrwasser oder

Snacks anbieten, ist Vorsicht geraten. Durchfallmittel gehören immer ins Gepäck, desgleichen Salz-Zucker-Lösungen oder Kohletabletten. Gute Mittel erhält man auch in den Apotheken vor Ort (es gibt übrigens allopathische, homöopathische und ayurvedische), die oft englischsprachiges Personal haben.

Zu den häufigsten Infektionen während einer Reise zählen Erkältungskrankheiten, die durch Klimaanlagen, Ventilatoren oder Zugluft entstehen. Neben entsprechenden Medikamenten hilft ein Schal.

Zum Schutz vor Sonne und Hitze ist unbedingt ein Sonnenschutz (Cremes, Hut/Tuch) empfehlenswert. Einpacken sollte man auch sterile Injektionsnadeln, Alkohol und antiseptische Binden, insbesondere wenn man auf dem Land reist, wo die medizinische Versorgung mitunter zu wünschen übrig lässt.

Da es in Zügen und einfachen Hotels bzw. Restaurants kein Klopapier gibt, gehört eine Rolle davon ebenfalls ins Reisegepäck, es sei denn, man möchte sich die indische Methode – Wasserkrug plus linke Hand – zu eigen machen. Klopapier erhält man in Touristenorten.

Ärztliche Versorgung

Die großen Metropolen wie Mumbai, Bangalore, Chennai oder Hyderabad verfügen über hervorragend ausgestattete Krankenhäuser für Privatpatienten. Von der Herzoperation über Zahnbehandlungen bis zur Schönheitschirurgie werden umfassende Dienste geboten (Info: www.incredibleindia.org, Stichwort ›Wellness‹). Informationen über ayurvedische Krankenhäuser s. S. 268.

Wer in Notfällen einen Arzt braucht, erhält Empfehlungen von den Botschaften (s. S. 80). Selbst in kleineren Orten findet man meist Ärzte, die englisch sprechen. Bei der Suche können die Hotels weiterhelfen.

Sicherheit

Notfallnummern

Deutsches Generalkonsulat in Mumbai: Tel. 098 21 01 68 77; in Chennai: Tel. 098 84 30 53 33. Diese beiden Mobiltelefonnummern sind nur außerhalb der regulären Geschäftszeiten in Betrieb, ansonsten gelten die normalen Rufnummern (s. S. 80).

Kriminalität

Indien ist ein ziemlich sicheres Reiseland. Nur selten werden Touristen Opfer von Überfällen und dies mehr im Norden als im Süden. Dennoch sollte man nachts unbelebte Gegenden meiden. Auch größeren Menschenmengen, z. B. bei Festivals, geht man besser aus dem Weg, da die Stimmung aufgepeitscht ist und die Situation unkontrollierbar werden kann.

Überall, wo Enge herrscht (in Bahnhöfen, Zügen, Bussen, auf Märkten etc.) ist ein beliebtes Revier von Taschendieben. Gepäckstücke sollte man nie unbeaufsichtigt stehen lassen und bei Nachtreisen im Zug seine Wertgegenstände am Körper tragen. Bargeld, Schmuck, Laptops etc. gehören im Hotelzimmer immer unter Verschluss. Wer Opfer eines Diebstahls wurde oder wichtige Dokumente wie den Reisepass verloren hat, sollte dies sofort bei der nächsten Polizeistelle melden und das Protokoll bzw. die Bescheinigung der Verlustmeldung aufbewahren, da diese bei Ausstellung eines neuen Ausweises benötigt werden. Als nützlich kann sich die Mitnahme einer Kopie des Reisepasses erweisen (getrennt vom Original aufbewahren).

Internet

Im Land der IT- und Softwareproduktion sind Internetcafés weit verbreitet, mittlerweile sogar auf dem Land. Besonders schnelle und gute Verbindungen bietet die Kette Reliance World, wo man auch ein Konto eröffnen kann.

Alle Luxushotels sowie viele Mittelklassehotels verfügen über ein Businesszentrum mit Internet und über Internetanschluss im Zimmer, wo gegen eine Gebühr der eigene Laptop angeschlossen werden kann.

Post

Briefe und Postkarten sollte man nicht in Briefkästen werfen, sondern auf dem Postamt abstempeln lassen. Wer zu viele Souvenirs eingekauft hat, kann Waren auf dem Schiffsweg (2–3 Mon.) oder teurer per Flugzeug (ca. 10 Tage) verschicken lassen. Das Paket muss man unverschlossen zur Post bringen, damit der Inhalt kontrolliert werden kann. Gegen eine extra Gebühr wird das Paket zum Schutz zusätzlich in Tuch eingenäht. Der Versand ist relativ sicher.

Fernsehen und Radio

Auch in den einfachen Hotelzimmern gibt es Fernseher. Neben zahllosen Programmen in indischen Sprachen senden unter anderem folgende Sender auf Englisch: BBC, CNN, NDTV (indische Nachrichten täglich auch im Internet unter www.ndtv.com, Stichwort ›Video‹). Zudem sendet der staatliche indische Sender Doordarshan regelmäßig Nachrichten in englischer Sprache und informiert auch über seine Internetseite www.ddinews.gov.in. Die Deutsche Welle lässt sich auf mehreren Kurzwellenbändern empfangen. Informationen über Frequenzen etc. findet man unter www.dw-world.de.

Telefonieren

Billiger als in den Hotels telefoniert man in den vielen Telefonläden. Sie tragen die Aufschriften ISD (internationale Verbindungen), STD (nationale Verbindungen) oder PCO (nur Lokalverbindungen). Oftmals gibt es dort auch ein Fax.

Zahlreiche private Anbieter konkurrieren um den indischen Handymarkt. Telefonkarten für bestimmte Zeitperioden kann man in einem der Handyläden kaufen. Man braucht dazu ein Passbild sowie eine Kopie des Reisepasses. Die Freischaltung kann einige Tage dauern. Besonders in abgelegenen Gebieten ist jedoch mit Ausfällen zu rechnen.

Vorwahlen: Deutschland 0049, Österreich 0043, Schweiz 0041, Indien 0091.

Zeitungen und Magazine

Zu Recht sind die Inder stolz auf ihre freie Presse, auch wenn Werbung und Trivialia in seriösen Blättern immer mehr Platz einnehmen. Die Medienlandschaft ist hier äußerst bunt und vielfältig. Die größten Auflagen erreichen Zeitungen in der Sprache Hindi, an zweiter Stelle schon stehen englischsprachige Publikationen, gefolgt von Presseerzeugnissen in den verschiedenen Regionalsprachen.

Zu den wichtigsten englischsprachigen Tageszeitungen gehören Times of India, Indian Express, Deccan Herald und Hindu. Interessante Hintergrundinformationen über Politik, Wirtschaft und Gesellschaft erhält man in den großen Wochenmagazinen India Today, Outlook, Frontline oder der renommierten, für seinen investigativen Journalismus bekannten Wochenzeitschrift Tehelka. Das Reisemagazin Outlook Traveller informiert über Destinationen und Trends. Alle genannten Publikationen besitzen gleichnamige Webseiten mit Onlineausgaben.

Glossar

Adinatha Erster Furtbereiter des Jainismus
Adivasis Indigene Bewohner Indiens
Amman Südindische Muttergottheit
Ardhanaishvara Shiva-Darstellung (halb Mann, halb Frau)
Ashram Wohnstätte, wo der Lehrer (Guru) und seine Schüler zusammenleben
Asuras Dämonen, Feinde der Götter
Avalokiteshvara (Buddhistischer) Boddhisatva der Barmherzigkeit
Avatara Erscheinungsformen des Gottes Vishnu

Baksheesh Trinkgeld, Spende, auch: Bestechungsgeld
Bandh Generalstreik
Basadi/Basti Jain-Tempel
Bhakti Hingebungsvolle Gottesliebe (hinduistisch)
Bharat Indien
Bhavan Haus, Gebäude
Bindi/Bindu Auf der Stirn von Hindu-Frauen aufgemalter oder aufgeklebter Punkt
Boddhisatva (Buddhistisches) Wesen auf der letzten Stufe vor der Erleuchtung
British Raj Britische Herrschaftsperiode

Cantonement Ehemaliges britisches Viertel einer Stadt
Chaitya Buddhistische Tempelhalle
Chakra Wurfscheibe Vishnus, Rad der Lehre Buddhas
Chhattri Grabstätte
Chowk Offener Platz
Coolie (Kuli) Gepäckträger

Dargah Muslimische Grabanlage
Darwaza Tor (einer muslimischen Anlage)
Deva/Devi Gott/Göttin
Devadasi Tempeltänzerin
Dhobi Wäscher
Draviden Nicht-indoarische Bevölkerung Südindiens
Dupatta Langer Schal, wird zu Salwar Kameez getragen

Dvarapala(s) Steinerne Torwächter am Eingang hinduistischer Tempel

...eshvara, ...ishvara, ...eswarar Herr (Suffix an Namen Shivas)

Furtbereiter Einer der 24 Meister der Jain-Religion

Ganga Hinduistische Flussgöttin und Flussname
Garbha Griha Sanktum (Allerheiligstes eines Tempels)
Gopuram/Gopura Tempelturm am Eingang von südindischen Tempelanlagen
Ghat(s) (Bade-)treppen, die zu einem Tempelteich oder zum Fluss führen; auch: Berge (z. B. Western Ghats)
Giri Berg
Gopi Hirtenmädchen, die Gespielin von Gott Krishna
Guru Meister, Lehrer

Harijan ›Kinder Gottes‹, Gandhis Bezeichnung für die Unberührbaren
Hill Station Von den Briten eingerichteter Luftkurort

Jali Durchbrochenes, mit Mustern versehenes Steinfenster
Jama Masjid Große oder Freitagsmoschee
Jatakas Erzählungen aus dem Leben Buddhas
Ji Respektvolles Suffix bei Namen (z. B. Gandhiji)
Jyotir Lingam Licht-Lingam, Kristall-Lingam

Kettuvallam Traditionelle Lastkähne, heute Hausboote in den Backwaters
Kovil (Koil) Tempel
Kumari Jungfrau
Kund Tempelteich, künstliches Wasserbecken
Kurta Langes Männerhemd

Lakh Gebräuchlich für die Zahl 100 000
Lingam/Linga Phallisches Symbol der Shiva-Verehrung

Maha Groß
Mahabharata Großes Epos der klassischen indischen Literatur
Mahadeva Großer Gott, gebräuchlicher Name für Shiva
Mahal Palast
Mahatma ›Große Seele‹, der Ehrentitel für Gandhi
Mahout Elefantenführer
Maidan (Fest-)Platz, Park
Mandala Diagramme/Zeichnungen, die kosmische Kräfte symbolisieren
Mandapa/Mandapam Säulenhalle in hinduistischen Tempeln
Mandir Tempel, Schrein
Mantra Beschwörungs-/Gebetsformel
Marg Straße
Masjid Moschee
Medrese Koranschule, islamische Hochschule
Mela Fest
Mihrab Gebetsnische in einer Moschee
Minar Turm einer Moschee
Mithuna-Paar Göttliches Paar
Mudra Geste in der hinduistischen und buddhistischen Ikonografie
Mutt Hindu- oder Jain-Kloster

Naga/Nagini Schlange, Schlangengott
Nagara-Baustil Nordindischer Tempelbaustil
Namaste/Namaskar Guten Tag (Hindi)
Nandi Bulle, Reittier Shivas
Navagraha Die neun Planetengötter

Palli Heiligtum (Kirche, auch Tempel oder Moschee)
...patna, patnam, pattinam Suffix bei Städtenamen, bedeutet ›Ort‹, ›Stadt‹
Puja Hinduistische Zeremonie zur Verehrung der Götter

...pur, pura, puram Suffix bei Städtenamen, bedeutet ›Ort‹, ›Stadt‹

Raja Herrscher, König
Ramayana Großes indisches Heldenepos
Rangoli Geometrische Muster aus Reispulver vor Häusern/in Tempeln
Ratha Tempelwagen

Sadhu Heiliger, Asket
Sagar See
Sahib Herr
Salwar Kameez Hose-Hemd-Kombination vieler Frauen
Sanktum Das Allerheiligste eines Kultbaus
Shikhara Tempelturm im nordindischen Baustil
Shri, Sri Respektvolles Präfix, Name für die Göttin Lakshmi
Stambha Säule
Stupa Halbkugelförmiger Sakralbau an buddhistischen Stätten
Sufi Islamischer Mystiker
Swamy, Swami Als Suffix: Bezeichnung für einen Gott, sonst Bezeichnung für einen heiligen Mann

Teppakulam Tempelteich, künstliches Wasserbecken
Theerta, Thirta Tempelteich, künstliches Wasserbecken
Tirthankara Siehe Furtbereiter

Urs Muslimisches Fest

Vahana Reittier bzw. Fahrzeug einer hinduistischen Gottheit
Vihara Wohnstätte buddhistischer Mönche
Vimana Südindischer Tempelturm

Yogi Hinduistischer Asket
Yoni Symbol der Vagina
Yonilingam Symbolisiert die Verbindung weiblicher und männlicher Energie in Shiva-Tempeln

Eher einer Nussschale als einem Boot gleichen die Gefährte der Fährmänner in Hampi, mit denen sie den Lebensunterhalt für sich und ihre Familien verdienen

Unterwegs
in Südindien

In Mumbais Altstadt ist ein Durchkommen oft nur zu Fuß möglich

Mumbai und die Küste bis Goa

Mumbai
Alibag
Ratnagiri
Malvan

Auf einen Blick:
Mumbai und die Küste bis Goa

Megacity, Meer und mehr

Der Flughafen von Mumbai, die Fahrt im schwarzgelben Taxi über die schmale, mehr als 30 km lange Halbinsel in den Süden der Stadt, vorbei an Slums und Hochhäusern, an Menschen, die auf der Straße schlafen, an Werbeplakaten und Teebuden: Das ist oftmals der erste Eindruck einer Südindienreise. Viele Besucher wollen den Moloch so schnell wie möglich hinter sich lassen. Andere bleiben und tauchen ein in die aufregende und schrille Welt der größten Stadt des indischen Subkontinents.

Die rasante ökonomische Entwicklung des Landes zeigt sich in Mumbai besonders deutlich. An seinen neuen schicken Stadtvierteln im Norden und Osten, an den vielen modernen Shoppingmalls oder am ständig wachsenden Verkehr, der die Straßen verstopft. Auch am Geschäfts- und Bankenviertel Nariman Point und der nördlich anschließenden Uferpromenade Marine Drive wird ›Boombay‹ seinem Namen gerecht: Für ein Apartment mit Blick aufs Arabische Meer muss man dort tiefer in die Tasche greifen als in den meisten mitteleuropäischen Citylagen.

Gleichzeitig ist Mumbai Sinnbild für jene große Armut, die selbst durch den wirtschaftlichen Höhenflug Indiens nicht verschwindet. Elendsviertel wie Dharavi, der größte Slum in Asien, erinnern an die düsteren Seiten des Subkontinents. Rund 20 Mio. Menschen leben in der Stadt und ihrem Umland. Sie kommen aus allen Teilen Indiens, um hier ihr Glück und vor allem Arbeit zu suchen.

Intensiv und plakativ sind die Eindrücke, die dem Neuankömmling aus Europa entgegenschlagen, wenn ihn das Flugzeug – die Interkontinentalflüge kommen in der Regel nachts an – in die schwülwarme indische Nacht entlässt. Ein Großteil der Besucher reist gleich weiter an die Palmenstrände von Goa oder in die Berge und Tempelstädte des Südens. Doch ignorieren kann man Mumbai nicht und sollte es auch nicht. Vielleicht ergibt sich für die allzu schnell Geflüchteten am Ende der Reise eine weitere Gelegenheit, diese spannende Metropole auf den zweiten Blick kennenzulernen. Zu bieten hat sie allerlei. Imposante Bauwerke aus der britischen Kolonialzeit säumen die Straßen des alten Viertels **Fort** im Süden. Quirlige Basare, Tempel und Moscheen findet man in **Zentral-Mumbai.** Jahrtausendealte buddhistische Höhlen und ein Nationalpark, in dem sich Leoparden tummeln, grenzen direkt an Wohnviertel mit Hochhäusern. Auch die kleine Insel **Elephanta** mit ihrem Felsheiligtum für Gott Shiva lohnt einen Besuch. Nicht zu vergessen natürlich der Glanz und Glamour von **Bollywood.** Die allerneuesten Hindi *movies* laufen garantiert zuerst in Indiens Filmmetropole und werden oftmals auch dort gedreht.

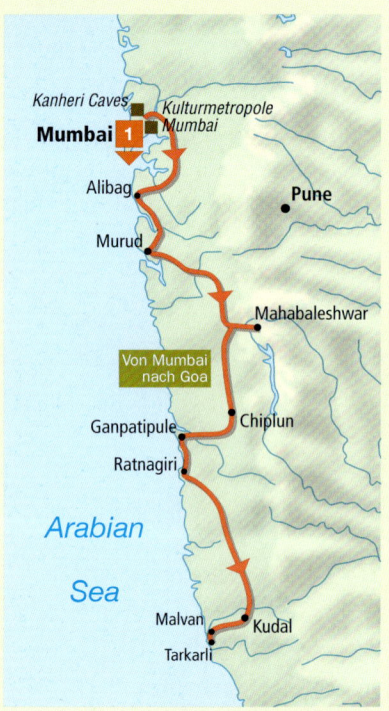

Doch nicht nur Kino wird hier großgeschrieben. Mumbai kann sich der lebhaftesten Kunst- und Kulturszene Indiens rühmen. Musik, Theater, Tanz und Malerei haben sich zahlreiche Nischen und ein breites Publikum erobert. Anspruchsvolle Theateraufführungen, Kulturfestivals rund ums Jahr und ein Heer von Galerien, in denen sich Indiens boomender Kunstmarkt präsentiert, gehören dazu. Auch an Restaurants, Hotels und Ausgehmöglichkeiten knausert die Megacity nicht. Für Feinschmecker und Nachtschwärmer gibt es unzählige Orte, um sich zu amüsieren. Und dann sind da noch das Arabische Meer, die Promenaden, die Sonnenaufgänge am **Gateway of India** oder die Sonnenuntergänge am **Marine Drive.**

Die Stadt hinter sich zu lassen, nicht aber das Meer, ist übrigens eine von vielen Möglichkeiten, gen Süden zu reisen. Beschauliche Küstenorte, imposante Festungen und attraktive Strände verlocken dazu, nicht gleich das nächste Flugzeug nach Goa oder Kerala zu nehmen.

Highlight

1 **Mumbai:** Indiens größte Metropole ist ein Höhepunkt für sich – aufregend, inspirierend, aber manchmal auch schockierend (s. S. 112).

Empfehlenswerte Route

Von Mumbai nach Goa: Ein Stück relativ unberührte Küste und reizvolle Bergorte lernt kennen, wer sich auf die Fahrt von Mumbai nach Goa macht. Die rund 600 km lange Strecke über Alibag, Murud und seine Seefestung Janjira, die Hill Station Mahabaleshwar, Ganapatipule, Ratnagiri und Tarkarli empfiehlt sich für all diejenigen, die gerne abseits der üblichen Touristenpfade unterwegs sind. Zwar ist die Region touristisch nur mäßig erschlossen, doch fast überall finden sich angenehme Übernachtungsmöglichkeiten (s. S. 144).

Richtig Reisen-Tipps

Kulturmetropole Mumbai: Ob Film, Malerei, Musik oder Theater – Mumbai hat kulturell unendlich viel zu bieten. Beim Besuch eines Bollywood-Films, bei einem Konzert mit klassischer indischer Musik oder bei einem Galerien-Rundgang erlebt man die kulturelle Vielfalt der Metropole (s. S. 134).

Kanheri Caves: 109 buddhistische Höhlenklöster und -tempel liegen eng beieinander mitten im Sanjay Gandhi National Park am Stadtrand von Mumbai. Eine Fülle von sehr gut erhaltenen eindrucksvollen Skulpturen aus der Zeit ab dem 1. Jh. v. Chr. erwartet die Besucher (s. S. 142).

Reise- und Zeitplanung

Für viele ist Mumbai nur Durchgangsstation. Manche erliegen jedoch dem Reiz dieser quirligen Metropole. Wer länger bleiben möchte, sollte sich in Süd-Mumbai, beispielsweise im Touristenviertel Colaba, niederlassen. Um die Stadt ein wenig genauer kennenzulernen, braucht man mindestens drei bis vier Tage. Mumbai zählt allerdings zu den teuersten Orten in Indien.

Für die empfohlene Route von Mumbai nach Goa sollte man per Taxi vier bis fünf Tage einplanen. Wer mit öffentlichen Verkehrsmitteln unterwegs ist, braucht länger, da man Wartezeiten auf die Busse einplanen muss. Natürlich lässt es sich an den schönen Stränden von Ganapatipule oder Tarkarli auch mehrere Tage aushalten. Von Tarkarli bis zur Grenze von Goa sind es nur rund 50 km.

Mumbai und die Küstenregion erhalten während des Südwestmonsuns zwischen Juni und September starke Niederschlagsmengen. Ideal für einen Besuch sind daher die Wintermonate. Im Dezember und Januar finden zudem zahlreiche Kulturfestivals statt.

Mumbai hat viele Namen. Die einen nennen es liebevoll Bombay – Meri Jaan, ›Bombay – mein Leben‹. Vielen jedoch gilt die Stadt als Inbegriff der sozialen und ökologischen Katastrophe. Sie schleudern ihr ein wütendes Slumbai entgegen. Und immer häufiger hört man einen neuen Namen: Boombay, Indiens Wirtschaftsmetropole Nummer eins, die sich mit dem östlichen Konkurrenten Shanghai messen möchte.

Megalopolis Mumbai

Magnet für Millionen

Mumbai spaltet die Menschen. Für die einen ist es ein Magnet, für die anderen ein Moloch. Für manche die Stadt der unbegrenzten Möglichkeiten, für viele der Ort aller möglichen Begrenzungen. Das fängt schon beim Platz an. Auf der etwa 30 km langen und nur wenige Kilometer breiten Halbinsel drängen sich im Durchschnitt 29 000 Bewohner auf dem Quadratkilometer. Die Hälfte der Menschen lebt in Slums und ohne ausreichende hygienische Versorgung. Gleichzeitig baut sich ein Wirtschaftstycoon ein 27-stöckiges Hochhaus für über 700 Mio. Euro als Familiensitz. Und er ist nicht der Einzige, der sich eine solche Entgrenzung erlauben kann.

In Mumbai leben mittlerweile mehr Millionäre als in Manhattan, wird ein Drittel der Einkommenssteuer des Landes erwirtschaftet und seine Grundstückspreise zählen zu den höchsten der Welt. Es ist eine Stadt der Superlative. In einigen Jahren wird Mumbai die zweitgrößte Metropole der Welt sein. Schon heute zählen die Megacity und ihr Umland 20 Mio. Einwohner. Auf der Suche nach Arbeit zieht es immer mehr Menschen in die Stadt am Arabischen Meer, da die Verdienstmöglichkeiten auf dem Land zunehmend schwieriger werden. Für sie ist Mumbai Rettungsanker im Überlebenskampf. Der riesige informelle Sektor zeigt dies. Ob Müllsammler, Schuhputzer, Erdnussverkäufer oder Dienstmädchen, gearbeitet wird immer und überall.

Boombay oder Slumbay?

Doch neben den vielen Kleinstgewerbetreibenden ist Mumbai auch die Stadt des Big Business. Die wichtigsten Banken haben hier ihren Sitz, die größten Konzerne der Welt eine Niederlassung, und die Filmstudios von Bollywood schielen schon längst auf die Märkte Hollywoods. Ein zweites Shanghai haben die Stadtoberen im Auge. Dazu sollen auch die Slums der Stadt weichen. Denn Mumbai besitzt mit Dharavi das größte Elendsviertel Asiens. Auf 2 km² wohnen hier fast 1 Mio. Menschen. Deren Zukunft wird bei den schönen Plänen von der modellhaften Zukunftsstadt meist ignoriert. Denn so wie Mumbai die Armen anlockt, so versucht es, sie in regelmäßigen Abständen auch wieder auszuspucken. Slums werden plattgewalzt und ihre Bewohner aus dem Zentrum vertrieben.

Andererseits wächst zwischen den ganz Armen und den Superreichen eine immer größer werdende Mittelschicht heran. Die verdient inzwischen so gut, dass Einkaufsmeilen wie Pilze aus dem Boden schießen. Auch Mumbais Restaurantszene boomt. Discos, Bars und Kneipen von Colaba bis Juhu müssen Sonderschichten einlegen.

Besonders gut ausgebildete, junge Leute sehen in der Stadt ihre Zukunft. Mumbai bedeutet vor allem Leben – pralles Leben. Es ist

Mit der Autorin unterwegs

Im Herzen der City

Sich vom Crawford Market aus in das nördlich angrenzende Gassengewirr zu stürzen erfordert ein wenig Abenteuerlust, doch hier pocht das Herz der **Altstadt:** Basare, Moscheen, Tempel, jede Menge Menschen und ein buntes Treiben (s. S. 125).

Im Reich der Gaumenfreuden

Mumbai hat Feinschmeckern einiges zu bieten. Besonders lecker schmecken die Tandoori-Gerichte im **Khyber,** der Fisch im **Mahesh Lunch Home** und südostasiatische Gerichte im **Joss** (s. S. 133).

Im Dunkel der Kinosäle

Mindestens einen Abend in Mumbai sollte man damit verbringen, einen Bollywood-Movie auf Großleinwand in einem der alten **Art-déco-Kinos** anzusehen. Auch wer nicht Hindi versteht – die Reaktionen des Publikums sind unmissverständlich (s. S. 137).

Im Banne Bollywoods

Unzählige **Filmstudios** in Mumbai produzieren die populären Bollywood-Movies und andere Seifenopern. Den Schauspielern über die Schulter blicken kann man bei einer Tour durch eines der Studios der Filmmetropole – gedreht wird meist an mehreren Orten gleichzeitig. Außerdem gibt es eine kurze Einführung von Insidern ins Filmbusiness. Organisiert wird der halbtägige Ausflug von L'Orient Travels, Tel. 022-26 65 06 16, www.orienttravelsmumbai.com (Voranmeldung nötig).

Im Dschungel der Großstadt

Von der Stadt direkt ins Grüne – der **Sanjay Gandhi National Park** am Stadtrand von Mumbai macht's möglich. Hier kann man jeder Menge Vögel und mit etwas Glück auch einem Leoparden begegnen. Die großartigen buddhistischen Höhlen von Kanheri mitten im Naturschutzgebiet sollte man dabei nicht auslassen (s. S. 141).

für viele die dynamischste und coolste Stadt des Subkontinents. Hier werden Trends gesetzt, hier leben Menschen aus allen Teilen des Subkontinents miteinander – und das meist friedlich. Zwar kommt es auch in Mumbai gelegentlich zu Spannungen zwischen verschiedenen ethnischen und religiösen Bevölkerungsgruppen, doch bislang hat der Gemeinschaftsgeist seiner Bewohner die Oberhand behalten vor politischer und religiöser Brandstifterei. Toleranz und Offenheit sind ihre Stärken. Mumbai ist die multikulturellste Stadt des Subkontinents und Indiens offenes Ohr nach Westen.

Geschichte

Ursprünge der Stadt

Dort, wo sich heute das Zentrum von Mumbai befindet, lagen früher sieben Inseln in einer Bucht. Die Stadtteile Colaba, Mahim, Mazgaon, Parel, Worli, Girgaum und Dongri tragen auch heute deren Namen. Hier lebte das Fischervolk der Kolis, deren Nachfahren noch immer im brackigen Meerwasser fischen und ihre Shrimps zum Trocknen auf die Straße legen. Sie verehren die Göttin Mumbadevi, die als Namenspatronin für das ›neue‹ Mumbai gilt.

Lang ist der Weg von der winzigen Fischersiedlung zur gewaltigen Megacity heutiger Tage. Bis zur Ankunft der Portugiesen regierten verschiedene hinduistische und muslimische Herrscher die Region. Nachdem die europäischen Eroberer Gebiete nördlich von Bombay (Mumbais alter Name) besetzt hatten, fiel ihnen 1534 im Rahmen eines Vertrags mit Sultan Bahadur auch die Gegend des heutigen Mumbai zu. Beeindruckt von der Lage dieses gut geschützten Naturhafens nannten sie es Bom Bahia (›gute Bucht‹), bauten Befestigungsanlagen und betrieben von hier aus Handel.

Die dunkle Seite von Mumbai: Hier befindet sich Asiens größter Slum, Dharavi

Es dauerte nicht allzu lange, da hatten auch die konkurrierenden Briten ein Auge auf den günstig gelegenen Hafen geworfen. Nach mehreren Auseinandersetzungen fiel Bom Bahia 1661 durch die Heirat der portugiesischen Infantin Katharina von Bragança mit Charles II. von England in Form einer Mitgift an die Briten. Für die symbolische Summe von zehn Pfund verpachtete dieser die neue Besitzung an die East India Company.

Unter der Führung des Gouverneurs General Aungier erfolgte der Ausbau des neuen Stützpunkts. Sümpfe wurden trockengelegt und durch weitere Maßnahmen der Landgewinnung einige der Inseln miteinander verbunden. Aus Bom Bahia war Bombay geworden, der neue Verwaltungssitz der East India Company.

Die Briten ließen sich im Stadtteil Fort nieder. Gleichzeitig wurde die wachsende Hafenstadt zu einem neuen Anziehungspunkt für Menschen mit ganz unterschiedlichem sozialem Hintergrund. Parsische und jainistische Händler aus Gujarat, Juden und Christen, Sikhs oder Hindus, die vor der Inquisition in Goa geflohen waren, suchten in Bombay ihr Glück und eine neue Heimat. Aus dem marathischen Umland stammten die meisten Handwerker und Arbeiter. So wuchs Bombay nicht nur zahlenmäßig, sondern es gewann schon früh seinen multikulturellen Charakter, der die Stadt noch heute so sehr prägt.

Auf dem Weg zum ökonomischen Zentrum

Nachdem 1776 eine Verbindung zur nördlich gelegenen Insel Salcette geschaffen war, dehnte sich die Stadt immer weiter aus. Mitte des 19. Jh. erhielt Bombay einen neuen Schub durch die Anbindung der Region an das Eisenbahnnetz. Einen wirtschaftlichen Boom löste auch das Wachstum der Textilindustrie aus. Infolge des Sezessionskriegs in den USA konnten die Briten ihren Baumwollbedarf nicht mehr decken und verlagerten den Rohstoffeinkauf zunehmend auf die Baumwollplantagen in Maharashtra – und die Verarbeitung auf die städtischen Textilfabriken. Der plötzliche Reichtum schlug sich in zahlreichen Repräsentationsbauten der

Kolonialmacht im Stadtbild nieder. Auch wohlhabende Bürger verliehen ihrem Status mit prächtigen Wohnhäusern Ausdruck. Andererseits litt die Hafenstadt unter den negativen Folgen von Industrialisierung und Verstädterung.

1885 wurde in Bombay der indische Nationalkongress gegründet und von hier aus leitete Mahatma Gandhi einen Großteil des Widerstands gegen die Kolonialmacht. Anfang des 20. Jh. zählte die Metropole bereits über 800 000 Einwohner und sie ist seitdem stetig gewachsen. Nach der Unabhängigkeit im Jahr 1947 entwickelte sich Bombay zur Handels- und Kulturhauptstadt des Subkontinents. Einen starken Einbruch erlitt die Ökonomie der Stadt durch die Stilllegung großer Teile der Textilindustrie in den 1980er-Jahren, was eine Verschärfung der sozialen Bedingungen zur Folge hatte. Daraus schlug die hindu-nationalistische Shiv-Sena-Partei Kapital, die mit fremdenfeindlichen Parolen seither immer wieder Unfrieden stiftet und damit auch Wahlen gewinnt. Auf ihr Betreiben hin wurde Bombay 1995 in Mumbai umbenannt.

Orientierung

Mumbai erstreckt sich auf einer ca. 30 km langen und nur maximal 3 km breiten Halbinsel und besteht aus mehreren, durch künstliche Landgewinnung miteinander verbundenen Inseln. Das ehemalige koloniale Zentrum befindet sich im heutigen Stadtteil **Fort.** Hier und vor allem im südlich angrenzenden Viertel **Colaba** konzentrieren sich die Hauptsehenswürdigkeiten. Nördlich von Fort schließt sich die **Altstadt** mit ihren vielen Basaren an, und noch weiter nördlich erstrecken sich die zentralen Viertel **Byculla, Parel** und **Dadar,** Letzteres mit einem großen Bahnhof.

Da sich das Zentrum von Mumbai aus Platzmangel immer weiter von Süden nach Norden verlagert, zählt man heute auch die nordwestlich der alten Innenstadt gelegenen Villenviertel **Bandra** und **Juhu** zum Stadtzentrum. Die Stadt dehnt sich mit rasender Geschwindigkeit aus und ist mit den be-

nachbarten Städten **Thane** im Nordosten und **Navi Mumbai** im Osten zusammengewachsen.

Bedingt durch die geografische Lage von Mumbai gibt es nur zwei Hauptverbindungsstraßen aus dem Süden der Stadt heraus. Eine führt nach Norden vorbei an den Stadtteilen Worli, Bandra und Santa Cruz Richtung Borivali, die andere nach Nordosten über Byculla und Dadar Richtung Thane und Navi Mumbai. Die S-Bahnen verkehren in die gleichen Richtungen.

Colaba

Cityplan: S. 118/119
»Change money, Sir?« »Madam, Bakshish!« »Do you want to be a Bollywood filmstar?« Alltägliche Floskeln in den Straßen von **Colaba.** Hier ist Mumbais Touristenviertel und nicht nur die Castingscouts von Bollywood werfen ihre Netze aus. Fischen hat Tradition in Colaba, dem südlichsten Stadtteil von Mumbai, dessen Name vom Fischervolk der Kolis herrührt. Doch die wirklichen Geschäfte werden heute mit den Reisenden gemacht, die hier ihr Quartier aufschlagen. Viele Hotels, darunter das berühmte Taj Mahal, befinden sich in Colaba und natürlich jede Menge Restaurants und Shoppingmöglichkeiten.

Die Hauptverkehrsader des Viertels ist die lange **Shahid Bhagat Singh Road,** auch **Colaba Causeway** genannt, die sich vom Regal Cinema im Norden durch den ganzen Stadtteil zieht und als Nanabhai Moos Marg am Leuchtturm von Colaba im Süden endet. Um das geschäftige Viertel zu erkunden, spaziert man am besten vom Regal Cinema auf der Shahid Bhagat Singh Road Richtung Süden, vorbei an vielen Läden und Restaurants bis zu einem kleinen Tempel. Hier biegt man links in die NA Azmi Road (auch Arthur Bunder Road) und läuft bis zum Meer. Linker Hand erstreckt sich die beliebte Flaniermeile **Ramchandani Marg** (auch Apollo Bunder), die einen schönen Blick auf den alten Hafen und das Gateway of India an ihrem nördlichen Ende bietet.

Fast an jeder Straßenecke werden vom
Leiterwagen frische Früchte verkauft

Mumbai/Colaba und Fort: Cityplan

Sehenswürdigkeiten

1. Gateway of India
2. Colaba Market
3. Afghan Church
4. Chhatrapati Shivaji Vaastu Sanghralaya
5. Jehangir Art Gallery
6. National Gallery of Modern Art (NGMA)
7. Elphinstone College
8. Kala Ghoda
9. Keneseth Eliyahoo Synagogue
10. Hutatma Chowk
11. Horniman Gardens
12. St. Thomas Cathedral
13. Town Hall
14. The Mint
15. General Post Office (GPO)
16. Chhatrapati Shivaji Terminus (CST)
17. Municipal Corporation
18. Churchgate Station
19. Oval Maidan
20. University of Bombay
21. Indian Institute of Science
22, 23 s. Cityplan S. 122/123
24. Nariman Point
25–39 s. Cityplan S. 122/123

Übernachten

1. The Taj Mahal Palace and Tower
2. The Gordon House
3. Fariyas
4. Ascot
5. Garden
6. Sea Palace
7. Diplomat
8. Empire Royale
9. Residency
10. YWCA
11. Bentley's
12. Sea Shore
13. Marine Plaza
14. Hilton Towers
15. Ambassador
16. Sea Green
17, 18 s. Cityplan S. 122/123

Fortsetzung s. S. 120

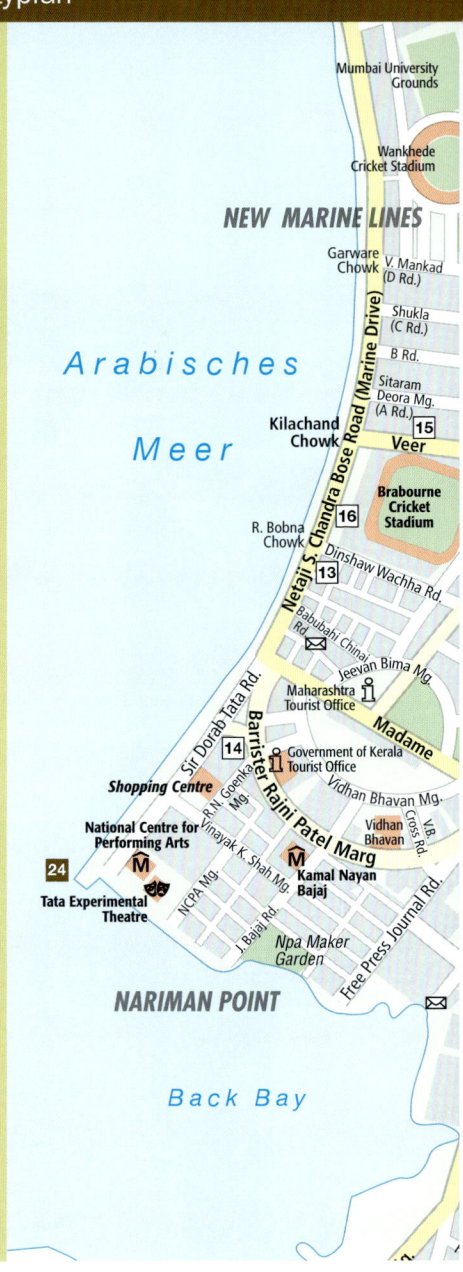

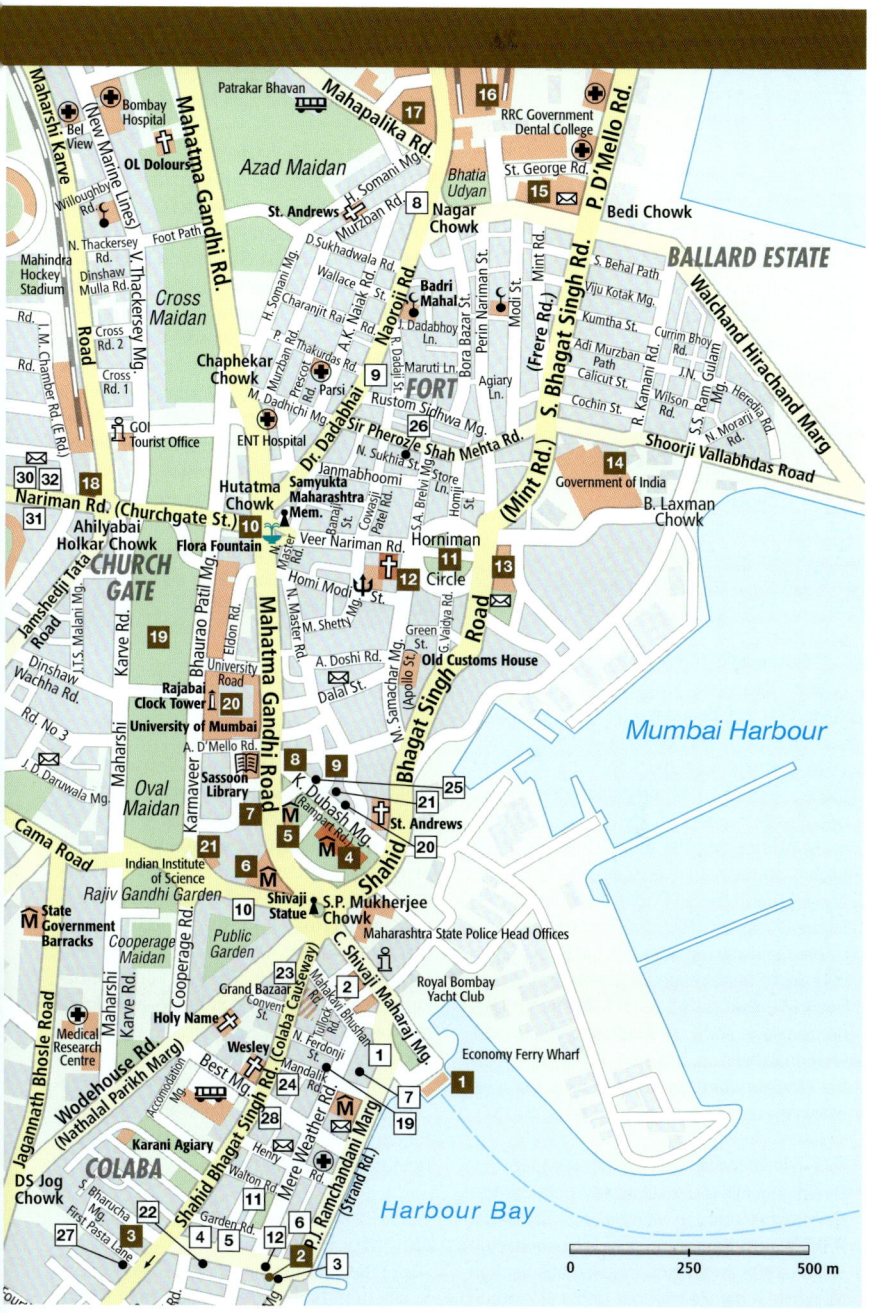

Fortsetzung von S. 118

Essen und Trinken

19	Indigo
20	Joss
21	Khyber
22	Basilico
23	Delhi Durbar
24	Leopold's
25	Chetana
26	Mahesh Lunch Home
27	Kailash Parbat
28	Kamat
29	s. Cityplan S. 122/123
30	Kamling
31	Gaylords
32	The Tea Centre
33	s. Cityplan S. 122/123
34	Swati Snacks
35	s. Cityplan S. 122/123

Gateway of India

Das **Gateway of India** 1 ist eines der Wahrzeichen des alten Bombay und wurde 1911 anlässlich des Besuchs von König George V. und seiner Frau Mary als Gipspavillon errichtet. 1925 gestaltete es der englische Architekt George Wittet zu einem gewaltigen Torbau um. Das Monument erinnert jedoch nicht nur an die Dominanz der ehemaligen Kolonialherren, sondern auch an das Ende ihrer Herrschaft: Durch diesen Bogen verließen die britischen Truppen 1947 den Subkontinent.

Am Gateway befindet sich ein Bootshafen, von dem Fähren nach Elephanta Island und nach Mandwa (s. S. 128 u. 144) starten. Außerdem legen dort die Ausflugsboote an, die Hafenrundfahrten anbieten (s. S. 137). Auch für Stadtrundfahrten mit dem Bus befindet sich nahebei der Ausgangspunkt (s. S. 137).

Taj Mahal Palace und Tower

Direkt gegenüber dem Gateway steht das berühmteste Hotel von Mumbai: das **Taj Mahal Palace und Tower** 1. Die Luxusherberge wurde 1903 im typisch indo-sarazenischen Mischstil jener Zeit erbaut und 1972 durch den Taj Mahal Tower erweitert (s. S. 131). Hält man sich nördlich des Taj Mahal nach Westen, so gelangt man zurück zur Shahid Bhagat Singh Road und zum Regal Cinema.

Südliches Colaba

Wer den Stadtteil weiter erkunden möchte, folgt der Shahid Bhagat Singh Road nach ihrer Kreuzung mit der NA Azmi Road noch einige Meter Richtung Süden und biegt dann links in eine Seitengasse ab, die zum **Colaba Market** 2 führt, einem quirligen Obst-, Gemüse- und Fischmarkt. Weiter südöstlich, an den Sassoon Docks, befindet sich der größte Fischumschlagplatz der Stadt, wo vor allem morgens Trubel herrscht – Fotografieren ist allerdings verboten, denn man befindet sich in einem militärischen Sperrbezirk.

Geht man auf der Shahid Bhagat Singh Road südwärts bis zur Nanabhai Moos Marg, so erreicht man die **Afghan Church** 3 von 1847, die an die Gefallenen des ersten Afghanistan-Krieges erinnert.

Fort

Cityplan: S. 118/119
Überquert man beim Regal Cinema den SP Mukharji Chowk, so ist man schon mitten in **Fort,** dem alten Wohngebiet der Briten. Hier stand die Befestigungsanlage der Kolonialherren und hier demonstrierten sie ihre Macht mit repräsentativen Gebäuden. Die **Mahatma Gandhi Road** (MG Road) durchzieht das Viertel von Süden nach Norden bis zum **Hutatma Chowk,** auch als Flora Fountain bekannt. Fort lässt sich durch den im Folgenden beschriebenen Spaziergang erkunden, der am SP Mukharji Chowk beginnt und endet. Für die Tour sollte man mindestens drei Stunden einplanen und dabei ab und zu eine Pause in einem der zahlreichen Cafés oder Restaurants am Weg einlegen.

Museen am Südende der MG Road

Als Erstes trifft man in der MG Road auf das in einem reizvollen Garten gelegene **Chha-**

Im neogotischen Stil wurden Teile der Universität im Stadtteil Fort errichtet

trapati **Shivaji Vaastu Sanghralaya** 4 , besser bekannt unter seinem alten Namen **Prince of Wales Museum,** dessen Kuppel und Türmchen an die Architektur der Moguln erinnern. Das zwischen 1905 und 1914 von George Wittet, dem Architekten des Gateway of India, errichtete Gebäude beinhaltet mehrere Sammlungen, darunter eine große Skulpturenkollektion sowie eine besonders sehenswerte Sammlung von Miniaturmalereien verschiedener Schulen (Di–So 10.15–18 Uhr, www.bombaymuseum.org, 300 Rs).

Mumbai: Cityplan

Sehenswürdigkeiten

1–**21**	s. Cityplan S. 118/119
22	Mahatma Phule Market
23	Jama Masjid
24	s. Cityplan S. 118/119
25	Chowpatty Beach
26	Mani Bhavan Museum
27	Bharatiya Vidya Bhavan
28	Kamala Nehru Park
29	Hanging Gardens
30	Banganga Tank
31	Walkeshwar-Tempel
32	Jain-Tempel
33	Mahalakshmi-Tempel
34	Moschee und Grabmal des Muslim-Heiligen Haji Ali Bukhari
35	Cross Walk
36	Mahalaxmi Racecourse
37	Nehru Centre und Nehru Planetarium
38	Mahalaxmi Dhobi Ghat
39	Elephanta Island

Übernachten

1–**16**	s. Cityplan S. 118/119
17	Sea Princess
18	The Leela Kempinski

Essen und Trinken

19–**28**	s. Cityplan S. 118/119
29	Rajdhani
30–**32**	s. Cityplan S. 118/119
33	Cream Center
34	s. Cityplan S. 118/119
35	New Kulfi Center

Der Kunst ist auch die daran anschließende **Jehangir Art Gallery** **5** gewidmet. Wechselausstellungen zeigen Werke zeitgenössischer Künstler und auf dem Platz vor dem Museum haben die weniger bekannten Maler ihre Staffeleien aufgebaut (tgl. 11–19 Uhr).

Gegenüber dem Prince of Wales Museum liegt die **National Gallery of Modern Art (NGMA)** **6**, die bedeutende Werke indischer Künstler des 20. Jh. sowie zeitgenössische indische Kunst beherbergt (Di–So 11–18 Uhr, 150 Rs).

MG Road und Kala Ghoda

Nördlich der National Gallery folgt in der MG Road eine Reihe repräsentativer Kolonialbauten im neugotischen Stil aus dem 19. Jh. Hier stehen u. a. das ehrwürdige **Elphinstone College** **7**, die **David Sassoon Library,** Teile der alten **Universität** und der **Oberste Gerichtshof.** Auf der anderen Straßenseite liegt nördlich der Jehangir Art Gallery der kleine Platz **Kala Ghoda** **8**, um den sich eine Reihe attraktiver Restaurants und Läden gruppieren. An seiner Südseite befindet sich das **Goethe-Institut,** das hier Max Mueller

Bhavan heißt. Östlich davon ragt der hohe Turm der **Börse** in den Himmel.

Zwei Straßenblocks östlich der MG Road erhebt sich in der VB Gandhiji Road, die am Musikladen Rhythm House abzweigt, die himmelblaue Fassade der **Keneseth Eliyahoo Synagogue** **9**. Sie zählt zu den sieben jüdischen Gotteshäusern der Stadt und ist über 100 Jahre alt.

Hält man sich auf der MG Road Richtung Norden, so passiert man geschäftige, unter Arkaden liegende Läden und Straßenstände und erreicht schließlich den Platz **Hutatma Chowk** **10**, früher als **Flora Fountain** bekannt. Der Brunnen in seinem Zentrum stammt aus dem Jahr 1869. Rund um den sehr lebendigen Platz und in seinen Seitenstraßen an der Ostseite gibt es ebenfalls viele Geschäfte und Straßenverkäufer. Vom Hutatma Chowk führt die Dadarbhai Navroji Road (DN Road) in nördlicher Richtung zum Chhatrapati Shivaji Terminus (Bahnhof).

Horniman Circle und Umgebung

Etwa 150 m nördlich des Platzes Hutatma Chowk zweigt die Pherozah Mehta Road (PM

Back Bay

Malabar
Point

BYCULLA

HAFEN

FORT

COLABA

Details s. S. 118/119
Cityplan Colaba und Fort

0   0,5   1 km

Road) in Richtung Osten ab. Sie führt zum
Horniman Circle mit den reizvoll angelegten
Horniman Gardens 11, einem kleinen Park,
in dem manchmal Konzerte und am ersten
Wochenende im Monat auch Aufführungen
des Prithvi Theatre stattfinden (s. S. 137).

An der Südwestseite der Horniman Gardens erhebt sich die weiße **St. Thomas Cathedral** 12 aus dem Jahr 1718, die in den
späten 1860er-Jahren im neugotischen Stil
renoviert wurde. In ihrem Innern wird mit zahlreichen Tafeln der Diener des Britischen Em-

pire gedacht. Aus der britischen Kolonialzeit stammen auch noch einige weitere Gebäude rund um den Horniman Circle: die **Town Hall**  von 1833 mit ihren korinthischen Säulen, heute Sitz der **Asiatic Society,** das alte Zollgebäude von 1720 sowie etwas weiter nordöstlich **The Mint** ▮, die alte Münzprägeanstalt von 1829.

Chhatrapati Shivaji Terminus und Umgebung

In der Walchand Hirachand Marg steht die alte Hauptpost von Mumbai, das **General Post Office (GPO)** ▮. In dem Gebäude, das von einer mächtigen, mogulisch inspirierten Kuppel gekrönt wird, kann man nicht nur Pakete abschicken, sondern auch Waren zum Transport verpacken bzw. einnähen lassen.

Westlich davon erhebt sich am **Nagar Chowk** der beeindruckende Bahnhof **Chhatrapati Shivaji Terminus (CST)** ▮, auch unter seinem alten Namen **Victoria Terminus (VT)** bekannt. Er wurde zwischen 1878 und 1887 im für Bombay typischen gotisch-ori-

entalischen Mischstil erbaut. Auch ihn ziert eine mächtige Kuppel. Als Vorbild für dieses größte Gebäude von Britisch-Indien gilt die St.-Pancras Station in London. Hand angelegt bei der üppigen Dekoration des Baus haben Schüler der Bombay Art School unter ihrem damaligen Leiter John Lockwood Kipling, dem Vater des berühmten Schriftstellers Rudyard Kipling.

Westlich des Bahnhofs ragt der hohe Turm der **Municipal Corporation** ▮ (Rathaus) in den Himmel. Von hier kann man auf der DN Road wieder nach Süden spazieren und gelangt auf diese Weise zurück zum Hutatma Chowk (s. S. 122).

Churchgate Station

Vom Hutatma Chowk führt die Veer Nariman Road gen Westen zur etwa 500 m entfernten **Churchgate Station** ▮, wo die S-Bahnen in die westlichen Vororte abfahren (s. S. 140). Straßenhändler verkaufen hier ihre schwarz gedruckten Ausgaben der neuesten Bestseller, Comics oder internationale Magazine.

In der alten Town Hall von Mumbai hat die Asiatic Society ihren Sitz

Gegenüber der Ostseite des Bahnhofs liegen in der M Karve Road das **Tourist Office** (s. S. 131) und gleich daneben ein Reservierungs-schalter für Züge der Western Railways (s. S. 140).

Rund um die University of Bombay

Zwischen dem Bahnhof Churchgate Station und der Altstadt erstrecken sich die beiden langen Parks **Cross Maidan** und südlich da-von **Oval Maidan** 19, wo man immer Gele-genheit hat, zahlreichen Jungs beim Kricket-spiel zuzusehen.

Am östlichen Rand von Oval Maidan ver-läuft die Bhaurao Patil Marg. Folgt man der breiten Straße Richtung Süden, so passiert man die 1857 gegründete **University of Bombay** 20. Auf dem Universitätsgelände ragt mitten in einem schönen Garten der 80 m hohe Uhrturm des **Rajabai Tower** in den Himmel. Die eigentlich im neogotischen Stil errichteten Gebäude weisen auch vene-zianische und einheimische Stilelemente auf und wurden von dem Architekten Sir Gilbert Scott entworfen.

Biegt man am südlichen Ende der Bhau-rao Patil Marg links in die Madame Cama Road ein, so gelangt man zum massiven Ge-bäude des **Indian Institute of Science** 21, mit dessen Bau 1911 begonnen wurde. Am Ende der Straße trifft man wieder auf die MG Road und den Ausgangspunkt der Rundtour, die National Gallery of Modern Art.

Altstadt

Cityplan: S. 122/123

Das Gehupe wird lauter, das Gedränge stär-ker, die Gerüche werden intensiver, die Geh-steige enger oder verschwinden ganz. Nörd-lich vom Chhatrapati Shivaji Terminus (CST, s. S. 124) schlägt das alte Herz von Mumbai: Basare, Moscheen, Tempel und bunte Märkte findet man dort – und viele Menschen auf en-gem Raum. Hier grenzen die Viertel der Hin-dus an die der Muslime, hängt Wäsche von den Holzbalkonen alter Häuser und dröhnen

Hindischlager durch die Häuserfluchten. Orts-kundige sind in diesem Labyrinth natürlich viel besser dran als die Besucher. Trotzdem – ohne einen Blick in die quirlige, bunte Welt der Altstadt zu werfen, sollte man Mumbai nicht verlassen. Das Tourist Office bei der Churchgate Station (s. S. 131) vermittelt Füh-rer für diejenigen, die sich nicht allein in das Gassengewirr wagen möchten.

Mahatma Phule Market (Crawford Market)

Vom Chhatrapati Shivaji Terminus sind es ein paar Hundert Meter nordwärts auf der Nav-roji Marg bis zu Mumbais altem **Crawford Market,** dessen neuer Name **Mahatma Phule Market** 22 lautet. Er ist ein guter Aus-gangspunkt für einen Besuch der Altstadt. Unter dem Dach der großen Markthalle ga-ckern Hühner, werden Unmengen Obst und Gemüse an Kleinhändler verkauft und duftet die Vielfalt indischer Gewürze, wobei dem unkundigen Käufer schnöder Gelbwurz mit-unter als edler Safran angeboten wird. Einen Blick wert ist der halbrunde Fries am Haupt-eingang des Gebäudes. Er wurde 1865 von John Lockwood Kipling entworfen und zeigt schwer beladene Bauern, die von der Ernte heimkehren.

Basare der Altstadt

Unmittelbar nördlich der Tilak Marg beginnen die Basare. Als Orientierungspunkt inmitten des Gassenwirrwarrs dienen die Türmchen und Minarette der rund 200 Jahre alten Mo-schee **Jama Masjid** 23, die sich weithin sichtbar über die Häuser erhebt. Ihr gegen-über befindet sich der riesige **Mangaldas Market,** ein Großmarkt für Textilien und Lieb-lingsrevier Mumbaier Damen aller Gesell-schaftsschichten. Von feinen Leinen- bis zu billigen Saristoffen ist hier alles zu haben.

Nördlich des Mangaldas Market beginnt der **Zaveri Bazaar,** der Gold- und Silber-schmuck in Hülle und Fülle bietet. Weiter westlich liegt versteckt eine der meistbe-suchten heiligen Stätten in Mumbai, der **Mumba-Devi-Tempel** für Mumbais Stadtpa-tronin Mumba Devi. Reges Leben herrscht vor

Mumbai und Umgebung

den vielen Schreinen im Innern, die mit Blumen geschmückt sind. Diese stammen vom **Phul Bazaar,** dem nahe gelegenen bunten Blumenmarkt, ein kleines, sinnliches Reich der Düfte inmitten der stickigen Altstadt.

Östlich und nördlich der Jama Masjid erstrecken sich die muslimischen Basare der **Mohammed Ali Road** und von **Bhendi Bazaar.** Dort soll es das beste Henna von Mumbai geben. Auch die Süßwarengeschäfte sind nicht zu verachten. Etwas weiter nördlich, ebenfalls im Viertel Bhendi Bazaar, findet man den Antiquitätenmarkt von Mumbai. Er heißt im Volksmund **Chor Bazaar** (›Diebesbasar‹). Jeden Freitag wird dort auch ein Straßenmarkt abgehalten.

Rund um den Marine Drive

Citypläne: S. 118/119 u. 122/123
Auch Mumbai hat seine Uferpromenade, wo man abends flaniert oder sich das Warten auf den Sonnenuntergang mit einer Tüte frisch gebrannter Erdnüsse versüßt. Wo Frauen in Saris und Turnschuhen ihr tägliches Fitnesstraining absolvieren und Kokosnussverkäufer, Schlangenbeschwörer und Transvestiten sich ein Stelldichein geben. Der **Marine Drive** zieht sich halbrund geschwungen über anderthalb Kilometer entlang der Westseite von Süd-Mumbai und endet im Norden am sandigen Chowpatty Beach, dem Stadtstrand.

Vor allem abends ist ein Spaziergang vom **Nariman Point** 24 im Süden entlang dem Marine Drive bis zum **Chowpatty Beach** 25 sehr reizvoll. Es weht meistens eine frische Brise, und der Strand lockt zwar nicht mit Bademöglichkeiten, doch mit allerlei Snacks, Erfrischungen und Unterhaltungsmöglichkeiten für Kinder.

Im östlich des Strandes gelegenen Viertel Gamdevi erinnert das **Mani Bhavan Museum** 26 an Indiens geliebten Freiheitskämpfer Mahatma Gandhi. Das Gebäude in der Laburnum Road, in dem Gandhi zeitweise gewohnt hat, beherbergt neben einer sehr umfangreichen Bibliothek eine Sammlung von Fotos und Gegenständen aus seinem Leben.

Auch Gandhis einfacher Wohnraum ist zu besichtigen (19 Laburnum Rd., www.gandhi-manibhavan.org, tgl. 9.30–18 Uhr).

Ganz in der Nähe befindet sich das Kulturzentrum **Bharatiya Vidya Bhavan** 27, wo regelmäßig Konzerte und Tanzveranstaltungen stattfinden (s. S. 137). Außerdem ist dem Zentrum der auf hinduistische Philosophie spezialisierte Buchladen Pustak Bharati angeschlossen.

Zum Baden zu verschmutzt, aber zum Kamelreiten wie geschaffen: der Juhu Beach

Rund um Malabar Hill und Kemps Corner

Cityplan: S. 123

Nordwestlich vom Chowpatty Beach erstreckt sich auf einem ins Meer reichenden Hügel das Villenviertel **Malabar Hill.** Vom **Kamala Nehru Park** 28 und den gegenüberliegenden **Hanging Gardens** 29 genießt man einen tollen Blick auf die Bucht – besonders

am Abend, wenn der Marine Drive beleuchtet ist, ›erhellt‹ sich die Bedeutung seines alten Namens, Queens Necklace (›Halskette der Königin‹). Auch die **Türme des Schweigens,** wo die Religionsgemeinschaft der Parsen traditionell ihre Toten bestattete, sind von hier zu sehen (aber nicht zu besichtigen).

Etwas versteckt im westlichen Teil von Malabar Hill, doch sehr sehenswert ist der malerische **Banganga Tank** 30. Das von Bade-

Mumbai und Umgebung

treppen, Pilgerherbergen und mehreren Tempeln umgebene alte Wasserbecken ist alljährlich Austragungsort des Banganga Festivals für klassische indische Musik (s. S. 137) und gilt als ältester Ort Mumbais. Südwestlich davon steht der **Walkeshwar-Tempel** **31**, in dem ein Shiva-Lingam verehrt wird, und am Fuße des Hügels liegt ein mehr als 100 Jahre alter **Jain-Tempel** **32**.

Über die Sitaram Palkar Marg (Hughes Road) erreicht man **Kemps Corner.** Von dort zweigt die **Bhulabhai Desai Road** (Warden Road) ab, eine der Shoppingmeilen in diesem Viertel, in dem früher auch der Schriftsteller Salman Rushdie zuhause war.

Zwischen Kemps Corner und Mumbai Central

Cityplan: S. 123

Vom nördlichen Ende der Bhulabhai Desai Road, vorbei am exklusiven Schwimmbad Breach Candy, gelangt man zum populären **Mahalakshmi-Tempel** **33**, der wenige Hundert Meter westlich auf einer Landzunge errichtet wurde. Er enthält reich geschmückte Darstellungen der Göttinnen Mahalakshmi, Mahakali und Mahasaraswati.

Nochmals einige Hundert Meter nördlich befindet sich der **Haji Ali Circle.** Dort liegt weithin sichtbar im Meer die weiße **Moschee und das Grabmal des Muslim-Heiligen Haji Ali Bukhari** **34** aus dem frühen 19. Jh. Das Mausoleum ist über einen Damm erreichbar, der von vielen Bettlern gesäumt wird. Am Anfang des Damms verlockt der **Haji Ali Juice Centre** zu einer Pause, der dank seiner exzellenten Fruchtsäfte eine kleine Berühmtheit in Mumbai ist. Auf der anderen Straßenseite liegt im breiten **J. Dadajee Road** (Tardeo Road) Mumbais Einkaufszentrum **Cross Walk** **35**, eine der beliebten Einkaufsadressen für die neue Mittelschicht. Nach einem ausgiebigen Shoppingbummel kann man auf der nahen Pferderennbahn **Mahalaxmi Racecourse** **36** eventuell sein Konto wieder aufbessern. Wenige Hundert Meter nördlich an der Hauptstraße nach Worli

liegen rechter Hand das **Nehru Centre und Nehru Planetarium** **37**. Ersteres ist ein großes Kulturzentrum, in dem viele Konzerte stattfinden (s. S. 137).

Lohnend ist auch ein Blick auf den **Mahalaxmi Dhobi Ghat** **38**, das größte Wäscherviertel von Mumbai nahe dem Bahnhof Mumbai Central bzw. bei der gleichnamigen S-Bahn-Station. Vom Bettlaken bis zum Sari reicht die Palette der Wäschestücke, die von Mitgliedern der Dhobi-Kaste hier gesäubert und gebügelt werden. Die über das Viertel führende Brücke bietet eine hervorragende Aussicht auf diese typisch indische Einrichtung, deren beste Tage angesichts der steigenden Zahl von Waschmaschinen in den Haushalten wohl gezählt sind.

Elephanta Island

Cityplan: S. 123

Die schnellste Art, dem Rummel der Innenstadt von Mumbai zu entkommen, verspricht eine Bootsfahrt nach **Elephanta Island** **39**. Innerhalb einer Stunde ist man auf dem kleinen, (außer an Feiertagen) ruhigen Eiland, wo es weder Staus noch Abgase gibt. Stattdessen besitzt Elephanta sehr sehenswerte **Höhlenheiligtümer,** die seit 1987 zum Unesco-Welterbe zählen.

In alten Zeiten hieß die Insel Gharapuri nach dem dort gelegenen Fischerdorf. Als die Portugiesen die Gegend im 16. Jh. besetzten, nannten sie den Ort Elephanta, nach einem großen steinernen Elefanten, den sie bei ihrer Ankunft vorfanden. Seine Überreste sind heute im Park des stadtgeschichtlichen Museums in Byculla (s. S. 131) ausgestellt.

Wie an vielen anderen Orten in Maharashtra hatten buddhistische Mönche auch hier Felsenheiligtümer angelegt, die vermutlich zwischen dem 8. Jh. und 10. Jh. in hinduistische Heiligtümer für Gott Shiva umgewandelt wurden. Insgesamt gibt es auf der Insel fünf Höhlen mit teils sehr eindrucksvollem Skulpturwerk, das während der portugiesischen Besatzungszeit leider beschädigt wurde.

Am Bootsanleger von Elephanta schaukeln auch Fischerboote

Eine von Kiosken gesäumte Treppe führt von der Bootsanlegestelle hinauf zu den Höhlen. Highlight ist die von 36 Säulen getragene Haupthöhle, die aus einer zentralen Halle mit drei Eingängen besteht. Gegenüber dem Haupteingang im Norden befindet sich eine berühmte Skulptur des dreiköpfigen Shiva, die von zwei Torwächtern flankiert wird. Sie ist 6 m hoch und zeigt Shiva mit drei Gesichtern oder Aspekten als Erschaffer, Erhalter und Zerstörer der Welt. Dies ist eine der bedeutendsten Darstellungen der sogenannten Trimurti, die meist auf die drei großen Götter des Hindu-Pantheons – Brahma als Erschaffer, Vishnu als Erhalter und Shiva als Zerstörer – verteilt ihren Ausdruck findet. Zur Linken der Maheshamurti sieht man außerdem Shiva als Ardhanaishvara mit männlichen und weiblichen Aspekten und rechts erkennt man eine Abbildung des Mythos von der Herabkunft der Göttin Ganga als Fluss auf die Erde.

Im Zentralschrein westlich davon steht ein Shiva-Lingam. Auch in den Nebenschreinen findet man zahlreiches, teils beschädigtes Skulpturwerk aus dem shivaitischen Mythenkreis. Östlich der Höhle liegen zwei weitere stark zerstörte Höhlen, die von den buddhistischen Mönchen ursprünglich als Viharas angelegt worden waren. Ein kleiner Fußweg hinter der letzten Höhle rechts führt auf die Spitze des Hügels, der einen schönen Rundblick über die Insel offeriert. Die beiden übrigen Höhlen befinden sich auf dem zweiten kleinen Hügel und sind in einem schlechten Zustand (Di–So 9–17.30 Uhr, 250 Rs; Fähre nach Elephanta s. S. 141).

Andere Stadtviertel

Cityplan: S. 123

Unter wohlhabenden Mumbaiern sind besonders die Vororte **Bandra** und **Juhu** angesagt. Beide liegen nordwestlich des alten Zentrums am Meer und besitzen elegante Villenviertel. Auch einen langen Sandstrand gibt es hier, den **Juhu Beach,** der sich wegen des verschmutzten Wassers allerdings nicht zum Baden eignet. Dafür wird Kindern einiges geboten, z. B. Pony- oder Kamelreiten. In beiden Stadtvierteln findet man auch viele Galerien und Boutiquen – die Linking Road in

Bollywood erobert die Welt

Thema

Weltweit 3,6 Mrd. Menschen sehen jährlich indische Filme – genau eine Milliarde mehr Zuschauer, als Hollywood in seinen Bann zieht. Das kommerzielle indische Kino ist auch in unseren Breiten auf dem Vormarsch, seit Shah Rukh Khan & Co. die hiesigen Privatsender erobert haben.

Die Straße ist gesperrt, Spiegel flimmern in der Sonne, große Trauben Schaulustiger säumen das Geschehen. Eine fast alltägliche Szenerie in Indiens Filmmetropole Mumbai: Hier wird ein Bollywoodmovie produziert, mit lässigen Typen, die sich hinter ihren großen Sonnenbrillen verstecken. Megastars wie Amitabh Bacchan oder Shah Rukh Khan, von Bodyguards bewacht, drehen ihren x-ten Film und haben mittlerweile nicht nur in Indien eine wachsende Fangemeinde.

Üppige Kostümstreifen, schmalzige Liebesgeschichten, harte Thriller oder witzige Komödien: Fast 1000 Filme produzieren die Studios zwischen Mumbai und Chennai, Kolkatta und Hyderabad jedes Jahr. Ungefähr 200 davon sind Hindifilme, die in Mumbai hergestellt werden. Doch Bollywood, wie viele die Millionenstadt am Arabischen Meer gerne nennen, wird übertrumpft von den südindischen Metropolen Chennai und Hyderabad, die zusammen noch mehr Filme auf die Leinwand bringen. Ihr aller Ziel ist dasselbe: möglichst viele Zuschauer in die Kinosäle zu locken und die Kassen klingeln zu lassen.

Die Geschichten und Rezepte dazu sind austauschbar. Liebende, die auf komplizierten Umwegen zueinander finden, Schurken, denen der Garaus gemacht wird, zerstrittene Familien, die wieder zusammengeführt werden – das Happyend ist praktisch ein Muss und auch die moralische Lektion darf nicht fehlen. Mit mindestens fünf Songs und Tanzeinlagen ist ein Film gespickt. Die richtige Mischung macht's – wie bei den Currys in der Küche. Darum heißt das Genre im Volksmund auch Masala-Film. Waren in den 1990er-Jahren vor allem Familienfilme der große Renner, so setzt man jetzt verstärkt auf politische und soziale Themen. Gesellschaftlicher Wandel lässt sich auch im Kinofilm ablesen. Küssen ist mittlerweile auf der Leinwand erlaubt, auch Scheidungen sind nicht mehr tabu. Schauplätze wie New York oder die Schweiz eröffnen dem Publikum im globalisierten Indien eine neue Welt. Dieses wandelt sich zur Zeit beträchtlich. Waren Kinofilme bisher für die Ärmeren der Gesellschaft immer erschwinglich, so bleibt ihnen der Zutritt zu den vielen neuen Multiplex-Kinos versperrt: 200 statt 20 Rupien für ein Ticket sind normal.

Zunehmend werden auch internationale Märkte erobert. Lange Zeit schon genießt besonders der Hindifilm Popularität im arabischen Raum, in Russland und in Afrika. Nun ist auch der Westen im Visier. Mit Wachstumsraten von bis zu 18 % steigt Indiens Filmindustrie immer mehr ins internationale Geschäft ein. Gemeinsame Projekte mit dem Konkurrenten Hollywood gehören inzwischen dazu. Bollywoodmovies spielen in den USA und Hollywoodmovies in Indien. Regisseure, Stars und Produktionsfirmen arbeiten Hand in Hand, z. B. bei dem Drama Shantaram, das in Mumbai spielt, mit dem indischen Megastar Amitabh Bacchan und dem Amerikaner Johnny Depp in den Hauptrollen. Die Inderin Mira Nair führt Regie, produziert wird mit Dollars. Vielleicht entsteht hier gerade eine ganz neue Art von globalem Masala-Film.

Bandra zählt zu Mumbais bekanntesten Shoppingmeilen. Bandra und Juhu sind mit der S-Bahn (Western Railways) von Churchgate aus zu erreichen.

In einem schönen Garten im nordöstlichen Stadtteil **Byculla** befindet sich neben dem Zoo das Bhaudoji Lad Museum, früher als Victoria and Albert Museum bekannt, das interessante Ausstellungsstücke zur Stadtgeschichte von Mumbai zeigt (Do–Di 10–17 Uhr, 100 Rs).

Nicht nur über einen mehrspurigen Highway, sondern auch mit der S-Bahn ist die im Laufe der letzten Jahrzehnte neu errichtete Stadt **Navi Mumbai** auf der anderen Seite des Thane Creek mit der City verbunden. Sie gehört zu den größten auf dem Reißbrett entworfenen Städten der Welt. Hier leben mittlerweile über 2 Mio. Menschen und die rapide wachsende Landschaft der Wohn- und Geschäftshäuser ist ein Experimentierfeld für unzählige Architekten.

Government of India Tourist Office: 123 Maharishi Karve Rd., Ostseite der Churchgate Station, Tel. 022-22 03 31 44, Mo–Fr 8.30–18, Sa 8.30–14 Uhr. Gute Beratung und viel Infomaterial für die Reise in alle Landesteile.

Maharashtra Tourism: beim Gateway of India, Tel. 022-22 84 18 77, www.maharashtratourism.gov.in; Zweigstellen am Sahar International Airport, am Inlandsflughafen Santa Cruz und am Chhatrapati Shivaji Terminus (CST). Infos über Maharashtra.

Time Out Mumbai: 14-tägig erscheinendes Citymagazin mit aktuellen Veranstaltungstipps und vielen weiteren nützlichen Infos, erhältlich an Zeitungsständen (www.timeout mumbai.net).

www.explocity.com: Informationen zu Hotels, Restaurants etc., gedruckt erhältlich in Form der 2 x monatlich erscheinenden Broschüre City Info, die kostenlos ist und in vielen Hotels und Geschäften ausliegt.

Die Hotels in Mumbai sind im Vergleich zu vielen anderen indischen Städten relativ teuer. In den Vororten und am Flughafen findet man vor allem Luxus- und Businesshotels. Die meisten Reisenden übernachten in Süd-Mumbai im Touristenviertel Colaba oder im nördlich anschließenden Stadtteil Fort. Dort gibt es ein breites Angebot – vom Luxushotel bis zur billigen Backpackerlodge. Es empfiehlt sich, frühzeitig zu buchen.

… in Colaba und Fort:

The Taj Mahal Palace and Tower [1]: Apollo Bunder, Colaba, Tel. 022-66 65 33 66, www.tajhotels.com. Das berühmteste Hotel von Mumbai, in hervorragender Lage am Gateway of India mit mehreren sehr guten Restaurants und einem tollen Pool. Aufwendiges Interieur mit traditionellen und modernen Elementen erwartet die Gäste der insgesamt 565 Zimmer und Suiten. DZ ab 12 000 Rs.

The Gordon House [2]: S. Battery Street, Apollo Bunder, Colaba, Tel. 022-22 87 11 22, www.ghhotel.com. Elegantes Boutique-Hotel mit 28 individuell eingerichteten Zimmern im Herzen von Colaba. DZ 9500–17 000 Rs.

Fariyas [3]: 25 off Arhur Bunder Rd., Colaba, Tel. 022-22 04 29 11, www.fariyas.com. 4-Sterne-Hotel mit 87 Zimmern, Pool und großem Wellnessangebot. DZ 8500–16 000 Rs.

Ascot [4]: 38 Garden Rd., Tel. 022-66 38 55 66. Sehr geräumige und helle Zimmer in einer ruhigen Seitenstraße von Colaba. DZ ab 5500 Rs.

Garden [5]: 42 Garden Rd., Tel. 022-22 84 14 76. 2-Sterne-Hotel mit 33 Zimmern, ebenfalls in der ruhigen Garden Road gelegen. DZ ab 4000 Rs.

Sea Palace [6]: 26 Ramchandani Marg, Apollo Bunder, Tel. 022-22 84 18 28. Reizvolle Lage an der Meerespromenade nahe dem Taj Mahal, 49 Zimmer, teilweise mit Meerblick. DZ 4500–6000 Rs.

Diplomat [7]: 24–26 Boman Behram Marg, Apollo Bunder, Colaba, Tel. 022-22 02 16 61, www.hoteldiplomat-bombay.com. Hinter dem Taj Mahal gelegenes 3-Sterne-Hotel mit gutem Preis-Leistungs-Verhältnis, Tandoori-Restaurant und Cocktailbar. DZ ab 3700 Rs.

Empire Royale [8]: Empire Building 3rd floor, 146 DN Rd, gegenüber CST Bahnhof, Tel. 022-22 00 77 77, www.empireroyalehotels.

Mumbai und Umgebung

com. Kleine, aber modern eingerichtete Zimmer. DZ ab 3750 Rs.

Residency 9 : Rustom Sidhwa Street, Ecke DN Rd., Fort. Kleine, aber nette Zimmer, zentral an der DN Road nahe dem Bahnhof. DZ ab 2100 Rs.

YWCA 10 : 18 Madame Cama Rd., Fort, Tel. 022-22 02 50 53. Sehr gute Option in Süd-Mumbai, saubere Zimmer mit Klimaanlage, Speiseraum, Preis inkl. Frühstück und Abendessen. DZ 1975 Rs.

Bentley's 11 : 17 Oliver Rd., Colaba, Tel. 022-22 84 14 74, www.bentleyshotel.com. Mitten in Colaba gelegenes, sehr populäres Budgethotel mit 51 unterschiedlich großen Zimmern, verteilt auf vier Häuser. DZ ab 1430 Rs.

Sea Shore 12 : Kamal Mansion, 4th floor, gegenüber Radio Club, NA Azmi Rd. (Arthur Bunder Rd.), Tel. 022-22 87 42 37. Beliebte Backpacker-Adresse, gehört zu den billigsten Hotels in Colaba, 3 Duschen für 16 Zimmer (teils mit tollem Meerblick). DZ 550 Rs. Über einen ähnlichen Standard verfügen das einen Stock tiefer gelegene **India Guest-house,** Tel. 022-22 83 37 69 (DZ 550 Rs.), sowie das **Hotel Sealord** im 2. Stock, Tel. 022-22 84 53 92, das zusätzlich separate Minibadezimmer besitzt (DZ 600 Rs). Bei allen drei Hotels sind allerdings nur die Zimmer mit Fenster zu empfehlen.

... rund um den Marine Drive:

Marine Plaza 13 : 29 Marine Drive, Tel. 022-22 85 12 12, www.hotelmarineplaza.com. In exponierter Lage am Marine Drive bietet das Hotel allen Komfort, eine Dachterrasse und internationale Küche. DZ ab 11 000 Rs.

Hilton Towers 14 : Nariman Point, Tel. 022-66 32 43 43, www.hilton.de. Neben dem Taj Mahal das eleganteste Hotel der Stadt in umwerfender Lage am Marine Drive und mitten in Downtown Mumbai. Der große Pool bietet einen tollen Blick auf das Arabische Meer. Die Restaurants servieren mediterrane oder indische Küche und eine Ladenzeile sorgt für ein umfangreiches Shoppingangebot im Haus. DZ ab 150 €.

Ambassador 15 : Veer Nariman Rd., Churchgate, Tel. 022-22 04 11 31, www.ambassa

Marine Drive: Lounges mit Blick aufs Meer und Malabar Hill

132

dorindia.com. In zentraler Lage zwischen Churchgate und dem Marine Drive, Mumbais einziges Drehrestaurant mit Blick auf das Arabische Meer und den Marine Drive, serviert wird vornehmlich ostasiatische Küche. DZ ab 6500 Rs.

Sea Green 16: 145 Marine Drive, Tel. 022-66 33 65 25, www.seagreenhotel.com. Das Mittelklassehotel liegt direkt am Meer und besitzt geräumige, saubere Zimmer, zum Teil mit Balkon. Die oberen Stockwerke bieten eine bessere Aussicht und sind ruhiger. Weitere Zimmer gibt es im dazugehörigen Sea Green South, www.seagreensouth.com. DZ ab 2500 Rs.

… nördlich des Zentrums:

The Leela Kempinski 17: beim Sahar International Airport, Tel. 022-66 91 12 34, www.theleela.com. Luxuriöses Businesshotel am internationalen Flughafen mit vielen Restaurants, Wellnessbereich und zahlreichen Extras. DZ ab 278 €.

Sea Princess 18: Juhu Beach, Tel. 022-26 61 11 11, www.seaprincess.com. Luxushotel am Juhu Beach mit mehreren Restaurants, Pool und Wellnessbereich. DZ ab 15 000 Rs.

… in Colaba und Fort:

Indigo 19: 4 Mandlik Rd., Tel. 022-56 36 89 80. Seit ein paar Jahren eines der In-Restaurants von Mumbai. Elegante Crossover-Küche mit mediterranen und indischen Akzenten in stilvollem Ambiente und mit schöner Dachterrasse. Unbedingt reservieren. Ab 700 Rs.

Joss 20: 30-K Dubash Marg, Kala Ghoda, Tel. 022-66 35 69 08. Südostasiatische Küche vom Feinsten, besonders lecker sind die vielen Suppen und Vorspeisen. Ab 500 Rs.

Khyber 21: 145 Mahatma Gandhi Rd., Kala Ghoda, Fort, Tel. 022-22 67 32 27. Deftige nordindische und afghanische Küche, z. B. leckere Tandoori-Gerichte und eine große Auswahl an gebackenen Broten. Ab 500 Rs.

Sea Lounge 1: im 1. Stock des Hotels Taj Mahal Palace, Apollo Bunder, Tel. 022-66 65 33 66. Mit wunderbarem Panoramablick aufs Meer und das Gateway of India trinkt man hier seinen Tee oder Cappuccino. Außerdem

Mumbais Köstlichkeiten entdecken
An welcher Straßenecke gibt es die besten Kebabs? Wo schmecken Mumbaier Snacks wie Bhelpuri oder Dahi Puri am besten? Wer macht das beste Eis in der City? Die Begleiter von Core Connexions verraten es und führen neugierige Esser durch eine Welt der Gerüche und Geschmäcker, die dem normalen Reisenden sonst verborgen bleibt (Anmeldung unter der Tel. 098 20 08 98 92).

gibt es gute Snacks, Eis und andere Köstlichkeiten. Ab 200 Rs.

Basilico 22: NA Azmi Rd. (Arthur Bunder Rd.), Tel. 022-66 34 56 71. Schönes Bistro mit holzgetäfeltem Boden und freundlicher Einrichtung. Mediterrane und südostasiatische Küche, Suppen, Süßspeisen, Kuchentheke, gute Auswahl an Kaffee- und Teesorten. Ab 200 Rs.

Delhi Durbar 23: am Nordende der Shahid Bhagat Singh Rd., Tel. 022-22 02 02 35. Alteingesessenes Restaurant mit breitem Angebot an nordindischen Speisen und vielen Desserts. Ab 200 Rs.

Leopold's 24: Shahid Bhagat Singh Rd., Tel. 022-22 82 81 85. Bekanntester Travellertreff der Stadt, egal ob zum Frühstück oder auf ein Bier. Große Speisekarte mit indischer, chinesischer und westlicher Küche. Ab 150 Rs.

Chetana 25: Kala Ghoda, Tel. 022-22 84 49 68. Hier kommen vegetarische Speisen aus Gujarat auf den Tisch. Es gibt auch ein Büfett und im benachbarten Buchladen kann man schmökern oder in der gleichnamigen Ethno-Boutique nach Kleidung oder Schmuck Ausschau halten. Ab 150 Rs.

Mahesh Lunch Home 26: 8-B Cawasji Patel St., Seitenstraße der Pherozah Mehta Road nahe Bombay Store, Tel. 022-22 87 09 38. Sehr gutes Fischrestaurant, das viele Gerichte der Konkan-Küche serviert. Gegrillte Fische und Krabben oder frische, mit vielen Gewürzen und Kokosnuss verfeinerte Meeresfrüchte sind die Spezialität, z. B. Prawns Gassi. Dazu passt der gedämpfte Pfannkuchen Neer Dosa. Ab 150 Rs.

Richtig Reisen-Tipp: Kulturmetropole Mumbai

Mumbai ist Indiens lebendigste Kulturmetropole und natürlich die Filmcity Nummer eins des Subkontinents. Schon in den 1930er-Jahren eroberten Theater, Oper, Jazz und das Kino die Bühnen der Stadt. Viele Filmtheater wurden im Art-déco-Stil errichtet, allen voran das berühmte **Eros Theatre,** das 1938 in prominenter Lage gegenüber der Churchgate Station entstand. Mit seiner eleganten Einrichtung, seinen Marmorböden und -treppen war es einer der angesagtesten Treffpunkte jener Zeit. Heute ist es in ein Multiplex-Kino umgewandelt und spielt die neuesten Bollywood- oder Hollywoodmovies. Zur gleichen Zeit entstanden das **Regal Theatre** in Colaba und das **Metropole** in Fort, Letzteres operiert heute als **Metro Adlabs** und ist ebenfalls eines der großen Multiplex-Kinos der Stadt (s. S. 137). Versteckt in einer Seitengasse an der Kalbadevi Road im gleichnamigen Viertel liegt ein Kleinod mit einer ganz besonderen Geschichte: Das alte **Edward Theatre** hat jahrzehntelang eine Deutsche geführt, der mit dem Dokumentarfilm »Gertrud und ihr Kino in Bombay« ein Denkmal gesetzt wurde. Leider ist die alte Dame inzwischen verstorben und das Schicksal des kleinen Kinos ungewiss.

Mumbai ist nicht nur Indiens Filmmetropole, auch andere Künste haben hier Hochkonjunktur. Besonders gefragt ist die Malerei. In den letzten Jahren sind Galerien wie Pilze aus dem Boden geschossen. Der indische Kunstmarkt boomt und es gibt eine vielversprechende Szene junger Künstler. Neben der **National Gallery of Modern Art** und der **Jehangir Art Gallery** (s. S. 121/122) findet man vor allem in Süd-Mumbai jede Menge weiterer angesehener Ausstellungsorte. Zu den bekanntesten gehören die **Pundole Art Gallery** (369 DN Rd., Hutatma Chowk), die **Chemould Art Gallery** (Queen's Mansion, G. Talwatkar Marg bzw. Prescott Rd., Fort) und die **Sakshi-Tao Gallery** (165 Dr. Annie Besant Rd., Worli). Interessante Hintergrundinfos und Adressen weiterer Galerien stehen in den Magazinen »Art India« (www.artindia mag.com) und »Time Out Mumbai« (s. S. 131).

Künstler aus aller Welt treten im **National Centre of Performing Arts (NCPA)** am Nariman Point auf (s. S. 136). Besonders im Winter haben Konzerte Hochkonjunktur, und man hat gute Chancen, die Größen der klassischen indischen Musik dort oder auf einem der zahlreichen **Festivals** (s. S. 137) live zu erleben. Infos über anstehende Konzerte findet man in den Lokalzeitungen oder im Musikladen Rhythm House am Kala-Ghoda-Platz in Fort (s. S. 122), wo man teils auch Tickets kaufen kann. Theaterfreunde treffen sich im **Prithvi Theatre** in Juhu, das ganzjährig ein hochkarätiges Programm bietet (www.prithvi theatre.org).

Ein Großteil der populären Bollywoodstreifen wird in Mumbai gedreht

Kailash Parbat ⟨27⟩: 1st Pasta Lane, an der Shahid Bhagat Singh Rd., schräg gegenüber dem Zugang zum Colaba Market, Tel. 022-22 87 48 23. Einfaches Lokal mit nordindischer vegetarischer Küche, besonders bekannt für seine typischen Mumbaier Snacks wie Bhel Puri oder Dahi Puri und seine leckeren Süßigkeiten, die man sich an einer Theke auch einpacken lassen kann. Ab 50 Rs.

Kamat ⟨28⟩: Shahid Bhagat Singh Rd., gegenüber Electric House, Tel. 022-22 87 47 34. Dosa, Idli, Wada oder vegetarische südindische Thalis – in dem einfachen und sauberen Restaurant der Kamat-Kette kann man billig und gut essen. Ab 30 Rs.

... in der Altstadt:

Rajdhani ⟨29⟩: Sheikh Memon St., geg. dem Haupteingang zum Mangaldas Market und wenige Meter südlich der Jama Masjid, Tel. 022-23 44 90 14, tgl. ab 12.30 Uhr. Wem es in den Basaren zu turbulent wird, der kann hier bei einem guten vegetarischen Thali neue Kräfte sammeln und sich danach frisch gestärkt ins Gewühl stürzen. Ab 100 Rs.

... rund um Churchgate Station:

Kamling ⟨30⟩: 84 Veer Nariman Rd., Tel. 022-22 04 26 18. Alteingesessenes populäres China-Restaurant, gute Vorspeisen, feine Fischgerichte, mittags Büfett. Ab 250 Rs.

Gaylords ⟨31⟩: Mayfair, Veer Nariman Rd., Tel. 022-22 82 12 59. Viele kommen wegen des exzellenten Filterkaffees, lassen sich dazu ein Stück hausgemachten Kuchen oder deftige Snacks schmecken und gehen dann zum Bier über. Auf der einladenden Terrasse lässt es sich eine Weile aushalten. Eine internationale Speisekarte bietet weitere Gerichte. Ab 200 Rs.

The Tea Centre ⟨32⟩: Resham Bhavan, 78 Veer Nariman Rd. Für das Wohl der Teetrinker wird im altmodischen Tea Centre bestens gesorgt – nicht nur edle Teesorten stehen zur Auswahl, auch köstliche Snacks und Süßspeisen. Mittags wird Lunch serviert. Ab 150 Rs.

... am Chowpatty Beach und Nana Chowk:

Cream Center ⟨33⟩: Fulchand Niwas, gegenüber dem Chowpatty Beach. Zum frisch geschlagenen Lassi isst man hier habhafte nordindische Snacks wie Channa Batura

oder leckere gefüllte Parathas – alles auf vegetarischer Basis. Ab 100 Rs.

Swati Snacks ⟨34⟩: 248 Karai Estate, Nana Chowk, gegenüber Bhatia Hospital. Gesundes und frisches Essen steht auf dem Plan, die Ölflasche wird weggelassen. Hier ist es immer voll, denn die leckeren vegetarischen Snacks und Gerichte sind äußerst populär: Besonders interessant sind die im Bananenblatt gedämpften Pfannkuchen. Ab 100 Rs.

New Kulfi Center ⟨35⟩: gegenüber dem Chowpatty Beach, Ecke Sardar Patel Rd. Kulfi, eine indische Eisspezialität, verkauft dieser populäre und sehr saubere Stand. Das MangoKulfi ist ein Hit. Ab 20 Rs.

... in Süd-Mumbai:

An der Shahid Bhagat Singh Road und in ihren östlichen Seitenstraßen finden sich viele kleine Geschäfte und Straßenstände. Auch die gesamte Mahatma Gandhi Road ab Kala Ghoda nordwärts, die DN Road und die Pherozah Mehta Road sind lebhafte Einkaufsstraßen. Im Stadtteil Cuffe Parade befinden sich rund um das World Trade Centre viele staatliche Kunsthandwerksgeschäfte.

Courtyard: SP Centre, Minoo Desai Marg, Uferstraße südlich des Radio Club, Colaba. In dem elegant angelegten Shoppingkomplex werden indische Designermode und edle Wohnaccessoires verkauft.

Cottage Industries Emporium: 34 Chhatrapati Shivaji Marg, nahe Gateway of India. Das staatliche Geschäft für Kunsthandwerk bietet eine große Auswahl an attraktiven Produkten zu fixen Preisen.

Popli Art Gallery: Battery Street, Seitenstraße gegenüber dem Cottages Industries Emporium, Colaba, Tel. 022-22 02 23 21. Alter und neuer Silberschmuck, Gold, Edelsteine und feines Kunsthandwerk – eine tolle Fundgrube für Kostbarkeiten aller Art.

Nalanda Book and Record Shop: im Taj-Mahal-Hotel. Schöne Bildbände und Kochbücher, große belletristische Abteilung, hübsche Postkarten und natürlich viel Musik.

Chetana Craft Centre: 34-K Dubash Marg, Kala Ghoda, Fort. Die attraktive Ethno-Boutique hat Textilien und Schmuck im Angebot.

Mumbai und Umgebung

Rhythm House: Kala Ghoda, Fort. Sicher eines der besten Musikgeschäfte der Stadt. Ob indische Klassik, Jazz, Fusion oder Bollywood-DVDs: Das Angebot ist riesig und man wird sehr gut beraten.

Fab India: Mahatma Gandhi Rd., Kala Ghoda, Fort. Auf mehreren Etagen werden traditionelle indische Stoffe, Kleidung, Schuhe und schöne Dinge für die Wohnung geboten.

Magna Book Gallery & Nutrition Centre: Mahatma Gandhi Rd., Kala Ghoda, Fort. Gebäude rechts neben Fab India, 2. Stock. Gute Auswahl an Büchern, Produkte aus organischem Anbau sowie Café mit sehr hübscher Terrasse.

The Bombay Store: Pherozah Mehta Rd., Fort. Schöner Geschenkartikelladen mit großer Auswahl an Kleidung, Schmuck, Wohnaccessoires, Kosmetik und Papier.

Strand Book Stall: schräg gegenüber vom Bombay Store (s. o.). Alteingesessener und gut sortierter kleiner Buchladen, der auch Buchpakete direkt an die Heimatadresse schickt.

Bombay Khadi Village Industries Emporium: 286 DN Rd., Fort. Handgewebte Stoffe aus den Gandhi-Produktionsstätten, Ledersandalen, Honig und Kosmetika sowie viele kunsthandwerkliche Produkte gehören zum Sammelsurium des riesigen Ladens.

Chimanlals: 210 DN Rd. (der Eingang liegt versteckt in einer Seitenstraße an der Westseite der DN Rd., vom CST-Bahnhof kommend die dritte Straße rechts). Papeterie vom Feinsten – Briefumschläge, Geschenkpapier und viele andere hübsche Dinge aus Papier.

... rund um den Marine Drive:
Im Hilton (s. S. 132) gibt es eine große Shoppingmeile. Rund um Kemps Corner (s. S. 127), in der anschließenden Bhulabhai Desai Road (Warden Road) sowie in der Jagmohan Das Marg (Carmichael Road) nördlich von Malabar Hill finden sich viele Boutiquen.

Kala Niketan: M Karve Rd., Marine Lines. Hier kaufen die betuchten Mumbaier für die nächste Hochzeit ein – sehr hochwertige Stoffe und Saris aus feinsten Materialien und in großer Auswahl. In der näheren Umgebung sind viele weitere edle Stoffläden.

Contemporary Arts and Crafts: 19 Jagmohan Das Marg, westlich von Kemps Corner. Elegante Boutique für Freunde dekorativer Inneneinrichtung.

Cross Walk: Tardeo Rd., nahe Haji Ali. Das älteste von Mumbais modernen Einkaufszentren mit Ladenpassagen auf mehreren Etagen.

... nördlich des Zentrums:

Phoenix Mills Compound: Worli. Einkaufen zwischen Schornsteinen – auf dem Gelände einer ehemaligen Textilfabrik wurde eines der modernen Einkaufszentren errichtet.

Linking Road: Bandra. Hier findet man viele Schuhläden und Boutiquen.

🍸 **... in Colaba:**
Harbour Bar: im Hotel Taj Mahal Hotel, Tel. 022-66 65 33 66. Hier genießt man seine Cocktails bei einer fantastischen Aussicht vom obersten Stockwerk des berühmten Hotels. Getränke ab 500 Rs.

Indigo: 4 Mandlik Rd., Colaba. Im Indigo kann man nicht nur gut essen, sondern auch bei Cocktails, Mocktails oder guten Weinen den Abend verbringen. Getränke ab 500 Rs.

Café Mondegar: 5-A Metro House, nahe Regal Cinema, Tel. 022-22 02 05 91. Alteingesessene Bar mit viel Flair am Colaba Causeway. Getränke ab 200 Rs.

... rund um den Marine Drive:

Geoffreys: im Hotel Marine Plaza, Marine Drive, Tel. 022-22 85 12 12. Bei Einheimischen und Ausländern gleichermaßen beliebte Bar mit angenehmen Sitzmöglichkeiten. Zu den Drinks werden leckere Knabbereien serviert. Getränke ab 200 Rs.

Not just Jazz by the Bay: 143 Marine Drive, Tel. 022-22 85 18 76. Live-Musik und Karaoke stehen regelmäßig auf dem Programm des alteingesessenen Clubs. Getränke ab 150 Rs.

🎭 Ganzjährig finden interessante Kulturveranstaltungen in Mumbai statt. Ein Blick in das Citymagazin »Time Out Mumbai« informiert darüber (s. S. 131). Bekannte Veranstaltungsorte sind z. B.:

National Centre of the Performing Arts (NCPI): Nariman Point, Marine Drive. Infos über das aktuelle Programm unter www.ncpa mumbai.com.

Prithivi Theatre: Juhu Church Rd., Juhu, Tel. 022-26 14 95 46, www.prithvitheatre.org. Tgl. außer Mo Vorstellungen in verschiedenen Sprachen. Außerhalb der Regenzeit finden am jeweils ersten Wochenende im Monat auch Aufführungen in den Horniman Gardens in Fort statt (s. S. 123).

Bharatiya Vidya Bhavan: KM Munshi Marg, Tel. 022-23 63 12 61. Kulturzentrum nahe dem Chowpatty Beach mit abwechslungsreichem Programm.

Nehru Centre: Dr. Annie Besant Rd., Worli, Tel. 022-24 96 46 76/80, www.nehru-centre. org. Ausstellungen, Konzerte und Tanzveranstaltungen.

Max Mueller Bhavan (Goethe-Institut): Kala Ghoda, Fort, Mo–Fr 11–13, 14–18 Uhr. In der Bibliothek gibt es auch aktuelle deutsche Zeitungen und Zeitschriften.

Eros Theatre: gegenüber Churchgate Station, Tel. 022-22 82 23 35. Eines der ältesten und bekanntesten Kinos von Mumbai.

Regal Theatre: Shahid Bhagat Singh Rd., Colaba, Tel. 022-22 02 10 17. Art-déco-Kino, das die neuesten Bollywood- und Hollywoodfilme zeigt.

Metro Adlabs: Dhobi Talao, Fort, Tel. 022-22 03 03 03. Nach umfassender Renovierung ist aus dem traditionsreichen Kino Metropole eines der großen Multiplex-Kinos der Stadt geworden.

Feste und Veranstaltungen

Mumbais lebhafte Kunst- und Kulturszene läuft besonders im Winter auf Hochtouren. Vor allem im Januar und Februar finden zahlreiche Musikfestivals mit den Größen klassischer indischer Musik, klassischen Tanzes und hochkarätiger Fusion statt. Die bekanntesten sind:

Banganga Festival: 1. Januarwochenende. Man sitzt auf den Badetreppen des malerischen Banganga Tank in Malabar Hill und lauscht Top-Musikern – ein großer Genuss.

Kala Ghoda Festival: Jan./Feb. Konzerte, Tanzveranstaltungen, Ausstellungen, Lesungen und Kulinarisches werden auf diesem populären mehrwöchigen Festival im Stadtteil Fort geboten.

Elephanta Festival: Jan./Feb. Unter alten Banyanbäumen und beim Zirpen der Grillen findet auf der kleinen gleichnamigen Insel vor Mumbai jedes Jahr jeweils in den Abendstunden ein mehrtägiges Kulturfestival mit bekannten Musikern und Tänzern statt. Hin- und Rückfahrt mit dem Boot (s. S. 141), für Essen und Getränke wird gesorgt.

Ganesh Chaturthi: Aug./Sept. Mumbais populärster Gottheit Ganapati oder Ganesha, dem elefantenköpfigen Gott, ist dieses Fest gewidmet. Tagelang tragen seine Anhänger Statuen des Gottes durch die Straßen. Am zehnten Tag werden diese unter den Augen von unzähligen Zuschauern am Chowpatty Beach im Meer versenkt.

Prithivi Theatre Festival: Nov. Indisches und internationales Theater vom Feinsten, Spielort ist das gleichnamige Theater in Juhu (s. links).

 Stadttouren: Ganztägige Bustouren durch Mumbai ab Gateway of India finden in der Saison zwischen November und Mai statt, Info unter Tel. 022-22 82 01 39 oder beim Tourist Office von Maharashtra am Gateway of India, Tel. 022-22 84 18 77.

Hafenrundfahrten/Boote nach Elephanta: Ab Gateway of India außerhalb der Monsunzeit 9–15 Uhr, je nach Boot 100–250 Rs.

Joggen: Ideal frühmorgens am Marine Drive, abends ist es dort ziemlich voll.

Kricket: Wankhede-Stadion, nahe Marine Drive, Tel. 022-22 81 17 95. Normale Matches gehen meist über mehrere Tage und sind oftmals ausverkauft; während der Kricketsaison von Oktober bis April besteht die Möglichkeit, Test-Matches zu besuchen.

Pferderennen: Mahalaxmi Racecourse, Tardeo Rd., nahe Haji Ali. Für 30 Rupien kann man zwischen November und April sonntagnachmittags bei einem Rennen zuschauen. Das große Derby findet im Februar statt. Ein gutes Restaurant ist das Gallops.

Flüge: Mumbai besitzt zwei Flughäfen. Der Sahar oder Chhatrapati Shivaji In-

**Auch in Zeiten moderner Kleinwägen ist das Straßenbild
nicht denkbar ohne den Klassiker Ambassador**

Mumbai und Umgebung

ternational Airport, Tel. 022-26 81 30 00, liegt ca. 30 km nördlich vom Stadtzentrum, der Santa Cruz Domestic Airport, Tel. 022-26 26 40 00, einige Kilometer südwestlich des internationalen Flughafens. Die gemeinsame Webseite www.csia.in erteilt Auskünfte über Flugverbindungen. Zwischen beiden Flughäfen verkehren Shuttlebusse.

Internationale Flüge von und nach Europa starten und landen meist nachts. Nach Verlassen des gesicherten Bereichs im Chhatrapati Shivaji International Airport sind rechter Hand zwei Schalter, an denen ein sogenannter **Prepaid Taxi Service** angeboten wird. Der erste Schalter wird privat geführt, der zweite staatlich. Letzterer hat die günstigeren Preise, die je nach Distanz und Fahrzeug festgelegt sind – somit vermeidet man die ermüdenden Verhandlungen mit den Taxifahrern vor dem Flughafengebäude. Für die Strecke nach Colaba muss man mit ca. 350–400 Rs rechnen.

Züge: Es gibt zwei große Bahnhöfe in Mumbai. Von der Mumbai Central Station starten die Züge nach Norden (z. B. Rajasthan, Delhi) und vom Chhatrapati Shivaji Terminus (CST) die Züge nach Osten und Süden (z. B. Goa, Bangalore, Hyderabad, Chennai); Webseite für beide Bahnhöfe: www.indianrail.gov.in. Achtung: Einige Züge in/aus Richtung Osten und Süden beginnen/enden ihre Fahrt an den Bahnhöfen der Stadtteile Dadar oder Lokmanya Tilak; von dort ins Zentrum kommt man mit dem Taxi oder der S-Bahn.

Zugtickets erhält man in den Bahnhöfen, meist gibt es einen Extra-Schalter für Touristen, z. B. im Reservation Centre östlich des Taxistands am Chhatrapati Shivaji Terminus (CST) oder im Western Railways Reservation Centre, Maharishi Karve Rd., neben dem Tourist Office nahe der Churchgate Station (hier für Ausländer im 1. Stock, Schalter 28; Öffnungszeiten beide Mo–Sa 8–20, So 8–14 Uhr). Auch an den Kreditkartenschaltern der Bahnhöfe kann man schnell und bequem Tickets kaufen. Wer bar in Rupien bezahlt, muss eine offizielle Umtauschquittung vorzeigen.

Busse: Die meisten Überlandbusse (alle Richtungen) fahren vom Busbahnhof Mumbai Central nahe dem gleichnamigen Bahnhof ab. Für Busse nach/von Pune oder Nasik ist das Terminal ASIAD beim Bahnhof Dadar (s. Züge) der Haltepunkt. Busfahrten nach Goa werden auch von vielen privaten Busgesellschaften bzw. Reisebüros angeboten; die Busse halten meist rund um die Grünfläche Azad Maidan in Süd-Mumbai, die genaue Haltestelle ist beim Ticketkauf zu erfragen.

Mietwagen: Touristentaxis können über Touristenbüros oder Privatfirmen gemietet werden (s. S. 131).

Fähren: Vom Bootsanleger am Gateway of India starten mehrmals täglich zwischen 8.15 und 18.30 Uhr Fähren auf die andere Seite der Bucht nach Mandwa, wo man Anschluss an Busse nach Alibag hat (s. S. 144).

Fortbewegung in der Stadt

Vorortzüge/S-Bahn: Um schnell größere Strecken innerhalb der Stadt zurückzulegen, sind Mumbais S-Bahnen die beste Wahl. Während der Rushhour (morgens stadteinwärts und nachmittags/abends stadtauswärts) sind sie jedoch extrem voll und dann lieber zu meiden. Für Frauen gibt es spezielle Abteile, sogenannte Ladies Compartments – bei dem oft herrschenden Gedränge eine gute Alternative. Tickets bekommt man an den Schaltern der Bahnhöfe.

Für die Vorortzüge gibt es zwei Bahnhöfe: Von der Churchgate Station fahren Züge in die westlichen Vororte (z. B. nach Bandra, Juhu und Borivali) und vom Chhatrapati Shivaji Terminus (CST) in die östlichen Vororte bis Thane bzw. nach Navi Mumbai. Fahrzeiten: 4.30–1.30 Uhr.

Busse: Die städtischen BEST-Busse verbinden alle Stadtviertel Mumbais miteinander und sind eine günstige Alternative, um sich innerhalb der Stadt bzw. der Stadtviertel fortzubewegen. Infos über Verbindungen gibt es auf der Webseite www.bestundertaking.com; Tickets bekommt man im Bus.

Taxis: Die schwarzgelben Taxis besitzen alle einen Tachometer, den der Fahrer bei Abfahrt einschalten muss. Der Minimumpreis beträgt derzeit 13 Rs. Außerdem führt jeder Taxifahrer eine Preisliste mit sich, die über die Tarife informiert. Eine Seite zeigt die Normaltarife, die andere die Nachttarife zwischen 24 Uhr und 5 Uhr, die etwas teuerer sind. Für Gepäcktransport werden pro Gepäckstück etwa 10 Rs extra berechnet.

Rikschas: Dürfen nur in den Vororten bis Mahim Creek fahren, nicht ins Zentrum.

Fähren: Außer in der Monsunzeit fahren vom Bootsanleger am Gateway of India regelmäßig von 9–15 Uhr Boote nach Elephanta (1 Std., 120–250 Rs.

Ausflüge in die Umgebung

Sanjay Gandhi National Park

Karte: S. 146

Fast an ein Wunder grenzt es, wie schnell die Großstadt hier in den Dschungel übergeht. Bis an den Rand des **Sanjay Gandhi National Park** 1 , im Volksmund auch **Borivali National Park** genannt, grenzen die Hochhäuser des gleichnamigen Stadtteils. Doch plötzlich steht man in der Natur – und zwar in einer ziemlich unberührten Natur. Schmetterlinge flattern, Vögel zwitschern und die Stadt ist fast vergessen. Über 102 km^2 erstreckt sich der Park, in dem ungefähr 285 Vogelarten gezählt wurden, darunter der Graue Doppelhornvogel. Auch verschiedene Hirscharten wie der Sambar sowie Wildschweine sind hier beheimatet und in den Seen des Schutzgebiets tummeln sich Krokodile. Besonders bekannt ist der Park für seine Leoparden, die man mit etwas Glück in der Morgen- oder Abenddämmerung sichten kann.

Der Park, in dem auch die sehr sehenswerten Kanheri Caves liegen (s. S. 142), verfügt über vier Eingänge; der Haupteingang liegt im Stadtteil Borivali. Wer im Park umherfahren möchte, muss ein gemietetes Auto mitbringen und dafür eine gesonderte Eintrittsgebühr entrichten. Man kann sich auch für einen der interessanten, von Spezialisten geführten Nature Walks anmelden, die von L'Orient Travels (www.orienttravelsmumbai. com) organisiert werden. Am Eingang Dindoshi/Filmcity befindet sich ein Informationszentrum der Bombay Natural History Society (www.bnhs.org), die dort über dieses einzigartige Schutzgebiet, das durch das Wachstum der Megacity bedroht ist, informiert (tgl. 7.30–18 Uhr, 20 Rs). Anfahrt zum Park mit der S-Bahn bis Station Borivali, von dort mit der Riksha zum Eingang.

Bassein Fort

Karte: S. 146

An die früheren Besitzer dieses Küstenstreifens erinnern die verfallenen Überreste des alten portugiesischen **Bassein Fort** 2 nördlich von Mumbai, das 1534 erbaut wurde. Im Schutz eines hohen Mauerrings entstand hier eine kleine Stadt mit prächtigen Adelshäusern, Klöstern, Kirchen und der Zitadelle. 1739 wurden die Portugiesen allerdings von den vorrückenden Marathen und diese wiederum einige Jahrzehnte später von den Briten vertrieben. Aus all diesen Kämpfen ging die Stadt ziemlich angeschlagen hervor, und was von den Bauten übrig blieb, nahm sich die Natur im Laufe der Zeit zurück. Heute überwuchern Lianen das verfallene Mauerwerk, wachsen Palmen aus Kirchen und toben Affen durch die maroden Überreste der Häuser.

Man erreicht Bassein Fort mit der S-Bahn (Western Railways) ab Churchgate Station in ungefähr einer Stunde. Von der Haltestelle Vasai Road sind es mit der Riksha noch ca. 11 km bis zur Anlage (durchgehend geöffnet, Eintritt frei)

Matheran

Karte: S. 146

Wenn es den besser verdienenden Mumbaiern in der Stadt zu heiß wird, flüchten sie in die Berge. Besonders gern fahren sie zur alten Hill Station **Matheran** 3 in den Sahyadri-Bergen, 120 km östlich der Metropole.

Schon den Briten gefiel das angenehme Klima auf 800 m Höhe. Traditionelle Holzbungalows mit kolonialem Flair erinnern an die alte Zeit. Auch die wohlhabenden Parsen und andere zu Reichtum gekommene Bombayer bauten hier im 19. Jh. und zu Beginn des 20. Jh. ihre Sommersitze. Einige davon

Richtig Reisen-Tipp: Kanheri Caves

Mitten im **Sanjay Gandhi National Park** (s. S. 141) liegen die wunderbaren, aber wenig beachteten **Kanheri Caves.** Die buddhistischen Höhlenheiligtümer zeugen von der spirituellen Energie und Schaffenskraft des buddhistischen Indien und wurden zwischen dem 1. Jh. v. Chr. und dem 9. Jh. n. Chr. errichtet. 109 teils reich skulptierte Viharas (Wohnstätten buddhistischer Mönche) sowie einige Chaitya-Hallen (Höhlentempel) finden sich eingemeißelt in das schwarze Gestein der Hügel. Von ihm stammt auch der Name der Stätte: Kanheri leitet sich ab vom Wort *krishnagiri,* ›schwarzer Berg‹.

In der Anlage lebte lange Zeit eine Mönchsgemeinde, die Verbindungen zu den wichtigen Handelszentren jener Zeit wie Nasik, Paithan oder Ujjain besaß. Viele der vorgefundenen Inschriften, meist in Brahmi verfasst, erwähnen Könige und reiche Kaufleute, die den Bau der Stätte finanziell unterstützten.

Ein schöner Spaziergang, den man mangels Schatten allerdings nicht in der Mittagshitze unternehmen sollte, führt durch kleine Schluchten und über Hügel zu den einzelnen Höhlen, die so manche Überraschung bergen. Am Eingang zu den Höhlen, die sich ca. 6 km östlich des Haupteingangs zum Sanjay Gandhi National Park befinden, gibt es eine Informationsbroschüre zu kaufen. Manchmal stehen auch Führer bereit, die einem die wichtigsten Sehenswürdigkeiten gegen ein Entgelt zeigen. Für die Besichtigung sollte man ungefähr zwei Stunden einplanen und neben Trinkwasser am besten auch eine Taschenlampe zum besseren Betrachten der Skulpturen mitbringen. Folgende der 109 Heiligtümer sollte man nicht verpassen:

Zu den ältesten, noch während der Hinayana-Epoche des Buddhismus entstandenen Bauten gehören die beiden **Viharas 1 und 2** sowie das Prunkstück der gesamten Gruppe, die **Chaitya-Halle Nr. 3,** auf deren Veranda rechts und links zwei riesige stehende Buddhas auf den Besucher herabblicken. Das Innere der Halle mit ihrer gewölbten Decke, den Säulenreihen, die den Raum dreiteilen, sowie dem Stupa mit Umwandlungsgang erinnern an die klassische Chaitya-Halle wie sie beispielsweise aus Karla (s. S. 281) bekannt ist. Inschriften weisen auf das 2. Jh. als Entstehungsdatum der Höhle hin. Interessant sind auch die beiden hohen Säulen im Vorhof, sogenannte Stambhas, die mit jeweils vier Löwen bekrönt sind. Sie gelten als Bewacher des Heiligtums. Auf Treppen steigt man dann die Nordwestseite des Hangs hinauf, vorbei an diversen Viharas mit kleinen Zisternen, in denen sich zuweilen Fische oder Schlangen tummeln.

Sehenswert ist auch der riesige **Vihara Nr. 11,** die Versammlungshalle der Mönche mit zwei langen, steinernen Bänken. Im **Vihara Nr. 34** sind an der Decke vor dem Sanktum Reste einer Wandmalerei mit sitzendem Buddha zu erkennen. Außergewöhnlich in **Vihara Nr. 41** ist die Statue des elfköpfigen Avalokiteshvara rechter Hand des Eingangs.

Der weitere Aufstieg lohnt sich unbedingt, denn man wird nicht nur mit einem tollen Blick auf den Dschungel mit den Hochhäusern von Borivali im Hintergrund belohnt. Auch einige der am schönsten ausgeschmückten Höhlen mit sehr gut erhaltenen Skulpturen befinden sich hier oben. Dazu gehört der große **Vihara Nr. 67,** in dem viele verschiedene Aspekte Buddhas an den Innenwänden dargestellt sind. Einen weiteren Höhepunkt stellt der **Vihara Nr. 89** dar, dessen Wände ebenfalls reich ornamentiert sind. Hier kann man u. a. die verschiedenen Haarmoden der Damen jener Zeit studieren. Auch in der benachbarten **Höhle Nr. 90** wird man von der buddhistischen Vorstellungswelt umfangen. Besonders interessant sind die Darstellungen der zehn lauernden Gefahren der Menschheit an der Wand rechts vom Eingang. **Höhle Nr. 101** thront auf der Spitze des Hügels – von hier ist die Aussicht besonders reizvoll (tgl. 9–17 Uhr, 100 Rs),

In den Fels gehauen: 109 Viharas und Chaitya-Hallen umfassen die Kanheri Caves

wurden inzwischen in Hotels umgewandelt. Auch viele neue Unterkünfte kamen hinzu und besonders im Winter, in der Vormonsunzeit sowie an Wochenenden ist der kleine Ort zum Bersten voll. Es gibt jede Menge Aussichtspunkte, und man kann schöne Wanderungen in den Wäldern der Umgebung machen – was für indische Touristen jedoch weit exotischer ist als für Mitteleuropäer.

Interessant ist die Anfahrt nach Matheran mit der Schmalspurbahn, die sich über 21 km den Berg hinaufwindet. Die Fahrt startet vom Bahnhof im Ort **Neral,** den man am besten per Bahn von Mumbai aus erreicht (s. u.). Wer mit dem Auto anreist, muss den Wagen 2 km vor Matheran am Ende der Straße stehen lassen: Im Ort selbst sind Fahrzeuge aller Art verboten, was nicht unerheblich zum Charme der kleinen Bergstation beiträgt.

Verandah in the Forest: Barr House, Tel. 021 48-23 02 96, www.neemrana

hotels.com. Malerisch im Wald und nahe dem Charlotte-See liegt die elegante Villa aus dem 19. Jh. Geräumige Zimmer mit stilvollen Möbeln, luftige Veranden und ein Garten bieten viel Raum zur Entspannung. Auch das Restaurant mit indischer und westlicher Küche ist empfehlenswert. DZ ab 2000 Rs.

Lord's Central: Tel. 021 48-23 02 28. Eine wunderbare Aussicht genießt man von diesem 100 Jahre alten Hotel mit angeschlossenen Kolonialbungalows, die in einem schönen Garten mit Pool liegen. Das Lord's wird von einer alteingesessenen Parsi-Familie geführt und hat seinen traditionellen Charme bis heute bewahrt. DZ ab 1500 Rs inkl. VP.

Züge: Vom Chhatrapati Shivaji Terminus (s. S. 124) in Mumbai fährt mehrmals täglich der Deccan Express nach Neral; mit dem Zug um 7.15 Uhr hat man Anschluss an die Schmalspurbahn, die um 9 Uhr nach Matheran fährt.

Zwar gibt es rund um Mumbai einige kleine Ferienorte, doch der Großteil der ungefähr 550 km langen Küste des Bundesstaates Maharashtra ist unberührt. Eine Fahrt von Mumbai Richtung Goa führt durch Palmenwälder und Mangohaine, über Flüsschen, durch Fischerdörfer, kleine Städte und nicht zuletzt zu schönen Stränden und eindrucksvollen Festungen.

Von Mumbai nach Murud

Karte: S. 146
Die Orte entlang der Südküste werden vor allem an Wochenenden von Ausflüglern aus Mumbai besucht. Dann füllen sich die dortigen Strände und es steigen die Hotelpreise – sowie die Lautstärke. Unter der Woche ist dagegen wenig los, außer während der indischen Ferienzeiten oder religiösen Feste. Aufgrund der schlechten öffentlichen Verkehrsverbindungen in dieser Region empfiehlt es sich, für den Transport auf ein Taxi zurückzugreifen.

Karnala Bird Sanctuary
Kaum hat man Mumbai auf dem Highway Richtung Goa verlassen, reckt sich linker Hand der steile Finger des Shirala Mountain in den Himmel. Dort liegt das **Karnala Bird Sanctuary** 4, in dem viele Vogelarten beheimatet sind. Die Gegend ist auch ein Naherholungsgebiet der Großstädter, die sich hier in kleinen Hotels inmitten von Rosengärten am Wochenende erholen. Tagesausflüge von Mumbai aus ins Karnala Bird Sanctuary organisiert L'Orient Travels (s. S. 141).

Kihim und Alibag
Südlich der Metropole und entweder über eine Abzweigung vom Highway NH 17 bei Vadkhal Naka oder direkt von Mumbai mit der Fähre nach **Mandwa** zu erreichen, befinden sich das Dorf **Kihim** mit seinem Sandstrand und weiter südlich das Küstenstädtchen **Alibag** 5. Eigentlich liegen die beiden Orte nur rund 30 km südlich von Mumbai, doch über die Straße sind es mehr als 100 km. Sie gehören beide zum Naherholungsgebiet der Mumbaier, von denen einige Wohlhabende hier ihre Feriendomizile errichtet haben. Die Hotels sind mehr auf einheimische Touristen ausgerichtet und die Sandstrände laden eher zum Spazierengehen als zum Baden ein.

Im Meer vor dem Städtchen Alibag und von dessen Promenade aus gut zu erkennen liegt **Kolaba Fort**. Die Festung wurde von einem der Admiräle des Marathen-Herrschers Shivaji errichtet. An die jüdische Besiedlung des Ortes erinnert eine alte Synagoge.

Sai Inn Holiday Resort: an der Straße zwischen Mandwa und Alibag, Tel. 022-22 18 16 78. In einem Garten mit Pool, 2 km zum Strand von Kihim und 8 km von Alibag, alle Zimmer mit Klimaanlage. DZ ab 1900 Rs.

Fähren: Regelmäßige Verbindungen vom Gateway of India in Mumbai nach Mandwa (s. S. 141). Ab Mandwa fahren Busse nach Kihim und Alibag.

Kashid Beach
Ungefähr 35 km südlich von Alibag erstreckt sich der schöne, teils von Felsen durchsetzte

Kashid Beach 6 , dem eine permanent raue Strömung nachgesagt wird. Auch dieser Sandstrand gehört zu den Wochenendzielen der Städter, unter der Woche kehrt hier jedoch wieder Ruhe ein. Es gibt bislang nur wenige Hotels, die alle etwas abseits des Strandes liegen.

 Prakruti Hermitage: oberhalb der Straße nahe Kashid Beach, Tel. 021 44-27 85 09, www.prakutiresorts.net. Luxuriöse Ferienanlage mit Pool und Wellnessbereich für gestresste Mumbaier. DZ 3600–18 000 Rs.

Kashid Beach Resort: ebenfalls oberhalb der Straße am Kashid Beach, Tel. 021 44-27 85 01. Eigentlich in netter Lage im Grünen und mit Blick aufs Meer, doch etwas renovierungsbedürftig. DZ ab 2500 Rs.

Busse: Regelmäßige Verbindungen von Alibag.

Murud

Auf der Weiterfahrt von Kashid Beach Richtung Süden zum verschlafenen Städtchen Murud passiert man nach ca. 15 km rechter Hand den alten, malerischen **Palast der Siddhi Nawabs von Murud,** der in einem Mischstil aus mogulischen und gotischen Elementen errichtet wurde. Die Siddhi Nawabs waren die ehemaligen muslimischen Herrscher der Gegend und regierten über 400 Jahre, bis ihr Machtbereich 1948 an den indischen Staat überging. Heute ist der Palast in Privatbesitz und deswegen nur von außen zu besichtigen.

Im Städtchen **Murud** 7 (ca. 12 000 Einw.), das 2 km weiter linker Hand in einem Palmenhain liegt, scheint die Zeit stehen geblieben zu sein. Alte, weitläufige Bungalows, von denen der Putz durch heftige Monsunregen abgewaschen wurde, liegen in verwilderten Gärten. Bunte Wäsche flattert im Wind und Ziegen grasen an den unbefestigten Straßen.

In der Bucht von Murud mit ihrem breiten Sandstrand erhebt sich **Kasa Fort** aus dem Meer. Die Seefestung des Marathen-Herrschers Shivaji wurde 1693 errichtet und ist

Mit der Autorin unterwegs

Krieg
und Machtstreben, das waren die Triebfedern zum Bau der mächtigen Festungen entlang der Küste. Die eindrucksvollste ist die gewaltige Seefestung **Janjira** bei Murud (s. unten).

Frieden
findet man an den einsamen Sandstränden der Küste. **Ganapatipule** und **Tarkarli** gehören zu den reizvollsten unter ihnen. Achtung: An den Wochenenden und während der Ferien kann es voll werden (s. S. 148 u. 149).

Zeuge der Auseinandersetzungen zwischen den Marathen und den Siddhi-Nawabs, die um die Oberherrschaft auf See kämpften.

Vom Tempel **Datta Mandir,** der auf einem Hügel außerhalb des Städtchens thront, und von der ebenfalls erhöht gelegenen **Idgah-Moschee** genießt man einen tollen Panoramablick auf die Umgebung.

Es gibt auch einige Homestays, Informationen über die Tourist Offices in Mumbai (s. S. 131).

Golden Swan Beach Resort: direkt in der Bucht von Murud, Tel. 022-26 17 45 17 u. 95 21 44 27 40 78, www.goldenswan.com. Kleine Bungalows mit oder ohne Klimaanlage in einem hübschen Garten, gutes Restaurant mit Fischspezialitäten. DZ 1200–5000 Rs.

Busse: Regelmäßige Verbindungen vom Busbahnhof Mumbai Central nach Murud.

Züge: Der nächste Bahnhof liegt rund 30 km nordöstlich in Roha, wo Züge der Konkan Railways zwischen Mumbai und Goa halten.

Seefestung Janjira

Wie ein großer, im Meer liegender Felsklotz ragt die gewaltige Seefestung **Janjira** 8 aus dem Wasser. Man erreicht sie von Murud aus über eine gewundene, 4 km lange Straße Richtung Süden, die zum pittoresk gelegenen

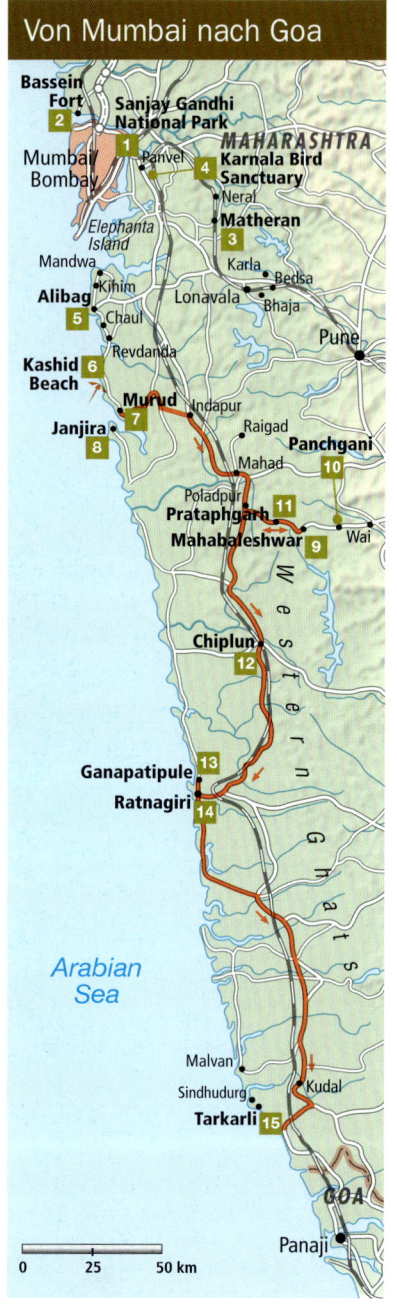

Von Mumbai nach Goa

Bassein Fort 2
Sanjay Gandhi National Park 1
MAHARASHTRA
Mumbai Bombay
Panvel
Karnala Bird Sanctuary 4
Neral
Matheran 3
Elephanta Island
Mandwa
Karla Bedsa
Alibag 5
Kihim
Chaul
Lonavala
Bhaja
Pune
Revdanda
Kashid Beach 6
Murud
Indapur
Janjira 7
Raigad
Panchgani 10
Mahad
Poladpur
Prataphgarh 11
Mahabaleshwar 9
Wai
Western Ghats
Chiplun 12
Ganapatipule 13
Ratnagiri 14
Arabian Sea
Malvan
Sindhudurg
Kudal
Tarkarli 15
GOA
Panaji

0   25   50 km

Fischerdörfchen **Rajpuri** führt. Schon vom Hügel oberhalb des Dorfes bietet sich ein spektakulärer Blick auf das mächtige Fort, dessen älteste Teile aus der zweiten Hälfte des 16. Jh. stammen. Die hart umkämpfte Festung war lange Zeit in Besitz der Siddhi-Herrscher, die von hier aus auch gegen die verschiedenen europäischen Eroberer antraten. 19 Bastionen schützten das Fort und in seinem Innern sicherten zwei große Zisternen den Wasserbedarf der Bewohner.

Nach einem kurzen Spaziergang durch die engen Gassen des Dorfs mit seinen bunten Häusern erreicht man den Strand, wo kleine Segelboote zur Umrundung der Festung ablegen. Die Fahrt mit den regulären Booten kostet 15 Rupien pro Person. Wer ein eigenes Boot mieten möchte, muss ca. 350 Rupien bezahlen.

Von Janjira aus empfiehlt es sich, wieder zum Highway zurückzukehren, da es an der von vielen Buchten zerfurchten Küste nicht immer ein Weiterkommen gibt. Eine kleine, holprige Straße führt in etwa eineinhalb Stunden zurück zum Highway bei Indapur. Die Route ist zwar etwas beschwerlich, doch wegen ihres reizvollen Verlaufs einige Kilometer entlang der Küste die Anstrengung wert. 1 km östlich von Rajpuri passiert man überdies die von Gras und Gestrüpp umwucherten **Gräber von Khokri**. Sie sind die letzte Ruhestätte von herausragenden Herrschern der Siddhi-Dynastie und wurden im 17./18. Jh. errichtet.

Abstecher in die Western Ghats

Karte: s. links

Mahabaleshwar

Ein angenehmes Klima, schöne Aussichten, süße Erdbeeren oder leckeres Roseneis – das sind einige der Highlights, mit denen die ehemalige britische Hill Station **Mahabaleshwar** 9 in den Sahyadri-Bergen der Western Ghats die Besucher lockt. Südlich von Mahad bei Poladpur verlässt man den Highway und fährt auf gewundenen Straßen hinauf in das 1372 m hoch gelegene Städtchen – die Sommerfrische vieler indischer Touristen. In der näheren Umgebung findet man schöne Wanderwege mit Aussichtspunkten von teils schroff abfallenden Felswänden, darunter **Wilson's Point** mit Blick nach Osten für Sonnenaufgänge und **Bombay Point** nach Westen für Sonnenuntergänge. Besonders weit und eindrucksvoll ist die Sicht von **Arthur's Seat**, 9 km außerhalb des Orts an einem Canyon gelegen.

Das Zentrum von Mahabaleshwar bildet der **Main Bazaar,** eine Ansammlung von Läden, in denen Eis, süßes Chikki aus Rohrzucker und Nüssen oder Souvenirs verkauft werden. In Old Mahabaleshwar stehen außerdem mehrere Tempel, darunter ein **Shiva-Tempel** mit einem natürlichen Felsen-Lingam sowie der **Panchganga-Tempel** mit Wasserbecken.

MTDC Tourist Office: im MTDC Holiday Resort gibt es einen Schalter, Tel. 021 68-26 03 18, wo man Infos über Wanderwege etc. erhält.

Brightland Holiday Village: Kates Point Rd., Tel. 021 68-26 07 00, www.brightlandholiday.com. Außerhalb des Orts gelegenes, luxuriöses Hotel inmitten eines großen Parks mit Pool, Spa und Sportmöglichkeiten. DZ ab 5500 Rs.
Anarkali: Kasam Sajan Rd., Tel. 021 68-26 03 36. Unterkunft in einem traditionellen Bungalow mit Pool und Multicuisine-Restaurant. DZ ab 2300 Rs.
MTDC Holiday Resort: einige Kilometer außerhalb des Zentrums nahe Bombay Point, Tel. 021 68-26 03 18. Einfache, saubere Zimmer, Restaurant mit Bar. DZ ab 550 Rs.

Busse: Regelmäßige Verbindungen nach Mumbai, Pune, Kolhapur sowie Panchgani.

Panchgani
Reizvoll ist die Fahrt von Mahabaleshwar ins ca. 20 km östlich gelegene **Panchgani** 10.

Die Straße wird gesäumt von Erdbeerplantagen und Rosengärten, die man teils auch besichtigen kann. In den **Mapro Gardens** gibt es herrliche Milchshakes und Eis zur Erfrischung. Seit dem vermehrten Einzug von Marmeladen auf Indiens Frühstückstischen hat sich die Region zunehmend dem Beerenanbau verschrieben und mittlerweile werden sogar Himbeeren, Maulbeeren oder Stachelbeeren kultiviert. Erntezeit ist vor allem im Winter.

Vom Örtchen Panchgani und oberhalb davon genießt man herausragende Ausblicke auf die schroffen Schluchten der Sahyadri-Berge – eine beliebte Kulisse für viele Bollywood-Regisseure.

 Regelmäßige Busverbindung zwischen Mahabaleshwar und Panchgani.

Prataphgarh
Interessant ist auch ein Ausflug von Mahabaleshwar ins 20 km westlich gelegene **Prataphgarh** 11. Die alte Marathen-Festung wurde 1656 von dem legendären Führer Shivaji errichtet. Zeitweise diente sie auch als seine Hauptstadt (7–19 Uhr, Eintritt frei).

 Von Mahabaleshwar gibt es eine Busverbindung nach Prataphgarh.

Chiplun
Zurück auf dem Highway NH 17, schlängelt sich dieser in kurvenreicher Strecke durch die Hügel der Western Ghats hinauf und wieder hinunter bis zum Städtchen **Chiplun** 12, das wegen seiner Höhenlage ebenfalls ein gefragtes Wochenendziel ist. Dort gibt es nicht nur eine Reihe guter Hotels, sondern auch einen berühmten kleinen Tempel, der Parashurama geweiht ist.

Quality Resort The Riverview Chiplun: Dhamandvi, auf einem Hügel ca. 12 km außerhalb von Chiplun, Tel. 023 55-39 50 81, www.chiplunhotels.com. Schönes Resorthotel mit Pool und Wellnessbereich. Ein idealer Zwischenstopp am Highway zwischen Mumbai und Goa. DZ ab 4000 Rs.

Ganapatipule

Karte: S. 146

Ganapatipule `13`, ein bekannter Wallfahrtsort rund 70 km weiter südwestlich, erhielt seinen Namen von dem populären Elefantengott Ganesha, für den hier ein Tempel errichtet wurde. Der Gott wird in einem orange bemalten Felsen verehrt, auf den im November und Februar direkt die Strahlen der untergehenden Sonne fallen – was regelmäßig große Pilgerscharen anzieht. Am Eingang des Bauwerks steht eine überdimensionale Ratte aus Bronze. Sie ist das Reitgefährt von Ganesha.

Ganapatipule hat einen der schönsten Strände an der hiesigen Küste. Die lange, breite Bucht mit dem feinen Sand lockt vor allem an den Wochenenden Ausflügler an. Vor Ort gibt es einige Hotels, darunter die große Anlage von Maharashtra Tourism (s. u.).

Um von hier ins 25 km südlich gelegene Ratnagiri (s. u.) zu gelangen, muss man nicht zum Highway zurückkehren. Eine kleine Straße durch üppige Mangohaine und entlang der Küste führt auf direktem Weg dorthin. Hierfür biegt man einige Kilometer östlich von Ganapatipule bei Neware von der Verbindungsstraße mit dem Highway rechts ab. An der nächsten Kreuzung bieten sich zwei Optionen: Der rechte Weg führt direkt zur Küstenstraße am malerischen **Aare Beach,** die linke Straße durch Mangoplantagen, über kleine Hügel und Flüsschen ebenfalls zur Küste nahe Aare Beach – Letztere ist ein paar Kilometer länger, jedoch sehr reizvoll.

 MTDC Holiday Resort: Tel. 023 57-23 52 48. Weitläufige Bungalowanlage direkt am Strand, unterschiedlich große Zimmer und schöner Blick, mit Restaurant. DZ 700–2400 Rs.

Ratnagiri

Karte: S. 146

Bisher wird **Ratnagiri** `14` wenig von ausländischen Touristen besucht, dabei hat die beschauliche Hafenstadt einige interessante Sehenswürdigkeiten zu bieten. Den Liebhabern indischer Literatur wurde sie bekannt durch Amitav Ghoshs großartigen Roman »Der Glaspalast«, in dem er das Schicksal der birmesischen Königsfamilie beschreibt, die hier ab 1886 für einige Jahrzehnte im Exil lebte. Der neuerlichen Aufmerksamkeit durch dieses im Jahr 2000 erschienene Werk ist es auch zu verdanken, dass der alte birmesische Palast des Exilkönigs renoviert und Teile davon in ein Museum umgewandelt wurden. Der **Thebaw Palace,** so benannt nach der ehemaligen Herrscherfamilie, steht auf einem Hügel im östlichen Teil der Stadt. Das rote Gebäude mit seinen umlaufenden Veranden und schönen Holztreppen steht inmitten eines verwilderten Gartens. Von seiner Terrasse hat man einen herrlichen Blick auf das Meer und die Stadt. Das Museum zeigt im ersten Stock einige Stücke aus dem Besitz der Familie, beispielsweise den Thron und Fotografien. Im Erdgeschoss ist eine Sammlung von Skulpturen (viele davon aus dem 10. Jh.) untergebracht, die in der näheren Umgebung gefunden wurden, darunter eine sehr schöne Darstellung des Gottes Ram mit Pfeil und Bogen (tgl. 10–13, 14–17.30 Uhr).

In der Nähe des Palasts liegt der **Thebaw Point,** ein terrassenförmiger Garten, von wo man besonders bei Sonnenuntergang eine tolle Aussicht genießt. Noch spektakulärer ist der Blick allerdings vom mächtigen **Ratnadurg Fort.** Die zwischen 1350 und 1500 errichtete Festung liegt 3 km außerhalb und ist per Taxi gut zu erreichen. Darüber hinaus besitzt Ratnagiri auch einige attraktive Strände wie den schönen **Bhatye Beach.**

Die Gegend um Ratnagiri ist extrem fruchtbar. Hier wachsen auf unzähligen Plantagen die berühmten Alfonso-Mangos, die als die Königinnen unter Indiens Mangosorten gelten. Haupterntezeit ist im April und Mai, doch das ganze Jahr über erhält man im Basar von Ratnagiri die verschiedensten Mangoprodukte wie Mango Pickles, Fruchtsäfte oder getrocknete Mangoscheiben.

Landmark: Thebaw Palace Rd., Tel. 023 52-22 01 20. Angenehmes Hotel

Aus Ratnagiri kommen Indiens beste Mangos

nahe dem alten birmesischen Palast, 32 Zimmer (fast alle mit Klimaanlage), Restaurant (auch vegetarisch). DZ 850–1700 Rs.

Züge: Ratnagiri ist ein wichtiger Eisenbahnknotenpunkt. Vom Bahnhof 7 km östlich der Stadt fahren regelmäßig Züge nach Mumbai (334 km) oder Goa.

Tarkarli und Umgebung

Karte: S. 146

Der Strand von **Tarkarli** 15, wo der Fluss Karli ins Meer mündet, genießt den Ruf, der schönste von ganz Maharashtra zu sein. Nicht von ungefähr wurden deswegen einige Anstrengungen unternommen, diesen attraktiven Küstenabschnitt nahe der nördlichen Grenze zum Bundesstaat Goa touristisch zu entwickeln. Mehrere Hotels und Homestays findet man hier – und mittlerweile sogar eine Tauchschule. MTDC, die Tourismusbehörde von Maharashtra, hat ehemalige Fischer zu

Tauchlehrern ausbilden lassen. Tarkarli liegt 6 km südlich des Städtchens **Malvan.** Von hier kann man Shivajis mächtige Festung **Sindhudurg** besuchen, die 1664 errichtet wurde. Innerhalb der weitläufigen Anlage befinden sich mehrere Tempel.

Die Tourismusorganisation Culture Aangan bietet einige attraktive Homestays in Tarkarli, die über die Webseite www.cultureaangan.com gebucht werden können. Der Preis für ein Doppelzimmer beläuft sich auf 1800–5000 Rs inkl. VP.

MTDC Tarkarli Beach Resort: Tarkarli, Tel. 023 65-523 90. Man wohnt in kleinen Bungalows im Konkan-Stil direkt am Meer. DZ 1300–2000 Rs.

Züge: Der nächste Bahnhof liegt ca. 45 km östlich in Kudal. Von hier regelmäßige Verbindungen nach Mumbai und Goa.

Busse: Regelmäßige Verbindungen zwischen Mumbai, Pune, Kolhapur und Malvan, ebenso zwischen Malvan und Tarkarli.

Paradies unter Palmen am Strand von Palolem

Goa und die Küste von Karnataka

Panaji • Mapusa

Margao

Karwar

Udupi

Mangalore

Western Ghats

Indiens schönste Strände und ein bezauberndes Hinterland

Die Westküste Indiens ist schon seit Jahrtausenden ein Brückenkopf für Kontakte und Handel zwischen dem Subkontinent und der arabischen Halbinsel, Persien sowie Europa. Über die Hafenstädte kamen ab dem 15. Jh. auch die Kolonialmächte auf den Subkontinent, allen voran die Portugiesen. Sie waren die Ersten, und sie waren auch die Letzten, die das Land wieder verließen.

Im Jahr 1961, 14 Jahre, nachdem Indien die Unabhängigkeit von den Briten errungen hatte, marschierten indische Truppen in die portugiesische Kolonie Goa ein und setzten der rund 450 Jahre währenden Kolonialherrschaft ein Ende. Was blieb, ist ein anderes Stück Indien: Portugiesischer Lebensstil und mediterranes Lebensgefühl haben sich hier über Jahrhunderte gemischt mit hinduistischen Traditionen und indischer Realität. Das Ergebnis sieht man in Goa allerorten. In den Kirchen und im Karneval, in Küche und Kleidung zeigt sich eine hybride Kultur, die Europäisches aufgenommen, Indisches aber nicht vergessen hat. Vielleicht ist es gerade dieses Vertraute im Fremden, das Goa neben seinen kilometerlangen palmenumsäumten Sandstränden so attraktiv für Touristen aus Europa macht.

Lange blieben die Goaner nicht unter sich. Anfang der 1960er-Jahre sagten sie den Portugiesen *adeus* und Ende der 1960er-Jahre kamen die ersten Hippies in Goa an. Nun begann der Westen, das tropische Paradies erneut zu erobern. Heute ist Goa Indiens Touristenhochburg Nummer eins mit einem breiten Angebot an Hotels, Restaurants und Freizeitmöglichkeiten. Immer deutlicher wird dabei, dass der kleinste indische Bundesstaat mehr zu bieten hat als Sand, Strand und Partys. Das tropisch grüne Hinterland von Goa lädt mit spektakulärer Architektur, fruchtbaren Plantagen und wilden Naturschutzgebieten zu Ausflügen ein. Dass die attraktiven Strände an der südlichen Grenze des Bundesstaats nicht plötzlich aufhören, haben die Besucher inzwischen auch entdeckt. Lange Zeit war der Küstenstreifen zwischen Südindiens Touristenzentren Goa im Norden und Kerala im Süden Terra incognita. Heute locken auch die tollen Strände von Karnataka und sein grünes Hinterland mit interessanten kulturellen Stätten immer mehr Touristen.

Highlight

2 Colva Beach und Benaulim Beach: Ein insgesamt 30 km langer weißer Sandstrand, wiegende Palmen und eine gute touristische Infrastruktur – hier kann man so richtig ausspannen (s. S. 174).

Empfehlenswerte Route

Ausflug ins Hinterland von Mangalore: Eine schöne Tagestour führt von Mangalore über den Pflanzengarten der Familie Alva zu den Jain-Stätten von Mudbidri und Karkala. Von dort kann man entweder in die Western Ghats nach Sringeri fahren oder an die Küste ins Pilgerstädtchen Udupi (s. S. 195).

Klima und Reisezeit

Besonders von Juni bis September wird das Wetter von den Regenfällen des Südwest-

Richtig Reisen-Tipps

Goas Flohmärkte: Während der Saison versammelt sich ein buntes Völkchen bei Ingo's Saturday Night Bazaar in Arpora, dem angesagtesten Event für das Wochenende. Auch der bekannte Mittwochs-Flohmarkt in Anjuna lockt Besucher aus ganz Goa an (s. S. 168).

Architektonische und kulinarische Highlights im Hinterland von Goa: Ins grüne Hinterland von Goa zu kleinen Dörfern und alten portugiesischen Villen führt dieser Ausflug. Dazwischen wird eingekehrt und die leckere goanische Küche probiert (s. S. 183).

Der Fischmarkt von Mangalore: Quirliges Treiben herrscht in den frühen Morgenstunden auf dem Fischmarkt von Mangalore. Dort präsentieren die Fischer ihre fangfrischen Schätze aus dem Arabischen Meer. Besucher können bei der lebhaften Versteigerung der Ausbeute zuschauen (s. S. 192).

monsuns bestimmt, die gerade an der Küste sehr heftig ausfallen können. In Goa bieten die Hotels dann sogenannte Monsun-Packages zu Sonderpreisen an.

Reise- und Zeitplanung

Manche langweilen sich nach einem Tag am Strand, andere können es für Wochen genießen. Für Ausflüge ins Hinterland von Goa sollte man jeweils einen Tag einplanen, z. B. für die Tour durch Süd-Goa oder für den Ausflug zu den Tempeln und Plantagen bei Ponda. Empfehlenswert ist es, den Besuch der dortigen Wildschutzgebiete mit einer Übernachtung zu kombinieren, da die beste Zeit zur Wildbeobachtung frühmorgens und abends ist. Für die Tour von Mangalore über Mudbidri und Karkala nach Udupi sollte man ebenfalls einen Tag rechnen.

Zwischen eleganten Villenvierteln am Miramar-Strand und bunten, verwaschenen Häuserfassaden im malerischen Stadtviertel Fontainhas liegt das Zentrum von Goas Hauptstadt mit seinen bunten Märkten, kleinen Geschäften und schmalen Gassen. Ein bisschen Riviera und ein bisschen Havanna – dazwischen aber das pulsierende Leben einer indischen Stadt, und nur 10 km entfernt die ehemalige portugiesische Hochburg Old Goa, die heute zum Unesco-Welterbe gehört.

Panaji (Panjim)

Reiseatlas: S. 9, B 3/4; **Cityplan:** S. 156/157
Seit 1843 ist **Panaji** offiziell die Hauptstadt von Goa. Schon vorher verlagerten die Portugiesen ihren Regierungssitz von Alt-Goa (Velha Goa) 10 km westwärts an die Mündung des Flusses und zogen in den ehemaligen Sommerpalast des Muslimherrschers Adil Shah ein. Nie konnte die junge Hauptstadt jedoch mit ihrer prunkvollen Vorgängerin und deren imposanten Kirchen und Palästen konkurrieren. Sie spiegelte so die geschwächte Position der Portugiesen als Kolonialherren wider, deren Macht nach einem kurzen Verweilen am Zenit seit dem Ende des 16. Jh. wieder gesunken war. Bis zu ihrer Vertreibung durch indische Truppen im Jahr 1961 hielten die Portugiesen Goa besetzt. Nach der Unabhängigkeit bekam es zuerst den Status eines Unionsterritoriums. 1987 wurde es als 25. Bundesstaat der Indischen Union angegliedert. Panaji ist der Sitz von Regierung und Verwaltung.

Viele Touristen besuchen Panaji nur während eines Tagesausflugs von den Stränden aus oder auf der Durchreise. Wer die Stadt jedoch kennenlernen möchte, sollte mindestens ein bis zwei Übernachtungen einplanen, am besten in Fontainhas mit seinen schönen Unterkünften und guten Restaurants. Außerdem eignet sich Panaji hervorragend als

Standquartier für den Besuch von Old Goa, das nur 10 km landeinwärts liegt (s. S. 161).

Orientierung

Groß ist Panaji nicht. Überwältigende Sehenswürdigkeiten besitzt es auch nicht. Doch mit ihrer eigentümlichen Mischung aus Provinzialität und Offenheit verströmt die charmante Stadt eine ganz besondere Atmosphäre. Ihr **Zentrum** liegt an der Mündung des breiten Mandovi River. Im Süden erhebt sich der **Altinho-Hügel,** im Südwesten liegen die besseren Wohnviertel **Miramar** und **Dona Paula** und östlich des Altinho erstreckt sich der traditionsreiche Stadtteil **Fontainhas.** Er wird vom Ourem River begrenzt. Ganz im Osten der Stadt sind der Busbahnhof sowie die große Mandovi-Brücke, die über den Fluss führt und Panaji mit den nördlichen Distrikten verbindet.

Fontainhas

Wie eine Hauptader durchzieht die **Rua 31 de Janeiro** den ältesten Stadtteil von Panaji, **Fontainhas.** Der Name der Straße erinnert an Portugals Befreiung von spanischer Herrschaft im Jahr 1640. Da Costa, de Souza, Fernandes oder Menezes – nicht nur Straßennamen, auch die Schilder an den Häusern und Läden weisen auf Portugals Erbe und seine Nachfahren hin. Hier und in den schmalen Seitengassen östlich des Altinho-Hügels

Mit der Autorin unterwegs

Zimmer mit Nostalgie

Mitten in Fontainhas liegen fast nebeneinander drei kleine renovierte Schmuckstücke des Viertels: das **Panjim Inn** und das **Panjim Pousada** sind alte Villen, im **Panjim Peoples** war bis zuletzt eine Schule untergebracht. Alle drei Gebäude wurden aufwendig renoviert und mit Originalmöbeln aus Goa bestückt. Sie sind die drei besten Hotels des Stadtteils und verströmen den Charme der vergangenen Zeit (s. S. 159/160).

Balkon mit Ausblick

Von den schmalen schmiedeeisernen Balkonen der **Hospedaria Venite** beobachtet man bei einem Capuccino oder Drink das Leben auf der Rua 31 de Janeiro und isst danach einen guten Fisch oder eine Pasta im rustikal eingerichteten Restaurant (s. S. 160).

Restaurant mit Stil

Exzellente goanische Spezialitäten serviert das **Restaurant Horse Shoe** in Panaji. Dazu gibt es den passenden Wein und als Appetitanreger tolle Cocktails (s. S. 160).

Kirchen mit Kontrasten

Ein Blick auf die Skulpturen und Bilder in den Kirchen von **Old Goa** verrät vielerorts die Arbeit heimischer Kunsthandwerker: Engel mit indischen Gesichtszügen, Heilige auf Lotosblüten oder typisch indische Ornamente zeugen vom Einzug lokaler Elemente in die Gotteshäuser der Portugiesen (s. S. 161).

Ausflug mit Belohnung

Eine tolle Aussicht auf Old Goa genießt man von der Kirche **Our Lady of the Mount.** Vor allem der Sonnenuntergang mit Blick auf die weißen, aus einem grünen Meer von Palmen ragenden Kirchen ist unvergesslich (s. S. 165).

Siesta mit Flussblick

Bei Fischcurry und Bier im **Star Bar and Restaurant** am Mandovi River lässt sich die Mittagshitze gut überstehen (s. S. 165).

---

erstreckt sich jenes pittoreske Viertel, das sich zu Panajis kulturellem Zentrum mit Kneipen, Restaurants und Galerien entwickelt hat. Ockergelb und blassrosa, himmelblau und karmesinrot leuchten die Häuserfassaden in der Sonne. Doch nicht alle Bewohner besitzen die finanziellen Mittel, ihre Wohnstätte nach jedem Monsun frisch streichen zu lassen. So umfängt der Charme verblasster Wände und bröckelnder Fassaden so manches Mauerwerk, fressen sich Unkraut und Schlingpflanzen in seine Nischen und überdecken Plakate die Löcher im Putz.

Besonders am Morgen und bei Sonnenuntergang lässt es sich herrlich durch die Sträßchen spazieren, beispielsweise zur **Chapel of St. Sebastian** **1** . Die weißgetünchte kleine Kirche von 1888 beherbergt ein altes Kruzifix aus dem 16. Jh., das sich ursprünglich im Inquisitionspalast von Old Goa befand. Sie steht an einem hübschen Platz, umringt von bunten Häusern und einem Brunnen am Fuße des Altinho-Hügels.

Altinho-Hügel

Von der Chapel of St. Sebastian kann man den **Altinho-Hügel** über eine steile Treppe erklimmen oder der Straße folgen, die sich nördlich der Kirche den Berg hinaufwindet. Oben angekommen, gelangt man zum aufwendig renovierten **High Court** **2** , dem Gerichtsgebäude aus dem 19. Jh. Ganz in der Nähe steht auch der **Maruti-Tempel** **3** , ein kleines, knapp 100 Jahre altes Heiligtum für den Affengott Hanuman.

Auf dem Altinho-Hügel, von wo man einen tollen Blick auf den Fluss und die Stadt genießt, weht immer eine leichte Brise. Elegante alte Villen mit schönen Glasmosaikfenstern und alte, verwunschene Gärten ziehen sich entlang der Nord- und Westseite des Hügels bis hinauf zum **Archbishop's Palace** **4** aus

Panaji: Cityplan

Sehenswürdigkeiten

1. Chapel of St. Sebastian
2. High Court
3. Maruti-Tempel
4. Archbishop's Palace
5. Our Lady of Immaculate Conception
6. Municipal Gardens
7. Secretariat
8. Bronzefigur des Abbé Faria
9. Menezes Braganza Institute
10. Municipal Market
11. Goa State Museum
12. Houses of Goa Museum

Übernachten

1. Goa Marriott
2. Panjim Peoples
3. Fidalgo
4. Mandovi
5. Panjim Pousada & Panjim Inn
6. Panaji Residency
7. Alfonso Guest House
8. Park Lane Lodge

Essen und Trinken

9. Horse Shoe
10. Hospedaria Venite
11. George Restaurant & Bar
12. Moti Mahal
13. Ritz Classic Restaurant & Bar
14. Viva Panjim
15. Satkar
16. Mr. Baker 1922

Mandovi River

Campal Beach

Davanand

Fish Market

El Dorado Theatre

Campal Gardens

Goa Medical College

General Bernardo Guedes Rd.

Caetano de Albuquerque Rd.

CAMPAL

Children's Park

Ashok Samrat Theatre

Mahatma Gandhi Rd.

Cannon

18th June Rd.

Munchpaldi Garden

Technical High School

College

Kala Academy

Davanand Bandokar Marg

Dr. Braganza Pereira Rd.

Dr. Gama Pinto Rd.

Military Hospital

All India Radio

Miramar, Dona Paula

Santri Monument

Santa Inez Rd.

SANTA INEZ

Santa Inez Church

Dr. Gama Pinto Road

Santa Inez Rd.

Talelgao Road

Avenida J. Silveira

---

dem 19. Jh., der in einem Garten auf der Spitze des Hügels thront. Auch heute sind in seinen Hallen Kirchenämter untergebracht.

Das Zentrum

Vom Altinho-Hügel führt eine gewundene Straße direkt hinunter ins Zentrum zur größten Kirche der Stadt, **Our Lady of Immaculate Conception** 5. Sie steht auf einer Erhöhung an der Ostseite der **Municipal Gardens** 6 und wurde 1619 anstelle ihres fast

100 Jahre älteren Vorgängerbaus errichtet. Zu der schneeweißen Kirche mit ihrer barocken Fassade und dem Glockenturm führen ausladende Treppen hinauf. In ihrem Innern birgt die Kirche vier Altäre. Der Hauptaltar mit einer Abendmahlsdarstellung ist der Namenspatronin der Kirche geweiht.

Mehrere Straßen führen von hier am Stadtpark vorbei nach Südwesten. An der 18th June Road, der Mahatma Gandhi Road sowie in den Gassen dazwischen findet man

viele Restaurants und Läden, die häufig den lokal destillierten Schnaps aus Cashew- oder Kokosnüssen, Feni, verkaufen.

Hält man sich von der Kirche Richtung Norden, so gelangt man zum Ufer des Mandovi und an die Uferstraße **Avenida Dom Joao Castro**. Dort liegen die Ausflugsboote, die Sonnenuntergangsfahrten anbieten.

Bei einem Spaziergang entlang der Uferstraße in westliche Richtung werden verschiedene historische Gebäude passiert, u. a.

das **Secretariat** 7, der ehemalige Sommerpalast des Muslim-Herrschers Adil Shah, in dem heute Teile der Verwaltung untergebracht sind. Noch etwas weiter westlich steht auf einem kleinen Platz in dramatischer Haltung die **Bronzefigur des Abbé Faria** 8, der sich über eine Frau beugt. Der in Goa geborene Theologe erwarb sich in der zweiten Hälfte des 18. Jh. einen Ruf als Mediziner und Hypnotiseur, wurde damals aber von der Kirche verfolgt.

Ein sehenswerter Bau vom Beginn des 19. Jh. ist das **Menezes Braganza Institute** **9**, das heute die Zentralbibliothek beherbergt. Interessant sind die Wandbilder aus Keramikkacheln im Eingangsbereich.

Nahebei befinden sich die Hallen des neuen **Municipal Market** **10**. Hier gibt es nicht nur frisches Obst, Gemüse oder Blumen, sondern auch die ganze Vielfalt indischer Gewürze und andere Köstlichkeiten. Besonders am Morgen geht es hektisch zu. Während der Mittagsstunden breitet sich eine schläfrige Siesta-Atmosphäre in den warmen Hallen aus und man sieht nicht wenige Händler träge vor sich hin dösen.

Panajis Museen

Viel Platz steht zur Verfügung im modernen **Goa State Museum** **11** südlich des Kadamba-Busbahnhofs. 8000 Objekte sind hier untergebracht – eine Galerie widmet sich mit Fotografien dem Freiheitskampf der Goaner, in einer anderen wird Malerei zeitgenössischer Künstler aus Goa sowie anderen Teilen Indiens ausgestellt. Außerdem gibt es ein Sammelsurium von Möbeln über Münzen bis zu Skulpturen und Bronzen aus verschiedenen Epochen (www.goamuseum.nic.in, Mo–Fr 9.30–17.30 Uhr, 20 Rs).

Im Vorort Povorim, jenseits des Mandovi River, steht das moderne **Houses of Goa Museum** **12**. Auf mehreren Stockwerken gibt die Ausstellung Einblicke in die typische Architektur alter goanischer Wohnhäuser. Zu den Exponaten zählen antike Fenster, Türen, Geländer und Ziegel. Gemälde und Fotos dokumentieren die besonderen Bauformen der Region (Di–So 10–19.30 Uhr, www.archgoa.org, auf der Webseite findet man auch eine Beschreibung des Anfahrtsweges).

Miramar und Dona Paula

Natürlich hat auch die Hauptstadt ihren Vorzeigestrand. Der **Miramar Beach** kann zwar nicht mit seinen Nachbarn im Norden oder Süden konkurrieren, doch es gibt einige sehr nette Cafés und Restaurants. Man erreicht ihn nach ungefähr 3 km über die breite Dayanand Bandodkar Marg, die an der Kala Aca-

demy vorbei nach Südwesten führt. Neue Apartmenthäuser säumen die Straße, Zeichen des Baubooms, der Goas Grundstückspreise in den letzten Jahren in die Höhe schießen ließ. Hält man sich weiter nach Süden, so gelangt man zum schicken Viertel **Dona Paula** mit seinem kleinen Jachthafen. Dort gibt es ebenfalls mehrere Restaurants und Cafés.

Salim Ali Bird Sanctuary

Nur 5 km nordöstlich von Panaji wurde auf der kleinen Insel Chorao das Vogelschutzgebiet **Salim Ali Bird Sanctuary** eingerichtet. Kormorane, Eisvögel, Seeadler und viele an-

Bunte Häuser, malerische Gassen – im ältesten Stadtviertel Fontainhas

dere Vogelarten sind hier beheimatet. Ein Besuch des Reservats ist nach Voranmeldung möglich (Kontakt: Range Forest Officer, Tel. 08 32-222 87 72, oder Mr. Mandrekar, Tel. 098 22 58 31 27).

i **India Tourism Office:** Church Square (rechts vor der Kirche), Tel. 08 32-222 34 12, www.india-tourism.com, Mo–Fr. 9.30–18, Sa bis 13 Uhr.
Goa Tourism: Kadamba-Busbahnhof, Tel. 08 32-242 34 59, www.goa-tourism.org (u. a. mit einer Liste von Reiseveranstaltern in Goa), und am Flughafen, Tel. 08 32-54 08 29, tgl. (meist) 9.30–13, 14–17 Uhr.

Goa Marriott 1: Miramar, Tel. 08 32-246 33 33, www.marriott.com. Luxuriösestes Hotel von Panaji mit diversen Restaurants, Pool und Spa. DZ 8000–30 000 Rs.
Panjim Peoples 2: 31st January Rd., Fontainhas, Tel. 08 32-222 65 23, www.panji minn.com. Das eleganteste der drei attraktiven Hotels in der Straße: 4 große und mit antiken Möbeln eingerichtete Zimmer in einer ehemaligen Schule, im Erdgeschoss befindet sich eine Galerie. DZ 4500–9000 Rs.
Fidalgo 3: 18th June Rd., Tel. 08 32-222 62 91, www.hotelfidalgo-goa.com. Gutes Mittelklassehotel im Zentrum mit Restaurant und Pool. DZ 3500–12 000 Rs.

Panaji und Old Goa

Mandovi 4 : DB Marg, Tel. 08 32-242 62 70, www.hotelmandovigoa.com. Alteingesessenes Hotel am Mandovi River, das grundlegend renoviert wurde und mit 3 Restaurants aufwartet. DZ 2200–8000 Rs.

Panjim Pousada & Panjim Inn 5 : 31 January Rd., Fontainhas, Tel. 08 32-222 65 23, www.panjiminn.com. Im traditionellen Goa-Stil eingerichtete, sehr schöne Zimmer in zwei alten Villen. Restaurant mit netter Terrasse und Garten. DZ 1260–4500 Rs.

Panaji Residency 6 : Tel. 08 32-222 71 03, www.goa-tourism.com. Die freundlich eingerichteten Bungalows liegen in einem großen Garten direkt am Meer. DZ 1170–3000 Rs.

Alfonso Guest House 7 : bei der Chapel of St. Sebastian, Fontainhas, Tel. 08 32-222 23 59. Das kleine Gästehaus bietet 8 Zimmer und liegt im malerischen Viertel Fontainhas. DZ 480–1000 Rs.

Park Lane Lodge 8 : bei der Chapel of St. Sebastian, Fontainhas, Tel. 08 32-222 71 54. 6 Zimmer in einer kleinen Familienpension, von der Terrasse hat man einen schönen Blick auf die Kapelle. DZ 500–600 Rs.

Horse Shoe 9 : E 245 Rua de Ourem, Tel. 08 32-243 17 88, So geschl. Ausgezeichnete goanische Küche, dazu gibt es portugiesische Weine und Cocktails. Das kleine, nette Restaurant ist oft ausgebucht, daher rechtzeitig reservieren. 150–700 Rs.

Hospedaria Venite 10 : Rua 31 de Janeiro, Fontainhas, Tel. 08 32-242 55 37. In den rustikalen Räumen werden goanische Spezialitätenund internationale Gerichte serviert. Von den kleinen Holzbalkonen des Restaurants kann man bei einem Kaffee oder Cocktail das Straßenleben von Fontainhas beobachten. 100–400 Rs.

George Restaurant & Bar 11 : links der Kirche Our Lady of Immaculate Conception, Tel. 08 32-242 68 20. Viele Fischgerichte, teils auf Goa-Art zubereitet, Steaks, chinesische und nordindische Gerichte kann man in der kleinen Kneipe direkt bei der Hauptkirche von Panaji essen. 50–200 Rs.

Moti Mahal 12 : 18th June Rd., Tel. 08 32-242 31 25. Klassische nordindische und chinesische Gerichte gibt es in diesem zentralen Restaurant. 100–200 Rs.

Karneval in Panaji – ein Überbleibsel der katholischen Kolonialherren

160

Ritz Classic Restaurant & Bar 13 : 1. Stock, Wagle Vision, 18th June Rd. (versteckt in einer Seitengasse). Immer voll, da sehr beliebt bei den Einheimischen, denn es gibt eine riesige Speisekarte mit indischen und chinesischen Gerichten. Besonders empfehlenswert sind die billigen und guten Fischcurrys (Achtung: Es gibt auch das einfachere und billigere Ritz Restaurant westlich der Municipal Gardens, dort isst man auch gut). 50–150 Rs.

Viva Panjim 14 : Haus Nr. 178, Rua 31 de Janeiro, Fontainhas, Tel. 08 32-242 24 05. Internationale Speisen werden in dem kleinen, versteckt in einer Seitengasse gelegenen Restaurant angeboten. Man kann auch im Freien sitzen. 50–150 Rs.

Satkar 15 : 18th June Rd., Tel. 08 32-222 19 22. Hier bekommt man vegetarische indische Gerichte und kleine Snacks. 30–100 Rs.

Mr. Baker 1922 16 : Jesuit House (Ostseite der Municipal Gardens), Tel. 08 32-22 46 22, 8.30–13, 16–20 Uhr. Wer eine Abwechslung zum indischen Frühstück sucht, bekommt bei Valentino Vaz Kuchen, Gebäck sowie frische Brötchen und eine Tasse Kaffee. 20–50 Rs.

Ozone: im Goa Mariott Hotel (s. S. 159), Tel. 08 32-246 33 33. Angesagte Bar und Disco, v. a. am Wochenende gibt's Gedränge. Ab 300 Rs.

Kala Academy: Dayanand Bandodkar Marg, www.kalaacademy.org. Das ganze Jahr über Theater- und Musikveranstaltungen sowie Kunstausstellungen.

Feste und Veranstaltungen

Besonders groß gefeiert werden die christlichen Feste.

Karneval: Feb./März. Prozessionen in Panaji, Margao, Vasco und vielen anderen Orten.

Shigmo: Feb./März. Goanische Version des hinduistischen Frühlingsfestes Holi mit Paraden und ausgelassenen Farbspritzereien.

Weihnachten: Dez. Messe, aber auch Tanz und Feuerwerk.

Dussehra und **Diwali:** Okt./Nov. Auch die großen hinduistischen Feste stehen auf dem Festkalender.

Wassersport/Tauchen: Barracuda Diving India, c/o Goa Mariott Resort, Miramar Beach, Panaji, Tel. 08 32-246 33 33, www.barracudadiving.com. Tauchkurse, Sporttauchen und Schnorcheln.

Flüge: Der Dabolim Airport liegt knapp 30 km südlich bei der Industriestadt Vasco da Gama. Tgl. zahlreiche Verbindungen nach Mumbai, Delhi und Bangalore; auch nach Chennai, Pune und Kochi gibt es Flüge.

Züge: Der nächstgelegene Bahnhof ist in Karmali, 12 km östlich bei Old Goa. Das Reservierungsbüro ist in der oberen Etage des Kadamba-Busbahnhofs (Mo–Sa 8–20 Uhr).

Busse: Der Kadamba-Busbahnhof liegt östlich des Ourem River. Regelmäßig Busse nach Mumbai, Bangalore, Mysore, Hospet, Pune. Außerdem viele Verbindungen an die Strände und in die Städte des Hinterlands.

Taxis: Als Sammeltaxis fungieren weiße Kleinbusse, die meist vor Hotels und an belebten Orten stehen. Motorradtaxis stehen auch zur Verfügung.

Mietwagen: Verleih über die Tourist Offices oder Hotels bzw. am Bahnhof/Busbahnhof.

Schiffe: Reisen mit dem Luxusdampfer von Mormugoa nach Kochi, auf die Lakshadweep-Inseln und nach Sri Lanka mit dem Luxusliner Ocean Odyssey. Infos unter www.indianoceancruises.net.

Old Goa

Reiseatlas: S. 10, D 3; **Karte:** S. 163

Kaum vorstellbar, dass Old Goa einst eine Stadt mit mehreren 100 000 Menschen war. Nur die monumentalen Kirchen der Portugiesen und einige andere Bauwerke erinnern an diese Zeit. Hier befand sich im 16./17. Jh. die Hauptstadt des portugiesischen Imperiums in Asien. Heute pilgern indische Gläubige und ausländische Touristen zu den steinernen Zeugen des Katholizismus, die mittlerweile zum Unesco-Welterbe gehören.

Old Goa liegt 10 km östlich von Panaji und ist mit regelmäßig verkehrenden Bussen vom Kadamba-Busbahnhof aus zu erreichen. Es

Panaji und Old Goa

lohnt sich, einen Tag für die Besichtigung einzuplanen. Wer weniger Zeit hat, kann die wichtigsten Sehenswürdigkeiten auch an einem halben Tag besuchen. Die Besichtigung der Monumente beginnt man am besten entweder an der St. Francis Church, oder man versetzt sich in die alte Zeit, indem man beim Viceroy's Arch am Fluss startet, wo die Besucher früherer Zeiten am Hafen ankamen.

Geschichte

»Wer Goa gesehen hat, braucht Lissabon nicht mehr zu sehen.« Durchaus realistisch erscheint dieses Zitat aus dem 16. Jh., besaß doch die Hauptstadt der portugiesischen Kolonie damals mehr Kirchen als das zeitgenössische Rom und zählte mehr Menschen als Lissabon oder London. Goa Dourada, das ›Goldene Goa‹, blühte vor allem im 16. und 17. Jh. Seit 1565 war es Sitz des portugiesischen Vizekönigs. Reich geworden durch ihre überseeischen Kolonien und den Handel mit deren Kostbarkeiten, hatten die Kolonialherren genügend Geld, um von lokalen Handwerkern prunkvolle Kirchen bauen zu lassen. Geschäfts- und Handelshäuser säumten die Rua Direita, die ehemalige Prachtstraße der Stadt, die vom Hafen bis zum Basar verlief. Dort handelte man neben allerlei Waren bis 1869 auch mit Sklaven.

Nicht nur ökonomisches Zentrum, sondern auch Mittelpunkt katholischer Missionstätigkeit war Old Goa während dieser Zeit. In den Kirchen der Stadt wurde allerdings nicht nur gebetet. Ab 1560 wütete auch in Goa die Inquisition. Ihr fielen zahlreiche Menschen zum Opfer, und noch heute sind die Ruinen des Gefängnisses vorhanden, in dem man Verfolgte einsperrte. Auch unter wiederholten Epidemien litt die Bevölkerung der Stadt. Mehrmals brachen Pest und Cholera aus und führten zu einem Massensterben. Von den einstmals 300 000 Bewohnern, die Old Goa zu seiner Blütezeit in der Mitte des 16. Jh. zählte, waren Ende des 17. Jh. nur noch 20 000 übrig. Der Niedergang der alten läutete den Aufstieg Panajis zur neuen Hauptstadt ein, das sich jedoch nie mit dem Pomp seiner Vorgängerin messen konnte.

Viceroy's Arch und St. Cajetan Church

Fast direkt am Fluss steht der **Viceroy's Arch** **1**, der in Erinnerung der Entdeckung des Seewegs nach Indien durch Vasco da Gama errichtet wurde. Auf der dem Wasser zugewandten Seite thront die Statue des Vasco über dem Bogen, auf der anderen Seite erkennt man eine weibliche Figur, vermutlich die heilige Katharina, in Triumphpose.

Geht man von hier die Rua Direita hinauf und wendet sich nach links Richtung Osten, so steht man vor der **St. Cajetan Church** **2** mit ihrer dem Petersdom in Rom nachempfundenen Fassade und Kuppel sowie den auf portugiesische Bautraditionen zurückgehenden Seitentürmen. Ihr Name verweist auf den Ordensgründer der Theatiner, Cajetano da Thiene. Die Kirche wurde in der zweiten Hälfte des 17. Jh. errichtet und ist Maria der Göttlichen Vorsehung (Our Lady of Divine Providence) geweiht. Der Hauptaltar für die Kirchenpatronin besteht aus Teakholz und war einmal ganz mit Blattgold überzogen.

Wenige Meter nordwestlich der Kirche steht als Überrest des einstigen Palastes von Adil Shah das **Adil Shah's Gate** **3**, eigentlich Bestandteil eines noch älteren Hindu-Tempels. Bis 1695 residierten hier die Portugiesen, danach verfiel der Bau und wurde abgetragen.

Sé Cathedral und ehemaliger Bischofspalast

Läuft man die Rua Direita nun nach Süden, gelangt man zur westlich davon gelegenen imposanten **Sé Cathedral** **4**, mit deren Bau 1563 begonnen wurde. Interessant ist die Ausrichtung der Kirchenfassade nach Osten und nicht nach Westen, wie sonst üblich. Die Sé Cathedral galt lange Zeit als größte Kirche Asiens und besitzt neben dem Hauptaltar je vier Seitenkapellen im Langhaus sowie sechs Altäre im Querschiff. Die reich verzierten und vergoldeten Altäre stehen in starkem Kontrast zu dem ganz in Weiß gehaltenen hohen Innenraum der Kirche. Gewidmet ist sie der Heiligen Katharina von Alexandria, deren Leben auf dem prächtigen Hochaltar dargestellt

Old Goa: Übersichtsplan

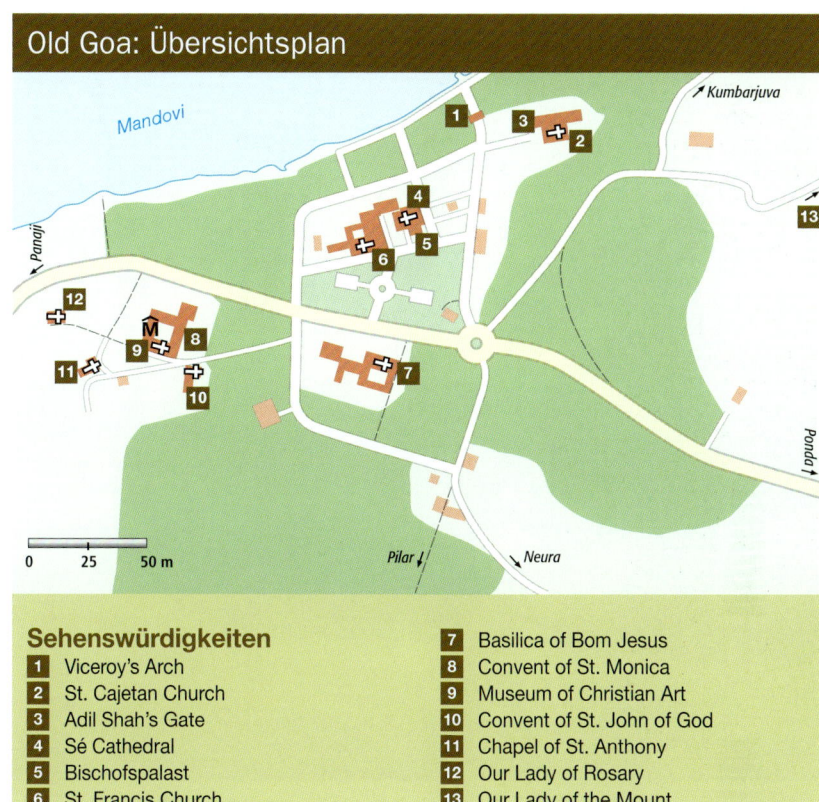

Mandovi

Kumbarjuva

Panaji

Ponda

Panaji

Pilar

Neura

0   25   50 m

Sehenswürdigkeiten

1 Viceroy's Arch
2 St. Cajetan Church
3 Adil Shah's Gate
4 Sé Cathedral
5 Bischofspalast
6 St. Francis Church

7 Basilica of Bom Jesus
8 Convent of St. Monica
9 Museum of Christian Art
10 Convent of St. John of God
11 Chapel of St. Anthony
12 Our Lady of Rosary
13 Our Lady of the Mount

wird. Dieser war erst 100 Jahre nach Beginn der Bautätigkeit fertig.

Westlich neben der Kirche liegt der ehemalige **Bischofspalast** 5 (Archbishop's Palace). Er wurde 1517 von Franziskanern errichtet und dient heute als Galerie. In den schön renovierten Räumen wird christlich inspirierte Kunst ausgestellt (Do–Di 9.30–17.30 Uhr, 10 Rs).

St. Francis Church und Archäologisches Museum

Noch weiter westlich steht die **St. Francis Church** 6. Sie wurde 1661 anstelle des Vorgängerbaus von den Franziskanern errichtet. Nur das Eingangstor im manuelinischen Stil hat man dabei wiederverwendet. Hinter ihrer

schlichten Außenfassade birgt die Kirche wundervolle Kunstwerke. Die verblassten Farben an Wänden und Säulen tauchen das Innere des reich dekorierten Raums in ein mattes pastellfarbenes Licht, das maßgeblich zur transzendenten Stimmung in diesem Gotteshaus beiträgt. Der ehemals komplett vergoldete Hochaltar besitzt ein kunstvoll geschnitztes Tabernakel aus dem 17. Jh., das eine Nachbildung des Heiligen Grabes in Jerusalem darstellt. Zu beiden Seiten des Altars sind Gemälde, die Lebensstationen des hl. Franziskus darstellen, angebracht. Auf dem Boden erkennt man Grabsteine mit alten Familienwappen. Links neben dem Eingang zu St. Francis befand sich früher der Konvent der Franziskaner, heute ist dort das **Archäo-**

163

Jährlich am 3. Dezember pilgern Tausende Gläubige zur Basilica of Bom Jesus, um dem hl. Francisco Xavier ihre Ehrehrbietung zu erweisen

logische Museum (Archeological Museum) untergebracht. Zu den Exponaten zählen Porträts der portugiesischen Vizekönige, aber auch Funde aus früheren Zeiten wie Skulpturen und Münzen (Sa–Do 10–17 Uhr, 5 Rs).

Basilica of Bom Jesus

Das vierte große Gotteshaus innerhalb dieses Komplexes ist die **Basilica of Bom Jesus** **7**. Man erreicht sie, indem man die Grünanlagen durchquert. Dabei passiert man das 1960 errichtete Denkmal für den portugiesischen Dichter Luís Vaz de Camoes.

Die Jesuitenkirche wurde zwischen 1594 und 1605 errichtet. Alljährlich ist sie das Ziel vieler Gläubiger, denn dort sind die Gebeine

des hl. Francisco Xavier aufbewahrt. Er war Missionar in den portugiesischen Kolonien des 16. Jh. Die Fassade der Kirche gilt als typisches Beispiel manieristischer Architektur in Goa. Zwar fehlen die typischen Doppeltürme, dafür erkennt man Ähnlichkeiten mit der berühmten Jesuitenkirche Il Gesù in Rom.

Hinter der dreistöckigen Fassade verbirgt sich ein einschiffiger Bau auf kreuzförmigem Grundriss. Der imposante vergoldete Hochaltar an der Ostseite zeigt das Jesuskind und darüber die Statue des Ordensgründers Ignatius von Loyola. Die Nebenaltäre sind Unserer Lieben Frau der Hoffnung und dem hl. Michael geweiht. Im südlichen Querschiff liegt das Ziel vieler Pilger: die reich

of Christian Art 9 an der Westseite des Konvents. Der hohe, modern ausgestattete Raum beherbergt eine Sammlung interessanter Exponate, z. B. Marienstatuen, Gewänder und Gemälde aus vergangenen Jahrhunderten (tgl. 9.30–17 Uhr, 5 Rs). Im schattigen Garten befindet sich ein kleines Café.

Gegenüber von St. Monica steht der **Convent of St. John of God** 10. Er wurde Ende des 17. Jh. als Krankenpflegeeinrichtung gegründet und dient heute als Altersheim. Weiter westlich steht die **Chapel of St. Anthony** 11 für den Nationalheiligen der Portugiesen. Sie gilt als eine der ältesten Kirchen von Old Goa und besitzt einen reich vergoldeten Altar. Ebenfalls zu den ältesten christlichen Gotteshäusern des Subkontinents zählt **Our Lady of Rosary** 12, die noch weiter im Westen liegt. Sie wurde in der ersten Hälfte des 16. Jh. erbaut und zeigt eine Mischung unterschiedlicher Stilrichtungen. Hier befindet sich auch das Grab von Catarina de Sá, die mit einem portugiesischen Adligen verheiratet war. Die Grabverzierungen tragen deutlich die Handschrift einheimischer, vermutlich aus Gujarat stammender Kunsthandwerker.

Einen wunderbaren Blick auf alle beschriebenen Baudenkmäler und das fruchtbare Umland mit seinen Flussläufen genießt man von **Our Lady of the Mount** 13, der ersten kleinen Kirche von Old Goa, die einige Hundert Meter östlich auf einem Hügel liegt. Alfonso de Albuquerque soll ihren Bau im Jahr 1519 veranlasst haben.

🍴 **Star Bar and Restaurant:** bei der St.-Pedro-Kirche (kurz vor Old Goa, an der Straße von Panaji kommend), Tel. 08 32-244 35 08. Die einfache Kneipe serviert leckere Fischcurrys und frischen gebratenen Fisch. Man sitzt zwar auf Plastikstühlen, genießt aber eine herrliche Sicht auf den Fluss und die vorbeifahrenden Dampfer. 50–120 Rs.

geschmückte Kapelle mit dem Grab des Francisco Xavier, der 1659 hier beigesetzt wurde. Seine Gebeine befinden sich in dem mit Edelsteinen besetzten Silberreliquiar. Auf den Tafelbildern an den Wänden sind Lebensstationen des Missionars dargestellt. Jedes Jahr lassen die Fischer hier ihre Netze segnen.

Weitere Monumente

Einige Hundert Meter westlich liegt der **Convent of St. Monica** 8, dem einst das größte Nonnenkloster Asiens angeschlossen war. Das dreistöckige Gebäude mit Innenhof und Kreuzgang wurde Anfang des 17. Jh. errichtet. Sehr sehenswert ist das neue **Museum**

🎭 **Allerheiligen:** am 5. Montag der Fastenzeit. 30 lebensgroße Statuen von Heiligen und Märtyrern werden durch das Dorf getragen.

Fest des hl. Francisco Xavier: 3. Dez.

Strände ohne Ende, von sanft geschwungenen, palmenumsäumten Buchten bis zu kilometerlangen, breiten Sandstränden – so präsentiert sich die Küste von Indiens kleinstem Bundesstaat Goa. Sonnenhungrige Besucher vor allem aus dem Westen lockt es besonders während der Hochsaison um Weihnachten in die Hotels am Meer, die dann bis zum letzten Bett ausgebucht sind.

Die Strände von Nord-Goa

Die Strände nördlich von Panaji gehörten zu den ersten, an denen sich die Hippies Ende der 1960er-Jahre niederließen und die Beatles legendäre Konzerte gaben. Von hier aus eroberte der Tourismus den indischen Subkontinent. Die ehemaligen Fischerdörfer wie Calangute, Baga oder Anjuna sind heute Hochburgen des Tourismus, der sich während der Hauptsaison mittlerweile bis zum nördlichsten Zipfel von Goa ausbreitet.

Fort Aguada und Candolim
Reiseatlas: S. 9, A/B 3
Eine felsige Landzunge, ein altes Fort, ein Gefängnis und ein Luxushotel – damit beginnt der nördliche Strandabschnitt von Goa.
Fort Aguada wurde 1612 als eine von mehreren Festungen von den Portugiesen erbaut, um die Einfahrt in den Hafen ihrer Hauptstadt zu überwachen. Auf der Zitadelle steht der älteste Leuchtturm Asiens. Nordwestlich davon, am **Sinquerim Beach,** dem südlichen Strandabschnitt von Candolim, befinden sich

das mondäne Fort Aguada Beach Resort und daneben das Taj Holiday Village. Keine Ferien machen die Bewohner des Gebäudes östlich vom Leuchtturm, denn hier ist das Zentralgefängnis von Goa untergebracht.
Der schöne Strand mit seinen kleinen Dünen beim Dorf **Candolim** ist zwar nicht ganz so frequentiert wie seine nördlichen Nachbarn Calangute und Baga, doch auch hier gibt es inzwischen viele Ferienanlagen für Pauschalurlauber. Zwischen Strand und Straße finden Individualtouristen nette und günstige Unterkünfte mit kleinen Gärten, Banyanbäumen und sandigen Wegen. Die Hauptstraße wird von Kneipen, Restaurants und Läden gesäumt. Der Übergang zwischen den Orten Candolim und Calangute ist durch die Bebauung fließend geworden.

Fort Aguada Beach Resort: Sinquerim, Tel. 08 32-564 58 58, www.tajho tels.com. Ob Luxuszelt oder Heritage-Villa, Zimmer oder Suite: Alle liegen innerhalb einer alten Festung. Schwimmen kann man im Pool oder am Privatstrand. Mehrere Restaurants und Bars. DZ 9000–42 000 Rs.
Pinto Guesthouse: gegenüber Bob's Inn, Candolim, Tel. 08 32-248 91 59. Umringt von einem Garten mit riesigen Banyanbäumen liegt dieses Gästehaus. Besonders die Zimmer im 2. Stock haben eine schöne Aussicht. Frühstück und Snacks können im Garten verzehrt werden. DZ 800–2000 Rs.

Restaurant-Öffnungszeiten
Die Restaurants direkt am Strand sind nur während der Saison von Oktober bis April geöffnet, manche auch von Mitte September bis Mitte Mai.

Bon Appetit: Haus Nr. 156 Dando, Sinquerim, Tel. 08 32-247 96 78. Unter Palmen kann man sich die guten Fischspezialitäten und internationale Gerichte schmecken lassen. Weine und Cocktails gehören natürlich auch zum Angebot. 300–1000 Rs.

Harmony Bistro: gegenüber Sonesta Inn, Candolim, nur Okt.–März. Gemütlich kann man in dem freundlichen Restaurant seinen Schokoladenkuchen verzehren oder die vielen internationalen Speisen probieren, darunter auch tibetische und italienische Gerichte. 150–400 Rs.

 Tgl. zahlreiche Busverbindungen mit Panaji.

Calangute und Baga

Reiseatlas: S. 9, A/B 3

Wenig erinnert an die verschlafenen Fischerdörfer, die **Calangute** und **Baga** einst waren. In Calangute kamen Ende der 1960er-Jahre die ersten Hippies und Anfang der 1990er-Jahre die ersten Pauschaltouristen. Hier geht es um Weihnachten ähnlich lebhaft zu wie in italienischen Strandbädern im August. An den schönen, von Dünen begrenzten Sandstränden reihen sich die Liegestühle wie an der Riviera. Ein paar Unterschiede gibt es dennoch: z. B. die Kühe am Strand, die Indian Vibes in den Strandbars, die Vielfalt internationaler Gastronomie und letztendlich das Publikum. Pauschalurlauber, Rentner aus Europa, die hier eine Alternative zu Mallorca entdeckt haben, indische Touristen und immer noch viel junges Publikum aus aller Welt. Denn hier kann man sich nicht nur in der Sonne aalen, sondern auch ausgehen. Zahlreiche Kneipen, Bars, gute Restaurants und Discos stehen Nachtschwärmern offen. Auch das Shopping-Angebot ist ziemlich breit. Vom tibetischen Schmuckmarkt in Calangute über elegante Boutiquen bis zu Antiquitäten aus Goa reicht das Sortiment. Daneben gibt es, wie an allen größeren Orten am Meer, unzählige Straßenstände mit Billigtextilien, Modeschmuck und Ledersandalen. Wer einsame Strände und Ruhe sucht, muss jedoch weiterziehen oder zur Monsunzeit kommen.

Mit der Autorin unterwegs

Das aufregendste Nachtleben

Eine lebhafte Bar- und Discoszene findet sich rund um **Baga** und **Calangute.** Hier kann man während der Saison unter unzähligen Etablissements wählen, darunter bekannte Clubs wie Tito's (s. links).

Die nördlichste Spitze

Ein schöner Ausflug führt über Querim mit der Fähre zu Goas nördlichster Spitze beim **Tiracol Fort.** Auch wenn man nicht im dortigen Hotel wohnt, kann man auf der schönen Terrasse etwas zu sich nehmen und die Aussicht genießen. Achtung: vorher klären, wann die letzte Fähre zurückfährt (s. S. 172).

Die angesagtesten Strände

Wer sich gerne den Wind ins Gesicht blasen lässt und dem allergrößten Rummel entgehen möchte, für den sind die Strände ganz im Norden ideal, beispielsweise **Asvem, Mandrem** oder **Arambol** (s. S. 171). Im Süden locken der feine Strand von **Agonda** oder die geschwungene Bucht von **Palolem** (s. S. 176), Letztere ist während der Saison ebenso wie Arambol jedoch ziemlich überlaufen.

Casa Baga: 40/7 Saunta Vaddo, Baga, Tel.: 08 32-225 32 05, http://www.casaboutiquehotels.com. Nahe dem Strand wohnt man in individuell eingerichteten, rustikalen Zimmern, genießt den Blick von der Terrasse bei einem Drink oder diniert bei Kerzenschein. Ein Pool mit Bar gehört auch dazu. DZ 6000–15 500 Rs.

Pousada Tauma: Calangute, Tel. 08 32-227 90 61, www.pousada-tauma.com. Das elegante, traditionell eingerichtete Boutique-Hotel ist bekannt für sein Ayurveda-Zentrum. DZ ab 210 €.

Le Restaurant Francais: Calangute-Baga Rd., Cobra Vaddo, Tel. 098 22 12 17 12, nur Dez.–April. Ausgezeichnete französische Küche und Fischspezialitäten, auch

Richtig Reisen-Tipp: Goas Flohmärkte

Eigentlich wäre **Ingo's Saturday Night Bazaar** in Arpora (zwischen Baga und Anjuna) ein exotischer Reisetipp für Inder, denn hier treffen sie vermutlich so wenige ihrer eigenen Landsleute wie selten auf dem riesigen Subkontinent. Ausländischen Touristen hingegen mutet die vertraute Masse an weißen Gesichtern, geröteter Haut, heimischen Klängen und Düften irgendwie auch ein wenig fremd an. Sind wir doch in Indien, einige Tausend Kilometer von zu Hause entfernt. Doch die Tapas schmecken so lecker wie in unserer lokalen Bar, die Pasta fast wie beim Italiener, und die Falafel könnte der Libanese an der Ecke auch nicht viel besser zubereiten. Sogar das Bier fließt frisch und kühl aus dem Zapfhahn. Nicht überraschend, dass während der Saison ein Trip zu Ingo's Saturday Night Bazaar die bevorzugte Abendunterhaltung der internationalen Gemeinde Goas geworden ist. Auch die Bands, die hier aufspielen, kommen bisweilen aus Europa. Indisch sind einzig und allein die tropischen Temperaturen und die vielen tollen Kleider, Ketten, Schuhe, Gürtel oder Hüte. Nein, die Türkise stammen nicht aus dem Himalaya sondern aus Mexiko, die Buddhas aus Thailand, die Designer-Klamotten aus England und die Feng-Shui-Mobiles aus Deutschland, das jedenfalls versichert der italienische Verkäufer.

Auch auf dem traditionelleren **Mittwochs-Flohmarkt** in Anjuna (s. S. 169) trifft man Teile der Fan-Gemeinde vom Samstag wieder. Vielleicht bei einem Vollkornbrötchen aus der German Bakery und einem Capuccino zwischen Tattoo-Ständen, Schnabelschuhen aus Rajasthan oder Spiegelstickereien aus Gujarat. Der ehemals kleine Flohmarkt hat inzwischen gigantische Ausmaße angenommen und ist ebenfalls mit internationalen Essständen bestückt.

Beide Märkte finden während der Saison von Oktober bis April statt. Der Mittwochs-Flohmarkt jeweils ab 8 Uhr morgens, Ingo's Saturday Night Market ab 18 Uhr. Und wer noch nicht genug vom Markttreiben hat: Als Alternative gibt es samstags noch den kleineren **Macky's Bazaar** bei Baga (s. S. 167). Die Speisen haben überall feste Preise, beim Rest ist Handeln angesagt.

Attraktive Flohmarkt-Souvenirs: handgemachte Puppen aus Rajasthan

auf die Desserts sollte man nicht verzichten. 500–1000 Rs.

Lila Café: Nordseite des Baga-Flusses, Tel. 08 32-227 98 43, www.lilacafegoa.com, Di geschl. Auf der netten Terrasse kann man herrlich frühstücken: selbst gebackenes Brot, Croissants und Kuchen in reicher Auswahl. Doch auch zu anderen Tageszeiten wird man gut bedient: Salate, selbst gemachter Käse oder Pasta. Und an die deutschen Wurzeln der Besitzer erinnert auch das Wasserbüffelgulasch mit Spätzle. 250–400 Rs.

Brittos Bar & Restaurant: am Nordende des Baga Beach, Tel. 08 32-227 73 31. Fische, Krabben, Muscheln – frisch zubereitet, außerdem Steaks, Nudelgerichte und feine Desserts. 100–300 Rs.

Souza Lobo Bar & Restaurant: Calangute Beach, Tel. 08 32-228 12 34. Traditionelle Adresse für Fischgerichte, von der Terrasse des Restaurants bietet sich eine herrliche Aussicht auf den Strand und das Meer. 120–300 Rs.

The Plantain Leaf: Calangute Beach Rd., nahe der Tankstelle, Tel. 08 32-227 98 60. Gutes vegetarisches Restaurant im Zentrum von Calangute mit einer großen Auswahl an indischen Gerichten. 50–100 Rs.

 Literati: E/1-282, Gaura Vaddo, Calangute, Tel. 08 32-227 77 40. Sehr gut sortierter Buchladen mit freundlicher Bedienung und nettem Café.

Casa Goa: Calangute, an der Hauptstraße. Große Auswahl an Möbeln im traditionellen Goa-Stil.

Tito's: Saunta Vaddo, Baga, Tel. 08 32-227 50 28. Über Goas Grenzen hinaus bekannter Club mit berühmten DJs. Zu den Drinks gibt's internationale Küche. Ca. 1000 Rs kann ein Abend hier schon kosten.

Café Mambo's: nahe Tito's, Baga, Tel. 08 32-227 50 28. Hip-Hop, House, Retro, Multicuisine-Menü und eine große Bar mit indischen und internationalen Spirituosen.

Kerkar Art Komplex: Gaurawado, Calangute, Tel. 08 32-227 65 09, www.

subodhkerkar.com. Kunstgalerie mit Werken des Künstlers Subodh Kerkar sowie anderen zeitgenössischen indischen Künstlern. Dazu gehören das Restaurant Waves mit einem Blend aus europäischer und indischer Küche sowie ein angenehmes Gästehaus im indoportugiesischen Stil mit großen Zimmern.

 Ayurveda: Ayurvedic Natural Health Centre, Saligao, Calangute, Tel. 08 32-240 92 75, www.healthandayurveda.com. Neben ayurvedischen Kuren werden auch Yoga-Kurse durchgeführt. Zum Zentrum gehören ein Beach Resort bei Calangute und eins in Dona Paula bei Panaji.

Wassersport: Atlantis Water Sports, zwischen Calangute und Baga, Tel. 08 32-227 79 07. Parasailing, Jetskifahren und Bootsausflüge.

Dominc Watersports, Calangute, Tel. 098 22 12 28 60. Segelkurse, Windsurfen und Wasserskifahren.

Goa Dive Center, Calangute, Tel. 08 32-326 08 21. Von Deutschen geleitete Tauchschule, Kurse nur während der Saison (ab Okt.).

Zahlreiche Busverbindungen mit Panaji und Mapusa.

Anjuna

Reiseatlas: S. 9, A 2

Nach **Anjuna** flüchteten die Hippies, als sich an den Stränden von Calangute und Baga der Tourismus zu etablieren begann. Auch heute ist der weitläufige Ort nördlich von Baga ein Zentrum der alternativen Szene. Hier werden bei Vollmond rauschende Strandpartys gefeiert. Zum Flohmarkt am

Nachtleben

Während der Saison ist an vielen Stränden Party angesagt. Aus den Strandbars werden abends Discos, und viele wechseln sich der Reihe nach mit Live-Musik ab oder versuchen, sich gegenseitig zu übertönen. Berühmte saisonale Discos sind das **Paradiso** in Anjuna und der **Club Cubana** in Arpora.

Die Küste von Goa

Mittwoch (s. S. 168) pilgern nicht nur Backpacker, sondern auch die Pauschalurlauber aus Calangute. Sogar Touristen von Goas südlichen Stränden kommen nach Anjuna, um vom Flair der Hochburg der Althippies, Raver und Rucksacktouristen etwas zu erhaschen. Der kleine, felsige Sandstrand mit Palmen zieht auch viele indische Touristen an, die aber mindestens genauso interessiert am Treiben der internationalen Besucherschar sind. Anjuna hat einige Strandbars mit schöner Aussicht und viele Kneipen und Restaurants mit internationaler Küche. Das Angebot an Unterkünften reicht von einfachen Quartieren über Zimmer in alten portugiesischen Villen bis zu eleganten Resorts, kann sich aber nicht mit der Vielfalt und Masse von Baga und Calangute messen.

Laguna Anjuna: Soranto Vaddo, Tel. 08 32-227 43 05, www.lagunaanjuna. com. Boutique-Hotel mit schönem Garten, Pool, Spa und Multicuisine-Restaurant. DZ 3200–14 000 Rs.
Palacete Rodrigues: Mazal Vaddo, Tel. 08 32-227 33 58. Ein Hauch von portugiesischem Flair strömt durch diese alte Villa in Anjuna. Die Hausherrin lebt unter dem gleichen Dach und die Räume sind mit antiken Möbeln bestückt. Kein Frühstück. DZ 900–1500 Rs.

Bean Me Up Soya: 1639 Deul Vaddo, Tel. 08 32-227 34 79. Populäre Adresse für Veganer: organische Soyaspezialitäten, Salate, Kuchen und Eis. 200–500 Rs.
Tin Tin in Tibet: Mazal Vaddo, Tel. 08 32-227 45 13. Frühstück, Salate, Suppen und besonders tibetische Spezialitäten stehen auf der Speisekarte. Bier gibt's auch. 60–130 Rs.

Fahrrad- und Motorradverleih
An vielen Stränden werden Fahrräder und Motorräder vermietet. Der Preis für einen Drahtesel beträgt ca. 40 Rupien pro Tag, für Motorroller bzw. Motorräder je nach Modell und Saison zwischen 100 und 500 Rupien.

 Regelmäßige Busverbindungen mit Panaji und Mapusa.

Vagator und Chapora
Reiseatlas: S. 9, A 2
Auch an den beiden Stränden von **Vagator** einige Kilometer nördlich von Anjuna hat sich die Party- und Raverszene niedergelassen. Der Little Vagator Beach und der Ozran Beach sind weniger frequentiert als der große Big Vagator Beach weiter nördlich. Hier und im ruhigeren Dorf **Chapora** mit seinem kleinen Fischerhafen gibt es einfache Privatunterkünfte und Budgethotels zwischen grünen Palmen. Oberhalb des Orts thront auf einem Felsen die alte Festung **Chapora Fort.** Sie war ursprünglich ein vom Muslim-Herrscher Adil Shah von Bijapur eingerichteter Militärposten und wurde später von den Portugiesen als Fort ausgebaut.

Siolim House: Vaddy (gegenüber der Kirche), Siolim (einige Kilometer nordöstlich von Chapora), Tel. 08 32-227 21 38, www.siolimhouse.com. In der 300 Jahre alten, aufwendig restaurierten Villa sind 7 elegant eingerichtete Gästezimmer untergebracht. Man kann die Ruhe am Pool genießen oder in die nahe gelegenen Badeorte ausschwärmen. Das Restaurant ist nur für Hotelgäste und deren Freunde. DZ 2000–5000 Rs.

Villa Blanche: 283 Socol Vaddo, Assagao (an der Straße von Vagator nach Mapusa), Tel. 08 32-226 81 25. Wer Weihnachten in Goa verbringt und nicht auf die geliebten Plätzchen verzichten will: Hier bekommt er sie. Auch frisch gebackene Brezeln, Brot und Croissants gibt's in dem netten, von einer Deutschen geführten Gartencafé. Ab 100 Rs.

Yoga: Purple Valley Yoga Centre, Assagao (an der Straße von Vagator nach Mapusa), Tel. 08 32-226 83 64, www.yoga goa.net. Hier werden normalerweise zweiwöchige Kurse in Ashtanga-Yoga gegeben, ruhige Lage und Übernachtungsmöglichkeiten.

Regelmäßige Busverbindungen mit Mapusa.

Morjim Beach, Asvem Beach und Mandrem Beach

Reiseatlas: S. 9, A 2

Auch russische Touristen haben Goa inzwischen entdeckt – ihr Lieblingsziel scheint **Morjim** zu sein. Sogar die Restaurants dieses noch nicht allzu lange vom Tourismus erschlossenen Strandes schreiben ihre Speisekarten mittlerweile auf Russisch und in den Hotels geben sich Pauschalurlauber aus Moskau und St. Petersburg die Klinke in die Hand.

Seit dem Bau der Siolim-Brücke, die über den Chapora River führt, strömen immer mehr Touristen an die schönen Strände von Pernem, Goas nördlichstem Distrikt. Der von Sanddünen gesäumte Südteil des **Morjim Beach** dient eigentlich als Rückzugsgebiet von Meeresschildkröten, die von Oktober bis März hier ihre Eier ablegen. Das Forest Department von Goa hat dort auch eine spezielle Informations- und Überwachungsstation eingerichtet. Leider sinkt die Zahl der Schildkröten umgekehrt proportional mit der Zunahme der Strandbesucher.

Nördlich von Morjim schließen sich die schönen Strände von **Mandrem** und **Asvem** an. An beiden kann man – zumindest im Moment noch – mehr Ruhe finden als an den anderen nördlichen Küstenstreifen. Einige schöne aus Bambus und anderen natürlichen Materialien hergestellte Unterkünfte säumen den Strand oder liegen zwischen Palmen. Sie sind jedoch nur temporär aufgebaut und werden während der Regenzeit wieder entfernt.

 Yab Yum: Asvem Beach, Tel. 08 32-651 03 92, www.yabyumresorts.com. Das Resort bietet 10 Hütten aus natürlichen Baumaterialien sowie 5 Steinhütten, jede mit Veranda und Meerblick. Sie stehen zwischen Kokospalmen und Bananenstauden. Das Frühstück (inkl. selbst gebackenem Brot) ist inbegriffen. DZ ab 55 €.
Riva: Mandrem Beach, Tel. 08 32-224 70 88, www.rivaresorts.com. Gut ausgestattete und

teils sehr geräumige Bambushütten zwischen Palmen direkt hinter dem Strand, einige mit Klimaanlage. Restaurant, Bar, Disco und Internetcafé. DZ 500–2000 Rs.

 La Plage: Asvem Beach. Hier kann man gute Tapas verspeisen und den Sonnenuntergang anschauen. 130–160 Rs.

Yoga: Sharat, zwischen Asvem und Arambol (s. u.), www.hiyogacentre.com. Das Zentrum ist der Tradition des Iyengar-Yoga verpflichtet, Kurse verschiedener Länge.

Am besten mit Auto oder Moped zu erreichen.

Arambol (Harmal)

Reiseatlas: S. 9, A 1

Seit einigen Jahren schon gelten der schöne breite Sandstrand von **Arambol** sowie die nördlich anschließende malerische Bucht des **Lakeside Beach** als Geheimtipp unter Travellern. Der Name rührt von dem dahinter liegenden Süßwassersee mit seinen heißen, schwefelhaltigen Quellen, denen eine heilende Wirkung nachgesagt wird.

Arambol bietet viele, aber meist sehr einfache Unterkünfte und ist in der Hauptsaison recht voll. Die kleine Dorfstraße, die hinunter zum Strand führt, wird von dem üblichen Sammelsurium bunter Kleiderläden, Souvenirshops und Cafés gesäumt. Am breiten, weißen Strand sieht man neben Plastik fressenden Kühen braungebrannte Aktivisten der örtlichen Paragliding-Schule. Bis zum **Querim Beach** am nördlichen Ende des Küstenabschnitts, dort wo der Tiracol River ins Meer mündet, ziehen sich die weißen Sandbänke.

Famafa Beach Resort: Khalchawada, Tel. 08 32-224 25 16. Eine der größeren Unterkünfte in Arambol, mitten im Ort, einfache Zimmer, teilweise mit Meerblick. Nur während der Saison geöffnet. DZ 350–500 Rs.

Wassersport: Arambol Paragliding, Tel. 08 32-229 25 25. Kurse mit Zertifikatsabschluss.

Die Küste von Goa

Fischfang als traditioneller Broterwerb am Colva Beach

 Busverbindung mit Mapusa.

Tiracol Fort

Reiseatlas: S. 9, A 1

Direkt gegenüber vom Querim Beach liegt auf einem Felsen nördlich der Flussmündung das alte **Tiracol Fort.** Es wurde im 16. Jh. unter dem Marathen-Herrscher Shivaji errichtet und später von den Portugiesen ausgebaut. Diese ließen auch die weiße Kirche inmitten der kleinen Festung aufstellen. Heute ist hier ein sehr schönes Boutique-Hotel mit sie-

ben Zimmern untergebracht. Die Sicht vom Fort auf die Flussmündung und die südlich davon gelegenen Strände ist schlichtweg überwältigend.

Eine Fähre verkehrt von Querim aus ans gegenüberliegende Flussufer. Der Landeplatz ist ca. 2 km von der Festung entfernt. Bei Ebbe muss man von der weiter landeinwärts gelegenen Fähranlegestelle Kiran Pani aus übersetzen. Die Fahrt kostet zehn Rupien pro Auto, Personen werden kostenlos befördert (Fährbetrieb stdl. 6.15–21.45 Uhr in beide Richtungen, am besten bei der Hinfahrt nach-

Die Strände von Süd-Goa

Lange Zeit galten die Strände im Süden Goas als Fluchtpunkt für diejenigen, die Ruhe suchten und sich nicht auf den Liegestühlen von Calangute oder Baga räkeln wollten. Doch rund um die ehemaligen Fischerdörfer entlang der Südküste sind in den letzten Jahren viele neue Ferienanlagen entstanden, besonders solche der Luxusklasse. Trotzdem bietet der grandiose, fast 30 km lange, palmenumsäumte Sandstrand nördlich und südlich von Colva genügend Möglichkeiten für einsame Spaziergänge und Sonnenbaden abseits des Trubels.

Velsao, Majorda und Betalbatim
Reiseatlas: S. 11, B/C 2
Velsao, Majorda und **Betalbatim** sind drei Dörfer zwischen Kokosnusshainen. Die entsprechenden Strandabschnitte von Nord nach Süd wurden nach ihnen benannt. Ferienanlagen der Mittelklasse, kleine Privatunterkünfte und ein paar Luxushotels liegen an diesem Strandabschnitt verteilt. Dass in Goa derzeit ein mächtiger Bauboom herrscht, kann man auch an diesem Küstenstreifen sehen, denn es werden immer mehr Ferienanlagen und -wohnungen errichtet.

The Kenilworth: Beach Resort & Spa, Utorda Beach, Tel. 08 32-275 55 55, www.kenilworthhotels.com. Komfort der Luxusklasse mit Pool, Fitness- und Wellnessbereich sowie mehreren Restaurants. DZ ab 6000 Rs.

Coconut Grove: Ranwaddo, Betalbatim Beach, Tel. 08 32-288 01 23, www.coconut grovegoa.com. Um einen Pool und Garten gebaute attraktive Hotelanlage nahe dem Strand. Unterkunft findet man auch in einem der komfortablen Zelte oder einer der Hütten. DZ ab 2200 Rs.

Martins Corner: Betalbatim, Tel. 08 32-288 07 65, www.martinscornergoa. com. Gute Adresse für goanische Küche und Fischspezialitäten, im Angebot sind auch nordindische und chinesische Gerichte. Es

fragen, wann die letzte Fähre zurückfährt). Es gibt keine Busverbindungen.

Fort Tiracol: Tiracol, Pernem, Tel. 08 32-227 67 93, www.nilaya.com. Sicher eines der ungewöhnlichsten und schönsten Heritage-Hotels in der Gegend: Am äußersten Nordzipfel von Goa steht das restaurierte Fort der Portugiesen samt Kirche im Innenhof. Man genießt umwerfende Blicke auf das Meer und den Fluss. 7 geschmackvoll eingerichtete Zimmer und ein Terrassenrestaurant sorgen für das Wohl der Gäste. DZ ab 7000 Rs.

Die Küste von Goa

gibt eine große internationale Weinkarte und am Abend spielt eine One-Man-Band. 100–750 Rs.

 **Tauchen:** Goa Diving, Bogmalo (einige Kilometer südl. des Dabolim International Airport), www.goadiving.com. Eine Vielzahl von Kursen für Anfänger und Fortgeschrittene sowie geführte Tauchgänge.

2 Colva Beach und Benaulim Beach

Reiseatlas: S. 11, B/C 2/3
Die beste touristische Infrastruktur in Süd-Goa haben die Dörfer **Colva** und **Benaulim,** wobei Colva die ein wenig unansehnliche größere Schwester des charmanten und kleineren Benaulim ist. Letzteres gilt immer noch als ein sehr attraktives Ziel für Individualtouristen und bietet eine Vielzahl von unterschiedlichen, teils günstigen Pensionen und Privatunterkünften im Dorf und vor allem entlang dem Strand Richtung Colva – der ist hier einfach bezaubernd. Wenn man sich einige Meter von den Parkplätzen in Benaulim bzw. Colva entfernt, dünnt sich der Strom der Besucher ziemlich schnell aus, und man kann vielleicht den Fischern beim Netzeflicken zusehen oder selbst mit Hand anlegen beim Herausziehen des Fangs. In den Bars und Restaurants nahe dem Strandparkplatz von Benaulim geht während der Saison abends die Post ab, dann sind hier reihum Live-Bands zu Gast.

Longuinhos Beach Resort: Colva Beach, Tel. 08 32-278 80 68, www.lon guinhos.net. Mit Pool und nettem Garten, ca. 100 m vom Colva Beach. DZ 1500–3500 Rs.
L'Amour Beach Resort: Benaulim, Tel. 08 32-277 04 04, www.lamourbeachresort.com. Direkt hinter dem breiten Strand von Benaulim in einem Garten zwischen Palmen und Blütensträuchern liegen die Bungalows – jeder mit kleiner Terrasse. Ein Restaurant ist auch angeschlossen. DZ ab 600 Rs.
Furtado's Beach House: Sernabatim, zwischen Benaulim und Colva, Tel. 08 32-277 03 96. 30 einfache Zimmer, davon einige mit Kli-

maanlage, und ein kleines Restaurant direkt am Strand. DZ ab 400 Rs.
Rosario's Inn: Benaulim Beach Rd., Benaulim, Tel. 08 32-277 06 36. Beliebte Backpacker-Adresse hinter dem Fußballplatz; mit Restaurant im Hof. DZ ab 150 Rs.

Johncy Bar & Restaurant: Benaulim Beach, Tel. 08 32-277 13 90. Sundowner und Cappuccino, Tandoori-Fisch oder Meeresfrüchtesalat: Die Speisekarte ist groß und man sitzt direkt am Strand. 70–300 Rs.

Busverbindung von Panaji und Margao (s. S. 181) nach Colva sowie von Margao nach Benaulim.

Von Benaulim über das Cabo da Rama nach Agonda

Reiseatlas: S. 11, C 3/4; S. 13, A/B 1/2
Auch südlich von Benaulim setzt sich der breite Sandstrand fort. Beim Dorf **Varca** gibt es ebenfalls eine ganze Reihe Unterkünfte und Restaurants. Hier liegt auch das elegante Hotel Taj Exotica mit seinem eigenen Strandabschnitt. Weiter südlich schließen sich die Strände von **Cavelossim** und **Mobor** mit einigen Luxushotels wie dem eleganten Leela Goa am Südende von Mobor an.

Von Cavelossim kann man mit der Fähre über den Fluss Sal nach **Assolna** übersetzen und zum beschaulichen Fischerdorf **Betul** an der Südseite der Flussmündung weiterfahren. Von dort geht es über schmale Straßen bis zum **Cabo da Rama,** so benannt nach Vishnu in seiner Inkarnation als Rama, der hier einige Zeit gelebt haben soll. Auf dem Kap befinden sich die Überreste eines alten portugiesischen Forts aus dem 18. Jh., an dessen Stelle vorher bereits eine Bastion der lokalen Rajas stand. Auch eine kleine Kirche erinnert an die ehemaligen Kolonialherren. Die Festung bietet eine herrliche Aussicht auf die südliche Küstenlinie.

Eine kleine, gewundene Straße führt vorbei an Cashewnusswäldern Richtung Süden

Backpacker-Treffpunkt mit Stil: der Palolem Beach

nach Agonda. In einigen der kleinen Weiler am Straßenrand gibt es Cafés für Ausflügler, denn die Strecke ist vor allem bei Motorradfahrern sehr beliebt.

The Leela Goa: Cavelossim, Mobor, Tel. 08 32-287 13 52, www.theleela. com. Zwischen dem Fluss Sal und dem weißen Mobor Beach gelegen, gehört das Leela zu den besten Luxushotels von Goa: Man wohnt in stilvoll eingerichteten Bungalows und kann zwischen drei sehr guten Restaurants wählen; die Hotellobby ist umwerfend und auch sonst sind Einrichtung und Ambiente vom Feinsten. DZ ab 162 €.

Taj Exotica: Varca, Tel. 08 32-277 12 34, www.tajhotels.com. Südlich von Benaulim liegt die Bungalowanlage der Taj-Gruppe: Hier genießt man das süße Leben in einer der sieben Bars und Restaurants, bei Wassersport oder Wellness. Auch der Spa-Bereich des Hotels ist sehr empfehlenswert. DZ ab 9000 Rs.

Agonda und Palolem

Reiseatlas: S. 13, B 2
So leer und ruhig wie der 2 km lange Strand von Agonda außerhalb der Hochsaison wirkt, so beschaulich war auch die südlich davon gelegene Traumbucht von **Palolem** vor etwas mehr als einem Jahrzehnt. Doch der in der Reiseliteratur lange als Geheimtipp gehandelte Strand ist spätestens, seitdem er als Kulisse für den Hollywoodfilm »Die Bourne-Verschwörung« mit Matt Damon und Franka Potente diente, eines der Highlights von Goa. Während der Saison ist wenig übrig von jener früheren Idylle der halbmondförmigen Bucht unter Kokospalmen, die unseren Vorstellungen vom Paradies ziemlich nahe kommt. Genießen kann man hier trotzdem. In einer der schönen Strandbars, beim Joggen zur Landzunge im Norden, bei einer ayurvedischen Massage oder bei einem guten Stück Fisch. Vor allem Rucksacktouristen zieht es nach Palolem. Allerdings sind die Preise für indische Verhältnisse relativ hoch.

Wer die Einsamkeit liebt und es etwas billiger und einfacher haben möchte, sollte nach Agonda ausweichen. An dem schönen breiten Strand gibt es Bambushütten und einige Privatzimmer mit Basisausstattung. Auf der Suche nach immer neuen und abgelegeneren Buchten hat der Tourismus auch die von Palolem aus weiter südlich gelegenen Strände von **Colomb, Patnem** und **Rajbaga** entdeckt, wo man einfache Unterkünfte und in Rajbaga mittlerweile auch ein 5-Sterne-Hotel findet.

Bhakti Kutir: Palolem (am Südende des Ortes), Tel. 08 32-64 34 69, www. bhaktikutir.com. Auf natürliche Baumaterialien und ökologische Küche wird in diesem freundlichen, ethnisch angehauchten Resort Wert gelegt. Man wohnt in Bambushütten und -bungalows auf einem Hügel ca. 200 m vom Strand entfernt. Ein Meditationszentrum, wo Yoga-Unterricht stattfindet, gehört auch dazu. DZ 900–2000 Rs.

Fernandes: Palolem Beach, Tel. 08 32-264 37 43. Einfache Zimmer und Hütten am Strand von Palolem; nur während der Saison geöffnet. DZ 500–800 Rs.

Sea View: Dhavalkhajan, Agonda, Tel. 08 32-264 75 84. Temporäre Bambushütten am schönen Agonda-Strand nördlich von Palolem. Bar und Restaurant sind ebenfalls vorhanden. DZ 250–300 Rs.

Baba's Little Italy: Hauptstraße, Palolem. Erste Adresse am Ort für Pasta, Pizza & Co., auch indische Gerichte und Fischspezialitäten. 100–400 Rs.

Dropadi Bar & Restaurant: Palolem Beach, www.goyam.net. Ob Cocktails, Fischgerichte oder nordindische Spezialitäten – man sitzt direkt am Strand und kann sie mit Blick auf die Bucht von Palolem genießen. 50–450 Rs.

Yoga: im Hotel Bhakti Kutir (s. o.). Yoga-Kurse unterschiedlicher Länge für Anfänger und Fortgeschrittene und ayurvedische Massagen.

Busse: Regelmäßige Verbindungen zwischen Palolem und Margao. Agonda ist am besten mit dem Moped erreichbar.

Verlässt man den schmalen, attraktiven Küstenstreifen des Bundesstaates, so eröffnet sich eine neue Welt. Kleine Städtchen mit alten, herrschaftlichen Villen, grüne Reisfelder, außergewöhnliche Tempel, tropische Plantagen und wilde Naturschutzgebiete verlocken dazu, das vielfältige Hinterland von Goa zu erkunden.

Mapusa und der Norden

Mapusa

Reiseatlas: S. 9, B 2

Mapusa und Markt – für viele Goaner sind diese beiden Begriffe untrennbar miteinander verbunden, denn der hiesige **Freitagsmarkt** ist eine Institution. Früher kamen die Menschen aus allen Teilen des kleinen Bundesstaates nach Mapusa, um ihre Waren zu verkaufen. Die vielen Läden und Stände sind ein Paradies für Liebhaber goanischer Küche. Zu den Köstlichkeiten zählen Cashew- und Kokosnuss-Feni (Goas berühmter Schnaps), Prawns Balchao (in Feni eingelegte und mit Chili und anderen Gewürzen verfeinerte Krabben), würzige Chourico (Würstchen) und viele andere Leckereien. Natürlich gibt es auch einen Kleider- und Schuhmarkt sowie eine Haushaltswarenabteilung mit Töpfen, Tassen und Tischtüchern.

An die Zeit der Portugiesen erinnern Mapusas Kirche **Our Lady of Miracles** aus dem Jahr 1839 sowie einige alte Villen. Die Distrikthauptstadt von Bardez ist das Handelszentrum und der Verkehrsknotenpunkt von Nord-Goa.

↔ Wer von Mumbai kommend Nord-Goa besuchen möchte bzw. einen Strandaufenthalt an den dortigen Stränden plant, steigt am Bahnhof Tivim (ca. 10 km östlich von Mapusa) aus. Für die südlichen Landesteile und Strände empfiehlt sich die Weiterfahrt bis Margao.

Züge: Der nächste Bahnhof befindet sich in Tivim ca. 10 km östl. von Mapusa. Dort halten (allerdings nur für 1 Min.) die Schnellzüge zwischen Mumbai und Margao.

Busse: Regelmäßige Busverbindungen nach Mumbai und Panaji sowie zu vielen nördlichen Stränden.

Bicholim und Umgebung

Reiseatlas: S. 10, D 2

Östlich von Mapusa liegt **Bicholim,** Hauptstadt des gleichnamigen Distrikts. Einen Besuch lohnen die **Höhlen von Arvalem** (Pandava Caves) 9 km südöstlich der Stadt. Sie gehören zu den ältesten Höhlen Goas und stammen vermutlich aus der Zeit zwischen dem 3. und 5. Jh. n. Chr. Der Gesamtkomplex besteht aus insgesamt fünf unterschiedlich großen Zellen hinter einem mit monolithischen Pfeilern bestückten Vorbau sowie einem separaten Raum daneben. Sie wurden vermutlich von buddhistischen Mönchen geschaffen, später aber von Hindus benutzt,

Mit der Autorin unterwegs

Für Kids

Sehr einfach sind die Zimmer im Ecotourism Complex des **Cotigao Wildlife Sanctuary,** dafür gibt es einen Minizoo mit Rehen, Vögeln, Schlangen und sonstigem Getier. Zwar nicht zum Streicheln, aber doch interessant für Kinder (s. S. 185).

Das Hinterland von Goa

was an den dort aufgestellten Shiva-Lingams deutlich wird.

Ganz in der Nähe der Höhlen befindet sich der **Arvalem-Wasserfall,** der je nach Jahreszeit seinen Namen eher oder sich in ein Rinnsal verwandelt. Auch der **Rudreshvar-Tempel** für Shiva im typischen goanischen Stil liegt nahebei.

Im Städtchen **Sanquelim** deuten mehrere Hindu-Tempel darauf hin, dass die Gegend Teil des Rückzugsgebiets der Hindus war, die aus dem von den Portugiesen dominierten Küstenbereich ins Hinterland geflohen waren. Von dort führt die Straße weiter nach **Chorla Ghat** zum sehr attraktiven Naturresort Wildernest an der Grenze zu Maharashtra.

 Wildernest: Chorla Ghat, Tel. 08 32-564 22 34, www.wildernest-goa.com. 12 sehr reizvoll im grünen Hinterland von Goa gelegene Holzbungalows mit Pool und gutem Restaurant. Zum Ausruhen oder als Basis für Trekking- und Dschungeltouren, die vom Hotel organisiert werden. DZ ab 6000 Rs.

Ponda und Umgebung

Ponda
Reiseatlas: S. 12, D 1
Ungefähr in der Mitte zwischen Panaji und Margao liegt die Distrikthauptstadt **Ponda.** In ihrer Umgebung findet man versteckt zwischen Wäldern und Plantagen einige interessante Tempel. Die Stadt selbst besitzt eine bekannte Moschee. Die **Safa Shahouri Masjid** am östlichen Rand von Ponda ist Goas einzige erhaltene Moschee aus dem 16. Jh. Sie wurde zu jener Zeit errichtet, als die Region zum Herrschaftsbereich des muslimischen Königreichs Bijapur gehörte. Zum Komplex gehören auch ein von Arkadengängen umgebener Reinigungsbrunnen sowie ein Friedhof. Im Februar wird hier das große Urs-Fest begangen.

Nordwestlich von Ponda in Richtung Panaji liegen mehrere Hindu-Tempel, sodass sich hier ein richtiger Pilgerweg gebildet hat. Entlang der Straße werden Erfrischungen

verkauft und überall sieht man Busse mit indischen Touristen.

Bandora und Umgebung
Reiseatlas: S. 11, C 1
5 km nördlich von Ponda steht im kleinen Pilgerzentrum **Bandora** der **Shri-Ramnath-Tempel,** der vor ca. 100 Jahren völlig renoviert wurde und in dem die Kultbilder von Lakshmi-Narayana, Shanti-Durga, Shiva und Kamaksha einen Platz gefunden haben. Der nahe **Shri-Mahalakshmi-Tempel** ist der Gattin Vishnus geweiht. Ihr Kultbild aus dem 16. Jh. stammt ursprünglich aus Colva.

Nicht weit entfernt steht der **Shri-Nagesh-Tempel,** ein Shiva-Heiligtum, dessen Ursprünge auf das 15. Jh. zurückgehen. Sein Haupteingang mit einer Nandi-Statue befindet sich im Westen. An dem dahinter liegenden, von Palmen umgebenen Tempelteich finden müde Besucher ein ruhiges Plätzchen.

Shri-Mahalsa-Narayani-Tempel
Reiseatlas: S. 10, D 4
Weiter Richtung Panaji steht bei **Mardol** der **Shri-Mahalsa-Narayani-Tempel.** Blumenverkäuferinnen sitzen davor und bieten Kränze aus Jasmin- und Lotosblüten an. Im Tempel werden die Göttin Lakshmi als Mahalsa sowie Vishnu in seiner weiblichen Form als Mohini verehrt. Darum ist er vor allem bei Frauen sehr populär, die sich durch einen Besuch die Erfüllung ihrer Wünsche erhoffen. Vor dem Heiligtum steht der für die Tempel Goas typische steinerne Lampenturm sowie ein hoher Bronzeleuchter, der auf der Schildkröte Kurma, einer Inkarnation Vishnus, ruht. In seinem Innern sieht man einige schön geschnitzte Säulen. Im Tempelbezirk befindet sich auch ein Schrein für den Affengott Hanuman.

Shri-Manguesh-Tempel
Reiseatlas: S. 10, D 4
Die bedeutendste Kultstätte ist der große **Shri-Manguesh-Tempel** nur 1 km weiter in

Plantagen rund um Ponda laden zur Besichtigung und zur Kostprobe traditioneller Speisen ein

Das Hinterland von Goa

Richtung Panaji. Auf dem Parkplatz davor hat sich ein richtiger kleiner Jahrmarkt entwickelt.

Das ursprüngliche Heiligtum für Shiva wurde 1565 erbaut und im 18. und 19. Jh. durch Anbauten erweitert. Eine mächtige Mauer und ein Tempelteich befinden sich östlich davon. Der davor stehende Lampenturm ist wie der Tempel in hellen Farben angestrichen. Hier wird der Mischstil goanischer Hindu-Tempel besonders deutlich. Zwar wurde die typische Raumanordnung von Versammlungshalle, Vorraum und Sanktum beibehalten, doch die Anleihen, die man bei der europäischen Sakralarchitekur gemacht hat, zeigen einen in Indien einzigartigen Stil. Besonders auffallend ist die Ähnlichkeit bei den Kuppeln, die sich statt eines Tempelturms über dem Sanktum erheben, sowie bei verschiedenen Elementen an Dach und Fassade. Auch Einflüsse aus anderen Teilen Indiens sind zu erkennen. Die steinernen Lampentürme haben ihre Vorbilder in den Tempeln Maharashtras, die in ihrem oktogonalen Aufbau wiederum sehr an die Seitentürme des Golgumbaz-Mausoleums von Bijapur (s. S. 328) angelehnt sind. So haben die Erbauer dieser Heiligtümer die

Shri-Manguesh-Tempel: ein typisches Beispiel für den Stilmix goanischer Hindu-Tempel

architektonischen Stile ihrer Besatzer in ihre eigenen Tempel integriert – eine für Indien typische Antwort auf den Kontakt zwischen den Kulturen.

Plantagen und Bondla Wildlife Sanctuary

Reiseatlas: S. 10, E/F 4

Von Ponda aus lassen sich auch diverse Plantagen besuchen. Zwei davon liegen beim Ort **Savoi-Verem,** ungefähr 12 km nördlich von Ponda. Mit dem Bus – auch von Panaji – gut zu erreichen ist die **Sai Farm,** wo man an

Plantagenführungen teilnehmen und ein gutes Mittagessen genießen kann; es bestehen auch Übernachtungsmöglichkeiten (s. u.). Die nahe gelegene **Savoi Plantation** bietet ebenfalls Führungen, typisch goanisches Essen und Unterkunft (Tel. 08 32-234 02 72).

Bei **Keri,** ca. 10 km nördlich von Ponda, liegen die **Parvati Madhav Plants Park Plantation** und die **Tropical Spice Plantation** mit ähnlichem Angebot.

Etwa 20 km nordöstlich von Ponda befindet sich das **Bondla Wildlife Sanctuary,** eigentlich mehr ein Zoo mit Wildgehegen (Fr–Mi 9–17 Uhr, Erw. 5 Rs, Auto 50 Rs).

Sai Farm: Savoi Verem, Ponda, Tel. 08 32-234 03 08. Familienanschluss hat man auf dieser kleinen Öko-Plantage. Es gibt ein Herbarium, ayurvedische Massagen und typische goanische Küche. Nur 2 Zimmer, daher vorher reservieren. DZ 600 Rs.

Margao und der Süden

Margao

Reiseatlas: S. 11, C 3

Für alle, die sich an den südlichen Stränden niederlassen wollen, ist **Margao** der ideale Ausgangspunkt. Hier halten die Züge aus Mumbai auf ihrer Fahrt gen Süden und es gibt Busverbindungen in viele andere Städte. Außerdem ist Margao eine gute Basis für Ausflüge ins südliche Hinterland. Die angenehme Atmosphäre des alten Städtchens lädt zu einem Bummel ein.

Das Zentrum von Margao konzentriert sich um die **Municipal Gardens,** an deren Südwestseite auch das Tourist Office sein Büro hat. Südöstlich des Parks führen Gassen in die Altstadt mit dem sehenswerten **Markt.** Berge von Chilis und Tamarinden, frisches Obst und Gemüse werden angeboten, und natürlich Goas Spezialität: Trockenfrüchte aller Art, v. a. Cashewnüsse in vielerlei Varianten.

Ungefähr 1 km nördlich der Municipal Gardens steht auf einem großen Platz, der von alten portugiesischen Villen umrahmt wird, die **Espirito-Santo-Kirche** (1675) der Jesui-

Das Hinterland von Goa

ten. Diese waren im Gefolge der Kolonialherren schon 1564 hier eingetroffen. Aus der Kolonialzeit sind auch viele andere Gebäude erhalten. Ein besonders schönes Beispiel ist die **Doppelvilla Figueiredo de Albuquerque/Dr. Eurico Silva,** im Volksmund Seven Shoulders genannt, weil sie einmal sieben Giebel besaß. Das Haus stammt aus dem 17. Jh. und steht nordöstlich der Kirche.

Vor der Ankunft der Portugiesen war Margao ein religiöses Zentrum der Hindus mit Tempeln, Schulen und Klöstern. Da diese aber zerstört wurden, sind alle Tempel der Stadt jüngeren Ursprungs.

ℹ️ Goa Tourist Office: im GTDC-Hotel, Südwestecke der Municipal Gardens, Mo–Fr 9.30–17.30 Uhr.

🍴 Peppers: 15/604, bei der Child Care School, Gold Rd., Pajifond, Tel. 08 32-322 64 77. In dem freundlichen Restaurant kann man lokale Spezialitäten probieren, insbesondere Würste aus Goa und Fisch oder auch nordindische Gerichte. 60–150 Rs.
Longuinhos: gegenüber dem Municipal Building, Tel. 08 32-273 99 08. Altes Irani-Restaurant und traditionelle Adresse für westliches Frühstück und internationale Küche; mit Bar. 50–100 Rs.

↔️ Züge: In Margao ist der zentrale Bahnhof der Konkan-Railways. Regelmäßige Verbindungen nordwärts nach Mumbai, südwärts Richtung Mangalore bzw. Kerala sowie nach Hospet/Hampi oder Bangalore.
Busse: Regelmäßig Busse nach Mumbai und Mangalore, ebenso nach Hampi, Bangalore, Mysore und Kerala sowie zu den Stränden im Süden, nach Panaji und Ponda.

Lautolim
Reiseatlas: S. 11, C/D 2
9 km nordöstlich von Margao liegt das ehemals verschlafene Dorf **Lautolim** mit seinen schönen alten Villen, die teilweise noch besichtigt werden können. Seit der Eröffnung von **Ancestral Goa** (Big Foot), einem Park mit dem Anliegen, den Lebensstil und die

Kultur des alten Goa darzustellen, ist es mit der Ruhe in dem kleinen Örtchen allerdings vorbei. Busladungen voller Schulkinder und Touristen strömen fast täglich hierher, um die teils sehr kitschig aufgemachte Ausstellung zu besuchen. Interessant ist vor allem ein Besuch der dazugehörigen restaurierten **Alvares-Villa** (tgl. 9–18 Uhr, 50 Rs).

Raia und Rachol Seminary
Reiseatlas: S. 11/12, C/D 2
2 km südlich von Lautolim Richtung Margao befindet sich das kleine Dorf **Raia** mit seiner schneeweißen Kirche und dem bekannten Restaurant Chef Fernando's Nostalgia (s. u.).

Auf einer Anhöhe südöstlich von Raia steht oberhalb des Zuari River das **Rachol Seminary.** Die ehemalige Festung, in der sich ab dem 17. Jh. die Jesuiten niedergelassen hatten, war immer wieder stark umkämpft. Hier richtete der Orden ein Seminar ein, dessen Bibliothek noch heute eine der größten von Goa ist. Das Rachol-Seminar ist um einen rechteckigen Innenhof angelegt, in dem auch eine Kirche steht. Besonders sehenswert ist die mit feinem Schnitzwerk aus Teakholz versehene Innenausstattung der Kapelle.

🍴 Chef Fernando's Nostalgia: gegenüber der Kirche in Raia, 6 km östlich von Margao, Tel. 08 32-277 70 54, Mo geschl. Fisch, Ochsenzunge, vegetarische Gerichte der Saraswat-Brahmanen oder die Süßspeise Bebinca – das alles gibt es bei Fernando, und alles schmeckt lecker. Gilt als eines der besten Restaurants für goanische Küche und hat die wohl umfangreichste Bar in Goa. Man sitzt im Freien, aber überdacht und in einem Sammelsurium von Artefakten. Abends spielt eine Band meist Jazz. 150–500 Rs.

Chandor
Reiseatlas: S. 12, D 3
Die ehemalige Hindu-Hauptstadt **Chandor** ca. 14 km östlich von Margao ist heute vor allem wegen ihrer spektakulären Bauten aus der portugiesischen Kolonialzeit bekannt. Hier steht die grandiose **Doppelvilla der Familien Meñezes Bragança und de Bragan-**

Richtig Reisen-Tipp: Architektonische und kulinarische Highlights im Hinterland von Goa

Margao (s. S. 181) ist der Ausgangspunkt dieses Ausflugs in alte Dörfer, zu eleganten Villen und zu ein paar Kostproben goanischer Küche. Man beginnt am besten mit einem Frühstück im alteingesessenen **Restaurant Longuinhos** gegenüber dem Tourist Office an der Südwestseite der Municipal Gardens. Danach verlässt man Margao in nordöstliche Richtung und fährt zum 9 km entfernten Dorf **Lautolim** (s. S. 182), wo man einige schöne alte Villen besichtigen kann. Von hier aus geht es über kleine Sträßchen zum **Rachol Seminary** (s. S. 182) oder direkt zu einem goanischen Mittagessen in **Raia** bei **Fernando's Nostalgia** (s. S. 182). Nach Fisch, Ochsenzunge oder vegetarischen goanischen Spezialitäten runden ein Schluck Portwein und die Süßspeise Bebinca das Menü ab. Eine kleine Siesta wäre jetzt angebracht, dann geht es weiter auf schmalen Straßen, vorbei an Dörfern und Reisfeldern nach **Chandor** (s. S. 182) zur **Doppelvilla Meñezes Bragança**

und **Bragança Perreira.** Wer nach der Besichtigung noch nicht müde ist, fährt weiter ins 10 km südöstlich gelegene **Quepem** (s. S. 184), um dem **Palácio Do Deão** einen Besuch abzustatten. Dort kann man auch zu Abend essen, wenn man sich vorher angemeldet hat. Von hier geht es zurück auf guter Straße ins 14 km entfernte Margao.

Natürlich kann man diesen Ausflug je nach Interessensschwerpunkten auch anders gestalten und z. B. mit Quepem und den nahen Felsmalereien beginnen, im Palácio zu Mittag essen und danach nach Chandor bzw. Lautolim fahren und bei Fernando's Nostalgia zu Abend essen, wo dann oftmals eine kleine Jazzkapelle spielt. Keinesfalls auslassen sollte man Chandor.

Es empfiehlt sich, für den Tag ein Taxi mit einem Fahrer zu mieten, der die Gegend kennt – sonst muss man sich durchfragen, was mit etwas mehr Zeitaufwand und einer guten Straßenkarte jedoch auch möglich ist.

Zum sehenswerten Museum umfunktioniert: die Doppelvilla Meñezes Bragança

Das Hinterland von Goa

ça **Perreira.** Sie wurde in drei Phasen erbaut, ihre ältesten Teile sind 450 Jahre alt. Das Gebäude mit seinen insgesamt 25 Balkonen liegt in einem schönen Garten und ist heute größtenteils ein Museum.

Zu den Zimmern im westlichen Gebäudeteil, die mit Möbeln im europäischen Stil bestückt sind, gehören auch eine Bibliothek und ein Ballsaal, der dem Spiegelsaal in Versailles nachempfunden ist. Marmor aus Carrara, Kronleuchter aus Belgien oder englisches Porzellan trugen zum mondänen Ambiente bei und waren Teil des Lebensgefühls der damaligen Oberschicht, die aus Großgrundbesitzern bestand. Sie stammten oftmals aus angesehenen Hindu-Familien, die zum Christentum konvertierten und von den Portugiesen mit Latifundien ausgestattet wurden. Im östlichen Teil des Gebäudes befindet sich auch eine 300 Jahre alte Kapelle mit einem vergoldeten Barockaltar und einer Monstranz, die einen Fingernagel des hl. St. Francis enthalten soll. In beiden Teilen des Hauses wohnen in den hinteren Flügeln die Nachfahren der Familie. Es lohnt sich, beide Gebäudeteile

anzuschauen – der westliche wird besser instand gehalten und hat die schönere Möbelkollektion, im östlichen befindet sich die alte Kapelle. Auf dem großen Platz östlich der Villa steht eine Barockkirche der Jesuiten von 1645 und daneben eine kleine Kapelle, in der sich die Familiengräber der Hausbesitzer befinden (Tel. 08 32-278 42 01, tgl. 9.30–17 Uhr, 100 Rs für jeden Teil der Villa).

Quepem und Umgebung

Reiseatlas: S. 12, E 3

Ca. 10 km südöstlich von Chandor liegt **Quepem,** die Hauptstadt des gleichnamigen Distrikts. Auch hier steht eine schön restaurierte Villa inmitten eines tropischen, 8000 m² großen Gartens: der **Palácio Do Deão.** Er wurde vor über 200 Jahren vom Begründer des Städtchens erbaut und liegt im Ortszentrum gegenüber der Kirche. Die heutigen Besitzer haben das Gebäude wieder liebevoll hergerichtet und kochen für Besucher nach Voranmeldung ein gutes goanisches Essen, das auf der Terrasse serviert wird (Tel. 08 32-266 40 29, www.palaciododeao.com, ca. 400 Rs).

Die Dudhsagar-Wasserfälle: schöne Kulisse für ein Picknick am Pool

In der Nähe wurden an mehreren Stellen steinzeitliche Felsmalereien mit Menschen- und Tierdarstellungen entdeckt, so zum Beispiel am Fluss Kushavati in **Pansaimol.** Die Besitzer des Palácio erklären Interessierten die Anfahrt dorthin von Quepem aus.

Bhagwan Mahaveer Sanctuary

Reiseatlas: S. 12, F 2
Goas größter Nationalpark, das **Bhagwan Mahaveer Sanctuary,** erstreckt sich über 240 km² und liegt ganz im Osten des Bundesstaates. Dschungel und Teakholzwälder bilden die Vegetation dieser regenreichen Gegend an den Hängen der Western Ghats. Die Kernzone des Nationalparks bildet das 107 km² große **Molem Wildlife Sanctuary,** das vor allem für seine Bisonherden und seine vielen Vogelarten bekannt ist, darunter Doppelhornvögel, Spechte und Adler. Auch Rotwild, Affen, Schakale und einige Panther sind hier beheimatet. An der Grenze zu Karnataka stürzen die malerischen **Dudhsagar-Wasserfälle** über 600 m in die Tiefe. Der Name bedeutet übersetzt Milchsee, nach dem weißen Schaum, den das herabstürzende Wasser produziert. Innerhalb des Naturreservats steht auch der sehenswerte **Shiva-Tempel von Tamdi Surla.** Er gilt als Goas ältestes Hindu-Heiligtum und stammt aus der späten Kadamba-Epoche im 13. Jh.
In **Molem** bestehen Übernachtungsmöglichkeiten im Dudhsagar Resort (s. u.). Von hier aus werden Jeepausflüge in den Dschungel und zu den Wasserfällen organisiert. Molem liegt 58 km südöstlich von Panaji und ist über den Highway 4A zu erreichen. Busse passieren Molem auf der Strecke Ponda–Belgaum. Die Bahn fährt von Margao bis Colem, von dort manchmal bis zu den Dudhsagar-Wasserfällen. Sonst braucht man ab Colem einen Jeep.

Dudhsagar Resort: Molem, Tel. 08 32-261 23 19. Basis für Ausflüge ins Bhagwan Mahaveer Wildlife Sanctuary. Man wohnt in Bungalows im Grünen und wird morgens von den Stimmen des Dschungels geweckt. DZ 400–900 Rs.

Cotigao Wildlife Sanctuary

Reiseatlas: S. 14, D/E 2/3
Im Süden grenzt das **Cotigao Wildlife Sanctuary** an den Nationalpark im Norden. Es ist mit 105 km² das zweitgrößte Reservat in Goa. Auch hier sind viele Tierarten beheimatet, darunter fast 150 Vogelarten. Zum Baumbestand aus überwiegend laubwechselnden Bäumen gehören einige 300 bis 400 Jahre alte Urwaldriesen.
Gegen eine Gebühr von 50 Rupien kann man mit dem eigenen Wagen in den Park fahren. Dort gibt es Hochstände, von denen aus man Wild und besonders morgens und abends mit etwas Glück auch einen Panther zu Gesicht bekommt. Am Parkeingang bei **Poinguinim** befindet sich ein gutes Informationszentrum des Forest Department von Goa. Dort bestehen auch einfache Übernachtungsmöglichkeiten in Bungalows (s. u.). Wenn man vom Städtchen **Chaudi** nahe Palolem (s. S. 176) den Highway 17 Richtung Süden fährt, so führt nach einigen Kilometern eine Abzweigung linker Hand zum Cotigao Wildlife Sanctuary.

Pepper Valley: 8 km südöstlich von Chaudi (über NH 17 nach Süden, nahe dem Parkeingang bei Poinguinim), Tel. 08 32-263 33 70. 12 Bungalows auf einem Plantagengelände, ideal für Ausflüge ins Cotigao-Wildschutzgebiet. Mit Restaurant und Bar. Geöffnet von Okt.–April. DZ 400–750 Rs.
Ecotourism Complex: Hathipal, Poinguinim, im Cotigao Wildlife Sanctuary, Tel. 08 32-263 92 65. Das Forest Department von Goa bietet kleine Bungalows und ein Restaurant. Auf dem Gelände sind – allerdings in Käfigen bzw. Gehegen – noch andere temporäre Gäste untergebracht: z. B. Boas, Antilopen oder Krokodilbabys, die aus misslichen Situationen gerettet wurden. DZ 250–500 Rs.

Lange, weiße Sandstrände und dichte Palmenwälder ziehen sich entlang der Küste von Karnataka bis Mangalore ganz im Süden. Bislang ist dieser attraktive Küstenabschnitt touristisch wenig erschlossen. Ausnahmen sind das Pilgerstädtchen Gokarna, das sich zu einem Backpacker-Paradies entwickelt hat, und das Wallfahrtszentrum Udupi mit seinem berühmten Krishna-Tempel.

Von Karwar nach Gokarna

Karte: S. 188
Ab Goa führt der Highway 17 Richtung Süden und passiert dabei viele Küstenstädtchen, die entweder in Buchten oder an Flussmündungen liegen. Der erste größere Ort, den man aus Goa kommend passiert, ist die Hafenstadt **Karwar** 1. Am Stadtstrand sieht man die Fischerboote, deren Fang man im sehr guten Restaurant Amrut (s. u.) probieren kann. 37 km südlich von Karwar liegt Ankola und etwa 15 km danach zweigt eine kleine Straße zum Pilgerort Gokarna ab.

Devbagh Beach Resort: auf einer Insel 3 km vor Karwar, zu buchen über www.junglelodges.com. Umrahmt von Kasuarinen stehen die rustikalen Bungalows. Für Naturliebhaber, die Vogelbeobachtungen, Bootsfahrten und Spaziergänge in unberührter Natur schätzen. DZ 2750 Rs p. P. inkl. VP.
Kurumgad Resort: auf der Insel Kurumgad bei Karwar, Buchungen über Tel. 083 82-59 45 74, www.thegreatoutdoorsindia.com. Wer die Abgeschiedenheit liebt, ist hier richtig: Man wohnt in Holzbungalows oder Zelten im Grünen und kann die kleine Insel erkunden, baden, Delfine beobachten oder Bootstouren machen. DZ ab 1850 Rs p. P. inkl. VP.

Amrut: Main Rd., Tel. 083 82-22 66 09. Für Fischliebhaber ein Muss: Das Lokal ist immer gut besucht, denn hier gibt es Spezialitäten der Konkan-Küste wie Muscheln und Krabben und vielerlei nach Art der Region zubereitete Fischsorten. 100–300 Rs.

Gokarna

Karte: S. 188
Ein Paradies für Pilger und Backpacker ist das kleine Städtchen **Gokarna** 2. Die einen zieht es mehr zu den Heiligtümern, die anderen an die traumhaften und derzeit hippsten Strände des Subkontinents. Kultstätten und Kneipen liegen Tür an Tür in Gokarna. Während der Strom der hinduistischen Pilger das ganze Jahr über nicht abreißt, sind die Strände und Bars vor allem während der Hauptsaison von Oktober bis April bevölkert.

Shivaitisches Pilgerzentrum
Das Städtchen mit seinen malerischen Gassen und Tempeln ist ein wichtiger Pilgerort der Shiva-Anhänger. Sein Name bedeutet ›Kuhohr‹, denn einer Legende nach soll hier Gott Shiva aus dem Ohr der Kuh (die als Symbol für die Mutter Erde gilt) gekommen sein. Ihm zu Ehren steht im Zentrum der **Mahabaleshvara-Tempel.** Auch für den Elefantengott Ganesha, einen Sohn Shivas, wurde ein Tempel errichtet, der **Ganapati-Tempel.** Weitere Schreine und ein Tempelteich tragen zur spirituellen Atmosphäre des Ortes bei.

Vor allem zum **Pilgerfest Shivratri** (Feb./ März) strömen Zehntausende von Gläubigen nach Gokarna, um nach einem heiligen Bad in den Wellen die Tempel zu besuchen.

Die Strände von Gokarna

Bei Touristen sind die feinen Sandstrände, die teils malerische Buchten formen, besonders angesagt. Sonnenhungrige haben die Wahl unter fünf Stränden, wobei diese teils nur zu Fuß oder mit dem Boot zugänglich sind. Die meisten Unterkünfte haben nur eine Basisausstattung, aber es existieren auch einige Luxushotels.

Südlich von Gokarna erstreckt sich der belebte Stadtstrand **Gokarna Beach.** Über einen Pfad südlich des Ganapati-Tempels gelangt man zum **Kudle Beach,** einem langen, weißen Sandstrand, der von zwei Felsvorsprüngen begrenzt wird. Teebuden und einfache Unterkünfte sind hier während der Saison geöffnet. Zum traumhaft gelegenen **Om Beach** gelangt man entweder über eine gewundene, 6 km lange Straße, die zum Luxushotel SwaSwara führt, oder man läuft ungefähr 20 Minuten in südliche Richtung über eine Landspitze. Seinen Namen erhielt der Strand aufgrund seiner Form, die an die spirituelle Silbe Om erinnert. Von der günstigen Aura dieses Ortes fühlen sich viele Yoga-Anhänger angezogen, die bei Sonnenauf- und untergang am Strand ihre Übungen praktizieren. Am Om Beach kann man für 70 Rupien in Strandhütten oder gleich daneben für ein paar Hundert Euro im Resort-Hotel übernachten, dazwischen gibt es allerdings fast nichts. Während der Saison sind diverse Bars und Cafés direkt am Strand geöffnet.

Über einen schmalen, zum Teil an steilen Felsen entlangführenden Pfad am südöstlichen Ende des Om Beach gelangt man in 1– 1,5 Stunden an die abgelegenen Strände **Half Moon** und **Paradise.** Wer es einsam haben möchte, ist hier richtig, denn außer ein paar Teebuden findet man nichts. Man sollte Spaziergänge dorthin allerdings nicht bei Dunkelheit machen, da der Weg teils steil abfällt und es auch schon zu Überfällen kam.

In Gokarna werden Privatzimmer vermietet. Während der Saison kann man am Kudle Beach und am Om Beach Bambushütten mieten (ab 70 Rs).
SwaSwara: Om Beach, Tel. 083 86-25 71 31, www.swaswara.com und www.cghearth.com. Weitläufige Anlage im ethischen Stil direkt hinter dem Om Beach. Die luxuriöse Wellness-Oase, deren Bungalows jeweils einen

Mit der Autorin unterwegs

Für Fischliebhaber

Feuriger Fisch, kräftig gewürzte Krabben und Muscheln: Die hiesigen Spezialitäten probiert man am besten im Lokal **Amrut** (s. S. 186).

Für Faulpelze

Die tollen Strände von **Gokarna** nehmen es jederzeit mit denen von Goa auf. Hier kann man so richtig schön relaxen (s. oben).

Für Vegetarier

Aus Udupi zogen sie in alle Welt: die leckeren vegetarischen Snacks, allen voran der Dosa. Besonders gut schmecken sie im **Restaurant Diana** (s. S. 190).

Für Frühstückfans

Eine riesige Auswahl an südindischen Frühstücksspezialitäten gibt es im **Restaurant Mohini Vilas** in Mangalore. Im säulenbestandenen Saal des Traditionslokals isst man feine gedämpfte Dosas mit gesüßter Kokosnuss, Reisnudeln, Dampfnudeln, Kürbis-Halva oder andere Leckerbissen (s. S. 194)!

Für Ruhebedürftige

Im angenehmen **Summer Sands Beach Resort** am Strand von Ullal legt man gern eine Reisepause ein. Dort werden auch interessante Stadtbesichtigungen durch Mangalore organisiert (s. S. 194).

Die Küste von Karnataka

GOA

KARNATAKA

Hubli

Hangal

Karwar **1**

Ankola
*Gokarna
Beach* Gokarna **2**
*Kudle
Beach* Om
Beach Kumtar

Sirsi

Honavar **3**

Jog Falls **4**

Murudeshvar

Bhatkal **5**

*Hirebhasgar
Stausee*

Maravanthe
Beach **6**

Kundapura

Kundapura **7**
Manipal Sringeri **13**

Udupi **8**

Malpe Beach

Karkala **12**

Mudbidri **11**

Pilikula Nisarga
Dhama
Mangalore **9** Beltangadi/
Venor **10**

0   25   50 km

---

und größere DZ auch mit Klimaanlage und Balkon. DZ ab 800 Rs.

🍴 **Prema:** gleich hinter dem Strand an der Car St., Gokarna, Tel. 083 86-58 13 26. Gute indische Snacks, Thalis oder Pasta und Müsli. Das beste sind die Eisbecher *(gad bad)* und Lassies! Ab 15 Rs.

↔ **Züge:** Der Bahnhof liegt 9 km außerhalb der Stadt. Langsame *Passenger Trains* nach Goa und Mangalore.
Busse: Vom Busbahnhof Verbindungen nach Karwar, Margao, Hubli und Mangalore.
Boote: Von Gokarna fahren manchmal Fischerboote zu den Stränden Kudle und Om.

Von Gokarna nach Udupi

Karte: S. 188
Von Gokarna geht es auf dem Highway 17 bis nach **Honavar 3**, wo der Fluss Sharavati ins Meer mündet. Am Nordufer des Flusses liegen die Fischerboote, deren Besitzer bisweilen im Schatten sitzen und ihre Netze flicken.

Von Honavar kann man einen Abstecher ins Landesinnere zu den 55 km entfernten **Jog Falls 4** machen. Die Wasserfälle sind vor allem während des Monsuns reizvoll. Es gibt dort auch eine Übernachtungsmöglichkeit im staatlichen KSTDC-Hotel.

Der Highway 17 führt weiter südwärts in das Pilgerstädtchen **Murudeshvar,** dessen wunderbare Bucht von einer überdimensionalen Shiva-Statue, einem Tempel und einem hässlichen Hotelklotz dominiert wird. Danach passiert man das muslimisch geprägte **Bhatkal 5**, das für seine köstlichen Bhatkal Biryanis bekannt ist, ein Reisgericht, das der maritimen Lage entsprechend auch mit Fisch angeboten wird. Weiter südlich liegt der reizvolle **Maravanthe Beach 6,** wo im November und Dezember die Meeresschildkröten ihre Eier ablegen.

Bei **Kundapura 7** mündet der Fluss Varahi ins Meer. Hier besteht eine weitere attraktive Übernachtungsmöglichkeit auf der kleinen Insel Kurumgad. Ungefähr 40 km sind

---

Innengarten und einen Yoga-Raum besitzen, bietet Ayurveda-Kuren, Yoga- und Meditationskurse. Exzellente Küche, ayurvedische Kochkurse. Bier ist tabu. Mindestaufenthalt 5 Tage/DZ 750 Euro, 7 Tage/DZ 900 € inkl. VP und versch. Aktivitäten (z. B. Yoga), Ayurveda-Behandlungen kosten extra.
Om Beach Resort: nahe Om Beach, zu buchen über Junglelodges in Bangalore, Tel. 080-25 59 70 21, www.junglelodges.com u. www.ombeachresort.com. 12 schöne Bungalows abseits vom Strand. Ideal für Ayurveda-Kuren und zum Ausspannen. DZ ab 60 US-$.
Hotel Gokarna International: Gokarna, Tel. 083 86-25 66 22. Neueres Hotel direkt in Gokarna mit einem Ableger am Kudle Beach. EZ

es noch von hier bis in den nächsten größeren Ort, Udupi.

... am Maravanthe Beach:
Turtle Bay Beach Resort: Kanchugodu, Gujjadi, Kundapura (ca. 45 km nördlich von Udupi), Tel. 082 54-26 54 22, www.turtle bayeco.com. Hinter dem weißen Strand liegen die Bungalows des Resorts. Es gibt ein Restaurant mit Bar. Im Nov./Dez. kann man Schildkröten beobachten. DZ 500–3000 Rs.
... bei Kundapura:
Amgol: auf einer Insel 6 km vor Kundapura, zu buchen über Soans Holidays, Tel. 082 54-23 16 83, www.soans.com. Die rustikalen Bungalows mit Balkon stehen unter Palmen direkt am Wasser. Naturfreunde werden sich hier wohl fühlen: Man kann Kajaks mieten oder Schnorcheln, Vögel beobachten oder einfach nur entspannen. DZ 1500 Rs inkl. VP.

Udupi und Umgebung

Karte: S. 188
An was denken die meisten Inder, wenn sie den Namen **Udupi** 8 hören? Vielleicht an Gott Krishna, für den dort ein großer Tempel steht – wahrscheinlicher ist jedoch, sie denken ans Essen, an einfaches, vegetarisches, südindisches Essen. Das wird in den sogenannten Udupi-Restaurants serviert, die es mittlerweile auch im Ausland gibt und die den Namen der Stadt in alle Welt getragen haben. Zwischen Gott Krishna und den populären Esslokalen besteht sogar eine Verbindung: Auf die Köche des großen Krishna-Tempels von Udupi sollen die leichten und einfachen Gerichte zurückgehen, die heute so viele Mägen beglücken. Um den populären Gott dreht sich fast alles in dem lebendigen Pilgerort 58 km nördlich von Mangalore.

Krishna-Tempel

Dreh- und Angelpunkt des religiösen Lebens ist der **Krishna-Tempel** im Herzen der Stadt. Das Heiligtum und seine acht Klöster oder Maths wurden im 13. Jh. von Madhvacarya gegründet. Seine Anhänger nennen sich daher Madhvas und Udupi ist das Zentrum dieser vishnuitischen Sekte. Hier ist wirklich immer etwas los, und es ist interessant, die vielfältigen Formen der Verehrungspraxis kennenzulernen.

Den volkstümlichen Charakter der Krishna-Bewegung, die elitäres Brahmanentum ablehnt, zeigt eine kleine Geschichte über das Idol des Gottes im Hauptschrein. Dort wendet Krishna den Eintretenden den Rücken zu. Grund dafür ist laut Legende der Hochmut eines Brahmanen, der einem einfachen Mann einst den Zutritt zum Tempel verwehrte. Dieser ging sodann zur Rückseite des Heiligtums, um dort seinen Gott zu verehren, und Krishna drehte sich zu ihm um. Durch ein Silbergitter an der Rückwand des Schreins kann man die schwarze Figur betrachten. Unmengen von Gläubigen schieben sich tagtäglich an der hoch verehrten Statue vorbei und bringen ihr Opfer dar.

Sinnlichkeit herrscht in den Hallen des populären Hirtengottes. Gesänge und Glöckchen schallen durch die Gänge des großen Tempelkomplexes. Der Duft von Räucherstäbchen dringt in die Nase. Berge von Blütenketten werden geopfert, Sandelholzpaste angerührt und Öl in Lämpchen gegossen. Im Tempelteich nehmen die Priester ein rituelles Bad. Auch für die heiligen Kühe ist hier in großen Stallungen Platz. Den Tempel besucht man am besten während der Haupt-Puja-Zeiten: morgens zwischen 5.30 und 9.30 oder abends zwischen 18 und 20.45 Uhr.

Weitere Sehenswürdigkeiten

Dem Krishna-Tempel gegenüber liegen der **Chandramouleeshvara-Tempel** für Shiva und der **Anandeshvara-Tempel** mit Ölgemälden aus Krishnas Leben. Rund um den Tempelbereich finden sich zahlreiche Pilgerherbergen und Andenkenläden, in denen kitschige Krishnas und andere Souvenirs verkauft werden.

Beim Spaziergang durch die Gassen des Viertels entdeckt man immer wieder interessante alte Häuser mit Holzschnitzereien. Hält man sich Richtung Süden, so gelangt man nach ungefähr 1 km an den Diana Circle, wo

Die Küste von Karnataka

mit dem Diana eines der populärsten Udupi-Restaurants seinen Sitz hat (s. rechts).

Manipal

Tradition und Moderne, Religion und Naturwissenschaft – in Indien sind dies keine Gegensätze. Das manifestiert sich auch im engen Nebeneinander der Pilgerstadt Udupi und ihrer modernen Schwesterstadt **Manipal,** einer Hochburg für Wissenschaft und Forschung mit zahlreichen Universitäten und Instituten. Zwei sehr interessante Museen gibt es dort zu besichtigen. Das **Anatomie-Museum** mit einer riesigen Ausstellung über die Anatomie des Menschen und anderer Lebewesen gilt als eines der Besten seiner Art in ganz Asien (tgl. 8–18 Uhr). Im **Hasta Shilpa Heritage Museum** wurden Schätze aus alten Häusern der Region zusammengetragen. Auch seltene Haushaltsgegenstände sind zu sehen, z. B. Reisbehälter, in denen das Korn fünf Jahre frisch bleibt, oder uralte Metallgefäße, in denen man eine Woche lang Buttermilch aufbewahren kann (Ananth Nagar, 2nd Stage, tgl. 17–20 Uhr, Juli/Aug. geschl.).

Malpe Beach

Malpe Beach heißt der Stadtstrand von Udupi. Er liegt 6 km vom Zentrum entfernt. Zwischen September und Mai fahren von hier Boote zu **St. Mary's Island,** einer pittoresken Insel mit zerfurchten Basaltfelsen, auf der Vasco da Gama vor seiner Ankunft auf dem Festland ein Kruzifix aufgestellt haben soll.

… in Udupi:
Sharada: NH 17, Adi Udupi Bypass, Tel. 08 20-252 19 68. Großes Hotel am Highway, ca. 1 km vom Krishna-Tempel, geräumige Zimmer. DZ 355–700 Rs.
Sri Ramakrishna: Geethanjali Rd., Tel. 08 20-252 31 89. Die beste Option im Zentrum von Udupi: saubere und sehr günstige Zimmer, teils mit Klimaanlage, und 2 gute Restaurants. DZ 275–625 Rs.
… am Malpe Beach:
Paradise Isle Beach Resort: Malpe Beach, Tel. 08 20-253 73 00, Fax 08 20-253 80 35, www.theparadiseisle.com. Modernes, etwas

klotziges Hotel direkt am Strand mit Restaurant im Freien, Pool und – wer's gerne laut mag – Wochenenddisco. DZ 2000–3500 Rs.

… in Udupi:
La Brasserie: am Hotel Sri Ramakrishna (s. links), Tel. 08 20-252 12 49. Gutes Multicuisine-Restaurant mit indischer und chinesischer Küche. 100–250 Rs.
Diana: Diana Circle, Tel. 08 20-252 05 05. Alteingesessenes, sehr gutes Udupi-Restaurant mit all den vegetarischen Speisen, für die die südindische Küche berühmt ist (z. B. exzellente Masala Dosas). Außerdem viele Eissorten und Milchshakes. 30–100 Rs.
… am Malpe Beach:
Silver Sand: Tel. 099 00 82 55 23. Man sitzt im Freien mit Meerblick. Gerichte vom Grill, mit Bar. 150–300 Rs.

Züge: Der Bahnhof liegt 3 km außerhalb an der Manipal Road. Tgl. mehrmals Züge Richtung Mangalore und Goa.
Busse: Sowohl vom staatlichen KSRTC- als auch vom privaten Busbahnhof fahren regelmäßig Busse nach Mangalore, Bangalore, Mysore, Gokarna. Beide Bahnhöfe liegen nahe beieinander direkt im Stadtzentrum.

Mangalore (Mangaluru)

Karte: S. 188
Für viele Touristen ist **Mangalore** 9 nur eine Durchgangsstation auf dem Weg von Goa nach Kerala. Auch wenn die Stadt keine großartigen Sehenswürdigkeiten besitzt, macht es doch viel Spaß, den charmanten Küstenort mit seiner interessanten Geschichte zu entdecken – vielleicht gerade, weil er bislang meist übergangen wird. Nicht unerheblich sind dabei das multikulturelle Erbe und die exzellente Küche von Mangalore.

Grüne, palmenbestandene Hügel, die allmählich ins Meer hinein verebben, dazwischen weiße Häuser und gewundene Straßen – das ist der Blick auf Mangalore vom **Circuit House** aus, einem der Aussichtspunkte im Nordosten der Stadt. Begrenzt wird die City

Religiöses Zentrum der Madhvas: der Krishna-Tempel in Udupi

gleich von zwei Flüssen: Im Süden mündet der Netravati ins Meer und von Norden umspült der Gurupur die Stadt. Nur eine schmale, lang gestreckte Landzunge trennt den alten Hafen vom Meer. Die Silhouette des New Mangalore Port mit seinen Schloten erkennt man ganz im Norden der Stadt. Spuren seiner multikulturellen Geschichte finden sich in Bauwerken, die überall verstreut sind. Auffällig sind die zahlreichen Kirchen, die das Stadtbild prägen.

Geschichte

Alle hatten sie ein Auge geworfen auf die palmengesäumte Lagune, die sich hervorragend als Hafen eignete. Im Mittelalter regierten hier verschiedene hinduistische Herrscher-geschlechter, darunter die Hoysalas, die Alupas und die Vijayanagar-Könige. 1520 besetzten die Portugiesen die Bucht. Später übernahmen die muslimischen Herrscher von Mysore, Hyder Ali und Tipu Sultan, das Regiment, bis sie ab 1800 von den Briten abgelöst wurden. Diese regierten die Region bis zur Unabhängigkeit als Teil der Madras Presidency. Seit 1956 gehört Mangalore zum neu gegründeten Staat Karnataka.

Unter ihren verschiedenen Herrschern wuchs die Siedlung zur Stadt und entwickelte sich zu einem Schmelztiegel verschiedener Kulturen. Ihr Hafen war lange ein Mittelpunkt des Seehandels mit Arabien und Europa, neuerdings gewinnt er durch die Globalisierung wieder verstärkt an Bedeutung.

191

Richtig Reisen-Tipp: Der Fischmarkt von Mangalore

Um 6.30 Uhr morgens sollte man da sein, wenn man nicht die Hälfte verpassen möchte: am alten Hafen von Mangalore, dort wo die Fischkutter mit ihren bunten Fähnchen im Wasser schaukeln. Das Gewimmel ist riesengroß. Der Boden ist nass, darum sind Plastiksandalen von Vorteil. Es riecht nach Meer und Fisch und Hafen. Hart gearbeitet wurde schon die ganze Nacht auf See, und schwer gearbeitet wird auch jetzt. Zuerst waren die Männer dran, jetzt sind es vor allem die Frauen. Ihre farbigen Saris haben sie mit Plastikfolie umwickelt, um sich vor der glibberigen Masse zu schützen. Überdimensionale Siebe und Körbe, gefüllt mit Bergen von Tintenfischen, fetten Pomfrets und silbrig glänzenden Lady-Fischen, werden in große Plastikwannen geschüttet. Auch Langusten, Muscheln und kugelförmige Mondfische kullern durcheinander. Ist die Ware sortiert, fängt das Spektakel an. Mit Geschrei und wilder Gestikulation wird um den besten Preis gerungen. Hier geht es nicht um kleine Fische, sondern nur um große Mengen, denn wir sind auf dem Großmarkt. Arbeitsteilung ist angesagt – bei dieser Aktion sind wieder die Männer am Ball. Tonnen von Fisch und Meeresfrüchten werden versteigert und wechseln ihre Besitzer. Sie werden an Fischfabriken und Restaurants verkauft oder landen auf dem lokalen Fischmarkt der Stadt. Ist die allmorgendliche Prozedur vorüber, kehrt wieder Ruhe ein am Pier. Die fangfrische Ware wird abtransportiert. Die Männer verziehen sich zum deftigen Frühstück mit Rindfleisch- oder Fischcurry und Reiskuchen in die Hafenkneipen. Die Frauen halten einen Schwatz oder ruhen sich in ihren mittlerweile leeren Körben von der Knochenarbeit aus. Zeit für die Besucher, sich auch zum Frühstück zu begeben. Vielleicht am besten doch vegetarisch nach dieser fischigen Angelegenheit?

Auf dem Fischmarkt von Mangalore wird das Meeresgetier körbeweise verkauft

Offenheit prägte das Gesicht von Mangalore seit jeher. Hindus aus Goa flohen vor der Inquisition hierher und bauten ihre Tempel. Muslime siedelten an den Ufern und errichteten Moscheen und Dargahs. Die Portugiesen und später die Anhänger der Basler Mission, deren Hochburg Mangalore ab der zweiten Hälfte des 19. Jh. war, hinterließen die zahlreichen Kirchen. Letztere gründeten hier 1868 Indiens erste Ziegelfabrik; die Mangalore Tiles sind heute noch ein Markenzeichen der Stadt und vielfach in Gebrauch.

Doch nicht nur ihren religiösen Glauben brachten die Menschen mit, sondern auch ihre Traditionen. Vor allem Mangalores Küche hat davon mächtig profitiert – so vielseitig wie hier wird in wenigen Regionen gegessen. Von Schweinswürsten und Beefsteak über scharfe Fischcurrys bis zu leckeren Cashewgerichten reicht die Palette der Gaumenfreuden.

Zu den Stärken von Mangalore zählen heute auch seine zahlreichen angesehenen Bildungsinstitutionen. Allein fünf medizinische Hochschulen, Fachhochschulen für Zahnmedizin, Pharmazie und Krankenpflege bilden hoch qualifiziertes Personal aus, und die modernen und gut ausgestatteten Krankenhäuser der Stadt bieten ihre Dienste im globalen Gesundheitstourismus an.

Sehenswertes

Vom alten **Hafen** führt die Old Port Road bergauf ins Stadtzentrum. Dabei passiert man linker Hand das Taj Manjarun, das edelste Hotel der Stadt (s. S. 194). Hält man sich nördlich, so gelangt man zum privaten Busbahnhof. Diesen Weg nehmen auch einige der Fischtransporter vom Hafen, denn an der westlichen Seite des Busbahnhofs ist der lokale **Fischmarkt** (s. links) untergebracht.

Über die Maidan Road, eine Parallelstraße der Old Port Road, geht es zum **Gemüsemarkt** mit seinem riesigen Angebot und weiter nördlich zum zentralen **Basar** der Stadt, wo Kleidung, Schuhe, Haushaltswaren und vieles mehr verkauft werden.

Nahebei verläuft die **Hampankatta Road,** eine weitere wichtige Verkehrsader im Zentrum. Von dieser zweigt die **Ganapati High School Road** mit ihren Läden und Restaurants ab. Folgt man ihr bis ans Ende, so gelangt man zum bekannten vegetarischen Restaurant Hotel Mohini Vilas, wo schon zum Frühstück reger Betrieb herrscht (s. S. 194).

Am besten mit dem Taxi oder der Rikscha lassen sich die interessantesten kulturellen Stätten von Mangalore besuchen. Im Süden der Stadt steht der **Mangala-Devi-Tempel** zu Ehren der gleichnamigen Göttin, von der Mangalore auch seinen Namen ableitet. Das populäre Heiligtum wird von vielen Gläubigen besucht und beherbergt das Bildnis der Göttin, die als Shakti zusammen mit ihrem Gemahl Shiva verehrt wird. An einem alten Baum gegenüber dem Heiligtum stehen mehrere Schlangensteine.

Nordwestlich davon, in Richtung alter Hafen, errichteten die Portugiesen 1568 die **Rosario-Kirche,** die allerdings später demoliert wurde. Der heutige Bau mit seiner dem Petersdom nachempfundenen Kuppel stammt von 1910. Auch die **Milagres-Kirche** mit ihrer weißen Fassade im Zentrum der Stadt südlich der Hampankatta Road geht auf die portugiesische Zeit in Mangalore zurück. Der jetzige Bau ist ebenfalls aus dem 20. Jh.

Auf einem der höchsten Hügel der Stadt, dem **Light House Hill,** hatte schon der muslimische Herrscher Tipu Sultan einen Leuchtturm bauen lassen. Hier befindet sich außerdem die bekannteste Kirche der Stadt, die 1885 errichtete **St. Aloysius College Chapel** inmitten verschiedener kirchlich geführter Schulen und Colleges. Berühmt sind vor allem ihre Deckenfresken und Wandgemälde. Sie wurden von dem italienischen Maler Antonio Moscheni geschaffen.

Weiter nordöstlich liegt der **Kadri-Manjunath-Tempel** aus dem 10. Jh., ein wichtiges Heiligtum der Hindus. Er gilt als ein Zentrum des Natha-Pantha-Kultes, der seine Wurzeln vermutlich im Vajrayana-Buddhismus hat. Der Schatz des Tempels sind mehrere exzellent gearbeitete Bronzefiguren, darunter die des Lokeshvara, die der älteste und besten in ganz Südindien. Vom nahe gelegenen **Circuit House** hat man einen schönen Überblick über die Stadt.

Die Küste von Karnataka

Im äußersten Nordwesten am Meer erinnert der alte Wachturm **Sultan Battery** an Tipu Sultans Herrschaftszeit. Fährt man von hier Richtung Süden, so passiert man die alten, oftmals muslimisch geprägten Viertel Mangalores wie den Stadtteil Bunder. Dort steht auch die **Jama Masjid** aus dem 18. Jh. mit ihren schönen holzgeschnitzten Säulen. Vorbei an Mangalores berühmten Ziegeleien und Werften gelangt man wieder zum alten Hafen der Stadt.

Interessant ist ein Abstecher an den 12 km südlich von Mangalore gelegenen Sandstrand von **Ullal**, wo man bei einem Spaziergang den Sonnenuntergang genießen kann. In Ullal ist auch das wichtigste muslimische Heiligtum, die **Seyyid Muhammed Shareeful Madani Dargah**. Es handelt sich um das Grabmal des Seyyid Madani, eines bekannten Sufi-Heiligen aus dem 16. Jh., der laut Legende aus Medina hierhergekommen war. Zu dem Komplex gehören auch eine Moschee und ein schönes Wasserbecken.

KSTDC Tourist Office: im Hotel Indraprashta, Light House Hill Rd., Tel. 08 24-244 29 26, Mo–Sa 10–17.30 Uhr.

… in Mangalore:
Taj Manjarun: Old Port Rd., Tel. 08 24-666 04 20, Fax 08 24-666 05 85, www.tajhotels.com. Zentral in der Nähe des Hafens, mit Restaurant, Coffee Shop, Pool und vielen anderen Annehmlichkeiten. Von den Zimmern der oberen Stockwerke kann man den Blick aufs Meer genießen. DZ 2300–6000 Rs.

Moti Mahal: Falnir Rd., Tel. 08 24-244 14 11, www.motimahalmangalore.com. Modernes Mittelklassehotel mit Pool, Wellnessbereich, mehreren Restaurants und Bäckerei. DZ ab 900 Rs.

Mayura Netravati: Circuit House Compound, Kadri Hills, Tel. 08 24-222 29 00. Auf einem Hügel über Mangalore, mit gutem Restaurant. DZ 450–750 Rs.

… in Ullal:
Summer Sands Beach Resort: am Strand von Ullal, Tel. 08 24-246 76 90/91/92, Fax 08 24-246 76 93, www.summer-sands.com. 30 großzügige Bungalows inmitten eines Gartens, Pool, gutes Restaurant. Das Hotel organisiert auch Touren in die Umgebung und bietet eine sehr interessante Stadtbesichtigung von Mangalore an. DZ ab 3000 Rs.

… in Mangalore:
The Cardamom: im Hotel Taj Manjarun (s. links), Tel. 08 24-666 04 20. Neben nordindischer, chinesischer und westlicher Küche stehen Fischspezialitäten aus Mangalore auf der Speisekarte. Ab 400 Rs.

The Viceroy: Circuit House Compound, Kadri Hills, Tel. 08 24-222 29 00. Restaurant mit indischer und chinesischer Küche, Tische im Freien mit schönem Blick auf Mangalore. Ab 100 Rs.

Narayana (Fish Narayan): Bunder (Seitenstraße, die von der Old Port Rd. nach Norden abzweigt). In der kleinen Fischkneipe ist es immer ziemlich voll, denn zum Reis mit Curry für 11 Rs kann man sich von den umherschwirrenden Kellnern ständig frisch gebratene Fische von dampfenden Platten servieren lassen. Für 100–150 Rs hat man gut gegessen.

Mohini Vilas: GHS Rd., Tel. 08 24-42 52 66. Sehr gutes und traditionelles vegetarisches Restaurant, das ein typisches südindisches Frühstück bietet, außerdem gute Thalis zum Mittag- und Abendessen und eine nette Terrasse im 1. Stock. Ab 30 Rs.

Pabba's: Sri Krishna Prasad Building, MG Road. Hier isst man das beste Eis von Mangalore. Die Spezialität heißt Gadbad – eine Mischung verschiedener Sorten.

Konkan Traders: Falnir Rd., gegenüber der Milagres-Kirche. Der kleine Laden verkauft Spezialitäten, die es nur in Mangalore gibt: z. B. Jackfruit Papadams, gewürzter Ghur (Rohrzucker), gefüllte getrocknete Chilis und Cashew-Baiser-Kekse.

Flüge: Der Flughafen liegt 22 km nördlich der Stadt. Regelmäßige Verbindungen nach Mumbai und Bangalore.
Züge: Vom Bahnhof im südlichen Zentrum verkehren regelmäßig Züge nach Norden

Richtung Goa und Mumbai und nach Süden Richtung Kerala. Weitere und teils schnellere Verbindungen in beide Richtungen hat man vom Bahnhof Kankanadi 5 km östlich der Stadt.

Busse: Der staatliche KSRTC-Busbahnhof befindet sich 3 km nördlich des Stadtzentrums. Regelmäßig fahren Busse z. B. nach Bangalore, Mysore, Madikeri, Hassan, Panaji, Mumbai oder Kochi.

Ausflüge ins Hinterland von Mangalore

Karte: S. 188

Im fruchtbaren und malerischen Hinterland von Mangalore am Fuße der Western Ghats liegen mehrere kleine Orte mit interessanten Tempeln. In **Mudbidri,** 37 km nordöstlich von Mangalore, sowie im 15 km davon entfernten **Karkala** befinden sich sehr sehenswerte Heiligtümer der Jains. Noch weiter in den Bergen liegt das Städtchen **Sringeri** mit seinem großartigen Vidyashankara-Tempel. Auf dem Weg nach Mudbidri können der Vergnügungspark Pilikula Nisarga Dhama und der Alva-Pflanzengarten besichtigt werden. Für den Ausflug empfiehlt es sich, ein Taxi zu mieten.

Pilikula Nisarga Dhama

Vergnügungspark, Wellness-Oase und Naturschutzprojekt – alles möchte das von der Stadtverwaltung Mangalore initiierte Projekt **Pilikula Nisarga Dhama** 10 sein. Auf einem 150 ha großen Gelände ungefähr 15 km nordöstlich der Stadt in Richtung Mudbidri tummeln sich besonders an den Wochenenden viele Ausflügler. Vor allem für Familien mit Kindern ist der Park attraktiv. Dort gibt es einen großen Zoo mit verschiedenen Freigehegen, einen Baumpark und einen See mit Bootshaus. Interessant ist das Handwerkerdorf, wo man beim Spinnen, Weben, Schreinern oder beim Reis-Schlagen zuschauen kann. Ein Golfplatz und ein ayurvedisches Zentrum mit Übernachtungsmöglichkeiten gehören ebenfalls dazu (www.pilikula.com,

tgl. 8.30–17.30 Uhr, Zoo Di geschl., Handwerkerdorf So geschl.).

Alva: Ayurvedisches Zentrum und Pflanzengarten

Bäume, die Sternzeichen oder Himmelsrichtungen zugeordnet sind, Pflanzen, die bestimmte Götter repräsentieren: Der mehr als 60 ha große **Pflanzengarten** der Familie Alva einige Kilometer weiter Richtung Mudbiri ist nach den Prinzipien des jahrtausendealten Vaastu Shastra angelegt. In dem Buch wurden Regeln zur Architektur- und Landschaftsgestaltung in Einklang mit der Natur und religiösen Vorstellungen dargelegt. Vor allem Heilpflanzen, die in der ayurvedischen Medizin gebraucht werden, wachsen auf dem attraktiv gestalteten Gelände, z. B. Nonipflanzen, verschiedene Sorten von Zimtbäumen oder über 20 Arten von Tulsi. Zum Komplex gehört auch eine ayurvedische Apotheke, wo Besucher bei der Herstellung von Säften, Ölen und Pillen zuschauen können. Die fertigen Produkte stehen in einem kleinen Laden zum Verkauf (tgl. 8.30–13, 14–17.30 Uhr).

Mudbidri

Jain Kashi (›Varanasi der Jains‹) nennen Einheimische das Städtchen **Mudbidri** 11. Denn so heilig wie den Hindus der Ort am Ganges ist, so bedeutend ist Mudbidri für die Jains in Südindien. 18 Tempel, die zwischen dem 12. Jh. und 15. Jh. gebaut wurden, stehen noch in der Stadt. Der eindrucksvollste ist der **1000-Säulen-Basadi,** der aus mehreren hintereinander liegenden Hallen besteht. Reich verzierte Säulen mit Elefanten und Tänzerinnen sowie eine mit Lotosblüten dekorierte Decke schmücken das Heiligtum. Vor dem Eingang wurde eine fast 17 m hohe Säule errichtet. Der Tempel, der innerhalb einer Umfassungsmauer liegt, wurde 1429 begonnen. Er erinnert im Stil an die Hindu-Tempel der Region, mit Ausnahme des pagodenförmigen Holzdachs, das eher nepalesisch anmutet.

In der Nähe steht auch der alte **Palast der Chautas,** einer lokalen Herrscherfamilie. Er wurde im 17. Jh. erbaut und zeigt schöne Holzschnitzereien (tgl. 9–17.30 Uhr).

Die Küste von Karnataka

🛏 **Soans Farm:** 4 km östlich von Mudbidri an der Straße nach Karkala, Tel. 082 58-23 62 61, www.soans.com. Zwischen Ananasfeldern, Bambussträuchern, Pfeffer, Vanille und vielen anderen Pflanzen liegt die Farm der Brüder Soans, wo man in einem kleinen Bungalow (4–5 Pers., mit Küche) ruhige Tage verbringen oder Ausflüge in die Umgebung machen kann. DZ 1500 Rs.

🍴 **Padiwals Restaurant:** Main Rd., Mudbidri, Tel. 082 58-23 70 65. Das einfache Restaurant bietet gute vegetarische Speisen der Jains, insbesondere Thalis und Snacks. 30–70 Rs.

Karkala

Folgt man der gewundenen Straße 15 km weiter Richtung Nordosten, so erreicht man den Pilgerort **Karkala** 🔳12. Dort stehen auf zwei sich gegenüberliegenden Hügeln inmitten des Palmenmeers eine Tempelanlage und die Statue des Jain-Heiligen Gomateshvara. Auf schwarzem Basaltstein erhebt sich der **Chaturmukha-Basadi** aus dem 16. Jh. Er wird von 108 teils sehr fein skulptierten Säulen mit interessanten Tierdarstellungen getragen. In seinem Innern findet man auf allen vier Seiten des Tempels die exzellent gearbeiteten Figuren der Jain-Heiligen Aranatha, Mallinatha und Munisuvrata mit goldenem Heiligenschein und goldenen Scheiben in ihren Händen. Dies erklärt auch den Namen des Tempels, denn *chaturmukha* heißt »vier Gesichter«.

Eine reizvolle Aussicht genießt man von hier auf die grünen Berge der Western Ghats und auf den südlich davon gelegenen Hügel mit der **Gomateshvara-Statue,** die dem Tempel entgegenblickt. Man erreicht sie nach einer kurzen Fahrt und einem kurzen Aufstieg auf den Hügel. Innerhalb einer Umfassungsmauer wurde 1432 die 14 m hohe Figur des Gomateshvara oder Bahubali errichtet. Sie erreicht zwar nicht ganz die Höhe des berühmten Kolosses in Sravana Belgola (s. S. 389), doch auch im Angesicht dieses Heiligen fühlt man sich klein. Pilger bringen Opfer zu seinen Füßen dar und drücken die Stirn an seine gewaltigen Beine. Wie in Sravana Belgola sind die Gliedmaßen des Heiligen von Schlingpflanzen umfangen, was seine lange reglose Haltung in Meditation andeuten soll. Am Fuße des Hügels haben sich mehrere kleine Imbissbuden niedergelassen, wo man sich mit einer Kokosnuss oder frittiertem Gemüse stärken kann.

Sringeri

Steil bergauf geht es zum shivaitischen Pilgerort **Sringeri** 🔳13 in den grünen Wäldern der Western Ghats. Hier ist das Zentrum der Amnaya-Matha-Sekte, die von dem berühmten Reformer Adi Shankara im 8. Jh. gegründet wurde.

Bekannt ist der Ort für den **Vidyashankara-Tempel** aus der Mitte des 14. Jh., der von den Vijayanagar-Herrschern in Auftrag gegeben wurde. Das aus rötlich schimmerndem Granit errichtete Bauwerk steht auf einer Plattform und besteht aus Sanktum und Säulenvorhalle. Beide sind in der Form einer Doppelapsis miteinander verbunden und bilden eine Ellipse. Die Außenwände des Heiligtums sind reich geschmückt mit den Göttern Shiva, Vishnu und Devi. Der zentrale Schrein beherbergt das Vidyashankara-Lingam. In den drei Nebenschreinen werden die Götterpaare Brahma und Sarasvati, Vishnu und Lakshmi sowie Shiva und Uma verehrt. Interessant sind die 12 Pfeiler in der Vorhalle, die jeweils mit einem Tierkreiszeichen markiert sind. Sie sind so arrangiert, dass das Sonnenlicht auf die dem Monat entsprechende Säule fallen kann.

Weitere Tempel wurden in der Nachbarschaft erbaut. Vor allem der **Sharadoka-Tempel** ist das Ziel der Gläubigen. Er beherbergt mehrere Schreine und Bronzefiguren. Ein Spektakel besonderer Art ist die Fütterung der Fische im unterhalb des Tempels vorbeifließenden Fluss Tunga.

Sringeri liegt 110 km von Mangalore und 90 km von Udupi entfernt. Es gibt einfache Unterkunftsmöglichkeiten in Pilgerherbergen.

Ein Muss für verheiratete Hindu-Frauen: der Stirnpunkt oder Bindi

Nicht nur in God's Own Country, wie Kerala auch genannt wird, sind die Götter ein bestimmendes Lebenselement

Kerala

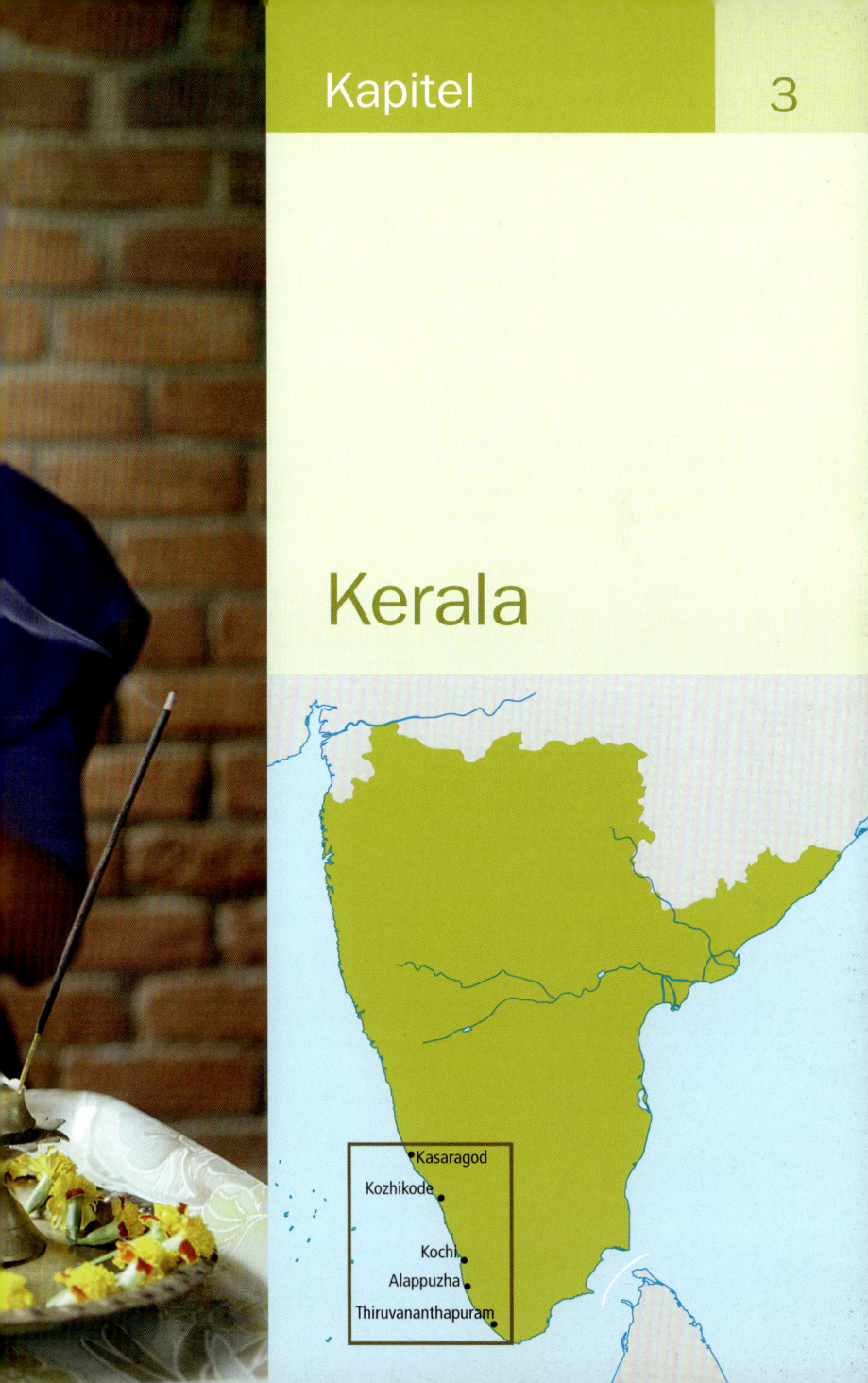

Kasaragod

Kozhikode

Kochi

Alappuzha

Thiruvananthapuram

Nicht nur für die Götter

»God's Own Country« – mit diesem Slogan wirbt Kerala um seine Gäste. Vorstellungen vom Paradies auf Erden werden dabei wach. Tatsächlich sind die Verlockungen zahlreich, die der kleine Bundesstaat an der Südwestküste seinen Besuchern zu bieten hat. Tropisch grüne Landschaften, feine sandige Strände, Berge und Dschungel wechseln sich ab auf relativ kleinem Raum. Kerala ist ca. 550 km lang und misst an seiner breitesten Stelle nur 120 km. An einen langen Küstenstreifen mit interessanten Hafenstädten wie **Kochi** und bekannten Stränden wie **Kovalam** grenzt das fruchtbare Hinterland. Besonders reizvoll ist die Region der **Backwaters** zwischen Kochi, **Kottayam** und **Kollam** mit ihren von Palmen gesäumten Wasserwegen. Hier haben Natur und Mensch ein einzigartiges System von Flüssen, Seen und Kanälen geschaffen, eines der attraktivsten Reiseziele Indiens überhaupt. Östlich davon erstrecken sich weite Plantagen, auf denen Gummibäume, Kaffee und allerlei Gewürze angebaut werden. Sie gehen über in das Küstengebirge der **Western Ghats.** Dschungel, grüne Gipfel und Hochebenen bieten wunderbare Wander- und Trekkingmöglichkeiten, beispielsweise rund um den **Periyar National Park** oder in der **Region Wayanad** weiter nördlich. Dazwischen findet man riesige Teeplantagen wie bei der bekannten Hill Station **Munnar.**

Neben Keralas landschaftlichen Schönheiten sind es jedoch vor allem seine Bewohner und deren Kultur, die einen Aufenthalt zu einem spannenden Erlebnis machen. In dem Bundesstaat ist man an Besucher aller Art gewöhnt. Schon vor Tausenden von Jahren kamen Seefahrer und Händler aus der ganzen Welt an die hiesigen Küsten. Sie waren auf der Suche nach Pfeffer und anderen wertvollen Gewürzen. Juden, Christen und besonders viele Araber ließen sich nieder. Die Malabar-Küste in Nord-Kerala ist auch gegenwärtig vielerorts durch ihren hohen muslimischen Bevölkerungsanteil, die sogenannten Mappilas, geprägt. Offenheit und Toleranz gegenüber Fremden werden bis heute großgeschrieben.

Küstenstädte wie Kochi oder **Kozhikode** sind ein Sinnbild für die multikulturelle Geschichte der Region. In der bewegten Vergangenheit Keralas entwickelten sich unter den lokalen hinduistischen Dynastien vielfältige kulturelle Traditionen, die heute noch lebendig sind. Das traditionelle Tanztheater Kathakali oder die Kampfkunstform Kalaripayattu sind nur zwei Beispiele dafür. Auch die traditionellen Heilmethoden des Ayurveda haben ihren Ursprung zum Teil in Kerala – für viele Touristen einer der Hauptgründe ihrer Reise nach Indien. Zahlreiche Hotels bieten Ayurveda-Kuren und viele ayurvedische Kran-

Kasaragod
Valiyaparamba Backwaters
Thirunelly-Tempel
Wayanad Wildlife Sanctuary
Kannur
Mananthavadi
Thalassery
Kalpetta
Sultan Bathery
Kozhikode
Edakkal Caves
Tour durch Wayanad

Thrissur

Kochi **3**
Bootstour durch die Backwaters
Kumarakom Bird Sanctuary
Backwaters **4**
Tempel von Ettumanur
Alappuzha zu Fuß
Alappuzha
Kottayam
Periyar Tiger Trail
Von Alappuzha über Kottayam nach Kollam
Kollam
Varkala
Thiruvananthapuram

kenhäuser haben ihre Pforten für ausländische Patienten geöffnet.

Kerala verfügt über eine ausgezeichnete touristische Infrastruktur und hat noch einen weiteren nicht unerheblichen Pluspunkt: Es ist der Staat mit dem höchsten Bildungsniveau in Indien. Über 90 % seiner Bewohner können lesen und schreiben. Die lebendige Kulturszene des modernen Kerala mit seiner reichen Literatur- und Filmproduktion zeugt davon. Der kleine Staat wird seit 1957 fast ununterbrochen von der kommunistischen Partei regiert, andererseits leiten Kirchen einen nicht unbeträchtlichen Teil der Bildungsinstitutionen – diese K-und-K-Kooperation ist eines der Kontinua des modernen Kerala. Eine Brücke führt immer in zwei Richtungen, sagt ein Sprichwort in der Lokalsprache Malayalam. Ein wirklich spannendes Land – nicht nur für die Götter.

Highlights

3 **Kochi:** Chinesische Fischernetze neben portugiesischen Kirchen, Maharadscha-Paläste und alte Synagogen zeugen von der kosmopolitischen Vergangenheit der alten Hafenstadt Kochi (s. S. 220).

4 **Backwaters:** Ein tropisch-grünes Labyrinth aus Flüssen, Seen und Kanälen formt diese atemberaubende Landschaft im Herzen Keralas (s. S. 243).

Empfehlenswerte Routen

Tour durch Wayanad: Von Kozhikode nach Kalpetta und weiter zu den Edakkal Caves bei Sultan Bathery. Von dort nach Mananthavadi und zum Thirunelly-Tempel. Weiter ins Tholpetty Wildlife Sanctuary und zurück zur Küste nach Thalassery oder/und Kannur. Von Mananthavadi besteht auch die Möglichkeit, weiter zum berühmten Nagarhole Park in Karnataka zu fahren (s. S. 215).

Von Alappuzha über Kottayam nach Kollam: Von Alappuzha aus geht es per Boot über den Vembanad Lake und malerische Ka-

Richtig Reisen-Tipps

Valiyaparamba Backwaters: Auch Nord-Kerala hat seine Backwaters – bisher wenig bekannt, aber trotzdem sehr reizvoll und mit interessanten Übernachtungsmöglichkeiten (s. S. 204).

Periyar Tiger Trail: Ehemalige Wilderer führen Touristen durch den Periyar National Park. Zwei oder drei Tage dauert der Trek und man übernachtet in Zelten (s. S. 240).

Zwischen Kanälen, Brücken und Meer – Alappuzha zu Fuß: Alappuzha ist nicht nur ein guter Ausgangspunkt für Backwater-Touren, auch die Stadt selbst hat ihre Reize (s. S. 246).

Bootstour durch die Backwaters: Ob kleiner Holzkahn, luxuriöses Hausboot oder öffentliche Fähre – die Erkundung der Backwaters per Boot ist eines der ganz großen Highlights einer Südindienreise (s. S. 248).

näle nach Kottayam. Nach einem Abstecher zum Tempel in Ettumanur mit seinen eindrucksvollen Malereien fährt man von Kottayam weiter zum Kumarakom Bird Sanctuary und besucht unterwegs verschiedene Kirchen sowie eine Moschee. Von Kumarakom aus besteht Anschluss mit dem Boot zurück nach Alappuzha, von wo man die Backwaters weiter Richtung Süden nach Kollam erkunden kann (s. S. 243).

Reise- und Zeitplanung

Die beste Reisezeit ist Oktober bis März. Zur Hochsaison im Dezember/Januar sollte man unbedingt im Voraus buchen. Wer Kerala von Norden bis Süden ohne Hetze bereisen möchte, muss ungefähr zwei bis drei Wochen veranschlagen.

Lange stand die Region im Schatten des touristisch hoch entwickelten Südens von Kerala. Doch immer mehr Besucher entdecken die Reize und die kulturelle Vielfalt dieses Landesteils. Auch hier gibt es Backwaters, Dschungel und sattgrüne Berglandschaften. Besonders spannend ist die reiche Geschichte der hiesigen Malabarküste, die in Städten wie Kannur oder Kozhikode sichtbar wird. Ein besonderer Höhepunkt ist außerdem die leckere regionale Küche.

Von Kasaragod nach Kannur

Reiseatlas: S. 15, B 2–C 4

Geschichte wird lebendig bei einer Fahrt entlang der Küste von Kasaragod nach Kannur. Die vielen massiven Festungen zeugen davon, wie sehr die Gegend ein Streitapfel verschiedener Mächte war (s. S. 210). Doch auch alte Tempel und Moscheen erinnern an das reiche kulturelle Vermächtnis dieses Landesteils. Bezaubernd sind die Valiyaparamba Backwaters nahe Cheruvathur. Sie laden ein, die Seele baumeln zu lassen in einem Stück ziemlich unberührter Natur.

Kasaragod

Kasaragod, die Hauptstadt des gleichnamigen Distrikts, ist ein möglicher Ausgangspunkt, um den Norden des Bundesstaates zu bereisen. Der Ort ist ein wichtiges Zentrum der Muslime in Nord-Kerala. Einen Besuch wert ist die hiesige **Malik-Dinar-Moschee** im Viertel Thalangara, eine der ältesten in Kerala. In der Moschee liegt Malik Ibn Mohammed begraben, ein Nachkomme von Malik Ibn Dinar, der als einer der ersten Männer gilt, die den Islam an die Küste des Subkontinents brachten. Das Heiligtum ist auch ein Sinnbild für die in Kerala typische Vermischung der hier lebendigen Kulturen und Traditionen. Dies zeigt sich besonders deutlich in der Ar-

chitektur. Die Malik-Dinar-Moschee folgt mit ihrem mehrstöckigen Aufbau, den überhängenden Ziegeldächern und den feinen geschnitzten Säulen und Balken dem typischen Baustil Keralas, in dem auch viele Hindu-Tempel und Wohnhäuser errichtet sind. Sie befindet sich auf einem weitläufigen Gelände nahe dem Meer, zu dem auch ein Friedhof und ein kleiner Treppenbrunnen gehören, und ist ein wichtiges Zentrum des Islam an der Westküste.

Bekal Fort und Umgebung

16 km südlich von Kasaragod liegt **Bekal Fort,** sicherlich die eindrucksvollste der unzähligen Festungsanlagen an der hiesigen Küste. Sie ist auch die Größte und am besten Erhaltene in Kerala. Über 14 ha erstreckt sich das Fort, das von massiven Lateritmauern umgeben ist, entlang dem Arabischen Meer. Besucher können im Innern der Anlage umherspazieren. Von den Beobachtungstürmen und Schießscharten des Forts ergeben sich spektakuläre Blicke auf das Meer und den Pallikara Beach südlich davon. Mit dem Bau der Festung wurde Mitte des 17. Jh. begonnen. Hyder Ali aus Mysore entriss die Festung den lokalen Herrschern der Ikkeri-Dynastie um 1763. Nach der Niederlage seines Sohnes Tipu Sultan gegen die Briten geriet sie in den Besitz der East India Company. Im Tourist Information Centre nahe dem Eingang

gibt es Informationen, einen Spielplatz und ein Restaurant (tgl. 8–17 Uhr, 100 Rs).

Nahe dem Eingang zum Fort steht ein populärer Tempel für den Affengott Hanuman. Auch eine alte, von den Mysore-Herrschern errichtete Moschee befindet sich nahebei. Die Strände rund um Bekal eignen sich für Spaziergänge, an Badegäste ist man hier allerdings nicht gewöhnt. Die Gegend ist stark muslimisch geprägt. Am **Pallikara Beach** ca. 1 km südlich liegt ein kleiner Vergnügungspark, der an den Wochenenden Besucherscharen anlockt. 5 km nördlich vom Fort befindet sich der reizvolle **Kappil Beach.**

i **Bekal Resorts Development Corporation:** am Fort Bekal, Tel. 04 67-227 29 00, www.bekal.org oder www.dtpckasara god.com. Infos für den gesamten Distrikt Kasaragod.

... in Kasaragod:
City Tower: Tel. 049 44-23 05 62. Für eine Übernachtung im Städtchen. DZ 400–2000 Rs.
... bei Kahangad (ca. 15 km südlich von Fort Bekal):
Neelambari Resorts: Maruthom Thatty, Chully, ca. 40 km östl. von Kahangad, Tel. 04 67-242 04 70, www.neelambari.com. Elegantes Luxusresort auf 40 ha Land mitten in üppig grüner Landschaft, Ayurveda-Zentrum, Yoga-Kurse. DZ ab 6000 Rs.
Sanawara: 35 km östl. von Kahangad, Tel. 04 67-224 21 25, www.sanawara.com. Familienfreundlicher Homestay auf einer Plantage in den Bergen. DZ 2500 Rs inkl. VP.
Kareem Forest Park: Puliyamkulam/Parappa, 30 km östl. von Kahangad, Tel. 04 67-225 42 83, www.kareemforestpark.all.at. Vom Umweltaktivisten Abdul Kareem gegründeter Naturschutzpark, wo auch Unterkunft, Trekkingtouren und Ayurveda-Behandlungen angeboten werden. DZ ab 2000 Rs inkl. VP.
... in Nileshwar (30 km südl. von Fort Bekal):
Nalanda Resorts: Tel. 04 67-228 26 62. Am Flussufer des Nileshwar (und sehr nahe am Highway 17), mit nettem Restaurant und Hängematten im Garten. DZ 900–1800 Rs.

Mit der Autorin unterwegs

Verehrte Kunsttraditionen

Der Besuch einer **Theyyam-Aufführung** gibt Einblicke in diese hoch geschätzte religiöse Tanzform, die vor allem im Distrikt Kannur sehr lebendig ist. Die traditionelle **Kampfkunstform Kalaripayattu** wird in vielen Kalaris, traditionellen Institutionen, gelehrt. Dem Meister und seinen Schülern bei den täglichen Übungen zuzusehen ist ein spannendes Erlebnis. Möglichkeiten dafür gibt es beispielsweise in Kannur oder Kozhikode (s. S. 205, 207 u. 214).

Verzückte Gourmets

Feinschmecker probieren ein Malabar-Biryani oder andere Köstlichkeiten aus der Mappila-Küche der Kerala-Muslime – wer viel Geld in der Tasche hat im Homestay **Ayisha Manzil** in Thalassery, wer zu moderaten Preisen ausgezeichnet speisen möchte im Restaurant **Zain's Hotel** in Kozhikode (s. S. 208 u. 214).

Verborgene Reize

Im geschichtsträchtigen Muslimviertel **Kuttichera** in Kozhikode wandert man durch enge Gassen, wo hinter hohen Mauern traditionelle Häuser stehen, vorbei an schönen alten Moscheen und kleinen Plätzen – ein lebendiger und authentischer Stadtteil (s. S. 211).

Versteckter Tempel

Die Fahrt zum abgelegenen **Thirunelly-Tempel** in Wayanad wird mit spektakulären Aussichten belohnt. Als Tagestrip von Kalpetta oder Mananthavadi aus in Kombination mit einer Tour zum nahe gelegenen Wayanad Wildlife Sanctuary (Eingang Tholpetty) zu besuchen oder etwas ausgedehnter mit einer Übernachtung im netten Tamarind Hotel bei Thirunelly (s. S. 219).

Züge: Viele Züge aus Mumbai und Goa Richtung Kochi und Thiruvananthapuram halten in Kasaragod, einige auch in Kahangad und Cheruvathur.

Richtig Reisen-Tipp: Valiyaparamba Backwaters

Wer bei dem Wort Backwaters, bei palmenumsäumten Lagunen und bei wehenden Kokospalmen nur an Süd-Kerala denkt, der kennt die **Valiyaparamba Backwaters** bei Cheruvathur nicht. Acht tropisch grüne Inseln trennen das Arabische Meer hier vom Festland. Das dem Meer am nächsten liegende Eiland ist auch das längste: 24 km misst **Valiyaparamba,** dem die Backwaters ihren Namen verdanken. Auf der palmenbestandenen Insel, an manchen Stellen kaum 100 m breit, gibt es keine motorisierten Fahrzeuge und nur wenige Menschen, denn die meisten sind nach der Tsunami-Katastrophe von 2004 aus Angst weggezogen. Jetzt schützt die Insel die sieben dahinterliegenden Eilande gegen die Meeresfluten und bildet eine natürliche Grenze für die Valiyaparamba Backwaters, die von fünf Flüssen und von Meerwasser gespeist werden. Hier tummeln sich Möwen und Reiher, fliegende Fische und Aale. Zwischen den Mangroven kann man Biber sichten, und nachts erklingt das dumpfe Trommeln der Fischer, die mit Schlägen gegen ihre Boote die Fische aufscheuchen. *Oyster opera* nennt der Besitzer des gleichnamigen kleinen Backwater-Resorts das Zusammenspiel der Klänge, die man hier zu hören bekommt. Denn in den Gewässern sind mittlerweile nicht nur Fische heimisch, sondern auch allerlei anderes Getier. Muscheln und Austern gedeihen seit einiger Zeit prächtig. Von ihrer Aufzucht leben inzwischen 3500 Menschen, der überwiegende Teil sind Frauen. Gul Mohammed vom **Hotel Oyster Opera** ist der Initiator dieses innovativen Projekts. Seine Gäste können nicht nur bei der Muschelernte zuschauen, sie bekommen die Köstlichkeiten auch frisch auf den Tisch. Und wenn es ganz ruhig ist, sagt Mohammed, kann man sie hören, die vielen Muscheln und Austern, wie sie ihre Schalen bewegen. Oder die kleinen Krebse, die ihre Zangen reiben. Und natürlich das Plätschern der sanften Wellen und den Wind, der durch die Palmen rauscht.

Unterkunft: Hotel Oyster Opera, Valiyaparamba Backwaters, Padanna, nahe Cheruvathur, Tel. 04 67-227 81 01, www.oysteroperaatpadanna.com. Malerisch gelegene, aus natürlichen Materialien erbaute Hütten. Anreise mit Zug oder Bus bis Cheruvathur. DZ 4200–5500 Rs inkl. Frühstück.
Bootstouren: Buchungen über das Hotel Oyster Opera (s. o.), das Tourist Information Centre Bekal, Tel. 04 99-77 29 00, oder über www.bekalboatstay.com.

Muscheltauchen ist Frauensache

Busse: Regelmäßige Verbindungen zwischen den Küstenorten.

Kannur und Umgebung

Reiseatlas: S. 15, C 4

Ruhig schaukeln die bunten Fischerboote im Hafen von **Kannur,** Kühe liegen bei Ebbe im seichten Wasser. Im Hintergrund reckt die alte Moschee der ehemaligen Arakkal-Herrscher ihre beiden Türmchen vor einem dichten Palmenhain in den Himmel. Der Blick vom Fort San Angelo auf den alten Hafen von Kannur vermittelt eine friedliche und ruhige Atmosphäre. Ganz anders ging es hier sicherlich in früheren Zeiten zu.

In der sanften Bucht befand sich lange Zeit einer der wichtigsten Umschlagplätze für die kostbaren Güter Indiens. Der ›Platz Krishnas‹ (Kann-ur) bedeutet der Name der Stadt, die lange Zeit von verschiedenen Hindu-Dynastien regiert wurde. Doch nicht nur der populäre indische Gott ist mit dem Ort verknüpft. Seefahrer und Händler aus China und aus Arabien, aus Rom und Griechenland legten hier mit ihren Schiffen an und beluden sie mit kostbarem Elfenbein, edlen Hölzern und natürlich allerlei Gewürzen. König Salomon, so sagt die Legende, ließ von hier das Holz für den Bau des Tempels in Jerusalem verschiffen. Kein Wunder, dass die Portugiesen kurz nach ihrer Ankunft auf dem Subkontinent im Jahr 1498 schnell ein Auge auf die geschäftige Hafenstadt geworfen hatten. 1505 erhielten sie von den hiesigen Kolathiri-Rajas die Genehmigung zum Bau des Forts San Angelo. Kaum war die Festung jedoch fertiggestellt, versuchten die Portugiesen, die anfangs freundlich gestimmten Rajas zu beherrschen. Machtkämpfe mit den lokalen Regenten waren von nun an die Regel. Ab 1800 waren die Briten die dominante Macht in der Region.

Kannur ist auch heute eine umtriebige Stadt, in der die Verarbeitung und der Export von Gewürzen noch immer eine wichtige Rolle spielen. Cashewnüsse und Textilien haben ebenfalls einen hohen Stellenwert für die Ökonomie der Region. Immer mehr Bedeutung gewinnt auch der Tourismus als Einkommensquelle.

Die Sehenswürdigkeiten liegen verstreut in der Stadt und sind am besten mit einer Rikscha zu erreichen. Zu den besonderen Attraktionen von Kannur und Umgebung zählen die zahlreichen Kalaris, Institutionen, in denen einige der klassischen Kunstformen Keralas wie die Kampfkunstform Kalarippayattu erlernt werden können. Außerdem gilt die Region als Wiege des Theyyam, einer rituellen Tanzform, die in den hiesigen Tempeln aufgeführt wird.

Fort San Angelo

Auf einem felsigen Gelände 3 km südlich der Stadt und nordwestlich des alten Hafens erheben sich die mächtigen Mauern des **Fort San Angelo.** Die Festungsanlage wurde 1507 von den Portugiesen erbaut, um ihre Handelsgeschäfte an der Küste zu sichern. Ein massives Dornentor schützt den imposanten Haupteingang im Osten. Zwei Beobachtungstürme und 17 Kanonen sind noch zu sehen. Nacheinander waren Holländer, die örtlichen Arakkal-Rajas und Briten die Herren über die Festung. Heute kümmert sich der Archeologial Survey of India um das Monument und hat Teile davon restaurieren lassen, darunter eine Kirche, ein Gefängnis, die Munitionslager sowie Pferdeställe. Auch ein kleines Museum mit Fotografien und Fundstücken befindet sich hier. Von den Mauern an der Ostseite des Forts hat man einen guten Blick auf den geschäftigen Hafen von Kannur (tgl. 8–18 Uhr, Eintritt frei).

Arakkal Kettu

Ebenfalls südlich der Stadt, nahe Fort San Angelo, befindet sich **Arakkal Kettu,** der Palast der früheren muslimischen Arakkal-Herrscher von Kannur, unter denen sich auch Frauen als Oberhaupt befanden. In der zweiten Hälfte des 18. Jh. gehörten sie zu den einflussreichsten Dynastien in Kerala und waren ab 1770 im Besitz von Fort San Angelo, bis sie es an die Briten abtreten mussten. Das Gleiche geschah mit der Inselgruppe der

Lakkadiven (Lakshadweep), die ebenfalls Teil ihres Herrschaftsbereichs war. In einem Flügel des Palasts ist heute ein Museum untergebracht, das Stücke aus dem Familienbesitz zeigt (Di–So 9.30–18 Uhr, 5 Rs).

Payyambalam Beach und Baby Beach

Payyambalam Beach, der größte und bei den Einheimischen beliebteste Strand, wird vor allem abends zum Sonnenuntergang besucht. Dann haben auch die Budenbesitzer großen Zulauf, die Erfrischungen, Eis und gebackene Muscheln verkaufen. Der kleinere **Baby Beach** liegt nahe dem Stadtteil Burnassery Cantonement mit seinen alten Bungalows und ist um einiges ruhiger.

Sri-Mutthapan-Parassinikadavu-Tempel

Malerisch liegt der **Sri-Mutthapan-Parassinikadavu-Tempel** am Ufer des Flusses Valapattanam, 16 km nördlich von Kannur. Er ist ein populäres Pilgerziel und ein Zentrum des Theyyam. Hier finden ganzjährig morgens und abends (genaue Zeiten über das DTPC-Office in Kannur erfragen, s. rechts) Theyyam-Aufführungen statt. Eine Trommelgruppe begleitet den mit einem aufwendigen Kostüm und einer Maske ausgestatteten Tänzer, während er die Opfer-Zeremonie durchführt. Dabei wird er von der Gottheit Sri Mutthapan, einer Form Shivas, besessen. Die Aufführungen morgens sind länger und daher mehr zu empfehlen als die am Nachmittag.

Vor allem zur Anreise am frühen Morgen sollte man sich ein Taxi organisieren, das am (Bus-)Bahnhof in Kannur zu finden ist und ca. 400 Rs hin und zurück kostet.

Vallapattanam Backwaters

Wenige Kilometer nördlich von Kannur laden die **Vallapattanam Backwaters** zur Erkundung ein. Vom Städtchen Vallapattanam aus, einem Zentrum des traditionellen Schiffsbaus, organisiert die lokale Tourismusbehörde DTPC (s. rechts) Hausboote, mit denen man auf dem Vallapattanam-Fluss und den hiesigen Backwaters umherschippern kann.

ℹ️ District Tourism Promotion Council (DTPC): Taluk Office Compound, Tel. 04 97-270 24 66, www.kannurtourism.org, Mo–Sa 10–17 Uhr; Zweigstelle in Thalassery. Hilfsbereite Mitarbeiter informieren über die Attraktionen der Stadt und organisieren Ausflüge in die Umgebung, außerdem ist hier der Theyyam-Führer mit allen Veranstaltungen in der Region erhältlich.

🛏️ … in Kannur:
Mascot Beach Resort: Tel. 04 97-270 84 45, www.mascotresort.com. Direkt am Meer gelegen, das man von allen Räumen aus sieht. Zimmer mit/ohne Klimaanlage, diverse Wellness-Angebote, gutes Restaurant. DZ 900–2500 Rs.
Palmgrove Heritage Resort: Mill Rd., Tel. 04 97-270 31 82, www.palmgroveheritageretreat.com. Hier wohnte einst der Herrscher der hiesigen Arakkal-Dynastie, heute schlafen in den mit viel altem Mobiliar eingerichteten Räumen Touristen. Im großen Garten wird auf Bestellung gutes Essen serviert. DZ 300–1000 Rs.
Government Guesthouse: Tel. 04 97-270 64 26. 24 einfache Zimmer mit Balkon in toller Lage direkt am Meer, die meisten mit Blick aufs Wasser. Die Zimmer werden nur an Touristen vermietet, falls sie nicht von Regierungspersonal belegt sind – vorher anrufen! DZ ab 300 Rs.
… außerhalb:
Costa Malabari: 10 km südl. von Kannur, Reservierungen über das Tourist Desk am Boat Jetty in Kochi, Tel. 04 84-237 17 61, oder über www.costamalabari.com. Bungalow nahe dem Strand mit 5 angenehmen Zimmern. Für die Hausgäste werden Spezialitäten aus der Region gekocht und Besuche von Theyyam-Aufführungen arrangiert. DZ ab 2000 Rs.

🍴 Aquarius: Sadhoo Buildings, nahe dem Busbahnhof, Tel. 04 97-270 05 58. Hier essen die Einheimischen ihr Malabar-Biryani. Ab 30 Rs.
Grand Plaza: Thavakkara, beim Bahnhof, Tel. 04 97-270 16 54. Ebenfalls einheimische Spezialitäten aus Nord-Kerala. Ab 30 Rs.

MVK Restaurant: SM Rd., Tel. 04 97-276 71 92. Gute einheimische Küche zu günstigen Preisen. Ab 30 Rs.

 Theyyam Festivals: v. a. Dezember–Mai. Festivitäten in der gesamten Region Kannur.

 Kerala Kalarippayattu Academy: Pillyar Rd., Tel. 04 97-276 81 78, www.kalarippayatacademy.com. Kurse in den verschiedenen Stilen der Kampfkunstform sowie in Massagetechniken. Das Trainingszentrum mit Unterkünften befindet sich nahe dem Payyambalam Beach etwas außerhalb der Stadt.

 Flüge: Der nächste Flughafen ist im 93 km südlichen Kozhikode (s. S. 209). **Züge:** Kannur liegt an der Hauptstrecke Mumbai–Thiruvananthapuram. Die meisten Schnellzüge halten hier und es gibt eine tägliche Verbindung mit Bangalore. **Busse:** Regelmäßige Verbindungen nach Kozhikode, Kochi, Mangalore oder Mysore. Verbindung auch nach Kalpetta (Wayanad).

Thalassery und Umgebung

Reiseatlas: S. 15, C 4; S. 17, A 1
Kannur und Kozhikode sind zwar die prominenten Hafenstädte an der Malabar-Küste, doch das kleinere **Thalassery** ca. 20 km südlich von Kannur hat ebenfalls viele interessante Geschichten zu erzählen: Hermann Hesses Großvater, Hermann Gundert, lebte hier als Missionar im 19. Jh., in der ehemaligen britischen Hochburg fand das erste Kricketspiel auf dem Subkontinent statt und hier eröffnete die erste Kuchenbäckerei Indiens. Doch das Küstenstädtchen ist auch ein altes Zentrum der traditionellen Kampfkunstform Kalarippayattu, die seit mehr als 100 Jahren überdies die Basis für das Training der vielen von hier stammenden Zirkusartisten bildet – kein Wunder, dass Thalassery auch die Zirkusstadt Indiens genannt wird.

Geschichte

Wie in anderen Städten entlang der Malabar-Küste setzten sich auch hier ab dem 16. Jh. verschiedene europäische Mächte fest, zuerst die Portugiesen, dann die Franzosen. Es waren aber die Briten, die in der zweiten Hälfte des 17. Jh. eine Handelsniederlassung gründeten und zu Beginn des 18. Jh. das Tellicherry Fort (benannt nach der damaligen britischen Bezeichnung des Ortes). Die Festung sollte die Ausfuhr von Gewürzen und Hölzern sichern, die aus dem fruchtbaren Hinterland von Wayanad und Kodagu bzw. Coorg stammten. Doch die Briten hatten immer wieder mit dem Widerstand der einheimischen Herrscher sowie den Truppen der Mysore-Sultane zu tun. Besonders der beim Volk sehr populäre lokale Herrscher Pazhassi Raja lehnte sich gegen die Besetzung und Ausbeutung seines Landes durch die Europäer auf, bis er 1805 in den Bergen von Wayanad von britischen Truppen getötet wurde.

Sehenswertes im Zentrum

Thalassery ist ein freundliches und lebhaftes kleines Städtchen. Bei einem Spaziergang durchs Zentrum lassen sich einige der wichtigsten Sehenswürdigkeiten besuchen. Man beginnt am besten beim **Thalassery Fort** an der Gundert Road. Die quadratische Festung aus Lateritgestein wurde 1708 fertiggestellt. Hier lagerten die Briten ihre Pfeffervorräte und andere Kostbarkeiten aus den Bergen, bevor sie nach Europa verschifft wurden. Ein unterirdischer Gang, so heißt es, führte früher von hier bis zu der Festung im 20 km nördlich gelegenen Kannur.

Neben dem Fort befinden sich die von Gestrüpp überwucherten Überreste der ungefähr 350 Jahre alten anglikanischen **Eduard Brennen Church** sowie ein verfallener Friedhof. Nahe dem Fort steht auch die renovierte **Holy Rosary Church.**

An der Gundert Road nördlich des Gundert Circle erhebt sich die **Gundert-Statue.** Hermann Gundert, der Großvater von Hermann Hesse, genießt auch heute noch große Popularität vor Ort. Er war nicht nur Missionar, sondern der Verfasser verschiedenster

207

Werke, die sich mit der Kultur der Region beschäftigen. Unter anderem erarbeitete er das erste Wörterbuch für Malayalm-Englisch. An seiner früheren Wohnstätte, dem **Gundert-Bungalow** auf dem Illikunnu-Hügel östlich des Zentrums, ist heute eine renommierte Ausbildungsstätte für Techniker untergebracht. Das Haus kann nach Anmeldung besucht werden (Nettur Technical Training Foundation, Tel. 04 90-235 14 23). Informationen über Gundert findet man auch unter www.hermann-gundert-gesellschaft.de.

Weiter südlich an der Logans Road steht in einem großen Garten die ca. 350 Jahre alte **Moschee Odathil Palli.** Das große, rechteckige Heiligtum ist wie viele der alten Moscheen der Region im typischen Kerala-Stil mit überhängenden Dächern und Holzverzierungen errichtet.

Ebenfalls im Zentrum, südlich des Gundert Circle Richtung Meer, findet man den interessanten **Markt** von Thalassery. Getrocknete und gesalzene Fische in den verschiedensten Formen, Pickles aus Krabben, Muscheln sowie gewürzte Knabbereien sind hier im Angebot. Zum Besuch der Innenstadt gehört es auch, die köstlichen Leckereien der lokalen Mappila-Küche zu probieren. Snacks wie Pathiris, mit Fleisch, Fisch oder Ei gefüllte Brötchen, gebackene, scharf gewürzte Muscheln und jede Menge Süßigkeiten gibt es in den Restaurants, Cafés oder Bäckereien.

Im malerisch am Meer gelegenen kleinen **Vamala Temple** nahe Venus Corner hat man täglich um 12.30 Uhr die Gelegenheit, eine Theyyam-Aufführung zu sehen.

Viele herrschaftliche Bungalows im Stadtgebiet erinnern an die britische Zeit von Thalassery. Einer der schönsten heißt seit einem Besitzerwechsel vor über 100 Jahren **Ayisha Manzil.** Heute befindet sich hier eine luxuriöse Privatunterkunft, wo Mappila-Küche auf höchstem Niveau serviert wird.

Sehenswertes in der Umgebung

In **Thiruvangad** etwas außerhalb der Stadt befindet sich eine der berühmten Stätten, wo die Kampfkunst Kalarippayattu gelehrt wird.

Der **CVN Kalari** bietet Besuchern die Möglichkeit, den Studenten frühmorgens (4–7 Uhr) oder nachmittags (16–19 Uhr) beim Training zuzusehen (100 Rs).

Ca. 16 km nordöstlich von Thalassery erstreckt sich beim Dorf Anjarakandy die größte Zimtplantage von Asien, der **Anjarakandy Cinnemon Estate.**

10 km südlich von Thalassery liegt das kleine Städtchen **Mahé,** das zum Unionsterritorium Puducherry gehört. Dies ist seiner Geschichte zu verdanken, denn hier war einer jener Flecken auf dem Subkontinent, den sich die Franzosen nicht von den Briten hatten entreißen lassen. Der Ort erstreckt sich südlich der Mündung des Mahé-Flusses mit seinem kleinen Fischerhafen. Er besteht im Zentrum zu einem Teil aus Alkoholläden, da dieser hier billiger als in Kerala verkauft wird. Wenn man kurz nach der Brücke, die über den Fluss führt, nach rechts Richtung Meer abbiegt, erreicht man das alte **Government Guesthouse.** Touristen können dort zwar nicht übernachten, aber die schöne Aussicht auf das Meer und den Strand nördlich davon genießen. Der sandige, von Palmen gesäumte Uferstreifen lädt zu näherem Betrachten ein. Unterkünfte gibt es dort jedoch keine. Südlich des Guesthouse verläuft ein schmaler Weg den Hang hinauf bis zum alten **Leuchtturm.** An der Hauptstraße durch das Städtchen liegt an der Ostseite der Straße die **Kirche St-Teresa.**

... in Thalassery:

Ayisha Manzil: Court Rd., Tel. 098 47 00 23 40, ayishamanzil@rediffmail.com. Eleganter Homestay mit tollem Ambiente. Der große und mit antiken Möbeln eingerichtete Bungalow steht inmitten eines weitläufigen Gartens mit Pool und Blick aufs Meer. International bekannt ist das Ayisha Manzil für seine Mappila-Spezialitäten. In der hauseigenen Küche werden auch mehrtägige Kochkurse durchgeführt. Rechtzeitige Anmeldung nötig. Ab 9000 Rs p. P. inkl. Abendessen.

Paris Presidency: Logans Rd., Tel. 04 90-234 26 66, www.parispresidency.com. Mitten im Zentrum, gutes Preis-Leistungs-Verhältnis,

Zimmer mit/ohne Klimaanlage, Multicuisine-Restaurant. DZ 500–850 Rs.

… in Mahé:

Mahé Residency: nahe Sports Ground, Mahé, Tel. 04 90-233 68 38. Sauberes kleines Hotel mit 8 Zimmern. Im Hotel gibt es nur Getränke, aber in der Nähe befindet sich ein Restaurant der Kette Indian Coffee House. DZ ab 350 Rs.

Busse: Von Thalassery fahren regelmäßig Busse nach Mahé, Kannur (ca. 20 km) und Kozhikode.

Kozhikode (Calicut)

Reiseatlas: S. 17, B 2

Den versteckten Charme von **Kozhikode** zu entdecken braucht etwas Zeit, denn es gibt sie hier nicht, die spektakulären Monumente, mit denen andere Orte die Besucher locken.

Für Neugierige sind die Spuren der multikulturellen Hafenstadt jedoch überall sichtbar. Besonders im alten Muslim-Viertel Kuttichera im Süden der Stadt mit seinen holzgeschnitzten Moscheen und verwinkelten Gassen. Oder im quirligen Basarviertel nahe dem Strand, wo man eine Ahnung von dem früheren Treiben bekommt, das hier geherrscht haben muss. Versteckte Perlen wie der wunderbare alte Jain-Tempel oder verborgene Genüsse wie in den Süßwarenläden der Sweet Meat Street tragen zum Reiz dieser von Touristen bisher eher beiläufig wahrgenommenen Stadt bei.

Geschichte

Kozhikode war im Mittelalter die wichtigste Handelsmetropole an der Malabar-Küste. Chinesen und Araber tauschten hier ihre Produkte aus. Seit dem 13. Jh. regierten in der kosmopolitischen Hafenstadt die hinduistischen Saamoothiri-Herrscher, in anglisierter

Nord-Kerala bietet viele Möglichkeiten, eine Theyyam-Aufführung zu erleben, z. B. im Sri-Mutthapan-Parassinikadavu-Tempel bei Kannur

Malabar: die Gier nach dem ›Schwarzen Gold‹

Thema

Pfeffer, das ›Schwarze Gold‹, und andere Gewürze wie Zimt und Kardamom waren es, die schon seit Jahrtausenden Seefahrer und Händler an die Westküste Indiens lockten. Denn hier in den nahen Bergen der Western Ghats gedeihen diese Pflanzen seit jeher im Überfluss.

Seit dem 3. Jh. v. Chr. gab es Handelsbeziehungen zwischen der Arabischen Halbinsel, den Mittelmeerländern und der Westküste des indischen Subkontinents. Malabar, ›Brücke‹, nannten die Seefahrer aus Arabien in ihrer Sprache das Land. Für sie lag die Südwestküste Indiens auf halbem Weg zwischen Europa und China. Sowohl Griechen als auch Römer besaßen hier Handelsniederlassungen und waren willkommene Wirtschaftspartner der einheimischen Herrscher und Händler. In den Hafenstädten Muziris und Kranganur blühten die Geschäfte.

Vermutlich noch zu Lebzeiten des Propheten Mohammed segelten die ersten muslimischen Seeleute von Arabien nach Indien. Sie heirateten einheimische Frauen und gründeten Siedlungen entlang der Küste sowie im Hinterland. Noch heute gehören deren Nachfahren, die Mappilas, wie die muslimischen Bewohner von Nord-Kerala genannt werden, zu den wichtigsten Bevölkerungsgruppen dieser Gegend. Ihre Lebensweise und ihre Traditionen prägen in vielfältiger Weise das Gesicht der Region. Lange Zeit beherrschten sie den Seehandel im Arabischen Meer. 1498 jedoch landete der Portugiese Vasco da Gama in Kappad, nördlich des heutigen Kozhikode, das damals der größte Umschlagplatz für Gewürze war. Damit begann die lange Phase der europäischen Kolonisation.

Die einheimischen Herrscher waren es gewohnt, Handel unter Gleichberechtigten mit den Ausländern zu treiben. Feindseligkeiten gehörten nicht zur Tagesordnung. Dies sollte sich nun grundlegend ändern, denn die Portugiesen setzten ihre ökonomischen Interessen mit militärischen Mitteln durch. Sie bauten Festungen an der Küste, die ihre Geschäfte sichern sollten. 1505 wurde im heutigen Kochi das erste europäische Fort auf indischem Boden errichtet und nur zwei Jahre später folgte die Festung in Kannur. Mehr als 150 Jahre dominierten die Portugiesen den Seehandel und bauten ihre militärische Macht weiter aus. Sie waren jedoch nicht die einzigen Europäer, die Gelüste auf den Reichtum der Malabar-Küste hatten. 1663 eroberten die Holländer Kochi und übernahmen die Kontrolle des Gewürzhandels. Doch auch sie waren permanent in Auseinandersetzungen mit den lokalen Rajas verwickelt, die sich gegen die Dominanz der Europäer wehrten. Zu den Holländern gesellten sich zeitweise auch Franzosen und immer mehr die Briten. Hyder Ali und Tipu Sultan, die muslimischen Herrscher von Mysore, hatten ebenfalls ein Auge auf Malabar geworfen, das ihnen nicht nur kostbare Produkte, sondern einen weiteren Zugang zum Meer versprach. Zerrieben von Kriegen mit verschiedenen Mächten, fiel die Region 1800 schließlich an die Briten. Sie wurde Teil der Madras Presidency und das Schwarze Gold gelangte fortan ungehindert nach Europa, ebenso wie Zimt, Kardamom, Kaffee und viele andere wertvolle Güter Malabars. Inzwischen hat sich einiges geändert, weil die Börse jetzt übers Internet läuft und übers Internet gehandelt und das Land von der kommunistischen Partei regiert wird.

Form als Zamorins bekannt. Durch die Unterwerfung der umliegenden Fürstentümer konnten sie ihr Reich beträchtlich vergrößern und stiegen zu den mächtigsten Herrschern Nord-Keralas auf. Auch einen Platz in der europäischen Kolonialgeschichte erhielt Kozhikode, denn am Strand von Kappad, 16 km nördlich von Kozhikode, betrat Vasco da Gama erstmals den Subkontinent.

Die Saamoothiris empfingen die Fremden zu Beginn freundlich. Offenheit und religiöse Toleranz gegenüber Neuankömmlingen besaßen eine lange Tradition an der Malabar-Küste, gewährleisteten sie doch auch einen florierenden Handel. Doch die Europäer wollten mehr als nur das. Sie verlangten das Handelsmonopol und die Vertreibung der arabischen Händler aus Kozhikode, denen die Saamoothiris nach jahrhundertelangen Handelsbeziehungen besondere Rechte zugestanden hatten. Fast das ganze 16. Jh. hindurch währten heftige Auseinandersetzungen, die letztendlich zu einer Zementierung der Macht der Portugiesen und später der Holländer führten. Das Ende der Saamoothiri-Dynastie wurde dann durch Hyder Ali, den Herrscher von Mysore, herbeigeführt. Er nahm Kozhikode 1766 ein, worauf sich der letzte Saamoothiri-Raja das Leben nahm. Ab 1792 regierten hier die Briten, die den Ort Calicut nannten. Kozhikode war Teil der ehemaligen britischen Madras Presidency, bis 1956 der Staat Kerala gegründet wurde.

Manachira Square und Sweet Meat Street

Das geschäftige Zentrum von Kozhikode hat sich rund um den **Manachira Square** entwickelt. Hier stand früher der Palast der Saamoothiris inmitten von Gärten und einem großen Wasserbecken. Die Gärten wurden als Park wiedereröffnet, vom Palast ist nichts mehr zu sehen, doch Historiker vermuten Reste davon unter der Erde. Rund um den Platz findet man auch einige Bauten aus der Kolonialzeit sowie die renovierte **Pattalam-Moschee.**

Südlich des Manachira Square verläuft Kozhikodes Gasse der Gaumenfreuden, die

Sweet Meat (SM) Street, die an den lange Zeit während arabischen Einfluss in der Stadt erinnert. Man muss die Straße ein Stück entlanglaufen, vorbei an vielen Textilgeschäften, um zu den Köstlichkeiten zu gelangen. Doch dann stechen die farbigen großen Würfel der Halwa-Sorten jedem ins Auge: Pistazie, Mango, Orange – in den verschiedensten Geschmacksrichtungen wird die populäre orientalische Süßspeise hier verkauft. Auch die frittierten Bananenchips sind eine lokale Spezialität.

Kuttichera

Lebendig wird die Geschichte der Stadt im alten muslimischen Viertel **Kuttichera,** das ca. 1,5 km südlich des Manachira Square liegt und unbedingt einen Besuch wert ist. Hier stehen wunderbare alte Moscheen und Besucher bekommen einen Eindruck vom Leben der in Nord-Kerala verbreiteten muslimischen Gemeinschaft der Mappilas.

Am besten lässt man sich von einer Rikscha zum **Kuttichera Tank** befördern, einem alten Wasserbecken, das im Herzen des Viertels liegt. Hier erhebt sich am südlichen Ende die große **Mishkaal-Moschee,** die im traditionellen Baustil Keralas erbaut wurde und auf den ersten Blick nicht als solche zu erkennen ist. Teile davon wurden 1510 von den Portugiesen durch Feuer zerstört, jedoch später neu errichtet.

Bei einem Spaziergang durch die engen Gassen des Viertels, die von hohen Mauern gesäumt sind, sieht man die ausgedehnten **Wohnhäuser der Mappilas,** in denen früher bis zu 300 Familienmitglieder lebten. Die Mappilas folgen dem in Kerala weit verbreiteten System der matrilinearen Erbfolge. Dies führte dazu, dass die Frauen nach der Heirat im Elternhaus wohnen blieben und die Männer zu ihnen zogen. So wuchsen die Häuser mit jeder neuen Heirat und jeder neuen Generation in die Länge. Bis zu 30 Schlafzimmer waren keine Seltenheit. Noch heute leben etwa 250 Familien in diesem Stadtteil und prägen sein Leben nach wie vor.

Am nordwestlichen Ende des Kuttichera Tank führt eine kleine Straße zu den beiden

Im Hinterland von Kozhikode gedeiht u. a. der berühmte Malabar-Pfeffer ...

anderen sehr sehenswerten Moscheen des Viertels, der **Jama'at-Palli-Moschee** und der **Muchandi-Palli-Moschee.** Beide besitzen schöne Holzschnitzereien an den Dächern und in ihrem Innern. Die Jama'at Palli bietet Platz für 1000 Gläubige und ist damit die Moschee mit dem größten Innenraum in Kerala. Die Muchandi Palli gilt als älteste Moschee von Kozhikode und wurde auf Land errichtet, das die Saamoothiri-Herrscher den muslimischen Händlern im 13. Jh. zur Verfügung gestellt hatten.

Am nördlichen Ende von Kuttichera befindet sich das Mappila-Restaurant Zain's Hotel (s. S. 214), in dem das probiert werden kann, was üblicherweise hinter den dicken Mauern Kutticheras in den Kochtopf kommt.

Valiya Angadi und Kozhikode Beach

Gewürze und Fisch zählten schon immer zu den gefragtesten Produkten von Kozhikode. Im Viertel **Valiya Angadi** werden sie gehandelt, was die Gerüche und die Geräusche verraten. Im diesem geschäftigen Basar kommt man in den Stoßzeiten am besten zu Fuß voran. Lastwagen blockieren beim Be- und Entladen die engen Straßen, dazwischen schieben sich Handkarrenwagen, Fahrräder und jede Menge Menschen. Valiya Angadi befindet sich zwischen Stadtzentrum und Strand und ist eine Ansammlung von verblichenen Lagerhallen und Läden, die ihren eigenen Charme ausstrahlen.

Westlich davon verläuft der Stadtstrand **Kozhikode Beach,** der vor allem abends zum Sonnenuntergang gerne besucht wird.

Jain-Tempel

Eine Stadt, die so sehr vom Handel lebte, zog natürlich auch viele Jains an. Die ursprünglich aus Gujarat stammenden Angehörigen der gleichnamigen Religionsgruppe sind traditionell in diesem Metier tätig. Die Saamoothiri-Rajas schenkten auch ihnen Land, auf dem die Jains ihr Heiligtum errichteten. Mehrere reich mit verzierten Fliesen, Spiegeln und Holzschnitzereien geschmückte kleine Tem-

… der aber nur einen kleinen Teil des Angebots auf dem Gewürzmarkt ausmacht

pel umfasst die Anlage, die Besuchern offen steht (Ledertaschen müssen abgegeben werden, keine Fotografier-Erlaubnis).

Das Heiligtum liegt etwas versteckt westlich des Bahnhofs. Man findet es am besten, wenn man nördlich des Bahnhofs die Brücke über die Gleise nimmt (Richtung Westen) und dann gleich in die erste Straße links abbiegt.

Pazhassi-Raja-Museum und VK Krishna Menon Art Gallery

Im Norden der Stadt, ungefähr 5 km vom Zentrum entfernt, liegen nebeneinander auf einem Hügel das Stadtmuseum und eine Kunstgalerie. Das **Pazhassi-Raja-Museum** ist in einem alten britischen Bungalow von 1812 untergebracht. Zu den interessanten Objekten gehören Miniaturmodelle von Tempeln im Kerala-Stil sowie eine Galerie, die den Göttern Vishnu und Shiva gewidmet ist. Die daneben liegende **VK Krishna Menon Art Gallery** zeigt unter anderem Gemälde von Raja Ravi Varma und Nikolaus Roerich (Di–So 9–17 Uhr, 10 Rs).

DTPC Kozhikode: am Bahnhof und am Flughafen, Tel. 04 83-272 00 12, www.dtpckozhikode.com. Organisation von Stadtbesichtigungen, Touren in die Umgebung etc.

… in Kozhikode:
Harivihar: Bilathikulam, im nördlichen Teil der Stadt, Tel. 04 95-276 58 65, www.ha rivihar.com. Kleines, feines Ayurveda-Hotel in einem geschmackvoll renovierten Kerala-Bungalow inmitten eines schön angelegten Gartens. Ein umfangreiches kulturelles Programm samt Yoga-Stunden gehört zum Angebot für die Gäste. DZ ab 5000 Rs inkl. VP.
Taj Residency: PT Usha Rd., Tel. 04 95-276 53 54, www.tajhotels.com. Zentral, komfortable Zimmer, 2 Restaurants und Ayurveda-Zentrum. DZ ab 3200 Rs.
Fortune Hotel Calicut: Kannur Rd., Tel. 04 95-276 88 88, www.fortunehotels.in. Modernes angenehmes Hotel mit Pool und gutem Restaurant im nördlichen Teil der Stadt. DZ 2700–4000 Rs.

Nord-Kerala

The Beach Heritage: Beach Road, am Calicut Beach, Tel. 04 95-36 53 63, www.beach heritage.com. In dem viktorianischen Bungalow von 1890 war früher der Malabar English Club untergebracht. Alle 8 stilvoll renovierten Zimmer haben Meerblick, Balkon oder Veranda. DZ 1500 Rs.

Yatri Nivas West Hill: auf einem Hügel im Nordwesten der Stadt nahe den Museen, Tel. 04 95-238 39 20. Einfache, aber saubere Unterkunft. DZ ab 300 Rs.

... außerhalb:

Kadavu Resorts: 14 km südöstl. (erreichbar über NH 17 Bye Pass Road), Tel. 04 83-283 05 70, www.kadavuresorts.com. Große Luxushotelanlage am Chaliyar-Fluss mit mehreren Restaurants, angesehenem Ayurveda-Zentrum und umfangreichem Freizeitangebot inkl. Hausbootfahrten. DZ ab 8500 Rs.

 Paragon Restaurant: Kannur Rd., Tel. 04 95-276 10 20. Scharf, lecker und immer frisch sind die Gerichte, die hier serviert werden, z. B. der im Bananenblatt gedämpfte Fisch (Meen Polichathu). Ab 100 Rs.

Zain's Hotel: Convent Cross Rd., hinter Fire Station (nördlich des Muslim-Viertels Kuttichera), Tel. 04 95-236 63 11. Die in ganz Kozhikode bekannte Besitzerin Zainabi Noor kocht seit Jahrzehnten ausgezeichnete Fisch- und Fleischgerichte aus der Mappila-Küche. Die Speisekarte ist auf Malayalam geschrieben, aber das Essen in einer Vitrine zu begutachten. Ansonsten empfiehlt es sich, eines der leckeren Biryanis, z. B. mit Krabben oder Lamm, zu probieren. Ab 100 Rs.

Woodlands: Kallai Rd. Für Vegetarier, für die es in den beiden oben genannten Lokalen nicht viel Auswahl gibt. Ab 30 Rs.

 Court Road: Gewürzmarkt für die Kostbarkeiten der Malabar-Küste.

Kairali: MM Ali Rd. In dem staatlichen Kunsthandwerkgeschäft gibt es typische Produkte des Bundesstaates.

Malabar Mahotsavam: Jan./Feb. Kulturfestival mit einer Vielzahl von Darbietungen der traditionellen Kunstformen.

Malabar-Pepper-Fest: Feb. Das jährliche Treffen der Gewürzhändler während der Pfefferernte wird von vielerlei kulturellen Veranstaltungen begleitet.

Beide Feste finden auch in anderen Orten statt, Infos hierzu in den Tourismusbüros.

 Ayurveda: Ayurvedische Kuren bieten zum Beispiel die Hotels Kadavu Resorts (s. links) und Harivihar (s. S. 213), die beide mit dem Green Leaf, der höchsten staatlichen Auszeichnung für Ayurveda-Zentren, ausgestattet sind.

Kalarippayattu: CVN Kalari, im nördlichen Stadtteil Nadakkavu, Tel. 04 95-276 91 14, www.cvnkalarikerala.com. In dem traditionellen Trainingszentrum werden die Kampfkunstform Kalaripayattu gelehrt sowie Vorführungen und Vorlesungen für interessierte Besucher angeboten.

 Flüge: Vom Flughafen in Karipur, ca. 23 km südl., gibt es täglich Verbindungen nach Mumbai, Bangalore und Chennai.

Züge: Bahnverbindung mit allen größeren Städten im Süden und an der Westküste.

Busse: Regelmäßige Verbindungen vom KSRTC-Busbahnhof nach Bangalore und Mysore (über Kalpetta und Sulthan Battery in Wayanad), nach Trichur, Kochi, Mangalore und in viele andere Städte.

Mietwagen: Z. B. über Real India Tours & Holidays, Tel. 093 88 53 30 99, www.realindia tourism.com.

Die Umgebung von Kozhikode

Kappad Beach

Reiseatlas: S. 17, B 2

Weltgeschichte geschrieben wurde an der schönen sandigen Bucht von **Kappad,** 16 km nördlich von Kozhikode. Hier betrat der Portugiese Vasco da Gama 1498 zum ersten Mal indischen Boden und läutete damit das Zeitalter der Kolonisation ein. An dieses Ereignis erinnert ein Pfeiler an der nördlichen Zufahrtsstraße zum Meer. Direkt am Strand ist auch eine Hotelanlage mit Restaurant und Ayurveda-Zentrum.

 Kappad Beach Resort: Tel. 04 96-268 87 77, www.renaissancekappadbeach. com. Die Bungalows sind nur wenige Meter vom Strand entfernt. Pool, Ayurveda-Zentrum und ein Multicuisine-Restaurant mit Meerblick gehören zu den Attraktionen des Hotels. DZ ab 2800 Rs.

Beypore

Reiseatlas: S. 17, B 2

Beypore, 11 km südlich von Kozhikode an der Mündung des Chaliyar River gelegen, war über viele Jahrhunderte ein wichtiges Schiffsbauzentrum an der Malabar-Küste. Noch immer sägen und hämmern die Handwerker auf einigen der verbliebenen Werften und stellen die traditionellen Kähne aus Holz her. Sie werden Urus genannt und heutzutage meist in die arabischen Staaten verkauft. Ein interessanter Spaziergang entlang der Nordseite der Flussmündung führt vorbei an einigen der alten Werften und Fischerbooten. Am Ende der Straße gelangt man zum Strand von Beypore mit einem langen Steg hinaus ins Meer.

Methalakath Handicrafts: Padathparambu, an der Nordseite des Flusses bei den Werften. Die kleine Ladenwerkstatt stellt Minimodelle der traditionellen Schiffe aus Holz her.

Weben, Batiken etc.: Wer an Kunsthandwerk und insbesondere an Weberei Interesse hat, ist beim Tasara Centre for Creative Weaving, Tel. 04 95-241 48 32, www.tasaraindia.com, richtig. Hier werden von Künstlern Kurse zu verschiedenen Techniken der Textilkunst abgehalten. Für die Teilnehmer gibt es attraktive Übernachtungsmöglichkeiten inmitten eines Gartens.

Kottakkal

Reiseatlas: S. 17, C 3

Die Stadt **Kottakkal** ca. 48 km südlich von Kozhikode im Distrikt Malappuram (über Highway NH 47 Richtung Thrissur zu errei-

chen) ist vor allem wegen ihrer ayurvedischen Klinik bekannt. Im **Arya Vaidya Sala** (www. aryavaidyasala.com), lassen sich Menschen aus der ganzen Welt behandeln. Ayurvedische Apotheken reihen sich entlang der Straße. Außerdem gibt es mitten im Städtchen einen sehr interessanten Park mit medizinischen Pflanzen (Mo–Sa 8–17 Uhr).

Der Distrikt Wayanad

Hohe Berge, dichter Dschungel und viel unberührte Natur: In Wayanad zeigt sich Nord-Kerala von seiner wilden Seite. Naturschutzgebiete wie das Wayanad Wildlife Sanctuary beheimaten viele Elefanten und andere bedrohte Tierarten. Einsame Bergtempel, vom Dschungel überwucherte Heiligtümer und abgelegene Dörfer erinnern aber daran, dass seit jeher Menschen hier siedeln. Wayanad ist die Heimat zahlreicher indigener Stämme, die ihre traditionelle Lebensweise zum Teil bewahrt haben. Interessant war die Region sehr früh auch für fremde Mächte, denn die grünen Hügel sind die Gewürzkammer der Malabar-Küste. In Wayanad wächst der berühmte Malabar-Pfeffer, gedeihen Kardamom und Zimt, Vanille und Betelnuss. Riesige Teeplantagen bedecken große Teile des Gebiets und auch Kaffee entwickelt sich prächtig an den regenreichen Hängen der Western Ghats.

Immer mehr öffnet die Region ihre Pforten für den Tourismus. Naturliebhabern bieten sich Trekking- und Wandermöglichkeiten oder Ausflüge ins Wildschutzgebiet. Auch kulturell hat Wayanad Besuchern einiges zu bieten. Der malerisch gelegene Tempel von Thirunelly oder die Eddakal-Höhlen mit ihren eindrucksvollen Felsritzungen aus dem Neolithikum sind nur zwei Beispiele. Attraktive Übernachtungsmöglichkeiten auf Plantagen, in Baumhäusern oder ganz normalen Hotels und Privatunterkünften – alles ist möglich.

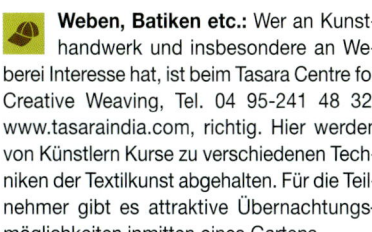 **www.kabani.org:** Webseite einer NGO aus Wayanad, die den nachhaltigen Tourismus in der Region fördert und vielfältige Programme für Besucher anbietet. Die

Organisation setzt auf direkte Begegnungen mit den Menschen und organisiert Privatunterkünfte bei Bauernfamilien. Einblicke in die Landwirtschaft, in Kunsthandwerk und Traditionen gehören zum Programm.

www.wayanad.org: Webseite eines privaten Touristikverbands aus Wayanad mit interessanten Hintergrundinformationen und praktischen Infos.

 Der nächstgelegene Flughafen bzw. Bahnhof befindet sich in Kozhikode.

Busse: Regelmäßige Verbindungen von Kozhikode nach Kalpetta und Sulthan Bathery. Expressbusse fahren teils weiter bis Mysore in Karnataka, sodass man Wayanad auch von dort erreichen kann. Außerdem Verbindungen von Kannur nach Mananthavadi.

Mietwagen: Zu buchen über das DTPC in Kalpetta (s. u.), Hotels sowie direkt in den Zentren von Kalpetta, Mananthavadi und Sulthan Battery (die Jeeps parken unübersehbar an der Hauptstraße).

Von Kozikode nach Kalpetta

Reiseatlas: S. 17, B 2–C 1

Steil und in vielen Kurven schlängelt sich der Highway 212 von Kozhikode Richtung Mysore hinauf in die Western Ghats bis ins 55 km östlich gelegene **Lakkidi.** Bei schönem Wetter bieten sich von hier tolle Aussichten ins Tal und auf die grünen Hügel. Etwas weiter liegt der bei indischen Familien sehr populäre und deswegen oftmals überlaufene **Pookot Lake** mit Möglichkeiten zum Bootfahren. 5 km nach Lakkidi ist **Vythiri** erreicht, ein kleiner, unprätentiöser Ort, in dessen Umgebung es aber einige reizvolle Unterkünfte – teils mitten im Wald (s. S. 217) – sowie Möglichkeiten zum Wandern und zur Vogelbeobachtung gibt. Auf der schönen Fahrt von Vythiri zur Distrikthauptstadt **Kalpetta,** 10 km nordöstlich gelegen, passiert man sattgrüne Teeplantagen. Eine große Auswahl an Hotels verschiedener Preisklassen findet man in diesem Städtchen, das eine ideale Basis für Ausflüge in Wayanad ist. Kleinere Wanderungen, die z. B. von der lokalen staatlichen Tourismusbehörde (DTPC) orga-

nisiert werden (s. u.), führen auf den **Chembra Peak,** mit 2100 m der höchste Gipfel in der Region, zu den **Suchipara- und Kanthampara-Wasserfällen** sowie zu den **Meenmutty-Wasserfällen** mitten im Dschungel.

ℹ️ District Tourism Promotion Council (DTPC): Civil Station, North Kalpetta, Tel. 049 36-20 21 34, und am Pokoot Lake, Tel. 049 36-25 52 07, Mo–Sa 10–17 Uhr, www.dtpcwayanad.com. Ausführliche Infos über Aktivitäten in der Region und Unterkünfte sowie Organisation von Wildnis-Wanderungen mit kompetenten Führern.

Fischen ist Gemeinschaftsarbeit – alle ziehen an einem ›Strang‹

... zwischen Lakkidi und Vythiri:
Vythiri Resorts: Tel. 049 36-25 53 66, www.vythiriresort.com. Mitten im Dschungel und an einem Bach gelegenes Resorthotel mit Pool, Spa und Ayurveda-Zentrum. DZ ab 5000 Rs inkl. HP bzw. ab 5500 Rs inkl. VP.
... in Kalpetta:
Green Gates Hotel: TB Rd., Tel. 049 36-20 20 01, www.greengateshotel.com. Große Anlage mit 2 Restaurants, Pool, Spielplatz und Ayurveda-Zentrum. DZ ab 2000 Rs inkl. HP.
Haritagiri: Tel. 049 36-20 31 45, www.hotel haritagiri.com. Familienfreundliches Hotel mit Pool und Ayurveda-Zentrum. DZ ab 1200 Rs.

Uravu Eco Shop: am Pokoot Lake. Im Angebot sind von den Adivasi der Umgebung hergestellte Produkte aus Bambus (z. B. Matten), Schöpfkellen und andere Haushaltsgegenstände sowie Honig, Kaffee, Gewürze und vieles mehr.

Sulthan Bathery
Reiseatlas: S. 18, D 1
Fast schon an der Grenze zu Karnataka liegt Wayanads zweitgrößte Stadt **Sulthan Bathery,** deren Namen auf Tipu Sultan, den Herrscher von Mysore, zurückgeht. Er lagerte auf dem Weg zur Küste im hiesigen **Jain-**

Tempel seine Waffen. Das ehemalige Fort von Tipu Sultan und die Waffen sind inzwischen verschwunden, aber der längliche Tempel steht noch. Wayanad war einst ein Zentrum des Jainismus in Kerala; auch in Manathavadi und an anderen Orten findet man noch Jain-Heiligtümer. Das Hiesige stammt aus dem 13. Jh. und besteht aus Säulenvorhalle und Sanktum. Von Kalpetta kommend, steht der Tempel am Ortseingang rechter Hand an der Hauptstraße (8–12, 14–18 Uhr).

Tranquil: Kuppamudi Coffee Estate, Kolagapara (einige Kilometer südwestl. von Sulthan Bathery), Tel. 049 36-22 02 44, www.tranquilresort.com. Luxuriöser Homestay inmitten einer großen Kaffeeplantage. Man wohnt in stilvoll eingerichteten Zimmern oder im rustikalen Baumhaus. Ein schöner Pool und Freizeitangebote, z. B. Spaziergänge durch die über 160 ha große Plantage, tragen zur Entspannung bei. DZ ab 10 000 Rs inkl. VP.

Hill View: Vaduvanchal, nahe Meppadi (ca. 20 km südwestlich), Tel. 049 36-21 74 04, www.hillviewhomestay.com. Privatunterkunft auf einer kleinen Kaffee- und Pfefferplantage mit toller Aussicht und guter Küche. Besichtigungsprogramme werden auf Wunsch organisiert. DZ 3700–4700 Rs inkl. VP.

Edakkal Caves

Reiseatlas: S. 18, D 1

Bei **Ambalavayal,** ungefähr 12 km südwestlich von Sulthan Bathery, liegen die 1890 wiederentdeckten **Edakkal Caves,** Höhlen mit eindrucksvollen Felsritzungen vermutlich aus dem Neolithikum. Unter den Menschen- und Tierdarstellungen sticht besonders eine Person mit Kopfschmuck hervor. Über die genaueren Ursprünge der Kunstwerke wird noch geforscht. Die Felsritzungen befinden sich in der oberen Höhle, von wo aus man auch eine tolle Sicht auf die umliegenden Hügel hat.

Die Höhlen liegen an der Westseite eines Granitberges auf rund 1100 m Höhe. Autos müssen auf dem Parkplatz ca. 2 km vor den Höhlen abgestellt werden, wo es Erfri-

schungsstände und kleine Läden gibt. Vom Parkplatz windet sich ein schöner, etwa 1 km langer Weg den Hang hinauf bis zum Eingang (die Strecke kann gegen eine kleine Gebühr auch per Jeep zurückgelegt werden). Um die beiden Höhlen zu erreichen, ist allerdings noch einmal ein recht steiler, über Felsen führender Aufstieg nötig, für den man gute Schuhe benötigt. Schatten gibt es wenig, darum sollte man die Mittagshitze meiden und eine Wasserflasche mitnehmen (tgl. 9–17 Uhr, 10 Rs).

Das **Heritage Museum** im nahe gelegenen Ambalavayal ist insbesondere der Kultur der hiesigen Stammesbewohner gewidmet. Es zeigt Gegenstände des täglichen Gebrauchs, Schmuck sowie Steinskulpturen mit Darstellungen verschiedener Gottheiten und Heldengedenksteine (tgl. 10–18 Uhr, 10 Rs).

Edakkal Hermitage: Ambalavayal, Tel. 049 36-22 18 60, www.edakkal. com. An die Felsen gebaute Bungalows, ein Baumhaus sowie umwerfende Blicke auf das Ambalavayal-Tal gehören zu den Vorzügen der kleinen Anlage. Das absolute Highlight ist aber das hauseigene Restaurant in einer Höhle, wo man beim Schein unzähliger Kerzen speist. DZ ab 3800 Rs.

Mananthavadi und Umgebung

Reiseatlas: S. 16, E 4

Auf dem Weg von Kalpetta ins 35 km nördlich gelegene Mananthavadi entdeckt man zwischen Betelnuss- und Bananenplantagen, Sägewerken und kleinen Dörfern einige Reisfelder – und bekommt damit zumindest einen kleinen Hinweis darauf, woher der Name Wayanad (›Reisland‹) stammt. Vor der Einführung der Plantagenwirtschaft durch die Briten war das Grundnahrungsmittel der Südinder hierzulande vermutlich weiter verbreitet als heute.

Der Ort **Mananthavadi** ist eng verknüpft mit dem legendären Pazhassi Raja, einem sehr populären Lokalfürsten, der sich der steigenden Macht der Briten militärisch in den Weg stellte. Der ›Löwe von Malabar‹ versteckte sich über mehrere Jahre in den Wäldern von Wayanad und hielt die Kolonialherren mit Guerilla-Taktiken in Atem. Dabei konnte er auf umfangreiche Unterstützung der hiesigen Stammesbewohner zählen. 1805 wurde er von den Briten schließlich getötet. Immerhin erlaubten sie dessen feierliche Beisetzung auf einem Hügel bei Mananthavadi, der zum Familienbesitz des Fürsten gehörte. **Pazhassi Rajas Tomb** ist eine interessante Gedenkstätte, zu der auch ein kleines, unterirdisches Museum gehört. Es informiert nicht nur über die Geschichte des hier bestatteten Rajas, sondern auch über die Kulturen der Stammesbewohner, die zu seinen größten Unterstützern zählten (Di–So 9–16.30 Uhr, 10 Rs).

Von Mananthavadi führt eine sehr reizvolle Straße über 32 km durch dichte Bambuswälder hinauf zum malerisch gelegenen **Thirunelly-Tempel,** einem wichtigen Pilgerort. Auch wenn nur Hindus die Tempel Keralas von innen betrachten dürfen, der Ausflug hierher lohnt allein wegen der herrlichen Lage des Heiligtums vor dem Hintergrund der 1600 m hohen Brahmagiri Range, eines massiven Bergrückens. Hinter dem länglichen Tempel für die Gottheit Perumal führt eine Treppe hinunter zum Teich Panchatheertha, der eine unterirdische Verbindung zu den fünf *(panch)* heiligsten Flüssen Indiens haben soll. Von dort verläuft ein felsiger, von üppiger Vegetation umwucherter Weg etwa 0,5 km aufwärts zum Bett des Flusses Papanashini – ein Bad in seinem Wasser soll von Sünden reinwaschen. Der Rundweg führt vorbei an einem weiteren Felsheiligtum und wieder zurück zum Tempel. Da auf der gesamten Strecke zwischen Tempel und Bach keine Schuhe getragen werden dürfen, sollten Menschen mit empfindlichen Füßen unbedingt Socken mitnehmen.

Nahe Mananthavadi liegt im Kabani-Fluss auch die **Insel Kuruva,** ein Kleinod an Tier- und Pflanzenreichtum. Interessierte Besucher können zusammen mit einheimischen Führern das unbewohnte Eiland erkunden.

 Tamarind: 0,5 km vor dem Thirunelly-Tempel, Tel. 049 35-21 04 75. Neue kleine Hotelanlage von KTDC inmitten grüner Landschaft mit angenehmen Zimmern und Restaurant. Ideale Basis für den Besuch von Thirunelly und für einen Ausflug ins nahe gelegene Wayanad Wildlife Sanctuary (Eingang Tholpetty, s. u.); vom Hotel werden Jeeps für die Safari organisiert. DZ 1100 Rs.

Wayanad Wildlife Sanctuary
Reiseatlas: S. 18, E 1
Ein Viertel des Distrikts Wayanad ist von Wäldern bedeckt. In den Bergen und Hügeln entlang der Grenze zu Karnataka liegt das **Wayanad Wildlife Sanctuary.** Es geht über in den Rajiv Gandhi National Park (s. S. 400) des benachbarten Bundesstaates und ist Teil des großen Nilgiri-Biospärenreservats (s. S. 18). In den Wäldern, die mit trockenem und feuchtem Laubwald bewachsen sind, leben vielerlei Tierarten. Besonders Elefanten, Gaur, Mungos sowie verschiedene Hirscharten sind zu sichten. Auch Dhole, die Asiatischen Wildhunde, verschiedene Affen und viele Vogelarten tummeln sich hier.

Für Besucher gibt es zwei Eingänge ins Wildlife Sanctuary: in **Tholpetty,** 20 km nordöstlich von Mananthavadi, sowie in **Muthanga,** 17 km östlich von Sulthan Bathery. Die Chance, Elefanten zu begegnen, ist in Tholpetty am größten. Dort fährt man im gemieteten Jeep (300 Rs) einen 24 km langen Rundweg durch den Dschungel, vorbei an Wasserlöchern, die – sofern das kostbare Nass vorhanden ist – die Dickhäuter mächtig anziehen (beide Eingänge tgl. 7–9, 15–17 Uhr, Eintritt 100 Rs, obligatorischer Führer 200 Rs, Video 150 Rs, Kamera 25 Rs; organisierte Touren über das DTPC in Kalpetta oder Hotels und Homestays der Region).

 Pachyderm Palace: kurz vor dem Eingang zum Wayanad Wildlife Sanctuary bei Tholpetty, Buchungen über Tourist Desk, Kochi, Tel. 04 84-237 17 61, www.indiatou ristdesk.com. Mehrere kleine Zimmer und ein Baumhaus sowie nette Veranda, wo man den Lauten des Dschungels lauschen kann. DZ ab 2500 Rs inkl. VP, Paket 2 Übernachtungen inkl. Safari und VP 4000 Rs.

Eingebettet zwischen den nördlichen und südlichen Landesteilen liegt das Herz Keralas mit seinem Zentrum Kochi. Die malerische Hafenstadt ist bei Besuchern besonders beliebt. Ihre interessante Geschichte zeigt sich vielerorts. Thrissur im Norden gilt als Keralas kulturelles Zentrum. Im grünen Hinterland laden Gewürzplantagen, Teegärten und Nationalparks zum Wandern und Entspannen ein.

3 Kochi (Cochin) und Ernakulam

Reiseatlas: S. 19, B 3; **Cityplan:** S. 222
Dass die Globalisierung kein völlig neues Phänomen ist, dass internationaler Handel und Multikulturalität an Indiens Südwestküste schon seit Jahrhunderten, ja seit Jahrtausenden zu Hause sind, spürt jeder Besucher von **Kochi** sofort. Die Hafenstadt, die aus mehreren Inseln und Halbinseln besteht, besitzt eine reiche kulturelle Vergangenheit. Sie ist heute wie in früheren Zeiten ein Magnet, der die Menschen anzieht. Kochi, auch unter seinem alten Namen Cochin bekannt, ist die zweitgrößte Stadt von Kerala. In ihrem Ballungsraum, zu dem auch die Schwesterstadt **Ernakulam** zählt, leben ungefähr 1,5 Mio. Menschen.

Überbleibsel aus der portugiesischen Kolonialzeit: die St. Cruz Basilica

Jedes Mal, wenn die Flut das Wasser in die sanfte Bucht von Kochi drängt, dann schwimmen auch zahllose Wasserhyazinthen in das Hafenbecken. Auf ihnen sitzen mitunter weiße Reiher und halten nach Fischen Ausschau. Bei Ebbe fließt nicht nur das Wasser ab, sondern auch die Pflanzen samt ihren Passagieren treiben wieder hinaus aufs Meer. Ein dynamisches, täglich sich wiederholendes Schauspiel – und ein Sinnbild für die Stadt Kochi, die so vieles hat kommen und gehen sehen. Menschen, die eine Zeit lang blieben, ihre Spuren hinterließen und wieder weiterzogen oder weiterziehen mussten, prägten die bewegte Geschichte von Kochi. Und sie kamen von überall her: von der Arabischen Halbinsel und aus China, aus dem Mittleren Osten und Nordafrika, aus allen Teilen Indiens und aus Europa. Zuerst die Portugiesen, dann die Holländer und zuletzt die Briten.

Kochis multikulturelle Vergangenheit wird auf der Insel Fort Kochi besonders sichtbar. Denn wo sonst findet man chinesische Fischernetze in Nachbarschaft mit portugiesischen Kirchen oder den Palast eines Hindu-Herrschers neben einer Synagoge. Der Trubel im Gewürzbasar oder auf dem Fischmarkt, die Stille auf dem holländischen Friedhof oder die mondäne Atmosphäre in den alten Villenvierteln – sie alle sind Teil des aufregenden Mosaiks, das dieser Teil Kochis den Besuchern bietet.

Geschichte

Eine mächtige Flut hatte 1341 die antike Hafenstadt Muziris, das heutige Kodungallur (s. S. 229), zerstört und gleichzeitig das natürliche Hafenbecken von Kochi geschaffen. Schnell entwickelte sich hier ein großer Umschlagplatz für die begehrten Güter des Hinterlandes. Die Region wurde damals von der Perumpadappu-Dynastie beherrscht. Sie lag in ständigem Konflikt mit den mächtigen Saamoothiri-Herrschern von Kozhikode, die ihr Reich von Norden her bedrohten. 1405 verlegten die Perumpadappu-Rajas ihre Hauptstadt nach Kochi und waren seitdem auch als Kochi-Rajas bekannt.

Mit der Autorin unterwegs

Durchs Gewühl

Kochi ist immer noch ein Zentrum des Gewürzhandels, das kommt vor allem in der **Bazaar Road** zum Ausdruck, wo emsige Lastenträger Ingwer- und Chilisäcke auf Lastwägen verladen – ein Durchkommen ist nur zu Fuß möglich (s. S. 225).

Durch die Gassen

Fort Kochi entdeckt man am besten zu Fuß. Bei Kerala Tourism gibt es einen kleinen Stadtplan mit einer Spazierroute durch das Viertel, die an den wichtigsten Sehenswürdigkeiten vorbeiführt (s. S. 225).

Durch die Jahrhunderte

Das **Hill Palace Museum** in Thrippunithura gibt interessante Einblicke in das Leben der früheren Maharadscha-Familie von Kochi. Wer die ältesten Palastteile besucht, wird danach die traditionelle Architektur der Region besser verstehen (s. S. 227).

Durchs Gebüsch

Eine Wanderung auf schmalen Wegen zwischen grünen Teesträuchern in **Munnar** entspannt die Beine und den Blick (s. S. 237).

Als die Portugiesen im Jahr 1500 in der Bucht von Kochi landeten, wurden sie von den lokalen Herrschern freundlich empfangen, sah man in ihnen doch potenzielle Verbündete gegen die Feinde im Norden. 1505 errichteten die Portugiesen in Kochi das erste europäische Fort auf indischem Boden. Es markiert den Beginn der Kolonialgeschichte Europas in Indien, die auch deswegen über Jahrhunderte so erfolgreich verlief, weil sich die indischen Herrscher untereinander uneins waren. Im Laufe des 16. Jh. vergrößerten die Portugiesen ihre Macht und reduzierten die der Kochi-Rajas kontinuierlich. Sie zementierten ihre Handelsrechte und ihre militärischen Basen, bauten Kirchen und errichteten Villen.

Kochi: Cityplan

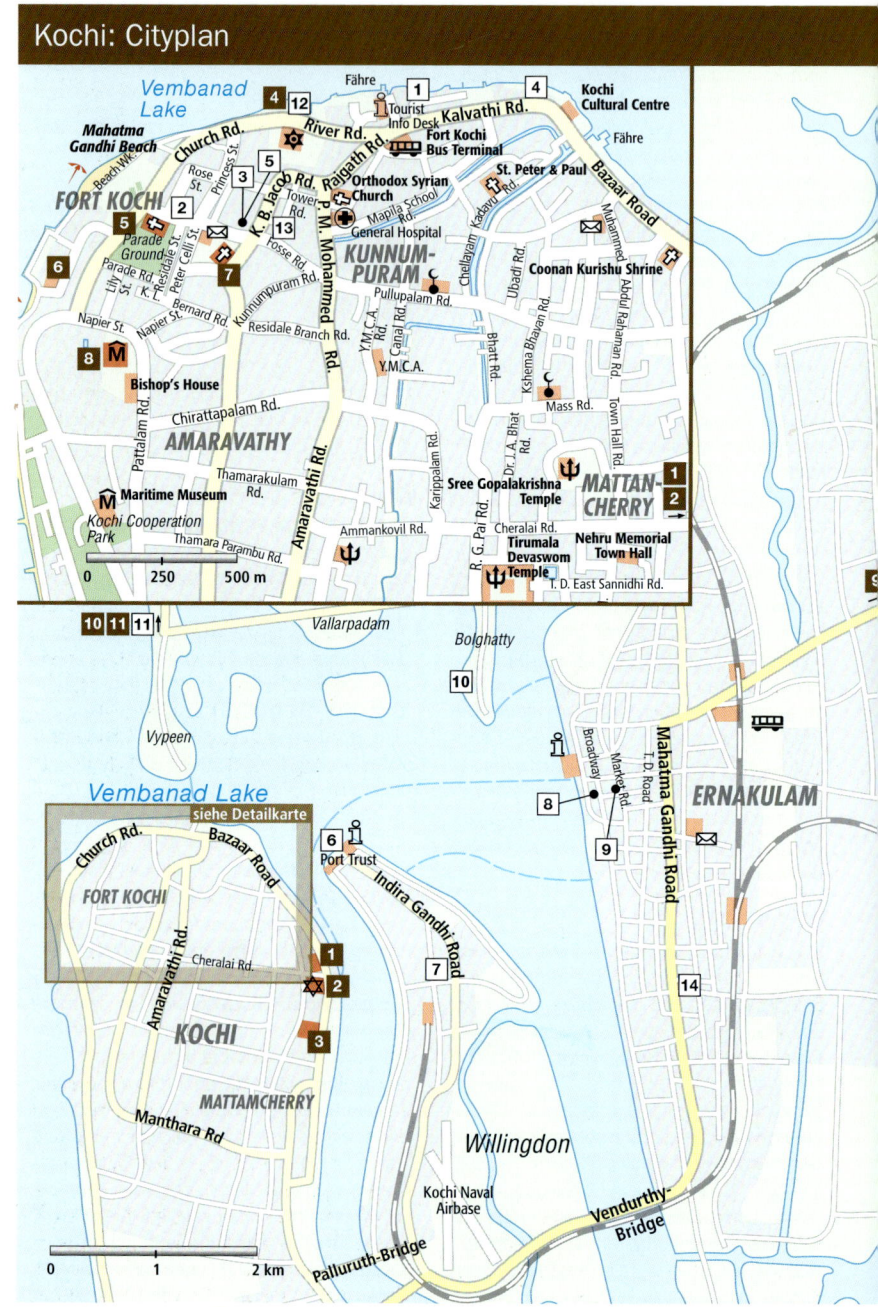

Sehenswürdigkeiten

1. Palast von Mattancherry
2. Pardesi-Synagoge
3. Pepper Exchange
4. Chinesische Fischernetze
5. St. Francis Church
6. Dutch Cemetery
7. St. Cruz Basilica
8. Indo-Portugiesisches Museum
9. Hill Palace Museum
10. Cherai Beach
11. Pallipuram Fort

Übernachten

1. The Brunton Boatyard
2. Malabar House

3. The Old Courtyard
4. The Fort House
5. Elite
6. Taj Malabar
7. Casino
8. Sealord
9. Blue Diamond
10. Bolghatty Palace
11. Cherai Beach Resorts

Essen und Trinken

12. You buy I cook
13. Kashi Art Café
14. Gopuram

Ab Mitte des 16. Jh. ließen sich auch jüdische Gemeinden verstärkt in Kochi nieder. Sie genossen zwar das Wohlwollen der Rajas, doch die Portugiesen und die aufkommende Inquisition verfolgten die Gemeinden zunehmend. 1663 eroberten die Holländer Kochi, beendeten die portugiesische Dominanz und reduzierten den Spielraum der einheimischen Herrscher weiter.

Nachdem die Briten Ende des 17. Jh. die Kontrolle über die Südwestküste erlangt hatten, wurde der Maharaja-Staat 1800 der Madras Presidency angegliedert. Der Handel florierte auch weiterhin. In den 1920er-Jahren bauten die Briten den Hafen aus, um ihn für große Schiffe befahrbar zu machen. Im Zuge dieser Entwicklung entstand auch die Halbinsel Willingdon Island. Ein noch größeres Hafenprojekt steht Kochi bevor.

Orientierung

Eine Reihe von alten und neuen Brücken sowie zahlreiche Fähren verbinden die verschiedenen Inseln und Halbinseln von Kochi mit seiner Schwesterstadt Ernakulam, die verwaltungsrechtlich unabhängig ist. Das größte Eiland ist **Fort Kochi,** auf dem sich die historischen Stadtteile Fort Kochi und Mattan-

cherry befinden. Als Verbindungsglied zum Festland dient die künstlich errichtete Insel **Willingdon.** Die Inseln **Vypeen, Vallapardam** und **Bolghatty** nördlich davon sind ebenfalls durch Brücken mit Ernakulam verbunden.

Wegen seiner reizvollen Lage und den interessanten Sehenswürdigkeiten ist Kochi bei Touristen überaus beliebt. Es gibt viele Übernachtungsmöglichkeiten in den verschiedensten Preisklassen, sowohl auf dem Festland als auch auf den Inseln. Besonders groß ist die Auswahl im Stadtteil Fort Kochi, der gleichzeitig die beste Ausgangsbasis für einen Rundgang darstellt. Bei den Chinesischen Fischernetzen und beim Palast von Mattancherry gibt es eine Fähranlege- bzw. Bushaltestelle.

Palast von Mattancherry

Der **Palast von Mattancherry** 1 war ein Geschenk der Portugiesen an den damaligen Raja Veera Kerala Varma als Gegenleistung für Handelsprivilegien. Der schlichte, zweistöckige Bau wurde 1557 errichtet und birgt in seinem Innern nicht nur Besitztümer der ehemaligen Herrscherfamilie, sondern auch sehr schöne Wandmalereien. Da er von den Holländern nach ihrer Eroberung Kochis renoviert wurde, ist er auch unter dem Namen **Dutch Palace** bekannt.

Direkt hinter dem Eingang befindet sich die Krönungshalle mit den Porträts verschiedener Herrscher. Ausgezeichnete Wandmalereien, die beispielsweise aus dem Epos Ramayana erzählen, sind in dem links anschließenden Raum zu sehen. Rechter Hand vom Krönungssaal blicken Shiva, Vishnu und Lakshmi auf die Besucher. Der dahinterliegende Raum war die Audienzhalle des Herrschers, wo dessen hölzerne Schaukel noch immer von der Decke hängt.

Weitere Geheimnisse sind über eine nach unten führende Treppe zu entdecken. Dort schmücken, verborgen in den Gemächern der Damen, interessante erotische Malereien die Wände. Shiva und Parvati beim Küssen – eine Pose, die bis vor Kurzem sogar in Bollywoodfilmen tabu war. Auch der populäre Hirtengott Krishna samt Gespielinnen sorgte für eine aufreizende Atmosphäre.

Im Palast sind außerdem alte Landkarten der Region, historische Stadtpläne sowie Waffen ausgestellt. Am Ende des Rundgangs lohnt ein Blick vom Eingang des Palasts auf das runde Dach des Krishna-Tempels und die dahinterliegende Synagoge – in plastischer Weise wird hier das Nebeneinander der Religionen und Kulturen in Kochi vermittelt (Sa–Do 10–17 Uhr, 2 Rs).

Pardesi-Synagoge und Jüdisches Viertel

Südlich des Palastes schließt sich das alte **Jüdische Viertel** (Jew Town) von Kochi an, weithin sichtbar durch die **Pardesi-Synagoge** 2 von 1568, eine von drei Synagogen, die in Fort Kochi errichtet wurden. Unter dem Schutz der einheimischen Rajas hatten sich hier verschiedene jüdische Gemeinden aus Kodungallur niedergelassen, die jedoch von den Portugiesen verfolgt und deren Synagogen teilweise zerstört wurden. Erst als die Holländer 1663 das Zepter übernahmen, konnte auch die Pardesi-Synagoge wieder aufgebaut werden. Der wohlhabende Kaufmann Ezekiel Rahabi ließ etwa 100 Jahre später den gegenüberliegenden Uhrturm er-

richten und das Innere der Synagoge mit chinesischen Fliesen auslegen. Kronleuchter und bunte Glaslampen schmücken den lichtdurchfluteten Raum. Zu den Kostbarkeiten der Synagoge gehören die Schriftrollen der Thora sowie eine Kupferplatte aus dem 10. Jh., die als Schenkungsurkunde des Raja Bhaskara Ravi Varma an die damalige jüdische Gemeinde gilt. Über die Geschichte der Juden an der Malabar-Küste informieren die Bildtafeln im Nebenraum rechts des Eingangs (So–Do 10–12, 15–17 Uhr).

Beim Bummel durch die engen Gassen des Viertels kommt man nicht nur vorbei an unzähligen Läden mit Antiquitäten (bzw. auf

alt getrimmten Objektes), sondern auch am **Pepper Exchange** 3, der Pfefferbörse von Kochi. Dort, wo früher die kostbaren Gewürze noch per Handzeichen den Besitzer wechselten, sitzen heute junge Männer in klimatisierten Räumen am Computer und versteigern die Ware im Internet.

Bazaar Road

Sinnlicher ist der Eindruck in der **Bazaar Road,** die nordwestlich des Mattancherry-Palasts verläuft. Dort wird man gewahr, dass Kochi noch immer ein bedeutendes Handelszentrum für Gewürze ist. Sie werden hier gelagert, verpackt und verladen. Lastwagen

und Handkarren verstopfen den Weg. Der scharfe Duft von Ingwer steigt in die Nase. Berge von Chili quellen aus Jutesäcken, Kurkuma und Kardamom liegen zum Verkauf bereit. In kleinen Läden stehen auf Holztischen Schälchen mit den verschiedensten Linsensorten. Dahinter sitzen stoisch die Händler und warten auf Kundschaft.

Fort Kochi

Wer der Bazaar Road nach Nordwesten folgt, gelangt vorbei an alten, mit Gestrüpp überwucherten Gebäuden bis zu einem Kanal. Überquert man die dortige Brücke und hält sich weiter geradeaus, erreicht man nach un-

Konstruktionen mit Geschichte: Seit dem 14. Jh. gibt es die chinesischen Fischernetze

gefähr 2 km den geschäftigen Platz der Fisch-händler und Andenkenverkäufer mitten im Stadtteil **Fort Kochi.**

Wie riesenhafte Spinnen reihen sich am Ufer hinter dem Platz die **Chinesischen Fischernetze** 4 und verrichten ihren Dienst wie vor Hunderten von Jahren. Chinesische Fischer, die Kaufleute vom Hof des Kublai Khan begleiteten, sollen sie im 14. Jh. eingeführt haben.

Im geschäftigen und bei Touristen sehr beliebten Viertel südlich davon findet man viele der alten portugiesischen und holländischen Villen, in denen heutzutage teilweise Hotels untergebracht sind. Auch die St. Francis Church und die St. Cruz Basilica sind hier zu finden. Die **St. Francis Church** 5 gilt als erste nach europäischer Bauart errichtete Kirche in Indien. Franziskanermönche sollen sie schon um 1500 aus Holz konstruiert haben. 1516 wurde die Kirche dann gemauert und mit einem Ziegeldach versehen. Der schlichte Bau mit schöner Rundbogenfassade beherbergt in seinem Innern die Grabsteine verschiedener Funktionsträger der

ehemaligen portugiesischen und holländischen Machthaber. Hier hatte man 1524 auch Vasco da Gama beigesetzt, doch seine Gebeine wurden einige Jahre später nach Portugal gebracht. Die Kirche war ursprünglich dem hl. Antonius geweiht. Während der holländischen Herrschaft gehörte sie zur protestantischen Kirche. Im 19. Jh. wurde sie dann in St. Francis umbenannt und ist heute der Church of South India unterstellt.

Nahe der St.-Francis-Kirche befindet sich in einer kleinen Umfriedung der **Dutch Cemetery** 6, Kochis alter holländischer Friedhof. Auch die imposante **St. Cruz Basilica** 7 etwas östlich von St. Francis hat eine lange Geschichte. Ihre Ursprünge sollen auf das Jahr 1505 zurückgehen. Der heutige Bau wurde um 1900 errichtet und besitzt farbenfrohe Innendekorationen.

Im **Indo-Portugiesischen Museum** 8, das im Bishop's House untergebracht ist, werden Kostbarkeiten aus dem Besitz der katholischen Gemeinde Kochis gezeigt. Darunter befinden sich Teile eines Teakholzaltars aus dem 16. Jh., Prozessionskreuze sowie

Das jüdische Viertel ist eine Schatztruhe für Souvenirs

Statuen und Gewänder (Di–So 9–13, 14–18 Uhr, 25 Rs).

Ernakulam

Ernakulam ist modern, geschäftig und wächst unglaublich schnell. Es nennt sich selbst stolz das Wirtschaftszentrum Keralas. Hochhäuser und Highways, Businesshotels und Vergnügungsparks – in Ernakulam sieht man, dass Kerala zu den reichsten Bundesstaaten des Subkontinents zählt.

In der **Mahatma Gandhi Road** reihen sich Juweliergeschäfte, Restaurants und Shoppingcenter aneinander. In den Seitengassen zwischen Boat Jetty und Mahatma Gandhi Road findet man kleine Straßenmärkte, Hotels und ebenfalls viele Restaurants. Ernakulam ist allerdings auch den reichen Traditionen Keralas verpflichtet und besitzt z. B. verschiedene kulturelle Zentren, in denen das Tanztheater Kathakali gelehrt und aufgeführt wird (s. S. 229).

Hill Palace Museum

Einen Besuch lohnt das hochkarätige **Hill Palace Museum** 9 im 13 km entfernten Städtchen **Thrippunithura**. Das Museum ist im ehemaligen Palast der Rajas von Kochi untergebracht. Die ältesten Teile des Palastes stammen von 1855 und liegen etwas versteckt auf der Rückseite des eigentlichen Komplexes. An ihnen kann man die traditionelle Bauweise Keralas, Nalukettu genannt, studieren. In den drei Flügeln des Hauptgebäudes sind umfangreiche Sammlungen aus dem Besitz der Kochi-Rajas zu sehen, darunter die goldene und mit Edelsteinen besetzte Krone, die der Raja Unni Raman Koil II. von den Portugiesen als Geschenk für Handelsrechte erhielt. Besonders sehenswert sind auch die wunderbaren, ca. 600 Jahre alten Holzschnitzereien an den Pfeilern der hier aufgebauten Reste des Enadimangalam-Tempels sowie die Skulpturen-Galerie. Eine kostbare Schmucksammlung, eine Gemäldegalerie sowie ausgefallenes Porzellan und viele andere interessante Objekte komplettieren die Ausstellung (Di–So 9–13, 14–17 Uhr, 10 Rs).

Bolghatty und Vypeen Islands

Über eine Brücke mit Ernakulam verbunden ist die **Insel Bolghatty**. Auf dem beschaulichen kleinen Eiland steht der **Bolghatty Palace** 10, ein alter holländischer Palast von 1774, der in ein Hotel umgewandelt wurde (s. S. 228).

Nach kurzer Fahrt von der Fähranlegestelle Fort Kochi oder per Auto über Brücken von Ernakulam gelangt man zur **Insel Vypeen**. An der Westseite des 24 km langen Eilands liegt der populäre **Cherai Beach** 10 mit seinem langen, schönen Sandstrand. Er ist am besten über das Städtchen Paravur nördlich von Ernakulam zu erreichen. Im Norden der Insel liegt **Pallipuram Fort** 11, das 1503 von den Portugiesen errichtet wurde.

i **Tourist Desk:** an der Fähranlegestelle in Fort Kochi, Tel. 04 84-221 61 29, und an der Hauptanlegestelle in Ernakulam, Tel. 04 84-237 17 61, www.indiatouristdesk.com, tgl. 8–18.30 Uhr. Organisiert u. a. halb- und ganztägige Touren in die Backwaters und Dörfer der Umgebung sowie Trips ins Tholpetty Wildlife Sanctuary.
DTPC Tourist Information Centre: Old Collectorate Bldg., Park Ave., Tel. 04 84-236 73 34, www.dtpcernakulam.com. Infos über Unterkünfte, Tourveranstalter, Verkehrsmittel etc.
KTDC Tourist Reception Centre: Shanmugham Rd., Ernakulam, Tel. 04 84-235 32 34, tgl. 8–19 Uhr. Organisiert Backwater-Trips, Reservierungen für KTDC-Hotels, Infos zur Stadtbesichtigung etc.
Government of India Tourist Office: Willingdon Island, nahe Port Trust und Taj Malabar, Tel. 04 84-266 83 52, Mo–Fr 9–17.30, Sa 9–13 Uhr. Infos über Ziele in ganz Indien.
Kerala Tourism: Infobüro am Flughafen.

... auf Fort Kochi Island:
The Brunton Boatyard 1: bei den Fischernetzen in Fort Kochi, Tel. 04 84-361 17 11, www.cghearth.com. Dort, wo vor 100 Jahren die Boote von Brunton and Sons gezimmert wurden, steht heute das stilvolle Hotel mit 22 Zimmern und Suiten. Ausgesuchtes Interieur, das viele Erinnerungsstücke an

das alte Kochi birgt, und die wohl besten Ausblicke auf die Hafeneinfahrt sind nur zwei der Annehmlichkeiten. DZ ab 290 €.

Malabar House 2 : Parade Rd., Fort Kochi, Tel. 04 84-221 66 66, www.malabarhouse. com. Bezauberndes Boutiquehotel mit reizvoll angelegtem Innenhof. Jedes der Zimmer ist mit handverlesenen Möbeln und Antiquitäten eingerichtet. DZ 120–380 €.

The Old Courtyard 3 : Princess St., Tel. 04 84-221 63 02, www.oldcourtyard.com. In einer renovierten portugiesischen Villa mit romantischem Innenhof mitten im Touristenviertel von Fort Kochi. DZ 2500–10 000 Rs.

The Fort House 4 : 2/6A Calvathi Rd., Tel. 04 84-221 71 03. Nette, preisgünstige Bungalows in einem kleinen Garten. Von der Terrasse blickt man auf die Hafeneinfahrt und die vorbeifahrenden Schiffe. DZ 1300–1800 Rs.

Elite 5 : Princess St., Tel. 04 84-221 57 33. Populäre Backpackeradresse mit günstigen Zimmern mitten in Fort Kochi. 500–1500 Rs.

... auf Willingdon Island:

Taj Malabar 6 : Tel. 04 84-266 82 97, www. tajhotels.com. In herausragender Lage am Meer mit schönem Garten, tollem Pool und Ayurveda-Zentrum. DZ ab 6300 Rs.

Abstecher auf die Lakshadweep-Inseln

220 bis 440 km vor Keralas Küste liegen die Lakshadweep-Inseln, mit ihrer reichen Unterwasserwelt ein Paradies für Taucher und Naturliebhaber. Lakshadweep bedeutet in der Sprache Malayalam ›100 000 Inseln‹ – in Wirklichkeit sind es nur 36 Inseln, 12 Atolle und drei Riffe, die zusammen Indiens kleinstes Unionsterritorium bilden. Man erreicht die Eilande von Kochi per Schiff oder Helikopter. Weitere Infos: Sports – Society for Promotion of Nature Tourism and Sports, Indira Gandhi Rd., Willingdon Island, Tel. 04 84-266 83 87, www.lakshadweeptourism.com; CGH Earth, Casino Building, Willingdon Island, Tel. 04 84-301 17 11, www.cghearth.com. Für den Besuch der Inseln ist eine Erlaubnis (permit) notwendig, die von den oben genannten Veranstaltern besorgt wird.

Casino 7 : Tel. 04 84-361 17 11, www.cgh earth.com. Komfortables und geschmackvoll eingerichtetes Businesshotel der renommierten CGH-Earth-Gruppe mit exzellentem Service und sehr guter Küche. DZ ab 100 €.

... in Ernakulam:

Sealord 8 : Shanmugham Rd., Tel. 04 84-238 24 72, www.sealordhotels.com. Im Zentrum von Ernakulam und nahe am Meer gelegen mit angenehmen Zimmern unterschiedlicher Größe. DZ 1400–2000 Rs.

Blue Diamond 9 : Market Rd., Tel. 04 84-238 21 15. Zentral, geräumige, günstige Zimmer. DZ 350–850 Rs.

... auf Bolghatty Island:

Bolghatty Palace 10 : Tel. 04 84-275 00 03, www.ktdc.com. Der alte holländische Palast von 1774 auf der kleinen, ruhigen Insel wurde komplett renoviert. DZ 3000–7500 Rs.

... auf Vypeen Island:

Cherai Beach Resorts 11 : Tel. 04 84-241 69 49, www.cheraibeachresorts.com. Malerisch zwischen dem Cherai Beach und den Backwaters liegen die Bungalows, mit Ayurveda-Zentrum und Fitnessclub. DZ 1500–5500 Rs.

... auf Fort Kochi Island:

Malabar Junction 2 : im Hotel Malabar House (s. links), Tel. 04 84-221 66 66. Ob mediterran oder indisch zubereitet, die Gerichte schmecken wunderbar, und man sitzt bei Kerzenschein in einem schönen Innenhof. Ab 700 Rs.

You buy I cook 12 : nahe den Fischernetzen in Fort Kochi. Hier kann man den selbst gekauften Fisch zubereiten lassen. Der Preis ist abhängig von Größe und Sorte des Fisches und vom Verhandlungsgeschick. Tipp: Genau prüfen, ob der Fisch auch wirklich frisch ist.

Kashi Art Café 13 : Burgher St., Tel. 04 84-221 57 69. Galerie und gemütlicher Treffpunkt in einem – zwischen Gemälden trinkt man seinen Capuccino und isst guten Schokoladenkuchen. Ab 50 Rs.

... auf Willingdon Island:

Fort Cochin 7 : im Casino Hotel (s. o.), Tel. 04 84-266 82 21. Das elegante Restaurant im Freien serviert exzellente Fisch- und Meeresfrüchtespezialitäten. Ab 1000 Rs.

... in Ernakulam:

Gopuram 14: Trust Tower, nahe Medical Trust Hospital (Seitenstraße östl. der MG Rd.), Tel. 04 84-301 23 81. Typische Gerichte aus Kerala, serviert auf dem Bananenblatt, z. B. ein exzellentes Entencurry. Ab 30 Rs.

Im **Jüdischen Viertel** im Stadtteil Mattancherry gibt es viele Geschäfte, die Antiquitäten, auf alt getrimmte Objekte und Ethnoartikel verkaufen. Die **Princess Street** und deren Seitengassen haben sich zu einer Shoppingmeile in Fort Kochi entwickelt; hier gibt es v. a. Kunsthandwerk, Schmuck und Textilien. Achtung: Viele Läden im Jüdischen Viertel schließen zwischen 18 und 19 Uhr.
Incy Bella The Book Shop: Synagogue Lane, Jüdisches Viertel, Fort Kochi. Außergewöhnlich gute Auswahl an Literatur, spezialisiert auf Bücher aus und über Kerala.
Kairali und Surabhi: beide MG Rd., Ernakulam. Kunsthandwerk aus Kerala.

Kerala Kathakali Centre: in Fort Kochi bei der Vypeen-Bootsanlegestelle, Tel. 04 84-221 75 52, www.kathakalicentre.com. Tgl. 18.30–20 Uhr Kathakali-Shows; die jungen Darsteller haben in der Regel eine Ausbildung am Kerala Kalamandalam hinter sich. Ab 17 Uhr kann man beim Schminkprozess zuschauen. Von 20.45–21.45 Uhr Konzerte mit klassischer indischer Musik. Es werden auch Kathakali-Workshops organisiert.
See India Foundation: Kalathilparambil Lane, Ernakulam, Tel. 04 84-236 94 71. Kathakali-Aufführungen tgl. ab 18.45 Uhr, ab 18 Uhr kann man beim Schminken zusehen. Mit einer guten Einführung des Leiters Dr. Devan in die Kunstform des Kathakali.

Bootstouren: Touren mit kleinen Kanus durch die Backwaters samt Dorfbesuchen organisieren Tourist Desk und Kerala Tourism (s. S. 227).

Flüge: Der Nedumbassery International Airport liegt 32 km nordöstlich von Kochi. Verbindungen u. a. nach Delhi, Mumbai, Bangalore und in die Golfstaaten.

Züge: Es gibt zwei Bahnhöfe, Ernakulam Town und Ernakulam Junction. Das Reservierungsbüro ist in Ernakulam Junction, Mo–Sa 8–20, So 8–14 Uhr. Ernakulam liegt an der Hauptstrecke zwischen Mumbai und Thiruvananthapuram; Verbindungen auch nach Bangalore, Kottayam etc.
Busse: Der KSRTC-Busbahnhof liegt zwischen den Bahnhöfen. Tgl. zahlreiche Busse nach Thiruvananthapuram, Thrissur, Kozhikode, Bangalore, Coimbatore usw.
Mietwagen: Z. B. über Pioneer Travels, Tel. 04 84-266 61 48, www.pner.com.

Die Umgebung von Kochi

Kodungallur
Reiseatlas: S. 19, A/B 2

Jahrtausende alt ist die Geschichte von **Kodungallur.** Bis eine mächtige Flut im Jahr 1341 den Hafen von Kochi 38 km südlich schuf, war Kodungallur an der Mündung des Periyar-Flusses vermutlich der beste Naturhafen an der Südwestküste des Subkontinents. Er ist als Muziris in die Geschichtsschreibung der Antike eingegangen. Viele römische Münzfunde aus der Zeit um Christi Geburt belegen einen intensiven Handel der Römer mit dem Subkontinent. Auch Griechen, Araber, Juden und Chinesen betrieben über Kodungallur ihre Handelsgeschäfte. Hier soll im Jahr 52 der Apostel Thomas den indischen Subkontinent betreten und seine Missionstätigkeit begonnen haben. Doch nicht nur die Anfänge des hiesigen Christentums werden in Kodungallur verortet. Auch die Geschichte der Muslime auf dem Subkontinent soll hier begonnen haben. In dem geschichtsträchtigen Ort und seiner Umgebung erinnern einige Monumente an die bewegte Vergangenheit. Das friedliche Nebeneinander der verschiedenen Religionen wird in Kodungallur besonders deutlich.

Mitten im Ort steht der große **Bhagawati-Tempel** für die in Kerala sehr populäre Göttin. Sie wird hier als Kannagi verehrt. Nicht-Hindus dürfen das Tempelgelände betreten und den Tempel umrunden. Er besteht aus mehreren Schreinen und ist im typischen Kerala-Stil errichtet. Vor dem Haupteingang und den Seiteneingängen stehen große Öllampen, deren Basis eine Schildkröte bildet.

Die **Cheraman Juma Masjid** 2 km weiter südlich soll im 7. Jh. erbaut worden sein. Damit wäre sie die erste Moschee auf indischem Boden. In kontinuierlichen Abständen wurde das Heiligtum erneuert und erweitert. Der heutige Bau zeigt einen Stilmix klassisch islamischer und typisch keralesischer Elemente und wurde zuletzt 2001 renoviert. Von Legenden umrankt ist die Entstehungsgeschichte der Moschee. Cheraman Perumal, der letzte Herrscher der Chera-Dynastie, die in Kodungallur ihre Hauptstadt hatte, soll zum Islam konvertiert und nach Mekka gepilgert sein. In seinem Auftrag habe dann Malik Dinar, einer der ersten Muslime, die nach Indien kamen, die Moschee gegründet.

Busverbindung von Thrissur (35 km) und Ernakulam (38 km) nach Kodungallur. Nach Azhikod (s. u.) per Rikscha, Bus oder Fähre von Kodungallur aus.

Azhikod

Reiseatlas: S. 19, A/B 2
Einige Kilometer südlich von Kodungallur steht in **Azhikod** am Ufer des Flusses Periyar die **St.-Thomas-Kirche** (Mar Thoma Pontifical Shrine). Sie ist eine farbenfrohe Miniaturnachbildung des Petersdoms in Rom und erinnert an die Landung des hl. Thomas in Indien. In einem separaten Schrein wird eine Reliquie verehrt, bei der es sich um den rechten Unterarmknochen des Apostels handeln soll. Malerisch ist die Lage der Kirche am palmenbestandenen Ufer des Periyar River.

Kaladi

Reiseatlas: S. 19, B 2
Ganz im Zeichen ihres berühmten Sohnes Adi Shankara (auch Sri Shankaracharya), steht die Kleinstadt **Kaladi** 48 km nordöstlich von Kochi. Hier, am Ufer des Periyar-Flusses, wurde der Philosoph und Gründer der Advaita-Schule 788 geboren. Durch seine Interpretationen vedischer Texte trug er zur Wiederbelebung des Hinduismus in jener Zeit bei. Mehrere Tempel, Schulen und Monumente sind Adi Shankara gewidmet.

Am Ortseingang, von Angamali kommend, steht der **Keerthistambha**, ein hoher, oktogonaler Turm, der über eine Wendeltreppe begehbar ist. Dort sind die Lebensstationen des Heiligen in bunten Bildern ausgestellt (6–19 Uhr, Spende erbeten).

Am Nordufer des Periyar befindet sich ein **Tempelkomplex,** der Adi Shankara geweiht ist. In der Nordwestecke wird der Geburtsort des Heiligen verehrt. Auch der Begräbnisplatz seiner Mutter Aryamba ist hier zu finden. Südwestlich des Tempels am Flussufer ist das Krokodil-Ghat, wo Adi Shankara von einem Krokodil gebissen, aber wieder freigegeben wurde. Die ganze Geschichte dazu wird in farbigen Bildern und Tafeln erzählt. An der Westseite des Tempels schließt sich ein weiteres Heiligtum für Gott Krishna an, das aber nur von Hindus betreten werden darf.

In Kaladi befindet sich zudem ein **Ashram der Ramakrishna-Mission** und das **Nagarjuna Ayurvedic Centre,** ein Gesundheitszentrum der bekannten ayurvedischen Firma Nagarjuna (www.nagarjun.com). Es genießt einen guten Ruf und besitzt das Green Leaf, die höchste Auszeichnung der Regierung von Kerala für ayurvedische Zentren.

Busverbindung nach Angamali. Das Städtchen liegt am Kochi-Thrissur-Highway und hat auch einen Bahnhof.

Thrissur

Reiseatlas: S. 19, B 1
Thrissur gilt als die kulturelle Hauptstadt Keralas und ist gleichzeitig bekannt für das wohl berühmteste Tempelfest des Bundesstaates. Das **Thrissur Puram** findet jedes Jahr im April/Mai statt. Viele Institutionen pflegen das reiche Erbe der Region und eröffnen Besuchern Zugang zu den Musik- und Tanztraditionen Keralas. Gleichzeitig ist Thrissur eine lebendige, moderne Stadt und ein guter Ausgangspunkt, um die Region Palakkad zu be-

Im Vadakkunatha-Tempel manifestiert sich die klassische Tempelarchitektur Keralas

suchen (s. S. 235). Nicht weit von Thrissur entfernt befinden sich schöne Strände und es gibt viele ayurvedische Einrichtungen und Hotels in der Umgebung.

Thrissur lag früher auf einer Handelsroute, die den alten Hafen Muziris (heute Kodungallur) mit Tamil Nadu und dem Dekkan-Hochland verband. Das Gebiet war lange Zeit ein Zankapfel verschiedener Mächte. Die Saamoothiri-Herrscher aus Kozhikode im Norden hatten im 14. Jh. und 15. Jh. große Teile der Region erobert. Um die Wende des 18./19. Jh. war Thrissur zeitweise die Hauptstadt der Kochi-Rajas. Shakthan Thampuran, der von hier aus regierte, ließ nicht nur einen Palast bauen, sondern führte auch das berühmte Tempelfest Thrissur Puram ein.

Orientierung

Das Zentrum der Stadt erstreckt sich rund um einen Hügel, auf dem der große Vadakkunatha-Tempel steht, der als einer der ältesten und größten in ganz Kerala gilt. Eine Ringstraße, von der strahlenförmig Straßen abgehen, führt um den Hügel herum. An ihr befinden sich zahlreiche Geschäfte, Restaurants und auch einige Hotels. Die beschriebenen Sehenswürdigkeiten können in der dargestellten Reihenfolge besucht werden. Da sie nicht sehr nahe beieinander liegen, nimmt man am besten eine Rikscha.

Vadakkunatha-Tempel

Der **Vadakkunatha-Tempel** ist zwar nur für Hindus zugänglich, trotzdem lohnt sich ein Spaziergang zu seinen Toren auf dem Hügel. Er liegt inmitten von Umfassungsmauern auf einem mehrere Hektar umfassenden Gelände. 2000 Jahre alt soll der Tempel für Shiva als Vadakkunatha sein und er steht im Zentrum vieler Legenden. Das jetzige Bauwerk stammt allerdings aus dem 16. Jh. Es ist ein klassisches Beispiel für die Tempelarchitektur Keralas und besteht aus mehreren Haupt- und Nebenschreinen. Die kunstvollen Schnitzereien und Gemälde im Innern können nur von gläubigen Hindus bewundert werden. Für Besucher sichtbar sind aber andere wiederkehrende Merkmale hiesiger Tempel: z. B. die übereinanderliegenden ausladenden Dächer und fein geschnitzten Holzgiebel oder die große Öllampe mit einer Schildkröte als Basis vor dem Haupteingang.

Shakthan Thampuran Palace

Sehenswert ist auch der 1795 errichtete alte Vadakekkara Palace, wegen seines Erbauers auch **Shakthan Thampuran Palace** genannt. Der Wohnsitz des berühmtesten der ehemaligen Kochi-Rajas befindet sich ungefähr 1 km nördlich des Tempels inmitten eines kleinen Parks. Der Palast ist ein klassisches Beispiel der Kerala-Architektur mit Innenhof, Teakholzdecken und geschnitzten Säulen. Heute ist dort das **Archäologische Museum** untergebracht. Es zeigt Gemälde und andere Besitztümer der ehemaligen Herrscherfamilie, eine Skulpturensammlung mit Fundstücken aus der Region, alte Kathakali-Puppen, Bronzen etc. Im südlichen Teil des Parks wurde ein Garten mit medizinischen Pflanzen angelegt (Di–So 9.30–13, 14–16.30 Uhr, 10 Rs).

State Art Museum

Weiter östlich, auf dem Gelände des Zoos von Thrissur, befindet sich das kleine, aber besuchenswerte **State Art Museum.** Beachtung verdient Ananthas Head: Die Darstellung des Schlangengottes Anantha mit fünf Köpfen ganz aus Silber stammt aus dem 13. Jh. Zu den Besonderheiten gehören außerdem Skulpturen aus der Sunga-Epoche und eine schöne Kollektion von Öllampen (tgl. 10–17 Uhr, 8 Rs).

Kirchen in Thrissur

Thrissur hat auch eine große christliche Gemeinschaft, die sich zu unterschiedlichen Kirchen bekennt. Einige Hundert Meter südlich vom Zoo an der College Road steht die **Lourdes Church** mit einer kleinen Untergrundkammer. Thrissurs größte Kirche, die **Dolores Basilica,** ist weithin sichtbar und steht ungefähr 500 m südwestlich davon. Sie wird im Lokaljargon Puthen Palli genannt und stammt von 1875.

Neben einer großen katholischen Gemeinde gibt es in Thrissur auch viele Anhän-

ger der chaldäisch-syrischen Christen, die ihre Ursprünge auf den Apostel Thomas zurückführen. Ende des 18. Jh. siedelten auf Einladung des damaligen Maharajas Shakthan Thampuran 52 Familien dieser Glaubensgemeinschaft in Thrissur. Im Jahr 1814 errichteten sie die **Martha Mariam Church,** auch Valiya Palli genannt. Das Innere des Gotteshauses ist schlicht, denn Abbildungen jeder Art sind nicht gestattet. Den Altar ziert nur ein einfaches Holzkreuz. Kanzel und Chorgebälk sind aus kostbarem Teakholz geschnitzt und der Raum wird von Kronleuchtern und Glaslampen erhellt. Die Messe findet auf Aramäisch statt. Auch sonst folgt die Gemeinschaft ihren alten Traditionen (High Rd., südlich der Dolores Basilica).

ℹ **District Tourism Office (DTPC) Thrissur:** Palace Rd. (geht nördl. von der Ringstraße ab), Tel. 04 87-232 08 00 und 04 87-232 11 32, www.dtpcthrissur.com, Mo–Sa 10–17 Uhr.

🛏 **... in Thrissur:**

Sidhartha Regency: Kokalai, Tel. 04 87-242 47 73. Im Südwesten der Stadt, nahe Bahnhof und Busbahnhof. Alle 30 Zimmer besitzen eine Klimaanlage und sind in freundlichen Farben eingerichtet. Zum Hotel gehören ein Multicuisine-Restaurant und ein Pool. DZ 1000–1500 Rs.

Elite International: Chembottil Lane, Tel. 04 87-272 10 33. Mitten im Stadtzentrum südlich der Ringstraße, mehrstöckiges Hotel mit unterschiedlich großen Zimmern mit/ohne Klimaanlage. DZ 400–2300 Rs.

... außerhalb:

Kadappuram Beach Resort: am Nattika Beach, 25 km südwestl. von Thrissur, Tel. 04 87-239 49 88, www.kadappurambeachresorts.com. Die mit natürlichen Materialien errichtete Bungalowanlage liegt auf 3 ha Land zwischen einen kleinen Fluss und dem reizvollen Nattika Beach. Das Resort ist spezialisiert auf ayurvedische Kuren und besitzt die Auszeichnung Green Leaf. Es gibt vegetarische Küche nach ayurvedischen Prinzipien. DZ 65–150 € inkl. VP.

Rajah Islands: in den Backwaters bei Chavakkad nordwestlich von Thrissur, www.islands.ayurveda-in.com. Ayurvedisches Resorthotel mit sehr unterschiedlichen Unterkünften, die auf mehrere Inseln verteilt sind: vom Hausboot über große Bungalows bis zur kleineren Hütte. Ayurvedische Kuren, Swimmingpool und Multicuisine-Restaurant. Ebenfalls mit dem Green Leaf ausgezeichnet. DZ ab 65 €.

Rajah Healthy Acres: Perumannoor, Chalissery, Kootanad (ca. 40 km nördl. von Thrissur), Tel. 04 66-237 17 41, www.ayurveda-in.com. Angesehenes Ayurveda-Zentrum mit einer Vielzahl unterschiedlicher Unterkünfte auf einem großen, ruhigen Gelände mitten im Grünen. Für Essen und ein Minimum an Behandlungen muss man mit ca. 35 €/Tag rechnen. Einfachsunterkunft für weniger als 1 € bis zur Luxusunterkunft für 140 €/Tag im DZ.

... in Thrissur:
Pathans: Ringstraße (Südseite). Vegetarisches Restaurant, bekannt für seine nordindischen Spezialitäten. Ab 30 Rs.

Indian Coffee House: Ringstraße (Südseite), Tel. 04 87-326 02 22. Ideal zum Frühstücken oder für Snacks. Im 1. Stock ist es netter und weniger laut. Ab 30 Rs.

Bharath: Chembottil Lane (kleine Seitenstraße, die an der Südseite der Ringstraße abzweigt), Tel. 04 87-242 17 20. Sehr populäres und darum immer gut besuchtes vegetarisches Restaurant, wo man Reis und verschiedene Gemüse auf dem Bananenblatt serviert bekommt. Auch Snacks wie Dosa oder Idli. Ab 30 Rs.

Khadi Gramodyog Bhavan: Ringstraße (Westseite). Artikel aus den Gandhi-Produktionsstätten, z. B. Sandalen, gewebte Baumwollhemden, Räucherstäbchen usw.

Surabhi: Ringstraße (Westseite). Typische Kunsthandwerksprodukte aus Kerala wie Messinggöllampen und -gefäße, Holzskulpturen oder Kokosfaserprodukte.

Cosmo Books: Ringstraße (Westseite). Gut sortierter Buchladen, der die neuesten internationalen Schmöker, aber auch Bücher über Kerala anbietet.

Thrissur Puram: April/Mai. Das größte und eindrucksvollste der vielen farbenfrohen Feste in Kerala, bei dem zehn Tempel aus Thrissur und Umgebung mit aufwendig geschmückten Elefanten und bunt verzierten Schirmen um die Gunst des Publikums wetteifern. Unzählige Musikanten mit Trommeln, Schellen und Blasinstrumenten begleiten die Prozessionen, bei denen die Götterstatuen von den einzelnen Tempeln zum zentralen Platz am Vadakkunatha-Tempel gebracht werden. Jedes Jahr zieht das Thrissur Puram Massen von Zuschauern an – bemerkenswert, wie stoisch die geschmückten Dickhäuter den Trubel und das Getöse der mehrtägigen Feierlichkeiten samt riesigem Feuerwerk über sich ergehen lassen. Wer das Thrissur Puram besuchen möchte, sollte rechtzeitig ein Hotel buchen, da die Stadt dann total überfüllt ist.

Kerala Sangeetha Nataka Akademi: Chembukkavu, nördl. des Innenstadtrings, Tel. 04 87-233 25 48, http://keralasangeethanataka akademi.info. Tanz- u. Theateraufführungen.

Kerala Lalitha Kala Akademi: Chembukkavu. Treffpunkt für Künstler aus ganz Kerala. In dem Gebäude des berühmten Architekten Laurie Baker befindet sich auch eine kleine Galerie.

In der Umgebung von Thrissur sowie im angrenzenden Distrikt Palakkad gibt es eine Vielzahl ayurvedischer Einrichtungen und Hotels.

Flüge: Der nächste Flughafen ist der Nedumbassery International Airport von Kochi, 58 km südlich.

Züge: Thrissur liegt an der Hauptverbindungslinie zwischen Mumbai und Thiruvananthapuram. Es verkehren viele Schnellzüge, auch von und nach Bangalore.

Busse: Vom KSRTC-Busbahnhof im Süden fahren Busse nach Thiruvananthapuram, Kochi, Palakkad, Coimbatore oder Kozhikode. Ebenfalls im Süden ist der private Shakthan-

Thampuran-Busbahnhof. Von hier geht es auch nach Guruvayur.

Die Umgebung von Thrissur

Guruvayur und Umgebung

Reiseatlas: S. 19, A 1

Berühmt für ihren Krishna-Tempel ist die Stadt **Guruvayur** 32 km nordwestlich von Thrissur. Täglich strömen ganze Pilgerscharen in das große Heiligtum, das zu den konservativsten dieser Art in Kerala gehört – eine der Regeln besagt beispielsweise, dass Frauen den Tempel nur mit einem Sari bekleidet betreten dürfen. Nicht-Hindus ist der Zutritt ganz verboten, auch der Tempelbezirk ist tabu. Dafür kann man den Elefanten des Tempels einen Besuch abstatten. Im **Elefantencamp** in **Punnathur Kotta,** 4 km westlich des Zentrums, leben über 60 Dickhäuter, wenn sie nicht gerade bei einem der vielen Tempelfeste eingesetzt werden. Auf dem Gelände liegt auch ein kleiner, verfallener Palast, der eine beliebte Kulisse für Kinofilme abgibt (tgl. 8–18 Uhr, 5 Rs, Kamera 25 Rs).

Einige Kilometer südwestlich von Guruvayur steht in Palayur die **Palayur Church.** Sie gilt als älteste Kirche Indiens und gehört zu den sieben Gotteshäusern, die vom Apostel Thomas gegründet wurden. Hinter der Kirche befindet sich ein kleiner Teich, in dem die ersten Christen getauft worden sein sollen. Ein kleines Museum informiert über die Geschichte der ersten Christen in Indien.

🛏 **Sopanam Heritage:** East Nada, Tel. 04 87-255 52 44, www.sopanamguru vayoor.com. Zentral, 2 Restaurants und Zimmer in verschiedenen Preisklassen. DZ 900–2300 Rs.

Cheruthuruthi

Reiseatlas: S. 18, D 4

32 km nordöstlich von Thrissur liegt in **Cheruthuruthi** der **Kerala Kalamandalam,** eine der wichtigsten Institutionen zur Pflege der klassischen Künste Keralas. 12 verschiedene

Disziplinen werden hier gelehrt, darunter die wichtigsten Tanzformen wie Kathakali, Kutiyattam oder Tullal und natürlich die klassische südindische Musik. Über 450 Studentinnen und Studenten machen eine Ausbildung, die bis zu acht Jahren dauern kann. Für Interessierte werden jedoch auch einmonatige Einführungskurse angeboten, außerdem kann man den Kerala Mandalam durch ein eintägiges Besichtigungsprogramm näher kennenlernen. »A day with the masters« gibt eine Einführung in die verschiedenen Kunstformen und eröffnet die Möglichkeit, den Studenten beim täglichen Training zuzusehen (weitere Infos unter www.kalamandalam.org oder Tel. 048 84-26 23 05 und 26 24 18).

Studierzimmer für den Kathakali: der Kerala Kalamandalam in Cheruthuruthi

The River Retreat: Palace Rd., nahe Kerala Kalamandalam, Tel. 048 84-26 22 44, www.riverretreat.in. Der alte Sommerpalast der Kochi-Rajas wurde renoviert und in ein Heritage-Hotel mit Ayurveda-Zentrum umgewandelt. Von der Terrasse hat man einen wundervollen Blick auf den Fluss. DZ 2100–5500 Rs.

Der Distrikt Palakkad

Sattgrüne Reisfelder, zwischen denen weiße Reiher und Pfauen stolzieren, Bananenplantagen, Ingwerfelder und Arekanusspalmen, dazu im Osten, Süden und Norden die Silhouette teils steil abfallender Berge – der **Distrikt Palakkad** wird auch die Kornkammer Keralas genannt. Hier hat eine Öffnung in den Western Ghats eine fruchtbare, vom Regen verwöhnte Ebene geschaffen. Von Thrissur kommend durchschneidet der Highway 47 den Distrikt und führt über die Stadt Palakkad weiter nach Coimbatore in Tamil Nadu. Im Distrikt Palakkad gibt es sehr angesehene ayurvedische Einrichtungen sowie schöne Unterkünfte in traditionellen Kerala-Häusern.

Palakkad

Reiseatlas: S. 18, E/F 4
Das Städtchen **Palakkad** wird bestimmt vom **Palakkad Fort** des Mysore-Herrschers Hy-

der Ali. Die sehr gut erhaltene Festung aus Granitmauern steht auf einem Hügel mitten in der Stadt und wurde 1766 errichtet. Sie ist umgeben von einem Wassergraben. Von hier aus hatten Hyder Ali und sein Sohn Tipu Sultan versucht, die Malabar-Küste einzunehmen. 1790 fiel die Festung dann nach Kämpfen an die Briten, die sie in Teilen veränderten. Ein Spaziergang durch die Anlage führt vorbei an einem kleinen Hanuman-Tempel ins Innere der Anlage. Verfallene Bungalows der Briten, riesenhafte Bäume, in denen Käuzchen wohnen, und ein verstaubtes, kleines Museum sind zu besichtigen. Von den Zinnen hat man einen schönen Rundblick auf die Umgebung und die Berge der Western Ghats im Osten (tgl. 8–18 Uhr).

Palakkad liegt zwar in Kerala, ein Teil seiner Bevölkerung ist jedoch tamilischen Ursprungs. So vermischen sich hier Sprache, Gebräuche und Traditionen der beiden Volksgruppen. Es gibt kleine Stadtviertel, die nur von Brahmanen aus Tamil Nadu bewohnt werden, sogenannte Agraharams. Im Nordosten des Städtchens befindet sich beispielsweise ein Viertel der Tamil-Brahmanen, das nach dem vorbeifließenden Fluss **Kalpathy** heißt. Bunte, ziegelgedeckte Wohnhäuser säumen die sauber gefegten Straßen. Auf den Veranden sitzen alte Damen beim Plausch. In kleinen Läden werden die nötigen Dinge des Alltags verkauft. Mehrere Tempel, darunter ein Shiva-Tempel mit buntem Gopuram im tamilischen Stil, gehören zum Viertel. Vom Flussufer hat man eine tolle Aussicht auf die dahinterliegenden Berge.

Weiter nordwestlich im Stadtteil **Jainmedu** und ebenfalls nahe dem Fluss liegt versteckt ein interessanter kleiner **Jain-Tempel.** Er erinnert daran, dass Kerala lange Zeit ein lebendiges Zentrum der Jain-Religion war. Das Heiligtum soll etwa 500 Jahre alt sein. Im Sanktum befinden sich ein Bildnis des hl. Chandranathan sowie weitere Skulpturen. Im Tempelbezirk steht rechter Hand hinter dem Tempel das Häuschen einer Jain-Familie, die die Schlüssel zum Tempel besitzt. Die Puja findet morgens von 5 bis 10 Uhr und abends von 17 bis 19 Uhr statt.

Ramassery

Reiseatlas: S. 18, E/F 4

Interessant ist eine Fahrt durch die ländliche Umgebung von Palakkad. Reisfelder, Palmen, kleine Flüsse und Dörfer säumen den Weg. Im Dorf **Ramassery,** wo ebenfalls viele Tamilen wohnen, gibt es im kleinen Sree Saraswati Teastall die berühmten Ramassery Idlis zum Frühstück, lecker zubereitete Reiskuchen mit Kokosnuss-Chutney und Sambar. Ramassery ist über eine Abzweigung bei Pudussery, ca. 5 km östlich von Palakkad am Thrissur-Coimbatore-Highway, zu erreichen.

i **DTPC Office:** an der Westseite des Forts, Tel. 04 91-253 89 96, www.dtpc palakkad.com, Mo–Sa 9.30–17 Uhr. Infos über private Unterkünfte, Mietwagen/Taxis, Trekking-Möglichkeiten in der Region etc., auch gute Übersichtskarte von Palakkad.

... in Palakkad:
Indraprashta: English Church Rd., nahe dem Fort, Tel. 04 91-253 46 41, www.ho telindraprashta.com. Mit vegetarischem und Multicuisine-Restaurant. DZ 1100–2250 Rs.
East Fort Resort: Fort Maidan, Tel. 04 91-253 25 07. Zentral, 24 Zimmer. DZ ab 600 Rs.
... im restlichen Distrikt Palakkad:
Kalari Kovilakom: Kollengode (20 km südl. von Palakkad), Tel. 04 84-361 17 11, www. cghearth.com. In einem alten Maharadscha-Palast inmitten eines Pflanzengartens liegt das wohl edelste Ayurveda-Zentrum von Kerala. Maßgeschneiderte Kuren in einer Umgebung, die zugleich Luxus und klösterliche Atmosphäre verspricht. Handys, Zigaretten oder Alkohol sind tabu. Aufenthalt ab 14 Tagen inkl. regelmäßiger Arztkonsultationen, Behandlungen, Vollpension, Yoga und Meditation ab 7245 € im DZ oder 4850 € im EZ.
Kairali Ayurvedic Health Resort: Olassery, Kodumbu (22 km südöstl. von Palakkad), Tel. 049 23-22 25 53, www.kairali.com. Renommiertes ayurvedisches Resort, das mit dem Green Leaf ausgezeichnet ist. Es liegt inmitten eines großen Parks mit Pool; Yoga, Tanz- und Musikvorführungen gehören zum breiten Angebot des Resorts. DZ 80–210 €.

Olappamanna Mana: Vellinezhi, bei Cherpulassery (2 km von der Verbindungsstraße Kozhikode–Palakkad), Tel. 04 66-228 53 83, www.olappamannamana.com. Der Familiensitz einer alteingesessenen Brahmanen-Familie ist heute ein kulturelles Zentrum mit traditionellen Tanz- und Musikvorführungen. Es werden auch Kathakali-Einführungskurse angeboten. Streng vegetarisches Essen. DZ 70–100 € inkl. VP.

Kandath Tharavad: Thenkurussi (7 km südwestl. von Palakkad), Tel. 049 22-28 41 24, www.tharavad.info. Der über 200 Jahre alte Familiensitz ist ein traditionelles Kerala-Haus mit Innenhof und niedrigen Decken. Es liegt idyllisch inmitten von Reisfeldern. Das umfangreiche Freizeitangebot schließt Fahrrad- oder Ochsenkarrentouren durch die Umgebung, eine geführte Stadtbesichtigung von Palakkad und Ausflüge in die weitere Umgebung mit ein. DZ 7000–7500 Rs inkl. VP.

🍴 **Ashok Bhavan:** GB Rd., bei der Hauptpost, Palakkad, Tel. 04 91-254 63 80. Vegetarische Gerichte, südindische Snacks. Ab 20 Rs.

Noorjahan: GB Rd., Palakkad, Tel. 04 91-252 27 17. Biryanis, Lammfleischgerichte und Spezialitäten aus Kerala. Ab 30 Rs.

🛍 **Antiquitäten:** Am National Highway Bypass bei Kanadi südlich von Palakkad gibt es mehrere Antiquitätengeschäfte, z. B. Mannadiar Handicrafts (2/538 Manalur) und nahebei die Move Gallery.

🧢 **Trekking:** z. B. im Silent Valley Nationalpark ca. 50 km nördlich von Palakkad und nahe der Hill Station Nelliyampathy ca. 54 km südlich von Palakkad; Infos im Tourismusbüro (s. S. 236).

🚃 **Züge:** Der Bahnhof Palakkad Junction befindet sich ca. 5 km außerhalb des Stadtzentrums. Regelmäßige Verbindungen mit Thrissur, Kozhikode etc.

Busse: Vom KSRTC-Busbahnhof fahren u. a. Busse nach Thrissur, Kozhikode, Coimbatore, Malappuram und Mannarkad.

Der Distrikt Idukki

Idukki ist Zentral-Keralas sattgrünes Hinterland, gespickt mit Plantagen, bewaldeten Berghängen, dichtem Dschungel, zahlreichen Flüssen und mächtigen Dämmen. Hier regnen sich die Wassermassen des Südwestmonsuns jeden Sommer mehrere Monate lang an den Western Ghats ab und hinterlassen sprudelnde Wasserfälle sowie eine üppige Vegetation. Besonders in der Nachmonsunzeit im Oktober sprießt ein Blumenmeer, das unzählige Schmetterlinge anlockt. Weiße Engelstrompeten in riesigen Büschen säumen die Straßen und wilde Sonnenblumen bedecken die Hänge. Doch auch im Winter dauert die Blütenpracht an. Lantanen, blaue Winden, Weihnachtssterne und Orchideen gedeihen in den Bergen und Tälern von Idukki. Kein Wunder, dass auch die Plantagenwirtschaft hier sehr intensiv betrieben wird. Auf niedrigeren Höhen findet man vor allem Gummiplantagen, daneben wachsen allerlei Gewürze wie Pfeffer, Kardamom, Vanille, Nelken und Muskatnuss. Auch Kaffee gedeiht im hiesigen Klima. In den höheren Lagen wie rund um die Hill Station Munnar bestimmen ausgedehnte Teeplantagen das Bild, 24 000 ha insgesamt. Doch nur ein Teil von Idukki ist kultiviertes Land. Der Rest besteht aus Wald- und Dschungelgebieten mit einer immensen Artenvielfalt, die wie im Periyar-Nationalpark teils unter Schutz steht.

Munnar

Reiseatlas: S. 20, E 2

Mitten zwischen grünen Teegärten und hohen Bergen liegt ca. 130 km östlich von Kochi auf 1600 m die beliebteste Hill Station von Kerala, **Munnar**. Lange Zeit waren indigene Stämme die einzigen Bewohner des Gebiets. Dies änderte sich im 19. Jh., als die Briten ihren Sommersitz in den kühlen Höhen aufschlugen. Sie führten auch die Plantagenwirtschaft in der Gegend ein. Heute besteht Munnar aus einer Ansammlung von Hotels, Läden sowie Parkplätzen für Jeeps. Es ist vor allem an Wochenenden und Feiertagen ein lautes und hektisches Städtchen, doch

schon ein paar Kilometer außerhalb der Ortschaft wird man belohnt mit reizvollen Aussichten und kann geruhsame Spaziergänge unternehmen.

Einen Besuch lohnt das **Teemuseum,** das von Kanan Devan geführt wird, der größten Teegesellschaft der Gegend. Die sehr informative Ausstellung berichtet über die Geschichte der Region und des Teeanbaus, der hier seit 1878 betrieben wird. Im Rahmen einer kleinen Führung können Besucher beim Verarbeitungsprozess der Teeblätter zusehen und auch verschiedene Teesorten kaufen (Di–So 10–16 Uhr, 50 Rs).

DTPC Information Counter: an der Hauptstraße nahe dem KSRTC-Busbahnhof, Tel. 048 65-23 15 16, www.munnartourism.com, www.dtpcidukki.com, tgl. 8–19 Uhr. Organisiert Tagestouren durch die Region, verleiht Fahrräder, bietet Stadtpläne und sonstige brauchbare Infos für Besucher.

Tea County: Tel. 048 65-23 04 60, www.ktdc.com. Im Zentrum von Munnar und mitten in einem großen Garten liegen die Bungalows von Tea County, mit Ayurveda-Zentrum, umfangreiches Freizeitprogramm (z. B. kann man Gleitschirme ausleihen). DZ ab 3500 Rs.
Sree Narayana Tourist Home: AM Rd., Tel. 048 65-23 02 12, www.snmunnar.com. Populäres Budgethotel mitten in Munnar mit sehr gutem Restaurant. DZ 550 Rs.

Sree Narayana Tourist Home: neben dem gleichnamigen Hotel (s. o.). Leckere Thalis mit Kerala-Spezialitäten (auch vegetarisch), teils mit scharf gewürztem Fischcurry. Ab 40 Rs.

Kanan Devan Teemuseum: Verkauft verschiedene Teesorten, darunter biologisch-organischen Tee von der Yellapatty-Plantage.

Allein im Distrikt Idukki wird auf rund 24 000 ha Tee angebaut

Spice Market: gehört zum Sree-Narayana-Hotel und verkauft Tees, Kaffee, Gewürze und Kunsthandwerk.

Busse: Regelmäßige Verbindungen mit Kochi und Thekkady/Kumily, Thiruvananthapuram über Alapuzzha etc.
Mietwagen: Über DTPC; viele Jeeps direkt an der Straße im Stadtzentrum.

Die Umgebung von Munnar
Reiseatlas: S. 20, D/E 2
Eine besondere Attraktion ist der **Eravikulam National Park** 15 km nordöstlich von Munnar. Er liegt inmitten schroffer Felsabhänge auf einer Höhe von 2100 m und ist das Rückzugsgebiet einer seltenen wilden Bergziegenart namens Nilgiri Tahr. Mehrere Hundert Tiere durchstreifen in kleinen Gruppen den 97 km² großen Park. Die wenig scheuen Bergziegen lassen sich auch durch die Besucher nicht irritieren, die einen kleinen Teil des Parks erwandern können. Alle 12 Jahre findet außerdem die spektakuläre Blüte der blauen Neelakurinji-Blume statt, die die Hänge dann in ein tiefes Blau taucht – das nächste Mal allerdings erst 2018.

Von Munnar fahren Touristenbusse und Jeeps zum Parkeingang. Ab dort geht es mit Spezialbussen ein Stück weiter den Berg hinauf bis zum Informationszentrum mit einer interessanten kleinen Fotoausstellung zur Geschichte des Parks sowie seiner Flora und Fauna. Ein Wanderweg führt von dort weiter in die Höhe. Der Park ist während des Sommermonsuns sowie im Januar und Februar, wenn die Ziegen Junge haben, geschlossen (tgl. 8–17 Uhr, 220 Rs inkl. Busticket, Foto 25 Rs, Video 200 Rs).

Weitere attraktive Ausflugsziele in der Umgebung von Munnar sind beispielsweise der **Mattupetty-Damm und -See** ca. 15 km östlich der Stadt oder die zahlreichen **Teeplantagen.** Besonders reizvoll ist ein Spaziergang zu den **Attukad-Wasserfällen** am Westhang des Bergrückens, auf dem das Dorf Pothamedu (s. S. 240) liegt. Man erreicht die Wasserfälle, wenn man von der Hauptstraße Kochi–Munnar 6 km vor Munnar rechts zum Pul-

Richtig Reisen-Tipp: Periyar Tiger Trail

Es knackt im Gebüsch. Gespannt halten wir den Atem an. Ravi, einer unserer Führer, weist mit dem Finger auf den dichten Blätterwald. Es ist ein kleiner Axishirsch, der nach einem Moment der Stille erschreckt das Weite sucht. Kein Tiger, kein Leopard, aber dennoch ein paar schwarze Augen, die unsere Herzen höher schlagen lassen. Weiter wandern wir auf schmalen Pfaden durch den Dschungel, begleitet von allerlei Vogelstimmen – und begleitet von Männern, die ehemals Wilderer waren. Sie haben ihre Gewehre beiseite gelegt und gegen große Ferngläser getauscht. Heute führen sie Besucher durch das Schutzgebiet und lassen sie teilhaben an ihrem reichen Erfahrungsschatz.

Wir sind auf dem **Periyar Tiger Trail,** einem ambitionierten Projekt der hiesigen Parkbehörden. Es ist Teil eines Maßnahmenpakets, das den nachhaltigen Tourismus in der Region fördern soll. Lange Zeit war die Gegend berüchtigt für ihre vielen Wilderer, die es auf Elefanten und deren Stoßzähne oder das kostbare Sandelholz abgesehen hatten. Durch den Periyar Tiger Trail und andere Projekte sollen nicht nur die Tiere im Park geschützt, sondern auch der ortsansässigen Bevölkerung Beschäftigungsmöglichkeiten geboten werden.

Maximal fünf Teilnehmer umfasst eine Gruppe, die sich auf den Tiger Trail macht. Begleitet wird sie von der gleichen Anzahl Führer sowie zwei bewaffneten Wildhütern. Zwei oder drei Tage lang ist man im Dschungel unterwegs, übernachtet in Zelten und legt insgesamt 20 bis 35 km zurück. Inklusive Verpflegung kostet die Teilnahme 3000 Rupien inkl. einer Übernachtung bzw. 5000 Rupien inkl. zwei Übernachtungen. Nähere Infos: Periyar Ecotourism Centre (s. S. 241).

livasal Tea Estate abbiegt. In **Pothamedu,** ca. 6 km südwestlich von Munnar, gibt es mehrere schöne Hotels in ruhiger Lage, von wo aus man spektakuläre Aussichten auf die Teeberge genießen kann.

... bei den Attukad-Wasserfällen:
Aranyaka Homestay: Pullivasal Estate, Tel. 048 65-23 05 33, www.aranyakainn.com. Man wohnt mitten auf einer Teeplantage, 2 Zimmer mit separatem Eingang beim Wohnhaus der Familie, außerdem ein kompletter Bungalow mit Küche (6 Pers., 1800–3000 Rs). Essen wird auf Wunsch zubereitet, Abholung von Kochi ist möglich. DZ 650–1500 Rs.

... in Pothamedu:
The Windermere Estate: Tel. 048 65-23 05 12, www.windermeremunnar.com. 15 Zimmer und Bungalows auf einer gut 25 ha großen Kardamomplantage, durch die ein 4 km langer Spazierweg führt. Rustikal eingerichtete Zimmer mit schönem Ausblick. DZ ab 5500 Rs.

Blackberry Hills: Tel. 048 65-23 29 79, www.blackberryhills.in. In den Hang gebaute Bungalows mit spektakulärem Blick auf die Anbauflächen der Teeplantagen und die grünen Hügel. Das breit gefächerte Freizeitangebot schließt Trekking und Mountainbiking ein. DZ ab 4000 Rs.

Periyar National Park
Reiseatlas: S. 20, E 4
Steil schlängelt sich die Straße von Kottayam oder Kochi durch ausgedehnte Gewürzplantagen hinauf in die **Kardamom Hills,** den südlichen Teil der Western Ghats. Das Städtchen **Kumily** dient als Ausgangspunkt für Ausflüge in den 350 km² großen **Periyar National Park,** Keralas größten und bekanntesten Nationalpark. Der Eingang befindet sich wenige Kilometer südlich von Kumily in **Thekkady.**

Die Geschichte des Nationalparks begann in den 1930er-Jahren, als der damalige Maharadscha von Travancore sich für den Schutz des Waldes und ein Jagdverbot einsetzte. Dichter immergrüner Dschungel, blattabwerfender Laubwald und Grasland bedecken das Gelände. Im hiesigen Regenwald wachsen bis zu 50 m hohe Bäume und viele Orchideenarten.

Mitten in der Kernzone des Schutzgebiets liegt ein großer, mehrfach verzweigter Stausee, der bereits 1895 errichtet wurde und die Wassermassen des Periyar River staut. Der See ist ein Ökosystem für sich und die Heimat zahlreicher Vogelarten. Kormorane sitzen auf den abgestorbenen Bäumen, die aus dem aufgestauten Gewässer ragen, Schlangenhalsvögel tauchen ins Wasser, auch Fischadler und Eisvögel leben an den Ufern. Insgesamt wurden hier über 275 Vogelarten gezählt.

Große Elefantenherden bevölkern das Schutzgebiet, die vor allem in der Trockenzeit zwischen Februar und April gerne zur Tränke an den Stausee kommen. Auch viele Hirscharten wie Sambar und Axis, Gaur, Wildschweine sowie verschiedene Affenarten zählen zu den Bewohnern von Periyar. Seit 1978 gehört der Periyar National Park zum Project Tiger (s. S. 240), den Tigerschutzgebieten Indiens – man geht davon aus, dass ungefähr 50 Tiger in den Wäldern umherstreifen. Meist muss man sich aber mit einem Tatzenabdruck zufrieden geben, denn die gestreiften Raubkatzen lassen sich nur äußerst selten blicken. Auch Leoparden sind hier beheimatet.

Viele Besucher beschränken ihren Besuch auf eine Bootsfahrt über den See, doch es gibt auch diverse Möglichkeiten, zu Fuß durch den Dschungel zu wandern (s. links) oder die Gegend auf dem Rücken von Elefanten zu erkunden. Informationen hierzu gibt es am Parkeingang in Thekkady beim Periyar Ecotourism Centre (s. rechts) und im Büro von DTPC (s. rechts). Der Park hat täglich von 6 bis 18 Uhr geöffnet.

Ursprünglich waren die Kardamom Hills nur von Adivasi-Stämmen besiedelt und noch heute leben in der Region viele indigene Gruppen. Die Parkverwaltung organisiert den Besuch des **Tribal Heritage Museums** im Mannan Settlement, einem der Adivasi-Dörfer. Eine Ausstellung informiert über die Traditionen der hiesigen Adivasis, Dorfbewohner führen durch die kleine Siedlung (9–17 Uhr, 100 Rs).

In der Gegend um Kumily befinden sich auch viele **Gewürzplantagen.** Einige davon haben ihre Pforten für Besucher geöffnet. Dort kann man umherstreifen zwischen Kardamom, Vanille, Pfeffer oder Betelnuss und exotische Blüten bewundern, die sonst nur aus dem Botanischen Garten bekannt sind. Führer erklären während der regelmäßig stattfindenden Besichtigungstouren die Pflanzen. Meist kann man auch Gewürze auf der Plantage direkt kaufen.

Wer dies verpasst, hat im Städtchen **Kumily** noch genügend Gelegenheit dazu, denn dort reihen sich an der Hauptstraße zahlreiche Gewürzläden aneinander. In Kumily sowie entlang der Straße zum Parkeingang bei Thekkady liegen auch die meisten Hotels sowie weitere Geschäfte.

i **DTPC Office:** Thekkady Junction, Tel. 048 69-22 26 20, www.dtpcidukki. com. Informiert über Wanderungen, Bootsfahrten und weitere Aktivitäten im Park, auch Tipps für Touren zu den Gewürzgärten.
Periyar Ecotourism Centre: beim Parkeingang in Thekkady, Tel. 048 69-22 45 71, www.periyartigerreserve.org. Das Centre übernimmt u. a. Buchungen für den Periyar Tiger Trail (s. S. 240), 1-tägige Wanderungen, Nachtpatrouillen mit Wildhütern oder halbtägige Spazierfahrten im Ochsenkarren zu einem entlegenen Dorf.

Spice Village: zwischen Kumily und Thekkady, Tel. 04 84-301 17 11, www. cghearth.com. Vorbei an Kaffeesträuchern und Pfeffer, Vanille, Zimt und Kardamom führen die kleinen Wege zu den Holzbungalows von Spice Village – man wohnt inmitten eines großen Gewürzgartens. Es gibt auch ein Ayurveda-Zentrum und einen Pool. In der rustikalen Bar genießt man die Dämmerung. 2 Restaurants sorgen für das Wohl der Gäste. Das Resort organisiert zahlreiche Ausflüge zu den Hot Spots der Umgebung. DZ ab 190 €.

Zentral-Kerala

Lake Palace: auf einer Insel im Periyar-See, Tel. 04 86-922 20 23, www.ktdc.com. Ein besonderes Erlebnis ist die Übernachtung im ehemaligen Sommerpalast des Maharadschas von Travancore mitten auf dem See. Abends, wenn die Tagesausflügler und die Boote verschwunden sind, hört man nur noch die Stimmen des Dschungels. Unbedingt frühzeitig buchen, da es nur wenige Zimmer gibt. DZ 6000–10 000 Rs.

Aranya Nivas: am Periyar-See beim Parkeingang, Tel. 048 69-922 20 23, www.ktdc.com. Man wohnt im Park mit schönem Blick auf den See. Ruhe findet man allerdings erst abends, wenn die letzten Besucher den Park verlassen haben. DZ 4000–6500 Rs.

Bamboo Grove Eco Lodge: nahe dem Nationalpark, Buchungen über Tel. 048 69-22 45 71, www.periyartigerreserve.org. Die kleinen Bungalows sind aus natürlichen Materialien. Es werden eine Vielzahl von Programmen auch für größere Gruppen organisiert. DZ ab 2000 Rs.

Periyar House: am Periyar-See, Tel. 04 86-922 20 26, www.ktdc.com. Die einfachere Ausführung der beiden anderen KTDC-Hotels. DZ 1400–2200 Rs.

Lotus Spices: an der Straße zwischen Kumily und Thekkady, Tel. 048 91-22 26 79. Der gut sortierte Laden verkauft frische Gewürze aus organischem Anbau. Viele weitere Gewürzgeschäfte befinden sich entlang der Hauptstraße in Kumily.

Plantagenbesichtigungen: Green Land Spice Garden, Spring Valley, Tel. 048 69-22 39 48, und viele andere. Infos im Touristenbüro (s. S. 241).

Trekking: Infos über das DTPC-Büro und das Periyar Ecotourism Centre (s. S. 241). Auch viele Hotels bieten Wanderungen an.

Ayurveda: Bei Kumily gibt es sehr gute ayurvedische Resorts und Einrichtungen.

Busse: Regelmäßige Verbindungen nach Kochi, Munnar, Kumarakom, Kottayam und Thiruvananthapuram. Kumily liegt an der Grenze zu Tamil Nadu; von der Grenze am östlichen Ortsausgang fahren zahlreiche Busse nach Madurai (3–4 Std.).

Mietwagen: Über das DTPC-Büro und viele Hotels.

Pirmed und Umgebung

Reiseatlas: S. 20, D 4

Auf dem Weg von Kottyam nach Kumily passiert man das Städtchen **Pirmed** 38 km westlich von Kumily. Es ist ein Zentrum des Plantagenanbaus und heute ein populärer Ferienort. Zwischen Gummi- und Teeplantagen, grünen Hügeln und bewaldeten Berghängen gibt es einige reizvolle Übernachtungs- und diverse Wandermöglichkeiten. Ein guter Ausgangspunkt für Trekkingtouren ist der 4 km entfernte Ort **Kuttikanam.**

Ganz in der Nähe von Pirmed steht der ehemalige **Sommerpalast der Travancore-Maharadschas.** In der Stadt selbst befindet sich eine renommierte ayurvedische Klinik, das **Sahyadri Treatment Centre,** mit Unterkunftsmöglichkeiten für Patienten und einem großen Pflanzengarten (Tel. 048 69-23 24 97, www.ayurvedaexcellence.com). Etwa 1 km außerhalb kann man die **Sahyadri Ayurvedic Pharmaceutical Factory** besuchen, die Produktionsstätte, in der die ayurvedischen Medikamente hergestellt werden (9–16 Uhr, 100 Rs). Geführte Touren, allerdings nur gegen Voranmeldung, werden auch in der **Sahyadri Organic Tea Factory** bei Valanjanganam angeboten (Tel. 048 69-23 39 04); in Kuttikanam hat die Fabrik einen kleinen Laden.

… in Pirmed:
Ashley Bungalow: Tel. 048 69-23 20 82. Alter Pflanzerbungalow von 1868 mitten auf einer Teeplantage. Stil und Interieur erinnern an die Zeiten des britischen Raj. DZ 2500–3500 Rs.

Wood Palace: Tel. 048 69-23 20 91. Holzhaus im Kerala-Stil mit Balkonen, von denen aus man eine wunderbare Aussicht genießt. DZ 1200–2500 Rs.

Die regelmäßig zwischen Kottayam und Kumily pendelnden Busse halten auch in Pirmed.

Von Kochi im Norden bis Kollam im Süden und Kottayam im Osten erstrecken sich die Backwaters von Süd-Kerala. Sie sind ein einzigartiges Geflecht von Flüssen, Seen, Kanälen und kleinen Inseln. Bootsfahrten inmitten dieser tropisch-grünen Landschaft gehören zu den großen Highlights einer Kerala-Reise.

Alappuzha (Alleppey) und Umgebung

Alappuzha

Reiseatlas: S. 19, B 4

Wasser ist das wichtigste Element in **Alappuzha.** Wasser gibt es überall. Die geschäftige Handelsstadt liegt zwischen dem Arabischen Meer im Westen und den Backwaters im Osten. Ein Netz von Kanälen, großen und kleinen, durchzieht Alappuzha. Sie sind noch heute die Lebensadern der Stadt. Während des Monsuns kommt das Wasser dann zusätzlich von oben, und zwar mit voller Wucht. Ist es da ein Wunder, dass in Alappuzha die berühmtesten Regenschirme Keralas hergestellt werden?

Die Stadt ist ein idealer Ort, um die Backwaters zu erkunden (s. S. 248). Gibt es hier doch die größte Auswahl an Booten und Reiseveranstaltern für entsprechende Trips, außerdem eine Reihe guter Hotels und Homestays. Doch Alappuzha selbst hat auch einiges zu bieten. Vielleicht nicht auf den ersten Blick. Den Charme des quirligen Städtchens entdeckt man am besten bei einem Spaziergang entlang der Kanäle, vorbei an alten Holzhäusern, kleinen Geschäften und Werkstätten, die das wichtigste Produkt der Stadt verarbeiten: die Kokosfaser.

Schon im 18. Jh. ließ der Maharadscha von Travancore hier einen Hafen bauen. Mitte des 19. Jh. errichteten die Briten erste kokosverarbeitende Betriebe. Eine Zeit lang war Alappuzha eines der bedeutendsten Handelszentren in Kerala. Auch heute ist es der größte Binnenhafen der Backwaters und deswegen das Zentrum des Backwater-Touris-

Mit der Autorin unterwegs

Ein Tempel voller Schlangen

Im Schlangentempel von **Mannarassala** ist man plötzlich umgeben von Tausenden von Schlangen – aus Stein. Das Heiligtum ist eines von wenigen mit einer Frau als höchster Priesterin (s. S. 244).

Eine Bootstour voller Eindrücke

Besonders malerisch ist ein Backwatertrip zwischen **Alappuzha** und **Kottayam** – enge Kanäle, breite Seen, weiße Kirchen, grüne Palmen und mit etwas Glück die Silhouette der Western Ghats im Hintergrund (s. S. 250).

Eine Kirche voller Überraschungen

Hinduistische Ikonografie in der Kirche: In der **Cheriapally Church** bei Kottayam begegnen sich Christentum und Hinduismus in vielen kleinen Details (s. S. 250).

Süd-Kerala: die Backwaters

mus. Die Anlegestelle für Hausboote und der Busbahnhof liegen beide im Osten der Stadt, am Punnamada-Kanal, wo im August während des Onam-Fests das berühmte **Schlangenbootrennen** (s. S. 247) stattfindet.

Champakulam-Kirche

Reiseatlas: S. 21, B 1

Mit dem Boot durch die Backwaters oder mit dem Auto über die Landstraße ist die reizvolle Kirche **St. Mary** beim Dorf **Champakulam** ca. 10 km südlich von Alappuzha zu erreichen. Sie zählt zu den ältesten in Kerala und gehört zu den sieben Gotteshäusern, die vom Apostel Thomas selbst gegründet wurden. Das Innere der hübschen weißen Kirche ist mit bunten Decken- und Wandmalereien sowie Holzschnitzereien verziert. Bei dem kleinen Fischerdorf findet auch das **Champakulam Moolam,** das älteste der vielen Schlangenbootrennen statt.

Mannarassala-Schlangentempel

Reiseatlas: S. 21, C 1

Selten wird die tiefe Verbindung zwischen Natur und Religion im Hinduismus so deutlich wie im **Schlangentempel von Mannarassala.** Er steht inmitten eines Dschungels von wild wuchernden Bäumen und Lianen. Seine Umfassungsmauern sind mit Hunderten, wenn nicht Tausenden von steinernen Schlangen bestückt, hinter denen sich unvermittelt schlanke Lianen und dichtes Gestrüpp emporräkeln. Unter Bäumen, an Stämmen und Öllampen und natürlich im Tempel selbst findet man unzählige Kobrahauben aus Stein. Angesichts dieser Masse von Schlangenbildnissen wird dem Besucher auch die üppige Vegetation sich windender und schlängelnder Pflanzen zum Symbol für das hier hoch verehrte Reptil.

Das Heiligtum, ein rechteckiger länglicher Tempel für den Schlangenkönig Nagaraja – Naga bedeutet Schlange, Raja heißt König –, wird besonders häufig von Frauen besucht. Eine Frau spielt auch die wichtigste Rolle in diesem Tempel: Die oberste Priesterin von Mannarassala ist weiblich und zeigt sich nur zu besonderen Festtagen. Der Legende zufolge soll die Urahnin der hiesigen Priesterfamilie nach langer Zeit der Unfruchtbarkeit ein Schlangenkind und ein Menschenkind geboren haben. Die Schlange wird als Gott Nagaraja verehrt, die Nachfahren des Kindes sind die Tempelbrahmanen. Die oberste Priesterin wird als Mutter von Nagaraja betrachtet.

Neben dem Tempel befindet sich ihr Wohnhaus, das ebenfalls Scharen von Gläubigen anzieht. Nördlich des Tempels führt ein kleiner, von Schlangenskulpturen und Rankwerk umrahmter Weg zu einem Teich, in dem man manchmal die lebenden Exemplare des verehrten Nagaraja beobachten kann, was als besonders glücksverheißend gilt.

Das Heiligtum von Mannarassala liegt ca. 20 km südlich von Alappuzha und ist auf dem Highway 47 über Haripad zu erreichen. Kurz vor Mannarassala steht der ebenfalls sehr populäre **Subramania-Tempel** im typischen Kerala-Stil. Nicht-Hindus dürfen den Tempelbezirk von Mannarassala betreten, jedoch nicht das Heiligtum selbst. Fotografieren innerhalb des Tempelbezirks ist verboten.

Marari Beach

Reiseatlas: S. 19, B 4

Am schönen langen Sandstrand **Marari Beach** 17 km nördlich von Alappuzha liegen mehrere Fischerdörfer. Dort gibt es auch einige schöne Hotels und Resorts.

DTPC Office: Boat Jetty Rd., Alappuzha, Tel. 04 77-225 33 08, www.dtpcalappuzha.com, Mo–Sa 9.30–18, So 9.30–13 Uhr. Das sehr hilfsbereite Büro organisiert Backwaterfahrten, vermietet Hausboote und hat ausführliches Infomaterial vorrätig, darunter Stadtpläne von Alappuzha sowie Landkarten der Backwaters.

… in Alappuzha:
Raheem Residency: Beach Rd., nördlich der CCNB Rd., Tel. 04 77-224 20 44, www.raheemresidency.com. Am Strand von

Alappuzhas Lebensadern: Zahlreiche Kanäle durchziehen die Stadt

Süd-Kerala: die Backwaters

Richtig Reisen-Tipp:
Zwischen Kanälen, Brücken und Meer – Alappuzha zu Fuß

Einen Spaziergang durch Alappuzha beginnt man am besten am DTPC-Büro (s. S. 244), wo man einen kleinen Stadtplan und viele andere nützliche Informationen bekommt. Zunächst geht es Richtung Westen zur Hauptstraße, in die man links einbiegt. In der lebhaften **Basarstraße** gibt es zahlreiche Goldgeschäfte. Linker Hand steht der **Vaikundeshvara-Ayappa-Tempel** im typischen Kerala-Stil. Läuft man immer geradeaus, so erreicht man einen großen Kanal und biegt rechts in die **CCNB Road** ab. Die Straße verläuft entlang dem Kanal zum Meer und beheimatet nicht nur allerlei interessante Geschäfte, sondern auch kleine Werkstätten, alte, im traditionellen Stil errichtete Häuser, Kirchen, eine schöne Moschee sowie einen Jain-Tempel. Schon nach ein paar Metern steht man vor **Popy,** dem berühmtesten Regenschirmgeschäft der Stadt. Seit den 1950er-Jahren werden hier Schirme in allen Formen und Farben und mit lustigen Motiven hergestellt. Im darauffolgenden Abschnitt der Straße haben sich über die Jahre hinweg noch zahlreiche andere Läden und Werkstätten angesiedelt, die alle mit demselben Objekt handeln, das offensichtlich reißenden Absatz findet – in Keralas feuchtheißem Klima benutzen die Menschen ihren Schirm nämlich nicht nur gegen den Regen, sondern auch gegen die Sonne.

Ruhig fließt der Kanal linker Hand der Straße dahin. Manchmal führen Brücken hinüber zur **CCSB Road,** wo eine schöne, blaugetünchte Moschee steht. Bäume säumen das Ufer und Bänke laden zum Verweilen ein. Viele der zweistöckigen, vom Monsun teils übel zugerichteten Gebäude am Straßenrand sind im typischen Kerala-Stil errichtet und mit schönen holzgeschnitzten Giebeln und Ziegeldächern geschmückt. An der **St. George Church** und an Handelshäusern aus der Kolonialzeit vorbei führt die CCNB Road immer weiter Richtung Meer. Rechter Hand liegt versteckt ein kleiner Jain-Tempel (von der Straße ausgeschildert).

Kurz danach überquert man den Kanal und ist nach wenigen Metern am **Strand** von Alappuzha. Dort gibt es einige kleine Cafés und ein Indian Coffee House, wo man sich erfrischen kann. Müde Spaziergänger finden hier auch eine Riksha für den Rückweg.

Die Entfernung vom DTPC-Büro bis zum Popy-Schirmgeschäft beträgt ungefähr 1 km, von Popy bis zum Strand sind es weitere 2 km. Wer noch fit ist, kann den Rückweg über die CCSB Road auf der anderen Seite des Kanals antreten. Dort befinden sich zudem zwei gute Restaurants, darunter das alteingesessene **Halay's** (s. S. 247), das leckere Biryanis und andere Spezialitäten anbietet.

Alappuzha gelegener Kolonialbungalow, der in ein bezauberndes Boutique-Hotel mit 10 stilvoll eingerichteten Zimmern umgewandelt wurde. Pool, Ayurveda und sehr gutes Restaurant. DZ 90–210 €.

Mottys Homestay Villas: Tel. 04 77-226 05 73, www.mottys.uniquehomestays.com, www.mararibeachhomes.com. Stadt oder Strand, beides ist möglich – man kann entweder in mit antiken Möbeln eingerichteten Zimmern im Haus der netten Gastgeber wohnen oder in luxuriösen Bungalows am schönen Marari Beach. Gutes landestypisches Essen, Touren

in die Umgebung, Hausbootfahrten, Heritage-Walk durch Alappuzha etc. DZ 35–150 €.

Anamika the Villa: Tel. 04 77-242 20 44, www.anamikahome.com. Stilvoll renovierter Kerala-Bungalow mit 4 Zlmmern, dessen Besitzer zahlreiche Kulturprogramme und Touren organisieren. DZ ab 1500 Rs.

Tharavad Heritage Resort: westl. der Polizeistation-Nord, Tel. 04 77-24 45 99, www.tharavadheritageresort.com. Man wohnt in einem typischen Haus im Kerala-Stil voller antiker Möbel; Essen 250 Rs, Frühstück 100 Rs. DZ 800–1500 Rs.

KTC Guesthouse: westl. des KSRTC-Busbahnhofs, Tel. 04 77-225 42 75. Zentrales günstiges Hotel mit Restaurant und nettem Innenhof. DZ 400–1000 Rs.

... am Marari Beach:

Marari Beach Resort: Mararikulam, Tel. 04 84-301 17 11, www.cghearth.com. Sehr schönes Resort mit Ayurveda-Zentrum, großem Pool und exzellenter Küche. Kochkurse führen ein in die Geheimnisse der lokalen Köstlichkeiten. DZ ab 220 €.

Pollethai Beach: Tel. 04 84-221 63 02, www.beachatpollethai.com. Am Strand mit schönem Pool und Multicuisine-Restaurant. DZ 4000–15 000 Rs.

... in den Backwaters:

Emerald Isle: auf einer Insel in den Backwaters 12 km südl. von Alappuzha , Tel. 04 77-270 38 99, www.emeraldislekerala.com. Alter Familiensitz mit 4 Zimmern und freundlichen Gastgebern. Hängematten, kurze Wanderwege und gutes Essen sorgen für das Wohl der Gäste. Ideal, um die Backwaters zu entdecken. DZ 5500–5800 Rs inkl. VP.

Coir Village Lake Resort: auf der Backwater-Insel Thrikunnapuzha zwischen Alappuzha und Kollam, Tel. 04 77-224 34 63, www.coirvillage.com. Resort-Hotel der ATDC (Alleppey Tourism Development Cooperative Society) mit Ayurveda-Zentrum, Kulturveranstaltungen und einer Flotte von Booten. DZ ab 3500 Rs.

🍴 **... in Alappuzha:**

Chakara Rooftop: im Hotel Raheem Residency (s. S. 244), Tel. 04 77-224 20 44. Wunderbare Kerala-Fischgerichte, dazu einen Wein aus den Bergen bei Bangalore – das Ganze mit Blick aufs Meer. Hier kann man es gut ein paar Stunden aushalten. Ab 700 Rs.

Halay's: CCSB Rd., Tel. 04 77-320 33 38. Alteingesessenes Restaurant mit leckerer muslimischer Küche. Die frischen Biryanis mit gebackenem Hähnchen oder Lamm sind ein Genuss. Der angrenzende Laden hat ein gutes Sortiment an Trockenfrüchten, Nüssen und Schokolade. Ab 70 Rs.

Indian Coffee House: hat 3 Filialen in der Stadt – am Strand, in der Mullackal Road und in der Palace Road, ideal zum Frühstücken und für kleine Snacks. Ab 30 Rs.

Hassans: CCSB Rd. Die kleinere und etwas günstigere Alternative zu Halay's (weiter westlich), mittags sind Biryanis und Thalis im Angebot, ab 17 Uhr gibt es frische Tandoori-Gerichte. Ab 30 Rs.

Anapoorna: schräg gegenüber vom DTPC-Büro in der Vadai Canal South Bank. Bekannt für seine köstlichen vegetarischen Gerichte. Ab 30 Rs.

Greens Vegetarian: Cullen Rd. Populäres Vegi-Restaurant im Zentrum. Ab 30 Rs.

🛍 **Popy:** CCNB Rd., nahe Iron Bridge, www.popy.in. Hier gibt es Keralas berühmteste Regenschirme zu kaufen.

🎭 Zwischen Juni und September finden in den Backwaters zahlreiche Feste statt. Die aktuellen Termine stehen auf der Webseite des DTPC Office (s. S. 244).

Schlangenbootrennen: 2. Sa im Aug. In Alappuzha wird das größte der vielen Schlangenbootrennen der Region ausgetragen. Kunstvoll geschmückte Boote mit bis zu 100 Mann Besatzung wetteifern um die Nehru-Trophy. Die lange, schlanke Form der sogenannten Chundan Vallams erinnert an sich aufbäumende Schlangen. Das Fest geht auf kriegerische Traditionen zurück. Tickets gibt es beim DTPC (s. S. 244).

↔ **Züge:** Der Bahnhof liegt 4 km südwestlich der Stadt. Regelmäßige Verbindungen nach Kochi, Thiruvananthapuram und Kozhikode.

Busse: Zahlreiche Verbindungen nach Kochi, Kottayam, Kollam und Thiruvananthapuram.

Fähren: Boat Jetty, Alappuzha; regelmäßige Verbindungen von Alappuzha nach Kottayam, Kochi und Kollam.

Kottayam und Umgebung

»Der Mai in Ayemenem ist ein heißer, brütender Monat. Die Tage sind lang und feucht. Der Fluss schrumpft und schwarze Krähen laben

Richtig Reisen-Tipp: Bootstour durch die Backwaters

Ein schlankes, strohgedecktes Holzboot, das sanft durch einen schmalen, von Kokospalmen gesäumten Kanal gleitet – diese Postkartenidylle ist eines der häufigsten Bilder, mit denen für den Tourismus in Kerala geworben wird. Die einzigartige Landschaft der Backwaters kommt unserer Vorstellung vom tropischen Paradies sehr nahe und füllt Keralas cleveren Werbespruch »God's Own Country« mit sattgrünen Farben.

Kuttanad heißt die Region, wo sich die Flüsse der Western Ghats mischen mit dem salzigen Wasser des Arabischen Meeres und eine Landschaft geformt haben, die nicht mehr Wasser und doch noch nicht ganz Erde ist. Seen, Flüsse und ein ausgedehntes Netz von Kanälen bedecken ein fast 2000 km² großes Gebiet. Von Kochi im Norden bis Kollam im Süden, von Kottayam im Osten bis Alappuzha im Westen verlaufen 900 km Wasserstraßen, gesäumt von üppiger Vegetation. Schon seit Jahrhunderten werden sie als Handels- und Verkehrswege genutzt, denn Kuttanad ist ein fruchtbares Land. Vor allem Reis, aber auch Kokospalmen, Kautschuk und Bananen gedeihen auf den unzähligen Inseln, die mit Dämmen vor Versalzung geschützt werden müssen und bis zu 2,20 m unter dem Meeresspiegel liegen. 2 Mio. Menschen wohnen in den Städten und kleinen Dörfern entlang der Kanäle. Die meisten leben von der Landwirtschaft, arbeiten in der Kokosverarbeitung oder anderen Kleinstindustrien. Boote schippern die Kinder zur Schule und die Erwachsenen zur Arbeit, denn Straßen gibt es hier wenige oder sie bedeuten große Umwege. Die Einheimischen sind aber längst nicht mehr die einzigen Bootspassagiere. Seit Anfang der 1990er-Jahre der erste alte Kettuvallam, wie die traditionellen Lastkähne heißen, Touristen statt Kopra und Sand beförderte, hat der Fremdenverkehr kräftig Fuß gefasst. Die Lastkähne haben sich in eine ständig wachsende Flotte von Hausbooten verwandelt – immer noch mit traditionellem Design, aber im Innern mit allem Komfort. Traumhaft ist eine Reise im Hausboot durch die tropische Welt der Backwaters, wo Natur und Kultur eine besondere Symbiose eingegangen sind. Grazile weiße Kirchen, kleine schmucke Tempel, Moscheen und Dörfer ziehen vorbei. Zwischen wiegenden Palmen weht die rote Fahne der kommunistischen Partei, die den Bundesstaat seit 1957 fast unablässig regiert. Die Reisfelder schimmern im Sonnenlicht und stahlblaue Eisvögel schwirren durch die Lüfte.

Die Idylle ist wirklich fast perfekt. Doch die Backwaters sind nicht nur eine der reizvollsten Landschaften Indiens – sie sind auch ein labiles Ökosystem, dessen Flora und Fauna den verschiedensten Bedrohungen ausgesetzt sind. Sowohl den Vögeln als auch den Wassertieren macht die zunehmende Umweltverschmutzung zu schaffen. Pestizide und Industrieabfälle, die in die Backwaters geleitet werden, haben in der Vergangenheit immer wieder zu Fischsterben geführt. Auch das immense Wachstum der Wasserhyazinthen nimmt den Tieren Lebensraum und Sauerstoff. Und nicht zuletzt bedroht der zunehmende Bootsverkehr die Backwaters. Die Regierung von Kerala vergibt inzwischen das Zertifikat Green Palm für Hausboote mit umweltfreundlicher Ausstattung wie Solarkollektoren und überprüft u. a. regelmäßig, ob die Motoren sauber arbeiten. Letztendlich entscheidet aber der Gast, ob er ein Hausboot mit Motor und Klimaanlage braucht oder ob ein Stocherkahn mit Moskitonetz ausreicht – bei Letzterem sind die Eindrücke gewiss intensiver: Statt Motoren- oder Generatorengeräuschen hört man die Stimmen der Vögel, das Quaken der Frösche und das Plätschern der Wellen, sofern nicht gerade ein Dorffest, eine Hochzeit oder eine Versammlung der Kommunistischen Partei stattfindet. Aber in dieser Hinsicht unterscheiden sich die Backwaters wenig vom Rest des Subkontinents.

Auf umgebauten Lastkähnen schippern heute Touristen durch die Backwaters

Gute Startpunkte für Backwater-Touren sind Kochi, Kottayam, Kumarakom, Kollam sowie Alappuzha, wo es die größte Auswahl an Booten gibt. Man kann entweder mit einem kleinen Kahn Ausflüge in die Dörfer der Umgebung unternehmen, die Backwaters luxuriös auf einem Hausboot erkunden oder eine der öffentlichen Fähren nehmen, die zwischen den größeren Orten verkehren.

Organisierte Tagesausflüge werden überall angeboten (z. B. über die DTPC-Büros in Alappuzha und Kollam), ebenso **Hausboot-Touren,** die in der Regel eine Übernachtung mit einschließen. Die Veranstalter bieten Hausboote verschiedener Größen und mit unterschiedlichem Komfort, größere Hotels haben meist ihre eigenen Boote. Wenn möglich, sollte das Boot vorher in Augenschein genommen werden. Kerala Tourism vergibt die Zertifikate Gold Star und Silver Star für Kettuvallams mit guter Ausstattung. Normalerweise begleitet ein Dreigestirn aus Bootsmann, Bootsjunge und Koch die Hausboot-Gäste. Die Fahrt beginnt meist am späten Vormittag und endet am nächsten Morgen. Es gibt festgelegte Routen, man kann diese jedoch auch mit dem Veranstalter absprechen. Zum Programm gehören Stopps an Kirchen, Tempeln, in Dörfern usw. Je nach Veranstalter, Jahreszeit und Bootsausstattung kostet die Übernachtung auf einem Hausboot ab 4000 Rupien aufwärts.

Über Kerala Tourism bzw. die DTPC-Büros (s. S. 244) ist eine Landkarte der Backwaters erhältlich, in der auch die **öffentlichen Fährverbindungen** eingezeichnet sind. Regelmäßige Verbindungen gibt es z. B. von Alappuzha nach Kollam oder Kottayam. Außerdem fährt für das DTPC-Büro ganzjährig, außerhalb des Monsuns sogar täglich, ein Doppeldecker-Schiff zwischen Alappuzha und Kollam mit einer Kapazität für 60 Personen (Abfahrt 10.30 Uhr, 8 Std., 300 Rs inkl. Mittagessen und Tee). Im Gegensatz zu den Touren mit kleineren Booten führt diese jedoch über den breiten Hauptkanal.

Süd-Kerala: die Backwaters

sich an leuchtenden Mangos in reglosen, staubgrünen Bäumen.« Mit diesen Zeilen beginnt Arundhati Roys Bestsellerroman »Der Gott der kleinen Dinge«. Mitte der 1990er-Jahre waren Kerala und die Welt der Backwaters plötzlich in den Brennpunkt der internationalen Literaturszene geraten. Das Dorf Ayemenem gibt es wirklich. Es liegt zwischen der Stadt Kottayam und dem Vembanad Lake. Der Mai ist tatsächlich nicht der idealste Monat für einen Besuch in dieser Gegend. Arundhati Roy wusste, wovon sie schrieb, denn hier verbrachte die Autorin ihre Kindheit.

Das Landschaftsbild der fruchtbaren Gegend zwischen den Bergen der Western Ghats im Osten und dem Vembanad Lake im Westen wird bestimmt von ausgedehnten Gummiplantagen, Reisfeldern, Flüssen und den Backwaters. Der Distrikt Kottayam und seine gleichnamige Hauptstadt sind ein Zentrum der syrischen Christen in Kerala mit vielen Kirchen und Priesterseminaren. Gedrucktes hat Tradition hier. Schon um 1820 wurde in Kottayam die erste Druckerpresse mit Malayalam-Schrift eingeführt und später die erste Tageszeitung. Stolz weist man darauf hin, dass dies der erste Ort Indiens mit einer Alphabetisierungsrate von 100 % war.

Kottayam

Reiseatlas: S. 19, C 4
Begrenzt von zwei Flüssen im Norden und Süden erstreckt sich das Zentrum von Kottayam rund um den **Seematti Circle** und **Baker's Junction.** Der betriebsame Stadtkern besteht aus einer Ansammlung von Läden, Restaurants und Buden.

Im Süden liegt die Fähranlegestelle **Kodimatha Boat Jetty,** von wo Boote über den Vembanad Lake nach Kumarakom (s. S. 251) und Alappuzha (s. S. 243) fahren. Diese Route ist sehr populär, da sie besonders malerisch ist und durch kleine Kanäle führt.

DTPC Kottayam: nahe Kodimatha Boat Jetty, Tel. 04 81-256 04 79, Mo–Sa 10–17 Uhr. Infos zu Backwater-Touren, Vermittlung von Unterkünften etc.

Anjali Park: KK Road, Tel. 04 81-256 36 61. Angenehmes Hotel mitten im Zentrum. Alle 19 Zimmer mit Klimaanlage, 2 gute Restaurants. DZ 1000–1400 Rs.

Anjali Park: im gleichnamigen Hotel (s. o.). Hier isst man ausgezeichnete Fischspeisen, auf Kerala-Art zubereitet. Die große Speisekarte bietet aber auch leckere Fleisch- und Gemüsegerichte. Mittags wird ein gutes Thali serviert. Ab 50 Rs.

Züge: Vom Bahnhof fahren regelmäßig Züge Richtung Kochi und Thiruvananthapuram.
Busse: Verbindungen vom KSRTC-Busbahnhof nach Kumily beim Periyar National Park (s. S. 240), außerdem Richtung Kochi, Kollam und Thiruvananthapuram.
Fähren: Vom Kodimatha Boat Jetty regelmäßige Fährverbindung nach Alappuzha, auch private Boote nach Alappuzha sowie nach Kumarakom.
Mietwagen: Z. B. über Eco Trails Kerala, Tel. 094 46 43 92 52, www.ecotourskerala.com.

Cheriapally Church (St. Mary's Orthodox Church)

Reiseatlas: S. 19, C 4
Wie sehr die alte christliche Symbolik in Kerala weiterlebte und wie stark sich die Religionen gegenseitig beeinflussten, sieht man an der **Cheriapally** oder **St. Mary's Orthodox Church** von 1579 besonders gut. Über dem Haupteingang der Kirche an der Straße nach Kumarakom (s. S. 251) erkennt man ein Kreuz, das von zwei Pfauen flankiert ist – Vögel, die den Hindus als heilig gelten, aber auch im alten Christentum ein Symbol der Liebe darstellten. Besonders interessant sind die Wesen über dem Nebeneingang. Dort schmücken zwei Tiere mit Fischkörper und Eberkopf die Pforte. Auch der Fisch ist ein altes christliches Symbol, erinnert in dieser Kombination allerdings an die Inkarnationen Gott Vishnus, Matsya und Varaha.

Im Innern der Kirche liegen Stapel schwarzer Gebetsbücher. Über ihnen thront eine mächtige Messingöllampe, wie man sie sonst nur aus Tempeln kennt. Auch das Taufbecken, aus einem einzigen Granitstein gemeißelt, hat die Form einer Lotosblüte. Das Schmuckstück der kleinen Kirche ist ihr reich dekoriertes Gewölbe, das noch aus der Zeit stammt, als die Kirche errichtet wurde. Ornamente und Gemälde aus Pflanzenfarben zieren die Decke und die Seitenwände. Die Bilder hinter dem Altar, auf denen Maria im Zentrum steht, wurden größtenteils renoviert. Auf portugiesischen Einfluss deutet die Fassade der Kirche hin. Auch hier entdeckt man bei genauerem Hinsehen jede Menge interessanter Details, die hinduistische sowie islamische Elemente erkennen lassen.

Valiyapalli Church (St. Mary's Knanaya Church)

Reiseatlas: S. 19, B 4

Ein Stück weiter an der Straße Richtung Kumarakom steht auf einem Hügel, der teils mit schwerem Mauerwerk versehen ist, die **Valiyapalli** oder **St. Mary's Knanaya Church** von 1550. Auch sie ist eine syrisch-orthodoxe Kirche. Berühmt ist das Gotteshaus für die zwei persischen Granitkreuze mit Pahlavi-Schrift, die sich über dem nördlichen und südlichen Altar befinden. Beachtenswert sind auch die schönen Wandmalereien und Schnitzereien hinter dem Hauptaltar.

Thazathangadi Juma Masjid

Reiseatlas: S. 19, B 4

Westlich der Valiyapalli Church in Richtung Kumarakom führt eine kleine Straße hinunter zum Fluss Meenachil und der **Thazathangadi Juma Masjid.** Die eindrucksvolle kleine Moschee gehört zu den ältesten in Indien und soll eine über 1000-jährige Geschichte besitzen. Sie ist im typischen Kerala-Stil errichtet, mit mehrstöckigem Ziegeldach und sehr feinen bunten Holzschnitzereien an Giebeln und Fassade. Auch der Innenhof mit traditionellem Badeplatz erinnert an die klassische Architektur der Region. Nur Muslime dürfen die Moschee betreten.

Fährt man auf der kleinen Straße noch ein Stück weiter am Fluss entlang Richtung Westen, so passiert man eine Reihe von wunderschönen alten **Kerala-Holzhäusern,** jedes für sich ein Schmuckstück. Sie wurden teils aufwendig renoviert, andere dämmern in halb verfallenem Zustand vor sich hin. Nach ca. 2 km trifft die Straße auf die Hauptstraße Richtung Kumarakom.

Ettumanur

Reiseatlas: S. 19, C 4

12 km nördlich von Kottayam liegt in **Ettumanur** der große **Mahadevar-Tempel,** einer der wichtigsten Shiva-Tempel Keralas und berühmt für seine herrlichen Wandgemälde und Holzschnitzereien. Laut einer Inschrift wurde er 1545 eingeweiht. Wie in allen Tempeln Keralas dürfen nur Hindus das Heiligtum betreten, der äußerste Tempelhof ist davon jedoch ausgenommen. Die Malereien befinden sich zu beiden Seiten des Haupteingangs, können also auch von Nicht-Hindus betrachtet werden. Inmitten eines großen Innenhofs erhebt sich der rechteckige Holztempel, bestehend aus mehreren Hallen und rundem Srikovil im typischen Kerala-Stil. Eine hohe Öllampe mit einer Schildkröte als Basis steht wie in vielen hiesigen Tempeln vor dem Eingang. Ihr Licht soll seit 450 Jahren brennen. Jeden Monat wird die Lampe von 4000 Litern Sesamöl genährt, das die Gläubigen spenden. Viel zu viel für eine einzige Lampe, darum wird der Rest in einem unterirdischen Becken aufgefangen und an andere Tempel verteilt bzw. auf Auktionen verkauft. Zwei kleine Nandi-Stiere, die Reittiere Shivas, blicken auf das Heiligtum.

Rechter Hand des Tempeleingangs sieht man sehr große und gut erhaltene Darstellungen von Krishna als Kleiderdieb und halbnackten Gopis. Auf der gleichen Seite an der Innenwand der Tempelmauer erkennt man einen tanzenden Shiva als Nataraja. Besonders schön ist auch die Darstellung Vishnus auf der Weltenschlange mit seiner Gemahlin Lakshmi an der gegenüberliegenden Innenwand. Details wie die ausdrucksvollen Augen Vishnus oder die dynamische Haltung des tanzenden Shiva verraten zusammen mit der feinen, in rötlichen Tönen gehaltenen Farbgebung die große Meisterschaft der hiesigen

Wohnen zwischen Wasser und Erde: An den Kanälen leben überall Menschen

Künstler. Die Malereien dürfen gegen eine Gebühr von 100 Rupien fotografiert werden: Linker Hand des Eingangs befindet sich das Tempelbüro, wo man das Fototicket erhält.

Ettumanur liegt an der Verbindungsstraße Kottayam–Kochi und wird aus beiden Richtungen regelmäßig von Bussen angefahren.

Kumarakom und Vembanad Lake
Reiseatlas: S. 19, B 4

Früher war **Kumarakom** ein kleines, verschlafenes Nest. Heute ist das Dorf 16 km westlich von Kottayam eines der Zentren des Backwater-Tourismus. Es liegt am **Vembanad Lake,** einem 60 km langen und 16 km breiten Süßwassersee, der sich im Norden

bis nach Kochi erstreckt. Hier ist auch eine Bootsanlegestelle, die viele private Bootsbetreiber anlaufen. Fahrten auf dem Vembanad Lake, vor allem zu Sonnenuntergang, sind besonders beliebt. Nach den vielen kleinen Flüssen und engen Kanälen, wo der Blick gefangen ist im Dickicht üppiger Vegetation, ist plötzlich Weite angesagt. Eine freie Sicht auf eine ausgedehnte Wasserfläche und eine frische Brise lassen wieder durchatmen nach manch schwülem Nachmittag.

Mitten im See liegt die 4 ha große **Insel Pathiramanal,** bei der viele Boote anlegen. Am Ostufer des Vembanad Lake um Kumarakom haben sich mehrere Luxushotels angesiedelt, doch auch kleinere Pensionen und viele Homestays sowie Restaurants findet man hier. Die Gegend lockt zudem viele Wochenendausflügler. Wie die gesamte Back-

water-Region ist auch der Vembanad Lake die Heimat von zahlreichen Tieren, insbesondere Vögeln.

Im **Kumarakom Bird Sanctuary** leben viele einheimische Vogelarten, z. B. Specht- und Entenarten, Schlangenhalsvögel, Reiher, Eulen und Eisvögel. Vor allem in den Wintermonaten zwischen November und März halten sich auch viele Zugvögel hier auf. Durch einen Teil des Vogelschutzgebiets führt ein 1,5 km langer Steg bis zum Vembanad Lake. Die beste Zeit zur Beobachtung ist frühmorgens, gegen Abend kommen immer mehr Besucher (tgl. 6–17 Uhr, 45 Rs).

Coconut Lagoon: Tel. 04 84-301 17 11, www.cghearth.com. Nur per Boot erreicht man die Bungalows dieses ausgezeichneten Resorts am Vembanad Lake. Man wohnt in Bungalows zwischen Palmen und Kanälen. Ayurveda-Zentrum, hervorragende Küche, schöner Pool, Hängematten am See und zahlreiche andere Möglichkeiten, die Freizeit entspannt zu verbringen. DZ ab 200 €.

Kumarakom Lake Resort: Tel. 04 81-252 49 00, www.klresort.com. Elegantes Luxushotel inmitten eines großen Parks am Vembanad Lake mit 2 guten Restaurants und Ayurveda-Zentrum. Elegant sind die Meandering Pool Villas, die jeweils einen direkten Zugang zum großen Pool besitzen. DZ ab 12 500 Rs.

Tharavadu Heritage Home: Tel. 04 81-25 24 47 und 094 46 43 92 52, www.ecotourskerala.com. Schön renoviertes, 120 Jahre altes Kerala-Haus, dessen Besitzer auf einen umweltfreundlichen Tourismus setzen und Touren durch die Backwaters und in Kerala organisieren. DZ 850–2000 Rs.

Es besteht eine regelmäßige Busverbindung von Kottayam nach Kumarakom. Die Busse halten auch am Eingang des Vogelschutzgebiets.

Aranmula

Reiseatlas: S. 21, C 1

Ein großer, alter Tempel, traditionsreiches Kunsthandwerk und ein interessantes Kulturzentrum sind drei Gründe, das etwas abgelegene Städtchen **Aranmula** 45 km südöstlich von Kottayam zu besuchen. Malerisch liegt der Ort an den Ufern des Pamba-Flusses. Hier wird das Aranmula Vallomkalli, eines der berühmten Schlangenbootrennen (Aug./Sep.), ausgetragen.

Im Zentrum des Orts steht der große **Parthasarathy-Tempel,** der Gott Krishna geweiht ist. Das von Legenden umrankte Heiligtum erhebt sich auf einer hohen Plattform innerhalb eines großen, rechteckigen Hofes.

Bekannt ist Aranmula für sein einzigartiges Kunsthandwerk: die Herstellung von Metallspiegeln, Kannadi genannt. Ihre Besonderheit ist, dass sie ein von Verzerrungen freies Spiegelbild produzieren. Im Ort gibt es noch einige Werkstätten, wo das traditionsreiche Handwerk praktiziert wird. Dort können Besucher bei der Produktion zuschauen und

Süd-Kerala: die Backwaters

Spiegel erwerben – in kleinen Ausführungen gibt es sie bereits ab 300 Rupien, die Grenzen nach oben sind offen.

In Aranmula befindet sich auch das Kulturzentrum **Vijnana Kala Vedi,** das von einer französischen Kathakali-Tänzerin geleitet wird und Kurse sowie Vorlesungen in verschiedenen klassischen südindischen Tanzformen anbietet. Auf dem Programm stehen auch Musik- und Yoga-Unterricht. Die Kurse dauern zwischen zwei Wochen und sechs Monaten, Unterkünfte für die Teilnehmer sind vorhanden (Infos: www.vijnanakalavedi.org).

An der Uferstraße liegt der **Vasthuvidya Gurukulam,** eine staatliche Schule für traditionelle Architektur, der auch eine kleine Galerie mit Wandmalereien angeschlossen ist.

Aditi Handicrafts Centre: an der Uferstraße, Tel. 04 68-231 90 31. Kleine Werkstatt, wo man bei der Produktion der Metallspiegel zuschauen und auch welche kaufen kann.

Züge: Die Züge zwischen Kochi und Thiruvananthapuram halten in Chengannur, 10 km westlich von Aranmula.
Busse: Von Kottayam gibt es eine Busverbindung nach Chengannur.

Kollam und Umgebung

Der Handel mit Gewürzen hatte die alte Hafenstadt **Kollam,** ehemals Quilon, schon vor 2000 Jahren zu einem wichtigen Zentrum des Gewürzhandels an der Südwestküste gemacht. Wie in Kozhikode und Kochi weiter nördlich gingen auch hier Schiffe aus China und Arabien, aus Europa und Persien vor Anker. Reisende verschiedener Epochen wie der Grieche Plinius und viel später Marco Polo berichteten von dem internationalen Flair der Stadt, die zwischen dem Arabischen Meer im Westen und dem Ashtamudi Lake im Nordosten liegt. Der große Süßwassersee besitzt acht Seitenarme und wird darum Ashtamudi (›Acht-Ecken-See‹) genannt. Kollam ist heute eine geschäftige Handelsstadt

mit knapp 500 000 Einwohnern, außerdem ein Umschlagplatz für Cashewnüsse und das südliche Tor für den Backwater-Tourismus.

Kollam

Reiseatlas: S. 21, C 2/3
Die Stadtmitte wird markiert durch den **Uhrturm,** den die Briten 1944 errichteten. Auch die katholische Kirche **Our Lady of Velankanni** befindet sich hier. An der zentralen **Main Road** liegen viele Geschäfte und Restaurants, darunter eine Filiale des Indian Coffee House, das hier einen ganz besonderen Charme besitzt. Nahebei ist das **Bishop Jerome Nagar Shopping Centre,** wo es vom Internetcafé über Schnellrestaurants bis zum Haushaltswarenladen alles gibt. Im Zentrum findet man auch die **Bootsanlegestelle** (Fähren nach Alappuzha) und ein Touristenbüro.

Die Nordgrenze der Stadt markiert eine Brücke über den **Ashtamudi Lake,** wo viele Fischerboote und Werften liegen. An den palmenbestandenen Ufern des malerischen Sees haben sich inzwischen verschiedene Hotels und Resorts angesiedelt.

Ca. 4 km nordwestlich des Zentrums liegt der alte Stadtteil **Tangasseri,** nach seinen vorherigen Bewohnern auch Dutch Quilon genannt. Die Holländer hatten sich hier nach den Portugiesen und vor den Briten niedergelassen. Nur ein paar Ruinen sind übrig vom alten **Tangasseri Fort,** das 1519 von den Portugiesen errichtet wurde. Aus britischer Zeit ist ein 41 m hoher **Leuchtturm** (1902) erhalten (tgl. 15.30–17.30 Uhr, 5 Rs). Von hier und vom weiter nördlich gelegenen **Thirumullavaram Beach** bietet sich eine schöne Sicht auf das Meer und den Hafen von Kollam.

DTPC Kollam: Boat Jetty, Tel. 04 74-275 01 70, und am KSRTC-Busbahnhof, Tel. 04 74-274 56 25, www.dtpckollam.com, tgl. 8–19 Uhr. Touren über den Ashtamudi Lake und durch die Backwaters (z. B. die beliebte halbtägige Canal Cruise zum Backwater-Dorf Munroe Island um 9 und 14 Uhr), Vermietung von Hausbooten, Tickets für Bootsfahrt nach Alappuzha (während der Saison tgl. 10.30 Uhr, 300 Rs, 8 Std.).

... in Kollam:

Sea Bee: Jetty Rd., beim Busbahnhof, Tel. 04 74-74 46 96, www.hotelseabee.com. Mit Multicuisine-Restaurant und Internetzugang, einfache, günstige Zimmer (250–450 Rs) und große mit Klimaanlage (1100–2200 Rs).

... am Ashtamudi Lake:

Ashtamudi Resorts: Chavara South, Tel. 04 76-288 22 88, www.ashtamudiresort.com. Luxuriöses Resort am Seeufer mit Ayurveda-Zentrum. DZ ab 70 €.

Aadithyaa Resorts: am Nordufer des Ashtamudi Lake, 5 km von Sasthamkotta, Tel. 04 76-325 21 90, www.lakeside.in. Neues Resort mit schönem Pool und toller Sicht auf den See. Zimmer in verschiedenen Größen, von kleinen, kuscheligen bis gigantisch großen in den Suiten und Villen. DZ 3400–6900 Rs.

Valiyavila: Panamukkka Jetty, 1 km von der Hauptanlegestelle der Boote, Tel. 04 74-270 15 46, www.kollamlakeviewresort.com. Angenehme Zimmer und Bungalows auf einem kleinen Familiensitz auf einer Halbinsel, mit Restaurant, Internet und Basketballplatz. Den Blick auf den See trübt die gewöhnungsbedürftige Statue der Göttin des Lichts. Es gibt eine öffentliche Fährverbindung zur Unterkunft, Abholung durch die Gastgeber ist ebenfalls möglich. DZ 1000–3000 Rs.

KTDC Yatri Nivas: direkt gegenüber der Bootsanlegestelle, Tel. 04 74-274 55 38, www.ktdc.com. Die Zimmer sind einfach, aber sauber. Es gibt ein Restaurant mit Bierbar und Gartenterrasse. DZ 300–500 Rs.

Government Guesthouse: Ashraman, Tel. 04 74-274 36 20. Die alte Kolonialvilla des ehemaligen britischen Residenten hat riesige Zimmer und luftige Veranden. Sie stammt aus dem Jahr 1810 und steht Gästen offen, wenn sie nicht von Regierungsbeamten belegt ist. Vorher telefonisch anfragen. DZ ab 220 Rs.

Sea Bee: im gleichnamigen Hotel (s. o.). Multicuisine-Restaurant mit indischer, chinesischer und europäischer Küche, Fischspezialitäten und Bar. Ab 50 Rs.

Hotel Sudarshan: Parameswar Nagar, Tel. 04 74-274 43 22. Gute Krabben- und Fischcurrys und andere typische Speisen. Ab 40 Rs.

Indian Coffee House: Main Rd., Tel. 04 74-275 13 29. Gut zum Frühstücken und für Snacks, z. B. leckere gebratene Bananen. Ab 20 Rs.

Keralas größtes Wandgemälde findet man im Krishnapuram Palace

Hotel Guruprasad: Main Rd., Tel. 04 74-274 13 59. Gutes vegetarisches Restaurant mit großer Speisekarte. Ab 20 Rs.

New Mysore Café: schräg gegenüber vom Boat Jetty, Tel. 04 74-275 03 15. Einfaches vegetarisches Restaurant mit südindischen Snacks. Ab 20 Rs.

 Main Road: Textilien, insbesondere Baumwollstoffe und Kerala-Saris.

 Crafts Festival: Jan./Feb. Verkaufsausstellung mit kunsthandwerklichen Produkten aus ganz Indien.

 Backwatertouren: Infos siehe DTPC, s. S. 254.

 Züge: Kollam liegt an der Hauptstrecke Mumbai/Bangalore–Thiruvananthapuram; zahlreiche Züge nach Kochi.
Busse: Vom zentralen KSRTC-Busbahnhof fahren viele Busse nach Alappuzha, Kochi und Thiruvananthapuram.
Fähre: Außerhalb des Monsuns tgl. nach Alappuzha.
Mietwagen: Über DTPC (s. S. 254).

Mata Amrithanandamayi Ashram

Reiseatlas: S. 21, C 2
Aus aller Welt kommen Anhänger in den **Ashram von Mata Amrithanandamayi** – kurz Amma – in Amritapuri etwa 20 km nördlich von Kollam (erreichbar per Fähre). Mata Amrithanandamayi ist eine der wenigen bekannten weiblichen Gurus in Indien und wird auch Umarmende Mutter genannt, weil sie bei den nächtlichen Zeremonien die Anwesenden umarmt. Der Ashram ist heute eine kleine Stadt, in der permanent über 2000 Menschen leben. Man kann ihn besuchen, muss aber bestimmte Verhaltensregeln beachten (Infos unter www.amritapuri.org).

Krishnapuram Palace

Reiseatlas: S. 21, C 2
Lokale Architektur vom Feinsten sowie das größte zusammenhängende Wandgemälde

Keralas verspricht der Besuch des **Krishnapuram Palace** in Kayankulam etwa 32 km nördlich von Kollam. Vor über 250 Jahren ließ der Travancore-Herrscher Marthanda Varma den Holzpalast als Rasthaus bauen. Er besitzt vier Innenhöfe und im Obergeschoss luftige Räume und Korridore, durch die der Wind bläst. Da er nach den Prinzipien der altindischen Architekturlehre Vaastu Shastra konstruiert wurde, befindet sich der Gebetsraum im Südwesten und die Küche im Nordosten – Gerüche sollten entsprechend der vorherrschenden Windrichtung aus Südwest das Gebäude schnellstmöglich verlassen. An der Westseite des Palasts ist ein kleiner Teich angeschlossen, auf den der Maharadscha

von seinem Massagezimmer im Obergeschoss blicken konnte.

Das kostbarste Stück des Krishnapuram Palace ist ein großes Wandgemälde mit dem Namen **Gajendramoksham.** Die Geschichte vom leidenden Elefanten und Krokodil sowie der Erlösung beider gehört zum vishnuitischen Sagenkreis, der den Besuchern gerne von den Führern erläutert wird. Auffällig ist die Farbgebung des Gemäldes: Sämtliche Töne stammen von natürlichen Pigmenten, vorherrschend sind orange-rote Töne sowie das für Kerala so typische Türkis, das aus der Pflanze Blue Ameri gewonnen wird.

Das kleine **Museum** zeigt u. a. Skulpturen und Kopien von Wandgemälden aus dem Vadakunnatha-Tempel in Thrissur (s. S. 231). Ein interessantes Detail ist die später von den Holländern angebrachte Toilette im Oberschoss – sie wird in der Sprache Keralas, Malayalam, auch Kackhaus genannt, in Anlehnung an das Holländische Kackhus. Da die frühen Kolonisatoren jedoch nicht mit den Weisheiten des Vaastu Shastra vertraut waren, haben sie das Örtchen an einer ziemlich ungeeigneten Stelle angebracht (Di–So 9–16.30 Uhr, 10 Rs, Kamera 25 Rs).

Der Krishnapuram Palace ist entweder über die Straße (z. B. Busverbindung von Kollam zum Dorf Kayankulam) oder mittels einer Bootsfahrt über die Kayankulam Lake zu erreichen.

Kettuvallam nennt man die langen, schmalen Holzboote, das Haupttransportmittel auf den Backwater-Kanälen

Fast am südlichsten Zipfel des Bundesstaates liegt Keralas Hauptstadt Thiruvananthapuram – ein Ort mit gemächlichem Tempo und kulturell sehr vielseitig. Der berühmte Badeort Kovalam mit vielen Ayurveda- und Wellnesshotels befindet sich nur 16 km südlich davon. Auch am Strand von Varkala weiter im Norden kann man herrlich ausspannen.

Thiruvananthapuram (Trivandrum)

Reiseatlas: S. 22, D 4; **Cityplan:** S. 262
Der Name von Keralas Hauptstadt **Thiruvananthapuram** ist lang. Lang wie die Schlange, die sich dahinter verbirgt. ›Stadt der heiligen Schlange‹ bedeutet das Wort, über dessen Aussprache so mancher Besucher stolpert. Die Briten hatten es kurzerhand in Trivandrum verkürzt.

Thiruvananthapuram windet sich über sieben Hügel und durch viele Jahrhunderte. Die Zeiten der Travancore-Rajas sind ebenso präsent wie die des britischen Raj. Das moderne Thiruvananthapuram findet man in den neuen Einkaufszentren, den schicken Technoparks und den langen Autoschlangen. Letztere bilden sich regelmäßig, wenn die streitbaren und demonstrierfreudigen Bewohner von Keralas Hauptstadt durch die Straßen ziehen. Für viele Touristen ist der Ort nur eine Durchgangsstation auf dem Weg zu den schönen Stränden von Kovalam oder Varkala. Dabei ist Thiruvananthapuram ein ideales Pflaster, um sich mit der Kultur der Region vertraut zu machen. Interessante Museen und Institutionen, die sich den traditionellen Künsten widmen, geben Einblicke in Keralas kulturelle Schätze.

Geschichte
Wachsende Bedeutung erhielt Thiruvananthapuram im 18. Jh. durch die Travancore-

Maharadschas. Der legendäre Herrscher Raja Marthanda Varma (1729–58) vergrößerte den Padmanabhaswamy-Tempel und widmete der Schutzgottheit Sri Padmanabhaswamy sein Königreich. Zuvor hatte er in verschiedenen Schlachten einige der Fürstentümer weiter nördlich besiegt und die Holländer aus einem Teil ihrer Besitzungen vertrieben. Sein Nachfolger Thirunal Rama Varma (1758–98) errichtete hier 1795 die neue Hauptstadt des Reichs. Lange währte die Machtfülle der Travancore-Rajas jedoch nicht. Bedroht durch die Truppen des Mysore-Herrschers Tipu Sultan, schloss Travancore einen Schutzvertrag mit der britischen Ostindien-Kompanie. Dies beschied dem Staat alsbald ein ähnliches Schicksal wie anderen indischen Fürstentümern: Er wurde dem stetig wachsenden britischen Herrschaftsbereich einverleibt. Bis zur Unabhängigkeit Indiens gehörte die Region zur britischen Madras Presidency. Nachdem 1956 der neue Staat Kerala im Zuge der Neuregelung von Sprachgrenzen entstanden war, ernannte man Thiruvananthapuram zu dessen Hauptstadt.

Public Gardens und Museen
Verirren kann man sich im Zentrum eigentlich nicht. Die zentrale Ader der Stadt ist die **Mahatma Gandhi Road,** die über mehrere Kilometer in Nord-Süd-Richtung verläuft. An ihrem nördlichen Ende liegen inmitten der schönen **Public Gardens** **1** mehrere Museen, der Zoo und der Kanakakunnu Palace.

Ganz im Zeichen von Keralas berühmtestem Maler, Raja Ravi Varma (1848–1905), steht die **Sri Chitra Art Gallery.** Drei Galerien sind dem Künstler gewidmet, der zur Familie der hiesigen Maharadschas gehörte. Auch Werke seines Onkels und Förderers Raja Raja Varma sind zu sehen. Eine Sammlung von Gemälden indischer Künstler aus dem 20. Jh. vermittelt Einblicke in die moderne Malerei des Subkontinents. Tibetische Thangkas, chinesische Malereien sowie Kopien von Wandbildern aus Ajanta und südindischen Tempeln ergänzen das breite Spektrum der hier ausgestellten Malschulen (Di–So 10–16.45, Mi ab 13 Uhr, 10 Rs).

Das auffallendste Gebäude im Park ist unbestritten das **Napier Museum.** Der berühmte und sehr aktive Architekt Robert Chisholm hat dieses fast märchenhaft anmutende Bauwerk um 1880 erbauen lassen. Es gehört in die lange Reihe architektonischer Experimente mit verschiedenen Stilen, die zu jener Zeit in Mode waren. Typische Charakteristika der Kerala-Architektur wie ausladende Dächer und geschnitzte Holzgiebel vermischen sich mit gotischen Elementen und jenen der Mogul-Architektur. Das Innere des Museums beheimatet eine sehr umfangreiche Sammlung von kostbaren Objekten aus verschiedenen Epochen, leider zumeist ohne begleitende Informationen. Trotzdem lohnt sich der Besuch der Sammlung. Zu den Schmuckstücken gehören vor allem die feinen Elfenbein- und Holzschnitzereien sowie die Bronzeskulpturen (Di–So 10–16.45, Mi ab 13 Uhr, 10 Rs).

Nördlich des Parks steht auf einem kleinen Hügel inmitten eines großen Gartens der **Kanakakunnu-Palast** **2**, wo sich die früheren Maharadschas bei Musik und Tanz vergnügten. Diese Tradition setzt sich bis heute fort, denn immer noch finden an diesem Ort kulturelle Veranstaltungen statt (8–20 Uhr).

Mahatma Gandhi Road

Entlang der Mahatma Gandhi Road findet man Kolonialbauten, Kirchen, Moscheen und Geschäfte. Von Nord nach Süd passiert man zuerst die **St.-Josephs-Kirche** **3** von 1927

Mit der Autorin unterwegs

Augenweide
Die **Sri Chitra Art Gallery** in Thiruvananthapuram zeigt eine große Sammlung von Ölgemälden des berühmten Malers Raja Ravi Varma und Bilder vieler anderer Künstler aus Südindien (s. links).

Gaumenfreude
Frühstücken im kreisrunden **Indian Coffee House** in Thiruvananthapuram, Mittag essen in der einfachen **Fischerkneipe** in Vizhinjam und als eleganten Abschluss ein Dinner im **Fusion** in Kovalam – kulinarisch kommt man so nicht zu kurz (s. S. 263 u. 266).

Seelenruhe
In den schönen **Ayurveda-Hotels** rund um Kovalam kann man die Seele baumeln und sich verwöhnen lassen. Während der Regenzeit im Sommer sind die Preise oft nur halb so hoch wie im Winter und die Kuren sollen besser wirken (s. S. 265).

Fußmassage
Den eindrucksvollen **Palast von Padmanabhapuram** darf man nur ohne Schuhe besichtigen – gut für die Füße, so heißt es, denn Teile der Böden sind aus medizinisch wirkenden Pflanzen hergestellt (s. S. 266).

und etwas weiter südlich die **Charachira Jama Masjid** **4**. Ihr gegenüber liegt der Eingang zum lebhaften und farbenfreudigen **Palayam Connemara Market** **5**, einem der alten Basare der Stadt. Auch im indo-europäischen Mischstil errichtete Gebäude wie die **Central Library** **6** oder das **College of Fine Arts** **7** findet man hier. Das weiße **Secretariat** **8**, in dem heute Ministerien des Staates untergebracht sind, steht ebenfalls an der MG Road.

Südöstlich davon und nicht weit von East Fort liegt der geschäftige Stadtteil **Thampanoor** mit dem Bahnhof und dem Busbahnhof. Hier befinden sich auch einige Hotels,

Süd-Kerala: Thiruvananthapuram und Umgebung

sowie das runde Backsteingebäude des **Indian Coffee House** 9 , das von dem bekannten Architekten Laurie Baker entworfen wurde. Biegt man von der MG Road ab in die Seitengassen, so lässt die Hektik schnell nach, und man findet schöne Exemplare der alten Holzbungalows im Kerala-Stil.

Sri-Padmanabhaswamy-Tempel

Das Südende der MG Road im Stadtteil East Fort markiert der **Sri-Padmanabhaswamy-Tempel** 9 , der der Schutzgottheit der Travancore-Herrscher geweiht ist. Padma-nabha bedeutet ›Lotusnabel‹ und ist eine Bezeichnung für Gott Vishnu, dem in dieser Form ein Lotos aus dem Nabel wächst. Wie fast alle Tempel Keralas darf auch dieser nur von Hindus betreten werden. Alle anderen Besucher können nur das 17 m hohe Eingangstor, einen Gopuram im dravidischen Stil, bewundern. Der Blick auf die fast 5,5 m lange Statue des liegenden Vishnu auf der Weltenschlange bleibt ihnen versperrt. Die ältesten Teile des Tempels sollen aus dem 11. Jh. stammen. Die heutige Struktur geht jedoch zu großen Teilen auf Bautätigkeiten während der Regierungszeit von Raja Marthanda Varma zurück. Nordöstlich des Tempels befindet sich ein Tempelbecken, an das Brahmanen-Häuser grenzen.

Puthen Malika Palace

Auf der dem Tempelteich gegenüberliegenden Straßenseite liegt **Puthen Malika** 10 , der ausgedehnte Palastkomplex der Travancore-Herrscher aus dem 19. Jh. Er erstreckt sich über 2 ha und umfasst 60 Räume. Ein kleiner Teil davon wurde in ein äußerst sehenswertes **Museum** umgewandelt. Ein Gang durch die Zimmer und luftigen Veranden des Holzpalastes eröffnet aufregende Blicke auf die architektonischen Besonderheiten und die Eleganz der hiesigen Bauweise. Fein geschnitzte Decken und Pfeiler aus Teak und Rosenholz sind im oberen Stockwerk zu sehen. Dort befindet sich auch der Meditationsraum des Rajas mit direkter Sicht auf den Tempel. Das Museum zeigt

auch eine kostbare Sammlung von Besitzstücken der Herrscherfamilie, darunter einen aus Sandelholz geschnitzten Thron, alte Kathakali-Puppen und wertvolle Tanjore-Bilder (Di–So 8.30–13, 15–17 Uhr, 30 Rs).

i **Tourism Directorate:** Park View, gegenüber Napier Museum, Tel. 04 71-232 11 32, tgl. 24 Std. Infos über Unterkünfte, Touren, Abfahrtszeiten der Verkehrsmittel etc. **KTDC Office:** neben dem Hotel Chaitram in Thampanoor, Tel. 04 71-233 00 31, Mo–Sa

10–17 Uhr. Halb- und ganztägige Stadtrundfahrten, tgl. außer Mo Tour nach Kanniyakumari mit Besuch des Padmanabhapuram-Pa-
lasts und des Tempels von Suchindaram.

DTPC Office: gegenüber Raj Bhavan, Vel-
layambalam, Tel. 04 71-231 53 97, www.dtpc
thiruvananthapuram.com; Zweigstellen am
Bahnhof, Busbahnhof und Flughafen.

Muthoot Plaza 1: Punnen Rd., Tel.
04 71-23 37 73, www.muthootplaza.
com. Luxushotel mit kostenlosem Wifi-Ser-
vice, gutem Restaurant, Fitnesszentrum und
anderen Annehmlichkeiten. DZ ab 6200 Rs.

South Park 2: MG Rd., Tel. 04 71-233 33
33, www.thesouthpark.com. Modernes Hotel
mit 83 Zimmern, Restaurant, Coffee Shop
und Schönheitssalon. DZ 3750–8000 Rs.

Mascot 3: Mascot Sq., Tel. 04 71-231 89
90, www.ktdc.com. Früher waren hier britische Truppen untergebracht, heute wohnt
man friedlich und komfortabel in dem renovierten Kolonialgebäude mit Pool und Restaurant. DZ 3500–7000 Rs.

Geschäftige Hauptstadt des Bundesstaates Kerala: Thiruvananthapuram

Thiruvananthapuram: Cityplan

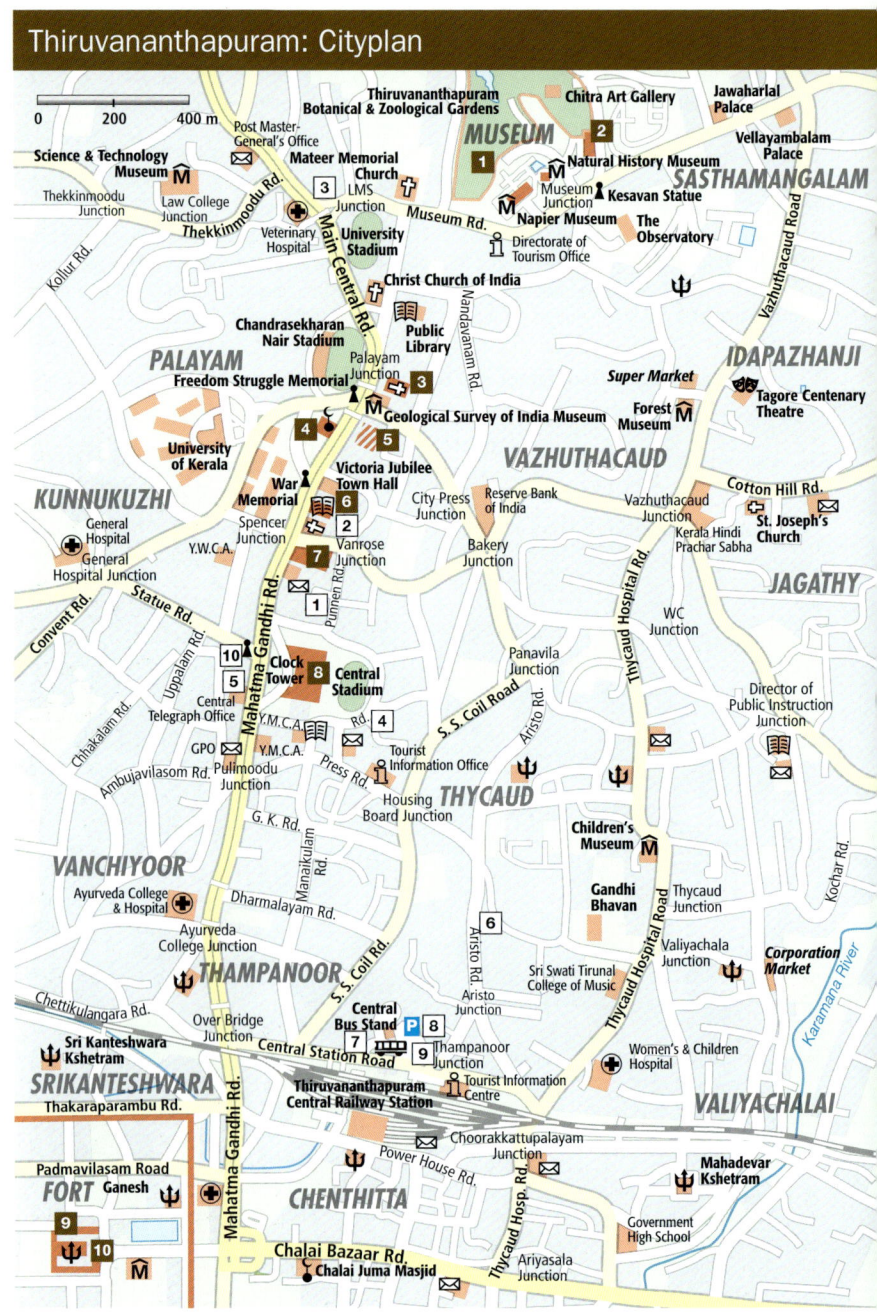

Sehenswürdigkeiten

1. Public Gardens
2. Kanakakunnu-Palast
3. St.-Josephs-Kirche
4. Charachira Jama Masjid
5. Palayam Connemara Market
6. Central Library
7. College of Fine Arts
8. Secretariat
9. Sri-Padmanabhaswamy-Tempel
10. Puthen Malika

Übernachten

1. Muthoot Plaza
2. South Park
3. Mascot
4. The Residency Tower
5. Pankaj
6. Jass
7. Chaitram

Essen und Trinken

8. Arya Nivas
9. Indian Coffee House
10. Arul Jyoti

The Residency Tower [4]: Press Rd., Tel. 04 71-233 16 61, www.residencytower.com. Mit Pool auf dem Dach, nordindischem Spezialitäten-Restaurant und gut sortierter Bar, zentrale Lage. DZ 3200–5550 Rs.

Pankaj [5]: MG Rd., gegenüber Secretariat, Tel. 04 71-246 46 45, www.hotelpankaj.com. Mit 3 Restaurants, eines davon auf der Dachterrasse; die lauten Zimmer zur MG Road meiden. DZ 1700–3000 Rs.

Jass [6]: Thycaud, nahe Busbahnhof, Tel. 04 71-232 48 81. Ruhig, mit akzeptablen Zimmern. DZ 700–2400 Rs.

Chaitram [7]: Thampanoor, beim Busbahnhof, Tel. 04 71-23 09 77, www.ktdc.com. Zentral, günstige Zimmer, aber nicht gerade eine Oase der Ruhe. DZ 800–1500 Rs.

Arya Nivas [8]: Thampanoor, beim Bahnhof. Die ausgezeichneten vegetarischen Thalis sind sehr beliebt, genauso wie die Reproduktionen der Raja-Ravi-Varma-Bilder an den Wänden. Ab 30 Rs.

Indian Coffee House [9]: am Thampanoor-Busbahnhof. Ein Besuch in dem kreisrunden, spiralförmig nach oben verlaufenden Backsteingebäude ist ein Muss. Ab 30 Rs.

Arul Jyoti [10]: MG Rd., gegenüber Secretariat, Tel. 04 71-247 02 40. Einfaches vegetarisches Restaurant, gute Thalis und südindische Snacks. Ab 20 Rs.

Kairali (SMSM Institute): YMCA Rd., hinter dem Secretariat bzw. östl. der MG Rd. Große Auswahl an typischen Kunsthandwerksartikeln aus Kerala, z. B. Messingöllampen, Kokosfaserprodukte, Holzschnitzereien, Textilien.

Hastkala: Gandhariamman Kovil Rd. Kunsthandwerk und Handarbeiten.

Natesan's: MG Rd. In dem alteingesessenen Antiquitätengeschäft stehen edle Objekte zum Verkauf.

Palayam Connemara Market: MG Rd. Große Auswahl an Obst, Gemüse, Haushaltswaren, Textilien etc.

Nishagandhi Festival: wechselnde Termine (Informationen über das Tourist Office). Tanz- und Musikfestival im Kanakakunnu Palace.

CVN Kalari: East Fort, Tel. 04 71-247 41 82. Hier wird die Kampfkunst Kalarippayattu trainiert. Interessierte können beim morgendlichen Training zuschauen (Mo–Sa 7–8.30 Uhr). Es werden auch Kurse auf verschiedenem Niveau angeboten.

Margi Theatre: nahe Fort, Tel. 04 71-247 88 06, www.margitheatre.org. Aufführungen der zwei klassischen Tanzformen Kutiyattam und Kathakali sowie Kurse für Anfänger und Fortgeschrittene.

Süd-Kerala: Thiruvananthapuram und Umgebung

Flüge: Der Flughafen liegt 6 km süd-westlich der Stadt. Es gibt regelmä-ßige Verbindungen mit Mumbai, Bangalore und Chennai sowie nach Colombo, auf die Malediven und in die Golfstaaten.
Züge: Vom Bahnhof in Thampanoor gibt es Verbindungen in alle größeren Städte Indiens.
Busse: Vom KSRTC-Busbahnhof in Tham-panoor fahren viele Busse nach Kollam, Ko-chi, Alappuzha, Varkala und Kanniyakumari. Die Busse nach Kovalam starten von der City Bus Station in East Fort.
Mietwagen: Z. B. über Magic India Holidays, Tel. 04 71-246 21 13, www.magicindiaholi days.com.

Kovalam und Umgebung

Kovalam und seine Strände

Reiseatlas: S. 22, D 4

Drei geschwungene Buchten, Boote am Strand, Palmenhaine, ein rot-weiß gestreifter Leuchtturm und mitten drin ein kleines, ver-schlafenes Fischerdorf – das war Kovalam noch vor 20 Jahren. Inzwischen hat sich eini-ges geändert. **Kovalam,** 16 km südlich von Thiruvananthapuram gelegen, ist Keralas po-pulärster Badeort und liegt auf der Must-See-Route vieler Südindien-Touristen. Hier kann man ausspannen von Tempelbesuchen, Dschungeltouren und langen, ermüdenden Bahnreisen. Die Auswahl an Unterkünften reicht von einfacheren Homestays bis zu lu-xuriösen Resorts, denn inzwischen hat auch der Pauschaltourismus die hiesigen Strände entdeckt, und es gibt kaum ein Stückchen Küste, das nicht bebaut wäre.

Kovalam lebt zwar größtenteils vom Tou-rismus, trotzdem wird immer noch Fischfang nach traditionellen Methoden betrieben. Das südliche Ende des Orts markiert der weithin sichtbare **Leuchtturm,** der sich auf einer ins Meer ragenden Landzunge erhebt. Nördlich davon schwingt sich der attraktive **Light-house Beach** in einem runden Bogen bis zum nächsten Felsvorsprung. Daran schließt sich weiter nordwärts der **Hawa Beach** an.

So einsam sind die Strände bei Kovalam nur in der Nebensaison

Beide Strände sind gesäumt von einer Uferpromenade aus kleinen Pensionen, Restaurants und Geschäften. Hier befindet sich während der Saison die Partymeile, wo vor allem abends Highlife angesagt ist. Der nördlichste Strand ist der **Samudra Beach** mit mehreren größeren Hotels.

Ca. 1 km südlich von Kovalam liegt der alte Fischerhafen **Vizhinjam**, eingebettet zwischen einer großen Moschee im Westen und einem Palmenhain mit Kirchen im Osten. Ein schöner Spaziergang führt vom Leuchtturm in südlicher Richtung zur Moschee. Von dort geht es hinunter zum Hafen, wo die bunten Fischerboote auf den Wellen schaukeln. Hier kann man den Fischern beim Herausziehen des Fangs zuschauen oder in der Hafenkneipe einen Tee trinken. Man scheint plötzlich in einer anderen Welt zu sein, nach all dem Trubel in Kovalam. Das bedeutet jedoch auch, dass die Bewohner an die freizügige Atmosphäre des Ferienorts, insbesondere bezüglich der Kleidung, nicht gewöhnt sind. Wie lange die Fischer hier ihre Netze noch auswerfen können, ist fraglich, da in Vizhinjam ein großer Containerhafen entstehen soll.

Nochmals rund 7 km südlich findet man beim Dorf **Chowara** eine Reihe luxuriöser Resorts, deren Bungalows in schattigen Palmenhainen liegen und trotzdem tolle Aussichten auf das Meer bieten. Südlich des Dorfs erstreckt sich auf fast 20 km ein schöner, langer Sandstrand, gesäumt von vielen Fischerdörfern mit weißen Kirchen, die zwischen Palmen liegen.

Tourist Facilitation Centre: unterhalb des Government Guesthouse in Kovalam, Tel. 04 71-248 00 85, Mo–Sa 10–17 Uhr.

Obwohl neue Hotels geradezu aus dem Boden schießen, sind während der Hochsaison (Dez./Jan.) die meisten Betten ausgebucht und die Preise um ein Vielfaches höher als im Rest des Jahres.

… in Kovalam:

Privatunterkünfte im Dorf vermittelt zum Beispiel Shiva's Indian Holidays, Tel. 04 71-248

30 91, mit Büro am nördlichen Ende des Lighthouse Beach.

Samudra: Raja Rd., Tel. 04 71-248 00 89, www.ktdc.com. Das Samudra gehört zu den größeren Anlagen in Kovalam und besitzt 62 Zimmer. Pool, Palmen und direkter Zugang zum Strand machen es zu einem idealen Familienhotel. DZ 3000–6000 Rs.

Thapovan: Nellikunnu, Mullor, Tel. 04 71-248 04 53, www.thapovan.com. Resorthotel südlich von Kovalam mit Häusern im Kerala-Stil, Ayurveda-Zentrum und Pool. DZ 50–75 €.

Rockholm: Lighthouse Rd., Tel. 04 71-248 03 06, www.rockholm.com. Direkt am Meer und neben dem Leuchtturm gelegen. Die Zimmer zum Meer haben einen zauberhaften Blick. Auch auf der Terrasse direkt über den Felsen lässt es sich aushalten. DZ 1500–2000 Rs, Penthouse 4000 Rs.

Neelakantha: direkt oberhalb des Lighthouse Beach gelegen, Tel. 04 71-248 03 21. Von den meisten Zimmern hat man einen Blick aufs Meer, aber auch auf die Wände der anderen Hotels. Es gibt eine große Auswahl an Zimmern mit/ohne Klimaanlage. DZ 1300–4000 Rs.

Blue Sea: Tel. 04 71-248 14 01, www.hotel bluesea.net. Familienfreundliches Hotel mit Pool, nur 5 Min. vom Strand entfernt. Man wohnt entweder in geräumigen Rundtürmen oder im alten Kerala-Haus der Besitzer. DZ 1000–35000 Rs.

The Beach Hotel: am südlichen Ende des Lighthouse Beach, Tel. 04 71-248 19 37. 8 nette Zimmer in ethnischem Design mit Korbstühlen und kleinem Balkon. DZ 1000–2500 Rs.

… bei Chowara:

Nikki's Nest: Tel. 04 71-226 88 22, www.nik kisnest.com. Kleines, schönes Resorthotel mit familiärer Atmosphäre. Die 37 Cottages und Bungalows sind im Kerala-Stil gebaut. Zum Hotel gehören ein kleiner Pool und ein Ayurveda-Zentrum. Tolle Aussichten auf den Chowara-Strand genießt man vom Restaurant. DZ 80–200 €.

Somatheeram Ayurvedic Health Resort: Tel. 04 71-226 65 01, www.somatheeram.org. Reizvoll gelegenes Hotel mit renommiertem

Süd-Kerala: Thiruvananthapuram und Umgebung

Ayurveda-Zentrum. Die schönen Hütten und Bungalows stehen inmitten von Palmen beim herrlichen Chowara-Strand. DZ 28–150 €.

The Travancore Heritage: Tel. 04 71-226 78 28, www.thetravancoreheritage.com. Schönes Resorthotel mit verschieden großen Holzbungalows im Kerala-Stil inmitten eines großen Parks. Direkt am Strand gibt es günstigere Zimmer im modernen Apartmentblock. DZ 45–200 €.

Dr. Franklins Panchakarma Institute: Tel. 04 71-226 80 71, www.dr-franklin.com. Kein Wellness-Hotel, sondern ein ayurvedisches Behandlungszentrum mit Zimmern verschiedener Kategorien. Infos über die Kuren gibt es auf der Webseite. DZ 15–55 € (VP 16 €/ p. P. mehr).

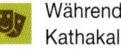 Entlang der Strände gibt es unzählige Kneipen und Restaurants, die allerdings recht häufig den Besitzer wechseln. Es ist daher schwierig, verlässliche Angaben zu machen.

… in Kovalam:

Waven: Lighthouse Beach, Tel. 04 71-248 01 79. Die internationale Speisekarte von Fisch und Meeresfrüchten über Kässpätzle bis zu Kartoffelsalat und Backwaren verrät süddeutschen Einschlag. Freundliches Ambiente, toller Blick aufs Meer und den Leuchtturm. Ab 100 Rs.

Fusion: Hawa/Lighthouse Beach, Tel. 04 71-248 41 53. Nomen est Omen: Es gibt eine große Speisekarte mit indischen und italienischen Speisen sowie eleganten Fusiongerichten, frischen Fisch und guten Kaffee. Der Meerblick fehlt auch nicht. Ab 100 Rs.

… in Vizhinjam:

Fischerkneipe: Wem das echte indische Essen in Kovalam fehlt, kann es bei einem Spaziergang nach Vizhinjam finden. Scharfen Fisch, gebratene Bananen oder leckeren Tee gibt es in der dortigen, sehr einfachen Fischerkneipe unterhalb der Moschee am Hafen. Ab 15 Rs.

 Rund um die Strände gibt es zahlreiche Geschäfte, die vor allem Textilien und Schmuck verkaufen.

 Während der Saison finden abends Kathakali-Aufführungen statt; Infos beim Tourist Facilitation Centre (s. S. 266).

 Schwimmen: Es gibt gefährliche Unterströmungen, daher nur innerhalb der markierten Bereiche schwimmen und Kinder nicht unbeaufsichtigt ins Wasser lassen.

Ayurveda: Kovalam ist ein Zentrum des Ayurveda in Kerala. Viele der gehobenen Hotels, die meisten davon südlich des Ortes, besitzen ayurvedische Zentren.

 Busse: Regelmäßige Verbindungen nach Thiruvananthapuram.

Mietwagen: Z. B. über Shiva's Indian Holidays, Lighthouse Beach, Tel. 04 71-248 30 91.

Ponmudi

Reiseatlas: S. 22, E 3

Ein schöner Tagesausflug von Kovalam hinauf in die Western Ghats zur rund 70 km entfernten Hill Station **Ponmudi** ist eine erfrischende Abwechslung. Die gewundene Straße führt durch Teeplantagen und eröffnet tolle Blicke auf die Ebene. In Ponmudi gibt es ein KTDC-Restaurant und im einfachen Government Guesthouse kann man günstig übernachten (Tel. 04 72-289 02 30). Exklusiver ist die Unterkunft Duke's Forest Lodge auf einer Gummiplantage bei Anapara (s. u.).

 Duke's Forest Lodge: bei Anapara, zwischen Thiruvananthapuram und Ponmudi, Tel. 04 72-285 92 73, www.dukesforest.com. Mit schönem Pool und Ayurveda-Zentrum.

 Mehrmals täglich Busverbindungen vom KSRTC-Busbahnhof in Thiruvananthapuram.

Padmanabhapuram-Palast

Reiseatlas: S. 7, C 4

Der großartige **Padmanabhapuram-Palast** der ehemaligen Rajas von Travancore liegt rund 50 km südöstlich von Kovalam bei der Stadt **Padmanabhapuram** und eigentlich im Bundesstaat Tamil Nadu. Da er aber zum kulturellen Erbe Keralas gehört, wird er von den dortigen Behörden instand gehalten. Das KTDC-Büro in Thiruvananthapuram (s. S. 260) bietet Tagesausflüge nach Padmanabhapuram an, kombiniert mit einem Besuch von Kanniyakumari (s. S. 471) an der Südspitze Indiens.

Der Palast ist ein Schmuckstück der Kerala-Holzarchitektur. Er besteht aus mehreren miteinander verbundenen Holz- und Granitgebäuden, die um Innenhöfe gruppiert sind. Treppen und lange Korridore verbinden die einzelnen Teile miteinander. Kunstvoll geschnitzte Giebel zieren die typischen Ziegeldächer.

Die ältesten Teile des Palasts stammen aus dem 16. Jh. Von 1550 bis 1750 regierten hier die Herrscher von Travancore, bis sie ihre Hauptstadt ins heutige Thiruvananthapuram verlegten. Schon die Eingangshalle vermittelt einen Eindruck vom hohen Können der damaligen Kunsthandwerker. Ihre Decke ist geschmückt mit 90 verschiedenen, fein geschnitzten Blumenmotiven. Besonders interessant ist die Versammlungshalle im 1. Stock. Da man den Palast nur ohne Schuhe betreten darf, spürt man die Besonderheit des schwarz polierten Fußbodens: Er wurde aus einer heute nicht mehr gebräuchlichen Mischung aus Kokosnuss, Rohrzucker, Eiweiß, Kalk und medizinisch wirkenden Pflanzensäften hergestellt.

Im Schlafzimmer des Maharadscha thront das imposante, reich verzierte Bett des Herrschers. Es ist aus 16 verschiedenen, medizinisch wirkenden Hölzern gezimmert und wird von einer Schlange mit Äskulapstab geschmückt. Weitere Motive am Bett und an der Decke verraten chinesische Einflüsse.

Der Meditationsraum einen Stock höher beherbergt wunderschöne Wandmalereien. Zum Palast gehört außerdem ein langer Speisesaal, in dem bis zu 2000 Personen versorgt werden konnten (Di–So 9–13, 14–17 Uhr, 200 Rs, Foto 25 Rs, Videokamera 1050 Rs, regelmäßig Führungen).

Wer nicht an der organisierten Tour von KTDC teilnehmen möchte, sollte in Thiruvananthapuram oder Kovalam ein Taxi mieten

und nach der Palastbesichtigung einen Besuch in Kanniyakumari (s. S. 471) einplanen. Unterwegs passiert man zudem den interessanten Hanuman-Tempel in Suchindaram (Achtung: 12.30–16 Uhr geschlossen). Alle drei Orte können bequem an einem Tag besichtigt werden.

Varkala

Reiseatlas: S. 21, C 3

Schroff fallen die Felsen ab ins Meer beim Städtchen **Varkala**, 45 km nördlich von Thiruvananthapuram. Palmen säumen die Klippen. Zu ihren Füßen formt sich jedes Jahr nach dem Monsun aufs Neue eine feine sandige Bucht. Das Wasser zieht sich ganz allmählich ein Stück zurück und macht Platz für den Strand und die Touristen – gerade rechtzeitig zur Hochsaison. Ein Geheimtipp ist Varkala schon lange nicht mehr. Dennoch ist es hier ein wenig ruhiger als an den Stränden von Kovalam. Viele kleinere Hotels, Restaurants und Geschäfte reihen sich entlang dem Nordkliff von Nord nach Süd und auch im Hinterland werden immer mehr Unterkünfte und Villen errichtet.

Ein großer Hubschrauberlandeplatz (Helipad) trennt das Nordkliff vom westlichen Teil des Städtchens mit seinem bekannten Sree-Janardhana-Swamy-Tempel (s. u.) für Gott Vishnu. Varkala ist ein populärer Pilgerort und der hiesige Strand gilt Hindus als heilig. Er heißt **Papanasham Beach,** ›der Vernichter der Sünden‹. Angemessene Bekleidung am Strand, vor allem während religiöser Feste, ist daher eine Geste des Respekts gegenüber den Einheimischen. Nördlich des Papanasham Beach liegt der etwas einsamere **Thiruvambady Beach.** Zur Vorsicht sei auch hier beim Schwimmen geraten, denn es gibt gefährliche Strömungen.

Sree-Janardhana-Swamy-Tempel

Steile Treppen führen hinauf zum **Sree-Janardhana-Swamy-Tempel,** der gegenüber einem Tempelteich liegt. Auch Nicht-Hindus

Ayurveda – das ›Wissen vom Leben‹

Entspannende Ölmassagen, aromatische Dampfbäder, Stirngüsse oder Kräutertees – mit der Wohlfühl- und Wellnesswelle sowie der Suche nach neuen, ganzheitlichen Heilmethoden ist auch die Kunde von der traditionellen indischen Medizin des Ayurveda im Westen angelangt. In Südindien und insbesondere in Kerala wird die Lehre bereits seit Jahrtausenden praktiziert.

Schon der Rigveda, die älteste literarische Textsammlung der Inder aus der Zeit um 1200 v. Chr., widmete sich der heilenden Wirkung von Kräutern. Über Jahrtausende angesammelte Erkenntnisse vereinigen sich im Erfahrungsschatz des Ayurveda, der größtenteils zwischen 500 v. Chr. und 1000 n. Chr. schriftlich fixiert wurde. ›Wissen vom Leben‹ bedeutet das Sanskritwort übersetzt und weist damit bereits auf den ganzheitlichen Anspruch der Lehre hin, deren Ziel die innere und äußere Balance ist. Dazu gehört auch die Harmonie zwischen Mensch und Umwelt.

Ayurveda betrachtet den Menschen als Spiegelbild des Kosmos. Mensch und Umwelt werden von den Elementen Erde, Wasser, Feuer und Luft beherrscht. Bei den Menschen manifestieren sie sich im energetischen Regelsystem der sogenannten drei Doshas – Vata, Pitta und Kapha genannt. Meist sind eine oder zwei davon bei einer Person vorherrschend. Vata (Wind/Äther) wird im Zusammenhang mit Bewegung gesehen und im Körper auf Atmung, Kreislauf, Nervensystem und Ausscheidungsvorgänge bezogen. Prozesse des Stoffwechsels, der Verdauung und des Wärmehaushalts werden durch Pitta (Feuer) geregelt. Kapha (Wasser/Erde) beeinflusst den Flüssigkeitshaushalt sowie das Immunsystem des Körpers. Sind alle drei Doshas im Gleichgewicht, gilt der Mensch als gesund. Verschiebungen hingegen zeigen Krankheiten an, die der Arzt durch Pulsdiagnose, Untersuchung von Zunge und Augen sowie ein ausführliches Gespräch mit dem Patienten über Lebenswandel, Ernährung, Sexualleben etc. erkennt.

Eine mindestens sechs Jahre lange Ausbildung ist nötig, um Patienten kompetent behandeln zu können. Besonders in Kerala hat die ayurvedische Medizin eine lange Tradition – kein Wunder, dass dort einige der angesehensten Krankenhäuser wie das Arya Vaidya Sala in Kottakkal (www.aryavaidyasala.com) beheimatet sind. Trotz einer starken Präsenz von Allopathie und Homöopathie vertraut die Mehrheit der Inder traditionellen Heilmethoden. Neben der überwiegend von Muslimen praktizierten Unnani-Medizin und der aus Tamil Nadu stammenden Siddha-Medizin sind dies ayurvedische Behandlungsweisen. Dazu gehören die Einnahme von Medikamenten, die aus Kräutern und verschiedenen anderen Substanzen hergestellt sind, Ölmassagen und Ölbehandlungen sowie Einläufe. Besonders wichtig ist jedoch die richtige Diät. »Nahrung ist Medizin«, heißt es in den Schriften. Die der eigenen Konstitution entsprechende Ernährungsweise trägt ganz entscheidend zu einem gesunden Leben bei. Chilis sind für Menschen mit zu viel Pitta tabu, während sie für Personen mit einem Überschuss an Kapha ausgleichend wirken können. Entsprechend des ganzheitlichen Konzepts von Ayurveda gelten auch körperliche Bewegung, emotionale und geistige

Ausgeglichenheit als gesundheitsfördernd, weswegen Yoga und Meditationsübungen häufig Bestandteil einer Behandlung sind.

Über die Erfolge und Gefahren der ayurvedischen Medizin streiten Befürworter und Kritiker heftig. Während ayurvedische Ärzte auf gute Erfolge bei verschiedenen Krankheiten verweisen können, wurde vor Medikamenten mit zu hohen Schwermetallbelastungen gewarnt. Zwar ist Indien bestrebt, internationale Qualitätsstandards einzuhalten, doch wie überall gibt es auch hier schwarze Schafe, und Vorsicht ist geboten. Wer sich in Indien einer ayurvedischen Behandlung unterziehen möchte, sollte zuvor überlegen, ob er eine Klinik sucht, um ein Leiden zu behandeln, oder ob er eine ayurvedische Kur samt

Entspannung und Erholung wünscht. Zahlreiche Reiseveranstalter und Hotels werben mit Ayurveda-Kuren, die in der Regel eine bis mehrere Wochen dauern. Üblicherweise kann man unter verschiedenen Behandlungsarten wählen bzw. sich entsprechend seinen Wünschen beraten lassen. In Kerala, wo besonders viele Hotels mit Ayurveda-Zentrum ansässig sind, vergibt die Tourismusbehörde für besonders empfehlenswerte Einrichtungen die Zertifikate Green Leaf (beste Kategorie) und Olive Leaf. Eine Liste zertifizierter Ayurveda-Zentren in Kerala findet man auf der Webseite www.keralatourism.org. Interessante weiterführende Informationen bietet auch die Internetseite des indischen Gesundheitsministeriums www.indianmedicine.nic.in.

Im Trend: ayurvedische Behandlungsmethoden

dürfen den Hof des Heiligtums betreten, nicht aber den Tempel selbst. Gleich neben dem Eingang steht ein Kanonenkugelbaum, dessen wunderschöne rotfarbene Blüten zu kanonenartigen, bis zu 8 kg schweren Früchten heranreifen. Frauen mit Kinderwunsch haben ihn mit unzähligen Plastikpüppchen behängt, denn er gilt in Indien als ein Symbol der Fruchtbarkeit. Gegenüber dem Haupttheiligtum werden unter einem Baum Schlangensteine verehrt.

Kulturzentrum und Sivagiri Mutt

Vom Tempel führt die Beach Road vorbei am **Kulturzentrum,** wo während der Hochsaison regelmäßig Kathakali-Aufführungen stattfinden, bis zum Strand. Rechter Hand schlängelt sich ein kleiner Weg den Berg hinauf zum betonierten Helipad, wo die Taxis und Rikschas die Gäste abladen, die weiter zum Nordkliff wollen. Das Zentrum des Städtchens liegt 2 km weiter östlich. Dort ist auch der Bahnhof. Bekannt ist außerdem der **Sivagiri Mutt** auf dem Sivagiri Hill. Der Ashram ist ein Zentrum der Anhänger von Sri Narayana Guru (1856–1928), einem bekannten Philosophen und Sozialreformer aus Kerala.

DTPC Office: beim Government Guesthouse, Mo–Sa 10–17 Uhr.

Taj Garden Retreat Varkala: Tel. 04 70-260 30 00, www.tajhotels.com. Malerisch gelegen mit Pool, Ayurveda-Zentrum, Fitnessbereich und Tennisplatz sowie direktem Zugang zum Strand. DZ 4000–8000 Rs.
Hill View: Tel. 04 70-260 05 66, www.hillviewbeachresort.com. Hübsches Resorthotel inmitten eines kleinen Gartens mit Zimmern und Bungalows unterschiedlicher Ausstattung in Toplage auf dem Nordkliff. DZ 2000–3000 Rs.
Hill Palace Beach Resort: Tel. 04 70-261 01 42. Das kleine Hotel liegt auf dem Nordkliff.

Mit viel Hingabe werden Busse und Lastwagen bemalt – jedes Gefährt ist ein Unikat

Die meisten der 13 Zimmer haben Meerblick und es gibt einen kleinen Garten vor dem Haus. DZ ab 1300 Rs.
M. K. Garden Hotel: nahe der Strandpromenade, Tel. 040 63-65 90 80, www.cliffhotel 2007.wg.am. Sechs liebevoll eingerichtete Zimmer in nettem Hotel mit persönlicher Atmosphäre bei Christine und ihrem Team. DZ ab 1000 Rs.
Johnny Cool: neben Preeth Beach Resort, östlich des Nordkliffs, Tel. 098 46 55 95 46. Der Besitzer vermietet 4 kleine Zimmer und eine Hütte. Es gibt leckeren Cappuccino und Kuchen. DZ ab 500 Rs.
Government Guesthouse Varkala: Tel. 04 70-26 02 77. In dem wunderbaren, 134 Jahre alten Holzbungalow ließen sich früher die Maharadschas die Brise um die Nase wehen. Er steht inmitten eines großen Gartens mit knorrigen Mangobäumen, in dem nun weitere kleine Unterkünfte errichtet wurden. Die beiden gigantisch großen Zimmer im alten Gebäude sind etwas teurer. Im kleinen, hauseigenen Restaurant kommen leckere Kerala-Spezialitäten auf den Tisch. Vorher anfragen, da Regierungsbeamte Vorrang vor Touristen haben. DZ ab 220 Rs.

Café Del Mar: Tel. 04 70-260 72 21. Hier gibt's ein gutes Frühstück, nordindische und italienische Küche, außerdem frische Brötchen und Kuchen. Ab 100 Rs.
Caffé Italiano: North Cliff, Tel. 098 46 55 31 94. Pizza, Pasta, Capuccino und mehr. Ab 100 Rs.
Sreepadmam: am Tempelteich in Varkala, Tel. 04 70-260 54 22. Einer der Orte in Varkala, wo authentische Kerala-Küche serviert wird. Mittags gibt es Thalis, ansonsten kann man von der internationalen Speisekarte wählen. Auf der Terrasse sitzt man mit Blick auf den Tempelteich. Ab 30 Rs.

Züge: Regelmäßige Verbindungen nach Thiruvananthapuram und Kollam.
Busse: Von Temple Junction fahren Busse nach Thiruvananthapuram.
Taxis/Rikschas: verkehren vom Bahnhof zum Helipad südlich des Nordkliffs.

Kunst am Bau: Von einer unglaublichen Kreativität und Schaffenskraft zeugen die Höhlen von Ellora, die ab dem 7. Jh. bei Aurangabad in den Fels gehauen wurden

Zentrales Dekkan-Hochland

Dekkan-Hochland

Nagpur

Nasik

Aurangabad

Pune

Kolhapur

Grandiose Felsarchitektur und viel weites Land

Maharashtra ist einer der größten Bundesstaaten Indiens. Er erstreckt sich von der Küste des Arabischen Meeres bis ins Zentrum des Subkontinents. Weite Gebiete in seinem Innern sind bedeckt von der trockenen Hochfläche des Dekkan. Karge, teils hügelige Regionen wechseln sich ab mit landwirtschaftlichen Flächen, auf denen vor allem Baumwolle und Hülsenfrüchte gedeihen. Die bewaldeten Zonen in Zentral-Maharashtra sind Rückzugsgebiete vieler Tierarten. Zur Sicherung ihres Bestands wurden mehrere Nationalparks und Wildschutzgebiete gegründet, darunter der **Pench-Sillari National Park and Tiger Reserve** und der **Tadoba National Park and Andhari Wildlife Sanctuary.** Verstreut in der Region liegen hoch entwickelte, zum Teil schnell wachsende Städte wie Pune, Nasik oder Nagpur, deren industrielle Produktion zum Reichtum des Staates beiträgt und die zu den modernen Zentren Indiens gehören.

Das zentrale Dekkan-Hochland war schon vor 2000 Jahren Schauplatz bedeutender kultureller Entwicklungen. Ab dem 2. Jh. v. Chr. begannen buddhistische Mönche, Höhlentempel und -klöster anzulegen. Diese wurden später unter verschiedenen hinduistischen Dynastien teils erweitert und ausgebaut. Großartige Beispiele dafür finden sich in den berühmten Stätten **Ajanta** und **Ellora** bei Aurangabad, die beide zum Unesco-Welterbe gehören. Sie zählen zu den Höhepunkten einer Südindienreise und sind von Mumbai aus bequem mit dem Zug oder Bus zu erreichen. An wenigen Orten gewinnt man einen solch tiefen Einblick in das buddhistische Erbe des Subkontinents wie in Ajanta, aber auch die hinduistischen Höhlenheiligtümer von Ellora sind beeindruckende Zeugen jener schöpferischen Zeiten – allen voran der berühmte Kailash-Monolith, der allein durch seine Ausmaße und die immensen kunsthandwerklichen Fähigkeiten seiner Erbauer in den Bann zieht. Ausgangspunkt zum Besuch der Höhlen ist die Stadt **Aurangabad**. Sie besitzt ein gutes Hotelangebot und sogar einen Flughafen. Außerdem findet man in Aurangabad einige interessante muslimische Bauwerke, darunter der Bibi-ka-Maqbara (›kleines Taj Mahal‹), sowie weitere buddhistische Höhlen.

Noch näher an Mumbai, rund um den Ort **Lonavala,** gibt es ebenfalls sehenswerte buddhistische Felsheiligtümer, die bisher nur von

wenigen ausländischen Touristen besucht werden. Besonders die Höhle von **Karla** gilt als Meisterwerk buddhistischer Felsarchitektur. Auch die Höhlen von **Bhaja** und **Bedsa** lohnen einen Abstecher. Lonavala liegt an der Bahnstrecke Mumbai–Pune und kann daher bequem erreicht werden.

Maharashtras aufstrebende Metropole **Pune** war in den 1980er-Jahren vor allem unter Anhängern des Bhagwan Rajneesh wegen seines Ashrams bekannt. Heute ist Pune eine moderne Industriemetropole und bietet gute Unterkunftsmöglichkeiten, Restaurants sowie einige kleinere Sehenswürdigkeiten, darunter ein exzellentes Museum. Der ehemalige Ashram ist zu einer spirituellen Wellness-Oase mutiert.

Zu den aufstrebenden Städten in Maharashtra gehört auch **Nasik,** das inmitten eines großen Weinanbaugebiets liegt. Auch hier finden sich, bei Pandu Lena, sehenswerte Höhlen. Mitten im Zentrum Indiens befindet sich die Zwei-Millionen-Metropole **Nagpur.** Sie dient als Ausgangspunkt zum Besuch verschiedener Nationalparks sowie der Ashrams bei der Stadt Wardha, wo seit Jahrzehnten im Geist von Gandhis Philosophie gelebt und gearbeitet wird. Nagpur ist zudem eine gute Ausgangsbasis, um den nördlich gelegenen Bundesstaat Madhya Pradesh zu besuchen.

In einigen Gebieten des zentralen Dekkan-Hochlands leben verschiedene Adivasi-Stämme, die indigenen Bewohner Indiens. Zu ihnen zählen in Maharashtra die Gond rund um Nagpur sowie die Warlis, eine Volksgruppe, deren eindrucksvolle Zeichnungen in ganz Indien bekannt sind.

Highlight

5 ▼ **Aurangabad, Ellora und Ajanta:** Die berühmten Felsentempel und -klöster von Ajanta und Ellora gehören zu den ganz großen Attraktionen einer Südindienreise. Besonders reizvoll ist die Verbindung von Architektur und Malerei in den Höhlen von Ajanta,

Richtig Reisen-Tipp

Die Höhlen von Bhaja: Beim Spaziergang zu den buddhistischen Höhlen von Bhaja nahe Lonavala lässt sich das Bedürfnis nach Ruhe (das in Indien nicht immer ausreichend bedient wird …) mit der Besichtigung von interessanten Felsheiligtümern verbinden (s. S. 280).

die zwischen dem 2. Jh. v. Chr. und dem 6. Jh. n. Chr. angelegt wurden. Die Stadt Aurangabad dient als Basis und hat selbst interessante Sehenswürdigkeiten aus verschiedenen Epochen zu bieten (s. S. 286).

Reise- und Zeitplanung

Die Highlights Ajanta und Ellora sollte man bei einer Südindienreise möglichst nicht verpassen. Alle anderen in diesem Kapitel beschriebenen Orte eignen sich für diejenigen, die gerne abseits der bekannten Destinationen unterwegs bzw. an Naturparks interessiert sind.

Für den Besuch der Höhlen von Ajanta und Ellora bei Aurangabad sollte man mindestens zwei ganze Tage bzw. drei Übernachtungen veranschlagen. Aurangabad liegt sieben Zugstunden von Mumbai entfernt, es gibt auch Flüge dorthin. In Nasik kann man die wichtigsten Sehenswürdigkeiten an einem Tag besichtigen. Mit dem Zug von Mumbai erreicht man die Stadt in vier bis fünf Stunden. Nach Nagpur gibt es Flugverbindungen von Mumbai, der Zug benötigt etwa 17 Stunden.

Das Dekkan-Hochland kann man das ganze Jahr über besuchen, zwischen April und Juni wird es dort allerdings sehr heiß. Während der Monsunzeit, die im Juni beginnt, erhält die oftmals karge, trockene Landschaft ein frisches grünes Farbkleid. Die meisten Nationalparks haber aber dann leider geschlossen.

Ein gutes Beispiel für den rasanten Wandel indischer Provinzstädte ist Pune. Noch vor 20 Jahren war dies ein geruhsamer Ort, der vor allem als Pilgerziel der Bhagwan-Anhänger und ihrem Ashram in die Schlagzeilen geriet. Heute ist Pune nach Mumbai das wichtigste Industriezentrum im vergleichsweise reichen Maharashtra und hat seinen Ruf als Bildungs- und Forschungshochburg weiterentwickelt.

Pune (Poona)

Reiseatlas: S. 1, B 3
Immer mehr rückt der Koloss Mumbai der zweitgrößten Stadt Maharashtras auf den Leib. **Pune,** 170 km südöstlich von Mumbai auf dem Dekkan-Plateau gelegen, ist durch eine sehr gut ausgebaute Autobahn sowie zahlreiche Zug- und Flugverbindungen mit Mumbai verbunden. Eine beträchtliche Anzahl von Menschen pendelt täglich zwischen den beiden dicht besiedelten Metropolen hin und her. Ca. 5 Mio. Einwohner zählt Pune mittlerweile. Die Stadt hat das höchste Pro-Kopf-Einkommen in Indien aufzuweisen. Besonders die Automobil- und die IT-Industrie sind stark vertreten.

Eine gespannte Verkehrslage und entsprechende Luftverschmutzung gehören zu den Folgen des starken Wachstums. Doch besitzt Pune auch grüne Lungen wie Koregaon Park, ein weitläufiges baumbestandenes Villenviertel im Nordosten der Stadt. Eine lebendige Kulturszene – Pune ist beispielsweise Sitz des berühmten Film and Television Institute of India –, zahlreiche Universitäten und Ausgehmöglichkeiten schaffen eine weltoffene und angenehme Atmosphäre.

Geschichte

Pune gilt als kulturelle Hauptstadt von Maharashtra, denn hier war lange Zeit der Regierungssitz der früheren Marathen-Herrscher, die sich unter ihrem legendären Führer Shivaji (1630–80) im 17. Jh. und 18. Jh. zu einer bedeutenden regionalen Kraft entwickelten. Sogenannte Peshwas leiteten die Geschicke des Staates. Nach verschiedenen militärischen Auseinandersetzungen mit den Briten, bei denen Letztere die Oberhand behielten, wurden Pune sowie das gesamte dazugehörige Gebiet 1818 annektiert.

Orientierung

Das Zentrum der Stadt liegt östlich der Mutha und südlich der Mula, beides Flüsse, die sich hier vereinen. Am Zusammenfluss befinden sich der Bahnhof und südlich davon die Hauptgeschäftsstraßen mit vielen Restaurants. Südwestlich erstreckt sich die Altstadt mit engen Gassen, interessanten Basaren und alten Häusern, die teils schöne Holzschnitzereien aufweisen. Das Villenviertel Koregaon Park liegt nordöstlich des Bahnhofs.

Altstadt und Raja-Dinkar-Kelkar-Museum

Die quirlige **Altstadt** ist einer der interessantesten Plätze. Hier sieht man noch schöne alte Stadthäuser mit traditionellen Holzverzierungen. Die Viertel innerhalb der Altstadt sind in sogenannte Peths eingeteilt, die u. a. die Namen von Wochentagen tragen, beispielsweise Shanivar Peth, ›Samstags-Peth‹.

Ein Spaziergang entlang der geschäftigen Bajirao Road gibt Einblick in das traditionelle

Pune mit seinen vielen kleinen Geschäften und bunten Basaren in den Seitengassen. Hier liegt auch das sehr sehenswerte, in einer alten Villa untergebrachte **Raja-Dinkar-Kelkar-Museum,** das eine ganz außergewöhnliche Sammlung von Objekten beherbergt. Besonders interessant ist die Kollektion von Öllampen verschiedener Epochen und Regionen. Die ausgestellten Küchenutensilien vermitteln einen Eindruck von der traditionellen Speisenzubereitung. Sehr sehenswert sind auch die antiken indischen Musikinstrumente sowie die Abteilung für Malerei (tgl. 9–17.30 Uhr, 200 Rs, www.raja kelkarmuseum.com).

Nördlich des Museums befinden sich der geschäftige **Mahatma Phule Market** und die Basarstraße **Laxmi Road.** Hier stehen auch einige alte Marathen-Tempel, teils jedoch versteckt in Innenhöfen wie der **Rama-Tempel** in Tulsi Bagh.

Noch weiter im Norden erheben sich die Ruinen des **Shaniwar Wada,** des Samstagspalasts. Er wurde 1736 vom Peshwa Baji Rao I. erbaut. Mehrere Feuer zerstörten einen Großteil der Anlage. Nur einige der massiven Mauern sowie ein mächtiger Torbau sind erhalten geblieben. Im Innern gibt es nicht mehr viel zu sehen, daher kann man sich die 200 Rupien Eintritt getrost sparen (tgl. 8–18 Uhr).

Westlich der Altstadt im Viertel Shivaji Nagar steht in der Mahraj Road das älteste Heiligtum der Stadt: der **Pataleshvar-Tempel,** ein Höhlenheiligtum für Shiva aus dem 8. Jh.

Weitere Sehenswürdigkeiten

Einen sehr schönen Blick auf Pune genießt man vom **Parvati-Tempel** ganz im Süden der Stadt. Er wurde vom Peshwa Balaji Baji Rao (1740–61) auf dem Parvati-Hügel errichtet. Der Hauptschrein des Tempels ist Shiva, seiner Gemahlin Parvati sowie seinem Sohn Ganesha geweiht. Daneben befinden sich weitere Schreine und kleinere Tempel für Vishnu, Durga, Kartikkeya und den Sonnengott Surya.

Jenseits des Flusses Mula im Nordosten steht der **Aga Khan Palace** inmitten eines großen Parks. Dort ist ein kleines Museum für Mahatma Gandhi untergebracht. Der Freiheitskämpfer, seine Frau Kasturba sowie weitere Gesinnungsgenossen wurden hier 1942 gefangen gehalten. Das **Gandhi Memorial** zeigt die Räume, in denen sie interniert waren. Eine Gedenkstätte erinnert an Kasturba Gandhi, die während ihrer Gefangenschaft an diesem Ort starb (tgl. 9–17.30 Uhr, 100 Rs).

Der reichhaltigen Kultur von Maharashtras Ureinwohnern ist das **Tribal Cultural Museum** in der Richardson Road ca. 1,5 km östlich des Bahnhofs gewidmet. Malereien der Warlis, rituelle Masken und viele andere Objekte gehören zu der sehenswerten Kollektion (tgl. 10–18 Uhr, 10 Rs).

Osho Meditation Resort

Im Viertel **Koregaon Park** liegt der Ort, der Pune in unseren Breitengraden bekannt gemacht hat. Der ehemalige Ashram des 1990 verstorbenen und sehr umstrittenen Bhagwan Rajneesh ist nach wie vor Ziel vieler Besucher. Doch es hat sich einiges geändert, seit vor mehr als 20 Jahren rot betuchte Jünger aus der ganzen Welt hier ihre Glückseligkeit suchten. Schon der Name deutet die Neuorientierung an: Aus der ehemaligen Osho-Kommune wurde das **Osho Meditation Resort,** eine Wellness-Oase mit Pool,

Mit der Autorin unterwegs

Nussknacker trifft Nudelmaschine
Eine wahre Schatzkammer ist das **Raja-Dinkar-Kelkar-Museum** mit seiner Sammlung von Alltagsgegenständen und Kunstwerken. Ob Hobbykoch, Musikliebhaber oder Antiquitätenfreund – für alle lohnt sich der Besuch (s. links).

Pickle trifft Pappad
Leckere vegetarische Thali-Gerichte im Stil Maharasthras isst man im **Hotel Shreyas.** Dazu gehören scharfe Pickles und natürlich auch die hauchdünnen Pappad-Fladenbrote (s. S. 279).

Früher eine Kommune, heute ein modernes Meditation Resort: der Osho-Ashram

Sauna, Ökogarten und Gästehaus, verquickt mit diversen esoterischen und spirituellen Angeboten (Infos unter www.osho.com).

i **MTDC Tourist Office:** I Block, Central Building, südlich des Bahnhofs, Tel. 020-26 12 68 67, Mo–Sa 10–17.30 Uhr; Zweigstelle am Bahnhof, Tel. 020-26 11 17 20, Mo–Sa 9–19, So 9–15 Uhr, www.maharashtratourism.gov.in. U. a. täglich um 8 und 15 Uhr Stadtrundfahrten, Tickets gibt's am MTDC-Schalter am Bahnhof.

Le Meridien: RBM Rd., Tel. 020-26 05 05 05, www.lemeridien-pune.com. Sehr opulentes Hotel im Rajputen-Stil, zentral, mit mehreren Restaurants und Bars sowie Health Club. DZ ab 12 000 Rs.
Taj Blue Diamond: 11 Koregaon Park, Tel. 020-66 02 55 55, www.tajhotels.com. Elegantes Hotel in entspannender Umgebung mitten im grünen Viertel Koregaon Park. Zu den Annehmlichkeiten des Hauses gehören verschiedene Spezialitätenrestaurants, eine schöne Poolside-Bar sowie ein Fitnessbereich. DZ ab 11 000 Rs.
Woodland: Sadhu Vaswani Circle, Tel. 020-26 12 61 61, www.tghotels.com. Punes größtes 3-Sterne-Hotel liegt nahe dem Bahnhof und besitzt angenehme Zimmer sowie mehrere Restaurants mit indischer, chinesischer und westlicher Küche. DZ ab 4000 Rs.
Ashirwad: Sadhu Vaswani Rd., Tel. 020-26 12 85 85. Modernes Hotel in der Nähe des Bahnhofs. Im Restaurant werden nordindische und chinesische Gerichte serviert. DZ ab 1950 Rs inkl. Frühstück.
Surya Villa: 294/1 Koregaon Park, www.hotelsuryavilla.com. Im In-Viertel Koregaon Park mit freundlichen Zimmern und kleinen Bungalows, die eine vorgelagerte Terrasse besitzen. DZ ab 1400 Rs.
Sundarban: 19 Koregaon Park, neben dem Osho Meditation Resort, Tel. 020-26 12 49 49, www.tghotels.com. Große Auswahl unterschiedlicher Zimmer, von einfachen Standardräumen bis zu Wohnstudios mit komplett eingerichteter Küche. DZ 700–7500 Rs.

Samrat: 17 Wilson Garden, Tel. 020-26 13 79 64. Günstig gelegenes Hotel mit angenehmen Zimmern. DZ ab 2200 Rs.

Swaroop: Prabhat Rd., Lane No. 10, Tel. 020-25 67 87 42. In einer ruhigen Gegend westlich der Mutha, mit nettem Restaurant. Hier bringt auch die Filmhochschule ihre Gäste unter. DZ ab 900 Rs.

National: 14 Sasson Rd., Tel. 020-26 12 50 54. Altes Kolonialgebäude mit Holzveranden in einem Garten gegenüber dem Bahnhof. Es gibt auch kleine Bungalows zu mieten. Einige Zimmer sind mit Klimaanlage ausgestattet. DZ ab 350 Rs.

Mystic Masala: im Taj Blue Diamond (s. o.), Tel. 020-40 25 55 55. Lokale Spezialitäten der Peshwa-Küche auf hohem Niveau, außerdem Tandoori-Gerichte und andere nordwestindische Speisen, abends begleitet von Live-Musik. Ab 500 Rs.

Arthurs Theme: No. 2 Vrindavan Appts., North Main Rd., Koregaon Park, Tel. 020-26 13 27 10. Elegant mit europäischer, insbesondere französischer Küche. Ab 300 Rs.

Blue Nile: 4 Bund Garden Rd., Tel. 020-26 12 52 38. Gehört zu den guten Restaurants für nordindische Küche, besonders die Biryanis sind sehr lecker. Ab 200 Rs.

Shreyas: 1242 B, Apte Rd., Deccan Gymkhana, Tel. 020-25 53 12 28. Populäres Restaurant mit sehr guter regionaler Küche, z. B. typisch vegetarische Thalis im Stil Maharashtras. Wer's gerne scharf mag, sollte die vielen leckeren Pickles probieren – und sich für den Ernstfall ein wenig Joghurt zum Löschen bereitstellen. Ab 70 Rs.

Beliebte Einkaufsstraßen sind die **Laxmi Road** und **Tulsi Bag,** beide in der Altstadt und beide für traditionelle indische Artikel, insbesondere Schmuck und Saris. In der **MG Road** findet man mehr westliche Geschäfte. Schöne Boutiquen gibt es im Viertel **Koregaon Park.** Zwischen 13 und 16 Uhr sind viele Läden geschlossen, desgleichen montags.

Bombay Store: 322 MG Rd., auch So und Mo geöffnet. Schöne Geschenkartikel, typische handgefertigte Mitbringsel aus verschiedenen Regionen Indiens und vielerlei Textilien.

Fab India: Sakar 10, Sasson Rd. Lokale Filiale der attraktiven Ladenkette für traditionelle Textilien in großer Auswahl sowie Ökoprodukte.

Leather Lounge: Amba Complex, 2. St., MG Rd. In diesem trendigen Club ist außer am Wochenende auch mittwochs viel los. Getränkebons für 500 Rs.

Ganapati Festival: Aug./Sept. 10-tägiges Festival für den in Maharashtra besonders populären Elefantengott – viele Prozessionen, am letzten Tag werden die Statuen des Gottes in den Flüssen versenkt.

Pune Festival: Aug./Sept. 4-wöchiges Kulturfestival, das rund um das Ganapati Festival stattfindet. Geboten werden neben Musik, Tanz, Theater und Film auch Sportveranstaltungen.

Sawaai Gandharva Music Festival: Dez. 3-tägiges Festival für klassische indische Musik und Tanz, bei dem bekannte Künstler auftreten.

Flüge: Der Lohagaon Airport befindet sich 10 km nordöstlich des Stadtzentrums. Ein Taxi in die Stadt kostet 150–200 Rs. Täglich fliegen diverse Inlandslinien in die großen Metropolen Mumbai, Delhi, Bangalore, Chennai, Hyderabad und Kolkata. Auch Flüge nach Goa.

Züge: Vom Bahnhof im Zentrum gibt es vielfältige Verbindungen in alle Richtungen, v. a. nach Mumbai (z. B. Deccan Queen oder Pragati Express). Auch die Schnellzüge von Mumbai nach Hyderabad, Bangalore und Chennai passieren Pune. Tickets gibt es in der Booking Hall links vom Haupteingang des Bahnhofs.

Busse: Pune hat drei Busbahnhöfe: Vom City Busstand beim Hauptbahnhof fahren Busse nach Mumbai sowie zu Zielen im Süden und Westen, darunter Goa, Mahabaleshwar, Lonavala und Kolhapur. Vom Shivaji Nagar Busstand am gleichnamigen Bahnhof im Westen

Richtig Reisen-Tipp: Die Höhlen von Bhaja

Ein schöner, etwa 30-minütiger Spaziergang führt vom Dorf **Malavli** 11 km südöstlich von Lonavala (s. S. 281) zu den 18 Bhaja-Höhlen, die an einem Hang oberhalb des Orts in den Fels gehauen wurden. Sie sind etwas älter als die Anlage in Karla und stammen teils schon aus dem 2. Jh. v. Chr. Eine Landstraße führt ca. 1 km durch Felder bis zu einem Teekiosk beim Dorf **Bhaja,** wo der etwa 10-minütige Aufstieg beginnt. Die Anlage ist zwar nicht so spektakulär wie die im vergleichsweise überlaufenen Karla, dafür kann man hier die Ruhe sowie die reizvolle Aussicht auf die Felder und Hügel der Umgebung genießen.

Die ehemals kunstvolle Außenfassade des Chaitya-Tempels ist leider zu großen Teilen zerstört. 27 Pfeiler gliedern die Halle in ein Mittelschiff und zwei schmale Seitenschiffe. An der Decke ist die ursprüngliche Konstruktion der Rippendecke zu sehen, deren alte Teakholzbalken noch vorhanden sind. Mehrere Viharas gehören ebenfalls zur Anlage. Besonders interessant ist der **Vihara Nr. 12.** Dort sind zwei schön gemeißelte Flachreliefs mit den Göttern Surya auf dem Sonnenwagen und Indra zu sehen.

Vor oder nach der Besichtigung bietet der Kiosk unterhalb der Höhlen eine Stärkung. Es gibt heißen Tee und mit etwas Glück auch frische Pakoras. Während der Woche oder morgens kann man den Ort am besten genießen. Lokalzüge von/nach Lonavala fahren stündlich durch Malavli. Die Fahrt dauert nur etwa zehn Minuten (tgl. 9–18 Uhr, 100 Rs).

Überragende Höhlenarchitektur: Bhaja

der Stadt verkehren Busse nach Norden bzw. Nordosten, z. B. nach Aurangabad, Nasik und Ahmednagar. Der Swargate-Busbahnhof liegt im Süden nahe dem Nehru-Stadion und bietet z. B. Verbindungen nach Bangalore oder Mangalore.

Taxis: Innerhalb der Stadt kann man sich sowohl per Taxi als auch per Rikscha fortbewegen. Beide besitzen einen Tachometer, den der Fahrer beim Start unbedingt anschalten sollte.

Mietwagen: Z. B. über Classic Tours, Tel. 020-30 52 14 64, www.classictours.info, oder über das MTDC Tourist Office (s. S. 278).

Lonavala und Umgebung

Lonavala

Reiseatlas: S. 1, B 2

Die einst beschauliche Hill Station **Lonavala** 64 km nordwestlich von Pune bzw. 90 km südöstlich von Mumbai ist heute ein populäres Wochenendziel für die Bewohner beider Städte. Andere Touristen kommen hauptsächlich wegen der interessanten Höhlenheiligtümer von Karla, Bhaja und Bedsa, die in der näheren Umgebung liegen.

Außerdem befindet sich in Lonavala das bekannte Yoga-Zentrum **Kaivalyadhama S. A. D. T. Gupta Yogic Hospital and Health Care Centre.** Der dazugehörige Ashram liegt in einem schönen Garten und bietet neben Yoga-Kursen auch naturheilkundliche Therapien (Infos: www.kdham.com).

Fariyas: Frichley Hill, Tungarly, Tel. 02 14-27 38 52, www.fariyas.com. Luxuriöses Resort und teuerstes Haus am Platz, mit Pool, Health Club und mehreren Restaurants. DZ ab 9000 Rs.

... bei Malavli (etwa 11 km südöstlich von Lonavala):

MTDC Karla Resort: Mumbai–Pune Rd., 3 km von Malavli, Tel. 021 14-28 22 30. Angenehme Bungalows, teils mit Klimaanlage, und ein Restaurant – eine gute Option, um die Höhlen am Morgen vor dem großen Andrang zu besuchen. DZ ab 700 Rs.

Maganlal Chikki: Bazaar Rd. Bekannter Süßwarenladen, der die regionale Spezialität Chikki – hergestellt aus Nüssen und gebranntem Zucker – verkauft.

Züge: Alle Züge zwischen Mumbai und Pune halten kurz in Lonavala. Dies ist die einfachste Möglichkeit, um hierher zu gelangen.

Höhlenanlage von Karla

Reiseatlas: S. 1, B 2

Auf einem Hügel 12 km nordöstlich von Lonavala liegt das eindrucksvolle Höhlenheiligtum von **Karla** aus dem 1. Jh. Es besteht aus einem Tempel oder Chaitya und mehreren Klöstern bzw. Viharas, die in den Fels gehauen wurden. Besonders der Chaitya genießt Berühmtheit, da er der größte und besterhaltene buddhistische Höhlentempel in ganz Indien ist. Er besitzt eine imposante mehrgeschossige Fassade mit hufeisenförmigem Fenster, durch das gedämpftes Licht ins Innere fällt. Links vor dem Eingang steht ein Stambha, eine monolithische Gedenksäule, die von einem Löwenkapitell bekrönt wird.

Der wohl proportionierte und fein ausgestattete Innenraum gilt als ein Meisterwerk des frühen Buddhismus. Zwei Reihen mit jeweils 15 Säulen, die mit prächtig skulptierten Elefantenkapitellen abschließen, unterteilen ihn in ein breites Mittelschiff und zwei schmale Seitenschiffe. Dahinter schließt die halbrunde Apsis mit dem Stupa an. Dieser ist mit einem hölzernen Schirm bekrönt und von sieben weiteren schlichten Pfeilern umringt, die einen Umwandlungsgang bilden. Interessant ist auch die gewölbte Decke des Chaitya, wo noch Teile der ursprünglichen Holzkonstruktion vorhanden sind.

Um den Tempel liegen verschiedene Viharas mit in den Fels gehauenen Schlafzellen. Sie sind teils zweigeschossig und einige beherbergen Buddhafiguren aus der späteren Mahayana-Epoche. Ziel vieler hinduistischer Pilger ist jedoch der kleine Schrein für die Göttin Ekviri in unmittelbarer Nähe. An Festtagen werden der populären Gottheit Hühner und Ziegen geopfert.

Karla ist von Lonavala aus per Taxi oder Riksha zu erreichen. Vom Parkplatz führen Stufen hinauf zum Heiligtum. Der Aufstieg dauert ca. 20 Minuten, man sollte die Mittagshitze vermeiden (tgl. 9–17 Uhr, 100 Rs).

Die Höhlen von Bedsa

Reiseatlas: S. 1, B 3

Am abgelegensten ist die Gruppe der 12 Höhlen von **Bedsa,** 23 km östlich von Lonavala bzw. 12 km östlich von Bhaja (von dort per Taxi oder Riksha zu erreichen). Beim Dorf Bedsa führt ein steiler Pfad zu den Höhlen hinauf.

Dem Chaitya aus dem 1. Jh. vorgelagert ist eine Veranda, die mit schön skulptierten oktogonalen Pfeilern bestückt ist. Die Fassade besitzt ein großes Chaitya-Fenster. Der Innenraum wird durch 26 Säulen dreischiffig gegliedert und enthält einen schlichten monolithischen Stupa. Rechts neben dem Chaitya befindet sich ein ungewöhnlich geschnittener Vihara mit gewölbter Decke und Apsis (tgl. 9–18 Uhr, 100 Rs).

Kolhapur

Reiseatlas: S. 1, B 4

Chilis und Chappals – das fällt vielen Indern ein, wenn sie an die Stadt **Kolhapur** 225 km südlich von Pune denken. Die Chilis stammen von den Feldern der Gegend und landen direkt in den dunkel-sämigen und sehr scharfen Lammfleischgerichten nach Kolhapuri-Art. Chappals (›Ledersandalen‹) sind der zweite Exportschlager der Stadt, die auch sonst einige kleine Besonderheiten zu bieten hat.

Im 18. Jh. war der Ort Hauptstadt eines marathischen Fürstentums, musste sich jedoch im 19. Jh. der britischen Herrschaft unterordnen. Heute besitzt Kolhapur rund eine halbe Million Einwohner und ist ein Zentrum der Zuckerrohrverarbeitung. Sehenswert sind vor allem die Altstadt mit dem Mahalakshmi-Tempel sowie ein interessantes Palastmuseum, das wie viele andere öffentliche Gebäude der Stadt im indosarazenischen Stil errichtet wurde.

Altstadt und Mahalakshmi-Tempel

Basartreiben herrscht in der **Altstadt.** Im Zentrum des historischen Kerns steht der **Mahalakshmi-Tempel** für die Göttin Mahalakshmi oder Ambabai. Seine ältesten Teile stammen aus dem 7. Jh. Neu sind hingegen die Türme im nordindischen Nagara-Stil. Das Heiligtum im Zentralschrein ist immer gut besucht und die Menschen umringen das Kultbild der populären Göttin. Da Süd-Maharashtra ein Zentrum der Schlangenverehrung ist, befinden sich im Tempelbereich auch Schlangensteine. In der Nähe des Tempels stehen der **Old Palace,** die ehemalige Wohnstätte der Maharadschas, und ein Tempel, der der Göttin Bhavani geweiht ist.

Sri-Chhatrapati-Shahu-Museum

Eigenwillig sowohl von außen als auch von innen ist der sogenannte neue Palast der Maharadschas von Kolhapur, der in den 1880er-Jahren von dem englischen Architekten Charles Mant im damals als schick geltenden indosarazenischen Stil errichtet wurde. Das heute hier untergebrachte **Sri-Chhatrapati-Shahu-Museum** zeigt ein Sammelsurium von Besitztümern der früheren Herrscher. Tierfreunde werden an den Objekten allerdings nicht viel Freude haben, da besonders viele präparierte Tiere, die der Jagdleidenschaft der Maharadschas zum Opfer fielen, in den Räumen ausgestellt sind (Di–So 9.15–12.30, 14.15–18.15 Uhr, 24 Rs).

Chandrakant-Madare-Museum

Für Kinofreunde gibt es das interessante **Chandrakant-Madare-Museum,** das an den bekannten marathischen Schauspieler und Künstler Chandrakant Mandare (1913–2001) erinnert. Zu sehen sind Standfotos aus Filmen, Gemälde sowie Zeichnungen (Rajarampuri, 7th Lane, Di–So 10.30–13, 13.30–17.30 Uhr, 3 Rs).

Stadt der Ringer

Berühmt ist Kolhapur auch für seine Ringer. Die Maharadschas hatten diese Kampfsport-

Frühe Sponsoren: Schon die Maharadschas förderten die Ringer in Kolhapur

art lange gefördert und noch heute stammen viele erfolgreiche indische Ringer aus Kolhapur. Im Stadion **Khasbaug Kusti Maidan** werden während der Saison von Juni bis Dezember regelmäßig Wettkämpfe veranstaltet. Proben für die Wettkämpfe finden im nahe gelegenen **Motibaug,** der alten Ringkampfarena, statt, wo man morgens von 7 bis 8.30 Uhr und nachmittags von 16 bis 18 Uhr zuschauen darf. Beide befinden sich nahe dem Old Palace.

MTDC Tourist Office: 254/B Udyog Bhavan, Assembly Rd., gegenüber Collectors Office, Tel. 02 31-265 29 35, www.maharashtratourism.gov.in, Mo–Sa 10–17.45 Uhr.

Shalini Palace: Rankala Lake, Tel. 02 31-263 04 01. Im alten Sommerpalast der Maharadschas von 1930 wohnt man in großen Zimmern samt Balkon, die sanitären Anlagen sind allerdings nicht auf dem neuesten Stand. Es gibt aber ein gutes Restaurant. DZ ab 1800 Rs.

Panchshil: Shivaji Park, Tel. 02 31-253 75 17. Geräumige günstige Zimmer mit einfacher Einrichtung. DZ ab 900 Rs.

Opal: Old Pune–Bangalore Rd. Vegetarische und nicht-vegetarische Kolhapuri-Thalis. Ab 65 Rs.

Die berühmten Kolhapuri-Ledersandalen erhält man in vielen Läden, sowohl im Basar als auch in anderen Teilen der Stadt.

Züge: Der Bahnhof befindet sich 3 km östlich des Zentrums. Von dort mehrmals täglich Verbindungen nach Mumbai.
Busse: Vom Busbahnhof östlich des Bahnhofs fahren viele Busse nach Pune und Belgaum. Außerdem gibt es Verbindungen nach Mahabaleshwar und Ratnagiri.
Mietwagen: Buchung z. B. über das MTDC Tourist Office (s. links).

Fürstlich logierten früher die Maharadschas von Kolhapur in ihrem Sommerpalast – heute residiert hier das Hotel Shalini Palace

Die großartigen Höhlentempel und -klöster von Ajanta und Ellora, beide zum Unesco-Welterbe gehörend, ziehen wahre Besucherscharen in die Sahyadri-Berge im zentralen Hochland von Maharashtra. Ausgangspunkt für eine Entdeckungsreise zu den berühmten Stätten ist die Millionenstadt Aurangabad, die selbst mit vielen historischen Bauwerken aufwartet.

Aurangabad und Umgebung

Reiseatlas: S. 1, C 2; **Cityplan:** S. 288
Auf den ersten Blick wirkt **Aurangabad** wie viele andere indische Provinzstädte: Industrieansiedlungen, in alle Richtungen ausufernde Wohnviertel und weitläufige staubige Straßen. Doch spätestens wenn man die Zwiebelkuppel des Bibi-ka-Maqbara, des so-

genannten ›kleinen Taj Mahal‹, oder die alten Festungsmauern erblickt, wird deutlich, dass Aurangabad seine eigene Geschichte zu erzählen und mehr zu bieten hat als gute Hotels, die als Basis für einen Besuch der Höhlen von Ellora und Ajanta dienen.

Die Stadt hat ihren Namen von dem berühmten Mogul-Kaiser Aurangzeb, dem sie einige Jahrzehnte als Residenz diente. Gegründet wurde die Stadt jedoch schon zu Be-

Einen weiten Blick ins Umland genießt man von der Festung in Daulatabad

ginn des 17. Jh. von Malik Amber, einem Minister des Sultans von Ahmednagar. Ihr ursprünglicher Name war Khadke. Unter Aurangzeb wurde die Befestigung der Stadt ausgebaut und mit 52 Toren versehen. Von hier aus bekämpfte der Herrscher zeitweise seine Feinde, die Dekkan-Sultane und die Marathen.

Verstreut in der Stadt, kann man die vielfältigen Spuren islamischer Geschichte auf dem Dekkan verfolgen. Außerdem gibt es nahebei die Aurangabad-Höhlen zu besichtigen, die zwar nicht so spektakulär wie ihre berühmten Nachbarn von Ajanta und Ellora sind, aber dennoch einen Besuch lohnen. Wer nicht ausgerechnet am Wochenende hinfährt, trifft dort vermutlich mehr Papageien als Menschen. Da die Sehenswürdigkeiten verstreut in den verschiedenen Stadtteilen bzw. außerhalb liegen, ist es am besten, ein Taxi oder eine Riksha zu mieten und sich für ihre Besichtigung einen Tag Zeit zu nehmen.

Höhlen von Aurangabad

Die ältesten historischen Zeugnisse sind die **Höhlen von Aurangabad** 1 auf einem Hügel ca. 7 km nördlich des Zentrums. Sie wurden unter der Schirmherrschaft der Vakataka- und der Chalukya-Dynastien errichtet und stammen aus dem 4. Jh. bis 8. Jh. Die fünf westlichen Höhlen liegen an einem Steilhang und die östliche Gruppe, die vier Höhlen umfasst, einige Hundert Meter davon entfernt.

Von der westlichen Höhlengruppe ist die Höhle Nr. 3 die schönste: ein quadratischer Vihara mit 12 fein gearbeiteten Säulen, Friesen an den Seiten und einem sitzenden Buddha im Schrein. Die anderen Höhlen sind entweder unvollendet oder teils verfallen. Reizvoll ist auch die Sicht von hier oben auf Aurangabad und das umliegende Hügelland.

Die interessantesten Höhlen der östlichen Gruppe sind Nr. 7 und Nr. 8. Höhle Nr. 7 ist mit reichem Skulpturenschmuck sowie einem großen Buddha in Lehrgeste ausgestattet. In Nr. 8 sieht man einen sterbenden Buddha, außerdem drei Schreine mit weiteren Figuren aus dem buddhistischen Pantheon (tgl. von Sonnenauf- bis Sonnenuntergang, 100 Rs).

Mit der Autorin unterwegs

Aufsteigen

ins zweite Obergeschoss der Höhle Nr. 12 (Tin Tal) in **Ellora** sollte man unbedingt, denn man wird von einer ganzen Reihe meditierender Buddhas und Boddhisattvas empfangen (s. S. 293).

Hinschauen

Sufi-Gräber, Pilger, Rosenblütenverkäufer, Teebuden und viele Geschichten – das kleine Städtchen **Khuldabad** ist ein Zentrum muslimischer Frömmigkeit und strahlt diese Atmosphäre auch aus (s. S. 295).

Innehalten

im Trubel von Besuchermassen wird man beim Anblick des 7 m langen, sterbenden Buddha in Höhle Nr. 26 von **Ajanta.** Dort kommt man der Gefühls- und Geisteswelt der buddhistischen Mönche besonders nahe (s. S. 298).

Bibi-ka-Maqbara

Unterhalb des Hügels, an dem sich die Höhlen befinden, gelangt man zu Aurangabads bekanntestem Denkmal, dem **Bibi-ka-Maqbara** 2. Ungefähr 1000 Jahre liegen zwischen dem Bau der buddhistischen Felsenheiligtümer und dem muslimischen Grabmal zu ihren Füßen. Der Mogul-Kaiser Aurangzeb hatte das sogenannte ›kleine Taj Mahal‹ für seine Lieblingsfrau Banu Begum errichten lassen. Garten, Moschee und Grabmal sind dem berühmten Mausoleum in Agra nachempfunden, reichen jedoch in keiner Weise an das Original heran, das viel größer und in den Proportionen stimmiger ist. Die viel zu großen Minarette und die sie umgebenden Dome scheinen die kleine Grabkuppel buchstäblich zu erdrücken. Da das größtenteils nicht mit Marmor, sondern mit billigen Baumaterialien gearbeitet wurde, nagt der Zahn der Zeit sichtbar an dem Denkmal. Entschädigt wird man dafür durch die schönen floralen Mosaiken und Stuckarbeiten am Eingangstor

Aurangabad: Cityplan

Sehenswürdigkeiten

1. Höhlen von Aurangabad
2. Bibi-ka-Maqbara
3. Mekka-Tor
4. Chhatrapathi-Shivaji-Museum
5. Basar
6. Panchakki

Übernachten

1. Taj Residency

2. Welcom Hotel Rama International
3. President Park
4. MTDC Holiday Resort
5. Classic
6. The Meadows

Essen und Trinken

7. Angeethi
8. Bhoj

der Anlage und die riesigen Mangobäume und Bougainvilla-Sträucher im Park (tgl. 6–22 Uhr, 100 Rs).

Mekka-Tor und Jama Masjid

Etwas südlich der Bibi-ka-Maqbara steht das alte **Mekka-Tor 3**, eines der 52 Eingangstore der massiven Befestigungsanlage. Nahebei liegt auch die Große Moschee, die **Jama Masjid**, von Malik Amber begonnen und von Aurangzeb beendet.

Chhatrapathi-Shivaji-Museum

Shivaji, dem Heerführer der Marathen, ist das **Chhatrapathi-Shivaji-Museum 4** gewidmet, das Dokumente und Waffen aus dessen Zeit zeigt. Sehenswert ist auch die Purwar-Sammlung, eine von Privathand zusammengetragene Kollektion von Antiquitäten (Di–So 10.30–13.30, 15–18 Uhr, 5 Rs).

Basar

Aus einem dichten Gewirr von Straßen besteht der quirlige **Basar 5** von Aurangabad, der sich um den **Gulmandi Square** und **City Chowk** erstreckt. Hier befindet sich das alte Zentrum der Stadt mit seinen vielen Läden, in denen es Kleidung, Schuhe, Schmuck und Haushaltswaren zu kaufen gibt. Am schnellsten ist man zu Fuß unterwegs, denn es herrscht das übliche Gedränge.

Panchakki

Aus Aurangabads muslimischer Blütezeit im 17. Jh. stammt die Wassermühle **Panchakki 6** im Westen der Stadt am Fluss Kham. Das Mühlrad befindet sich am nordwestlichen Teil eines rechteckigen Wasserbeckens, das von einem riesengroßen Banyanbaum überdacht wird. Südlich schließen sich eine kleine Moschee und eine Dargah aus rotem Sandstein an. Ein Marmorschrein gedenkt Baba Shah Muzaffer, eines geistigen Lehrers Aurangzebs (tgl. 6.30–22 Uhr, 10 Rs).

Daulatabad

Eine der früher am stärksten umkämpften Festungen auf dem Dekkan befindet sich 13 km nordwestlich von Aurangabad an der Straße nach Ellora. Provozierend für jeden Eroberer und abschreckend zugleich thront die Zitadelle von **Daulatabad** auf einem mächtigen Basalthügel, dessen Wände so bearbeitet wurden, dass sie 60 m in die Tiefe fallen.

Devagiri hieß der Ort ursprünglich, von dem aus die Dynastie der Yadavas im 12. Jh. und 13. Jh. regierte. 1296 wurde der Ort dann von den Khaljis und später von den Tughluqs, muslimischen Eroberern aus Delhi, eingenommen. Mohammed ibn Tughluk machte die Festung 1327 zu seiner zweiten Hauptstadt und gab ihr den Namen Daulatabad, ›Stadt des Reichtums‹. Von dieser Bastion aus wollte er weitere Gebiete im Süden erobern und kontrollieren. Doch sein Plan schlug fehl, denn schon 20 Jahre später begann in Daulatabad eine Rebellion, die zum Bruch mit Delhi und zur Entstehung des eigenständigen Bahmani-Reichs auf dem Dekkan führte.

Vor allem aus der Zeit der Tughluqs und der späteren Bahmanis sind Bauwerke erhalten geblieben. Östlich unterhalb der Zitadelle befand sich eine stark befestigte Stadt, durch deren Haupttor im Osten man ins Innere der Anlage gelangt. Schon von Weitem sieht man auf der rechten Seite des Weges den **Chand Minar,** ein 30 m hohes Siegesminarett aus Ziegelstein, das 1445 von Alauddin Bahmani erbaut wurde. Westlich davon, auf der anderen Seite des Fußweges, steht die große Moschee **Jama Masjid,** die schon 1318 unter der Khalji-Dynastie entstand. Geht man den Fußweg weiter, kommt man an vielen Überresten von Festungsmauern und Gebäuden vorbei, u. a. liegt hier auch das **Chini Mahal,** die Reste des ›chinesischen Palastes‹. Über einen tiefen Burggraben mit sumpfig grünem Wasser gelangt man in das verschlungene Gewirr von dunklen Gängen im Innern der Festung. Im Schein von Kerzen erklären Fremdenführer die diversen Methoden, mit denen ungebetene Gäste abgeschreckt werden sollten. Diese reichten vom Einsatz von Feuer bis zu giftigen Dämpfen und Krokodilen. Heute tummeln sich nur Fledermäuse und stolpernde Besucher in den finsteren Gängen, die man

Aurangabad, Ellora und Ajanta

ohne Führer und/oder Taschenlampe besser meidet. Von der Spitze des Hügels bietet sich eine herrliche Aussicht auf das Umland (6–18 Uhr, 100 Rs).

Maharashtra Tourism: Tourist Complex, Station Rd., Tel. 02 40-233 15 13, www.maharashtratourism.gov.in, Mo–Sa 10–17 Uhr.
India Tourism: Krishna Vilas Rd., Station Rd. West, Tel. 02 40-233 12 17, Mo–Fr 8.30–18, Sa 8.30–13.30 Uhr.

... in Aurangabad:
Taj Residency 1: CIDCO, Tel. 02 40-238 11 06, www.tajhotels.com. Am Pool oder auf der Veranda lässt es sich herrlich ausspannen. Alle Zimmer mit Gartenblick, Multicuisine-Restaurant und die üblichen Annehmlichkeiten eines Luxushotels. DZ ab 100 €.
Welcom Hotel Rama International 2: R-3, Chikalthana, Tel. 026 63 41 41, www.welcomhotelrama.com. Luxushotel in zentraler Lage, Multicuisine-Restaurant mit Live-Musik am Abend und Bar. DZ ab 4500 Rs.
President Park 3: R-7/2 Chikalthana, Airport Rd., Tel. 02 40-248 62 01, www.presidenthotels.com. Auf vegetarische Gäste spezialisiert ist dieses 4-Sterne-Hotel mit Pool und Garten. DZ 3100–5500 Rs.
MTDC Holiday Resort 4: Station Rd., Tel. 02 40-233 11 98. Mehrere Blocks in einem Garten mit Zimmern verschiedener Größe und Restaurant. Das Hotel liegt sehr zentral in der Nähe des Bahnhofs. DZ 750–1000 Rs.
Classic 5: Station Rd., gegenüber MTDC Holiday Resort, Tel. 02 40-662 43 13, www.hotelclassicaurangabad.in. Mehrstöckiges Hotel mit Restaurant und Coffee-Shop. DZ 1000–1500 Rs.

... außerhalb:
The Meadows 6: 6 km außerhalb an der Straße nach Ellora, Tel. 02 40-267 74 12, Fax 02 40-267 74 16, www.themeadowsresort.com. 48 geschmackvoll eingerichtete Bungalows zwischen Bougainvillasträuchern und anderen exotischen Pflanzen. Pool, Fitnesscenter und Restaurant mit internationalen Spezialitäten. DZ 4000–11 000 Rs.

Residency 1: im Hotel Taj Residency (s. l.). Internationale Küche, Büffett-Lunch und Abendessen bis 23.30 Uhr in angenehmem Ambiente. Ab 350 Rs.
Angeethi 7: 6 Vidya Nagar, Jalna Rd., Tel. 02 40-244 19 88. Gute nordindische Gerichte und chinesische Speisen, Cocktails und Bier werden auch serviert. 50–150 Rs.
Bhoj 8: gegenüber Hotel Kartiki, Central Bus Stand Rd., Tel. 02 40-235 94 38. Alteingesessenes vegetarisches Restaurant, das gute Thalis anbietet – zum Trinken allerdings nur Mineralwasser. 30–100 Rs.

Paithani Silk Weaving Centre: 54, P1 Town Centre, gegenüber MGM Col-

Großzügiger Liebesbeweis: Für eine seiner Frauen ließ Aurangzeb
ein ›kleines Taj Mahal‹, den Bibi-ka-Maqbara, errichten

lege, CIDCO, Tel. 02 40-248 28 11, www.pait
hanisilk.com. Nach lokalen traditionellen Web-
arten gefertigte Paithan-Saris und Himroo-
Seide sowie viele andere Textilien. Man kann
den Webern bei der Arbeit zusehen.

Flüge: Der Flughafen befindet sich
8 km östlich der Stadt. Es gibt mehrere
Flüge täglich nach Mumbai (45 Min.)
Züge: Aurangabad liegt nicht an einer Hauptstrecke. Vom Bahnhof im Süden der Stadt
fahren tgl. nur zwei direkte Züge nach Mumbai (ca. 8 Std.). Andere Ziele erreicht man über
Umsteigen in Jalgaon oder Manmad Junction.
Busse: Der zentrale Busbahnhof befindet
sich ca. 2,5 km nördlich des Bahnhofs. Hier

fahren die staatlichen MSRTC-Busse ab. Regelmäßige Verbindungen z. B. nach Mumbai,
Pune, Nasik, Jalgaon, Ellora und Ajanta.
Taxis: Ein gutes Taxiunternehmen ist z. B.
Classic Travels, Tel. 02 40-235 11 55 u. 233
55 98, mit Büros im MTDC Holiday Resort
und weiteren Hotels der Stadt, www.clas
sictours.info.

Ellora und Umgebung

Reiseatlas: S. 1, C 2
Schauplatz großartiger kreativer Experimente
mit Felsenarchitektur und Skulptur waren die
Basaltfelsen eines 2 km langen Steilhangs ca.

Aurangabad, Ellora und Ajanta

30 km nordwestlich von Aurangabad. Zwischen dem 7. Jh. und 10. Jh. entstanden hier die sagenhaften **Höhlen von Ellora.** Die insgesamt 34 Felsentempel und -klöster sind Zeugnisse der drei großen indischen Religionen jener Zeit und ihrer friedlichen Koexistenz: des Buddhismus, des Hinduismus und des Jainismus.

Die frühesten Höhlen sind die buddhistischen (Nr. 1–12), entstanden ab dem 7. Jh. Sie liegen ganz im Süden des Hangs. Ihnen schließen sich weiter nördlich die hinduistischen Höhlen an, die gleichzeitig oder etwas später unter Schirmherrschaft der Chalukya- und Rashtrakuta-Dynastien erbaut wurden (Nr. 13–29). Unter ihnen befindet sich das Meisterwerk von Ellora, der sogenannte Kailash-Monolith (Nr. 16). Je weiter man sich nach Norden begibt, desto jüngeren Datums sind die Höhlen. Die letzte Gruppe ist dem jainistischen Glauben gewidmet (Nr. 30–34) und im 9./10. Jh. entstanden. Die Höhlen von Ellora gehören zu den meistbesuchten Sehenswürdigkeiten in Maharashtra und zum Welterbe der Unesco.

Besichtigung

Für den Besuch von Ellora sollte man mindestens einen halben Tag einplanen. Das Dreigestirn Sonnenhut, Wasserflasche und Taschenlampe ist von Vorteil. Mit der Besichtigung der Höhlen beginnt man in der Regel am Parkplatz und geht von dort zunächst zur buddhistischen Höhlengruppe und dann weiter in nördliche Richtung zu den hinduistischen Höhlen mit dem Kailash-Monolith. Er ist das einzige Heiligtum, für das man Eintritt bezahlen muss (250 Rs). Nördlich des Kailash befinden sich weitere hinduistische Höhlen, die man über einen Fußweg oder über die Straße erreichen kann. Die jainistischen Höhlen sind zwar auch zu Fuß erreichbar, je nach Kondition und/oder Temperaturen empfiehlt es sich jedoch, ein Taxi zu nehmen. Es ist auch ratsam, einen Führer zu engagieren, der die Welt der Geschichten und Skulpturen erklärt und den Blick auf spannende Details im Figurenmeer lenkt (je nach Wunsch ein- bis mehrstündige Führungen, auch auf Deutsch). Der folgende Rundgang beschreibt die interessantesten der 34 Felsenheiligtümer.

Steinerne Geschichtenerzähler: die Skulpturen am Kailash-Tempel von Ellora

Buddhistische Gruppe

Läuft man vom Parkplatz nach rechts, so gelangt man zu den buddhistischen **Höhlen Nr. 1–12.** Hier lebten und meditierten früher die Mönche. Ihre Schlafstätten lagen in den kleinen Zellen, die sich rechts und links entlang der Höhlen befinden. Mit Ausnahme von Nr. 10 waren alle diese Höhlen solche Wohnstätten, auch Viharas genannt.

Höhlen Nr. 5 und Nr. 6

Der größte Vihara ist Nr. 5. Die lang gezogene schlichte Halle besitzt 20 Zellen und zwei lange steinerne Sitzbänke. Drei Säulenreihen unterteilen die Höhle, an deren Ende sich ein sitzender Buddha befindet.

Die Nachbarhöhle Nr. 6 birgt wunderbare Skulpturen der Vajrayana-Epoche des Buddhismus. Besonders zwei Frauenfiguren stechen im Vorraum des Schreins hervor: Links steht Tara, die Gefährtin des Boddhisattva Avalokiteshvara, und rechts Mahamayuri, die Göttin der Gelehrsamkeit.

Höhle Nr. 10

Die Höhle Nr. 10 ist der einzige Tempel in der Gruppe. Dieser Chaitya ist über eine Treppe zu erreichen und besitzt eine reich geschmückte Fassade und ein relativ kleines, kleeblattähnliches Fenster. Innen steht wie in allen Chaitya-Tempeln ein Stupa mit einem eingemeißelten sitzenden Buddha. Führer demonstrieren das wohlklingende Echo in diesem Raum.

Höhlen Nr. 11 und Nr. 12

Treppensteigen muss man auch in den Höhlen Nr. 11 und Nr. 12. Nr. 11 ist ein zweistöckiger, großer Vihara mit drei Cellas im ersten Stock. Die beiden äußeren enthalten riesige Buddhastatuen, die mittlere eine etwas kleinere. Das obere Stockwerk besteht aus einem schmucklosen länglichen Vihara.

Besonders interessant ist Höhle Nr. 12, der sogenannte Tin Tal, ein dreistöckiger Vihara. Hinter der schlichten Fassade verbirgt sich in den verschiedenen Stockwerken eine ganze Fülle von Skulpturen. Man sollte unbedingt ins zweite Stockwerk aufsteigen, denn hier ist

Besichtigungstouren
Maharashtra Tourism und India Tourism bieten organisierte Bustouren nach Ajanta und Ellora an. Bei der Ellora-Tour stehen auch Sehenswürdigkeiten in Aurangabad (Bibi-ka Maqbara und Panchakki) sowie Daulatabad und Khuldabad auf dem Programm. Kontakt und Abfahrt im MTDC Holiday Resort, Station Rd., Tel. 02 40-233 11 43.

Wer die Sehenswürdigkeiten unabhängig und in aller Ruhe besichtigen möchte, der mietet sich am besten ein Taxi. Sowohl für Ajanta als auch für Ellora (mit Daulatabad und Khuldabad) sollte man sich jeweils einen vollen Tag Zeit nehmen.

ein besonderer Schatz verborgen: Zu beiden Seiten des Hauptheiligtums säumen jeweils sieben meditierende Boddhisattvas links und sieben Buddhas rechts die Statue und strömen eine eigentümliche Ruhe im Trubel der viel besuchten Stätte aus.

Hinduistische Gruppe

Gleichzeitig mit dem Bau der späteren buddhistischen Höhlen begann auch die Bautätigkeit an den hinduistischen Höhlen. Sie wurden teilweise als Vihara begonnen, z. B. Nr. 14 oder Nr. 15, dann aber mit Skulpturen aus dem hinduistischen Pantheon ausgeschmückt und zu Hindu-Tempeln umfunktioniert. Das Wiedererstarken dieser Religion zeigt sich somit auch ganz plastisch an der Gestaltung der Felsenheiligtümer, die steinerne Zeugen dieser Entwicklung waren. Absolutes Highlight dieser Gruppe ist der gewaltige Kailash-Monolith, die anderen Hindu-Höhlen liegen rechts und links davon.

Höhlen Nr. 14 und Nr. 15

Besonders interessant sind die Höhlen Nr. 14 und Nr. 15. Nr. 14 trägt den Namen Ravannas Höhle und ist außerordentlich reich skulptiert. Rechter Hand sieht man den Dämon Ravanna (der dem Ort seinen Namen gab), wie er den Götterberg erschüttert. Außerdem erkennt man eine schöne Darstellung von Shiva

Aurangabad, Ellora und Ajanta

und Parvati sowie weitere Figuren aus dem Umkreis Shivas. Die gegenüberliegende Seite ist der Figurenwelt Vishnus gewidmet.

Zu Höhle Nr. 15 führt eine lange Treppe. Sie war ursprünglich ein zweistöckiger Vihara mit vielen Säulen, der aber mit Skulpturwerk vor allem aus dem vishnuitischen Kreis ausgestaltet wurde, daher auch sein Name *das avatara* – ›10 Formen von Vishnu‹. Auf der rechten Seite erkennt man z. B. die Eberfigur Varaha oder Vishnu in seiner Form als Trivikrama, das Universum durchschreitend. Die Symbole Shivas, ein Lingam im ersten Stock und ein Nandi im zweiten Stock, sowie viele kleinere Reliefs deuten an, dass Vishnu nicht der alleinige Herr des Hauses war, sondern sich dieses Recht mit Shiva geteilt hat.

Kailash-Monolith

Der Höhepunkt sakraler Baukunst in Ellora ist der Kailash-Tempel – eigentlich eine gigantische Skulptur, die aus dem Felsen herausgearbeitet wurde. Man schätzt, dass 200 000 t Gestein abgebaut werden mussten, um den Tempel zu erschaffen. Diese Anstrengung begann unter dem Rashtrakuta-Herrscher Krishna I. (756–73) und wurde 150 Jahre später beendet. Über 30 m arbeiteten sich die Steinmetze durch den Fels in die Tiefe und schufen einen riesigen frei stehenden Felsblock inmitten eines 80 m langen und 50 m breiten Platzes. Aus ihm entstand in feinster Arbeit der prachtvolle Kailash-Tempel im südindischen Dravida-Stil mit verschiedenen Nebenschreinen und Innenhof – alle direkt aus dem bestehenden Felsen herausskulptiert. Seinen Namen erhielt er nach dem berühmten Götterberg Kailash im Himalaja, der auch als Wohnstätte Shivas gilt.

Durch den Eingang an der Westseite des Komplexes gelangt man in den Innenhof. Von hier umrundet man im Uhrzeigersinn den Tempel, der in Form eines Wagens konzipiert wurde. Gleich an der Nordwestseite des Hofes steht ein Schrein für die Flussgöttinnen Yamuna, Ganga und Sarasvati, daneben befindet sich eine sehr schöne Darstellung von Durga auf dem Büffeldämon reitend. Sehr interessantes, teilweise leider zerstörtes Skulp-

turwerk sieht man an den Friesen, die entlang der Umfassungsmauer laufen, sowie am Tempel selbst. Besonders an dessen Südseite sind gut erhaltene Szenen aus dem Ramayana zu erkennen. Sehr eindrucksvoll ist eine Darstellung, wie der Dämon Ravanna versucht, den Götterberg Kailash zu erschüttern, auf dem Shiva und Parvati in entspannter Haltung sitzen. An der Tempelnordseite werden Geschichten aus dem Mahabharata erzählt. In das Innere des Heiligtums gelangt man über eine Treppe, die links in den davor liegenden Nandi-Schrein und rechts in den Tempel führt. Im Sanktum, das von einem dreistöckigen Vimana-Turm bekrönt ist, wird Shiva in Form eines Lingams verehrt (Mi–Mo 6–18 Uhr, 250 Rs).

Höhle Nr. 21

Von den weiteren hinduistischen Höhlen ist vor allem die Nr. 21, die Rameshvara-Höhle, sehenswert. Sie gehört zum Komplex der Höhlen Nr. 19–21, den man entweder auf dem kleinen Fußweg oder aber entlang der Straße erreichen kann. Sie enthält sehr schöne Skulpturen aus dem Shiva-Sagenkreis und einen Nandi-Stier im Vorhof.

Jainistische Gruppe

Ganz am Nordende des Hangs liegen die fünf Jaina-Höhlen. Einen Besuch lohnt vor allem Höhle Nr. 32, auch Indra Sabha (›Indras Versammlungshalle‹) genannt. In ihrer äußeren Form entspricht sie einer Nachahmung des großen Kailash-Tempels aus der hinduistischen Gruppe.

Noch ein letztes Mal ist Treppensteigen angesagt, denn das Obergeschoss des Baus ist reich skulptiert und sehr sehenswert. Ein ganzes Heer von Skulpturen aus dem jainistischen Kreis versammelt sich an den Säulen, Wänden und Nischen des Raums. Im zentralen Schrein steht die Statue von Mahavira, dem Begründer des Jainismus.

Hotel Kailas: Tel. 024 37-24 44 46, Fax 024 37-24 44 67, www.hotelkailas.com. Die kleinen Bungalows liegen in einem Garten. Von einigen genießt man den

Blick auf die Höhlen. Das Restaurant bietet eine große Auswahl an Speisen, eine Bar ist auch dabei. DZ 900–2000 Rs.

🍴 **MTDC-Restaurant Ellora:** am Parkplatz, Tel. 024 37-24 44 41. Vegetarisches Mittagsmenü für 175 Rs, nicht-vegetarisches Menü für 225 Rs. Einfache Thalis kosten 50–75 Rs, Snacks, weitere Gerichte sowie Bier sind auch im Angebot.

Grishneshwar-Tempel

Einige Hundert Meter westlich der Ellora-Höhlen an der Straße liegt der **Grishneshwar-Tempel,** ein populäres lokales Shiva-Heiligtum aus dem 18. Jh., das einen der 12 Jyotir-Lingams beherbergt.

Khuldabad (Rauza)

4 km südöstlich von Ellora befindet sich die kleine, befestigte Stadt **Khuldabad.** An diesem stillen Ort liegt der Mogul-Kaiser Aurangzeb begraben. Rosenblütenverkäufer und Teebuden säumen die Straße, in denen bärtige Männer einen Schwatz halten. Für Muslime ist dieser Platz besonders ehrwürdig, da hier verschiedene Heilige ihre letzte Ruhestätte gefunden haben.

Aurangzebs Grab liegt mitten im Ort, von Ellora kommend auf der linken Seite. Die auf seinen Wunsch hin bewusst sehr schlicht gehaltene Stätte ist Teil der Dargah des berühmten muslimischen Heiligen Sayeed Zain-ud-din. Neben Aurangzeb sind hier auch eine seiner Frauen und sein zweiter Sohn bestattet. Am Geburtstag Mohammeds zieht der Ort besonders viele Gläubige an, denn dann wird ein hier aufbewahrtes Gewand des Propheten gezeigt.

Gleich gegenüber sieht man die weiße Kuppel, die zu einer anderen wichtigen Dargah gehört. Hier wurde 1334 Sayeed Burhan-ud-din, ein Missionar des Chisti-Ordens, begraben. Eine Legende erzählt, dass im Innenhof des Heiligtums ein paar Silberbäume gewachsen sein sollen, um für den finanziellen Unterhalt der Dargah zu sorgen. Unebenheiten im Pflaster des Innenhofs gelten den Gläubigen als Beweis dieser Geschichte.

Ajanta

Reiseatlas: S. 2, D 1

Eine der ganz großen Attraktionen Indiens verbirgt sich in einem kleinen Tal ungefähr 100 km nordöstlich von Aurangabad: die 29 **Felsenhöhlen von Ajanta.** Vor anderthalb bis zwei Jahrtausenden lagen hier die Wohn- und Gebetsstätten buddhistischer Mönche. Für heutige Besucher ist Ajanta vor allem eine spektakuläre Felsengalerie, die mit herausragendem Skulpturwerk und unübertrefflichen Malereien von den Menschen jener Zeit, ihrem Leben und ihren Geschichten erzählt.

»Möge dieser Berg, der von großen Menschen bewohnt wird … und möge auch die ganze Welt frei von ihren mannigfaltigen Sünden werden und diesen ruhigen und noblen Zustand, frei von Sorge und Schmerz, erreichen.« Diese Inschrift aus Höhle Nr. 16 beschreibt den Existenzgrund der berühmten Höhlen von Ajanta. Wandernde buddhistische Mönche waren auf der Suche nach einem geeigneten Platz für ein Kloster auf das hufeisenförmige Tal, das der Waghora-Bach hier formte, gestoßen. Die Schlucht schien ein idealer Ort für den Rückzug in die Meditation zu sein. Gleichzeitig war er nicht weit entfernt von größeren Handelsrouten, die den Kontakt zur Umwelt und damit auch zu den Spendern der Klöster sichern sollten. Im Laufe der Jahrhunderte entstanden 29 Felsenhöhlen mit Chaityas und Viharas für die Mönche. Ajanta erlebte dabei zwei unterschiedliche Entwicklungsphasen.

Geschichte

Die ältesten Höhlen wurden zwischen dem 2. Jh. v. Chr. und dem 2. Jh. n. Chr. angelegt, in einer Zeit, als der Buddhismus seine Blüte in Indien erlebte. Man nimmt an, dass die damals herrschenden Dynastien der Satavahanas und Ksatrapas die Mönche großzügig unterstützten. Die Höhlen Nr. 9, 10, 12, 13 und 15 entstammen dieser frühen Hinayana-Periode. Danach wurde es für mehrere Jahrhunderte ruhig um den Ort.

Um die Mitte des 5. Jh. richtete sich das Interesse für eine kurze, aber intensive Zeit erneut auf das kleine Tal. Unter der Herrschaft von Harisena (460–477 n. Chr.), dem mächtigen Herrscher der Vakataka-Dynastie, entstanden viele der heute noch bewunderten Felsenbilder und Skulpturen. Reiche Sponsoren, z. B. Minister oder Händler, förderten die Gestaltung einzelner Höhlen. Auch die benachbarten Asmakas, Feinde der Vakatakas und ab 475 Herrscher über die Region, hinterließen ihre Spuren, z. B. beim Ausbau der berühmten Höhle Nr. 26, der auf ihre finanzielle Unterstützung zurückgeht. Mit dem Wiedererstarken des Hinduismus verloren die Mönche jedoch allmählich ihre Mäzene und im 8. Jh. verließen die Letzten von ihnen die Höhlen.

Der Dschungel eroberte das Terrain zurück und die Höhlen gerieten erneut in Vergessenheit. Vermutlich wussten nur die Bewohner der nahe gelegenen Dörfer von ihrer Existenz. Erst im 19. Jh., als britische Soldaten durch Zufall in die Schlucht gelangten und dabei auf die Höhlen stießen, richtete sich erneut das Augenmerk auf sie.

Besichtigung

Seit 1983 gehört Ajanta zum Unesco-Welterbe. Der Archeological Survey of India, die staatliche Denkmalschutzbehörde, ist für die Restaurierung und Instandhaltung der Höhlen und ihrer Malereien verantwortlich.

Die Wandbilder wurden von den Künstlern in der Al-secco-Technik mit Mineralien, Pflanzenfarben und anderen natürlichen Materialien aufgetragen. Um die Malereien zu schützen, ist das Fotografieren mit Blitz in sämtlichen Höhlen streng untersagt. Eine weitere Schutzmaßnahme ist das Verbot von motorisierten Fahrzeugen im Umkreis von mehreren Kilometern mit Ausnahme der staatlichen ›Öko‹-Busse. Besucher fahren mit dem Taxi oder dem Bus bis zur sogenannten T-Junction, wo sich eine Ansammlung von Läden und Restaurants gebildet hat. Von hier geht es mit dem Öko-Bus (20 Rs einfach) weiter bis zum MTDC-Restaurant unterhalb der Höhlen. Für den Anstieg zu den Höhlen und den Rundgang stehen auch Träger mit Sänften bereit.

Egal zu welcher Jahreszeit man sich hierher begibt, ob im satten Grün des Monsuns oder im Winter, wenn die Hügel von trockenem, braungelbem Gras und Gestrüpp überwuchert sind: Der Magie des Ortes kann man sich trotz der vielen Besucher nicht verschließen. Für die Besichtigung sollte man sich mindestens zwei bis drei Stunden Zeit nehmen, eine Wasserflasche und eine Kopfbedeckung mitnehmen, da es außerhalb der Höhlen wenig Schatten gibt. Auch eine Taschenlampe für die Betrachtung der Gemälde ist von Vorteil. Am Eingang stehen gut ausgebildete Führer bereit. Im Folgenden werden die interessantesten Höhlen kurz beschrieben (Di–So 9–17.30 Uhr, 250 Rs).

Höhle Nr. 1

Die Höhle Nr. 1 enthält einige der schönsten Malereien von Ajanta und wurde vom Vakataka-Herrscher Harisena persönlich gesponsert. Im Zentrum der Aufmerksamkeit stehen die großen Wandbilder mit den Bodhisattvas Vajrapani und Padmapani, jeweils rechts und links vom Hauptschrein mit der großen und sehr eindrucksvollen sitzenden Buddhafigur, die je nach Position des Betrachters einen anderen Ausdruck annimmt. Die sehr aufwendig restaurierten Wände sind übersät mit Episoden aus den Jatakas, Geschichten aus Buddhas früheren Leben. Auch die Decke ist reich ornamentiert mit Tier- und Pflanzenmotiven.

Höhle Nr. 2

Den ebenfalls mit üppigen Bemalungen geschmückten Vihara ziert die eindrucksvolle Darstellung der 1000 Buddhas, alle in unterschiedlichen Haltungen dargestellt. Besonders sehenswert sind zudem die Deckenbemalung mit ihren floralen Mustern und die fein ornamentierten Säulen. Interessant sind auch die Darstellungen im rechten Nebenschrein, die von der Dämonin Hariti berichten, die kleine Kinder fraß, bis sie durch Buddhas Lehren zu deren Beschützerin mutierte.

Höhle Nr. 4

Der Vihara besticht vor allem durch seine Größe und Leere – wie in vielen anderen Höh-

Bildhauerisches Meisterwerk: der sterbende Buddha in Höhle Nr. 26

len konnten die Künstler auch hier ihre Arbeit wegen der politischen Streitereien nicht beenden. Doch gerade nach der Bilderfülle der ersten beiden Höhlen wirkt die Schlichtheit des Raums auf den Besucher. Nach Durchschreiten des größten Vihara von Ajanta steht man unvermittelt vor einer massiven sitzenden Buddhafigur, die von zwei stehenden Begleitern umgeben ist, sowie jeweils drei stehenden Buddhas rechts und links vor dem Hauptschrein – eindrucksvoll ergibt sich hier ein Bild der Fülle in der Leere, obwohl ursprünglich so gar nicht beabsichtigt.

Höhle Nr. 10

Sie ist die älteste der frühen Hinayana-Gruppe, stammt vermutlich aus dem 2. Jh. v. Chr. und ist eine Chaitya-Halle mit Apsis und Stupa im hinteren Teil. Die Decke erinnert an die frühen Holzkonstruktionen der Tempel, die hier nachgeahmt wurden. Auf einer der Säulen (R14) verewigte sich der britische Soldat, dem die neuerliche Entdeckung der Höhlen im Jahr 1819 zugeschrieben wird. Einige der Malereien in dieser Chaitya-Halle sind wahrscheinlich die ältesten buddhistischen Wandgemälde in Indien.

Höhle Nr. 16

Man gelangt zu dieser Höhle über eine Treppe, die an zwei knienden Elefanten vorbeiführt. Auch Nr. 16 besitzt sehr beeindruckende Skulpturen und Wandgemälde, darunter das der sterbenden Prinzessin Sundari – sie stirbt nicht wirklich, sondern fällt in Ohnmacht, als sie hört, dass ihr Gemahl ein buddhistischer Mönch wird. Mit viel psychologischem Gespür und Blick fürs Detail hat der Künstler Gefühle in Mimik und Gestik umgesetzt.

Höhle Nr. 17

Außerordentlich üppig dekoriert sind dieser Vihara und seine davor liegende Veranda. An deren gut erhaltener Decke kann man sitzende Buddhas und Paare beim Mahl erkennen. Auch die Bilder im Innern sind sehr gut konserviert. An der linken Wand der Höhle werden Geschichten aus den Jatakas erzählt.

An der rechten Wand befindet sich der Simhala-Fries, eines der größten Wandbilder Ajantas, das von der gefahrvollen Reise des Prinzen Simhala nach Sri Lanka berichtet. Ausdrucksstark und kraftvoll sind die dargestellten Episoden und Personen und erzählen damit auch von der Meisterschaft der Künstler, die die Höhlen mit Leben füllten.

Höhle Nr. 19

Schon die reich verzierte Fassade mit dem großen Chaitya-Fenster weist auf die zentrale Bedeutung von Höhle Nr. 19 hin. Die König Upendragupta als Sponsor zugeschriebene Chaitya-Halle galt vermutlich als Hauptheiligtum. Sie besitzt im Inneren einen Stupa mit einem stehenden Buddha. In dieser Höhle lohnt vor allem ein Blick nach oben. Die Friese oberhalb der Säulen sind mit reichem Figurenschmuck besetzt. Auf hinduistischen Einfluss deutet die Skulptur an der Außenwand. Es handelt sich um Nagaraja, den Schlangenkönig mit sieben Kobraköpfen über seinem Haupt, und seiner Frau zur Seite.

Höhle Nr. 26

Mit dem Ausbau dieser Höhle ging die Bauzeit von Ajanta zu Ende. Links hinter dem Eingang befindet sich die 7 m lange liegende Figur des sterbenden Buddha mit trauernden Jüngern zur Seite. Bildhauerische Meisterleistung verrät die Gestaltung der entspannten Gesichtszüge des Buddha – ein Eindruck, der den Betrachter auch nach der Bilder- und Figurenflut der vorhergehenden Höhlen noch in Bann schlägt und vor dem Bildnis zum Verweilen bringt. Ein weiterer Höhepunkt dieser Chaitya-Halle ist im hinteren Teil die Darstellung der misslungenen Verführung Buddhas durch Mara und seine Töchter.

MTDC Hotel Faridapur: 5 km von Ajanta, Tel. 024 38-244 23 30. Gute Option, wenn man nahe den Höhlen übernachten möchte. 26 saubere Zimmer mit/ohne Klimaanlage, Restaurant. DZ 400–650 Rs. Vier weitere und etwas luxuriösere Zimmer bietet MTDC an der T-Junction (Endstation für die Busse nach Ajanta). DZ 1000 Rs.

Maharashtra ist einer der größten Bundesstaaten Indiens. Er reicht von der Küste des Arabischen Meeres bis mitten ins Herz des Subkontinents. Auf der Hochebene des zentralen Dekkan liegen die berühmte, von Weingärten umgebene Pilgerstadt Nasik und exakt im geografischen Zentrum des Subkontinents die Millionenmetropole Nagpur. Letztere ist der Ausgangspunkt zum Besuch mehrerer Nationalparks.

Nasik und Umgebung

Reisealas: S. 1, B 2

Wichtige Pilgerstadt und aufstrebende Industriestadt – **Nasik,** 185 km nordöstlich von Mumbai am heiligen Fluss Godavari gelegen, ist beides und vereint so das traditionelle mit dem modernen Indien. Alle 12 Jahre findet hier **Kumbha Mela,** eines der bedeutendsten Pilgerfeste Indiens, statt. Doch die Gläubigen drängen sich zu jeder Zeit in den unzähligen Tempeln der Stadt. Hier sollen Gott Rama und seine Frau Sita im Exil gelebt haben, um die sich viele Legenden aus dem Epos Ramayana ranken. In Nasik wird jedoch nicht nur gebetet. Neben Mumbai und Pune ist die Stadt der drittgrößte Industriestandort Maharashtras, an dem sich viele internationale Firmen niedergelassen haben. Und nicht zuletzt gilt Nasik auch als Stadt des Weins in Indien, liegt sie doch in einem der wichtigsten Anbaugebiete des Subkontinents.

Sehenswertes in Nasik

Nasiks Zentrum erstreckt sich rund um die **Mahatma Gandhi Road** (MG Road). Der Godavari River fließt durch den östlichen Teil der Stadt, in dem viele der Tempel, die Bade-Ghats und der **Ram-Kund-See** liegen. Wie das Wasser des Ganges, so gilt auch das Wasser dieses Sees und des Flusses **Godavari** als heilig. Unzählige Pilger strömen hierher, um ein Bad zu nehmen oder die Asche ihrer Toten zu bestatten. Das Ufer wird von kleinen Tempeln und Schreinen gesäumt. Es herrscht das rege Leben eines Pilgerortes mit Märkten und jeder Menge Dienstleistungen vom Barbier bis zum Handleser.

Wenige Meter östlich des Sees liegt der wichtige **Kala-Rama-Tempel** (1794), der Gott Rama geweiht ist. Nahebei befinden sich der **Kapaleshvara-Tempel** aus dem 14. Jh., eines der ältesten Heiligtümer der Stadt, sowie die **Sita Gumpha,** eine Höhle, in der Ramas Gattin Sita gelebt haben soll.

Mit der Autorin unterwegs

Weinprobe

Vielleicht nicht gerade der Grund für eine Indienreise, aber dennoch ein besonderes Erlebnis: die Weinprobe inmitten indischer Rebstöcke auf den **Sula Wineyards** bei Nasik (s. S. 300).

Mutprobe

Im **Pench-Sillari National Park and Tiger Reserve** ungefähr 70 km nördlich von Nagpur stehen die Chancen nicht schlecht, einem Tiger in freier Wildbahn zu begegnen (s. S. 303).

Erlösend: ein Bad im heiligen Wasser des Flusses Godavari

Maharashtra Tourism: Paryatan Bhavan, Old Agra Rd., Nasik, Tel. 02 53-257 00 59, www.maharashtratourism.gov.in, Mo–Sa 10.30–17.30 Uhr.
www.nashik.nic.in: Staatliche Webseite.

Taj Residency: P-17 MIDC Ambad, Agra Rd., Tel. 02 53-660 44 99. Mit Pool, Gartencafé, Bar und gutem Restaurant. DZ ab 4200 Rs.
Beyond: Sula Wineyards, Tel. 099 70 09 00 10, www.sulawines.com. Übernachtung auf einem Weingut – evtl. nicht die schlechteste Idee nach einer Weinprobe. Preis auf Anfrage.
Panchavati: 430, Vakilwadi-Chandakwadi, Tel. 02 53-257 57 71. Mit 37 Zimmern und 3 Restaurants. DZ ab 1500 Rs.

Panchavati Yatri: neben dem Hotel Panchavati, Tel. 02 53-257 87 82. Günstigeres Schwesterhotel vom Hotel Panchavati, mit sehr gutem vegetarischem Restaurant. DZ ab 750 Rs.

Panchratna: im Taj Residency (s. l.), Tel. 02 53-660 44 99. Feine internationale und indische Küche wird begleitet von Weinen aus der Umgebung. Ab 500 Rs.

Kumbha Mela: Größtes Pilgerfest in Indien, das allerdings nur alle 12 Jahre stattfindet – nächster Termin: 2015.

Weinproben: Sula Wineyards, Survey No. 35/2, Govardhan, Gangapur-Sarvagaon Rd., Tel. 02 53-223 16 63, www.sulawi

Südlicher Dekkan und östliches Andhra Pradesh

Auf einen Blick: Südlicher Dekkan und östliches Andhra Pradesh

Architektonische Höhepunkte der drei großen Religionen

Die alten islamischen Metropolen **Hyderabad** und **Bijapur,** die frühen hinduistischen Stätten von **Badami** oder das mittelalterliche Imperium von **Vijayanagar** (Hampi) – sie alle sind Zeugnisse der vielfältigen kulturellen Entwicklungen auf dem Dekkan-Hochland. Nicht von ungefähr liegen gleich vier Highlights einer Südindienreise in jener Region, die Teil der heutigen Bundesstaaten Karnataka und Andhra Pradesh ist. Hier trafen über Jahrtausende die Kräfte zwischen Nord und Süd aufeinander. Die islamischen Eroberer aus Delhi rückten nach Süden vor, die hinduistischen Königreiche des Südens suchten Raum im Norden zu gewinnen. Der Dekkan war eine heiß umkämpfte Gegend und gleichzeitig ein Ort fruchtbarer Synthese zwischen Hinduismus und Islam.

Islamische Bauwerke tragen teils hinduistische Spuren wie in Bijapur und manche hinduistische Stätten verraten eine islamische Handschrift wie in Vijayanagar. Großartige Moscheen und Grabmäler, eindrucksvolle Festungen oder atemberaubende Tempel – der Dekkan ist eine wahre Schatzkammer architektonischer Meisterleistungen. Zu den beeindruckenden Bauwerken der beiden größten indischen Religionen gesellen sich vor allem in Andhra Pradesh viele herausragende buddhistische Monumente, z. B. in **Amaravati** oder **Nagarjunakonda.**

Der Dekkan ist auch heute noch eine geheimnisvolle Region und viele Orte sind nur über längere, teils beschwerliche Reisen durch karge ländliche Gebiete zu erreichen. Die Anstrengung lohnt sich trotzdem, denn man gewinnt Einsicht in die multikulturelle und dynamische Geschichte des Subkontinents und erlebt ein Stück ursprüngliches Indien abseits der großen Touristenzentren. Dem unermüdlichen Reisenden erzählt der Dekkan Geschichte und Geschichten, ausruhen kann man woanders. Beispielsweise an den Stränden rund um **Vishakapatnam,** der aufstrebenden und sympathischen Hafenstadt in Andhra Pradesh. Zwischen der fruchtbaren Küstenlandschaft an der Ostküste des Subkontinents und dem Dekkan-

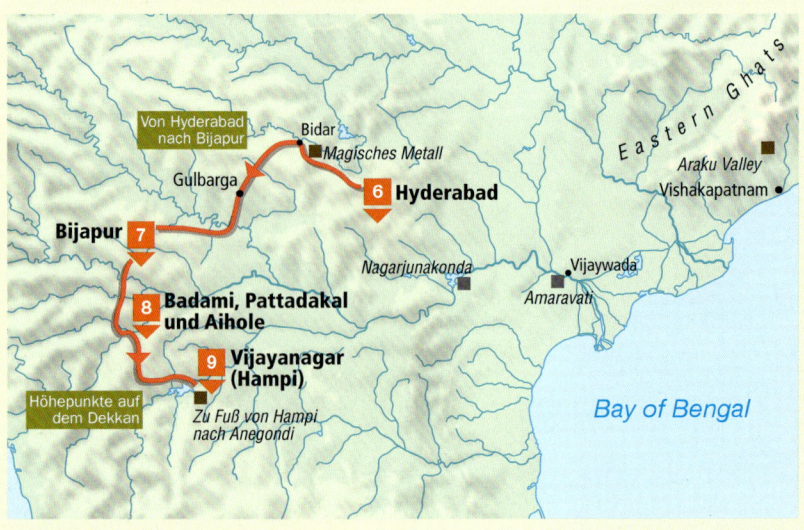

306

Hochland bildet die Gebirgskette der **Eastern Ghats** eine natürliche Grenze. In dieser einsamen, zum Teil sehr wilden Gegend leben auch Stämme der Adivasis, der Ureinwohner Indiens.

Highlights

6 Hyderabad: Zwischen dem 15. Jh. und 18. Jh. war Hyderabad eine der reichsten Städte Indiens und Mittelpunkt der islamischen Kultur auf dem südlichen Teil des Subkontinents. Zahlreiche eindrucksvolle Monumente belegen dies noch heute (s. S. 308).

7 Bijapur: Wie die Städte Bidar und Gulbarga war Bijapur einst eine glanzvolle Hauptstadt der Dekkan-Sultane. Einzigartige Grabmäler und Moscheen zeugen von der Blüte dieser Kultur zwischen dem 14. Jh. und dem 17. Jh. (s. S. 326).

8 Badami, Pattadakal und Aihole: Richtungsweisend für die hinduistische Architektur späterer Epochen waren die herausragenden Tempel der Frühen Westlichen Chalukyas von Badami, Aihole sowie Pattadakal, das heute zum Unesco-Welterbe gehört (s. S. 332).

9 Vijayanagar (Hampi): Hauptstadt eines der größten Königreiche Südindiens war die Metropole Vijayanagar im späten Mittelalter. Ihre Ruinen, heute auf der Liste des Unesco-Welterbes, erinnern an den Glanz der alten Stadt (s. S. 342).

Empfehlenswerte Routen

Von Hyderabad nach Bijapur: Die Route verbindet beeindruckende Stätten muslimischer Architektur auf dem Dekkan und führt von Hyderabad zuerst nach Bidar, von dort weiter nach Gulbarga und endet in Bijapur (s. S. 320).

Höhepunkte auf dem Dekkan: Die berühmten muslimischen und hinduistischen Stätten der Region besucht man bei dieser Tour von Bijapur über Badami und weiter nach Vijayanagar (s. S. 332).

Richtig Reisen-Tipps

Magisches Metall – bei den Bidri-Kunsthandwerkern in Bidar: Die fast vergessene Metallbearbeitungskunst Bidri wird in einigen Werkstätten noch praktiziert. Man kann dort zusehen und einkaufen (s. S. 323).

Tempel, Felsen, Fluss – zu Fuß von Hampi nach Anegondi: Ein tolles Erlebnis ist eine Wanderung zwischen Ruinen und atemberaubender Landschaft entlang dem Tungabhadra-Fluss von Hampi zum Dorf Anegondi mit Einkehr und guter Mahlzeit (s. S. 346).

Araku Valley: Ein schöner Ausflug führt von der Hafenstadt Vishakapatnam in die Berge der Eastern Ghats durch Dschungel und Kaffeeplantagen ins Hochtal Araku Valley (s. S. 362).

Reise- und Zeitplanung

In ländlichen Gebieten muss man damit rechnen, dass es mit öffentlichen Verkehrsmitteln oftmals nur gemächlich vorangeht. Die Busverbindungen sind nicht immer regelmäßig und kleinere Orte werden teils nur von Bummelzügen angefahren. Größere Orte sind davon ausgenommen, besonders wenn sie an den Hauptverbindungsstrecken der Bahn liegen wie Gulbarga (Kalburgi). Empfehlenswert für Touren in diesem Gebiet ist daher ein Taxi – viele der Verbindungsstraßen sind relativ neu und gut. Für den Besuch der Highlights könnte folgender zeitlicher Rahmen dienen: Hyderabad zwei bis drei Tage, Bijapur in Kombination mit Gulbarga und Bidar drei bis vier Tage, Badami, Aihole und Pattadakal zwei Tage, Vijayanagar zwei bis drei Tage, zuzüglich der Anfahrtszeiten. Vermeiden sollte man besonders die Monate April bis Juni, denn dann können die Temperaturen weit über die 40-Grad-Marke klettern.

Mit fast 6 Mio. Einwohnern ist Hyderabad die fünftgrößte Metropole Indiens und Hauptstadt des Bundesstaates Andhra Pradesh. Einst war die Stadt ein wichtiges muslimisches Herrschaftszentrum. Heute erlebt sie ihre zweite Blüte als Cyberabad und ist neben Bangalore das Herz der indischen und internationalen Softwareindustrie.

Hyderabad

Reiseatlas: S. 2, E/F 4; **Cityplan:** S. 312
Groß sind die Gegensätze zwischen Hyderabads Altstadt rund um Char Minar mit ihren engen, verstopften Gassen, alten Moscheen und Basaren sowie der weitläufigen City, die sie umgibt. Die Regierung des Bundesstaates setzte ihr Ziel, aus Hyderabad ein repräsentatives und wirtschaftlich attraktives Zentrum in Südindien zu machen, konsequent um. In den letzten 30 Jahren haben Bulldozer einen Weg durch die Geschichte der Stadt gewalzt. Entstanden sind breite Prachtstraßen und mehrspurige Boulevards. Ganze Hügel und Felsen, ein landschaftliches Charakteristikum der Stadt, wurden abgetragen, um neue Viertel entstehen zu lassen. Die alteingesessenen Hyderabadis kämpfen heute um den Bestand der letzten Felsbrocken, stummen Zeugen aus einer anderen Zeit.

Das moderne **Hyderabad** mit seinen Villenvierteln liegt nördlich des Flusses Musi und grenzt an den künstlichen See Hussain Sagar. An dessen nordöstlichem Ende erstreckt sich die Zwillingsstadt **Secunderabad,** ein wichtiger Eisenbahnknotenpunkt. Für viele Besucher die Hauptattraktion ist die Altstadt von Hyderabad südlich des Flusses mit dem berühmten Tor Char Minar.

Geschichte

Hyderabads Geschichte ist eng mit der Entwicklung einer eigenständigen islamischen Kultur in Indien verbunden. Die Sultane der Qutb-Shahi-Dynastie errichteten Ende des 15. Jh. die Festung Golconda und 100 Jahre später wurde die Stadt Hyderabad nur wenige Kilometer davon entfernt erbaut. Ihr Begründer Muhammed Quli (1580–1611) wollte eine »Replik des Paradieses« erschaffen und ließ ab 1591 eine elegante Stadt nach persischem Vorbild mit Gärten und Basaren anlegen. Schnell entwickelte sich Hyderabad zu einem wichtigen Handelszentrum, das Kaufleute aus der ganzen Welt anzog.

Vom späten 16. Jh. bis zum Ende des 17. Jh. galt Hyderabad unter der Nachfolgedynastie der Asaf Jahis als eine der reichsten Städte Indiens und war Hauptstadt eines riesigen Reichs. In immerwährenden Auseinandersetzungen mit der Dynastie der nordindischen Moguln konnten sich die Herrscher Hyderabads, die den Titel Nizam innehatten, eine unabhängige Position erkämpfen. Dies zeigte sich in der Dekkan-Metropole auch in Kunst und Kultur, die stark von Künstlern und Gelehrten aus Persien und dem Mittleren Osten beeinflusst waren.

Ab dem 18. Jh. kooperierten die Nizams zunehmend mit den Franzosen und Briten, was zur Gründung der britischen Garnison, des heutigen Secunderabad, führte. Bis zum Ende der Kolonialzeit war Hyderabad das größte unabhängige Fürstentum, wurde dann aber dem neuen indischen Staat angegliedert. Heute ist die Stadt Sitz der Regierung von Andhra Pradesh.

Altstadt und Char Minar

Wie eine Grenze schiebt sich der Musi River zwischen den neuen und den alten Teil von Hyderabad. In der **Altstadt** am südlichen Flussufer werden die Straßen plötzlich enger, der Verkehr zäher und die Luft stickiger. Rund um das Tor Char Minar geht es mitunter nur noch im Schneckentempo voran. Die Basare in diesem Viertel sind genauso alt wie Hyderabad selbst, dessen lange, islamisch geprägte Geschichte hier besonders lebendig ist. Frauen in schwarzen Burkhas und Männer mit weißen Kappen diskutieren über die Qualität der angebotenen Ware. Wie vor 400 Jahren wird gehandelt mit Perlen und Edelsteinen, mit Gewürzen und Weihrauch. Überall liegt der Duft von Kebab und Biryani in der Luft. Wenige Städte Indiens erinnern den Besucher in solch sinnlicher Weise an ihre muslimischen Wurzeln.

Im Zentrum des Viertels, an der Schnittstelle zweier Basarstraßen, steht das Tor **Char Minar** `1` mit seinen vier *(char)* Minaretten *(minar)*. Dieses originale architektonische Meisterstück wurde 1591 unter Sultan Muhammed Quli, dem Gründer der Stadt, erbaut und ist heute noch das Wahrzeichen der Stadt. Das quadratische Bauwerk mit seinen vier bogenförmigen Toren beherbergte in seinen oberen Stockwerken früher eine Medrese und eine Moschee. Über gewundene Treppen kann man die 56 m hohen Türme emporsteigen und von den oberen Etagen einen Blick auf das geschäftige Treiben zu ihren Füßen werfen.

Mecca Masjid und Chaumohalla-Palast

Da Fußgängerzonen in Indien – von wenigen Ausnahmen abgesehen – bis heute unbekannt sind, muss man sich durch dichtes Verkehrsgewimmel und Scharen von Händlern zur einige Meter südlich des Char Minar gelegenen **Mecca Masjid** `2` durchschlagen. Sie zählt zu den größten Moscheen Indiens und bietet in ihrem Hof Platz für 10 000 Gläubige. 1617 wurde sie von dem Qutb-Shahi-Herrscher Muhammed begonnen und unter dem Mogul-Kaiser Aurangzeb während des-

Mit der Autorin unterwegs

Fühlen

Ort einer romantischen ost-westlichen Liebesgeschichte war die ehemalige britische Residenz, heute das **Osmania Women's College**. Beim Spaziergang durch die alten Hallen und verwilderten Gärten bekommt man eine Ahnung von den früheren Dramen (s. S. 313).

Schnuppern

Die bunten Glasreifen der **Bangle Street** westlich des Char Minar sind nicht die einzigen Schätze dieser Gasse. Im weiteren Verlauf dieser lebhaften Basarstraße begegnet man in den alteingesessenen Parfümläden Weihrauch und Sandelholz, Jasminöl und den schweren Düften des Orients (s. S. 317).

Schmecken

Biryani, das traditionelle Reisgericht der Hyderabadis, wird in vielen Restaurants angeboten – mit Hähnchen oder mit Lamm, mit Gemüse oder mit Ei. Ganz ausgezeichnet schmeckt es bei **Bawarchi** und **Paradise** (s. S. 317).

sen Besetzung von Hyderabad fertiggestellt. Auch die Gräber der Nizams liegen hier.

Verfallene Paläste und alte Kaufmannshäuser liegen versteckt in den Seitengassen des Viertels. Einen Besuch lohnt der in Teilen renovierte **Chaumohalla-Palast** `3`, der südlich der Mecca Masjid liegt. Er war seit dem 18. Jh. eine Wohnstätte der Nizams von Hyderabad. Die Gartenanlage und ein Teil der Gebäude stehen Besuchern offen, so z. B. der alte Festsaal und eine kleine Galerie mit Familienporträts (Sa–Do 11–17 Uhr, 150 Rs, Foto 10 Rs, Video 100 Rs).

Laad Bazaar und Salar-Jung-Museum

Geht man vom Char Minar in nördliche Richtung, so gerät man mitten ins Gewimmel des **Laad Bazaar** `4` mit seinem orientalischen

Char Minar – das Wahrzeichen von Hyderabad

Hyderabad: Cityplan

0   1   2 km

↑ Nizamabad   *↑ Karimnagar*

BEGUMPET

SECUNDERABAD

Mahatma Gandhi Rd.

ehemaliger
Rajiv Gandhi Airport

Sardar Patel Road   7   13   8

Subhash Rd.

Sanjeevareddy Rd.

Begumpet Rd.

Begumpet R.S.   James Street R.S.   Secunderabad R.S.

Sitaphalmandi R.S.

↑ Hitec-City

Amirpet Rd.   1

Sanjivaiah
Park

Husain Sagar
Junction

Kavadiguda Rd.   Arts College R.S.

Hussain Sagar   Jamai Osmania R.S.

Panjagutta Road

Necklace Rd.

10

9

Anumula Kunta
Bajara Park

Buddha-
Statue

Indira
Park

Chickadpalli Road

Tankbund Road

Indira Park Road   11   Vidyanagar R.S.

University Road

Warangal

BANJARA
HILLS

Khairatabad R.S.

Road No. 1

Road No. 12   2   Secretariat Rd.   Himayat Nagar

5   9

6   3   8

10   Public Garden Rd.

NAMPALLI   4   Tilak Road   Kachiguda
R.S.

Public
Garden   Javaharlal Nehru Rd.

Hyderabad R.S.   ABIDS

Mukkaramjahi
Road   Nampali Station Rd.   7

Janki Prasad Rd.   Maharani Jhansi Rd.

Madhiv Alauddin Road   6   Malakpet
R.S.

Mumbai Road   Jung Marg

↑ Mumbai, Golconda,
Qutb-Shahi-Gräber   Mahipatram Road   12   M   5

Sitarampet Road   Dabirpura-Chanchaiguda Rd.

Dabirpura   Nagarjunasagar

Kulsumpura Rd.   Rajendranagar Rd.   4

Kishan Prasad Road   Kurmaguda Rd.

Puranapul-Charminar Rd.   1   Yakutpura
R.S.

Musi   2   12

3

11   Rajiv Gandhi
International Airport,
Bangalore

Sehenswürdigkeiten

Übernachten

Essen und Trinken

Flair. Folgt man der Sardar Patel Road weiter nach Norden, kommt man zum Fluss Musi, der die meiste Zeit des Jahres ein Rinnsal ist und an dessen Ufern Bananen, Palmen und Gemüse wachsen.

Hält man sich am Flussufer rechts und biegt in die Salar Jung Road ein, steht man nach einigen Hundert Metern vor dem **Salar-Jung-Museum** 5 . In Indien und der ganzen Welt hat der Premierminister Salar Jung bis zu seinem Tod 1883 Objekte gesammelt. Resultat ist ein Sammelsurium an indischen Miniaturen und Skulpturen, Textilien, Möbeln, Manuskripten und Waffen. Besonders sehenswert ist die Jadekollektion (Sa–Do 10–17 Uhr, 150 Rs).

Osmania Women's College

Überquert man beim Salar-Jung-Museum den Fluss Musi, wird man unvermittelt an die lange Präsenz der Briten in Hyderabad erinnert. Ein Ort der Geschichte, aber auch von Romanzen besonderer Art ist die ehemalige **Britische Residenz,** eine große palladianische Villa, in der heute das **Osmania Women's College** 6 untergebracht ist. Der britische Historiker und Reiseschriftsteller William Dalrymple beschreibt in seiner span-

nenden Chronik »White Mughals« die Stadt Hyderabad um 1800. Die Liebesgeschichte des britischen Residenten Kirkpatrick und Khair-un-Nissa, der Großnichte des damaligen Premierministers von Hyderabad, war kein Einzelfall. Nicht wenige Briten nahmen zu jener Zeit die Lebensweise der Hyderabadis und sogar den muslimischen Glauben an. Sie heirateten Frauen aus der Stadt und bauten für sie eigene Frauengemächer, wie es der islamischen Tradition entsprach.

In einem verwilderten Garten vor dem Südtor (Empress Gate) der Residenz findet man die verfallenen Überreste des Rangeen Mahal, der Gemächer von Khair-un-Nissa. Die Gräber des Residenten Kirkpatrick und weiterer britischer Soldaten liegen außerhalb des Westtors (Landsdowne Gate). Die Wachmänner des College führen interessierte Besucher gegen ein kleines Trinkgeld zu den Orten dieser ost-westlichen Liebesromanze.

Vom Abids Circle zum Sri-Venkatheshvara-Tempel

Das moderne Hyderabad erstreckt sich zwischen dem Fluss und dem künstlichen See Hussain Sagar. Grüne Villenviertel und Geschäftshäuser, mehrspurige Straßen und

Hyderabad – Stadt der Edelsteine und Perlen

Diamanten, Edelsteine und Perlen – um sie ranken sich zahllose Legenden in Indien. Gemäß alten Sanskrit-Texten gehören sie zu den *maharatni,* den von Gott gegebenen Steinen. Besonders Diamanten und Edelsteinen sagt man übernatürliche Kräfte nach und sie werden auch heute als Glücksbringer und Schutzamulette getragen sowie in pulverisierter Form in der Medizin verwendet.

Doch auch Unglück sollen sie über ihre Besitzer bringen, darüber gibt es ebenfalls viele Geschichten. Bis ins frühe 18. Jh. waren die Diamantminen bei Golconda die weltweit einzige bis dahin bekannte Fundstätte und von hier aus wurde die Welt mit den strahlenden Steinen versorgt. Sowohl der berühmte Koh-i-Noor als auch der Blue Hope sowie viele andere Hochkaräter stammten aus dieser Gegend.

Schon im 4. Jh. v. Chr. beschrieben Sanskrit-Texte die Farbe der Diamanten wie »Urin oder die Galle einer Kuh« und erwähnten die Steine als Mittel der Schatzbildung für Zeiten der Not. Durch Handelsbeziehungen fanden die Steine ihren Weg über Persien und Arabien nach Europa, wo sie ab dem 13. Jh. in der Schmuckherstellung verwendet wurden.

Nachdem Vasco da Gama den Seeweg nach Indien entdeckt hatte, stieg die Nachfrage immens. Bis zum Beginn des 18. Jh. hatte man 30 Mio. Karat Rohdiamanten in den Minen und Flüssen um Golconda gefunden, darunter die spätere Zierde der britischen Königskrone, den Koh-i-Noor, über dem – so sagt die Legende – ein Fluch hängen soll. Schon 1304 wurde der riesige Diamant erstmals erwähnt. Er war Zankapfel verschiedener indischer Herrscher, bis er in den Besitz der Moguln von Delhi gelangte. Dort wurde er als Auge des Pfauen in den berühmten Pfauenthron eingearbeitet. Nach der Eroberung Delhis durch Nadir Shah im Jahr 1739 gelangte er in dessen Besitz und später auch in dessen Heimat Persien. Nadir Shah soll es gewesen sein, der beim Betrachten des Juwels begeistert »Koh-i-Noor« (›Berg des Lichts‹) gerufen haben soll und damit den späteren Namen prägte. Doch der edle Stein brachte seinem Besitzer kein Glück. Sowohl er als auch seine vier Nachfolger starben innerhalb kurzer Zeit. Nach diversen kämpferischen Auseinandersetzungen gelangte das teure Kleinod in den Besitz des Maharadschas von Punjab. Als das Fürstentum 1849 unter die Oberherrschaft der britischen Krone fiel, ging auch der Koh-i-Noor in den Besitz der Briten über. Sein unheimlicher Ruf, allen männlichen Besitzern Unheil zu bringen, machte selbst vor der Kolonialmacht nicht Halt. Kurz nachdem die britische Königin Victoria das Schmuckstück erhalten hatte, starb ihr Sohn Prinz Albert. Daraufhin ordnete sie an, dass der Stein nur von Frauen getragen werden dürfe. Er ist heute noch Bestandteil der Krone der Königinmutter und im Tower von London zu besichtigen.

Auch der Blue Hope, ein riesiger, stahlblauer Diamant aus Golconda, steht im Ruf desaströser Eigenschaften. Er wurde unter anderem vom französischen König Ludwig XVI. und seiner Gemahlin Marie Antoinette getragen, deren Schicksal allseits bekannt sein dürfte. Auch danach pflasterten Morde,

Unfälle und Krankheiten den Weg des Blue Hope, bis er in den Besitz einer amerikanischen Stiftung gelangte.

Für die Herrscher von Hyderabad hingegen erwiesen sich die Diamanten und Edelsteine als ein großer Segen: Sie erwarben schwindelerregenden Reichtum und gaben ihn mit vollen Händen aus. Der Bedarf des Hofes an kostbarem Tand war immens, und nicht von ungefähr siedelten sich im Mittelalter Händler aus aller Welt in der Stadt an, die sich zum Zentrum der Schmuck- und Goldschmiedekunst in Indien entwickelte. Kein Wunder, dass dann auch die kostbaren Perlen, für die Hyderabad heute noch bekannt ist, ihren Weg aufs unwegsame Dekkan-Plateau fanden, obwohl die Stadt über 300 km von der Küste entfernt liegt.

Die teuren Basra-Perlen aus dem Arabischen Golf, früher bei den Adligen ungemein beliebt, sind heute unbezahlbar – ein Gramm kostet bis zu 50 000 Rupien. Das derzeitige Angebot besteht daher hauptsächlich aus chinesischen und japanischen Zuchtperlen. In 450 Läden und Werkstätten bearbeiten ungefähr 2500 Handwerker das runde Gut. Die Qualität ist so verschieden wie sein Preis. Ein Gramm Zuchtperlen kostet zwischen zehn und 2000 Rupien. Traditionelle fünf- oder gar siebenreihige Ketten sind ebenso zu haben wie moderne schlichte Ohrringe und elegant gefasste Anhänger. Wie Perlen einer Kette reihen sich die entsprechenden Geschäfte in der Altstadt im Laad Bazaar und in Patther Gatti aneinander. Die kostbarsten und günstigsten Perlen zu finden braucht Zeit und ein Kennerauge. Schlimmstenfalls ist man Besitzer einer gut gemachten Fälschung geworden – vielleicht die bessere Alternative zu einem mit einem Fluch besetzten Diamanten.

Im Laad Bazaar findet man auch bezahlbaren Schmuck

weiträumige Plätze vermitteln Offenheit und Großzügigkeit.

Rund um den geschäftigen **Abids Circle** **7** befinden sich zahlreiche Geschäfte, darunter ein großes Einkaufszentrum, in dem vor allem Saris und andere Textilien, Schuhe und Schmuck angeboten werden. Nordwestlich davon, im weitläufigen Stadtpark von Hyderabad, liegt das **AP State Museum** **8** mit einer Sammlung von buddhistischen und jainistischen Skulpturen, Bronzen, Waffen sowie prähistorischen Funden. Auch eine Galerie für moderne Kunst ist hier untergebracht (Sa–Do 10.30–17 Uhr, jeden 2. Sa im Monat geschl., 10 Rs).

Auf einem kleinen Hügel nördlich des Stadtparks steht der **Sri-Venkatheshvara-Tempel** **9**, der aus weißem Marmor erbaut wurde. Man nennt ihn nach seinem großzügigen Erbauer, dem Industriellen Birla, auch **Birla-Tempel** (tgl. 7–12, 15–21 Uhr).

Hussain-Sagar-See

Am **Hussain-Sagar-See** trifft man sich besonders gern am Abend zum Joggen oder zum Plaudern in einem der Cafés und Restaurants, die vor allem das Westufer säumen. Aus dem Wasser ragt die große Buddhastatue des ›Vollmond-Buddha‹ (Buddha-Purnima), die 1992 errichtet wurde. Vom **Lumbini Park** **10** am südlichen Seeende kann man mit dem Boot einmal quer über das Gewässer fahren.

Die Szene der Stadt versammelt sich im edlen Stadtviertel **Banjara Hills** westlich des Sees. Elegante Boutiquen, noble Hotels und angesagte Restaurants gibt es hier. Sie sind – wie viele der Lokalitäten Hyderabads – für Ortsunkundige nicht immer leicht zu finden, da die Adressen oftmals aus undurchsichtigen Zahlenkombinationen bestehen.

Weitere Attraktionen

Für Kinder und natürlich auch für Erwachsene hat Hyderabad noch eine weitere Attraktion: Die Stadt besitzt einen der größten Zoos von Indien inklusive Löwenpark und naturhistorischem Museum, den **Nehru Park** **11** am südwestlichen Ende der Stadt (Di–So 8.30–17 Uhr, 10 Rs).

Auch Hyderabad ist ein Zentrum der Filmproduktion. Auf einer Tour durch die 400 ha große **Ramoji Filmcity** **12** durchstreift man die Wunderwelt des indischen Kommerzkinos. Neben den Sets hat sich hier ein Vergnügungspark samt Hotels entwickelt, der vor allem indische Touristen anzieht. Die Filmcity liegt 25 km südöstlich von Hyderabad (www.ramojifilmcity.com, tgl. 8–17 Uhr, 250 Rs; organisierte Tour mit APTDC 465 Rs, Start um 7 Uhr ab Yatri Nivas Hotel).

i **Andhra Pradesh Tourism Development Cooperation (APTDC):** Tank Bund Rd., Tel. 040-23 45 30 36 und 23 45 01 65, www.aptourism.com, tgl. 7–19 Uhr. Infos über Hyderabad und Andhra Pradesh, Stadtrundfahrten, Touren in die Umgebung etc. **APTDC Tourism House:** 3-5-891 Himayatnagar, Tel. 040-23 26 21 51. Zweigstellen auch am Bahnhof von Secunderabad sowie im Yatri Nivas Hotel, von wo die tägliche Stadtrundfahrt startet (7–18.30 Uhr, 240 Rs). **»Channel 6«:** Monatlich erscheinendes Stadtmagazin mit allgemeinen Infos zu Hyderabad und Secunderabad, Hotel- und Restaurantliste, aktuellem Veranstaltungskalender etc. Infos auch auf www.explocity.com.

... in Hyderabad:
ITC Hotel Kakatiya Sheraton & Towers **1**: 6-3-1187 Begumpet, Tel. 040-23 40 01 32, Fax 040-23 40 10 45, www.welcomgroup.com. Elegantes Luxushotel im nördlichen Stadtteil Begumpet, das für seine

---

Touren in die Umgebung
Verstreut in ganz Andhra Pradesh gibt es unzählige kleine Heiligtümer, die sich teils an abgelegenen Orten befinden und daher schwer auf eigene Faust zu erreichen sind. APTDC Tourism (s. rechts) organisiert Fahrten zu den reizvollen Tempeln von Kurnool/ Alampur und Srisailam. Auch das große Pilgerzentrum Tirupati im südlichen Andhra Pradesh steht auf dem Programm.

herausragende Küche berühmt ist. DZ 11 000–40 000 Rs.

Taj Banjara 2 : Rd. No. 1, Banjara Hills, Hyderabad-34, Tel. 040-55 66 99 99, www.tajhotels.com. Im eleganten Villenviertel Banjara Hills mit allen Annehmlichkeiten der Taj-Gruppe. DZ ab 7500 Rs.

The Central Court 3 : Public Garden Rd., Tel. 040-23 23 23 23, www.thecentralcourt.com. Boutique-Hotel mit stilvoller Lobby, eleganter Lounge, gutem Coffeeshop und Multicuisine-Restaurant. Ab 4000 Rs.

Quality Inn Residency 4 : Public Garden Rd., Tel. 040-30 61 61 61, www.theresidency-hyd.com. Modernes Hotel gegenüber dem Bahnhof mit 95 Zimmern. DZ ab 3900 Rs.

Rukmini Riviera 5 : Lakdi-ka-pol, Tel. 040-66 78 55 66. Zentrales Mittelklassehotel nahe dem Bahnhof mit mehreren Restaurants. DZ ab 1500 Rs.

Shree Venkateshwara 6 : Lakdi-ka-pol, Tel. 040-23 23 68 71. Für den vergleichsweise günstigen Preis eines Zimmers mit Klimaanlage muss man Abstriche bei der Größe und Helligkeit der Räume machen. DZ ab 999 Rs.

… in Secunderabad:

Yatri Nivas 7 : 1-8-180/B SP Rd., Tel. 040-23 46 18 55. Das Hotel hat angenehme Zimmer, mehrere Restaurants, davon eins im Freien, und liegt 2 km vom Bahnhof Secunderabad entfernt. DZ ab 1600 Rs.

Dwaraka Heritage 8 : 116 Chenoy Trade Centre Parklane (Seitenstraße der DS Rd.), Tel. 040-27 84 50 20. 50 Zimmer, teils mit Klimaanlage, in einem alten Bungalow. DZ ab 800 Rs.

… in Hyderabad:

Dakshin 1 : im Hotel Kakatiya Sheraton & Towers (s. links), Tel. 040-234 00 18 04. Eines der besten Restaurants Asiens, in dem authentische südindische Gerichte, vor allem Spezialitäten aus Andhra Pradesh und Fisch, serviert werden. Ab 1000 Rs.

Southern Spice 9 : 8-2-350/3/2, Rd. Cross 3, Banjara Hills, Tel. 040-23 35 38 02. Fisch, Meeresfrüchte und Gemüse auf scharfe Andhra-Art – ein wirklich guter Ort, um die lokale Küche zu probieren. Ab 150 Rs.

Our Place 10 : 8-2-602/E Charan Pahadi, Rd. No. 10, Banjara Hills, Tel. 040-23 35 34 22. Nettes Gartenrestaurant mit Bar und internationaler Küche. Ab 150 Rs.

Bawarchi 11 : RTC Cross Roads, Chikkadpally, Tel. 040-66 41 17 02. Es heißt, sogar berühmte Filmstars fahren vom Flughafen direkt hierher, um Kebabs oder Biryani zu essen. Ab 100 Rs.

Minerva Coffee Shop 12 : Ahmed Plaza, 1. Stock, Salar Jung Museum Rd., Tel. 040-24 50 38 38. Das gute vegetarische Restaurant hat Dosas, Idlis und viele andere südindische Spezialitäten auf der Speisekarte. Ab 25 Rs.

… in Secunderabad:

Paradise 13 : SD Rd., Secunderabad-3, Tel. 040-27 84 31 15. Eines der alteingesessenen Restaurants für Biryani im Stil von Hyderabad, gegrillte Hühnchen und vieles mehr. Ab 200 Rs.

Perlenbasar um Char Minar: Hyderabads Perlen sind in ganz Indien und darüber hinaus berühmt. Besonders viele Läden finden sich in der Altstadt im Laad Bazaar und in Patther Gatti.

Bangle Street: In der Gasse westlich des Char Minar werden in unzähligen Läden glitzernde Glas- und Kunststoffarmreifen, Ohrringe, Ketten und andere Accessoires verkauft. Eine weitere Spezialität Hyderabads sind Parfüms, Öle und Räucherwerk.

Chunilal Dayal Das Perfumers: 20-4-1098, Lord Bazaar, Bangle St. Orientalische Düfte und Öle nach alten Rezepturen gemischt.

Textilien-Basare: Stickereien, Saris, Baumwoll- und Seidenstoffe oder Schals gibt es in allen Farben um den Char Minar und in den Straßen um die Abid Road nördlich des Musi-Flusses sowie im General Bazaar in Hyderabads Zwillingsstadt Secunderabad.

Kalanjali Arts and Crafts: 5-10-194/195, Hill Fort Rd., Saifabad. Indische Textilien und hochwertige indische Textilien, verzierte Metallgefäße (Bidri-Arbeiten) und viele kleine, liebevoll hergestellte Geschenke werden hier gleich auf mehreren Etagen angeboten.

Lepakshi: MG Rd. Staatliches Geschäft von Andhra Pradesh mit typischen Produkten aus der Region wie Bidri-Arbeiten, Schmuck und Textilien.

Cinnabar Redd: First Avenue Rd. No. 1, Banjara Hills, Tel. 040-55 77 77 33. Retro-Bar im In-Viertel Banjara Hills mit cooler Musik. Getränke ab 150 Rs.

Fusion 9: im gleichen Gebäude wie Cinnabar Redd (s. o.), Tel. 040-65 57 77 22. Freitags gibt es Jazz live und die Küche serviert gute internationale Küche. Getränke ab 150 Rs.

Muharram: 1. Monat des islamischen Jahres. Die große schiitische Gemeinde von Hyderabad trauert um den Märtyrer Hussain.

Deccan Festival: Feb./März. Kulturevent, der von Andhra Pradesh Tourism organisiert wird. Es gibt Musik, z. B. Quawalis (Sufi-Gesänge), außerdem Tanz und Dichterlesungen, gutes Essen sowie eine Perlen- und Armreifenausstellung.

Flüge: Der Flughafen liegt ca. 8 km nördlich des Zentrums beim Stadtteil Begumpet. Taxis, Rikschas und Busse (von der Nampally Station in Hyderabad) verkehren regelmäßig dorthin. Mehrmals täglich gibt es Flüge nach Mumbai, Delhi, Chennai, Bangalore und Kolkata. Lufthansa fliegt mehrmals wöchentlich von Frankfurt direkt nach Hyderabad.

Züge: Es gibt zwei Bahnhöfe. Viele Fernverkehrszüge fahren ab Secunderabad, z. B. mehrmals täglich nach Mumbai, Bangalore, Chennai, Delhi und Vijaywada; Verbindungen auch nach Thiruvananthapuram, Tirupati und Vishakapatnam. Von der Nampally Station, dem kleineren Bahnhof in Hyderabad, gibt es Verbindungen nach Mumbai, Bangalore und zu Orten in der Region.

Busse: Der Central Bus Stand befindet sich auf einer Insel im Fluss Musi. Von hier fahren Busse nach Mumbai, Bangalore und Chennai. Regelmäßige Verbindungen auch nach

Arabische Schriftzeichen zeugen von den muslimischen Wurzeln der Stadt

Tirupati, Warangal, Amaravati, Vijaywada oder Puttaparthy.
Mietwagen/Taxi: Touristentaxis kann man über APTDC Tourism mieten (s. S. 316).

Golconda und Qutb-Shahi-Gräber

Reiseatlas: S. 2, E 4

Golconda

Auf der Suche nach den Ursprüngen Hyderabads geht es auf dicht befahrenen Straßen westwärts. 8 km außerhalb der Stadt stehen auf dem 140 m hohen Granithügel Bala Hisar die imposanten Reste der Festungsanlage **Golconda,** die von einem Graben und einem dreifachen Mauerring mit 87 Bastionen und acht Toren umgeben ist. Bei der Anfahrt hinauf zum Haupteingangstor Bala Hisar passiert man innerhalb des Festungsrings ein kleines Dorf, in dem es um einiges gemächlicher als im benachbarten Hyderabad zugeht. Ziegen tummeln sich auf der Straße und bärtige Männer unterhalten sich vor weiß getünchten Häusern. Vor den Muslimen hatten schon die hinduistischen Kakatiya-Könige im 13. Jh. eine Burg auf diesem Hügel errichtet. Als drei Jahrhunderte später die Qutb-Shahi-Sultane ihre Hauptstadt von Warangal hierher verlegten, bauten sie die massive Festung mit Palästen, Moscheen und einem ausgeklügelten Wassersystem. Geld spielte keine Rolle, denn die nahe gelegenen Diamantfelder trugen ganz beträchtlich zum Einkommen des Staates bei.

Heute ist die Festung ein großes Trümmerfeld. Trotzdem lassen sich einige der alten Strukturen ausmachen und ein Spaziergang durch die Ruinen hinauf bis zur Spitze des Hügels lohnt sich auf jeden Fall. Besucher betreten die Anlage durch das mächtige Tor **Bala Hisar.** Fremdenführer und Touristen, die in die Hände klatschen, erproben auf diese Weise die eindrucksvolle Akustik, denn die Klänge kann man bis hinauf zur Durbar-Halle hören. Dorthin wandert man durch verfallene Paläste und von Fledermäusen bewohnte Gemäuer bis zur **Moschee des Ibrahim,** die noch sehr gut erhalten ist. Die letzten Meter zur Hügelspitze führen vorbei an einem alten Tempel für die Göttin Kali und enden an der **Durbar-Halle,** einem dreistöckigen Bau, der für Empfänge genutzt wurde. Von hier aus genießt man einen tollen Blick auf die hügelige Umgebung mit den Qutb-Shahi-Gräbern und Teilen von Hyderabad.

Man sollte mindestens einen halben Tag für den Ausflug einplanen und die Mittagshitze meiden, da es wenig Schatten gibt. Abends findet auf der Festung eine Licht- und Tonshow statt. Organisierte Touren hierher bietet APTDC (Infos im Hotel Yatri Nivas, s. S. 317), aber man kann die Festung auch problemlos per Taxi oder Rikscha vom Zentrum aus erreichen (tgl. 9–18 Uhr, 100 Rs; Show auf Englisch Nov.–Feb. tgl. 18.30 Uhr, März–Okt. tgl. 19 Uhr, 40 Rs).

Qutb-Shahi-Gräber

Ca. 1 km nördlich von Golconda liegen die **Qutb-Shahi-Gräber.** In einem weitläufigen Park, versteckt zwischen Bäumen und Büschen und teils mit Gras bewachsen, erinnern die Kuppelgräber an die einstige Macht der Qutb-Shahi-Könige. In den insgesamt 82 Grabmälern liegen bis auf zwei alle Herrscher dieser Dynastie sowie deren Familienmitglieder und andere bei Hof angesehene Persönlichkeiten begraben. Die Bauten erinnern im Stil an die Gräber der Bahmani-Sultane von Bidar (s. S. 321). Auf einem quadratischen Unterbau erhebt sich ein runder Tambour, auf dem die weiße, zwiebelförmige Kuppel sitzt. Verziert sind die Bauten mit floralen Stuckelementen, die im Gegensatz zu den farbigen Kacheln, die die Gräber einst schmückten, noch vorhanden sind. Die größeren Grabbauten sind zweistöckig, die schlichten kleineren nur einstöckig. Außer an Feiertagen finden sich hier im Gegensatz zu Golconda viel weniger Besucher ein. Man spaziert daher in aller Ruhe, begleitet von Vogelgezwitscher und zirpenden Grillen, durch den Park. Die Gräber können als Tagesausflug in Kombination mit der Festung Golconda besucht werden (Sa–Do 9.30–16.30 Uhr, 5 Rs).

Elegante Moscheen, gigantische Kuppelgräber, massive Festungen, mittelalterliche Stadtkerne – zwischen dem 14. Jh. und dem 17. Jh. entwickelte sich unter den Dekkan-Sultanaten eine ganz eigenständige Form des Islam in Indien, die von Persien und Arabien beeinflusst war. Ihre Hauptstädte bergen heute noch viele Schätze jener Blütezeit, werden bislang aber wenig besucht.

Bidar

Reiseatlas: S. 2, E 3

150 km westlich von Hyderabad liegt auf einem Plateau die ehemalige Herrscherstadt **Bidar.** Den Ort mit seinen alten Basarstraßen, dem imposanten Fort und eleganten Kuppelgräbern besuchen nur wenige Touristen. Dabei wird gerade in den Gassen der Altstadt und beim Besuch der lokalen Kunsthandwerker die Atmosphäre einer traditionsreichen muslimischen Stadt besonders lebendig. Islamische Architektur vom Feinsten sieht man in einigen Teilen des alten Forts, den Resten der alten Medrese oder bei den Gräbern in Ashtur.

Schon vor der Herrschaftszeit der Dekkan-Sultane war Bidar der Sitz verschiedener Dynastien. So bauten sowohl die Chalukyas von Kalyani als auch die Yadavas hier Befestigungsanlagen. Bekanntheit erlangte die Stadt jedoch, als der Bahmani-Sultan Ahmad I. 1424 seinen Regierungssitz von Gulbarga hierher verlegte. Das alte Fort wurde neu aufgebaut, Paläste und Gärten angelegt, und Bidar entwickelte sich zu einem weiteren kulturellen Zentrum der Region. Der Hof zog Gelehrte, Künstler und Händler aus Arabien, Persien und Zentralasien an. Seine größte Ausdehnung erlebte das Reich durch die erfolgreiche Führung des persischen Premierministers Mahmud Gawan. Doch die Macht der Bahmanis bröckelte zusehends und ab

1452 übernahm Ali Baridi die Geschicke des Reichs. Die Baridi-Dynastie hielt sich jedoch nicht lange und Bidar wurde zum Spielball verschiedener Mächte. 1619 annektierten die Herrscher des benachbarten Bijapur das Gebiet. 1656 wurde es vom Mogulherrscher Aurangzeb eingenommen, bis es schließlich 1724 an Hyderabad fiel.

Orientierung

Bidar gliedert sich in einen neuen Teil im Westen und den alten Stadtkern im Osten. Die Hotels, die bisher nicht besonders zahlreich gesät sind und von denen man im Hinblick auf Komfort nicht sehr viel erwarten darf, liegen alle in der Neustadt. Die meisten Sehenswürdigkeiten im alten Teil kann man entweder zu Fuß oder mit einer Rikscha besuchen. Noch sind die Einwohner Bidars nicht sehr an Fremde gewöhnt, daher wird man nicht an jeder Straßenecke auf Menschen treffen, die Englisch sprechen.

Spaziergang durch den Basar zum Fort

Der **Ambedkar Circle** markiert den Übergang vom neuen zum alten Teil von Bidar. Östlich des Platzes führen verwinkelte Gassen in die **Altstadt.** Sie ist umschlossen von mächtigen Mauern, mehrere Stadttore gewähren Einlass. Folgt man der lebhaften Hauptbasarstraße, die wie eine Achse von West nach Ost verläuft, gelangt man am

Ende zu einer großen Querstraße. Sie führt rechter Hand zum Chaubara, einem massiven Wachturm aus der Zeit von Ahmad I., und nach links zur Medrese des Mahmud Gawan.

Medrese des Mahmud Gawan

Imposant ragen die Reste der **Medrese** in den Himmel, die Mahmud Gawan 1472 erbauen ließ. Der einflussreiche persische Minister der Bahmani-Sultane hat sich hier selbst ein Denkmal gesetzt, wollte mit dem Bau aber auch die Ausbreitung des Shiismus im sunnitischen Indien vorantreiben. Vorbild für die Medrese waren die Koranschulen der Timuriden in Zentralasien. Um einen quadratischen Innenhof erhebt sich der dreistöckige Bau, von dem infolge eines Blitzschlags (eine andere Version spricht von der Explosion hier gelagerten Sprengstoffs) nur Teile erhalten sind. An einigen Stellen des Ziegelsteinbaus kann man noch elegant gearbeitete Gitterfenster und leuchtende Emaillekacheln erkennen (Eintritt frei).

Festung von Bidar

Läuft man von der Medrese in nördliche Richtung, erblickt man die gewaltigen roten Mauern der **Festung von Bidar,** die auf ebenfalls rötlichem Basalt gebaut sind. Ein dreifacher Burggraben umschließt die Anlage, die nach Norden und Osten steil abfällt und den Blick aufs Umland freigibt. Fünf Tore mit imposanten Bastionen gewähren Einlass in den Bezirk. Hinter dem Südtor steht linker Hand das Schmuckstück des Palastkomplexes, der **Rangin Mahal** (›farbiger Palast‹), der noch unter der Bahmani-Dynastie begonnen und von Ali Baridi (1542–80) vollendet wurde. Er beherbergt einige exzellente Holzschnitzereien am Eingang und sehr schöne Mosaiken und Perlmuttintarsien in seinem Innern. Besonders sehenswert sind auch die Deckenmosaiken in der Tanzhalle links vom Eingang (Mo–Sa 8.30–17.30 Uhr).

Vom ersten Stock des Rangin Mahal hat man nach Norden hin einen guten Überblick auf die Paläste, Hallen, ein Gefängnis und auf das zweite beeindruckende Bauwerk im Fort, die **Solah-Khamba-Moschee.** Sie ist das äl-

Mit der Autorin unterwegs

Schillernde Fliesen

Die farbigen Fliesen der **Medrese von Bidar** leuchten besonders schön im Morgenlicht, wenn die Sonne sie direkt bescheint – zum Fotografieren ideal (s. links)!

Leckere Hähnchen

Gebraten, halb oder ganz, mit Reis gemischt als Biryani – der Imbiss **Galaxy Chicken Centre** in Gulbarga ist sehr populär, denn die Hähnchen werden immer frisch zubereitet und schmecken köstlich (s. S. 326).

Coole Frauen

Dekkan-Malerei vom Feinsten ist im **Archäologischen Museum** neben dem Golgumbaz-Mausoleum in Bijapur zu sehen. Großartig sind die Darstellung der Schlacht von Talikota und die verschiedenen Frauenporträts. Wie cool Zaibunissa, die Tochter des Mogul-Kaisers Aurangzeb, die Wasserpfeife raucht, provoziert westliche Vorstellungen vom Leben muslimischer Frauen (s. S. 328).

teste muslimische Bauwerk in Bidar und wurde schon 1327 während der Herrschaft der Tughluqs begonnen.

Östlich der Moschee befindet sich ein kleines **Museum** mit Skulpturen aus der Zeit der Hindu-Könige sowie Waffen, persischen Emaillekacheln und weiteren Objekten aus der muslimischen Herrschaftszeit (tgl. 8–13, 14–17 Uhr, Eintritt frei).

Chaukhandi und Grabmäler der Bahmani-Sultane

Schon von Weitem erkennt man die Kuppeln der Gräber, wo die Bahmani-Herrscher ihre letzte Ruhe fanden. Sie liegen ca. 1 km östlich des Zentrums in Ashtur und können gut per Rikscha erreicht werden. Durch das Dulhan-Tor geht es auf gewundenem Weg hinaus aus der Stadt. Zuerst kommt man am **Chaukhandi** vorbei, dem Grab des Heiligen Hazrat Khalil-Ullah und seiner Verwandten.

Bidar, Gulbarga und Bijapur

Die Grabkammer, die schönes Stuckwerk aufweist, ist von einem zweistöckigen oktogonalen Bau umgeben. Auf sehr steilen Treppen kann man in den ersten Stock hinaufsteigen – dies gilt jedoch nur für schlanke Menschen ohne Gepäck und vor allem ohne Höhenangst.

Wenige Hundert Meter weiter östlich stehen an einem ruhigen, nur von Vogelgezwitscher umgebenen Ort die **Grabmäler der Bahmani-Sultane.** Die beiden schönsten unter ihnen sind ihren wichtigsten Herrschern gewidmet: Ahmad I. und Allauddin. An **Allauddins Grab** schmücken bunte Fliesen die Fassade. Das Innere ist verschwenderisch dekoriert mit geometrischen Formen und floralen Mustern, die sich entlang der Wände und in die große Kuppel erstrecken. An der Decke sind goldene Koransuren eingraviert. Auch das **Mausoleum von Allauddins Vater Ahmad I.,** das rechts daneben liegt, gilt als außergewöhnlich elegantes architektonisches Beispiel der persisch beeinflussten späteren Bahmani-Zeit. Insgesamt liegen hier elf Könige und Königinnen begraben (Eintritt frei).

Barid-Shahi-Gräber

Ganz im Westen der Stadt befinden sich in einem schönen Park und von der Hauptstraße aus zu sehen die **Barid-Shahi-Gräber,** letzte Ruhestätte der Baridi-Herrscher, der Nachfolger der Bahmani-Sultane. Von den fünf Mausoleen ist das von Ali Barid (1542–80) das interessanteste – seine Westseite nach Mekka hin wurde offen gelassen (Di–So 16.30–19.30 Uhr, 4 Rs).

Es gibt kein Tourist Office. Informationen findet man auf der Webseite von Karnataka Tourism, www.karnatakatourism.org, und auf der staatlichen Webseite www.bidar.nic.in.

Sapna International: Udgir Rd., Tel. 084 82-220 99 14. Zimmer mit/ohne Klimaanlage, Restaurant mit internationaler Küche. DZ ab 700 Rs.

Mayura Lodge: gegenüber dem neuen Busbahnhof, Tel. 08 48-22 81 42. Einfaches Hotel mit nettem Gartenrestaurant – der Innenraum ist weniger empfehlenswert. Da sich hier eine der wenigen Bars der Stadt befindet, kann es laut werden. Zimmer teilweise mit Klimaanlage. DZ 350–450 Rs.

Ashoka: neben dem Deepak Kino (nahe Ambedkar Circle), Tel. 08 48-22 76 21, Fax 084 82-22 21 14. Schwesterhotel der Mayura Lodge mit gleicher Ausstattung mitten im Stadtzentrum, ebenfalls mit Bar und Restaurant. DZ 150–450 Rs.

Kamat: Sapna International Bldg., Udgir Rd., Tel. 08 48-222 93 93. Gehört zur Kette der vegetarischen Kamat-Restaurants. Hier werden vor allem südindische Snacks und Thalis serviert, aber auch nordindische und chinesische Gerichte. 20–100 Rs.

Rauf Bidri Crafts: H. No. 2-2-137, Kulsoon Galli, Chaubara Rd. Sehr schöne Bidri-Objekte aus der Werkstätte eines preisgekrönten Handwerkers. In der gleichen Straße sind weitere Geschäfte für Bidri-Ware.

Flüge: Der nächstgelegene Flughafen ist in Hyderabad (150 km).

Züge: Vom Bahnhof westlich des Zentrums bestehen Anschlüsse nach Bangalore, Hyderabad und Aurangabad, aber nur mit Bummelzügen.

Busse: Der Busbahnhof liegt im Westen der Stadt. Mehrmals täglich fahren Busse nach Hyderabad, Gulbarga und Bijapur.

Mietwagen: Taxis können über die Hotels oder direkt von der Straße (Taxistand beim Busbahnhof) gemietet werden. Achtung: Hier könnte es Sprachprobleme geben!

Gulbarga (Kalburgi)

Reiseatlas: S. 2, D 4

Gulbarga liegt an einer der Hauptlinien der indischen Bahn, doch auf ihrem Weg von Mumbai nach Hyderabad oder von Delhi nach Bangalore machen nur die wenigsten Touristen einen Stopp in der Stadt, in der sie

Richtig Reisen-Tipp: Magisches Metall – bei den Bidri-Kunsthandwerkern in Bidar

Ein Bummel durch die Basarstraßen am Abend ist besonders stimmungsvoll. Er sollte unbedingt in die **Chaubara Road** führen, die parallel zur Hauptbasarstraße etwas weiter südlich verläuft. Dort liegen die Werkstätten der letzten Bidri-Kunsthandwerker von Bidar. Man erreicht sie, wenn man von der Medrese des Mahmud Gawan Richtung Chaubara-Turm geht und kurz davor rechts abbiegt. Ein wenig muss man schon suchen, doch dann hört man das Hämmern ihrer Werkzeuge in der schmalen Gasse widerhallen und plötzlich steht man vor funkelnden Vasen und Tellern, Wasserpfeifen oder Elefanten.

Bidri nennt der Volksmund diese Metallbearbeitungskunst, die Silberschmiede im 15. Jh. aus Persien an den Hof der Bahmani-Sultane nach Bidar gebracht hatten. Hier wurde sie weiterentwickelt und verfeinert und noch heute demonstrieren die verbliebenen Bidri-Schmiede dem Besucher stolz ihre traditionsreiche Kunst. Sie mischen Zink und Kupfer und gießen daraus ihre Formen. Auf diese werden verschlungene geometrische Muster und filigrane Blüten gezeichnet, die die Vorlagen für kunstvolle Einlegearbeiten und Gravuren bilden. Mit selbst gefertigten spitzen Stahlmeißeln werden die Muster eingraviert. Zuletzt hämmern die Schmiede Silberdraht und kleine Silberplättchen in die vorgefertigten Formen. Eine geheimnisvolle Mischung, dem örtlichen Boden entnommen, lässt die Objekte oxidieren. Die Zink-Kupfermischung färbt sich schwarz, das Silber behält seinen Glanz. Nachdem sie mit Öl poliert sind, kommen sie auf den Ladentisch.

Hier in den kleinen Läden kann man zuschauen und staunen, sitzen und Tee trinken, am Ende verhandeln und mit ein paar schönen Dingen von dannen ziehen. Ein wenig Zeit sollte man jedoch mitbringen für dieses orientalische Einkaufserlebnis. In den Kunsthandwerksgeschäften von Bangalore oder Hyderabad könnte man wohl ähnliche Dinge zu unwesentlich höheren Preisen kaufen, doch niemand erzählt dort Geschichten, niemand zeigt seine flinken Finger und der Tee schmeckt nicht ganz so süß.

Kunstvolle Handarbeit und beliebte Mitbringsel: Bidri-Objekte

Bidar, Gulbarga und Bijapur

nicht viel mehr als Hitze, Staub und provinzielle Enge vermuten. Heiß wird es in Gulbarga im Sommer ganz sicher, staubig auch, doch das Etikett verschlafen kann der viertgrößten Stadt Karnatakas nicht mehr angehängt werden. Das Erwachen der indischen Provinz – in Gulbarga zeigt es sich besonders deutlich. Straßen werden ausgebaut, Firmen gegründet, Hotels eröffnet, öffentliche Plätze und historische Monumente renoviert. Außerdem ist die Stadt eine Hochburg medizinischer Forschung. Unter den zahlreichen Universitäten finden sich besonders viele medizinische Fakultäten und Hospitäler.

Geschichte

Ein Ort, wo Forschung und Bildung blühten, war Gulbarga schon, als es Mitte des 14. Jh. die Hauptstadt des muslimischen Bahmani-Reichs war. Nach einer Rebellion 1345 und dem Bruch mit den Mogul-Herrschern wurde unter Alauddin Hasan Bahman Shah (1347–58) die Bahmani-Dynastie gegründet – das erste von Delhi unabhängige muslimische Herrschergeschlecht auf dem Dekkan. Bahman Shah wählte Gulbarga zu seiner Hauptstadt. Unter seinem Sohn Muhammad I. (1358–75) wurde die aus früheren Zeiten stammende Befestigungsanlage der Stadt ausgebaut und Gulbargas bemerkenswertestes Bauwerk errichtet: die große und komplett überdachte Jama Masjid.

Mit ihren Nachbarn, allen voran den hinduistischen Herrschern von Vijayanagar, waren die Bahmanis in immerwährende Auseinandersetzungen um Land und das auf dem Dekkan so kostbare Wasser verwickelt. Die

spätere Regierungsperiode des mächtigen Tajuddin Firuz (1397–1422) stand dann unter dem Zeichen eines regen kulturellen und religiösen Lebens. Der Herrscher lud persische, arabische sowie türkische Gelehrte und Künstler an seinen Hof und sorgte für eine Blüte von Wissenschaft, Kunst und Kultur. Auch sehr angesehene Lehrer des Sufismus siedelten sich in Gulbarga an. Die Dargah des Sufi-Heiligen Hazrat Muhammad Gesudaraz ist heute noch ein Zentrum muslimischer Spiritualität auf dem Dekkan. Nach dem Tod von Firuz verlegte dessen Nachfolger Ahmad I. (1422–36) die Hauptstadt ins etwa 100 km nordöstlich gelegene Bidar, aber Gulbarga blieb weiterhin eine wichtige Provinzstadt. Verstärkte Bautätigkeiten setzten in der Stadt nochmals ein unter der Adil-Shahi-Dynastie von Bijapur im späten 16. Jh.

Orientierung

Die Sehenswürdigkeiten von Gulbarga liegen sehr weit auseinander. Im Zentrum der ausgedehnten Stadt befinden sich das Fort und die berühmte Jama Masjid sowie nahebei der große Basar. Im östlichen Teil stehen Hafta Gumbaz, die Grabmäler der Herrscher, und die sehenswerte Dargah des Hazrat Gesudaraz.

Für die Besichtigung mietet man sich am besten eine Riksha. Der Preis sollte unbedingt vor Abfahrt mit dem Fahrer festgelegt werden, evtl. kann das Hotelpersonal dabei behilflich sein, denn viele Leute sprechen kein oder kaum Englisch.

Fort und Jama Masjid

Im Zentrum von Gulbarga erheben sich die Überreste des **Forts,** das man optimalerweise gleich morgens besuchen sollte, da die Mittagshitze auf dem fast schattenlosen Gelände unbarmherzig sein kann. Die mächtige, 16 m dicke Mauer mit ihren halbrunden Bastionen wird von einem breiten Graben umschlossen. Durch das Osttor gelangt man in das Innere der Anlage. Früher standen hier die königlichen Paläste der Herrscher, von denen heute jedoch nichts mehr zu sehen ist.

Der Weg führt nun nach Westen zur **Jama Masjid** (›Große Freitagsmoschee‹), dem bekanntesten Bauwerk von Gulbarga. Ihre Konstruktion macht sie einzigartig in ganz Indien, denn die Jama Masjid ist komplett überdacht und hat keine offenen Innenhöfe. Insgesamt 80 Kuppeln erheben sich über der 4200 m² großen Grundfläche. Die mächtigste Kuppel thront über dem Heiligtum im Westen, vier Kuppeln mittlerer Größe befinden sich an den Ecken und ein Meer von 75 kleineren Kuppeln überspannt den Raum dazwischen.

Die Freitagsmoschee wurde vermutlich 1367 begonnen, aber erst später unter der Herrschaft von Tajuddin Firuz fertiggestellt – der genaue Zeitpunkt ist umstritten. Der Eingang ins Innere befindet sich im Norden. Sobald man den weiten, lichtdurchfluteten Raum betreten hat, eröffnen sich aufregende Perspektiven: ein Labyrinth von Säulengängen, je nach Blickwinkel andere geometrische Formen und Muster bildend, ein harmonisches Zusammenspiel von Linie, Licht und Schatten. Bewirkt wird dies durch eine architektonische Meisterleistung: In der Hofzone tragen dicht gereihte, schmale Bögen die kleinen Kuppeln; in der Ringhalle stützen breit gestellte Bögen die quer liegenden Tonnendächer; der Hauptraum im Westen wird auch durch die größte Kuppel gekrönt. Das Ensemble erinnert ein wenig an die Große Moschee in Cordoba, vermutlich sind ihre Vorbilder aber eher im türkischen oder persisch-arabischen Raum zu suchen (tgl. 5.30–20.30 Uhr).

Ein sehr schöner Blick auf die Gesamtanlage und die Moschee bietet sich von der Zitadelle **Bala Hisar,** die einige Meter nordöstlich des Heiligtums liegt.

Hafta Gumbaz

Im Osten der Stadt, an der Straße nach Bidar, stehen die Ruhestätten von einigen der Bahmani-Herrscher, die **Hafta Gumbaz.** Die sieben *(hafta)* Grabmäler *(gumbaz)* bestehen aus mehreren Doppel- und Einzelgräbern, wobei die Doppelgräber jeweils durch einen schmalen Gang miteinander verbunden sind. Besonders das Grabmal von Tajuddin Firuz mit seinen zwei über 9 m hohen Kuppeln sticht hervor (Sonnenauf- bis Sonnenunter-

gang, Eintritt frei, Trinkgeld für den Aufseher erbeten).

Dargah des Hazrat Muhammad Gesudaraz

Nur wenige Hundert Meter nordöstlich der Hafta Gumbaz liegt die **Dargah des Hazrat Muhammad Gesudaraz,** für Muslime nach wie vor ein wichtiger Wallfahrtsort. Das Mausoleum des bekannten Sufi-Heiligen und Begründers der Dargah ist ein weißer, zweistöckiger Bau mit reichem Stuckwerk, der 1422 errichtet wurde. Wie auch in vielen anderen Mausoleen dürfen Frauen nicht ins Innere des Grabmals.

Neben zahlreichen weiteren Gräbern beherbergt der Dargah-Komplex auch eine Pilgerunterkunft sowie eine Bibliothek mit über 10 000 alten arabischen und persischen Schriften. Im Süden der Anlage liegt versteckt unter einem Baum das Grab eines Papageien, den eine wundersame Geschichte umgibt. Es wird erzählt, dass der Vogel alle Koransuren auswendig sprechen konnte. Ein Besuch an seinem Grab soll stummen Kindern helfen, die Sprache zu finden.

i Es gibt kein Tourist Office. Informationen findet man auf der Internetseite von Karnataka Tourism, www.karnatakatourism.org.

Aditya: 2-244 Main Rd., Tel. 084 72-22 40 40, Fax 084 72-22 40 44. Bestes Hotel in der Stadt mit angenehmen Zimmern mit/ohne Klimaanlage. Das Restaurant serviert nordindische vegetarische Gerichte. DZ 900–1000 Rs.

Pariwar: 1-73 Station Rd., Tel. 084 72-22 14 21, Fax 084 72-25 54 52, hotelpariwar@yahoo.com. Einfache, aber saubere und geräumige Zimmer mit/ohne Klimaanlage. Vegetarisches Restaurant im Nebengebäude. DZ 400–1000 Rs.

Southern Star: östlich der Festungsmauer, Tel. 084 72-22 40 93. Sehr zentral zwischen Festung und Basar gelegen, mit Restaurant und Bar. Einige Zimmer mit Klimaanlage. DZ 350–600 Rs.

Bidar, Gulbarga und Bijapur

🍴 **Santosh:** University Rd., Tel. 084 72-26 53 38. Gute nordindische Fleisch- und Gemüsegerichte sowie chinesische Küche, Bier und andere alkoholische Getränke sind ebenfalls im Angebot. 100–300 Rs.

Kamat: im Basar (der von den Einheimischen *supermarket* genannt wird), Tel. 084 72-22 02 62. Einfache südindische vegetarische Gerichte. 30–100 Rs.

Galaxy Chicken Centre: Madina Complex, gegenüber dem Old Hospital, Main Station Rd., Tel. 98 45 82 61 76. Der kleine Imbiss verkauft hervorragende Biryanis (Reisgerichte) und Hähnchen aus dem Tandoori-Ofen. 50–120 Rs.

🛍 Im Basar östlich der Festungsmauern (im Lokaljargon *supermarket* genannt) werden typisch indische Marktartikel feilgeboten: Kleidung, Schuhe, Obst, Gemüse, Süßigkeiten – auch die Spezialität der Stadt, Halva Puri – und vieles mehr.

↔ **Züge:** Der Bahnhof ist im Südwesten der Stadt. Gulbarga liegt an der Hauptverbindungslinie zwischen Mumbai und Bangalore bzw. Hyderabad, d. h. es bestehen sehr viele und schnelle Verbindungen nach Norden und Süden.

Busse: Vom Busbahnhof im Zentrum fahren regelmäßig Busse nach Bidar und Bijapur sowie nach Hyderabad und Hospet.

Mietwagen: Taxis können z. B. die Hotels vermitteln.

7 Bijapur

Reiseatlas: S. 1, C 4; **Cityplan:** S. 329

Unübersehbar thront die Kuppel des Golgumbaz, Bijapurs größtes Bauwerk, über dem Häusermeer der Stadt. Das berühmte Mausoleum ist schon von Weitem sichtbar und hat **Bijapur** den Beinamen Agra des Südens eingebracht. Hier hinterließen die Adil-Shahi-Sultane zahlreiche Monumente in einem ganz eigenen Stil. Bijapur ist eine wahre Schatzkammer islamischer Architektur, doch die Juwelen muss man erst finden,

denn sie liegen teils verborgen in der staubigen Innenstadt, in kleinen Parks oder am Stadtrand: Moscheen, Mausoleen, Mauerringe, die Überreste von Palästen und Festungsanlagen erinnern an die Glanzzeit Bijapurs im 16. Jh. und 17. Jh., als dies die Hauptstadt des mächtigsten Dekkan-Sultanats war.

Geschichte

Schon im 10. Jh. gründete die Hindu-Dynastie der Chalukyas hier eine Stadt und nannte sie Vijaypura, ›Stadt des Sieges‹. Im 13. Jh.

Golgumbaz-Mausoleum: Nur der Petersdom in Rom hat ein größeres Kuppeldach

wurde sie von den Delhi-Sultanen erobert und fiel später an die Bahmanis. Mit dem Zerfall des Bahmani-Reichs in fünf Nachfolgestaaten gegen Ende des 15. Jh. begann unter Yusuf Adil Shah, einem ehemaligen Provinzgouverneur, der Aufstieg von Bijapur.

Auch der Staat Bijapur war zunächst in Kämpfe mit seinen muslimischen Nachbarn sowie den Portugiesen und dem starken Vijayanagar-Reich im Süden verwickelt. Gegen Letzteres verbündeten sich die Dekkan-Sultanate zu einem entscheidenden Schlag im Jahr 1565. Bijapur profitierte immens von die-

sem Sieg, da es große Gebiete im Süden dazugewann. Der neue Reichtum machte groß angelegte Bauprojekte in der Hauptstadt möglich, darunter die beeindruckende Jama Masjid. Eine Blüte von Kunst und Kultur erlebte Bijapur unter der langen Herrschaft von Ibrahim Adil Shah II. (1580–1627). Auch sein Sohn und Nachfolger Muhammad (1627–56) war ein großer Förderer der schönen Künste und ambitionierter architektonischer Projekte. Er ließ sein eigenes Mausoleum, das berühmte Golgumbaz, bauen. 1685 jedoch beendete der Einmarsch der Mogultruppen

Bidar, Gulbarga und Bijapur

unter Aurangzeb die über 200-jährige Herrschaft der Adil-Shahi-Dynastie und aus Bijapur wurde eine Provinz des Mogul-Reichs.

Heute gehören die rund 250 000 Einwohner zählende Distrikthauptstadt und ihr Umland zu den ärmsten Landesteilen von Karnataka, was sich an vielen Ecken auch im Stadtbild zeigt.

Besichtigung

Um die Sehenswürdigkeiten in aller Ruhe zu besuchen, sollte man für Bijapur mindestens zwei Übernachtungen einplanen. Fast alle interessanten Punkte liegen innerhalb der 10 km langen, mit Kanonen und Wachttürmen bestückten Ringmauer, die die Stadt umschließt. Mehrere Tore gewähren Einlass. Zwischen dem Golgumbaz im Osten und dem Ibrahim-Rauza-Mausoleum ganz im Westen außerhalb der Stadtmauer blieben im Zentrum der Stadt Reste der Zitadelle und verschiedener Gebäude erhalten. Südöstlich des Zentrums steht die eindrucksvolle Jama Masjid, in deren Nähe sich weitere sehenswerte Bauwerke befinden.

Golgumbaz

Als Zeichen der Stärke und gleichzeitig der Vergänglichkeit erinnert das imposante **Golgumbaz** 1 an den Ehrgeiz der Adil-Shahi-Sultane, sich in Monumenten zu verewigen und den Glaubensbrüdern in Delhi ihre Eigenständigkeit vom Mogul-Reich zu demonstrieren. In einem großen, rechteckigen Park ließ Muhammad Adil Shah (1627–56) sein Mausoleum errichten. Einfach im Design, doch immens in seinen Ausmaßen, ruht der quadratische Bau auf einem 1700 m² großen Sockel. Über allem thront die gewaltige, aber schmucklose Kuppel – mit ihren 37 m Durchmesser gilt sie als zweitgrößtes Kuppeldach der Welt (nach dem Petersdom).

In dem riesigen Innenraum liegen neben Sultan Adil Shah einige seiner Familienmitglieder begraben. Über zwei der vier siebenstöckigen Ecktürme des Mausoleums gelangt man zur **Whispering Gallery,** einem mehr als 3 m breiten Umwandlungsgang direkt unterhalb der Kuppel, der bekannt ist für

sein gutes Echo. Schulklassen stürmen meist direkt nach oben und verwandeln die ›Flüstergalerie‹ durch ihre akustischen Experimente in eine Geisterbahn. So hat das Grabmal die längste Zeit des Tages eher den Anschein eines Vergnügungsparks, es sei denn, man kommt schon am frühen Morgen. Nicht verpassen sollte man den hervorragenden Rundblick von der Aussichtsplattform außerhalb der Galerie (tgl. 6–18 Uhr, 100 Rs).

Archäologisches Museum

Einen Besuch lohnt das **Archäologische Museum** 2, das in einem Bau südlich des Golgumbaz untergebracht ist. In insgesamt sechs über mehrere Etagen verteilten Galerien werden Skulpturen, Manuskripte, Porzellan und Waffen aus verschiedenen Epochen gezeigt. Highlight des Museums ist seine kleine Sammlung exzellenter Miniaturmalereien der Bijapur-Schule in der Galerie Nr. 5 (Sa–Do 10–17 Uhr).

Jama Masjid

An einer Parallelstraße südlich der Station Road liegt die **Jama Masjid** 3, die größte Moschee der Stadt. Von hier lassen sich in einem kleinen Spaziergang ein interessantes altes Viertel und dessen Monumente erkunden (s. S. 329).

Nach dem Sieg über das benachbarte Hindu-Reich von Vijayanagar erteilte Ali Adil Shah 1576 den Auftrag zum Bau des muslimischen Gotteshauses, das jedoch nie fertiggestellt wurde. Die sehr schöne und schlichte Moschee strömt viel Ruhe aus und ist ein Platz zum Verweilen. Bogengänge und Säulen durchziehen die Gebetshalle im Westen. Dahinter befindet sich der reich verzierte Mihrab, von wo der Imam die Gebete spricht. Darstellungen von Moscheen, geometrische Muster und fein gearbeitete Kalligrafien, teils mit Blattgold überzogen, setzen die Gebetsnische vom schmucklosen Rest des Bauwerks ab. Die Gebetsteppiche der Gläubigen liegen direkt davor auf den dafür vorgesehenen Rechtecken, die in den Marmorfußboden der Gebetshalle eingelassen sind – insgesamt 2500 Stück.

Bijapur: Cityplan

Sehenswürdigkeiten

1. Golgumbaz
2. Archäologisches Museum
3. Jama Masjid
4. Mithari Mahal
5. Asad Mahal
6. Zitadelle
7. Gagan Mahal
8. Sat Manzil
9. Gandhi Chowk
10. Bara Kaman
11. Jod Gumbaz
12. Taj Bauri
13. Burj-i-Sherza
14. Grabanlage Ibrahim Rauza

Übernachten

1. Madhuvan International
2. Kanishka International
3. Navratna International
4. KSTDC Mayura Adil Shahi Annexe

Essen und Trinken

5. Kamat
6. Samrat

Mithari Mahal und Asad Mahal

Läuft man von der Jama Masjid die Straße entlang Richtung Westen, kommt man vorbei an kleinen Moscheen sowie baufälligen alten Häusern, deren Holzschnitzereien zeigen, dass sie schon bessere Tage gesehen haben. Linker Hand erhebt sich der **Mithari Mahal** 4, ein eleganter dreistöckiger Torbau mit reich geschmückter Fassade und Balkonen, der auf Ibrahim II. zurückgeht. Er führt zu einer weiteren, dahinter verborgenen Moschee.

Am Ende der Straße zweigt man rechts Richtung alte Zitadelle ab. Kurz darauf wird ein Torbogen passiert, um den sich mehrere verfallene Monumente gruppieren. Rechter Hand erhebt sich der **Asad Mahal** 5 , das ehemalige Gerichtsgebäude von 1646. Um zum Eingang zu gelangen, muss man dem Weg bis zur Kreuzung mit der Station Road folgen und hier rechts abbiegen. Der Asad Mahal steht von der Straße zurückversetzt in einer großen Anlage, in der Kinder ihre Ziegen weiden. Die Halle mit dem Wasserbecken soll Barthaare des Propheten beherbergen. Das Obergeschoss ist mit Malereien ausgestattet. Frauen ist der Zugang ins Innere nicht gestattet (tgl. 6–18 Uhr, Eintritt frei).

Die Zitadelle

Nur noch Reste der einst prachtvollen Paläste, Gärten und Gebäude sind innerhalb der **Zitadelle** 6 vorhanden, die zentral südlich der Station Road liegt. Auf dem Gelände stand einst auch der 1561 erbaute **Gagan Mahal** 7 (›Himmlischer Palast‹) von Sultan Ali Adil Shah. Heute erinnern nur noch Fassaden und ein riesiger Torbogen in einem kleinen Park an die herrschaftliche Wohnstätte, die auch als Empfangshalle diente.

Vom nahe gelegenen **Sat Manzil** 8 , dem siebenstöckigen Palast des Mohammed Adil Shah, sind ebenfalls nurmehr Ruinen zu sehen. Dagegen blieb ihm gegenüber der schön verzierte Wasserpavillon **Jal Mandir** erhalten.

Basar und Bara Kaman

Die meisten Läden und der **Basar** liegen im geschäftigen Stadtzentrum um den **Gandhi Chowk** 9 . Nordöstlich davon befindet sich der **Bara Kaman** 10 , das unvollendete Grabmal für Ali Adil Shah. Der Name der Grabstätte geht zurück auf die zwölf *(bara)* Bögen *(kaman)*, die sie überspannen. Nach dem hektischen Treiben im Basar ist dieser Ort eine Oase der Ruhe und besonders am Abend äußerst stimmungsvoll (tgl. 6–18 Uhr, Eintritt frei).

Jod Gumbaz, Taj Bauri und Burj-i-Sherza

Wenige Hundert Meter westlich des lauten und staubigen Busbahnhofs kehrt erneut Stille ein. Dort stehen in einem Park zwischen

Das trockene Klima Nord-Karnatakas verlangt viel Einsatz von den Bauern

hohen Bäumen der **Jod Gumbaz** 11**,** ein Doppelgrab für den wegen Hochverrats getöteten Khan Mohamed und seinen Sohn sowie der Grabbau für den Heiligen Abdul Razzaq Qadir.

Spaziert man die Straße weiter nach Westen, gelangt man zu dem schönen alten Wasserreservoir **Taj Bauri** 12**,** das Taj Sultana, die Ehefrau Ibrahims II., um 1620 erbauen ließ. Ganz im Westen des Zentrums erreicht man die dicke Ringmauer, die Bijapur vor Feinden schützen sollte. Auf der Löwenbastion **Burj-i-Sherza** 13 ist Bijapurs berühmteste Kanone aufgestellt, die über 4 m lange und über 5 t schwere **Malik-i-Maidan** (›Herr der Ebene‹). Ihre Mündung zeigt ein aufgerissenes Löwenmaul, das einen Elefanten zerreißt (tgl. 6–18 Uhr, Eintritt frei).

Grabanlage Ibrahim Rauza

Außerhalb der westlichen Stadtmauer liegt in einem großen Garten ein architektonisches Juwel von Bijapur, die **Grabanlage Ibrahim Rauza** 14**.** Sie besteht aus dem Mausoleum und der gegenüberliegenden Moschee, die beide auf einem gemeinsamen Sockel stehen. Berühmt ist das Bauwerk vor allem wegen seiner feinen Steinmetzarbeiten und der plastischen Ausformung einzelner Elemente. Die fast schon kugelförmigen Kuppeln der Bauten ruhen auf einem Kranz ausladender Blütenkelche. Auch an Fassaden und Minaretten sieht man reich ornamentiertes Stuckwerk, ein typisches Zeichen für den späten Bijapur-Stil, der Elemente hinduistischer Baukunst aufgenommen hat. In der sehr schlichten Grabkammer ruhen der Sultan Ibrahim Adil Shah, seine Frau Taj Sultana und weitere Familienmitglieder (tgl. 6–18 Uhr, 100 Rs).

KSTDC Tourist Office: am KSTDC Hotel Mayura Adil Shahi Annexe, Station Rd., Tel. 083 52-25 03 59, www.karnata katourism.org, www.bijapur.nic.in, Mo–Sa 10–17.30 Uhr.

Die meisten besseren Hotels liegen in der Station Road, die vom Bahnhof am Golgumbaz vorbei in die Stadt führt.

Madhuvan International 1**:** Station Rd., Tel. 083 52-25 55 71, Fax 083 52-25 62 01, www.hotelmadhuvan.com. Bestes Hotel am Ort mit nettem Gartenrestaurant und angenehmen Zimmern, teilweise mit Blick auf Golgumbaz. DZ ab 20 €.

Kanishka International 2**:** Station Rd., Tel. 083 52-22 37 88, Fax 083 52-24 31 31. Ebenfalls in der Nähe des Golgumbaz, gepflegte Zimmer. DZ 500–1250 Rs.

Navratna International 3**:** Station Rd., Tel. 083 52-22 27 71, Fax 083 52-22 27 72. Helle, große Zimmer und ein Gartenrestaurant. Das Preis-Leistungs-Verhältnis ist sehr angemessen. DZ 400–700 Rs.

KSTDC Mayura Adil Shahi Annexe 4**:** Station Rd., Tel. 083 52-22 04 35. Staatliches Hotel, das nur vier sehr einfache Zimmer besitzt, dafür aber mitten im Stadtzentrum liegt. DZ 430–650 Rs.

Die Hotels Nr. 1–3 verfügen über gute Restaurants.

Kamat 5**:** Station Rd., dem Hotel Kanishka vorgelagert, Tel. 083 52-22 37 44. Südindische Thalis und Snacks sowie nordindisches und chinesisches Essen. 20–100 Rs.

Samrat 6**:** Station Rd., Tel. 083 52-25 16 20. Hier werden ebenfalls vegetarische Speisen serviert, abends in einem kleinen Garten. 20–100 Rs.

Flüge: Der nächstgelegene Flughafen ist in Hyderabad (375 km).

Züge: Der Bahnhof von Bijapur befindet sich östlich der Stadtmauer nahe dem Golgumbaz. Bijapur liegt nicht an einer Hauptverkehrstrecke, hat aber mehrmals wöchentlich Verbindungen nach Mumbai und Bangalore sowie täglich nach Hyderabad und Solapur.

Busse: Vom Busbahnhof am südwestlichen Rand des Stadtzentrums fahren mehrmals täglich Busse nach Mumbai, Bangalore, Hyderabad und Pune; auch nach Bidar, Gulbarga, Badami, Hospet und Hubli gibt es täglich zahlreiche Verbindungen.

Mietwagen: Taxis können über die Hotels oder das KSTDC Tourist Office (s. links) gebucht werden.

Die karge Landschaft des nördlichen Karnataka und die unzähligen opulenten Tempel von Badami, Pattadakal und Aihole bilden ein merkwürdiges und gleichzeitig sehr attraktives Gegensatzpaar. Hier herrschte einst die Dynastie der Frühen Westlichen Chalukyas, die sich in meisterhaften Bauwerken und Skulpturen verewigt hat.

Mitte des 6. Jh. begründete Pulakeshin I. (543–566) die Chalukya-Dynastie und sein Sohn Kirtivarman I. (566–598) etablierte Vatapi – das heutige Badami – als Hauptstadt des neuen Reichs. Bis ins 8. Jh. beherrschten die Frühen Westlichen Chalukyas weite Gebiete des Dekkan und Südindiens. Unter ihren Herrschern Pulakeshin II. und Vikramaditya II. eroberten sie Teile des heutigen Tamil Nadu und besetzten auch die Tempelstadt Kanchipuram (s. S. 423). Im Jahr 753 fiel der Rashtrakuta-König Dantidurga in das Gebiet ein, womit das Ende der Frühen Westlichen Chalukyas besiegelt war. Erst 200 Jahre später sollten ihre Nachfahren wieder eine Rolle auf der Bühne der Geschichte Südindiens spielen.

Als richtungsweisend für die Architektur und Kunst des Subkontinents gelten die eindrucksvollen Tempelbauten der Frühen Westlichen Chalukyas. Sie beeinflussten nicht nur die Baustile Südindiens, sondern hinterließen ihre Spuren auch im Norden des Landes. Die Gegend entwickelte sich zu einem wahren Experimentierfeld der Tempelarchitektur. Die besten Architekten und Bildhauer jener Zeit wurden ins Reich geholt. Sie schufen Meisterwerke der frühen Tempelbaukunst Indiens und ihre ausdrucksstarken, höchst plastischen und sehr gut erhaltenen Skulpturen ziehen noch heute die Besucher in Bann.

Besonders die vier Höhlen am südlichen Ortsrand von Badami zeigen großartige Beispiele der Kunst jener Zeit. Auch die kleinen Tempel auf dem Felsplateau nordöstlich des Orts lohnen einen Besuch. Pattadakal, die alte Tempelstadt der Frühen Westlichen Chalukyas 22 km nordöstlich von Badami, besteht aus einer ganzen Reihe imposanter Tempel und gehört zum Unesco-Welterbe. Auch das Dorf Aihole, 13 km nördlich von Pattadakal, beherbergt zahlreiche Bauten mit teils außergewöhnlicher Form und sehenswertem Skulpturwerk.

Bei einer solchen Fülle von Tempeln auf so kleinem Raum ist man gut beraten, wählerisch zu sein. Erdrückend und ermüdend wäre eine Besichtigungstour, die den Anspruch hätte, den Schatz der Frühen Westlichen Chalukyas lückenlos und innerhalb eines Tages abzuhaken.

Badami ist ein angenehmes Städtchen, dessen interessante Sehenswürdigkeiten sich bequem an einem Tag auf Spaziergängen erkunden lassen. Am zweiten Tag können dann die Tempelstadt Pattadakal, das Dorf Aihole und – falls noch Energie vorhanden ist – auf dem Rückweg der Tempel von Mahakuta besichtigt werden. Proviant sollte man für diesen Ausflug mitnehmen, da es in Pattadakal und Aihole nur kleine Imbissstände, Kokosnüsse und Softdrinks gibt.

Badami

Reiseatlas: S. 5, B 2; **Cityplan:** S. 336
Nach einer Fahrt durch flaches, fast baumloses und trockenes Land, auf dem dürre Maispflanzen oder Sonnenblumen gedeihen und

magere Ziegen die wenigen Grashalme ab-
knabbern, kündigen rote schroffe Sandstein-
felsen die Nähe des Städtchens **Badami** an.
Lebhaft und laut geht es zu entlang der
Hauptstraße, die sich vom Busbahnhof nach
Süden durch den Ort zieht. Dörflich und
beschaulich dagegen präsentiert sich der
Stadtkern östlich davon. Am künstlich angelegten See Agastya mit seinen Badetreppen
waschen die Frauen morgens ihre Wäsche.
Dahinter erheben sich steile Felsen mit kleinen Tempeln, Höhlen und Festungsmauern,
die an Badamis geschichtsträchtige Vergangenheit erinnern.

Unterer und Oberer Shivalaya-Tempel

Schon bei der Ankunft in Badami stechen die
Tempel oberhalb des Orts ins Auge: der Untere und der Obere Shivalaya-Tempel sowie
der Malegitti-Shivalaya-Tempel aus dem
7. Jh. Um die beiden Shivalaya-Tempel zu erreichen, läuft man vom Busbahnhof in südliche Richtung und biegt nach ca. 150 m links
in den alten Ortskern ab. Nach wenigen Minuten in östliche Richtung gelangt man zum
malerischen alten Wasserbecken Agastya
Tank, an dessen Rand einige Tempel stehen.
Vom Archäologischen Museum am Nordufer
führt ein steiler, gewundener Pfad durch die
Felsen nach oben.

Zunächst passiert man den weniger gut
erhaltenen **Unteren Shivalaya-Tempel** **1**
und am Felsrand die Reste eines Forts, von
wo aus man eine schöne Aussicht auf Badami und die Umgebung hat. Weiter nach
oben geht der Weg zum **Oberen Shivalaya-
Tempel** **2**, der in exponierter Lage auf einem Felsen thront. Das kleine Heiligtum aus
rotem Sandstein gilt als eines der ersten im
typisch südindischen Baustil, wie an seinem
kleinen Vimana-Turm über dem Sanktum zu
erkennen ist. An seiner Südseite besitzt der
Tempel sehr gut erhaltene Friese.

Malegitti-Shivalaya-Tempel

Zum **Malegitti-Shivalaya-Tempel** **3** gelangt man über einen schmalen Weg, der gegenüber dem Busbahnhof und wenige Meter

Mit der Autorin unterwegs

Magischer Sonnenuntergang
Eine tolle Stimmung genießt man beim Sonnenuntergang am **Agastya Tank.** Vom Buthanatha-Tempel aus lässt sich das bezaubernde Farbenspiel am besten bewundern (s.
unten).

Altindischer Humor
Schon lange vor Asterix & Co. hat man über
dickbäuchige Gesellen gelacht – die Friese
am Sockel der Veranden der Höhlen Nr. 1 und
Nr. 3 in **Badami** zeigen lustige Comics in
Stein (s. S. 336).

Verrückter Mann
Der **Huchapayyamatha-Tempel** in Aihole
besitzt wunderbare Deckenfriese, die die
Götter Brahma, Vishnu und Shiva zeigen, und
heißt übersetzt ›Tempel des verrückten Mannes‹ – wer damit gemeint war, ist nicht ganz
klar (s. S. 341).

südlich vom Hotel Rajasangam nach Osten
führt. Der Tempel liegt in einer begrünten Anlage und wurde ebenfalls auf einem Felsen
erbaut. Das im südindischen Stil errichtete
Heiligtum ist Shiva gewidmet, der mit Dreizack und Schlange abgebildet ist. Man findet
jedoch auch Darstellungen von Vishnu.

Rund um den Agastya Tank

Blaugrün schimmert das Wasser, rotbraun
leuchten die Badetreppen und malerisch he-
ben sich die kleinen Tempel vom Ufer ab – ein
Spaziergang um den **Agastya Tank** **4** ist –
außer in der Mittagshitze – immer reizvoll:
morgens, wenn die Frauen waschen und das
monotone Schlagen ihrer Wäsche durch das
Tal klingt, oder abends, wenn die Sonne un-
tergeht. Es kehrt beschauliche Ruhe ein,
nachdem die Touristenbusse abgefahren sind.

Am Nordufer des Sees lohnt das kleine **Archäologische Museum** **5** einen Blick, in
dem Skulpturen aus der Chalukya-Zeit ausgestellt sind. Besonders interessant ist die

Für die Frauen von Badami ein Arbeitsplatz, für fremde Besucher ein magischer Ort, vor allem abends zum Sonnenuntergang: der Agastya Tank

Badami: Cityplan

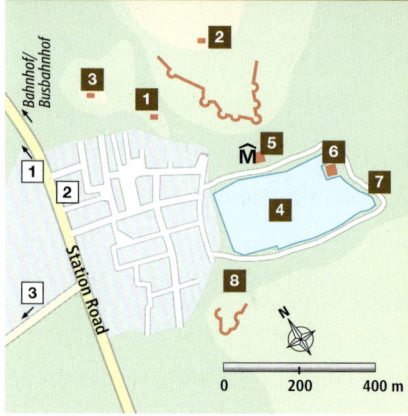

Sehenswürdigkeiten

1 Unterer Shivalaya-Tempel
2 Oberer Shivalaya-Tempel
3 Malegitti-Shivalaya-Tempel
4 Agastya Tank
5 Archäologisches Museum
6 Buthanatha-Tempel
7 Relief
8 Höhlen von Badami

Übernachten, Essen, Trinken

1 Badami Court
2 Rajasangam
3 KSTDC Hotel Mayura Chalukya

Darstellung einer Fruchtbarkeitsgöttin in Gebärpose, deren Kopf aus einem Lotos besteht (Sa–Do 10–17 Uhr, 4 Rs).

Ein kurzer schöner Spaziergang führt vorbei an kleinen Schreinen zum **Buthanatha-Tempel 6** aus dem 6. Jh. und zu nahe gelegenen Felsenheiligtümern. Besonders interessant ist ein **Relief 7** am Felsen hinter dem Tempel: Vishnu in verschiedenen Formen, Ganesha, Durga und andere Götter sind in den Stein gemeißelt.

Höhlen von Badami

Höhepunkt eines Besuchs von Badami sind die vier Felsenhöhlen südöstlich oberhalb des Orts, die größtenteils Ende des 6. Jh. erschaffen wurden. Die **Höhlen von Badami 8** beherbergen exzellente und sehr gut erhaltene Skulpturen, die in solcher Vielfalt und Qualität nur an wenigen Orten zu finden sind. Ihre plastische Darstellung vermittelt teilweise den Eindruck, als quellten die Figuren buchstäblich aus dem Stein.

Alle vier Heiligtümer besitzen eine Pfeilerveranda, dahinter befindet sich jeweils eine Halle, die ebenfalls mit Säulen bestückt ist. Im hinteren Teil ist das Sanktum in die Felswand eingelassen. Die Höhlen sind den Göttern Shiva (Nr. 1) und Vishnu (Nr. 2 und Nr. 3) gewidmet; Nr. 4 ist eine jainistische Höhle

und erst 100 Jahre später entstanden. Während der Besichtigung sollte man trotz des eindrucksvollen Skulpturwerks auf Augenhöhe nicht vergessen, ab und zu einen Blick nach oben zu werfen, denn auch die Decken sind teils reich dekoriert und schöne Trägerfiguren schmücken die Eingänge. In Höhle Nr. 3 sind überdies Reste alter Malereien zu erkennen. Comics in Stein findet man an den Friesen am Sockel der Veranden von Höhle Nr. 1 und Nr. 3, wo dickbäuchige Zwerge in lustigen Posen abgebildet sind.

Da die Felsbauten als größte Attraktion von Badami gelten, ist hier den ganzen Tag über reger Besucherverkehr. Ausländische Touristen sollten sich darauf einstellen, dass sie für die Busladungen von Schulkindern manchmal interessanter sind als die steinernen Götter in den Höhlen.

Höhlen Nr. 1 und Nr. 2

In **Höhle Nr. 1** erinnert rechts der imposante Shiva-Nataraja mit 18 wild schwingenden Armen, den kosmischen Tanz aufführend, wer der Herr des Hauses ist. Auch der Lingam im Sanktum ist ein Hinweis auf einen Shiva-Tempel.

Ein Stück weiter oben liegt **Höhle Nr. 2,** in deren Veranda Vishnu in verschiedenen Inkarnationen abgebildet ist: als Eber, als

Zwerg und als Riese, die Welt durchschreitend. Besonders beachtenswert ist die interessante Bearbeitung der Decke: Sechzehn Fische, um einen Lotos gruppiert, symbolisieren die Speichen eines Wagenrades. Auch die Säulen der Halle zeigen aufwendige Dekorationen.

Höhle Nr. 3
Höhle Nr. 3 ist die größte und schönste der Gruppe. Die Figurenfülle und ihre feine Bearbeitung lassen dieses Heiligtum besonders hervorstechen. Schon die Säulenreihe der 23 m langen Veranda ist reich ornamentiert. Vishnu, dem dieser Tempel geweiht ist, wird in verschiedenen Inkarnationen als Mann-Löwe Narasimha und als Eber Varaha dargestellt. Auch als Shiva und Vishnu in einer einzigen Gestalt namens Harihara sowie auf der Weltenschlange Shesha ruhend ist er zu sehen. Außerdem schmücken Liebespaare und nahezu vollplastische Trägerfiguren das Innere der Höhle. An der Decke tummelt sich der ganze hinduistische Götterhimmel.

Höhle Nr. 4
Die zuoberst liegende **Höhle Nr. 4** ist gleichzeitig die jüngste der Gruppe und ein jainistisches Heiligtum, ausgestattet mit den 24 Furtbereitern (Tirthankaras). Im Vergleich zu den anderen Höhlen wirkt sie schlichter. Von hier oben bieten sich schöne Blicke auf den Buthanatha-Tempel am östlichen Seeende (Sonnenauf- bis Sonnenuntergang, 100 Rs).

KSTDC Tourist Information Centre: Hotel Mayura Chalukya, Ramdurg Rd., Tel. 083 57-22 00 46.

Badami Court 1: 17/3 Station Rd., Tel. 083 57-22 02 30, rafiqmht@blr.vsnl.net.in. Komfortabelstes Hotel von Badami, 2 km außerhalb, mit Swimmingpool und gutem Service. DZ ab 50 €.
Rajasangam 2: Station Rd., gegenüber dem Busbahnhof, Tel. 083 57-22 19 91, www.hotelrajsangam.com. Sehr zentral mit passablen Zimmern und zwei Restaurants. DZ 1350 Rs.

KSTDC Hotel Mayura Chalukya 3: Ramdurg Rd., Tel. 083 57-22 00 46. Geräumige saubere Zimmer in großem Garten, Bar und Restaurant. DZ 400–550 Rs.

Badami Court 1: im gleichnamigen Hotel (s. o.). Multicuisine-Restaurant, guter Service, leckerer Kaffee, Bar.
Rajasangam 2: im gleichnamigen Hotel (s. links). In dem einen Restaurant werden einfache vegetarische südindische Gerichte (ab 30 Rs) serviert, im anderen nordindische nichtvegetarische Gerichte und Alkohol. Ab 70 Rs.
KSTDC Mayura Chalukya 3: im gleichnamigen Hotel (s. o.). Gute südindische Thalis, nordindische und chinesische Küche mit oder ohne Fleisch, Bier. Ab 30 Rs.

Im Januar findet in Banashankara einige Kilometer südlich von Badami ein großes Pilgerfest statt. Abends gibt es einen großen Markt, Straßentheater, Kino und viele andere Vergnügungen.

Züge: Der Bahnhof liegt 5 km nördlich des Zentrums und ist mit Rikschas, Pferdetongas oder Bussen zu erreichen. Mehrmals täglich Bummelzüge nach Bijapur im Norden und nach Gadag im Süden.
Busse: Der Busbahnhof befindet sich mitten im Ort an der Hauptstraße. Regelmäßige Verbindungen nach Bijapur und Hospet (für die Weiterfahrt nach Hampi), nach Hubli und Gadag sowie nach Pattadakal und Aihole.
Mietwagen: Über das KSTDC Information Centre (s. links).

Pattadakal

Reiseatlas: S. 5, B/C 2
In **Pattadakal,** 22 km nordöstlich von Badami, ließen die Chalukyas einige der schönsten Sakralbauten jener Zeit errichten – nicht von ungefähr gehört die Stätte heute zum Unesco-Welterbe. Dies war der Ort, wo ihre Herrscher gekrönt wurden, wo man Zeremonien und Feste feierte. Und in der Tat, die Stelle oberhalb des Flusses Malaprabha scheint als

Das ›Freiluftmuseum‹ Pattadakal, heute Unesco-Welterbe

zeremonieller Ort und als Kulisse für die Tempel wie geschaffen. Heute kann man in der umzäunten Anlage wie in einem Freiluftmuseum herumspazieren und die teils sehr gut erhaltenen Bauwerke besichtigen.

Virupaksha-Tempel

In der Südostecke der Anlage steht der **Virupaksha-Tempel,** Pattadakals größtes Heiligtum. Er wurde um 720 im Auftrag von Loka Mahadevi, der Ehefrau Vikramadityas, errichtet und soll an den Sieg der Chalukyas über die Pallava-Dynastie aus Kanchipuram erinnern. Als Vorbild diente deshalb auch der Kailasanatha-Tempel aus Kanchipuram.

Der Virupaksha-Tempel wurde im dravidischen Baustil errichtet, was sich im Vimana-Turm über dem Sanktum, dem Umwandlungsgang und den vielen Nebenschreinen zeigt. Sein Haupteingang deutet nach Osten zum Fluss hin. Im dazugehörigen Nandi-Schrein wird heute noch den Göttern geopfert. Das Heiligtum ist den Göttern Durga und Ganesha geweiht. Sehr schönes Skulpturwerk findet sich an den Fassaden und den Säulen der Vorhalle. Shiva und Vishnu in verschiedenen Inkarnationen, der Dämon Ravanna, Liebespaare und Torhüter bevölkern die Wände, an denen auch Geschichten aus den großen Epen Ramayana und Mahabharata erzählt werden.

Weitere Tempel innerhalb der Anlage

Gleich hinter der Nordseite des Virupaksha-Tempels steht dessen kleinere Ausführung, der **Mallikarjuna-Tempel.** Er wurde zum gleichen Anlass von Trailoka Mahadevi, einer weiteren Ehefrau Vikramadityas, gestiftet. In seinem Innern befindet sich ein Shiva-Lingam und an den Wänden sind Szenen aus dem Leben Krishnas abgebildet.

Vermischung von nordindischen und südindischen Stilelementen. So ist der Tempelturm ein nordindischer Shikara, die Brüstung mit den Miniaturpavillons zeigt südindischen Einfluss. Neben dem sehr schönen Figurwerk sind vor allem die geschnitzten Gitterfenster bewundernswert.

Aihole (Aivalli)

Reiseatlas: S. 5, B 2; **Karte:** S. 340
13 km nordöstlich von Pattadakal liegt Aihole: ein altes Dorf, Kühe und verrostete Traktoren, lärmende Kinder, ein paar Läden, ein Dorfplatz und dazwischen unzählige Tempel. Auch auf den Feldern und auf den Felsen außerhalb des Orts stehen die Heiligtümer – insgesamt sind es über 125 Tempel. Hier war die erste Hauptstadt der Frühen Westlichen Chalukyas. Inschriften bezeichnen den Ort als Ayyavole oder Aryapura. Die meisten Tempel stammen aus der Zeit zwischen dem 6. Jh. und dem 8. Jh. Sie sind teils gut erhalten, manche auch baufällig und mit Gestrüpp überwuchert. Einige wichtige Bauwerke wie der Durga-Tempel und das Museum befinden sich nördlich des Dörfchens innerhalb einer Umzäunung (tgl. 6–18 Uhr, 100 Rs). Von den vielen Heiligtümern werden im Folgenden einige besonders interessante beschrieben, die dort bzw. verstreut im Dorf oder außerhalb auf Feldern und Anhöhen liegen, aber gut erreichbar sind.

Tempelgruppe nördlich des Dorfes

Der **Durga-Tempel** **1** ist das größte und auch das außergewöhnlichste Monument der Gruppe. Er befindet sich gegenüber dem Eingang zur Anlage und ist durch seine besondere Form sofort erkennbar. Er besitzt ein halbrundes Sanktum mit einem nordindischen Shikara-Turm und Umwandlungsgang, eine dreischiffige Halle sowie eine Vorhalle. Der Bau mit seiner umlaufenden Kolonnade erinnert an die Form buddhistischer Chaitya-Hallen. In den Nischen des Heiligtums sieht man sehr schöne und ausdrucksstarke Dar-

Im Zentrum der Anlage trifft man auf den ältesten Tempel von Pattadakal, den im südindischen Stil errichteten **Sangameshvara-Tempel.** Weitere Tempel wie der **Galaganatha-Tempel** und der **Jambulinga-Tempel** stehen nördlich davon und zeigen auch architektonische Stilelemente nordindischer Sakralbauten wie den Shikara-Turm. Auf dem Gelände gibt es außerdem ein kleines Museum (Tempelanlage: tgl. 6–18 Uhr, 250 Rs; Museum: Sa–Do 10–17 Uhr).

Papanatha-Tempel

Ein schöner Spaziergang führt durch das nordöstliche Tor zum **Papanatha-Tempel,** der ungefähr 150 m südlich der Anlage zwischen Fluss und Maisfeldern liegt. Das um 740 erbaute Heiligtum ist ungewöhnlich lang, da es zwei Hallen vor dem Sanktum besitzt. Es steht auf einer hohen Plattform. Der Papanatha-Tempel ist ein typisches Beispiel der

Aihole: Übersichtsplan

Sehenswürdigkeiten

1 Durga-Tempel
2 Lad-Khan-Tempel
3 Hucchimalli-Tempel
4 Ravana-Phadi-Höhle
5 Meguti-Tempel
6 Huchapayyamatha-Tempel
7 Jaina-Höhle

Übernachten

1 KSTDC Tourist Home

0   100   200 m

stellungen, z. B. von Shiva auf seinem Reittier Nandi oder Durga im Kampf gegen den Büffeldämon. Trotz der Präsenz der Göttin leitet sich der Name des Tempels nicht von ihr ab. Sein Name besagt vielmehr, dass er in der Nähe der Festungsmauer liegt – diese wird ebenfalls Durga genannt. Geweiht ist der Durga-Tempel Gott Vishnu. Gleich daneben befindet sich ein kleines **Museum** mit interessanten Fundstücken aus der Umgebung (Sa–Do 10–17 Uhr).

Von den Bauten südlich des Durga-Tempels ist der **Lad-Khan-Tempel** 2 bemerkenswert. Er hat einen fast quadratischen Grundriss und ein sehr flaches, zweistufiges Schrägdach aus großen Steinplatten sowie eine offene Vorhalle. Im Sanktum steht ein Lingam, das Symbol Shivas. Interessant ist der muslimische Name dieses hinduistischen Heiligtums. Er stammt vermutlich von einem seiner früheren weltlichen Bewohner.

Tempel rund um den Ortskern

Südlich der umzäunten Tempelgruppe befindet sich der Dorfkern von Aihole mit Läden, Platz und weiteren Tempelruinen. Noch weiter nordöstlich davon liegt ein recht großes, aber sehr einfaches KSTDC-Hotel, wo man Tee trinken kann, zu essen gibt es allerdings nichts. Unmittelbar hinter dem Hotel steht der **Hucchimalli-Tempel** 3. Auch er erhielt seinen Namen von einer ehemaligen Bewohnerin. Hucchi bedeutet in der Lokalsprache Kanada ›verrückte Frau‹. Vor dem Gott Shiva geweihten Tempel befindet sich ein alter Treppenbrunnen mit schönen Friesen.

Nimmt man die Straße vom Hucchimalli-Tempel nach Süden, kommt man zur **Ravana-Phadi-Höhle** 4. Sie beherbergt zahlreiche sehr expressive Skulpturen, darunter Frauendarstellungen und einen meditierenden Yogi in der rechten hinteren Ecke. Ihr vorgelagert ist ein Nandi-Stier.

Tempel am Ortsrand

Weiter südlich auf einem Hügel thront der **Meguti-Tempel** 5. Einer Inschrift zufolge stammt er aus dem Jahr 634 und zählt damit zu den frühesten datierten Bauwerken Indiens. Das Jaina-Heiligtum beherbergt einen sitzenden Tirthankara. Der Tempel bietet eine schöne Aussicht auf Aihole und Umgebung.

Über 125 Tempel gibt es in und um Aihole – viel zu entdecken

Verlässt man Aihole in Richtung Pattadakal, so steht rechter Hand am Ortsausgang
der **Huchapayyamatha-Tempel** 6. Er ist
der Tempel des ›verrückten Mannes‹. Die ausgezeichneten und sehr lebendigen Deckenfriese in diesem Tempel sollte man nicht verpassen. Das Göttertrio Brahma, Vishnu und
Shiva ist unter dem Dach abgebildet, ganz
hinten im Tempel sieht man Brahma auf seiner Gans Hamsa, dann folgt Vishnu auf der
Weltenschlange Shesha ruhend und zuletzt
Shiva auf seinem Stier Nandi.

Weiter südöstlich liegt noch eine interessante **Jaina-Höhle** 7 mit reichem Skulpturwerk, darunter meditierende Tirthankaras. An
der Decke sieht man ein Lotosmotiv und einen Fries mit einem Ungeheuer, das einen
Mann verschluckt.

KSTDC Tourist Home 1: Aihole, Tel.
083 51-28 45 41. Sehr große, allerdings auch sehr spartanisch eingerichtete
Zimmer – die einzige Übernachtungsmöglichkeit vor Ort. DZ 250–350 Rs.

Mahakuta-Tempel

Reiseatlas: S. 5, B 2

Wer noch ausreichend Energie verspürt, kann
auf dem Rückweg von Aihole nach Badami
dem **Mahakuta-Tempel** einen Besuch abstatten, der ungefähr 15 km nordöstlich von
Badami zu finden ist. Im Gegensatz zu den
meisten anderen Monumenten in der Gegend
ist dieses äußerst populäre Shiva-Heiligtum
mit viel Leben erfüllt. Schon außerhalb der
Mauern des Tempelkomplexes picknicken
die Pilger oder waschen ihr Geschirr und ihre
Wäsche.

Der Mahakuta-Tempel besteht aus mehreren Schreinen und einem Teich in der Mitte,
den kleine Jungen zum Schwimmbad umfunktioniert haben. Das Bauwerk aus dem
7./8. Jh. hat zwar auch schönes Skulpturwerk
aufzuweisen, doch nach den vielen Highlights aus Stein genießt man hier die entspannte Atmosphäre eines kleinen Pilgerortes. Vor dem Tempel werden erfrischende
Kokosnüsse verkauft.

Inmitten einer surrealen Felslandschaft mit riesigen Gesteinsbrocken, kleinen Flusstälern und Bananenplantagen liegen die Ruinen der Stadt Vijayanagar, im späten Mittelalter das Machtzentrum eines der größten Königreiche Südindiens. Die Überreste ihrer exquisiten Tempelanlagen und prachtvollen Paläste gehören seit 1986 zum Unesco-Welterbe.

Reiseatlas: S. 5, C 2; **Karte:** S. 349

Noch vor etwas mehr als zwei Jahrzehnten dämmerten die Ruinen der alten Königsstadt **Vijayanagar** im Tiefschlaf vor sich hin. Außer ein paar Archäologen und Indologen interessierten sich wenige für den Ort. Das änderte sich erst, als Vijayanagar 1986 zum Unesco-Welterbe erklärt wurde. In den 1990er-Jahren hielt der Tourismus Einzug, und Scharen von Besuchern begannen, die verlassene Stadt zu erkunden. Das kleine Dorf **Hampi** bei den Ruinen entwickelte sich zum Mittelpunkt der neuen Travellerszene. Nach wie vor ist der Ort fest in der Hand von Rucksacktouristen, obwohl neue Hotels in der 13 km entfernten Provinzstadt **Hospet** und deren Umgebung zunehmend betuchtere Besucher aus dem In- und Ausland anziehen. Vijayanagar ist heute meist das Highlight einer Rundreise auf dem Dekkan.

Aus Richtung Bijapur bzw. Badami führt der Pune-Bangalore-Highway nach Hospet, der den Ruinen nächstgelegenen Stadt. Reisfelder kündigen die Nähe des Tungabhadra-Stausees bei Hospet an, der die ganze Gegend mit dem notwendigen Nass versorgt. Kanäle, in denen Menschen und Wasserbüffel gleichermaßen Abkühlung suchen, durchziehen die Felder. Von Hospet aus führt eine schmale Straße zu den ca. 15 km entfernten Ruinen. Wo sich vor 500 Jahren die Hauptstadt der Herrscher von Vijayanagar befand, liegen heute nur einige kleine Dörfer.

Geschichte

Ausgrabungen, beispielsweise aus der Chalukya-Zeit, haben gezeigt, dass die Gegend schon lange vor den Vijayanagar-Herrschern besiedelt war. Doch erst um die Mitte des 14. Jh. stieg der Ort zu überregionaler Bedeutung auf. Nach dem Rückzug der Mogul-Truppen, die weite Teile Südindiens besetzt hatten, drängten wieder lokale Kräfte an die Macht, darunter die Brüder Harihara I. (1336–54) und Bukka I. (1354–77) aus der Familie der Sangamas. Sie waren Offiziere im Dienst eines Lokalfürsten und nutzten das Machtvakuum zum Aufbau eines eigenen Reichs.

1336 gründeten Harihara I. und Bukka I. ihre Hauptstadt Vijayanagar (›Stadt des Sieges‹). Ihnen und ihren Nachfolgern gelang es in relativ kurzer Zeit, weite Gebiete Südindiens unter Kontrolle zu bringen. In ständige Kriege verwickelt waren die Sangamas mit ihren nördlichen Nachbarn, den Dekkan-Sultanaten. Trotzdem behielten die Vijayanagar-Herrscher für lange Zeit die Oberhohheit über die Großregion und bauten diese sogar noch aus. Mit immer neuen höfischen und religiösen Bauten stellten sie ihre Stärke und ihre Ressourcen zur Schau. Besonders die Saluvas, die Nachfolger der Sangama-Dynastie, errichteten unter ihrem Herrscher Narasimha

**Mit der Natur verwachsen:
die Ruinen von Hampi**

Vijayanagar (Hampi)

Mit der Autorin unterwegs

Fahrzeug aus Stein
Auch den kleinen, reich dekorierten Tempelwagen im Hof des **Vitthala-Tempels** sollte man sich nicht entgehen lassen. Die Räder sind aus Stein und ließen sich früher bewegen (s. S. 346).

Geschichten in Stein
Die wunderschönen Reliefs am **Ramachandra-Tempel** und an seinen Umfassungsmauern gehören zu den herausragenden künstlerischen Arbeiten von Vijayanagar. Keinesfalls verpassen (s. S. 349)!

(1485–93) herrliche Heiligtümer wie den Vitthala-Tempel.

Unter den Tuluvas, der dritten Vijayanagar-Dynastie, erlebte die Stadt höchsten Glanz, aber auch ihren Untergang. Zeitgenossen beschreiben den Hof als unübertroffen in seinem Pomp und seiner Prachtentfaltung. Die Tuluva-Herrscher Krishnadevaraja (1510–29) und Achyutadevaraja (1529–42) ließen viele Tempel für ihre Schutzgottheit Vishnu in seinen verschiedenen Aspekten errichten – was die Dynastie letztendlich aber nicht vor ihrem Niedergang rettete. Immer heftiger wurden die Spannungen mit den muslimischen Nachbarn, wobei es nicht um den unterschiedlichen Glauben, sondern um Expansionsgelüste, Land- und Wasserrechte ging. Das Ende der Stadt des Sieges war besiegelt, als sich die Dekkan-Sultanate zusammenschlossen und dem mächtigsten Reich Südindiens mit vereinten Armeen den entscheidenden Schlag versetzten. Die Schlacht bei Talikota im Januar 1565 ging als Tag des Untergangs von Vijayanagar in die Annalen der Geschichte ein. Anschließend wurde die Stadt geplündert und größtenteils zerstört. Einige Zeit noch hielten sich die Tuluvas und ihre Nachfolger in ihrer neuen Hauptstadt Penukonda weiter südlich, bis sie auch hier neuen Herrschern und Reichen Platz machen mussten.

Orientierung und Besichtigung

Vijayanagar war Königsstadt und Tempelstadt zugleich. Das religiöse Zentrum befand sich im Norden entlang dem Fluss zwischen dem Virupaksha-Tempel und dem Vitthala-Tempel. Südlich davon schlossen sich das königliche Zentrum und der öffentliche Bereich an.

Die Sehenswürdigkeiten lassen sich am besten durch mehrere Ausflüge erkunden. Mindestens zwei, besser drei Tage sollte man für einen Aufenthalt einplanen, um die zahlreichen Stätten inmitten der reizvollen Landschaft auf sich wirken zu lassen. Kamalapuram, Anegondi und Hampi markieren das Dreieck, innerhalb dessen sich das Herz der ehemaligen Stadt befand. In allen drei Orten gibt es heute Übernachtungsmöglichkeiten, am größten ist die Auswahl in Hampi. Das Gebiet kann zu Fuß, per Fahrrad, Motor-Rikscha, Taxi oder Motorrad erkundet werden, allerdings liegen nicht alle Sehenswürdigkeiten an Straßen, sodass Fußmärsche unumgänglich sind.

Religiöses Zentrum

Narasimha-Statue und Shiva Lingam

Die Besichtigung des religiösen Zentrums beginnt man am besten 1 km südlich von Hampi bei der berühmten **Narasimha-Statue 1**, die versteckt hinter einem Bananenhain liegt (aus Kamalapuram kommend an der Straße ausgeschildert). Vishnu in seiner Mann-Löwe-Inkarnation sitzt mit gekreuzten Beinen auf der Weltenschlange Adishesha. Auch über seinem Haupt bäumt sich die siebenköpfige Schlange. Die 6,7 m hohe Granitfigur ist die größte Skulptur in Vijayanagar und wurde 1528 eingeweiht.

Rechts davon steht in einem Schrein inmitten eines Wasserbeckens ein großer, monolithischer **Shiva Lingam 2**, der – besonders von Männern – ehrfurchtsvoll bestaunt und fotografiert wird.

Krishna-Tempel und Ganesha-Schreine

Folgt man der Straße in nördlicher Richtung, so trifft man linker Hand auf den **Krishna-Tempel** 3, eine große Anlage mit mehreren Säulenhallen und Nebenschreinen in einem geräumigen Innenhof. Sein Haupttor im Osten wird von einem großen Gopuram bekrönt. Besonders in der ersten Säulenhalle fallen die fein skulptierten Säulen mit Vishnu in verschiedenen Inkarnationen auf. Das Heiligtum wurde von dem Tuluva-Herrscher Krishnadevaraja im Jahr 1513 gestiftet.

Oberhalb des Krishna-Tempels stehen auf den kahlen Felsen des **Hemakuta Hill** zwei **Schreine für den Elefantengott Ganesha** 4. Im kleineren Schrein an der Südostseite des Hügels sitzt er in einem säulenbestückten Pavillon. Die zweite Skulptur von Shivas Sohn ist aus einem Stück Fels gearbeitet und 4,5 m groß. Sie steht weiter oben auf dem Hügel, von wo man einen guten Überblick über Hampi und die Tempel im Tal hat.

Rund um Hampi Bazaar

Restaurants, Läden und Internetcafés säumen die Hauptstraße **Hampi Bazaar,** vor allem deren westlichen Teil. Hier steht auch der **Virupaksha-Tempel** 5, das größte und wichtigste Heiligtum von Vijayananagar. Der Tempel ist einer Form Shivas mit dem Namen Virupaksha oder Pampapati gewidmet. Aus ganz Indien pilgern Gläubige hierher, besonders voll wird es morgens und abends während der Puja-Zeiten.

Im Laufe der Jahrhunderte ist der Bau stetig gewachsen. Sein ältester Teil, das Sanktum, stammt noch aus dem 9./10. Jh. Der eigentliche Tempel wurde im 14. Jh. von den Vijayanagar-Herrschern errichtet und im 15./16. Jh. erweitert. Durch das 52 m hohen Gopuram im Osten gelangt man in den ersten Innenhof, an den sich ein zweiter, von Kolonnaden umgebener Hof anschließt. Hier befindet sich das Sanktum mit mehreren vorgelagerten Hallen, die teils sehr schön gemeißelte Säulen und Deckenmalereien besitzen. Beim Blick nach oben erkennt man Shiva in verschiedenen Erscheinungsformen (4 Rs).

Am östlichen Ende von Hampi erhebt sich der **Matanga Hill** mit einem Shiva-Tempel, ein beliebter Ort für Romantiker, um den Sonnenauf- oder -untergang zu beobachten. Unterhalb des Hügels steht eine große **Nandi-Statue.**

Tempelstätten entlang dem Fluss

Folgt man am östlichen Ende von Hampi Bazaar dem Pfad, der Richtung Fluss abzweigt, kommt man auf einen wunderschönen Weg entlang dem Ufer, vorbei an zahlreichen sehr sehenswerten Bauwerken wie dem berühmten Vitthala-Tempel. Der Spaziergang und die Bauwerke sind auf den Seiten 346/47 beschrieben.

Virupapur Gaddi

Nordwestlich des Virupaksha-Tempels führt ein Weg vorbei am Tempelteich zum Fluss. Von hier gelangt man mit Booten ans andere Ufer nach **Virupapur Gaddi,** einem kleinen Dorf, in dem ebenfalls eine Reihe kleiner Pensionen und Restaurants eröffnet hat. Außerdem genießt man von hier einen schönen Blick über den Fluss zum Virupaksha-Tempel. Das letzte Boot fährt um 17.30 Uhr nach Hampi zurück.

Königliches und öffentliches Zentrum

Nördlich des Dorfs **Kamalapuram** und östlich der Straße, die von dort nach Hampi führt, liegen auf mehreren Quadratkilometern

---

Achtung

Mit der wachsenden Zahl von Touristen nimmt leider auch die Kriminalität in der Region zu. Insbesondere Alleinreisende und Frauen sollte nachts nicht alleine herumspazieren und Ausflüge an unbelebte Plätze vermeiden. Ausgenommen davon sind die Hauptsehenswürdigkeiten, wo sich täglich riesige Besucherscharen einfinden.

Richtig Reisen-Tipp: Tempel, Felsen, Fluss – zu Fuß von Hampi nach Anegondi

Karte: S. 349

Fasziniert von der Mondlandschaft mit ihren gigantischen Felsbrocken am Fluss Tungabhadra waren wohl schon die Menschen in früheren Zeiten, denn die Vijayanagar-Herrscher ließen hier einige ihrer schönsten Tempel errichten. Heute führt ein schmaler Pfad am Wasser entlang von Hampi zum Vitthala-Tempel und weiter zum Fluss, von wo man per Boot zum Dorf Anegondi übersetzen kann. Ungefähr 6 km sind auf dieser schönen Tour zu Fuß zurückzulegen, je nachdem, wie viele Bauwerke man unterwegs besucht.

Nicht zu spät am Morgen sollte es losgehen, dann spiegeln sich die Granitfelsen im klaren Wasser der Tungabhadra und die Temperaturen sind noch erträglich. Ausgangspunkt der Wanderung ist das **Geeta River View Restaurant** (s. S. 352), wo man bei zauberhaftem Panorama frühstücken kann. Von hier verläuft ein schmaler Weg in östlicher Richtung entlang dem Fluss. Vorbei an Badetreppen, wo Frauen ihre Wäsche waschen, geht es zum **Kodandarama-Tempel** 6, der Gott Rama geweiht ist. In seinem Heiligtum stehen aus einem Stück Fels gehauen die drei großen Figuren Rama, Sita und Lakshmana. Auch in den Felsen der Umgebung erkennt man schön gemeißelte Skulpturen.

Nahe dem Tempel zweigt rechts der **Sulai Bazaar** 7 ab, der zu beiden Seiten von einer teils eingestürzten Säulenkolonnade flankiert wird. Auch wenn es jetzt schon langsam heiß wird, den Weg zum **Achyutaraya-Tempel** 8 am Ende der großen Prozessionsstraße sollte man sich nicht ersparen – schöne Skulpturen und Reliefs im Innern des Heiligtums erwarten den Besucher. Der Tempel ist Vishnu geweiht und auch unter dem Beinamen Vishnus als Tiruvengalanatha-Tempel bekannt. Mit seinen beiden Innenhöfen ist der 1534 eingeweihte Tempel eines der größten Bauwerke von Vijayanagar. Zwar sind die Kultbilder in den Schreinen nicht

mehr vorhanden, doch die Pfeiler der Säulenhallen vor dem Hauptheiligtum sind reich dekoriert.

Wieder zurück am Uferweg, steht rechter Hand der **Varaha-Tempel** 9 für Gott Vishnu in seiner Eberinkarnation, der das Relief eines kleinen Wildschweins trägt. Weiter östlich passiert man ein zweites Bade-Ghat und rechter Hand die Reste des **Narasimha-Tempels** 10, der vermutlich aus dem Jahr 1379 stammt und damit das älteste Bauwerk in diesem Teil des religiösen Zentrums ist. Gegenüber befindet sich in einer Felsspalte **Sugrivas Höhle.** Auf dem weiteren Weg passiert man eine Konstruktion aus zwei Granitpfeilern mit einem Querbalken samt Ösen, die sogenannte **Königswaage** 11. Hier sollen die Könige bei ihrer Krönung in Gold aufgewogen worden sein, das dann den Tempeln zugute kam.

Wenig später erblickt man schon das Juwel der Vijayanagar-Baukunst, den reich dekorierten **Vitthala-Tempel** 12. Er ist Vishnu in seiner Form als Vitthala geweiht und stammt aus dem 15./16. Jh. Hohe Mauern umfassen den rechteckigen Innenhof, in den neben dem Haupttor im Osten auch zwei Tore im Süden und Norden führen. Gleich gegenüber dem Osteingang befindet sich ein exquisit gearbeiteter **Tempelwagen** aus Stein. Dieser kleine Granitpavillon ist Garuda geweiht und mit vier ornamentierten Rädern bestückt, die sich früher drehen ließen. Elefanten flankieren den Eingang des Miniaturschreins, dessen Seiten ebenfalls reich geschmückt sind. Der Haupttempel liegt direkt dahinter. Er besteht aus einem Sanktum mit Umwandlungsgang sowie einer geschlossenen und einer offenen Vorhalle. Die offene Pfeilerhalle von 1554 ist das Meisterstück des Vitthala-Tempels. Wohin man auch blickt, sieht man eindrucksvoll gearbeitete Decken, Nischen, Friese und Säulen. Besonders Letztere versetzen die Besucher in Stau-

Rast- und Waschplatz für Pilger: das Ufer des Flusses Tungabhadra

nen. Die sogenannten Musiksäulen bestehen aus Gruppen schlanker Granitpfeiler, die beim Anschlagen Töne produzieren – was heute jedoch streng verboten ist. Der Sockel des Heiligtums ist ebenfalls aufwendig skulptiert mit Pferden, Wildgänsen und Darstellungen der zehn Inkarnationen Vishnus (tgl. 6–18 Uhr, 250 Rs, Ticket gilt auch für einen Besuch des Lotos Mahal (s. S. 349) am gleichen Tag).

Wer nach dem Besuch dieses eleganten Bauwerks müde geworden ist, kann von hier per Rikscha oder Bus zurück nach Kamalapuram fahren oder den gleichen Weg nach Hampi zurückgehen. Ansonsten läuft man ca. 1 km auf einer weiteren, von Säulen bestandenen **Prozessionsstraße 13,** die gegenüber dem Haupteingang des Tempels beginnt, nach Osten. Am Ende der Prachtstraße führt links ein Weg durch eine Bananenpflanzung zum Fluss hinunter. An der nächsten Weggabelung nimmt man den rechten Pfad, passiert einen kleinen **Schrein für den Affengott Hanuman** und erreicht nach ein paar Hundert Metern die Tungabhadra, wo kleine, runde Coracle-Boote nach Anegondi am anderen Ufer ablegen (10 Rs).

Im beschaulichen Dorf **Anegondi** 14 weisen Ruinen eines alten Forts und Tempel aus der Chalukya-Zeit auf die historische Bedeutung des Ortes hin. Nach der Vertreibung der Vijayanagar-Herrscher ließen sich einige ihrer Nachfahren hier nieder. An sie erinnert der im 17. Jh. erbaute kleine Palast **Gagan Mahal,** der sich am Dorfplatz befindet. Daneben steht der etwas jüngere **Ranganatha-Tempel.** Auf dem Berg westlich des Dorfs erheben sich die Reste einer **Zitadelle** mit den Überbleibseln weiterer Gebäude. Als Belohnung für den langen Fußmarsch wartet nahe dem Dorfplatz das sehr nette **Hoova-Café** auf Gäste (s. S. 352). Die Besitzerin kocht leckere vegetarische Thalis, die man im Garten unter blühenden Bougainvilla-Sträuchern verspeisen kann. Im Handwerksladen nebenan gibt es schöne, von den Frauen des Dorfes gefertigte Objekte.

Den Rückweg von Anegondi nach Hampi kann man per Taxi oder Rikscha, Nimmermüde auch zu Fuß, über Virupapur Gaddi (s. S. 345) antreten. Ansonsten muss man per Boot zurück über den Fluss und zum Vitthala-Tempel laufen.

Hampi: Übersichtsplan

Sehenswürdigkeiten

verstreut die Reste des königlichen und öffentlichen Zentrums. Mit dem Fahrrad (Verleihstationen in Hampi Bazaar) oder zu Fuß in Kombination mit einer Rikscha lässt sich das Gebiet bestens erkunden.

Archäologisches Museum

Im sehr sehenswerten **Archäologischen Museum 15** in Kamalapuram gibt ein Modell der alten Königsstadt einen guten Überblick über ihre Anlage und die verschiedenen Viertel. Weitere Ausstellungsräume des Museums sind den Göttern Shiva und Vishnu gewidmet (Sa–Do 10–17 Uhr, 5 Rs).

Bad der Königin

Beginnt man die Besichtigung von Kamalapuram aus, so erreicht man als erstes größeres Gebäude das **Bad der Königin 16.** Hinter dem unscheinbaren Äußeren des rechteckigen Gebäudes verbirgt sich ein Wasserbecken, an dem sich die Damen des königlichen Hofes zum Bad trafen. Die mit überhängenden Balkonen und Stuckelementen versehene Innenfassade zeigt islamischen Einfluss.

Öffentlicher Bereich

Nordwestlich vom Bad der Königin befindet sich der **öffentliche Bereich,** dessen wichtigstes Bauwerk die **Mahanavami Dibba 17** ist. Von dieser hohen Steinplattform beobachteten die Herrscher den Ablauf der Mahanavami-Feierlichkeiten, eines mehrtägigen religiösen Festes, das auch unter dem Namen Navratri bekannt ist. Treppen führen hinauf auf die Plattform, auf der früher vermutlich ein Pavillon stand. Sie wurde in mehreren Phasen zwischen dem 14. Jh. und dem 16. Jh. errichtet. Sehr vielseitige und lebendige Reliefs sind am Fuß der Mahanavami Dibba zu erkennen, beispielsweise Prozessionen von Elefanten und Kamelen, Jagd- und Kriegsszenen sowie Tänzerinnen und Musikanten.

Westlich davon ist der Unterbau der **100-Pfeiler-Halle 18** zu sehen, in welcher der König vermutlich seine Audienzen abhielt. Südlich davon befinden sich weitere Überreste von kleineren Gebäuden. Hier hat man einen **unterirdischen Raum 19** aus Chloritplatten entdeckt, der früher unter Umständen als Schatzkammer diente.

Ganz im Südosten des öffentlichen Bereichs befinden sich zwei Wasserbecken. Eines davon ist ein kunstvoll angelegter **Treppenbrunnen 20,** dessen Stufen elegante geometrische Muster bilden.

Ramachandra-Tempel

Wendet man sich vom öffentlichen Bereich Richtung Norden, so gelangt man zum Herz des königlichen Zentrums, dem **Ramachandra-Tempel 21,** der auch **Hazara-Rama-Tempel** genannt wird. Er ist berühmt wegen seiner großartigen Flachreliefs, die Teile seiner Umfassungsmauern und Außenwände zieren. Der Haupttempel für Gott Vishnu in seiner Form als Rama wurde zu Beginn des 15. Jh. unter dem Sangama-Herrscher Devaraya I. (1406–22) errichtet. In der Säulenhalle, die dem Sanktum vorgelagert ist, sieht man schöne Darstellungen der Avatare Vishnus. Entlang der Außenwände des Tempels und des benachbarten Devi-Schreins laufen Friese, die Geschichten aus dem Ramayana erzählen. Die in fünf Bändern entlang der Umfassungsmauern laufenden Flachreliefs zeigen Prozessionen von Elefanten, Reitern und Kriegern, Tänzerinnen und Musikantinnen.

Pattada-Ellamma-Tempel

Der **Hazara Rama Bazaar,** eine breite Straße, führt von hier zu den weiter nordöstlich gelegenen Frauengemächern. Dabei passiert man den **Pattada-Ellamma-Tempel 22** für die alte Lokalgöttin. In dem halb unterirdisch gelegenen Heiligtum bitten Frauen auch heute noch um die Erfüllung ihres Kinderwunsches und hinterlassen ihre grünen Glasreifen an dem alten Margosa-Baum, der sich davor erhebt.

Zenana mit Lotos Mahal und Elefantenställe

Am Ende des Hazara Rama Bazaar steht, hinter einer Mauer versteckt und von drei Wachtürmen umgeben, eine Gruppe von Gebäuden, die als **Zenana oder Frauengemächer 23** bezeichnet wird. Schmuckstück der Anlage ist ein höchst eleganter zweistöckiger Pavillon, der **Lotos Mahal 24.** Er vereint in perfekter Weise hinduistische und islamische Bauelemente und besitzt in seinem Innern

Vijayanagar (Hampi)

herrliche Stuckverzierungen (tgl. 6–18 Uhr, 250 Rs, Ticket gilt auch für einen Besuch des Vitthala-Tempels am selben Tag).

Nordöstlich des Lotos Mahal, außerhalb der Umfassungsmauern, steht eine weitere sehr interessante Gruppe von Gebäuden, die **Elefantenställe 25**. Die Wertschätzung der Tiere, die bei den Hindus als heilig gelten, drückt sich auch in dem eindruckvollen Gebäudekomplex aus, den man nicht wirklich als Stall bezeichnen kann. Rechts und links eines zweistöckigen Pavillons erheben sich zwei symmetrisch angelegte, mit Bogeneingängen versehene Gebäudeflügel, die jeweils von fünf Kuppeln bekrönt sind. Nördlich davon schließen sich im rechten Winkel die **Unterkünfte der Wachen 26** an.

Weitere sehenswerte Tempel

Neben den hier beschriebenen Monumenten gibt es noch zahlreiche weitere sehenswerte Bauwerke, beispielsweise den **Ragunatha-Tempel 27**, der östlich der Straße von Kamalapuram nach Anegondi liegt. Er besitzt ein Kultbild von Rama, Sita, Lakshmana und Hanuman.

Östlich von Kamalpuram steht der **Ganigitti-Jaina-Tempel 28**, und an der Straße nach Hampi befinden sich weitere Heiligtümer, z. B. der **Uddhana-Virabhadra-Tempel 29**, ein Shiva-Tempel, in dem die Gläubigen ein großes Kultbild von Virabhadra verehren, sowie direkt gegenüber der **Chandeshvara-Tempel 30**, ein Heiligtum für Vishnu.

i **KSTDC Tourist Office:** zwischen Busbahnhof und Virupaksha-Tempel, Hampi Bazaar, Tel. 083 94-24 13 39, Sa–Do 10–17.30 Uhr; Rotary Circle, Hospet, Tel. 083 94-22 85 37.

... in Hampi:
Pushpa Guest House & Restaurant: Janata Plot, Tel. 083 94-24 14 40. Kleine, saubere Zimmer mit schöner Aussicht. DZ 400–600 Rs.

Shanthi Guest House: River Rd., Tel. 083 94-24 15 68. Einfache Lodge nahe dem Virupaksha-Tempel mit einem netten Garten. DZ 250–500 Rs.

Sree Pompa Krupa Guest House: Janata Plot, Tel. 083 94-24 17 27. Die freundlichen Besitzer vermieten zwei kleine Zimmer mit Bad nahe dem Virupaksha-Tempel. DZ 250–400 Rs.

Gegenüber dem Osteingang des Vitthala-Tempels steht ein kunstvoller Tempelwagen

... in Virupapur Gaddi:
Laxmi Golden Beach Resorts: Tel. 085 33-28 70 08, http://laxmigoldenbeach.com/pro.html. Malerisch zwischen Felsblöcken und Reisfeldern gelegene Anlage mit riesigem Swimmingpool, Health Club und Yoga-Zentrum. Freundlicher Service und gute internationale Küche. Unterkünfte mit unterschiedlichem Standard. DZ 300–3200 Rs.

Uma Shankar Guesthouse & Restaurant: Tel. 085 33-28 70 67. 11 einfache Zimmer in einem netten Garten. Vom Restaurant hat man einen tollen Blick auf den Fluss und den Virupaksha-Tempel. DZ 150–450 Rs.
Hema Guesthouse: Tel. 083 94-32 98 57. Die Nachbarlodge vom Uma Shankar Guesthouse mit einzeln stehenden Hütten in einem grünen Garten. Wunderbare Aussicht vom

Vijayanagar (Hampi)

hauseigenen Restaurant. Nur während der Hauptsaison von Mitte September bis Ende März geöffnet. DZ 150–350 Rs.

... in Kamalapuram:

KSTDC Hotel Mayura Bhuvaneshvari: am Ortsende von Kamalapuram, ca. 4 km östlich von Hampi, Tel. 083 94-24 15 74, Fax 083 94-24 14 74. Bietet unterschiedliche Zimmer mit/ohne Klimaanlage auf einem großen Gelände. Ein Restaurant mit Bar ist ebenfalls angeschlossen. DZ 550–1500 Rs.

... in Hospet:

Malligi: 10/90, JN Rd., Tel. 083 94-22 81 01, www.malligihotels.com. Komfortables Hotel mit Swimmingpool und guter Küche mitten in der Stadt Hospet, 13 km von Hampi entfernt. DZ ab 3000 Rs.

... bei Naryanpet:

Boulders Rock Resort: Naryanpet (7 km westlich von Hampi), Reservierungen über Nivalink, Tel. 022-24 04 22 11, www.niva link.com. Malerisch zwischen Felsen und am Ufer des Tungabhadra liegen die 20 Luxusbungalows, jeder mit eigener Terrasse. DZ ab 6000 Rs.

... in Hampi:

New Shanti Restaurant: River Rd., Tel. 083 94-24 16 11. Internationale Gerichte in angenehmer Atmosphäre. 30–100 Rs.

Trishul Restaurant and German Bakery: 2. Seitenstraße vor dem Virupaksha-Tempel Richtung Fluss. Bietet ab 7 Uhr leckeres Frühstück mit Croissants und Brötchen und hat eine umfangreiche internationale Speisekarte. 30–100 Rs.

Geeta River View: am östlichen Ende des Hampi Bazaar, Abzweigung von der Hauptstraße Richtung Fluss, Tel. 98 44 35 75 14. Man sitzt unter schattigen Bäumen am Flussufer mit tollem Ausblick.

... in Virupapur Gaddi:

Namaste: in Laxmi Golden Beach Resorts (s. S. 351), Tel. 085 33-28 70 08. Ob indisch, italienisch oder israelisch – die Gerichte sind frisch zubereitet und schmecken lecker. 30–100 Rs.

... in Anegondi:

Hoova: nahe dem Dorfplatz. In dem hübschen Gartenrestaurant, das von dem staatlichen Projekt Rural Tourism gefördert wird, gibt es ganz frisch zubereitete vegetarische Thali-Gerichte. 30 Rs.

... in Hospet:

The Waves: im Hotel Malligi (s. links). Großzügig angelegtes Terrassenrestaurant mit sehr guter indischer Küche, chinesischen sowie westlichen Spezialitäten und Weinkarte. Ab 150 Rs.

In der Hauptstraße **Hampi Bazaar** haben sich die üblichen Kleider- und Schmuckläden angesiedelt, die es in Touristenhochburgen gibt. Im Dorf **Anegondi** ist direkt neben dem Restaurant Hoova ein attraktiver kleiner Laden, der vor allem aus Pflanzenfasern gefertigte Produkte und Textilien verkauft, die von den Dorfbewohnern selbst hergestellt werden.

Hampi Festival/Vijaya Utsav: 1. Novemberwoche. Mehrtägiges Fest mit zahlreichen Tanz- und Musikdarbietungen sowie vielen anderen kulturellen Events.

Flüge: KSTDC bietet Flüge mit kleinen Maschinen von Bangalore nach Hampi, Infos bei den KSTDC Offices in Bangalore (s. S. 373).

Züge: Der nächstgelegene Bahnhof liegt im 13 km von Hampi entfernten Hospet. Es existiert eine gute Verbindung nach Bangalore (Hampi Express), außerdem nach Badami, Bijapur und Hyderabad über Gadag Junction und Richtung Goa über Hubli.

Busse: Vom Busbahnhof in Hampi verkehren halbstündlich Busse nach Hospet. Vom Busbahnhof in Hospet gibt es mehrere Verbindungen täglich nach Bangalore, Badami, Goa (Panaji, Margao, Vasco), Hyderabad und Mysore.

Mietwagen: Buchung beispielsweise über Hamsa Tours & Travels im Hotel Malligi in Hospet (s. links). Rikschas für Touren in die Ruinen stehen am Busbahnhof in Hospet oder Hampi bereit. In der Hauptstraße Hampi Bazaar kann man auch Motorräder und Fahrräder ausleihen.

Eine Reise durch das ländliche Andhra Pradesh führt zu reizvollen hinduistischen Tempelanlagen und alten buddhistischen Stätten, vor allem aber führt sie durch Bauernland, durch fruchtbare grüne Reislandschaften oder trockene Baumwollanbaugebiete, durch kleine Städte und Dörfer. Für die Menschen, die in dieser Region leben, sind Touristen aus dem Ausland noch eine aufregende Angelegenheit.

Von Hyderabad nach Nordosten

Warangal und Umgebung

Reiseatlas: S. 6, F 1

Einige der eindrucksvollsten Tempel von Andhra Pradesh sowie die Überreste einer alten Festungsanlage befinden sich in und um **Warangal.** Die Distrikthauptstadt liegt 145 km nordöstlich von Hyderabad in einer vorwiegend von Landwirtschaft dominierten Region, wo vor allem Reis und Baumwolle angebaut werden. In diesem Gebiet herrschte zwischen dem 12. Jh. und dem 14. Jh. die Dynastie der Kakatiyas. Unter König Ganapati Deva gründeten sie ihre Hauptstadt Ekasilanagaram, die später zu Orukallu (›einzelner Fels‹) umbenannt wurde, da sie auf einem einzigen Felsen errichtet worden war.

Im Stadtteil Hanamkonda steht der sehr sehenswerte **1000-Säulen-Tempel,** den der Kakatiya-Herrscher Rudra Deva im Jahr 1163 bauen ließ. Das Heiligtum ist den Göttern Shiva, Vishnu und Surya geweiht. Sie werden in drei Kultzellen verehrt. Davor liegt die Säulenhalle mit 300 exzellent skulptierten Pfeilern. Beeindruckend ist auch der fast 2 m hohe monolithische Nandi, das Reittier Shivas. Das Dach des sternförmig angelegten Tempels ist leider eingestürzt (6–18 Uhr).

Eine mächtige Festungsanlage umgab die historische Stadt Orukallu, die größtenteils zerstört wurde. Ihre Überreste können in einem großen Freiluftmuseum einige Kilometer südlich von Warangal besichtigt werden. Besonders sehenswert sind die imposanten und reich verzierten Eingangstore. Auch die anderen fein gearbeiteten Fragmente von Tempeln und Skulpturen lohnen den Besuch von **Warangal Fort.** Als sich wiederholendes Motiv erkennt man an vielen Monumenten Schwäne, die das Herrschaftssymbol der Kakatiyas darstellen. An die Zeit der späteren muslimischen Herrscher, die die Kakatiyas im 14. Jh. besiegten, erinnert das schöne Khush Mahal, das vom Anfang des 16. Jh. stammt (Sa–Do 10–17 Uhr, 100 Rs).

Sehr populär ist der **Bhadrakali-Tempel** für die Göttin Kali. Er liegt am Stadtrand an einem kleinen See. Viele der schönen Skulpturen wurden mit grellbunten Farben übermalt, eine besonders in Südindien übliche Praxis.

Tourist Office: gegenüber Punnami Hotel im Stadtteil Kazipet, Tel. 08 70-244 66 06; am Bahnhof in Kazipet, Tel. 08 70-254 91 09.

Punnami: Kazipet, Tel. 08 70-243 23 12. Großes Hotel von AP Tourism, ordentliche Zimmer, Restaurant. DZ ab 400 Rs.

Kalinga Dhaba: nahe Punnami Hotel, Tel. 08 70-257 79 55. Populäres Restaurant mit großer Speisekarte. Ab 50 Rs.

Mit der Autorin unterwegs

Krumm und schief

Durch ein Erdbeben aus den Fugen geraten, aber ein Meisterwerk der hinduistischen Architektur ist der **Rama-Lingeshvara-Swami-Tempel** in Palampet (s. unten).

Ruhig und schön

Auf **Bhavani Island** im Fluss Krishna bei Vijaywada liegt die hübsche gleichnamige Bungalowanlage, wo der Lärm der Stadt nur aus der Ferne hörbar ist und man vom sanften Plätschern des Wassers in den Schlaf gewiegt wird (s. S. 356).

Schmal und gerade

Malerisch ist der Weg, der am Fluss Krishna entlang **von Vijaywada nach Amaravati** führt. Lastwagen haben hier kaum Platz, umso schöner ist die Fahrt mit dem Taxi oder – noch besser – per Fahrrad (s. S. 358).

 Züge: Regelmäßige Verbindungen mit Hyderabad bzw. Secunderabad.
Busse: Regelmäßige Verbindungen nach Hyderabad. Auch zum Warangal Fort fahren Busse.
Mietwagen: Taxis stehen im Zentrum von Warangal an der MG Rd. Ein Auto ist für den Ausflug nach Palampet zu empfehlen, da die Busverbindung dorthin nicht zuverlässig ist.

Palampet

Reiseatlas: S. 3, A 3
65 km nordöstlich von Warangal beim Dorf **Palampet** findet man ein exzellentes Beispiel für die Sakralarchitektur unter der Kakatiya-Dynastie: den herrlichen **Rama-Lingeshvara-Swami-Tempel,** auch unter dem Namen seines Architekten Ramappa bekannt. Schon die Fahrt durch grüne, mit Palmen durchsetzte Reisfelder und vorbei an Seen ist äußerst reizvoll. Das Heiligtum selbst, Shiva geweiht, steht inmitten eines großen Gartens und ist umgeben von mehreren Schreinen. Ein Erdbeben hat den im 13. Jh. von den Ka-

katiyas erbauten Tempel ziemlich in Mitleidenschaft gezogen, doch seiner Schönheit tut das kaum einen Abbruch. Höchst entwickelte Handwerkskunst lassen die hervorragend gedrechselten, schwarzen Säulen im Innern erkennen, die zusammen mit den fein gearbeiteten weiblichen Trägerfiguren die Decke des Bauwerks tragen. Um den Sockel des Tempels und seine Außenwände winden sich schöne Friese mit Musikanten und Tänzerinnen, Göttern und Kriegern (6–18 Uhr).

Von Hyderabad nach Südosten

Nagarjunasagar-Stausee und Nagarjunakonda

Reiseatlas: S. 6, E 2
Ungefähr 170 km südöstlich von Hyderabad dämmt eine riesige Staumauer die Fluten des Flusses Krishna zum **Nagarjunasagar-Stausee,** einem der größten Staudammprojekte der Welt. Mitten aus den Fluten ragt die **Insel Nagarjunakonda,** eigentlich eine Bergspitze, deren Umgebung im Wasser versunken ist. Ihr Name stammt vermutlich von Nagarjuna, einem bedeutenden buddhistischen Gelehrten aus dem 2. Jh. v. Chr.

Wie im weiter östlich gelegenen Amaravati (s. S. 357) befand sich auch am Ufer des Krishna vor 2000 Jahren ein wichtiges buddhistisches Zentrum. Im 2./3. Jh. n. Chr. regierte die Ikshvaku-Dynastie von ihrer Hauptstadt **Vijayapuri** am Ufer des heutigen Stausees aus und ließ dort hinduistische Tempel, buddhistische Stupas und Klosteranlagen sowie zahlreiche Universitäten errichten. Nach dem Niedergang der Dynastie geriet der Ort in Vergessenheit, bis er in den 1920er-Jahren wiederentdeckt wurde. Intensive archäologische Grabungen brachten einen großen Stupa von über 32 m Durchmesser, Viharas und Chaitya-Hallen sowie ein schönes Amphitheater zum Vorschein. Um die Monumente vor der Überflutung durch den 1960 erbauten Stausee zu retten, wurden sie teils abgetragen und auf der Insel Nagarjunakonda wieder aufgebaut.

Man erreicht das Eiland per Boot von Vijayapuri (Abfahrt 8.30 und 13.30 Uhr). Zu besichtigen sind verschiedene buddhistische und hinduistische Monumente, darunter die Fundamente mehrerer Stupas, Überreste von Klöstern und Tempeln sowie Badeanlagen. Das interessante Museum zeigt neben Buddha-Statuen und dekorierten Steinplatten auch Funde aus der Steinzeit (Sa–Do 9.30–15.45 Uhr, 100 Rs).

i **Tourist Office:** Hill Colony, Tel. 086 80-31 33. Andhra Pradesh Tourism bietet bei Bedarf täglich Touren von Hyderabad nach Nagarjunakonda an.

Punnami Vijay Vihar: Tel. 086 80-27 73 62. Schön gelegenes Hotel von APTDC mit tollem Blick auf den See. Restaurant, Pool, eigene Boote. DZ ab 1200 Rs.

Züge: Der nächste Bahnhof liegt in Macherla, ca. 25 km östlich vom Nagarjunasagar-Stausee. Hier halten Züge, die zwischen Hyderabad und Vijaywada verkehren. Von Macherla gelangt man per Taxi oder Rikscha zum See.

Busse: Regelmäßige Busverbindung von Vijayapuri nach Hyderabad (ca. 170 km) und Vijaywada (ca. 200 km).

Vijaywada

Reiseatlas: S. 6, F 2

Knapp 180 km sind es auf direktem Weg von Hyderabad nach **Vijaywada,** umgeben von Hügeln reizvoll am Ufer des breiten Stromes Krishna gelegen. Mehrere Kanäle durchziehen die Millionenstadt, die trotz ihrer Größe eine ruhige und gelassene Atmosphäre ausstrahlt. Die Altstadt liegt am Fuß des Indrakilari-Hügels und wächst allmählich die Hänge empor.

Vijaywada gilt vielen als kulturelles Zentrum von Andhra Pradesh. Typisch für die Region ist die scharfe Küche, denn in der Gegend wächst eine besonders feurige Chilisorte. Die Stadt ist auch ein wichtiger Verkehrsknotenpunkt, an dem die Bahnlinien aus Chennai, Hyderabad und Kolkata aufeinander treffen, und eignet sich als Ausgangspunkt zum Besuch der buddhistischen Stätte von Amaravati (s. S. 357).

Vijaywada selbst hat eine alte Geschichte. Verschiedene südindische Dynastien wie die Vishnukundin, die Chalukyas, die Cholas und später die Kakatiyas herrschten über das Gebiet. Zeitweise gehörte Vijaywada zum Herrschaftsbereich der Sultane aus Hyderabad.

Die ältesten Zeugnisse von Vijaywada sind die **Höhlen von Mogalrajpuram,** mehrere schlichte Höhlentempel aus dem 6. Jh., die vermutlich in der Zeit der Vishnukundin-Dynastie entstanden sind und verstreut im östlichen Stadtteil Mogalrajpuram liegen. Da es für alle Höhlen nur einen Aufseher gibt und sie von Zäunen umgeben sind, ist leider nicht gewährleistet, dass man sie tatsächlich besichtigen kann.

Die beste Sicht auf Vijaywada bietet sich vom **Kanaka-Durga-Tempel.** Das populäre Heiligtum steht auf dem Indrakilari-Hügel. Im Sanktum wird die über und über mit Blumen geschmückte Göttin Durga verehrt, die den Büffeldämon Mahisha bezwingt. Darum begeht man hier im September/Oktober mit vielen Pujas das Dusshra-Fest, bei dem dieser Sieg gefeiert wird.

Ein Gang durch die **Altstadt** ist zwar nicht spektakulär, doch man kommt vorbei an Basaren und interessanten Geschäften, die z. B. geröstete Nüsse und scharfe Pickles verkaufen – beides typische Spezialitäten von Vijaywada. An der großen **MG Road,** die östlich der Altstadt verläuft, befinden sich viele Hotels und Restaurants sowie das **Victoria Museum** mit einer Ausstellung von Miniaturmalereien, Skulpturen und Waffen (Sa–Do 10–17 Uhr, derzeit wegen Renovierung geschlossen).

Mitten im Fluss Krishna liegt die 53 ha große, bewaldete **Bhavani Island** mit dem gleichnamigen Hotel, einem Restaurant sowie einem Kinderspielplatz (Bootsverbindung 9–18.30 Uhr vom Berm Park am nordwestlichen Ende der Stadt).

i **Tourist Information:** MG Rd., Tel. 08 66-257 15 39, Mo–Sa 10–17 Uhr.

Ländliches Andhra Pradesh

APTDC Central Reservation Office: MG Rd., Godavari Motor Complex, Tel. 08 66-257 13 93, Mo–Sa 10–17 Uhr. U. a. Stadttouren inkl. Höhlen von Undavalli (s.rechts).

Fortune Murali Park: MG Rd., Tel. 08 66-398 80 08. Neues Hotel mit 70 geschmackvoll eingerichteten und gut ausgestatteten Zimmern, 2 Restaurants und Pub. DZ ab 3450 Rs.

Quality Hotel DV Manor: MG Rd., Tel. 08 66-663 44 55. In dem hellen, freundlichen und äußerst zentral gelegenen Hotel gibt es Zimmer verschiedener Preisklassen, Ayurveda-Massagen werden auch geboten. DZ ab 3000 Rs.

Bhavani Island: Bhavani Island, Tel. 08 66-241 80 57, www.tourisminap.com. Anlage von APTDC, die malerisch gelegenen Bungalows haben Klimaanlage, Balkon und eigene Sitzplätze im Freien; außerdem 4 Baumhäuser und gutes Restaurant. Für den Transport ins Zentrum wird gesorgt. DZ ab 2000 Rs.

Berm Park: Berm Park, Bhavanipuram, am Ufer der Krishna, Tel. 08 66-241 80 57, www.tourisminap.com. APTDC-Bungalowanlage mit unterschiedlich großen Zimmern und Restaurant. DZ ab 900 Rs.

Santosh: JD Hospital Rd., nahe Navrang Theatre, Tel. 08 66-257 27 14. 28 einfache und günstige Zimmer mit/ohne Klimaanlage. DZ ab 325 Rs.

Balaji: BRP Rd., gegenüber ICICI Bank, Tel. 08 66-256 35 08, 12.30–14, 19.30–22 Uhr. Frisch gekochte vegetarische Mahlzeiten. Ab 25 Rs.

Balaji Sweets: Vinakotavari Chowk, Altstadt. Hier bekommt man leckere hausgemachte Süßigkeiten sowie Kaju Pak, pikant gewürzte, geröstete Cashewnüsse.

Flüge: Der Flughafen befindet sich ca. 23 km nördlich der Stadt. Es gibt Flugverbindungen nach Hyderabad, Chennai und Rajahmundry.

Züge: Vijaywada liegt an den Hauptverbindungsstrecken Chennai–Kolkata und Chennai–Delhi. Es gibt auch viele Verbindungen mit Hyderabad.

Busse: Vom Busbahnhof im Süden der Stadt verkehren u. a. Busse nach Hyderabad, Vishakapatnam, Amaravati, Warangal und Undavalli.

Mietwagen: über APTDC (s. links).

Höhlen von Undavalli

Reiseatlas: S. 6, F 2

Ein schöner Ausflug von Vijaywada führt zu den alten **Felsenhöhlen von Undavalli,** die inmitten einer fruchtbaren Hügellandschaft ca. 8 km westlich der Stadt auf der anderen Seite des Flusses Krishna liegen. Der vierstöckige Höhlenkomplex mit vorgelagerten Säulenhallen und Schreinen an der Rückwand stammt vermutlich aus dem 7. Jh. Man geht davon aus, dass buddhistische Mönche das Heiligtum angelegt haben. Besonders sehenswert ist die riesige Statue des liegenden Vishnu auf der Weltenschlange im zwei-

ten Stock. Die Skulptur erinnert in verschiedenen Details an eine Buddhastatue, die später in den hinduistischen Gott Vishnu verwandelt wurde. Viele der anderen Skulpturen sind jüngeren Datums bzw. wurden nachträglich mit Stuck überzogen und sind deswegen nicht im Originalzustand erhalten (tgl. 9–17 Uhr, 100 Rs, Video 25 Rs).

Vom Busbahnhof in Vijaywada fährt ein Bus nach Undavalli. Die Höhlen lassen sich auch auf dem Weg nach Amaravati (s. u.) besichtigen.

Amaravati

Reiseatlas: S. 6, F 2
Ein Ausflug in das kleine Städtchen **Amaravati** 30 km nordwestlich von Vijaywada ist ein Ausflug in die alte buddhistische Geschichte Indiens. Zwischen dem 2. Jh. v. Chr. und dem 2. Jh. n. Chr. war der Ort eines der bedeutendsten Zentren dieser Religion auf dem Subkontinent.

Die Dynastie der Satavahanas regierte nach dem Ende des Maurya-Imperiums von etwa 200 v. Chr. bis 200 n. Chr. weite Teile des Dekkan. Ursprünglich herrschten sie von Pune und Paithan im heutigen Maharashtra aus, verlegten jedoch später ihre Hauptstadt auf den östlichen Dekkan. In Dhanyakataka nahe Amaravati errichteten sie ihr neues Machtzentrum. Obwohl die Satavahanas Hindus waren, galten sie als bedeutende Förderer der buddhistischen Kunst und ließen zahlreiche Stupas sowie andere buddhistische Monumente in der Region bauen. Während ihrer Herrschaftszeit entwickelte sich Amaravati zu einem wichtigen buddhistischen Zentrum mit vielen Klöstern, das über 1000 Jahre bestehen blieb. Heute noch pilgern gläubige Buddhisten an den Ort, in dem 2006 auch der Dalai Lama zu Gast war. Wer Amaravati besucht, darf keine herausragenden Monumente in freier Landschaft erwarten, und von dem berühmten Stupa ist nur

Kühe sind den Hindus heilig, der Verzehr von Rindfleisch ist ein Tabu

die Basis übrig. Dafür gibt es zwei lohnenswerte Museen.

Der **Stupa von Amaravati** war einer der schönsten und größten dieser sakralen buddhistischen Bauwerke. Sein Durchmesser betrug 50 m und seine Höhe 27 m. Die ältesten Teile stammen aus der Zeit der Maurya-Herrschaft. Ausgebaut und vor allem ausgeschmückt wurde er in den folgenden Jahrhunderten unter den Satavahanas, wobei die Zeit zwischen 130 n. Chr. und 203 n. Chr. als Hochphase der Bautätigkeit gilt. Damals entstand hier eine reich verzierte Halbkugel, die auf einem Pfad umwandelt werden konnte. Lange Zeit hatte der Stupa den wechselnden Zeiten standgehalten. Doch um 1800 waren große Teile abgetragen und zerstört worden. Von dem herrlichen Bauwerk sind heute nur noch die Fundamente sowie Teile eines Steinzauns, der den Umwandlungspfad begrenzte, erhalten. Sie befinden sich innerhalb eines umzäunten Geländes im Westen des Orts (tgl. 8–17 Uhr, 100 Rs).

Eine Ahnung davon, wie großartig der Stupa von Amaravati einmal war, bekommt man im nahen **Government Museum.** Hier sind originale Steinplatten mit reichem Skulpturwerk, die den Stupa einst schmückten, ausgestellt. Die Exponate zeugen von der hoch entwickelten Handwerkskunst und der immensen Ausdruckkraft jener Zeit, die großen Einfluss auf die Kunst späterer Epochen hatte. Im Hof des Museums steht eine Nachbildung des Stupa samt Steinzaun, die dem Besucher eine gute Vorstellung von der Struktur des Monuments vermittelt (Sa–Do 10–17 Uhr, 2 Rs).

Wer tiefer in die Geschichte des Buddhismus in dieser Region einsteigen und mehr über den Aufbau des Stupa erfahren möchte, dem sei das neue **Amaravati Museum and Interpretation Centre** empfohlen. Wandtafeln informieren über die Hintergründe und es werden diverse Repliken von originalen Teilen des Stupa ausgestellt (von Guntur kommend am Ortseingang, Sa–Do 10.30–17 Uhr, 3 Rs).

In exponierter Lage am Fluss Krishna steht der **Amareshvara-Tempel,** das große Heiligtum für Gott Shiva, der dort in einem langen, schmalen Lingam verehrt wird. Die ältesten Teile des Tempels stammen noch aus der Zeit der Östlichen Chalukyas. Vom benachbarten Badeplatz bieten sich schöne Blicke auf den Fluss und das gegenüberliegende Ufer.

Reizvolle Straße nach Amaravati

Von Vijaywada aus gibt es zwei Möglichkeiten, Amaravati zu erreichen. Über den bequemen Highway bis in die Stadt Guntur und von dort auf der Landstraße sind es 60 km. Wesentlich reizvoller und kürzer ist das Sträßchen, das von Vijaywada zunächst durch Bananenplantagen, Zitronenbäume und Blumenkohlfelder am Südufer des Krishna entlangführt, bis man auch hier die normale Landstraße nach Amaravati erreicht. Der schmale Weg ist mit dem Auto problemlos befahrbar und eignet sich auch für eine Radtour. Man findet ihn, indem man direkt nach der Brücke, die von Vijaywada über den Fluss Krishna führt, rechts abbiegt. Unmittelbar darauf quert man auf der Prakasham-Brücke den Buckingham-Kanal und folgt dem anschließenden schmalen Sträßchen, bis man auf die Landstraße nach Amaravati stößt. Die gesamte Strecke misst ca. 30 km.

Punnami Amaravati: Tel. 086 45-25 53 32. Sehr einfaches und nicht gerade ruhiges APTDC-Hotel neben dem Tempel mit 4 Zimmern. Nur als Notlösung zu empfehlen, falls man in Amaravati steckenbleibt. DZ ab 300 Rs.

Punnami: neben dem Amaravati Museum and Interpretation Centre. Hier gibt es sehr leckere vegetarische Thalis, der ideale Ort für ein Mittagessen bei einem Tagesausflug nach Amaravati.

Busse: Von Vijaywada aus verkehren tagsüber stündlich Busse über Guntur nach Amaravati und zurück.

Taxi: über APTDC in Vijaywada (s. S. 356).

Vom Tourismus bisher wenig berührt sind die Regionen um die großen Flussmündungen von Krishna und Godavari sowie die lange Küstenlinie von Andhra Pradesh. Die einzige Ausnahme bildet die aufstrebende Stadt Vishakapatnam, eine der weltweit am schnellsten wachsenden Städte, die überdies mit einem interessanten Hinterland aufwartet.

Vishakapatnam (Vizag)

Reiseatlas: S. 4, D 3

Reizvoll schmiegt sich **Vishakapatnam** zwischen Hügel und natürliche Buchten. Im Osten begrenzen lange Sandstrände die Dreimillionenstadt an der Bucht von Bengalen. Ein gelassene Atmosphäre unterscheidet sie von vielen anderen indischen Großstädten. Gleichzeitig ist Vishakapatnam ein geschäftiges Industriezentrum und eine der am schnellsten wachsenden Städte der Welt. Vishakapatnam gehört zu jenen Orten, deren Wandel man im Zeitlupentempo mitverfolgen kann. Noch ist die Küste rund um die Stadt relativ unverbaut, doch die Grundstücke zwischen dem Zentrum und dem schönen Strand von Rishikonda 10 km nördlich sind bereits an Hotelketten verkauft und der Bauboom hat eingesetzt.

Noch vor 100 Jahren war Vishakapatnam, von seinen Bewohnern kurz Vizag genannt, ein kleines Fischerdorf. Ab den 1930er-Jahren machten sich dann die Briten das Potenzial der hiesigen Küstenformation zunutze: Eine weit ins Hinterland reichende Bucht bot ideale Voraussetzungen für einen geschützten Naturhafen, von dem die Kolonialherren die reichen Eisenerzvorkommen der Eastern Ghats außer Landes verschifften. Heute befindet sich in Vishakapatnam einer der größten Industriehäfen Indiens. Die Stadt ist ein Zentrum der Eisenerzverarbeitung, der Schiffbauindustrie und der Düngemittelproduktion. Neuerdings lassen sich auch viele Softwarefirmen nieder.

Orientierung

Rund um Vishakapatnam reichen die Eastern Ghats bis ans Meer. Dominant ragt das Kap **Dolphins Nose** mit seinem alten Leuchtturm aus dem Meer empor. Nördlich davon liegen der alte Naturhafen mit seinen Schiffswerften und der Fischereihafen. Auf dem nahe gelegenen **Ross Hill** und zu dessen Füßen erinnern noch viele Gebäude an die britische Kolonialzeit, als Vishakapatnam den Namen Waltair trug. Weiter nördlich erstreckt sich die Stadt entlang dem breiten **Ramakrishna Mission Beach.** Das leicht hügelige Zentrum dehnt sich nach Westen Richtung Bahnhof aus. Vor allem im Viertel **Dwaraka Nagar** befinden sich viele Hotels, Restaurants und Shoppingmeilen. Geschäftigkeit herrscht auch rund um die **Jagadamba Junction** sowie den alten Basar **Poorna Market.**

Alter Fischerhafen

Morgens ist die beste Zeit für einen Besuch am **alten Fischerhafen,** denn dann herrscht reges Treiben am Kai. Silbern glänzt der Boden von all den Fischen, die zum Trocknen und Verladen ausgebreitet sind. Frauen in grellfarbenen Saris verkaufen den frischen Fang und streiten lautstark über Preise. Sie stammen fast alle aus der nahe gelegenen Fischersiedlung Jalari Peta, einem der ältesten Stadtviertel von Vishakapatnam.

Mit der Autorin unterwegs

Das Gesicht der Stadt

Vom **Ross Hill** in Vishakapatnam kann man die Millionenstadt aus der Vogelperspektive betrachten und wird ihrer ganzen Vielfalt gewahr – von den Werften am einen bis zu den Stränden am anderen Ende (s. unten).

Das Gesicht des Gottes

Im **Simhachalam-Tempel** bei Vishakapatnam ist das Gesicht des Gottes Vishnu fast das ganze Jahr über unter einer dicken Sandelholzpaste verborgen. Der Ausflug zu dem Heiligtum gibt Aufschluss über den Umgang mit indischen Göttern (s. S. 362).

Ross Hill

Westlich des Fischerhafens erhebt sich der **Ross Hill,** um den sich früher das britische Viertel erstreckte. Auf der Spitze des Hügels thront wie ein kleines Fort die weiße Kirche **Our Lady of the Sacred Heart.** Die ausgezeichnete Sicht von hier oben erschließt dem Besucher auf eindrückliche Weise den Charakter der Stadt. Man hat einen Blick auf den Naturhafen mit seinen Werften und erkennt sogar das 3,5 km lange Förderband, das die Landschaft durchschneidet – es ist das längste Asiens und transportiert Unmengen Eisenerz, Kohle und andere Bodenschätze. Nördlich davon dehnt sich das weiße Häusermeer der City an der Bucht von Bengalen aus. Rund um den Ross Hill befinden sich zudem der Balaji-Tempel für Vishnu sowie eine Moschee.

Ramakrishna Beach

Der Stadtstrand **Ramakrishna Beach** erstreckt sich über mehrere Kilometer und ist vor allem zum Sonnenuntergang ein beliebter Treffpunkt. Auch die **Ramakrishna Mission** hat hier eine Niederlassung. Die Ideen ihres Gründers Swami Vivekananda von der friedlichen Koexistenz der Völker und Religionen finden ihren realen, ›kriegerischen‹ Kontrapunkt direkt gegenüber am Strand, wo ein al-

tes U-Boot der indischen Marine aufgebaut wurde, das heute das **Submarine Museum** beherbergt (Di–So 14–20 Uhr, 25 Rs).

Vishaka Museum

Echt oder unecht? Inmitten von Kunstwerken sitzt ein täuschend echter Museumsaufseher auf einem Stuhl und schiebt Dienst. Die Figur aus Glasfaser im Stil von Duane Hanson ist nur ein Objekt des kunterbunten Sammelsuriums, die das **Vishaka Museum** beherbergt. Interessant ist die Gemäldegalerie mit Werken ab dem 18. Jh. bis heute. In einem separaten Block ist das Meeresmuseum untergebracht mit Exponaten aus der Geschichte der Indischen Navy, die eine ihrer Hauptbasen in Vishakapatnam hat (gegenüber dem Ramakrishna Beach, Di–Fr 11–19 Uhr, Sa/So 12–20 Uhr, 5 Rs).

Strände nördlich der City

Nördlich des Ramakrishna Beach verläuft eine schöne Küstenstraße über 25 km bis nach Bhimli. Feine Sandstrände säumen das Ufer, darunter der **Lawson Beach** und der sehr reizvolle **Rishikonda Beach,** an dem sich mehrere Hotels befinden. Zwischen Vishakapatnam und Rishikonda passiert man den **Kailashagiri Hill,** zu dem eine Seilbahn hinaufführt. Von oben hat man einen grandiosen Blick auf die Küste.

i **APTDC Central Reservation Complex:** beim Busbahnhof, Tel. 08 91-278 88 20, tgl. 6–22 Uhr.
APTDC Tourist Information & Reservation Centre: am Bahnhof, tgl. 5–23 Uhr. U. a. Stadttouren (inkl. Simhachalam-Tempel).

The Park: Beach Rd., Tel. 08 91-275 44 88, www.theparkhotels.com. Luxuriöses Boutiquehotel in toller Lage am Strand mit viel Grün und mehreren stilvoll eingerichteten Restaurants. DZ ab 5000 Rs.
Taj Residency: Beach Rd., Tel. 08 91-25 67 75 56, www.tajhotels.com. Alle Annehmlichkeiten der luxuriösen Taj-Gruppe und eine schöne Sicht auf die Bucht von Bengalen. DZ ab 3800 Rs.

Talasila: Station Rd., Tel. 08 91-279 77 88. Zentral mit 3 Restaurants und Bar. Alle Zimmer haben WiFi-Verbindung. DZ ab 2150 Rs.

Daspalla: Suryabagh, Tel. 08 91-256 48 25. Großes, alteingesessenes Hotel mitten im Zentrum mit 125 Zimmern verschiedener Ausstattung und mehreren guten Restaurants. DZ ab 2050 Rs.

Punnami Beach Resorts: am Rishikonda Beach, ca. 15 km nördlich des Zentrums, Tel. 08 91-278 88 26, www.tourisminap.com. Moderner, aber plump gebauter Hotelkomplex von APTDC mit geräumigen Zimmern am schönen Strand von Rishikonda. DZ ab 1500 Rs.

Punnami: gegenüber Appu Ghar, Tel. 08 91-256 23 33. Großes Hotel von APTDC im nördlichen Teil der Stadt nahe dem Strand, aber mit der Hauptstraße dazwischen. DZ ab 850 Rs.

Dwaraka Inn: Station Rd., Dwarakanagar, Tel. 08 91-271 26 30. Einfaches, sauberes Hotel nahe dem Bahnhof und Busbahnhof mit vegetarischem und nicht-vegetarischem Restaurant. DZ ab 700 Rs.

Bamboo Bay: im Hotel Park (s. S. 360). Man sitzt entweder in toller Lage direkt am Strand mit Blick auf den Leuchtturm oder im stilvoll ethnisch angehauchten Innern. Es gibt Andhra- und Chettinad-Küche sowie Tandoori-Gerichte. Ab 300 Rs.

Vista: im Hotel Park (s. S. 360). Trendiges Restaurant mit sehr schönem Ambiente und internationaler Küche. Ab 300 Rs.

Dakshin: im Hotel Daspalla (s. links). Ausgezeichnete scharfe Andhra-Küche mit Fisch, Meeresfrüchten, Hähnchen und vielem mehr. Ab 120 Rs.

Sri Sairam Parlour: RTC Complex, Dwarakanagar, Tel. 08 91-258 88 90. Ab 7 Uhr morgens gibt es vegetarische Gerichte aller Art und der Strom der Besucher reißt bis zum Abend nicht ab. Ab 20 Rs.

Lepakshi Handicrafts Emporium: Jagadamba Junction. Staatlicher Laden mit einer ausgezeichneten Auswahl an kunsthandwerklichen Produkten und Textilien.

Eastern Art Museum: 10-1-9 Waltair Uplands. Schöne Auswahl an Kunsthandwerk.

In Vishakapatnam befindet sich einer der größten Industriehäfen Indiens

Richtig Reisen-Tipp: Araku Valley

Reiseatlas: S. 3, C 3

Im Hinterland von Vishakapatnam erheben sich die Berge der Eastern Ghats mit dem **Araku Valley,** einem zwischen 600 m und 900 m gelegenen Hochtal, das zum Stammesgebiet der Adivasis gehört und ein neues Ziel auf der touristischen Landkarte der Region darstellt. Die Gegend kann entweder mit der Bahn oder mit dem Bus bzw. dem Auto besucht werden. Besonders spannend ist die Anreise per Zug, der sich von Vishakapatnam durch 52 Tunnels über 132 km zum Ort **Araku** hinaufschlängelt, dem Zentrum der Hochebene. Die Fahrt geht vorbei an Wäldern, Kaffeeplantagen und einigen schroffen Gipfeln. Auch die schmale Straße, die nahebei verläuft, eröffnet reizvolle Ausblicke.

In Araku widmet sich das **Tribal Habitat Museum** der Kultur der indigenen Bewohner. Es informiert über den Lebensalltag der Adivasis und zeigt Schmuck sowie Masken, die bei Zeremonien benutzt werden (tgl. 9–12.30, 13.30–17.30 Uhr, 10 Rs).

Östlich des Tals befinden sich die **Borra Caves,** unterirdische Tropfsteinhöhlen mit interessanten, mehrere Millionen Jahre alten Kalksteinformationen. Seinen Besuch sollte man allerdings nicht auf ein Wochenende legen, da der Andrang dann sehr groß ist (tgl. 10–13, 14–17.30 Uhr, 30 Rs, Video 100 Rs).

APTDC führt Tagestouren von Vishakapatnam nach Araku durch. Man fährt mit dem Zug morgens um 6 Uhr ab und kommt am Abend mit dem Bus zurück. Alternativ können auch beide Strecken mit dem Bus zurückgelegt werden. Die Tour schließt den Besuch des Tribal Museum, der Borra Caves und diverser Aussichtspunkte ein. Sehr empfehlenswert ist auch eine individuelle Tour mit dem Taxi nach Araku und Übernachtung in einem der beiden APTDC-Hotels, worunter das Jungle Bells besonders attraktiv ist (s. u.).

Unterkünfte: Hill Resorts Ananthagiri, Tel. 089 36-23 18 98, Buchung über APTDC in Vishakapatnam (s. S. 360). Sehr schön gelegenes, neues Hotel am östlichen Ende des Araku-Tals mit reizvoller Aussicht. DZ ab 1600 Rs.

Jungle Bells, Tyda, 75 km nördlich von Vishakapatnam auf dem Weg ins Araku Valley, Buchung über APTDC in Vishakapatnam (s. S. 360). Zwischen Bambus und Weihnachtssternen liegen die rustikalen Holzbungalows der Anlage. Morgens kann man Vögel beobachten, abends sitzt man am Lagerfeuer und der Koch serviert auf Wunsch die lokale Spezialität Bamboo Chicken, im Bambusrohr gegartes Hühnchen. DZ ab 800 Rs.

Einkaufen: See Say, Araku Adivasi Arts & Crafts, Araku. Die zwei kleinen Läden verkaufen Kunsthandwerk, das von den Adivasis der Region produziert wurde, sowie sehr guten lokalen Filterkaffee.

Flüge: Der Flughafen befindet sich ca. 12 km südlich des Zentrums. Es gibt regelmäßige Verbindungen nach Hyderabad, Chennai, Kolkata, Delhi und Mumbai.

Züge: Vom Bahnhof im Westen der Stadt verkehren regelmäßig Züge Richtung Chennai und Kolkata sowie nach Hyderabad.

Busse: Vom Busbahnhof im Zentrum fahren regelmäßig Busse nach Vijaywada oder Hyderabad.

Mietwagen: Buchung z. B. über APTDC (s. S. 360).

Im Hinterland von Vishakapatnam

Reiseatlas: S. 3/4, D 3

»Cool down« – wie beruhigt man wütende Götter? Dies erfahren Besucher bei einem Ausflug zum **Simhachalam-Tempel** 16 km westlich der Stadt. Er liegt malerisch an der Westseite eines Hügels und beherbergt das Bildnis von Vishnu als Varaha-Narasimha. In dieser einmaligen Mischform, die den Gott halb als Eber und halb als Mann-Löwe zeigt,

Stammesgebiet für viele Adivasis: das Araku Valley

verehren ihn die Gläubigen. Die Legende erzählt, dass der ärgerliche Gott durch das Auftragen von Sandelholzpaste, der eine kühlende Wirkung zugeschrieben wird, besänftigt werden musste. Auch heute bedeckt die rotbräunliche Mischung das Gesicht der Statue im Hauptheiligtum das ganze Jahr über bis auf einen einzigen Tag.

Die Ursprünge des Tempels reichen über 1000 Jahre zurück, doch das jetzige Bauwerk stammt zu großen Teilen aus der Zeit der Vijayanagar-Herrscher, beispielsweise die mit elegant skulptierten Pfeilern versehene Kalyana Madapa. Neben typisch südindischen Bauelementen erkennt man an den Tempeltürmen den nordindischen Nagara-Stil, wie er auch für die Heiligtümer des benachbarten Staates Orissas kennzeichnend ist. Der Tempel kann mit dem Bus von Vishakapatnam erreicht werden.

Märchenhaft: der Maharadscha-Palast Amba Vilas in Mysore

Bangalore und das Hochland im Süden

Madikeri

Bangalore

Kodagu Mysore

Coimbatore

Von der Hightech-City zur Hill Station, von Tempeln zu Tigern

Südindien ist vielfältig und aufregend. Je mehr sich der Subkontinent zur Spitze des geografischen Dreiecks schließt, desto konzentrierter und näher beisammen liegen seine Attraktionen. Hier treffen auch die Staaten Kerala, Karnataka und Tamil Nadu aufeinander. Die Sehenswürdigkeiten dieses Kapitels befinden sich mehrheitlich in Karnataka, einige davon in Tamil Nadu.

Berühmte Heiligtümer wie die sternförmigen Hoysala-Tempel rund um die alte Maharadscha-Stadt **Mysore** liegen nur wenige Autostunden entfernt von dichten Dschungelgebieten, in denen sich Tiger, Elefanten und viele andere wilde Tiere tummeln. Zum Schutz der Elefantenpopulationen und vieler anderer bedrohter Tierarten wurde hier Indiens größter zusammenhängender Nationalpark geschaffen, bestehend aus dem **Rajiv Gandhi National Park** und dem **Bandipur National Park** in Karnataka, dem **Mudumalai Wildlife Sanctuary** in Tamil Nadu sowie dem **Wayanad Wildlife Sanctuary** in Kerala. Alle Parks bieten diverse Übernachtungsmöglichkeiten sowie verschiedene Touren zur Wildbeobachtung, sind jedoch während der Regenzeit meist nicht zugänglich.

Auch Südindiens höchste Berge findet man in dieser Region, mit dicht bewaldeten Hängen oder bedeckt mit grünen Teeplantagen. In den **Nilgiri Hills** erinnern die ehemaligen britischen Hill Stations **Coonoor** und **Ooty** im Bundesstaat Tamil Nadu an die koloniale Vergangenheit. Vor allem indische Touristen zieht es heute in die kühlen Höhen, doch auch Ausländer schätzen die Bergorte für einen Zwischenstopp zum Ausruhen in frischer Luft und bei angenehmen Temperaturen. Der **Distrikt Kodagu** westlich von Mysore ist Kaffeeland, besitzt aber zudem viel unberührte Natur und tolle Wandergebiete. Er ist eine relativ neue touristische Destination. Zahlreiche attraktive Übernachtungsmöglichkeiten inmitten von Plantagen – ein großer Teil davon Privatunterkünfte – versprechen entspannte Tage.

Im Herzen des Südens liegt die Softwaremetropole Bangalore. Die Hauptstadt des Bundesstaates Karnataka ist so berühmt für ihre Cyberparks und Gärten wie berüchtigt für ihre Verkehrssituation. Dank seiner exzellenten Infrastruktur mit internationalem Flughafen, ausgezeichnetem Hotelangebot sowie tollen Restaurants und Shoppingmöglichkeiten eignet sich Bangalore nicht nur als Ausgangsbasis für den Besuch der in diesem Kapitel beschriebenen Sehenswürdigkeiten, sondern auch als Startpunkt einer Südindienreise.

Highlights

10 **Belur und Halebid (Halebidu):** Die großartigen sternförmig angelegten Tempel der Hoysala-Dynastie bei Mysore gehören zu den beeindruckendsten Zeugnissen der südindischen Architektur (s. S. 391).

11 **Rajiv Gandhi National Park (Nagarhole National Park):** Südindien hat viele interessante Nationalparks und Wildschutzgebiete, die einen Besuch lohnen. Besonders sehenswert ist jedoch der Rajiv Gandhi National Park am Kabini-Stausee. Das landschaftlich reizvolle Schutzgebiet bietet vor allem während der Trockenzeit gute Chancen, wilde Tiere aus nächster Nähe zu beobachten (s. S. 400).

Empfehlenswerte Routen

Von Mysore in die Region Kodagu: Durch Kaffee- und Gewürzplantagen fährt man von der alten Maharadscha-Stadt in die Berge rund um Madikeri und besucht auf dem Weg die zweitgrößte tibetische Kolonie Indiens in Bylakuppe sowie das Dubare-Elefantencamp (s. S. 395).

Von Bangalore nach Ooty: Auf dem Weg zwischen Hightech-City und Hill Station liegen die ehemalige Maharadscha-Stadt Mysore, der Bandipur National Park und das Mudumalai Wildlife Sanctuary (s. S. 379 u. 401), die alle einen Besuch wert sind. Eine

Richtig Reisen-Tipp

Lal-Bagh-Gärten: Eine Oase der Ruhe in der hektischen Großstadt sind die Lal-Bagh-Gärten mitten im Zentrum von Bangalore. Der eindrucksvolle Baumbestand zieht Naturliebhaber in den Bann (s. S. 372).

Dickhäuter hautnah – im Dubare-Elefantencamp: Elefanten schrubben, ihre borstigen Haare fühlen und abends beim Lagerfeuer den Geschichten der Dschungelboys zuhören – ein Abenteuer für Kinder und Erwachsene (s. S. 398).

Nilgiri-Blue-Mountain-Schmalspurbahn: Schnaufend dampft der altmodische Zug vom Fuße der Nilgiri Hills bei Coimbatore hinauf nach Ooty in 2200 m Höhe – sicherlich die langsamste, aber auch die reizvollste Art der Annäherung an die Hill Station (s. S. 405).

tolle, sehr steile Panoramastraße führt über Masinagudi hinauf nach Ooty (s. S. 404).

Reise- und Zeitplanung

Es empfiehlt sich, die Dschungelgebiete und die Bergregionen außerhalb der Monsunzeit zu besuchen, also nicht zwischen Juni und September. Zu dieser Zeit sind die Straßen teils unpassierbar und viele Nationalparks geschlossen. Auch zwischen Oktober und Dezember kann es in den Bergen aufgrund des Wintermonsuns kurzzeitig zu stärkeren Regenfällen kommen. Andererseits hat diese Saison ihre Reize, denn die Vegetation ist dann besonders üppig und die Wasserfälle rauschen besonders kräftig. Stabiles sonniges Wetter trifft man meist von Januar bis März/April an. Für die Fahrt von Bangalore in den Bandipur National Park sollte man etwa acht Stunden einplanen. Das Mudumalai Wildlife Sanctuary grenzt an den Park.

Stadt der Bohnen oder Stadt der Informationstechnologie? Heftigen Streit gibt es zwischen Traditionalisten und Modernisierern über die Umbenennung von Indiens Softwaremetropole Bangalore in Bengaluru – ›Stadt der gekochten Bohnen‹. Die Hauptstadt Karnatakas folgt mit diesem Schritt dem Trend anderer Städte des Subkontinents nach Rückbesinnung auf alte Wurzeln.

Bangalore (Bengaluru)

Reiseatlas: S. 7, C 1; **Cityplan:** S. 371
Vor 1000 Jahren soll sich ein Prinz in dieser Gegend verirrt haben. Eine hilfsbereite Frau, so erzählt die Sage, habe ihm gekochte Bohnen als Mahlzeit aufgetischt. Zum Dank nannte der Prinz den Ort Bendakaalooru, ›Stadt der gekochten Bohnen‹.

Bei der Suche nach einem neuen Namen für das alte Bangalore wäre Stadt der ständigen Staus wohl zeitgemäßer gewesen. Als freundlichere Variante hätte man sie auch Stadt der gepflegten Gärten nennen können oder aber Stadt der Softwareproduktion, denn Banglore gilt als das indische Silicon Valley. Schon 1988 wurde das Businesszentrum Electronic City gegründet. Seit den

Seide in allen Farben und Qualitäten – in der Commercial Road wird man fündig

1990er-Jahren boomt die IT-Branche in Bangalore – und nicht nur sie. Neben den über 1500 Unternehmen der Computerbranche sind es vor allem die Biotechnologie sowie die Maschinenbau- und Flugzeugindustrie, die der Stadt seit vielen Jahren satte Wachstumsraten bescheren. Nur die Infrastruktur konnte mit dem rasanten ökonomischen Tempo nicht mithalten: Permanent verstopfte Straßen und andere Fehlentwicklungen haben dazu geführt, dass Firmen heute ins benachbarte Mysore oder nach Hyderabad ausweichen.

Trotzdem hat Bangalore charmante Seiten. Seine Parks und Gärten, seine schönen Alleen mit den riesigen, teils jahrhundertealten Bäumen, die der immer größer werdenden Verkehrsflut trotzen, schaffen zahlreiche grüne Lungen. Die lebhafte Ausgehszene wartet mit immer neuen Restaurants, Bars und Pubs auf. Hotels aller Preisklassen und eine hervorragende Verkehrsanbindung in sämtliche Richtungen machen die südindische Metropole nicht nur zu einem Geschäftszentrum, sondern auch zu einem geeigneten Ausgangspunkt für eine Südindienreise.

Geschichte

Die Geschichte der Stadt reicht zurück ins 16. Jh., als große Teile Südindiens vom Vijayanagar-Reich beherrscht wurden. Der Fürst Kempegowda erhielt die Gegend als Lehen von den Vijayanagar-Herrschern. 1537 errichtete er hier eine Lehmfestung und vier Wachtürme – dies gilt als Gründungsdatum von Bangalore.

Im 18. Jh. besetzten die Regenten von Mysore – Hyder Ali und Tipu Sultan – den Ort. An der Stelle der alten Lehmfestung erbauten sie ein Fort aus massivem Stein und prägten das Gesicht der Stadt mit weiteren Bauwerken wie dem schönen Sommerpalast und den großartigen Lal-Bagh-Gärten.

Nach dem Sieg der Briten über Tipu Sultan im Jahr 1799 entwickelte sich Bangalore zur Garnisonsstadt. Neben dem alten Stadtzentrum rund um das ehemalige Fort, heute bekannt als KR Market, entstand ein zweiter Stadtkern um das koloniale Viertel beim Rus-

Mit der Autorin unterwegs

Männerträume
Der Muslim-Herrscher Tipu Sultan entwickelte Raketen, war Jakobiner und schrieb Traumtagebücher. Das erfährt man beim Besuch seines Sommerpalasts in **Bangalore** und der dazugehörigen interessanten Ausstellung (s. S. 373).

Küchenzauber
Die Bengalen sind Magier im Zubereiten von Süßigkeiten. Im **KC Das Sweet Shop,** einer Filiale der berühmten Ladenkette aus Kolkata, kann man jede Menge davon probieren und das gegenüberliegende **Restaurant Koshy's** ist sowieso immer eine Pause wert (s. S. 375 u. 376).

Modefantasien
Raffinierte Kleidung, peppige Frisuren und üppiger Schmuck – die Damen am Hof der Vijayanagar-Herrscher waren todschick, was die tollen Deckengemälde am **Tempel in Lepakshi** bezeugen (s. S. 378).

sel Market. Auch heute noch ist Bangalore ein Zentrum der Angloinder und die Namen einiger Stadtviertel wie Fraser Town, Richmond Town oder Cox Town erinnern an die britische Vergangenheit. Seit der Unabhängigkeit Indiens fungiert Bangalore als Hauptstadt des Bundesstaates Karnataka. Sie gehört zu den am schnellsten wachsenden Städten der Welt und zählt 6,5 Mio. Einwohner.

Orientierung

Bangalore besitzt mehrere Zentren. Die Hauptverkehrsader in der Innenstadt ist die lange, in Ost-West-Richtung verlaufende **Mahatma Gandhi Road (MG Road).** Südlich davon erstrecken sich geschäftige Straßen wie die **Brigade Road** oder die **St. Mark's Road.** Nördlich davon liegen das Basarviertel **Shivaji Nagar** und der **Russel Market** sowie die quirlige **Commercial Street,** ein Mekka zum Einkaufen. Westlich der MG Road befindet

Bangalore: Cityplan

Sehenswürdigkeiten
1 Cubbon Park
2 Visvesvaraya Industrial and Technical Museum
3 Government Museum
4 Vidhana Soudha
5 Russell Market
6 Lal-Bagh-Gärten
7 Sommerpalast von Tipu Sultan
8 Fort von Tipu Sultan
9 Bull-Tempel
10 ISKCON-Tempel

Übernachten
1 The Leela
2 Taj West End
3 Rama
4 St. Mark's

5 The Richmond
6 Nahar's Heritage
7 Monarch
8 Nilgiris Nest
9 Vellara

Essen und Trinken
10 Aromas of China
11 100 Feet
12 Samarkhand
13 Café Max
14 The Only Place
15 Koshy's
16 Coffee World
17 Nilgiris Café
18 MTR (Mavalli Tiffin Rooms)
19 KC Das Sweet Shop

sich der große **Cubbon Park** mit dem Regierungsgebäude Vidhana Soudha und noch weiter westlich der Hauptbahnhof. Ungefähr 3 km südlich der MG Road liegen die **Lal-Bagh-Gärten.**

Ein neues Zentrum hat sich im modernen, östlich der MG Road gelegenen Viertel **Indiranagar** entwickelt. Vor allem um die 100 Feet Road und die CMH Road finden sich viele schicke Läden und Restaurants. Die einfachste und schnellste, aber nicht unbedingt gesündeste Art der Fortbewegung im Verkehrsgewühl ist eine Rikscha.

Rund um die MG Road
Als idealer Ausgangspunkt für die Erkundung der Geschäftsstraßen rund um die **MG Road** dient die Ecke MG Road und Brigade Road, an der auch viele Rikschas halten. Die MG Road ist eine der Flaniermeilen von Bangalore mit Läden, Restaurants, Bars und Cafés. Das Gleiche gilt für die nach Süden abzweigende **Brigade Road** und die am westlichen Ende der MG Road nach Süden führende **St. Mark's Road.** Parallel und ebenfalls einige Meter südlich zur MG Road verläuft die sehr

geschäftige **Church Street.** Ein kleiner Rundgang könnte die MG Road entlang bis zur St. Mark's Road führen, dann in der St. Mark's Road einige Meter nach Süden und nach links in die Church Street. Folgt man der Church Street bis zum Ende, gelangt man über die Brigade Road wieder zur MG Road.

Cubbon Park und Museen
Am westlichen Ende der MG Road liegt der große **Cubbon Park** 1, ein Erholungsgebiet für die Städter und eine der grünen Lungen der Stadt. Er wird im Osten begrenzt durch die breite **Kasturba Road,** in der sich drei Museen aneinanderreihen.

An das moderne Bangalore knüpft das **Visvesvaraya Industrial and Technical Museum** 2 an. Ein Flugzeug, Pumpen, Turbinen und andere Maschinen vor dem Eingang weisen den Weg zu der populären Ausstellung, die sich neben technischen Errungenschaften auch ausgiebig der biotechnologischen Revolution widmet (tgl. 10–18 Uhr, 15 Rs).

Südlich davon haben im **Government Museum** 3 traditionelle Exponate ihren

Bangalore (Bengaluru)

0   1   2 km

10 ↑ Nandi Hills/Bellary, Flughafen ✈

Bellary Road

Margosa Road

Sampige Road

Seshadripuram Road

Kumarakrupa High Road

Chowdiah Road

Cunningham

Millers Road

Jyamahal Road

Borebank Rd.

St. John's Rd.

Broadway Road

Queen's Road

2

Road

SHIVAJI NAGAR

5

Venkataswamy Naidu Rd.

Commercial St.

Race Course Road

Race Course

Seshadri Road

Palace Road

Dr. Ambedkar Rd.

4

Chinnaswamy Stadium

Cubbon Road

11

12

13

Bangalore R. S. 🚂

Kempegowda Rd.

District Office Rd.

Cottonpet Bhashyana Road

Chickpet Road

Post Office Road

Nrupathunga Road

Cubbon

2

Ⓜ

1

Park

15 **19**

M. Gandhi Rd.

3

3

Church Street

Grant Rd.

9

6 **14**

Museum Road

8

16

7

Avenue Road

Nagartharpet Road

Kasturba Road

Lavelle Road

St. Mark's Road

Residency Road

Brigade Rd.

17

Indiranagar

Zentraler Markt

S. J. Park Road

10

Richmond Road

5

1

Narasimharaja Road

8

Tavachamaraja Road

Longford Road

Albert Victor Road

7

Puttanachetty Road

Hardinge Road

Jayachamaraja Road

Lalbagh Road

Kanpal Hanumanthiah Road

18

Lalbagh Fort Road

Bull Temple Road

Sharkarmutt Road

Vani Vilas Road

Vani Vilas Road

Rasthreeya Vidyalaya Road

6

B. P. Wadia Road

Nagasandra Road

Kanakapura Road

Hosur Road

Hosur

9

South End Road

→ Hosur

371

Richtig Reisen-Tipp: Lal-Bagh-Gärten

Am Haupteingang begrüßen Gartenzwerge die Besucher und lassen so manchen Touristen zweifeln, ob er sich am richtigen Ort befindet. Doch dies sind tatsächlich die **Lal-Bagh-Gärten** 6, der schönste aller Parks in Bangalore. Mitten im geschäftigen Zentrum liegt diese 50 ha große Oase der Ruhe. Riesige, teils jahrhundertealte Bäume aus allen Teilen der Welt wachsen hier: Araukarien aus Chile, Zypressen aus China, Feigenbäume aus Australien und viele andere Spezies.

1760 ließ der Mysore-Herrscher Hyder Ali hier einen Rosen- und Zypressengarten anlegen, der später von den Briten erweitert wurde. Nicht unerheblich zum Ruf Bangalores als Gartenstadt trug der deutsche Botaniker Gustav Krumbiegel bei, der zwischen 1908 und 1932 in der Anlage als Chefgärtner tätig war. Er hatte jedoch nicht nur die Oberaufsicht über die Lal-Bagh-Gärten, sondern zeichnet auch für viele der schattigen Alleen verantwortlich, die selbst in Zeiten überbordenden Verkehrs ein Charakteristikum von Bangalore sind. Ob auch die Gartenzwerge auf ihn zurückgehen, bleibt ungeklärt.

Im Park kann man wunderbar spazierengehen und vor allem in den Morgen- und Abendstunden zahlreiche Vogelarten beobachten. Papageien und Krähen gehören zu den gewöhnlicheren Bewohnern, doch mit etwas Glück sichtet man auch graue Pelikane, Reiher oder Eisvögel, besonders rund um den See im Süden der Anlage, wo auch einige Affen unterwegs sind. Ein Glaspavillon von 1881, Rosengärten und andere Blumen sind ebenfalls in Lal Bagh zu bewundern. Interessant ist überdies der Felsrücken im Südosten, der zu einer 3000 Mio. Jahre alten Schicht von peninsulärem Gneis gehört. An seiner höchsten Stelle steht der Kempegowda-Turm, ein kleiner Tempel zur Erinnerung an den Gründer der Stadt. Von hier bietet sich ein schöner Blick auf die Großstadt, die so weit entfernt scheint und doch so nah ist.

Der Haupteingang zum Park befindet sich in der Lalbagh Fort Road (tgl. 8–19.30 Uhr, 10 Rs). Nur wenige Meter entfernt, in der Lalbagh Road, liegt das berühmte Restaurant MTR, ideal für ein Frühstück nach dem Parkbesuch oder zu jeder anderen Tageszeit.

Grüne Oase zum Entspannen: die Lal-Bagh-Gärten

Platz. Das rötliche Gebäude im neoklassizistischen Stil wurde 1877 von den Briten errichtet und beherbergt heute u. a. eine interessante Kollektion von Musikinstrumenten sowie eine schöne Bilder der Mysore- und Tanjore-Schule. Mit dem Government Museum verbunden ist die **Venkatappa Art Gallery,** die botanische Studien, Porträts und Landschaftsbilder des verstorbenen Malers Sri Venkatappa zeigt (Di–So 10–17 Uhr, 4 Rs).

Im nördlichen Teil des Cubbon Park befindet sich das imposante Regierungsgebäude **Vidhana Soudha** 4 aus dem Jahr 1956.

Rund um die Commercial Street

Ungefähr 15 Gehminuten von der Ecke MG Road/Brigade Road in nordöstliche Richtung erreicht man das untere Ende der **Commercial Street,** eine der populärsten Einkaufsstraßen in Bangalore. Sarigeschäfte und westliche Modeläden wechseln sich ab mit Schnellrestaurants und Juwelieren. In den Seitengassen gibt es Schuhläden, Schneider und noch mehr Kleiderläden.

Am westlichen Ende der Commercial Street markiert eine Moschee den muslimischen Stadtteil **Shivaji Nagar.** Biegt man von der Commercial Street nach rechts in die **Jama Masjid Road** ab, gelangt man zum Busbahnhof und zur Kirche St. Mary. Nahebei liegt auch der alte **Russell Market** 5 , einer der alten Obst- und Gemüsemärkte der Stadt.

Tipu Sultans Sommerpalast und Fort

Einen Besuch lohnt der schmucke **Sommerpalast von Tipu Sultan** 7 , der innerhalb des alten Forts ca. 2 km westlich der Lal-Bagh-Gärten liegt. Das aus Holz und Stein errichtete Bauwerk wurde von Hyder Ali 1781 begonnen und von seinem Sohn zehn Jahre später fertiggestellt. Es steht inmitten eines kleinen Gartens mit Blick auf den danebenliegenden Sri-Venkataramana-Tempel und war Teil einer größeren Anlage, die nicht mehr existiert. Fein geschnitzte Säulen und Decken sowie mit floralen Mustern bedeckte Wände

zieren den Palast. Sein Schmuckstück ist die große Durbarhalle, wo der Herrscher seine Besucher empfing.

Im Erdgeschoss informiert eine ausgezeichnete kleine Ausstellung über den ungewöhnlichen Herrscher. So erfährt man, dass dieser ein Traumtagebuch zur Selbstanalyse führte, Mitglied des Jakobinerclubs war, gleichzeitig ein frommer Muslim und ein gefürchteter Regent. Als ausgewiesener Waffennarr ließ er schon damals Raketen entwickeln, die fast 2,5 km weit flogen und die Briten in Angst und Schrecken versetzten (tgl. 8.30–17.30 Uhr, 100 Rs, Video 25 Rs).

Ungefähr zehn Gehminuten nördlich vom Sommerpalast an einer belebten Straße liegt das **Fort von Tipu Sultan** 8 . Man kann um den massiven Mauerring wandern und mit etwas Glück wird man ins Innere der Anlage gelassen (unregelmäßige Öffnungszeiten).

Bull-Tempel und ISKCON-Tempel

Aus den Gründungszeiten der Stadt stammt der **Bull-Tempel** 9 im Süden der Stadt, der Gott Shiva geweiht ist. Im Sanktum wird dessen Reittier Nandi, der Bulle, verehrt.

Klassisch südindische Tempelarchitektur paart sich beim neuen **Krishna-Tempel** oder **ISKCON-Tempel** 10 mit moderner Architektur. Die große Tempelanlage liegt an der Chord Road ca. 8 km nördlich des Zentrums inmitten eines großen Parks mit Teich. Südindische Tempeltürme, eine Umfassungsmauer und Vorhallen geben ihr einen traditionellen Anschein, doch das Heiligtum selbst ist eine Kombination aus klassisch dravidischen Gopurams mit modernen Glasfassaden. Errichtet wurde der Tempel von ISKCON, der International Society of Krishna Consciousness (7–13, 16–20.30 Uhr).

i **Tourism House:** 8 Papanna Lane, St. Mark's Rd., Tel. 080-41 32 92 11/22, tgl. 8–20 Uhr. Informiert über Reisemöglichkeiten in Karnataka, organisiert Besichtigungstouren und besorgt Taxis.

KSTDC Main Booking Counter: Badami House, gegenüber City Corporation, NR

Bangalore und Umgebung

Square, Tel. 080-22 27 58 69; Filialen am Flughafen, am Bahnhof und am Busbahnhof. U. a. Organisation von Touren in die nähere und weitere Umgebung, beispielsweise eine halbtägige Stadttour (7.30 Uhr und 14 Uhr).
City Info: Kostenlose 14-tägige Broschüre mit nützlichen Infos über Hotels, Restaurants, Bars und Kulturveranstaltungen, liegt in Buchläden und besseren Hotels aus (www. explocity.com).

Eine Alternative zu den Hotels sind die vielen Service Apartments, die teils auch für ein paar Tage vermietet werden (nähere Infos unter www.explocity.com), z. B. Casa Piccola Guest Rooms and Service Appartments, Tel. 080-22 27 07 54.
The Leela 1 : Airport Rd., Tel. 080-25 21 12 34, www.theleela.com. Goldene Türmchen, traditionelles Design, aber mit allen modernen Annehmlichkeiten ausgestattet ist dieses Luxushotel inmitten eines 4 ha großen Parks nicht weit vom Flughafen. DZ ab 350 €.
Taj West End 2 : Race Course Rd., Tel. 080-66 60 56 60, www.tajhotels.com. Schöne Bungalows in einem großen, reizvoll angelegten Park, ein toller Pool und mehrere gute Restaurants sorgen für das Wohl der Gäste. DZ ab 10 000 Rs.
Rama 3 : 40/2 Lavelle Rd., Tel. 080-22 27 33 11. In einer ruhigeren Straße, aber trotzdem mitten im Zentrum gelegen mit nettem Dachterrassen-Restaurant. DZ ab 7000 Rs.
St. Mark's 4 : 4/1 St. Mark's Rd., Tel. 080-22 27 90 90, www.stmarkshotel.com. Modernes, zentrales Business-Hotel, in dem sich auch Touristen wohlfühlen. DZ ab 6500 Rs.
The Richmond 5 : 88/2 Richmond Rd., Tel. 080-22 23 36 66. Ebenfalls im Zentrum, mit Restaurant und Fitnessstudio. DZ ab 4500 Rs.
Nahar's Heritage 6 : 14 St. Mark's Rd., Tel. 080-22 27 87 31, www.naharhotels.com. Für Vegetarier mit Laptop und andere Menschen: Fleischloses Multicuisine-Restaurant und kostenloser WiFi-Anschluss. DZ ab 4500 Rs.
Monarch 7 : Brigade Rd., Tel. 080-25 59 19 15. Neues, von der Straße etwas zurückgesetztes Hotel mit angenehmen Zimmern (Klimaanlage). DZ ab 3800 Rs.

Nilgiris Nest 8 : Brigade Rd., über dem Supermarket im 3. Stock, Tel. 080-25 58 84 01. Zentraler geht es fast nicht, im Restaurant darunter kann man essen und im Erdgeschoss die frischesten Früchte kaufen. DZ ab 1500 Rs.
Vellara 9 : Brigade Rd., Tel. 080-25 36 91 16. Einfaches Hotel mit sauberen Zimmern und vegetarischem Restaurant. DZ ab 1100 Rs.

Aromas of China 10 : Richmond Circle, Tel. 080-41 11 33 55. Ausgezeichnetes China-Restaurant im Herzen der City mit großer Speisekarte und aufmerksamer Bedienung. Ab 500 Rs.
100 Feet 11 : 777/1 100 Feet Rd., Indiranagar, Tel. 080-25 27 77 52. Italienische und

mediterrane Gerichte sowie große Weinkarte in geschmackvollem Ambiente als Teil eines Lifestyle-Ladens. Ab 400 Rs.

Samarkhand 12: Gem Plaza, Infantry Rd., Tel. 080-41 11 33 64. Kräftige Gerichte aus der Nordwestecke des Subkontinents, z. B. gute Biryanis und Tandoori-Spezialitäten. Ab 350 Rs.

Café Max 13: Goethe-Institut/Max Mueller Bhavan, 716 CMH Rd., Indiranagar, Tel. 098 45 04 39 91. Nettes Dachterrassen-Restaurant mit deutschen und internationalen Gerichten. Mi mittags gibt es Salatbüfett und So warmes Büfett für 250 Rs.

The Only Place 14: 13 Museum Rd., Tel. 080-32 71 89 89. Steak, Pasta, Salate und Bier gehören zu den beliebtesten Gerichten in diesem angenehmen Restaurant in einem überdachten Innenhof. Ab 150 Rs.

Koshy's 15: 39 St. Mark's Rd., Tel. 080-22 21 37 93. Szenetreffpunkt seit vielen Jahrzehnten ist dieses Restaurant, das seine ganze Belegschaft aus Kerala rekrutiert. Doch nicht nur die scharfen Fischcurrys schmecken hier gut, sondern auch Apfelkuchen, Steak und Bier. Ab 100 Rs.

Coffee World 16: Eva Mall, Brigade Rd., Tel. 080-41 53 11 66. Cooles Interieur, guter Kaffee und Kuchen. Nebenan gibt es ein Internetcafé.

Nilgiris Café 17: über dem Nilgiri Supermarket, 171 Brigade Rd., Tel. 080-255 88 401. Für ein schnelles Mittagessen, ob Pizza oder Thali, Sandwich oder Hühnchen. Ab 40 Rs.

Brigade Road: Hochmoderne Flanier- und Shoppingmeile

Bangalore und Umgebung

MTR (Mavalli Tiffin Rooms) ⬚18: 14 Lalbagh Rd., nahe dem Haupteingang zu den Lal-Bagh-Gärten, Tel. 080-22 22 00 22. Ebenfalls eine jahrzehntealte Institution und das ultimative Restaurant für ein Frühstück mit Idli, Wada und Dosa. Außerdem gibt es leckere vegetarische Thalis. Ab 40 Rs.

KC Das Sweet Shop ⬚19: 3 St. Mark's Rd. gegenüber Koshy's, Tel. 080-25 58 70 03; Filiale in der 241 CMH Rd., Indiranagar. Feine bengalische Süßigkeiten und leckeres Sweet Curd. Kaffee und Tee nur im Pappbecher. Ab 20 Rs.

Cauvery Arts Emporium: MG Rd., Ecke Brigade Rd. Kunsthandwerk aus Karnataka und anderen Staaten. Es gibt ein tolles Sortiment an Sandelholzprodukten an einer Extra-Theke mit Beratung.

Central Cottage Industries Emporium: MG Rd., 500 m östlich der Brigade Rd. Große Auswahl an kunsthandwerklichen Objekten aus ganz Indien.

100 Feet: 777/1 100 Feet Rd., Indiranagar. Schöne Lifestyle-Boutique, in der man kleine, edle Geschenke, aber auch Vorhänge, Schuhe und vieles mehr finden kann. Angeschlossen ist das gleichnamige Restaurant.

Fab India: Commercial St. und CMH Rd. Indiranagar. Shop der landesweiten Kette, die indische Kleidung mit traditionellen Mustern und Pflanzenfarben sowie schöne Heimtextilien verkauft.

The Bombay Store: 99 MG Rd. Kunsthandwerk aller Art und aus ganz Indien – hier findet man Mitbringsel für zu Hause.

Gujari: Residency Rd. Traditionelle Textilien aus Gujarat, bedruckte Tücher, bestickte Kleidung – es gibt eine Riesenauswahl. Im gleichen Gebäude sind die Verkaufsstellen mehrerer indischer Bundesstaaten mit vielen weiteren kunsthandwerklichen Objekten untergebracht.

Magazines: 55 Church St. und beim Restaurant The Only Place (s. S. 375). Ein Paradies für Liebhaber von Zeitschriften und Magazinen – ob indisch oder international, man wird fündig.

Eva Mall: Brigade Rd. Eines der vielen Einkaufszentren für die neue indische Mittelschicht – Uhren, Schuhe, westliche Markenware, Internetcafé etc., man fühlt sich fast wie daheim.

The Blue Bar: im Hotel Taj West End (s. S. 374). Elegante Open-Air-Bar mit exotischen Cocktails und allerlei anderen Getränken für Nachtschwärmer. Ab 150 Rs.

Tavern at the Inn: Museum Rd., im Museum Inn, Tel. 080-41 11 33 39. Beliebtes und zentrales Pub im klassischen englischen Stil, Happy Hour 17–19.30 Uhr. Ab 130 Rs.

The Beach: Milestone 1211, 100 Feet Rd., Indiranagar, Tel. 080-41 26 11 14. Das ultimative Goa-Feeling mitten in der City wird durch einen künstlichen Strand samt Leuchtturm und kleinen Pools herbeigezaubert. Ab 100 Rs.

Bangalore Walks: Zusammen mit kundigen Führern die City zu Fuß entdecken – Green Heritage Walk durch die Lal-Bagh-Gärten oder Victorian Bangalore Walk für Architekturfreunde. Nähere Infos unter Tel. 098 80 67 11 92, www.bangalore walks.com.

Flüge: Der neue Bangalore International Airport liegt bei Devanahalli 45 km nördlich des Zentrums über den Highway (NH 7) Richtung Hyderabad. Nähere Informationen bietet die Internetseite http://www. bialairport.com. Es gibt zahlreiche Verbindungen nach Mumbai, Delhi, Chennai und viele andere indische Städte sowie nach Goa. Außerdem besteht mit Lufthansa eine Direktverbindung nach Frankfurt.

Züge: Der Bahnhof befindet sich westlich des Zentrums. Es gibt viele schnelle Verbindungen in alle Richtungen. Reservierungen tätigt man im Gebäude links des Haupteingangs oder im South Western Railways Reservation Office, Public Utility Building, MG Rd (beide Mo–Sa 8–20, So 8–14 Uhr).

Busse: Der riesige zentrale Busbahnhof liegt wenige Meter östlich des Bahnhofs. Die Busse der staatlichen KSRTC-Gesellschaft pendeln innerhalb von Karnataka sowie in die benachbarten Bundesstaaten. Man kann Tickets am Busbahnhof oder am Schalter, Devanatha Plaza, Residency Rd., im Voraus per Computer buchen. Rund um den Busbahnhof sind auch viele private Busunternehmen stationiert.

Mietwagen: Z. B. über KSTDC oder Arjun Tours & Travels, im 1. Stock über dem Tourism House, St. Mark's Rd., Tel. 080-22 21 70 54, www.arjuntours.com.

Rikschas: In Bangalore stehen über 10 000 Rikschas zur Verfügung. Alle haben einen Tachometer und sollten ihn auch anschalten. Nach 22 Uhr muss man 50 % Nachtaufschlag zahlen.

Die Umgebung von Bangalore

Bannerghatta National Park

Reiseatlas: S. 7, C 1

25 km südlich von Bangalore befindet sich der kleine **Bannerghatta National Park** mit Zoo und Schmetterlingsgarten. Seine größte Attraktion sind die umherstreifenden Löwen und Tiger (Mi–Mo 9–17 Uhr, Mo–Fr 80 Rs, Sa/So 135 Rs).

Devanahalli

Reiseatlas: S. 7, C 1

45 km nördlich von Bangalore auf dem Weg nach Lepakshi (s. S. 378) liegt am NH 7 und nahe dem neuen Flughafen der Ort **Devanahalli,** weithin sichtbar durch sein altes Fort. Hier wurde 1751 der muslimische Herrscher Tipu Sultan geboren. Ein kleines Monument erinnert an den berühmten Regenten.

Westlich des Highway erheben sich die **Nandi Hills,** ein wichtiges Weinanbaugebiet. Zur Stärkung empfiehlt sich ein Stopp in dem guten vegetarischen Restaurant, das direkt am Highway bei **Chik Ballapur** liegt.

Beeindruckende Malereien sind im Virabhadra-Tempel von Lepakshi zu sehen

Reisetipp

Lepakshi kann man in einem Tagesausflug von Bangalore aus mit dem Taxi besuchen oder auf dem Weg zu weiteren Stätten in Andhra Pradesh. Dann empfiehlt sich eine Übernachtung im 50 km nördlich gelegenen Städtchen **Puttaparthy**. Der Ort ist bekannt für den Ashram des bekannten Gurus Sai Baba und verfügt über viele Unterkunftsmöglichkeiten, z. B. das angenehme Sri Sai Sadan Guesthouse, SBI Hanuman Temple, Main Rd., Tel. 085 55-28 78 91 (DZ ab 500 Rs). Übernachten kann man auch 15 km westlich von Lepakshi im Städtchen **Hindupur,** das regelmäßig von Bussen aus Bangalore angefahren wird.

Wer für diesen Ausflug in Bangalore ein Taxi mietet, sollte zuvor klären, ob der Wagen eine Fahrerlaubnis *(permit)* für Andhra Pradesh hat, da sich sonst Umwege und Wartezeiten ergeben.

Lepakshi

Reiseatlas: S. 7, C 1

Knapp drei Autostunden bzw. 125 km nördlich von Bangalore liegt das Dörfchen **Lepakshi.** Vergessen von der Welt schlummerte der staubige Ort im südlichen Andhra Pradesh vor sich hin, stünde dort nicht ein ganz fantastisches Bauwerk: der fast 500 Jahre alte, im südindischen Stil errichtete **Virabhadra-Tempel,** der außergewöhnlich schöne und gut erhaltene Deckenmalereien sowie eindrucksvolle Skulpturen besitzt. 1538 wurde er von den Vijayanagar-Herrschern aus Hampi erbaut und zeigt Szenen ihres höfischen Lebens, ihrer Sitten und Gebräuche.

Bevor man allerdings zu dieser Schatzkammer alter südindischer Malerei gelangt, muss man einen kleinen Umweg auf sich nehmen, denn der direkte Weg ist nicht immer der beste, und in diesem Fall gilt er sogar als unglücksverheißend. Der Tempel ist Virabhadra geweiht, einem schrecklichen Aspekt Shivas. Um ihn zu besänftigen, betreten Gläubige den heiligen Bezirk nicht durch den Haupteingang im Norden, sondern wandern zunächst im Uhrzeigersinn zur Südseite des Tempels und spazieren durchs Ganesha-Tor ins Innere. Hier sitzt rechter Hand der populäre Sohn Shivas in Großformat. Die eindrucksvolle Skulptur wird an ihrer Ostseite flankiert von einem weiteren gewaltigen Bildnis in Stein, einer siebenköpfigen Kobra mit schwarzem Lingam. Weiter westlich davon steht die unvollendete Hochzeitshalle für Shiva und Parvati.

Der großartigste Teil des Tempels ist die mit 70 fein skulptierten Pfeilern bestückte Tanzhalle vor dem Sanktum. Man steht unter einer Lotosdecke und findet sich umringt von 12 tanzenden und musizierenden Göttern im Spannungsfeld zwischen der Tänzerin Rambha und ihrem Meister, der schräg gegenüber ihr Aufstellung genommen hat. Hier sind auch die exzellenten Deckenmalereien zu sehen. Die beiden inneren Paneele an der Ostseite der Tanzhalle zeigen besonders interessante und gut erhaltene Bilder. Als Höhepunkt gelten die fein gekleideten und ausdrucksvollen Damen bei Shiva und Parvatis Hochzeit im innersten Paneel an der Ostseite. Doch die Bilderwelt erschöpft sich nicht an den Decken der Tanzhalle. Im Sanktum selbst blickt ein über 13 m großer zorniger Virabhadra von der Decke herab. Außer dem Hauptschrein für den wütenden Gott befinden sich hier verschiedene Schreine für Vishnu, Parvati, Bhadrakali und Ganesha. Der Elefantengott versteckt sich in einer Felsspalte westlich des Hauptschreins. Jedes Jahr an Shivratri (Februar/März), dem Festtag Shivas, drängen sich unzählige Gläubige in dem populären Heiligtum.

Und noch eine weitere Attraktion besitzt das Dorf. Am Ortseingang im Osten sitzt ein riesiger Nandi: 8 m lang, 4,5 m hoch und aus einem einzigen Stück Fels gearbeitet. Das Reittier Shivas hat den Tempel fest im Blick.

Punnami Guesthouse: neben dem Nandi-Monolith, kein Telefon. Sehr einfache, aber einzige Unterkunft im Ort, 3 Zimmer und nur für den Notfall zu empfehlen, kein Restaurant. DZ 200 Rs.

Mysore und Umgebung

Eine indische Großstadt mit entspannter Atmosphäre? Ein Paradox, so scheint es, doch Mysore besitzt alle Eigenschaften dazu. In der Stadt mit ihren 750 000 Einwohnern lässt es sich für viele gut leben, darum wandert derzeit auch ein Teil der Industrie aus dem überfüllten Bangalore hierher ab. Für Touristen eignet sich Mysore hervorragend als Ausgangspunkt zur Besichtigung verschiedener Sehenswürdigkeiten.

Mysore (Mysuru)

Karte: S. 386; **Cityplan:** S. 382

Baumbestandene Alleen, alte Kolonialvillen, große Plätze, sanfte Hügel, dazwischen ein opulenter Maharadschapalast – die alte Königsstadt **Mysore** 1 lockt mit ihrem nostalgischen Flair viele Besucher. Besonders während des zehntägigen Dussehra-Fests im Oktober/November, wenn der Sieg der lokalen Schutzpatronin über den Büffeldämon Mahisha gefeiert wird, platzt Mysore aus allen Nähten. Dem Büfffeldämon verdankt der Ort auch seinen Namen, denn schon im 10. Jh. war er als Mahisasurana Ooru (›Stadt des Büffeldämons Mahisha‹) bekannt. Der Legende nach besiegte die Göttin Durga in ihrer Gestalt als Chamundeshwari hier auf einem Hügel in einem zehntägigen Kampf die böse Macht.

Geschichte

Verschiedene südindische Dynastien herrschten über die Region, darunter im 12. Jh. und 13. Jh. auch die Hoysalas, die in unmittelbarer Nachbarschaft ihre glanzvollen Tempel errichteten. Nach dem Fall des Großreichs von Vijayanagar übernahm das lokale hinduistische Herrschergeschlecht der Wodeyars die Zügel der Macht. Sie regierten von Mysore aus und ab 1610 von ihrer neuen Hauptstadt Srirangapatna. Allerdings waren sie zu schwach, um sich ihrem muslimischen General Hyder Ali entgegenzusetzen, der 1761 zum eigentlichen Regenten aufstieg.

Sein Sohn und Nachfolger Tipu Sultan, der sogenannte Tiger von Mysore, gab der Stadt ein neues Gesicht und ließ großzügige Alleen, Parks und Plätze anlegen. Er machte auch eine glanzvolle militärische Karriere und führte mehrere Kriege gegen die Briten, bis er 1799 in der legendären Schlacht bei Srirangapatna geschlagen wurde und dabei sein Leben verlor.

Nach Tipus Tod gaben die Briten den Wodeyar-Herrschern zwar nominell ihre Macht zurück, letztendlich aber regierten sie selbst über die Region, die der Madras Presidency, dem südindischen Herrschaftsbereich der Briten, angegliedert wurde, bis im Zuge der Unabhängigkeit Indiens der neue Staat Karnataka entstand.

Heute ist Mysore ein Zentrum universitärer Forschung. Auch als Industriestandort genießt es wachsende Popularität und ist besonders für Softwarefirmen aus dem 140 km entfernten Bangalore eine attraktive Alternative. Bekannt ist die Stadt auch für ihre Sandelholzprodukte und die im ganzen Land gerühmte Mysore-Seide. Besuchern empfiehlt sich der Ort als Ausgangspunkt für Ausflüge zu den Hoysala-Tempeln, verschiedenen Nationalparks, der Flussinsel Srirangapatna und der Bergregion des Kodagu-Distriks im Westen. Immer mehr erwirbt sich Mysore auch einen Ruf als Wellnesszentrum.

Mit der Autorin unterwegs

Mit dem ersten Boot

Das **Ranganathittu-Vogelschutzgebiet** sollte man morgens – aber nicht an Feiertagen – besuchen und gleich mit dem ersten Boot um 8.30 Uhr hinausfahren. Dann ist es weder heiß noch voll und das Licht für Fotos am besten (s. S. 386).

Auf den zweiten Blick

Tipu Sultans Sommerpalast in Srirangapatna erschließt sich dem Besucher erst auf den zweiten Blick, denn sein Äußeres ist teilweise verdeckt. Sobald man den wunderbaren Holzpalast jedoch betreten hat, wird einem bewusst, dass der Sultan ein Kunstliebhaber war (s. S. 387).

Zahlreiche angenehme Unterkünfte in unterschiedlichen Preiskategorien stehen Besuchern zur Verfügung.

Orientierung

Das Stadtzentrum befindet sich westlich und nordwestlich des **Maharadscha-Palastes.** Im Osten liegen weitläufige Villenviertel. Dahinter erhebt sich im Südosten der **Chamundi Hill** und weiter östlich das wie in Zucker gegossene ehemalige Gästehaus des Maharadschas, der **Lalitha-Mahal-Palast,** heute ein Luxushotel.

Maharadscha-Palast Amba Vilas und Museum

Märchenhaft wirkt der stattliche Wohnsitz der Maharadschas von Mysore namens **Amba Vilas** **1**, der inmitten eines weitläufigen Platzes innerhalb der alten Festungsmauern steht. Die goldfarbene Hauptkuppel, umrahmt von vielen kleineren Zwiebeltürmen, glitzert im Sonnenlicht und jeden Sonntagabend erleuchten Tausende von Lämpchen die Fassade. Pracht und Pomp demonstrierten die Maharadschas mit ihrem repräsentativen Wohnsitz in der Stadtmitte, der erst vor knapp 100 Jahren entstand, nachdem der alte Holzpalast 1897 einem Feuer zum Opfer gefallen war. Man beauftragte den englischen Architekten Irwin mit dem Bau des neuen Schlosses, das 1912 fertiggestellt wurde. Entstanden ist ein Mix aus indischen, orientalischen und westlichen Baustilen, auch die Materialien für die Innendekoration repräsentieren ein multikulturelles Ensemble. Wie beim Bau einiger Paläste Rajasthans importierte man Materialien aus Europa und stellte damit seinen Reichtum zur Schau.

Heute bewundern täglich Tausende Besucher aus aller Welt die Teile des Palasts, die für die Öffentlichkeit freigegeben sind – allerdings ohne Schuhe und Kamera, denn beide müssen am Eingang abgegeben werden. Glanzstück im Erdgschoss ist die opulente **Hochzeitshalle Kalyana Mandapa** mit oktogonalem Dach aus Glasmosaiken mit Pfauenmotiven, mächtigen Eisenpfeilern, böhmischen Lüstern und glasierten Fliesen aus England. Ölgemälde an den Wänden zeigen die Dussehra-Prozession im Jahr 1930. In diversen Nebenräumen sind antike Möbel, Silber und Kristallwaren ausgestellt.

Einen Stock höher liegt die **Empfangshalle** (Durbar Hall) in Türkis-, Braun- und Goldtönen gehalten und ebenfalls mit verschwenderisch dekorierten Säulenreihen und wunderschönen Glasfenstern ausgestattet. In der danebenliegenden **Kleinen Empfangshalle** sind weitere schöne Glasmosaiken sowie Blattgoldmalereien zu sehen. Professionelle Führer erzählen neugierigen Besuchern interessante Geschichten und Details über den Palast und seine ehemaligen Bewohner. Der Besuchereingang liegt an der Südseite, die repräsentative Front mit dem Haupttor weist nach Osten und präsentiert sich in der Morgensonne besonders reizvoll.

In einem Flügel des Palasts ist das **Maharadscha Resident Museum** untergebracht, das Objekte aus dem Besitz der Königsfamilie ausstellt wie antike Möbel, traditionelle Kleidung, Kutschen und Waffen. Lohnenswert ist das Museum vor allem wegen seiner schönen Sammlung von traditionellen Tanjore-Malereien (10–17.30 Uhr, Palast: 20 Rs, Museum: 20 Rs).

Rund um den Palast

Mehrere Tempel umgeben den Palast, z. B. nahe dem Maharadscha Resident Museum der **Balakrishna-Tempel** mit seinen vielen Glöckchen. Gleich beim Eingang steht der **Sri-Shveta-Varahaswami-Tempel** aus dem 17. Jh. mit einem mächtigen Eingangstor im südindischen Stil.

In den verwinkelten Gassen westlich des Palastkomplexes befindet sich der **Jagamohan-Palast** mit der sehr sehenswerten **Sri Jayachamarajendra Art Gallery** **2**. Im Erdgeschoss sind Malereien der Mogul- und der Rajasthan-Schule sowie Fotografien der Mysore-Herrscher ausgestellt. Im ersten Stock hat man einen ganzen Raum dem bekannten indischen Maler Raja Ravi Varma und seinen Ölbildern gewidmet (tgl. 8.30–17 Uhr, 15 Rs).
In den Gebäuden nahe der Galerie sind eine Reihe interessanter Antiquitäten- und Kunsthandwerksläden untergebracht.

Devaraja Market und Zoo

Nordwestlich des Maharadscha-Palastes erstreckt sich die **Altstadt** von Mysore. Ihr Herzstück ist der alteingesessene **Devaraja Market** **3**. Auf dem bunten und quirligen Markt werden nicht nur Obst und Gemüse angeboten, sondern auch Blumen in allen Farben, Räucherwerk und vieles mehr. Entlang der **Sayaji Rao Road** und in deren Seitenstraßen gibt es viele moderne Geschäfte.

Der **Zoo** **4**, einer der ältesten und beliebtesten von Indien, liegt im Südosten der Stadt nahe dem Busbahnhof. Das Gelände wurde bereits 1892 vom Maharadscha Jayachamarajendra angelegt, der dafür Teile seiner Vergnügungsgärten opferte. Wer in den Nationalparks Pech gehabt hat: Hier bekommt man sicherlich einen Tiger zu Gesicht (Mi–Mo 8.30–17.30 Uhr).

Chamundi Hill

Im Südosten der Stadt erhebt sich der heilige Berg **Chamundi Hill** **5**. Eine kurvenreiche Straße führt zu dem Platz, wo Mysores Schutzpatronin Chamundeshwari den Büffeldämon Mahisha besiegt haben soll. Ihr zu Ehren hat man bereits im 12. Jh. einen **Tempel** **6** auf dem Hügel gebaut. Der große Gopuram davor wurde allerdings erst zu Beginn des 19. Jh. errichtet. Das sehr populäre Heiligtum beherbergt eine Statue der Göttin aus Gold. Von hier oben genießt man eine schöne Aussicht auf Mysore und die Umgebung (tgl. 6–14, 15.30–18, 19.15–21 Uhr, 20 Rs).

Auf halbem Weg entlang der Straße steht die massive, 5 m hohe Figur von **Nandi** **7**, dem Reittier Shivas. Die Skulptur stammt aus dem Jahr 1659 und wurde aus einem Stück Granit hergestellt.

Vom zentralen Busbahnhof fahren regelmäßig Busse auf den Chamundi Hill. Bis zum Fuß des Hügels sind es circa 3 km, weitere 6 km den Berg hinauf. Der Tempel ist von unten auch direkt über eine lange Treppe zu erreichen.

i **Karnataka Tourism Information Centre:** im Yatrinivas Hotel, 2 Jhansi Lakshmibai Rd., Tel. 08 21-242 34 92, www.karnatakatourism.org, tgl. 6–20 Uhr; Zweigstellen im Bahnhof, Tel. 08 21-242 36 52, und am Zentralen Busbahnhof, Tel. 08 21-244 49 97. U. a. Stadtrundfahrten, Bustouren nach Belur, Halebid, Sravanabelgola, Srirangapatna und zu den Brindavan-Gärten.

Lalitha Mahal Palace [1]**:** auf einer Anhöhe am östlichen Ortsrand von Mysore, Tel. 08 21-247 04 70, Fax 08 21-247 05 55, www.lalithamahalpalace.com. Prachtbau, der an die St. Paul's Cathedral in London erinnert – das ehemalige Gästehaus des Maharadschas aus dem Jahr 1930 bietet edle Unterkünfte im alten und im neu angebauten Flügel. Ein Highlight ist der riesige im Artdéco-Stil gestaltete Speisesaal. DZ ab 120 €.
Royal Orchid Metropole [2]: 5 Jhansi Lakshmibai Rd., Tel. 08 21-425 55 66, Fax 08 21-425 55 55, www.royalorchidhotels.com. Elegantes Heritagehotel in zentraler Lage mit sehr schönem Gartenrestaurant, Bar und Pool. DZ 4600–7000 Rs.
Windflower [3]**:** Maharanapratap Rd., Nazarbad, Tel. 08 21-252 24 00, www.emergespa.co.in. Spa-Hotel am östlichen Rand von Mysore mit reizvoll angelegten Bungalows,

Mysore und Umgebung

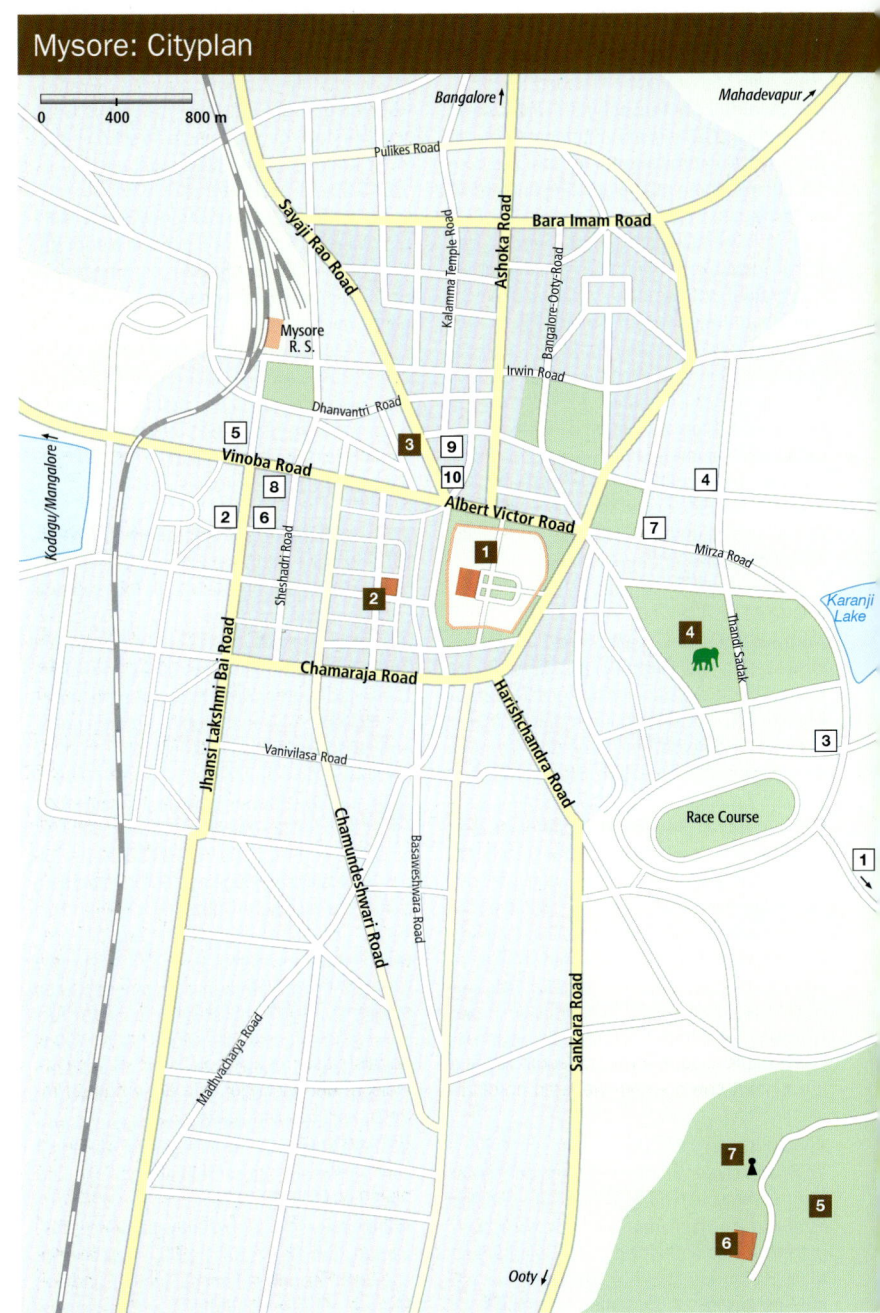

Bangalore ↑

Mahadevapur ↗

0   400   800 m

Pulikes Road

Sayaji Rao Road

Kalamma Temple Road

Ashoka Road

Bara Imam Road

Bangalore-Ooty-Road

Mysore R. S.

Irwin Road

Dhanvantri Road

Kodagu/Mangalore ↑

5

Vinoba Road

3   9

10

2   6   8

Sheshadri Road

Albert Victor Road

4

7

1

2

Mirza Road

Karanji Lake

4

Thandi Sadak

Chamaraja Road

Jhansi Lakshmi Bai Road

Vanivilasa Road

Harishchandra Road

3

Race Course

1

Chamundeshwari Road

Basaweshwara Road

Sankara Road

Madhvacharya Road

7

5

6

Ooty ↓

382

Sehenswürdigkeiten

1 Amba Vilas
2 Sri Jayachamarajendra Art Gallery
3 Devaraja Market
4 Zoo
5 Chamundi Hill
6 Tempel zu Ehren von Chamundeshwari
7 Figur von Nandi

Übernachten

1 Lalitha Mahal Palace

2 Royal Orchid Metropole
3 Windflower
4 Sandesh The Prince
5 Regaalis
6 Kings Kourt
7 Siddharta
8 Mayura Hoysala
9 Mysore Dasaprakash

Essen und Trinken

10 RRR

schönem Pool und sehr gutem Restaurant. Bietet ayurvedische und kosmetische Behandlungen sowie Yoga-Stunden und Fitnessraum. DZ 3600–6000 Rs.

Sandesh The Prince 4 : 3 Nazarbad Main Rd., Tel. 08 21-243 67 77, Fax 08 21-244 55 77, www.sandeshtheprince.com. Modernes, gut ausgestattetes Mittelklassehotel im östlichen Stadtteil Nazarbad. DZ 3300–10 000 Rs.

Regaalis 5 : 13–14 Vinoba Rd., Tel. 08 21-242 64 26, www.ushalexushotels.com. Modernes Hotel mit Pool und 2 Restaurants mitten in der City, schöne Aussicht von den oberen Etagen auf die Stadt und das Umland. DZ ab 2000 Rs.

Kings Kourt 6 : Jhansi Lakshmibai Rd., Tel. 08 21-242 11 42, Fax 08 21-242 23 84, www.vivekhotels.com. Angenehmes Mittelklassehotel mit Multicuisine-Restaurant gegenüber dem Hotel Metropole. DZ 1800–4000 Rs.

Siddharta 7 : 73/1 Guesthouse Rd., Tel. 08 21-252 28 88, www.siddhartagroup.com. Gutes Budgethotel zwischen Palast und Busbahnhof mit ausgezeichnetem südindischem Restaurant sowie einem weiteren nordindischen Lokal. DZ 900–1500 Rs.

Mayura Hoysala 8 : 2 Jhansi Lakshmibai Rd., Tel. 08 21-242 53 49. Staatliches Hotel von Karnataka Tourism mit 17 Zimmern hinter Säulenkolonnaden sowie Bar und Restaurant. DZ 650–1000 Rs. Daneben die billigere Variante im Schwesterhotel Yatri Nivas (DZ 350 Rs).

Mysore Dasaprakash 9 : Gandhi Square, Tel. 08 21-244 24 44, Fax 08 21-244 34 56, www.mysoredasaprakashgroup.com. Die Alternative für den kleinen Geldbeutel: saubere, geräumige Zimmer, zentral, mit gutem vegetarischem Restaurant. DZ 470–1100 Rs.

Shikari 2 : im Hotel Royal Orchid Metropole (s. S. 381). Fleisch, Fisch, Krabben vom Grill im Garten mit stimmungsvollem Ambiente. 300–1000 Rs.

Lalitha Mahal Palace 1 : im gleichnamigen Hotel (s. S. 381). Dinieren unter Kronleuchtern und Glaskuppeln im ehemaligen Ballsaal. Internationale Küche, besonders berühmt ist das Mysore Silver Thali. 300–1000 Rs.

Olive Garden 3 : im Hotel Windflower (s. S. 381), Tel. 08 21-252 25 00. Sehr gute Tandoori-Gerichte, leckere Fischcurrys, Pastagerichte, gute Weinauswahl und vieles mehr in nettem Gartenrestaurant. 150–500 Rs.

RRR 10 : Gandhi Square, Tel. 08 21-244 19 79. Der Laden brummt, denn hier gehen die Locals essen. Vegetarische Spezialitäten, Fleisch- und Fischgerichte aus Andhra Pradesh, z. B. Biryani. 50–150 Rs.

Siddharta 7 : im gleichnamigen Hotel (s. links). Sehr gute südindische Snacks. Probieren sollte man das Mallige Idli, eine Spezialität aus Mysore, Bonda Sambar, Mysore Pak und vieles mehr. Auch der hauseigene Filterkaffee aus der Kaffeeregion Kodagu ist exzellent. 40–90 Rs.

Mysore und Umgebung

Akshaya 9 : beim Hotel Dasaprakash (s. S. 383), Tel. 08 21-244 24 44. Bekannt bei allen Vegetariern ist dieses alteingesessene Restaurant. Gute Thalis und südindische Snacks. 30–50 Rs.

Sandelholzprodukte und Seide sind die Spezialitäten von Mysore und werden vielerorts angeboten.

Devaraja Market: Außer Blumen und Gemüse gibt es hier allerlei Sandelholzprodukte zu kaufen.

Ramsons: 1160 Ramsons House, beim Zoo, www.ramsonsmysore.com. Eine gute Auswahl von Sandelholzprodukten, traditionelles Kunsthandwerk, Seide, Schmuck etc.

Cauvery, Karnataka State Arts & Crafts Emporium: Sayyaji Rao Rd. Jede Menge

Eine Augenweide für Einheimische und fremde Besucher: Jeden Sonntagabend wird der Maharadscha-Palast mit Tausenden von Lämpchen illuminiert

Sandelholzprodukte, leider etwas verschlafener Service und verstaubtes Ambiente.

 Flüge: Der nächstgelegene Flughafen ist in Bangalore (s. S. 376).

Züge: Der Bahnhof befindet sich im Nordwesten des Stadtzentrums und bietet regelmäßige Verbindungen nach Bangalore und nach Hassan.

Busse: Mysore hat zwei Busbahnhöfe. Busse zum Chamundi Hill oder nach Srirangapatna fahren vom City-Busbahnhof nordwestlich des Maharadscha-Palastes ab. Der Zentrale Busbahnhof liegt im nordöstlichen Teil der Innenstadt und bietet Verbindungen nach Bangalore, Hassan, Hubli, Ooty (über den Bandipur National Park) und Kerala (z. B. Kannur, Kochi).

Die Umgebung von Mysore

Mietwagen: Zu buchen über die Tourist Offices oder Hotels.

Brindavan Gardens

Karte: s. oben

Ganz der indischen Vorstellung von Romantik entsprechen die **Brindavan Gardens** **2** 20 km nordwestlich von Mysore. Hier wurde 1932 der Fluss Kaveri durch einen Damm aufgestaut. Unterhalb davon legte man ausgedehnte Terrassengärten mit Teichen und Springbrunnen an, die allabendlich illuminiert werden. Sie dienten schon oft als Kulisse für Liebesfilme und werden daher bevorzugt von jungen Paaren aufgesucht. Vom Busbahnhof in Mysore fahren regelmäßig Busse hierher.

Ranganathittu-Vogelschutzgebiet

Karte: s. oben

Ein kleines Paradies für Wasservögel aller Art ist das landschaftlich sehr reizvoll gelegene **Ranganathittu-Vogelschutzgebiet** **3** 11 km

nordöstlich von Mysore und nur 2 km westlich von Srirangapatna. Auf einigen kleinen Inseln sowie am Ufer der Kaveri nisten die verschiedensten Vögel. Besonders während der Monate November bis März sieht man ganze Kolonien von Störchen, Reihern, Kormoranen oder Schlangenvögeln. Auch viele Zugvögel legen hier eine Rast ein. Auf den Felsen im Fluss dösen Krokodile in der Sonne. Mit einem Boot, das ab 8.30 Uhr in der Regel alle 30 Minuten ablegt, kann man die Vögel beobachten und den Flusskrokodilen in den Rachen blicken. Das Schutzgebiet ist per Taxi von Mysore aus erreichbar oder mit der Rikscha von Srirangapatna. Interessante Informationen über Indiens Vogelwelt gibt es unter www.indiabirds.com (tgl. 8.30–18 Uhr, Eintritt 60 Rs, Bootsfahrt 25 Rs).

Insel Srirangapatna

Karte: s. oben

Nur 13 km nordöstlich von Mysore liegt mitten im Fluss Kaveri die 5 km lange und nur 1 km breite **Insel Srirangapatna** **4**, heute ein beliebter Ausflugsort. Konzentriert auf nur

5 km² hat die Geschichte vielfältige Spuren aus verschiedenen Zeiten hinterlassen. Schon im 10. Jh. baute man hier ein Vishnu-Heiligtum, den Sriranganathaswamy-Tempel, nach dem die Insel auch benannt wurde. Die Vijayanagar-Herrscher errichteten ein Fort und 1610 avancierte die Insel zur Hauptstadt der Wodeyar-Dynastie.

Unter Hyder Ali und insbesondere unter seinem Sohn Tipu Sultan entwickelte sich Srirangapatna zu einer prächtigen Stadt mit Palästen und Gartenanlagen. Von hier aus expandierten sie ihre Herrschaft. In den sogenannten Mysore-Kriegen kämpften Hyders und Tipus Truppen gegen die vereinten Armeen von Briten, Marathen und das Königreich Hyderabad. Immer wieder gingen die militärisch sehr gewandten Machthaber von Mysore siegreich aus diesen Schlachten hervor. Erst während der vierten Auseinandersetzung im Jahr 1799 wurde Srirangapatna von britischen Soldaten gestürmt und Tipu Sultan getötet. Dieser Sieg war nicht nur ein lokales Ereignis, sondern schrieb auch ein Kapitel europäische Kolonialgeschichte. Tipu Sultan war ein langjähriger Verbündeter Napoleons gewesen und seine Niederlage läutete zugleich das Ende des Kräfterings der beiden europäischen Weltmächte auf dem Subkontinent ein. Auf Kosten der Franzosen konnten die Briten ihre Position in Indien zementieren. Viele Monumente auf der Insel erinnern an die Vorkommnisse jener Zeit.

Für eine Besichtigung von Srirangapatna sollte man sich mindestens einen halben Tag Zeit nehmen. Ein netter Platz für das Mittagessen oder eine Teepause ist das KSTDC-Hotel Mayura Riverview (s. S. 388). Wer mit dem Taxi unterwegs ist, kann auf einem Tagesausflug zuerst das Ranganathittu-Vogelschutzgebiet und danach noch den Tempel von Somnathpur (s. S. 388) besuchen. Srirangapatna ist per Bus vom zentralen Busbahnhof in Mysore aus zu erreichen.

Fort

Der westliche Teil der Insel wird von einer Festungsanlage umschlossen, deren Mauerreste noch sichtbar sind. An der äußersten Westspitze ist ein **Obelisk** nahe der Stelle aufgestellt, wo die Briten bei ihrem entscheidenden Feldzug gegen Tipu Sultan mithilfe eines Spions ins Innere der Festung gelangten. Dieser Ort trägt bezeichnenderweise den Namen Watergate.

Innerhalb der Mauern steht der sehr populäre **Ranganathaswamy-Tempel** hinter einem mächtigen Eingangs-Gopuram. Sein Sanktum beherbergt eine mehrere Meter lange Skulptur Vishnus auf der Weltenschlange. Auch seiner Gemahlin Lakshmi ist ein Schrein gewidmet. Wenige Meter nordöstlich davon sieht man die letzten Überreste von Tipu Sultans altem Palast, weiter nördlich an der Straße ein altes **unterirdisches Gefängnis** und etwas östlich davon den Platz, an dem Tipu gestorben sein soll. Die **Jama Masjid** erhebt sich östlich davon. Man verlässt die Festung durch das imposante **Bangalore Gate.**

Tipu Sultans Sommerpalast

Tipu Sultans Sommerpalast **Daria Daulath Bagh** befindet sich ungefähr 2 km entfernt in östlicher Richtung. Der sehr sehenswerte Holzpalast aus dem Jahr 1784 steht in einer rechteckigen, mit Blumen bepflanzten Gartenanlage. Da die exzellenten Malereien im Innern vor der Sonne geschützt werden müssen, ist er mit Planen zugehängt und sieht von außen ziemlich unspektakulär aus. Doch schon beim Betreten des quadratischen, ganz aus Holz gefertigten, zweigeschossigen Gebäudes offenbart sich die versteckte Pracht, mit der Tipu sich selbst und seine Gäste erfreute. Elegant gedrechselte Säulen entlang einer umlaufenden Veranda, schön geschnitzte Holzbalkone und vor allem die herrlich dekorierten Wände und Decken beeindrucken den Besucher. Zwei Wände der Veranda sind mit lebendigen Miniaturmalereien versehen. Eine komplette Seite zeigt in sieben horizontal verlaufenden Bändern die Porträts bekannter Persönlichkeiten, die Tipu unterstützt haben und denen er auf diese Weise ein Denkmal gesetzt hat. Außerdem werden Kleider, Waffen sowie ein Modell der alten Festung von Srirangapatna ausgestellt.

Mysore und Umgebung

Beachtenswert sind auch die sehr einfühlsamen Porträts, die der irische Maler Thomas Hickey von Tipus Söhnen und einigen seiner Generäle anfertigte (tgl. 9–17 Uhr, 100 Rs).

Gumbaz und östliches Ende der Insel

Folgt man der Straße weiter Richtung Osten, so passiert man linker Hand die Kirche des französischen Missionars Abbé Dubois und sieht dann auf der rechten Seite das Mausoleum **Gumbaz,** das Tipu nach dem Tod seines Vaters Hyder Ali erbauen ließ. Nach seiner Ermordung wurde er dort an der Seite seines Vaters beigesetzt. Während das Mausoleum das Ziel muslimischer Pilger ist, ziehen die Hindus weiter bis zum östlichen Ende der Insel, denn dort befindet sich ein heiliger Badeplatz mit einem kleinen Schrein und Badetreppen, die zum Fluss hinunterführen.

Hotel Mayura Riverview: Tel. 082 36-21 74 54. Reizvoll am Fluss gelegene Bungalows mit Restaurant und Bar – die Wochenenden sollten allerdings gemieden werden, wenn man Ruhe sucht. DZ 500–800 Rs.

Somnathpur

Karte: S. 386

Eine der bekanntesten Sehenswürdigkeiten im Umland von Mysore ist der wunderschöne, Gott Vishnu geweihte Keshava-Tempel von **Somnathpur** 5 30 km östlich der Stadt. Somnath, ein Minister des Hoysala-Herrschers Narasimha III., ließ ihn im Jahr 1268 errichten. Wie seine Vorgänger in Belur und Halebid (s. S. 391, dort auch nähere Informationen zur Geschichte der Hoysalas) besitzt der **Keshava-Tempel** den typisch sternförmigen Grundriss. Das Heiligtum ist das letzte große Bauwerk dieser Dynastie und zeigt in besonders ausgeprägter Form die architektonischen Stilmerkmale der Hoysala-Heiligtümer.

Von Srirangapatna führt eine landschaftlich sehr reizvolle Landstraße vorbei an vielen Dörfern und kleinen Teichen nach Som-

nathpur. Wesentlich schneller erreicht man den Ort direkt von Mysore.

Aufbau des Tempels

Der Keshava-Tempel liegt innerhalb einer 55 m breiten und 65 m langen Anlage. Sein Innenhof wird von einem umlaufenden Säulengang mit insgesamt 64 Zellen gesäumt, die früher vermutlich als Ruhestätten von Priestern oder Pilgern genutzt wurden. Man betritt das Heiligtum durch den Eingang im Osten. Auf einer sternförmig angelegten Plattform erhebt sich der Tempel mit Säulenhalle und drei Schreinen. Diese sind in Fortsetzung des Unterbaus auch als Sterne angelegt. Bautechnisch möglich wurde dies durch eine vierfache Rotation des normalerweise quadratischen Sanktums. So entstanden insgesamt 16 Zacken, von denen wegen des Anbaus an die Säulenhalle allerdings nur elf sichtbar sind. Dennoch wurde die Außenfassade auf diese Weise um ein Vielfaches ›vergrößert‹ und bot immensen Raum für die Bildhauer, was intensiv genutzt wurde.

Außenfassade

Das reiche Skulpturwerk zieht sich nicht nur entlang der Wände, sondern breitet sich auch nach oben in das ebenfalls sternförmige, sich zu einem Shikara-Turm zuspitzende Dach des Hauptschreins und die zwei Seitenschreine aus. Umwandelt man den Tempel im Uhrzeigersinn, so wird einem fast schwindelig von der Figurenfülle. Auf sechs horizontal verlaufenden Friesen am Unterbau des Tempels sind Elefanten, Fabelwesen und Blumenranken abgebildet. Weitere Bänder stellen in detaillierter Form Geschichten aus den großen Epen Mahabharata und Ramayana dar. Den Abschluss bildet ein Fries mit marschierenden Gänsen. Der Platz darüber gehört den Göttern, vor allem Vishnu in seinen verschiedenen Formen.

Säulenhalle und Schreine

Nicht weniger beeindruckend ist das Tempelinnere. Durch Steingitterfenster (jalis) dringen feine Lichtstrahlen hinein und tauchen den Raum in ein sanftes Licht. Die mit 18 ele-

Immense Ausmaße haben die Füße des Heiligen Gomateshvara in Sravana Belgola

gant gedrechselten Säulen bestückte Halle ist aus konzentrischen Quadraten um den zentralen Mittelpunkt des Tempels aufgebaut, die sich auch in der reich geschmückten Decke fortsetzen. Von der Säulenhalle führen drei Eingänge in die Schreine für Vishnu in verschiedenen Formen. Im Haupttheiligtum an der Westseite wird er in seiner Form als Keshava (›der mit dem schönen langen Haar‹) verehrt. Der Schrein zur Linken beherbergt die sehr populäre Figur Krishnas mit der Flöte als Venugopala und im Schrein gegenüber steht die Figur des Janardana (›zu dem man um Erfolg betet‹) (tgl. 9–17 Uhr, 100 Rs).

Sravana Belgola

Karte: S. 386

Ein heiliger Ort für die Anhänger der Jain-Religion und wichtigstes Pilgerzentrum für die Digambara-Sekte ist das abgelegene Dorf **Sravana Belgola** 6 83 km nördlich von Mysore. Auch mit einer Superlative kann der Ort aufwarten: Auf einem kahlen Hügel steht hier Indiens größte monolithische Statue, die

nackte männliche Figur des Jain-Heiligen **Gomateshvara.**

Den wichtigsten Wallfahrtsort der Jainas in Südindien erreicht man von Mysore aus auf guter Straße durch Busch- und Baumland, Zuckerrohrfelder und kleine Städte. Sravana Belgola liegt zwischen zwei kahlen Granithügeln, dem Indragiri und dem Chandragiri, an einem großen Tempelteich. Souvenirshops, Teebuden und kleine Restaurants säumen die Straßen.

Das ganze Jahr über besuchen jainistische Pilger den Ort und bringen dem Heiligen Gomateshvara ihre Opfergaben dar. Dieser wird auch Bahubali genannt und gilt als Sohn Adinaths, des ersten Tirthankaras (›Furtbereiter‹) der Jainas. Schon im 3. Jh. v. Chr. wurde der Ort im Zusammenhang mit dem Maurya-Kaiser Chandragupta erwähnt, der sich zusammen mit dem Heiligen Bhadrabahu hierher zur Askese zurückgezogen haben soll. In der Folgezeit breitete sich der Jainismus in Südindien aus. Die Dynastie der Gangas, die ab dem 4. Jh. über die Region herrschten und selbst Anhänger des Jainismus waren, erwies sich als sehr großzügiger Mäzen und ließ im 10. Jh. die riesige Statue des Bahubali erbauen.

Indragiri

Über 600 Stufen führen auf den **Indragiri** zum Heiligtum des Gomateshvara. Den Aufstieg muss man ohne Schuhe zurücklegen, da der gesamte Hügel als heilig gilt. Auch Lederartikel sollte man am Eingang abgeben, sie gelten den Jainas als unrein. Um die Mittagshitze zu meiden, nimmt man den Aufstieg am besten frühmorgens in Angriff. Für Menschen mit Behinderung stehen Tragesänften zur Verfügung. Je höher man steigt, desto schöner wird die Aussicht auf das Dorf und die Umgebung.

Der erste Schrein, den man unterwegs passiert, ist der **Odegal Basti,** der in drei Nischen die Bildnisse von drei Tirthankaras beherbergt. Von hier führt der rechte Weg weiter nach oben. Im Fels sieht man viele kleine Inschriften von Pilgern aus dem 16. Jh. und 17. Jh., die das Heiligtum besucht haben. Dann erreicht man das imposante Eingangstor aus zwei nebeneinanderstehenden Felsen mit einem Lakshmi-Relief darüber, das Einlass in den inneren Bezirk gewährt.

Nach einigen Treppenstufen und einem weiteren Eingangstor steht man unvermittelt der monumentalen hellen Granitstatue des **Bahubali** gegenüber. Klein wirken – und fühlen sich vermutlich – die Menschen, die zu seinen riesigen Füßen ehrfürchtig ihre Opfergaben darbringen. Fast 18 m hoch ist der aufrecht meditierende Koloss, dessen Augen halb geschlossen sind. Ganz nackt steht er da, mit überdimensional langen Armen, die Beine von Blätterwerk umrankt, ein Zeichen für seine völlige Bewegungslosigkeit beim unentwegten Meditieren. Alle zwölf Jahre

wird Gomateshvara zu Ehren das Fest der Kopfsalbung gefeiert, bei dem bis zu 1000 Priester von einem Gerüst aus dem Kopf der Statue zuerst mit heiligem Wasser waschen und ihn dann mit Butterfett, Milch, Kokosnuss, Sandelholzpaste, Safran und anderen Substanzen einreiben. Die nächste Kopfsalbung wird voraussichtlich im Jahr 2017 stattfinden. Der Korridor, der an drei Seiten um die Statue verläuft, wurde im 12. Jh. während der Herrschaft der Hoysala-Dynastie angebracht. Hier stehen insgesamt mehr als 50 von verschiedenen Mäzenen gestiftete Bildnisse der 24 Tirthankaras.

Chandragiri

Der niedrigere **Chandragiri** (›Mondhügel‹) ist ebenfalls einen Besuch wert. Hier soll der Maurya-Kaiser Chandragupta als Asket in einer Höhle gelebt haben. Auch beim Aufstieg auf diesen Hügel müssen die Schuhe zurückgelassen werden. Oben stehen 12 Tempel im südindischen Stil aus dem 9. Jh. bis 12. Jh. Der größte ist der **Chamundaraya Basti** aus dem 10. Jh. Im **Chandragupta Basti** aus dem 12. Jh. erinnert ein Paneel an den königlichen Asketen und im **Parshvanath Basti** aus dem 11. Jh. steht eine große Skulptur des 23. Furtbereiters. Zwei reich verzierte Säulen gehören ebenfalls zu dem Ensemble.

Unterwegs im Städtchen

Mächtig gewachsen ist Sravana Belgola in den letzten Jahren und hat dennoch seine dörfliche Atmosphäre bewahrt. Auch im Ort stehen einige Tempel wie der **Bhandara Basti** aus dem 12. Jh., in dem die Statuen der 24 Tirthankaras zu sehen sind. Einige Meter entfernt befindet sich ein **Kloster,** das von Mönchen und Nonnen der Digambara-Sekte bewohnt wird. Schöne Wandmalereien erzählen von der Legende um den Furtbereiter Parshvanath. Zum Schatz des Klosters gehören auch wertvolle Palmblattmanuskripte.

  In Sravana Belgola gibt es zahlreiche sehr einfache Pilgerherbergen und Restaurants.

Hotel Raghu: Tel. 081 76-25 72 38. Am Tempelteich gelegenes, sauberes Hotel mit Basisausstattung und gutem vegetarischem Restaurant. DZ 300–700 Rs.

 **Busse:** Vom knapp 50 km westlich gelegenen Hassan steuern private Kleinbusse den Ort an. Außerdem wird Sravana Belgola im Rahmen organisierter Touren (Karnataka Tourism) von Mysore und Bangalore aus angefahren.

Mietwagen: Mit dem Taxi kann Sravana Belgola von Mysore aus in etwa 1,5 Std. erreicht werden. Nach Hassan dauert die Fahrt ungefähr 1 Std.

10 Belur und Halebid (Halebidu)

Karte: S. 386

Unverwechselbar sind die sternförmigen, mit Skulpturen und Ornamenten übersäten Tempel der Hoysala-Dynastie, die zwischen dem 11. Jh. und 14. Jh. weite Teile Südindiens beherrschte. Ihre berühmtesten Bauwerke, die **Tempel von Belur und Halebid,** befinden sich nahe dem Städtchen **Hassan** 7 , das 120 km nordwestlich von Mysore bzw. rund 200 km westlich von Bangalore liegt und eine gute Basis für den Besuch der Tempel darstellt.

Geschichte

»Hoy Sala!« (›Schlag zu, Sala!‹) – dieser Ausruf stand der Legende zufolge am Anfang der Geschichte des Herrschergeschlechts der Hoysalas. Die Geschichte berichtet von Sala, dem Gründer der Dynastie, und dessen siegreichem Kampf gegen einen Löwen. Nicht von ungefähr zeigt das Emblem der Hoysalas jene kraftvolle Szene, die auch an vielen Tempeln zu sehen ist.

Ursprünglich waren die Hoysalas Vasallen der Chalukyas, befreiten sich aber unter ihrem ersten bedeutenden Herrscher Vishnuvardhana (1108–52) aus dieser Abhängigkeit und wechselten gleichzeitig ihren Glauben. Vom Jainismus traten sie zum Vishnuismus über. Vishnu weihten sie viele ihrer unver-

gleichlichen Tempel. 1117 ließ Vishnuvardhana in ihrer ersten Hauptstadt Velapuri, dem heutigen Belur, den berühmten Chennakeshava-Tempel errichten. Von Dvara Samudra aus, dem jetzigen Halebid, regierten sie später ihr Reich, das sich zeitweise bis ins nördliche Karnataka und im Süden ins Tamil-Land nach Madurai erstreckte. In Halebid steht der bekannte Hoysaleshvara-Tempel, der Gott Shiva geweiht ist – so bewiesen die Hoysalas Toleranz in religiösen Dingen. An vielen ihrer Heiligtümer sieht man Götter und Symbole aus beiden Kulten gleichermaßen. 1310 wurde ihrer Herrschaft durch das Einrücken der Mogul-Truppen unter Malik Kufur ein Ende bereitet.

Unterwegs in Belur, Halebid und Hassan

Seit ihrem Niedergang trägt die letzte Hauptstadt der Hoysalas, **Halebid,** den Namen Halebidu (›tote Stadt‹). Wie das 16 km entfernte **Belur** ist der Ort heute ein kleines, staubiges Dorf. In beiden Orten unterhält Karnataka Tourism einfache Unterkünfte mit Restaurant, wobei diejenige in Belur etwas größer ist. Die meisten Touristen übernachten ohnehin in Hassan. Die Provinzstadt mit ihren ca. 150 000 Einwohnern eignet sich hervorragend als Ausgangspunkt zum Besuch der Tempel, hat aber sonst nicht viel zu bieten.

Karnataka Tourism organisiert sowohl von Mysore (s. S. 381) als auch von Bangalore (s. S. 373) aus Tagestouren hierher, die meist auch das Jain-Heiligtum von Sravana Belgola mit einschließen (s. S. 389). Wer Zeit hat, sollte sich in der Gegend für zwei Nächte einquartieren und die Bauten in Ruhe ansehen.

Die sternförmigen Hoysala-Tempel

Die Vielfalt Indiens spiegelt sich auch in seinen zahlreichen, regional unterschiedlichen sakralen Bautraditionen wider. Mit ihren extravaganten Tempelbauten haben sich die Hoysala-Könige einen ganz besonderen Platz erobert. Nur in ihrem Herrschaftsgebiet und nur zu ihrer Zeit wurden die auf breiten Plattformen stehenden, sternförmigen Heiligtümer errichtet, die zum Markenzeichen ihrer Kunst geworden sind. Geometrisch genau durchkomponierte Grundrisse, basierend auf konzentrischen Quadraten und Kreuzstrukturen, ermöglichten diese architektonischen Meisterleistungen. Durch eine Rotation des normalerweise quadratischen Sanktums ergibt sich die charakteristische sternförmige Form des Allerheiligsten, die sich bis ins Tempeldach fortsetzt. Dem Sanktum vorgelagert sind eine kleine Vorhalle und die geräumige Säulenhalle. Sie stehen auf einer Plattform, die ebenfalls die Sternform imitiert und auf der man den Tempel umwandelt.

Ein weiteres Charakteristikum der Hoysala-Tempel sind ihre teils mit Hunderten von Friesen und Skulpturen bedeckten Fassaden. Schon die späten Chalukyas, aus deren Joch sie sich befreiten, zeigten stark dekorative Tendenzen an ihren Bauten. Bei den Hoysalas erreichte diese Entwicklung dann ihren Höhepunkt. Der typische Grundriss und die vielen Vorsprünge an Fassade und Dach boten den Bildhauern einen immensen Raum für ihre Skulpturen, die sie zumeist aus Chlorit-Schiefer und Speckstein anfertigten. Diese leicht zu bearbeitenden Gesteine machten die kunstvollen Details am Skulpturwerk und den Siegeszug des Ornaments in der Hoysala-Kunst erst möglich. Nicht ganz zu Unrecht bezeichnen Kritiker diese Kunstform als stark überladen, doch offenbart sie gleichzeitig die immensen Leistungen, zu denen die Handwerker in der Lage waren. Einige der Bildhauer haben sich an der einen oder anderen Stelle mit ihrem Namen verewigt, was damals keine Selbstverständlichkeit war.

Chennakeshava-Tempel von Belur

Am westlichen Ende der Dorfstraße von Belur begrüßt ein großer Eingangs-Gopuram die Pilger und Besucher. Dahinter verbirgt sich eine der bemerkenswertesten Tempelanlagen in ganz Indien: der 1117 erbaute **Chennakeshava-Tempel**, noch heute ein viel besuchtes Heiligtum.

Der Tempel steht inmitten eines geräumigen, von Mauern umgebenen Hofes und ist umringt von mehreren kleineren Schreinen. In der nordöstlichen Ecke befindet sich ein Tempelteich. Wie alle Hoysala-Tempel steht er auf einer Plattform, auf der man das Heiligtum (im Uhrzeigersinn!) umrunden kann.

An der Seite des reich geschmückten Haupteingangstors im Osten erkennt man das Wahrzeichen der Dynastie: einen Krieger, der ein löwenartiges Ungeheuer bekämpft. Kunstvoll gearbeitete mehrbändige Friese schmücken den Tempelunterbau. Der unterste Fries zeigt Elefanten, die symbolisch den Tempel tragen. Darüber schließen sich Steinfenster (jalis) mit Pflanzen- oder Sternornamenten an.

Ein neunbändiger Fries schmückt den Unterbau des Hoysaleshvara-Tempels

Vishnu und Shiva in den verschiedensten Inkarnationen oder mit ihren weiblichen Begleiterinnen sind an der Außenfassade des Tempels zu sehen. Berühmt sind hier die exquisit gearbeiteten Trägerfiguren. Jede der vollbusigen Schönheiten ist in einer anderen Pose dargestellt: z. B. als Musikantin die Trommel oder Flöte spielend oder sich im Spiegel betrachtend. Filigran gestaltetes Beiwerk wie Haarschmuck und Juwelen verschmelzen mit den üppigen weiblichen Körperformen und zeigen den Hoysala-Stil in seiner konzentriertesten Form.

Auch im Tempelinnern finden sich Zeugnisse exzellenter Bildhauerkunst. In der Säulenhalle tragen elegant gedrechselte, teils mit Skulpturen versehene Säulen die ebenfalls reich geschmückte Decke. Das Sanktum beherbergt das Kultbild Vishnus als Keshava (›der mit dem schönen langen Haar‹). Sehr sehenswert ist auch der kleine **Lakshminarayana-Tempel** im Nordwesten der Anlage. Er besitzt an seiner Südseite wundervolle Skulpturen vom Flöte spielenden Krishna, Vishnu in Eber-Inkarnation und Shiva-Parvati. Interessant ist außerdem der Gang entlang der Kolonnaden an der Nordseite, wo unzählige Schlangensteine versammelt sind, die von den Gläubigen mit farbigem Puder betupft werden (tgl. 7.30–20 Uhr, 10 Rs).

Mysore und Umgebung

Hoysaleshvara-Tempel von Halebid (Halebidu)

16 km nordöstlich von Belur hatten die Hoysalas ihre zweite Hauptstadt **Dvara Samudra** gebaut, das heutige **Halebid.** Mitten im Dorf steht der **Hoysaleshvara-Tempel,** ein Doppelheiligtum für Shiva, das 1121 ebenfalls unter der Herrschaft von König Vishnuvardhana begonnen, jedoch nie ganz fertiggestellt wurde. Während im Tempel von Belur Pujas abgehalten werden, ist der Hoysaleshvara-Tempel eine archäologische Stätte. Wie alle Hoysala-Tempel steht auch er auf einer Plattform. Der sternförmige Grundriss gleicht dem von Belur, nur dass hier alles verdoppelt wurde. Die beiden Zwillingstempel sind durch einen kleinen Raum miteinander verbunden und auf einer Süd-Nord-Achse angelegt, mit Eingängen zu beiden Seiten sowie an der Ostseite. Hier stehen zwei Nandi-Pavillons, denn das Heiligtum ist Shiva geweiht. Dies ist nicht nur an seinem Reittier Nandi zu erkennen, sondern auch an den Lingams im Tempel und an den vielen Darstellungen an der Tempelfassade. Doch auch Vishnu in seinen Inkarnationen sowie viele weibliche Gottheiten haben hier ihren Platz. Insgesamt mehr als 300 Reliefs schmücken den Hoysaleshvara-Tempel. Besonders beeindruckend ist der neunbändige, sehr gut erhaltene Fries, der den Unterbau des Tempels einnimmt. Dort tummeln sich Elefanten und Fabelwesen, Tänzer und Musikanten, Reiter und Schwäne (tgl. Sonnenauf- bis Sonnenuntergang).

Weitere Sehenswürdigkeiten in Halebid

Gleich neben dem Tempel befindet sich das **Archäologische Museum** mit einer Skulpturensammlung und weiteren Fundstücken aus der Umgebung (Sa–Do 10–17 Uhr, 4 Rs).

Der Hoysaleshvara ist zwar der bekannteste Tempel von Halebid, doch nicht der einzige. Hält man sich auf der Straße Richtung Hassan, so stehen linker Hand an einem schmalen Weg mehrere **Jain-Tempel** aus dem 12. Jh., die von einem Minister der Hoysala-Könige gestiftet wurden. Folgt man dem Weg noch ein Stückchen weiter, so gelangt man zum reich geschmückten und mit wunderschönen Skulpturen versehenen **Kedareshvara-Tempel** von 1219. Dieses kleine Schmuckstück sollte man keinesfalls verpassen.

KSTDC-Büro in Belur: im Hotel Mayura Vellapuri (s. u.), Tel. 081 77-22 22 09, tgl. 10–17.30 Uhr.
KSTDC-Büro in Halebid: im Hotel Mayura Shantala (s. u.), Tel. 081 77-27 32 24, tgl. 10–17.30 Uhr.
KSTDC-Büro in Hassan: AVK College Rd., beim Busbahnhof, Tel. 081 72-26 88 62, tgl. 10–17.30 Uhr.

... in Belur:
Mayura Vellapuri: Tel. 081 77-22 22 09. Einfaches Hotel von Karnataka Tourism mit 10 Zimmern und Restaurant ca. 0,5 km von der Tempelanlage. DZ 250–500 Rs.
... in Halebid:
Mayura Shantala: Tel. 081 77-27 32 24. Staatliches Hotel von Karnataka Tourism nahe beim Tempel mit 4 Zimmern und kleinem Restaurant. DZ 200–370 Rs.
... in Hassan:
Hoysala Village Resort: Belur Rd., ca. 3 km außerhalb an der Straße nach Belur, Tel. 081 72-25 67 64, Fax 081 72-26 50 65, www.trails india.com. Bungalowanlage in schönem Garten mit Swimmingpool und Ayurveda-Zentrum. Idealer Platz zum Ausruhen und Entspannen zwischen den Tempeltouren. DZ ab 140 €.
Southern Star: BM Rd., Tel. 081 72-25 18 16, www.ushalexushotels.com. Im Zentrum gelegenes, gutes Mittelklassehotel mit Bar und Restaurant. DZ 1200–2000 Rs.

Züge: Mehrmals täglich Verbindungen von Hassan nach Mysore.
Busse: Vom KSRTC-Busbahnhof in Hassan gibt es häufige Verbindungen nach Halebid und von dort weiter nach Belur. Regelmäßig werden auch Mysore, Bangalore und Mangalore angefahren.
Mietwagen: Zu buchen über die KSTDC Offices oder die Hotels.

Ein Paradies für Naturfreunde ist Indiens zentraler Süden. Die Region Kodagu lockt mit tollen Wandermöglichkeiten und auch die Hill Stations Coonoor, Ooty und Kodaikanal bieten Abwechslung von einer Tempeltour. Zwischen den regenreichen Wäldern der Western Ghats und den grünen Hügeln der Eastern Ghats erstrecken sich dichter Dschungel, Laubwälder und Savannen: Heimat vieler wilder Tiere und des größten zusammenhängenden Nationalparks von Indien.

Der Distrikt Kodagu (Coorg)

Kaffee- und Gewürzplantagen zwischen sanften Hügeln, Eukalyptuswälder, grüne Bergrücken mit vielfältiger Flora und Fauna, bis zu 1750 m hohe Gipfel: Die Region Kodagu in den Western Ghats zwischen Mysore und dem Arabischen Meer gewinnt immer mehr Anhänger unter den Natur- und Wanderfreunden. Nicht nur in der Distrikthauptstadt Madikeri gibt es mittlerweile eine Menge Unterkünfte, auch viele Plantagen haben ihre Pforten für Besucher geöffnet und bieten zum Teil zauberhafte Übernachtungsmöglichkeiten.

Geschichte

Verschiedene südindische Dynastien hatten die Region beherrscht: zuerst die Gangas, später die Hoysalas und dann die Vijayanagar-Könige. Im 17. Jh. machten sich die lokalen Haleri-Rajas jedoch unabhängig und gründeten 1681 ihre Hauptstadt in Madikeri. Mehrmals lieferten sie sich Gefechte mit Hyder Ali und Tipu Sultan, den muslimischen Regenten von Mysore. Zwar konnten sie die feindlichen Nachbarn mithilfe der Briten abschütteln, gerieten dann jedoch in Abhängigkeit der Letzteren.

Ab 1834 stand die Region unter britischer Herrschaft. Zu jener Zeit wurde die Plantagenwirtschaft in der fruchtbaren Gegend eingeführt und seitdem baut man hier vor allem Kaffee und Gewürze an. Auch Honig, Orangen, Ananas, Reis oder Teakholz zählen zu den heimischen Produkten. Nach der Unabhängigkeit Indiens und der Neuordnung des Staates entlang von Sprachlinien wurde Kodagu als Distrikt dem Staat Karnataka zugeordnet. Die ursprüngliche Bevölkerungsgruppe namens Kodavas, die eine ganz eigene Geschichte haben und besondere Traditionen pflegen, stellt heute nurmehr rund ein Sechstel der Bevölkerung. Der Rest der Bewohner ist durch Migration hinzugekommen.

Bylakuppe

Reiseatlas: S. 16, E 2

Knapp 90 km westlich von Mysore bzw. 7 km südöstlich vom Städtchen **Kushalnagar** hat sich an der Ostgrenze des Distrikts, zu Füßen der Berge, die zweitgrößte Kolonie von Exiltibetern Indiens niedergelassen. Nur in Dharamsala im Himalaya leben mehr Menschen aus dem ehemals buddhistischen Reich als in **Bylakuppe**.

Nach dem Einmarsch der Chinesen in Tibet überließ der indische Staat den Tibetern in den 1960er-Jahren ein Stück Land, auf dem diverse kleine Siedlungen, fruchtbare Felder sowie mehrere buddhistische Klöster und Tempel entstanden. Ungewohnt wirken

Schlafen zwischen Kaffeesträuchern

An den süßlich duftenden Kaffeeblüten riechen, die knackig roten Bohnen begutachten und eine Lektion über den Anbau des aromatischen Getränks bekommen: Die Übernachtung auf einer der Kaffeeplantagen von **Kodagu** ist ein tolles Erlebnis (s. S. 397).

Wandern am Tadiyendamol

Vogelfreunde, Orchideenliebhaber und Wandervögel genießen bei der moderaten Trekkingtour auf den Tadiyendamol in Kodagu tolle Aussichten, allerdings nur außerhalb der Regenzeit! Ein guter Ausgangspunkt für die Tour ist das Dorf **Kakkabe** (s. S. 399).

Königliche Aussichten

Klein, aber fein wohnt man im Hotel **King's Cliff** in Ooty mit seinen neun individuell eingerichteten Zimmern in einer alten Kolonialvilla. Bei einer Tasse Tee im Blumengarten genießt man die wunderbare Aussicht auf die Bergwelt und die Küche ist auch nicht zu verachten (s. S. 407).

Kulinarische Einsichten

Aus der Zeit des britischen Raj stammt die Tradition der Schokoladenherstellung im Ort **Ooty.** Kombiniert mit indischen Zutaten wie Cashewnüssen, getrockneten Aprikosen oder Datteln wird die Köstlichkeit in vielen Geschäften angeboten (s. S. 407).

in dieser Landschaft die vielen bunten Gebetsfahnen, die zwischen den Häusern am Straßenrand im Wind flattern.

Sehr sehenswert in Bylakuppe ist der **Goldene Tempel,** der in seinem reich bemalten Innern die vergoldeten Statuen von Buddha, Guru Padmasambhava und Amitayush beherbergt. Das **Namdroling-Kloster,** ein bedeutendes Zentrum der Nyingma-Tradition, können Interessierte nach Voranmeldung besuchen (Tel. 082 23-69 43 18, www.

palyul.org). Im **Sera-Kloster,** einem Ableger des berühmten Klosters von Lhasa, wird die buddhistische Tradition der Gelug-Schule weitergeführt (www.seramonastery.org).

Übernachtungen innerhalb der tibetischen Kolonie sind nur mit einer speziellen Genehmigung *(protected area permit)* des Innenministeriums in Delhi möglich. Hinweise zum bürokratischen Prozedere findet man auf der Webseite des Namdroling-Klosters (s. l.). Bylakuppe kann von Kushalnagar aus entweder mit der Rikscha oder mit dem Taxi erreicht werden.

Madikeri

Reiseatlas: S. 16, D 2

Malerisch liegt das Bergstädtchen **Madikeri** auf 1200 m Höhe inmitten von Hügeln und silbrig glänzenden Eukalyptuswäldern. Hier befand sich die alte Hauptstadt der hinduistischen Rajas von Kodagu, von deren Begründer Mudduraja der Ort auch seinen Namen ableitet. Ein Spaziergang durch die Gassen der Stadt führt zu bunten Tempeln und interessanten Mausoleen, zu alten Kirchen und in lebhafte Basarstraßen – auch zu schönen Aussichtspunkten wie dem **Raja Seat,** der innerhalb eines kleinen Parks im Westen der Stadt liegt. Von hier aus betrachteten die Herrscher die Sonnenuntergänge.

Ganz in der Nähe und direkt an der Hauptstraße stehen das alte **Fort** sowie der **Palast von Madikeri,** in dem heute staatliche Büros und das Gefängnis untergebracht sind.

Westlich hinter dem Fort befindet sich die **St. Mark's Church** aus dem 19. Jh., die in ein Museum umgewandelt wurde. In dem kleinen Kirchenraum versammelt sich eine bemerkenswerte Mischung verschiedener Objekte, die von jainistischen Statuen bis zu alten Waffen reicht (Di–So, 10–17.30 Uhr, jeden 2. Sa im Monat geschlossen, Eintritt frei).

Weiter unterhalb in östlicher Richtung steht der **Omkareshvara-Tempel** aus dem Jahr 1820, der eine interessante Mischung verschiedener Architekturstile aufweist. Mit seinem flachen Ziegeldach erinnert er einerseits an die Tempel Keralas, die bunten Dome zeugen jedoch von islamischem Einfluss.

Der Tempel ist Shiva gewidmet, der als Lingam mit Gesicht dargestellt ist. Südlich des Heiligtums befindet sich ein großer Tempelteich. Von dem dahinter liegenden Gebäude hat man einen guten Blick auf die Anlage.

Eine ganz seltene Kombination muslimischer und hinduistischer Elemente erkennt man auch an den **Mausoleen der Rajas** aus dem 19. Jh., die sich auf einem kleinen Hügel am östlichen Stadtrand erheben. Die quadratischen Bauten mit Dom und vier minarettähnlichen Türmen erinnern an die Gräber vieler muslimischer Herrscher. Allerdings sitzen an den Ecken unterhalb der Türme jeweils zwei kleine Stiere. Sie zeigen Nandi, das Reittier Shivas, an einem für ihn sehr ungewöhnlichen Platz.

Im lebhaften **Basar** von Madikeri werden viele heimische Produkte angeboten. Hier findet man Honig, viele Gewürze, Kaffee und hausgemachte Liköre. Ein schöner Ausflug von Madikeri führt zu den 8 km entfernten **Abbi Falls,** ein vor allem bei indischen Familien beliebter Picknickplatz.

KSTDC Tourist Office: neben dem Hotel Mayura Valley View (s. u.), Tel. 082 72-22 85 83, Mo–Sa 10–17.30 Uhr. Hier erhält man u. a. eine gute Übersichtskarte über die Region.

In der Region Kodagu bieten viele Plantagen Homestays an. Einen Überblick findet man auf der Internetseite www.travel coorg.com.

… in Madikeri:

Coorg International: Convent Rd., Tel. 082 72-22 93 90, Fax 082 72-22 80 73, www. coorginternational.com. Am Stadtrand gelegenes gutes Mittelklassehotel mit Swimmingpool sowie Restaurant und Bar. DZ ab 3500 Rs.

Mayura Valley View: oberhalb von Raja's Seat, Tel. 082 72-22 83 87, Buchungen in Bangalore über Mayura Central Reservation, Tel. 080-22 35 29 01–03. Eine herrliche Sicht hat man von der Terrasse des Hotels, die Zimmer sind modern und im 1. Stock mit tollem Blick auf die grünen Berge. Im hauseigenen Restaurant isst man gut, eine Bar ist auch dabei. DZ ab 1000 Rs.

East End: General Thimaya Rd., Tel. 082 72-22 99 96 und 082 72-22 57 49. Zentral gelegenes Hotel, etwas verstaubt, aber mit kolonialem Charme und gutem Restaurant. DZ ab 700 Rs.

… außerhalb von Madikeri:

Rainforest Retreat: 10 km nordwestlich von Madikeri, Tel. 082 72-20 14 28, www.rain forestours.com. Das engagierte Ehepaar Goel baut organisch zertifizierten Kaffee sowie Gewürze an und hat auf seiner Plantage nette Gästehäuser eingerichtet. Ideal zum Ausspannen, Vögelbeobachten und Wandern. DZ 3500 Rs inkl. VP.

… bei Siddapur:

30 km südlich von Madikeri gibt es rund um das Städtchen Siddapur einige reizvolle Übernachtungsmöglichkeiten.

Orange County Resort: Karadigodu Post, Tel. 082 74-25 84 81, Fax 082 74-25 84 85, www.trailsindia.com. Inmitten einer großen Kaffeeplantage wohnt man entweder in traditionellen Holzbungalows oder Luxuszelten. 3 Restaurants, 2 Swimmingpools, eine stilvolle Kaffeebar sowie Ayurveda-Zentrum und diverse Sport- und Freizeitprogramme. DZ ab 220 € inkl. VP und Aktivitäten.

School Estate: Tel. 082 74-25 83 58. Der elegante Homestay der Familie Aiyapa bietet 4 Zimmer auf einer Plantage mit üppig blühendem Rosengarten und gutem Essen. DZ 10 000 Rs inkl. VP.

East End Hotel: General Thimaya Rd., Tel. 082 72-22 99 96. Verteilt auf verschiedene kleine Räume oder auch im Freien

Feuchtes Klima

Da Kodagu zur Gebirgskette der Western Ghats gehört, bekommt die Region in den Sommermonaten von Juni bis September reichlich Regen ab. Diese Zeit ist für Wanderungen weniger geeignet. Ideal hingegen sind die Monate Dezember bis März.

Richtig Reisen-Tipp: Dickhäuter hautnah – im Dubare-Elefantencamp

Reiseatlas: S. 16, E 2

Elefantenhaare sind dick und fest, fast wie Stacheln. Elefantenhaut ist rau und ledrig, an manchen Stellen faltig und am Kopf mit vielen kleinen Pigmenten versehen. Elefanten lieben es, hinter den Ohren geputzt zu werden, denn dort sammeln sich Schmutz und kleine Plagegeister an. All das lernt man im **Dubare-Elefantencamp,** wo Besucher selbst Hand anlegen können beim Schrubben der Tiere. Jeden Morgen gegen 9.30 Uhr findet das Baden der Dickhäuter am Ufer des Flusses Kaveri statt. Zusammen mit den Mahouts (›Elefantentreiber‹) stehen die Gäste im knietiefen Wasser und waschen Gopi, Ekadanta, Ranjan & Co., striegeln ihre Haut mit der getrockneten Pandanusfrucht, ölen ihre Stoßzähne mit Rizinusöl ein und bekommen dabei selbst die eine oder andere Dusche ab.

Das Camp bietet hautnahe Erfahrungen mit den indischen Kolossen und Einblicke in deren Leben, das die meisten nur aus der Zooperspektive kennen. Insgesamt 150 Elefanten hat das Karnataka Forest Department in verschiedenen Camps zu versorgen. Früher wurden die Tiere zum Holztransport herangezogen, heute kommen sie sporadisch bei Tempelfesten und Prozessionen zum Einsatz. Die meiste Zeit jedoch sind die Elefanten und ihre Mahouts arbeitslos. So wurde die Idee geboren, sie als Botschafter im boomenden Ökotourismus einzusetzen. Das Dubare-Elefantencamp ist Teil der Unternehmensgruppe Jungle Lodges, die dem Staat Karnataka gehört und derzeit vom Forest Department geführt wird. Reizvoll am Ufer der Kaveri gelegen, stehen zehn komfortable Bungalows mit Terrasse und Hängematte. Zum Programm gehören neben dem Highlight Elefantenbaden auch ein Elefantenritt, die Fütterung der Tiere, geführte Spaziergänge in den Dschungel und Fahrten in traditionellen Rundbooten. Ein ideales Programm auch für Familien mit Kindern.

Infos: Dubare Elefant Camp, Najarayapatna Post, Kushalnagar Hobli, Somwarpet Taluk (15 km nördl. von Kushalnagar), Buchungen über Jungle Lodges and Resorts, Bangalore, Tel. 080-25 59 70 21/24, www.jungle lodges.com (DZ 1900 Rs p. P. inkl. Aktivitäten).

Im Gegensatz zu seinem afrikanischen Verwandten leicht zähmbar: der Indische oder Asiatische Elefant

kann man gute nordindische Speisen genießen und dazu ein Bier trinken. 100–200 Rs.

Coorg Cusinette: unterhalb des KSRTC-Busbahnhofs, Tel. 082 72-22 58 36. Wer die traditionellen Gerichte der Region probieren möchte, ist hier richtig: Der kleine Familienbetrieb bietet jeden Tag frische Speisen, z. B. gut gewürztes Schweinefleisch mit Reispfannkuchen. 60–100 Rs.

Athithi: beim Rathaus. Die Alternative für Vegetarier – hier bekommt man ein südindisches Frühstück, nord- und südindische Thalis und guten Filterkaffee. 30–100 Rs.

Die Region ist berühmt für Kaffee, Gewürze, Honig, hausgemachte Liköre und Weine. Im Stadtzentrum von Madikeri kann man diese Produkte in vielen Läden kaufen.

Coorg Trails: neben dem Restaurant Athithi (s. o.), Tel. 082 72-59 40 61, 9.30–20.30 Uhr. Der kleine Laden verkauft Kaffee und Honig, auch Besonderheiten wie Betelnusswein, Ananaswein, Gewürze und Liköre.

Malnad Agency: beim Napoklu-Busbahnhof im Zentrum. Vielfalt an Gewürzen und Nüssen sowie selbst gemachten Kokumsirup und Honig.

Busse: Regelmäßige Verbindungen nach Mysore (ca. 3 Std.) sowie nach Bangalore und Mangalore.

Mietwagen: Taxis kann man über Karnataka Tourism oder die Hotels mieten. Für Fahrten abseits der Hauptstraßen empfiehlt sich ein Jeep.

Kakkabe und Tadiyendamol

Reiseatlas: S. 16, D 3

Das Dorf **Kakkabe** ca. 45 km südwestlich von Madikeri ist ein guter Ausgangspunkt für Tagestouren auf den **Tadiyendamol,** den mit 1750 m höchsten Berg von Kodagu. In Kakkabe gibt es Unterkünfte der verschiedensten Preisklassen, am empfehlenswertesten sind das Palace Estate und das Honey Valley Estate (s. rechts). Von beiden führen moderate Trekkingrouten durch den Dschungel und über Bergbäche auf den Gipfel des Ta-

diyendamol, von dem aus man an klaren Tagen bis zum Arabischen Meer sehen kann. Informationen über die Wanderwege und kompetente Führer werden über die Unterkünfte organisiert.

Palace Estate: Tel. 082 71-23 84 46. Oberhalb vom alten Sommerhaus der Rajas, dem Nalknad Palace, in einem schönen Park gelegen. Von hier aus kann man in einer mehrstündigen Trekkingtour den Tadiyendamol besteigen. DZ ab 900 Rs.

Honey Valley Estate: Familie Chengappa, Tel. 082 72-23 83 39, www.soans.com. Ehemals größter Honigproduzent Indiens, heute ein Homestay inmitten grüner Hügel und idealer Ausgangspunkt für Trekkingtouren auf den Tadiyendamol. Nur mit dem Jeep erreichbar oder Abholung durch die Gastgeber. DZ ab 900 Rs.

Talakaveri

Reiseatlas: S. 16, D 2

Nahe dem Pilgerort **Bhagamandala,** etwa 30 km nördlich von Kakkabe bzw. 36 km westlich von Madikeri, liegt **Talakaveri,** ein für Hindus heiliger Ort. Hier entspringt der Fluss Kaveri, an dessen Quelle in 1500 m Höhe sich mehrere Schreine und ein Teich befinden.

Nationalparks

Elefanten kennen keine staatlichen Grenzen, darum erstreckt sich das zu ihrem Schutz gegründete Wildreservat – übrigens das größte zusammenhängende Schutzgebiet des ganzen Landes – auch über drei Bundesstaaten und vier verschiedene Nationalparks: den **Rajiv Gandhi National Park** und den **Bandipur National Park** in Karnataka, das **Mudumalai Wildlife Sanctuary** in Tamil Nadu und das **Wayanad Wildlife Sanctuary** in Kerala. Während man die drei Ersteren von Bangalore, Mysore oder Ooty aus besucht (s. S. 404), ist das Letzte am besten von Kannur oder Kozhikode in Nord-Kerala zu erreichen (s. S. 205 u. 209).

Nationalparkinfos
Auskünfte über alle Nationalparks in Karnataka inkl. Eintrittspreise und Adressen staatlicher Unterkünfte bietet das Karnataka Forest Department, Chief Wildlife Warden, Bangalore, Tel. 083-34 19 93 80, www.karnataka wildernesstourism.org, www.karnatakaforest. gov.in. Übernachtungen in den Forest Houses oder den Park-Lodges müssen unbedingt im Voraus gebucht werden.

11 Rajiv Gandhi National Park (Nagarhole National Park)

Reiseatlas: S. 16, F 3

Der Schrei des Dschungelhuhns, das Rascheln der riesigen Blätter des Teakholzbaums in der Trockenzeit, vielleicht das Brüllen eines Tigers: Im **Rajiv Gandhi National Park** ist der Dschungel immer hörbar und sichtbar. Mit seinem reichen Tierbestand rund um den Kabini-Stausee gehört er zu den ganz großen Attraktionen für Naturliebhaber. Der Park, der auch unter seinem alten Namen **Nagarhole** (›Schlangenfluss‹) bekannt ist, erstreckt sich am südöstlichen Rand der Kodagu-Region ca. 80 km südwestlich von Mysore. Früher befand sich hier das Jagdgebiet des Maharadschas von Mysore, das 1955 in einen Nationalpark umgewandelt wurde.

In dem 645 km² großen Schutzgebiet leben ungefähr 55 bis 60 Tiger, 70 bis 75 Leoparden sowie diverse Rudel von Dhole (Asiatische Wildhunde) und Lippenbären. Auch verschiedene Hirscharten wie Axis oder Sambar und Gruppen von Gaur (große Wildbüffel) ziehen auf dem Gelände umher. Das Bambusdickicht am Ufer des Kabini-Stausees ist ein bevorzugter Platz von Elefanten, die vor allem in den Monaten Februar bis April sehr zahlreich erscheinen. Auch viele Wasservögel haben dort ihre Nistplätze, z. B. Kormorane, Reiher oder Enten. Man sieht sie oftmals auf den überfluteten Baumstümpfen im See sitzen. Auch das Sumpfkrokodil ist im See zu Hause und am Ufer tummeln sich Mungos und Wildschweine. Einen der seltenen Tiger zu Gesicht zu bekommen ist natürlich immer eine Glückssache, doch häufig kann man auf den morgendlichen Safaris die Spuren der nächtlichen Wanderer im Ufersand erkennen.

Der Park ist unabhängig von seinem reichen Tierbestand auch landschaftlich sehr reizvoll – ob frühmorgens, wenn Nebel über dem See aufsteigt, oder abends bei Sonnenuntergang. Die beste Besuchszeit ist von Oktober bis Mai. Am Rand des Wildschutzgebiets gibt es mehrere komfortable Lodges und Hotels, die Jeepsafaris und Bootsfahrten auf dem Stausee anbieten. KSTDC organisiert Busfahrten durch den Park (tgl. 6–9, 15.30–18 Uhr, während des Sommermonsuns geschlossen, 200 Rs).

Orange County Kabini: am Kabini-Stausee, Tel. 080-41 91 10 44, www.trailsindia.com. Resorthotel im ethnischen Stil mit palmblattgedeckten Bungalows, die entweder einen eigenen Pool oder ein Jacuzzi besitzen. Es werden Touren ins Wildreservat und Bootsfahrten auf dem See organisiert. DZ ab 270 €.

Cicada: Kabini, Buchungen unter Tel. 080-41 15 22 00, www.cicadaresorts.com. Nachbar der Kabini River Lodge mit modernem Ambiente und Businesscenter, beliebt als Retreat für gestresste Mitarbeiter aus der Firmenwelt Bangalores. Im Preis sind keine Safaris eingeschlossen. DZ 7000–15 000 Rs.

Kabini River Lodge: Kabini, bei Karapur, Buchungen über Jungle Lodges & Resorts Ltd., 2nd Floor, Shrungar Shopping Complex, MG Rd., Bangalore, Tel. 080-25 59 70 21/24/25, Fax 080-25 58 61 63, www.junglelodges. com. Traditionsreiche und sehr empfehlenswerte Lodge am Kabini-Stausee mit dem Jagdhaus des ehemaligen Maharadschas. Man wohnt in Zelten, Zimmern oder rustikalen Bungalows. Preis inkl. zwei Safaris (Jeep und Boot, jeweils frühmorgens und nachmittags). DZ ab 2750 Rs p. P. inkl. VP.

Busse: Verbindungen von Mysore nach Hunsur (ca. 40 km westlich), von dort Weiterreise mit Rikscha oder Taxi.

Mietwagen: Über KSTDC in Bangalore (s. S. 373) oder Mysore (s. S. 381) können Jeeps oder andere Taxis gemietet werden.

Bandipur National Park

Reiseatlas: S. 18, E 1
Trockener Laubwald, Savannen und Grasland, von Tälern und wilden Schluchten durchzogene Bergrücken bilden das Rückzugsgebiet für viele Tierarten: Der **Bandipur National Park** gehört nicht nur zu Indiens Tiger-Schutzgebieten, sondern beheimatet auch über 250 Vogelarten. Das 880 km² große Schutzgebiet liegt zwischen dem Rajiv Gandhi National Park im Norden und dem Mudumalai Wildlife Sanctuary im Süden, ungefähr 80 km südlich von Mysore an der Straße nach Ooty (s. rechts). Auch dieses Gelände gehörte früher zum Besitztum der Mysore-Maharadschas.

Vor allem während der Regenzeit von Juni bis September, wenn das Gras sprießt und sich die Wasserstellen füllen, halten sich hier größere Elefantenherden auf, sodass diese Periode ideal für ihre Beobachtung ist. Auch Tiger, Leoparden und Lippenbären können mit etwas Glück gesichtet werden. Daneben gibt es eine Vielzahl von Hirschen, Gaur, Affenarten und Rieseneichhörnchen. Für Vogelfreunde ist Bandipur ebenfalls interessant. Neben Dschungelhühnern, verschiedenen Bulbul-Arten und Spechten ist hier der seltene Doppelhornvogel beheimatet. Eine schöne Aussicht bietet die Berglandschaft von den Aussichtspunkten **Gopalswamy Betta** nach Norden und von den **Rolling Rocks** auf die tiefe Schlucht des Mysore-Grabens. Die in der Gegend befindlichen Lodges organisieren Jeep-Safaris und Wanderungen durch den Dschungel. Das Forest Department bietet Bustouren an, die wegen der vielen Teilnehmer und dem entsprechenden Lärm jedoch nicht sehr zu empfehlen sind (6–9, 16–18 Uhr, 200 Rs).

Karnataka Forest Department: Infozentrum am Parkeingang.
Field Director Project Tiger: Aranya Bhavan, Ashokapuram, Mysore, Tel. 08 21-248

09 01; am Parkeingang in Bandipur, Tel. 082 29-23 60 21.

Tusker Trails: Mangala Village, etwa 3 km von Bandipur, Tel. 080-23 61 80 24, www.nivalink.com. Elegante Safari-Lodge im Besitz der Familie des ehemaligen Maharadschas von Mysore. Man wohnt in rustikalen Häusern, mit Pool. DZ ab 100 € inkl. 2 Safaris.
Bandipur Safari Lodge: Bandipur National Park, Buchungen über Jungle Lodges & Resorts Ltd., 2nd Floor, Shrungar Shopping Complex, MG Rd., Bangalore, Tel. 080-25 59 70 21/24/25, Fax 080-25 58 61 63, www.junglelodges.com. Übernachtung in Bungalows, abends Dschungel-Talk am Lagerfeuer. DZ ab 2200 Rs p. P. inkl. VP und 2 Safaris (Jeep und Wanderung).

Busse: Bandipur liegt etwa auf halber Strecke zwischen der Stadt Mysore und der Hill Station Ooty. Die Busse halten am Eingang des Nationalparks oder an der Bandipur Safari Lodge.
Mietwagen: Jeeps und andere Taxis können über KSTDC in Bangalore oder Mysore (s. S. 373 u. 381) gemietet werden.

Mudumalai Wildlife Sanctuary

Reiseatlas: S. 18, E/F 1
Am nordöstlichen Fuß der Nilgiris in Tamil Nadu, ebenfalls an der Straße nach Ooty, liegt Südindiens ältester Nationalpark, das 321 km² große **Mudumalai Wildlife Sanctuary** (Mudumalai = ›alter Berg‹). Schon 1940 wurde der Park etabliert, der vor allem für seine Elefantenpopulation bekannt ist.

Graslandschaften, Sümpfe, Dornengestrüpp, Bambus und trockener Laubwald prägen das Gesicht des Parks. Elefanten durchziehen ganzjährig das Gebiet, auch Hirsche, Gaur und verschiedene Affenarten sind hier beheimatet. Eher selten bekommt man einen Tiger oder Leoparden zu Gesicht. Dafür leben hier unzählige Vogelarten wie der seltene Doppelhornvogel.

Als Basis für Ausflüge ins Schutzgebiet empfiehlt sich entweder der Ort **Masinagudi**

Zentraler Süden

an der Hauptstraße zwischen Ooty und Mysore oder eine der vielen Lodges in der Umgebung des Parks. Auch in **Theppakadu,** wo sich das Empfangszentrum befindet, und im Park selbst gibt es eine Reihe günstiger Unterkünfte. Jeep- und Minibustouren durch den Park können im Empfangszentrum, bei Tamil Nadu Tourism in Ooty (s. S. 406) oder direkt in den Hotels gebucht werden. Es besteht auch die Möglichkeit, die Gegend auf dem Rücken eines Elefanten zu erkunden, beispielsweise vom Elefantencamp in Theppakadu (während der Trockenzeit im März/April meist geschlossen).

Atemberaubend ist die steile, kurvenreiche Fahrt auf der Sighur-Ghat-Straße zwischen Masinagudi und Ooty. Schroffe Felsen im Süden und baumbestandene Hügel sowie weite Ebenen im Norden bilden die Kulisse. Agaven säumen und sichern bisweilen die Straßenränder. Die Straße ist nur tagsüber und nur mit Fahrzeugen, die ein Permit (Erlaubnis) besitzen, befahrbar.

Empfangszentrum: Theppakadu, Tel. 04 23-52 62 35, 6.30–9, 15–18 Uhr.
Wildlife Warden Office: Ooty (s. S. 406)
Tamil Nadu Tourism: Ooty (s. S. 406).

In Theppakadu und im Park gibt es ein paar staatliche Forest Lodges, in denen man günstig übernachten kann; zu buchen über Wildlife Warden Office in Ooty (s. S. 406).

Jungle Retreat: südl. von Masinagudi, Tel. 04 23-252 64 69, www.jungleretreat.com. Auf dem weitläufigen Gelände wohnt man in Bungalows, Bambushütten, Baumhäusern oder im Zelt – gegen ein geringes Entgelt kann auch das eigene aufgeschlagen werden. Ein Bauernhof gehört ebenso zum Anwesen wie ein toller Swimmingpool. DZ 2000–4500 Rs.

Jain Resorts: Mudumalai Wildlife Sanctuary, Vazhai Thottam, bei Masinagudi, Tel. 04 23-252 63 18, www.jainresorts.com. Für die Vegetarier unter den Tierliebhabern – Bungalows und vegetarisches Restaurant am Fuß der Nilgiri-Berge. DZ ab 900 Rs.

Forest Hills Guesthouse: südl. von Masinagudi, Tel. 04 23-252 62 16. Geräumige Bambushütten auf einem 5 ha großen Gelände mit Bar und Grillplatz. DZ ab 750 Rs.

Masinagudi liegt an der Verbindungsstraße zwischen Ooty (64 km) und Mysore (95 km) bzw. Bangalore. Die **Busse** halten in Masinagudi und in Theppakadu. Die tolle und kürzere, jedoch sehr steile Sighur-Ghat-Straße zwischen Ooty und Masinagudi kann nur mit Privatfahrzeugen, die eine spezielle Genehmigung dafür besitzen, befahren werden. Öffentliche Busse nehmen die Straße über Gudalur.

Auf den von Rangern geführten Touren hat man gute Chancen, seltene Tiere zu sehen

Hill Stations

Zwischen den Western und Eastern Ghats liegen Südindiens ›Blaue Berge‹, die **Nilgiris.** Sie sind eines der wichtigsten Teeanbaugebiete des Subkontinents und gehören zu Tamil Nadu. In der Region befinden sich die ehemaligen britischen Hill Stations Coonoor und Uthagamandalam, kurz Ooty, sowie weiter südöstlich in den **Palani Hills** Kodaikanal.

Coimbatore
Reiseatlas: S. 18, F 3
Die Millionenstadt **Coimbatore,** ein wichtiger Wirtschaftsstandort und ein Zentrum der Textilindustrie, liegt am westlichen Rand von Tamil Nadu. Für Touristen dient Coimbatore als Startpunkt zum Besuch der Nilgiri-Berge – gute Zugverbindungen, mehrere Highways und ein Flughafen machen die Stadt zu einem wichtigen Verkehrsknotenpunkt.

www.tamilnadutourism.org

The Residency: 1076 Avanashi Rd., Tel. 04 22-224 38 38, www.theresidency.com. Eines der besten Hotels in der Stadt mit mehreren Restaurants und Pool. DZ ab 4300 Rs.

Surya International: 105, Race Course Rd., Tel. 04 22-221 77 55. In einer grünen Wohngegend am Stadtrand mit angenehmen Zimmern. DZ ab 1100 Rs.

Tamil Nadu: Najappa Rd., Tel. 04 22-230 21 76, www.tamilnadutourism.org. Das staatliche Hotel von Tamil Nadu Tourism gegenüber dem zentralen Busbahnhof bietet Zimmer mit/ohne Klimaanlage. DZ ab 450 Rs.

Gayathri Bhavan: Nehru Street. Populäres vegetarisches Restaurant im Zentrum mit großer Speisekarte, Saftbar und Terrasse. Ab 25 Rs.

Flüge: Vom Flughafen 10 km nordöstlich der Stadt gibt es Verbindungen nach Mumbai, Bangalore, Delhi und Chennai.

Züge: Vom zentralen Bahnhof Coimbatore Junction verkehren regelmäßig Züge nach Bangalore, Chennai oder Kochi. Auch der Nilgiri Express Richtung Uthagamandalam startet hier und hat Anschluss an die Schmalspurbahn Nilgiri Blue Mountain (s. S. 405).

Busse: Es gibt drei Busbahnhöfe. Vom Zentralen Busbahnhof fahren Busse Richtung Uthagamandalam bzw. Mettupalayam und vom Thiruvallur-Busbahnhof geht es in Richtung Bangalore; beide Busbahnhöfe liegen im nördlichen Stadtzentrum. Im Südwesten der Stadt befindet sich der Busbahnhof Ukkadam, wo die Busse nach Kerala abfahren.

Coonoor

Reiseatlas: S. 18, F 2

Auf steilen und gewundenen Straßen geht es von Coimbatore hinauf in die Western Ghats. An den dicht bewaldeten Hängen sprießt üppiges Grün. Lantanen und blaue Ipomea säumen den Weg. Kurz vor **Coonoor** wird es dann lichter und die ersten Teeplantagen kündigen die Hill Station an.

Das geschäftige Zentrum des Städtchens zieht sich vom Busbahnhof einen Hügel hinauf. Im quirligen **Basar** mit seinen engen Gassen sind lokale Produkte ebenso im Angebot wie chinesische Textilien. Die meisten Hotels liegen in Upper Coonoor, sprich am Hang des Hügels mit schöner Aussicht auf

das bergige Umland. Dort befindet sich auch der **Sims Park,** ein Botanischer Garten mit über 1000 Pflanzenarten aus aller Welt, die besonders vor und nach dem Monsun in Blüte stehen. Zum Sonnenaufgang zieht es Besucher an den Aussichtspunkt **Dolphin's Nose** ungefähr 12 km östlich von Coonoor. Teeplantagen säumen die Straße ins 17 km nordwestlich davon gelegene Ooty (s. unten), dem Touristenmagneten in den Nilgiris.

... in Coonoor:

Taj Garden Retreat: Church Rd., Upper Coonoor, Tel. 04 23-223 00 21, Fax 04 23-223 27 75, www.tajhotels.com. In einem großen Garten mit schöner Aussicht. Kolonialgebäude und neuer Teil mit angenehmen Zimmern, Pool. DZ ab 65 €.

Vivek Tourist Home: B 70, Figure of Eight Rd., Coonoor, Tel. 04 23-223 06 58. Sehr günstig und sauber, mit Bar und Restaurant. DZ ab 150 Rs.

... außerhalb:

Kurumba Village Resort: Ooty–Mettupalayam Rd., Hillgrove Post, Kurumbadi, Tel. 04 23-200 48 50, Fax 04 23-200 48 52, www.kurumbavillageresort.com. Sehr schöne Anlage im Dschungel der Ghats, abseits der Straße von Coimbatore nach Coonoor, mit Pool, Restaurant und toller Aussicht. Man wohnt in Bungalows zwischen Zimtbäumen. Zum Angebot gehören Vogelbeobachtungen und Trips in die Umgebung. DZ ab 125 € inkl. VP.

Flüge: Der nächstgelegene Flughafen befindet sich in Coimbatore.

Züge: Coonoor liegt an der Strecke der Nilgiri-Blue-Mountain-Bahn (s. rechts) und hat Verbindungen nach Ooty und Mettupalayam.

Busse: Regelmäßige Verbindungen nach Ooty und Coimbatore.

Mietwagen: Taxistand am Busbahnhof.

Ooty (Uthagamandalam)

Reiseatlas: S. 18, F 2

»Heute ist es kalt wie in Ooty« heißt es überall in Südindien, wenn die Temperaturen für dortige Verhältnisse in den Keller rutschen. Schon die Briten wurden von dem modera-

Richtig Reisen-Tipp: Nilgiri-Blue-Mountain-Schmalspurbahn

Schnaubend und pfeifend zockelt die **Nilgiri-Blue-Mountain-Schmalspurbahn** mit etwa 10 km/h vom Fuß der Nilgiris in Mettupallayam hinauf ins 2200 m hoch gelegene Ooty. Die Fahrt mit der altmodischen blauen Bahn bietet atemberaubende Panoramen und eine spannende Möglichkeit, in die Welt der Blauen Berge einzutauchen. Viereinhalb Stunden braucht das ächzende Dampfross, um die Strecke zwischen Tal und Berg zurückzulegen – 46 km mit über 200 Kurven, unzähligen Brücken und Viadukten sowie 16 Tunnels. Das extreme Gefälle überwindet der Minizug mithilfe eines speziellen, in der Schweiz hergestellten Zahnstangensystems.

Von den grünen Reisfeldern bei **Mettupallayam** geht es über felsiges Terrain, vorbei an Schluchten, Bergbächen und Dschungel, steil aufwärts bis nach **Coonoor** auf 1850 m und von dort durch Eukalyptuswälder und Teeplantagen bis zum Endbahnhof in **Ooty**. Seit 1899 verkehrt die Bahn, die von britischen Siedlern und Teepflanzern finanziert wurde, zwischen dem Tiefland und den Bergen. Früher diente sie auch zum Transport von Waren, heute werden nur noch Menschen befördert. Die malerische Zugstrecke mit ihren originalen Dampflokomotiven gehört mittlerweile zum Unesco-Welterbe.

Jeden Morgen gegen 7.20 Uhr geht die Fahrt im Ort Mettupallayam los. Sofern der Nilgiri Express von Chennai über Coimbatore pünktlich in Mettupallayam eintrifft, erreicht man die Nilgiri-Blue-Mountain-Bahn zur Weiterfahrt in die Berge. Natürlich besteht auch die Möglichkeit, nur die kürzere Strecke zwischen Coonoor und Ooty zu fahren. Auf dieser Strecke verkehren außerhalb der Regenzeit vier Züge täglich, während es zwischen Mettupallayam und Coonoor nur eine Verbindung pro Tag gibt.

Die Tickets erhält man jeweils direkt an den Bahnhöfen in Mettupallayam, Coonoor und Ooty. In der Hauptsaison empfiehlt es sich, über Reiseveranstalter/Hotels im Voraus zu buchen.

Mit der Schmalspurbahn lassen sich die Blauen Berge am stilvollsten erkunden

ten Klima und dem Charme der Nilgiri-Berge angezogen. Von der Hitze der Ebenen geplagt, gründeten sie **Ooty** im frühen 19. Jh. als Sommerresidenz der Madras-Regierung und legten einen kleinen See als Wasserreservoir an. Dabei verdrängten sie die Todas, die lokalen Stammesbewohner, in die umliegenden Berge und übernahmen für ein paar Rupien deren Land. Rasch entwickelte sich der Ort. Steinhäuser, Holzbungalows und Kirchen wurden gebaut. Die Plantagenwirtschaft hielt Einzug in die Nilgiris. Vor allem Tee, Obst und Gemüse gedeihen auf dem fruchtbaren Boden in rund 2000 m Höhe. Auch heute versorgt Ooty die Großstädte des Südens mit Kohl, Karotten und Kartoffeln.

Queen of the Hills heißt Südindiens beliebtester Luftkurort und zieht vor allem in den heißen Monaten von April bis Juni viele einheimische Touristen an. Sie kennen die blauen, im Dunst liegenden Hügel aus den romantischen Szenen zahlreicher Bollywoodfilme. Doch die Gegend eignet sich auch ausgezeichnet für Wanderungen oder einfach zum Ausspannen in guter Luft. Eine Anzahl schöner Hotels, viele Wanderwege und attraktive Aussichtspunkte machen Ooty zu einem interessanten Ziel für einen kurzen Zwischenstopp. Die beste Reisezeit ist zwischen Dezember und März, dann ist der Himmel klar und man genießt eine tolle Aussicht. Allerdings kann das Thermometer zu dieser Zeit nachts auf fast null Grad fallen. Zwischen Juni und November muss eher mit trübem Wetter gerechnet werden. In der Hochsaison von April bis Juni ist die Gegend ziemlich überlaufen.

Ooty erstreckt sich auf hügeligem Gelände zwischen einem künstlichen See im Südwesten und dem Botanischen Garten im Nordosten. Dazwischen liegen von West nach Ost der Bahnhof, an dem die Nilgiri-Blue-Mountain-Bahn ankommt, der Busbahnhof, der Altstadt-Basar sowie südlich davon die Hauptgeschäftsstraße **Commercial Road** mit vielen Läden, die vor allem Gewürze, Öle und die berühmte Schokolade von Ooty verkaufen. Am Hauptplatz **Charing Cross** befindet sich ein privates Informationszentrum für Touristen (tgl. 10–19 Uhr) und daneben ein Laden, der handgefertigte Textilien der Todas verkauft.

Etwas weiter nördlich davon erstreckt sich auf 22 ha der sehenswerte **Botanische Garten** entlang einem Hügel. Der Park wurde 1897 angelegt und besitzt viele seltene Bäume, Orchideen, Rosen und andere Pflanzen sowie Gewächshäuser (tgl. 8–18 Uhr, 10 Rs). Auch der **Rosengarten** im Südosten des Städtchens erfreut Blumenliebhaber und Spaziergänger (tgl. 9–18.30 Uhr, 10 Rs).

Koloniale Atmosphäre wird lebendig rund um das alte **Collector's Office** auf einer Anhöhe im Nordwesten. Dort steht auch die **St. Stephen's Church** von 1829, die älteste Kirche in den Nilgiris. Ihre hölzernen Dachbalken stammen aus dem geplünderten Palast von Tipu Sultan in Srirangapatna und wurden mit Elefanten hierher transportiert.

Fährt man von dort den Hügel weiter hinauf, so kommt man zum reizvoll gelegenen Hotel **King's Cliff** mit toller Aussicht auf das Umland. Etwas unterhalb des Collector's Office findet man die State Bank und nahebei das Tamil Nadu Tourist Office. Ganz im Westen von Ooty liegt der **See** mit Vergnügungspark und Bootshaus, eine Attraktion vor allem für indische Familien.

Das **Shola-Ridge-Honig- und Bienenmuseum** dokumentiert alle Aktivitäten rund um das gelbe Gold der Berge und seine fleißigen Sammlerinnen.

Tourist Office, Government of Tamil Nadu: Wenlock Rd., Tel. 04 23-244 39 77, tgl. 10–16.45 Uhr, www.tamilnadutourism.org.
Wildlife Warden Office: Mahalingam Bldg., Coonoor Rd., Tel. 04 23-244 40 98, Mo–Sa 10–17.45 Uhr. Hier kann man Übernachtungen im Mudumalai Wildlife Sanctuary buchen (s. S. 401).

Fern Hills Palace: 2 km südlich von Ooty, Tel. 04 23-244 56 83, www.welcomheritagehotels.com. Das edelste Hotel am Ort ist die ehemalige Sommerresidenz der Maharadschas von Mysore, die stilvoll renoviert wurde und mit antiken Möbeln, Teak-holzdecken und offenen Kaminen bestückt ist. Es gibt ein breites Angebot von Freizeit-aktivitäten wie Reiten, Golfen oder Trekking. DZ 4500–15 000 Rs.

Taj Savoy: 77 Sylk's Rd., Tel. 04 23-244 41 42, Fax 04 23-244 33 18, www.tajhotels.com. Wo sich früher die Kolonialherren von der Hitze erholten, relaxen heute die Besucher. 34 Zimmer und 6 Suiten in rustikalen Gebäuden aus der Kolonialzeit, großer Garten mit Pool und Multicuisine-Restaurant. DZ ab 65 €.

Nahar: Charring Cross, Tel. 04 23-244 21 73, Fax 04 23-245 22 53. Etwas plüschig eingerichtete Zimmer, aber sehr zentral gelegen. DZ ab 2250 Rs.

King's Cliff: Havelock Rd., Strawberry Hill, Tel. 04 23-245 28 88, www.kingscliff-ooty.com. Kolonialvilla 2 km oberhalb von Ooty mit Garten und toller Aussicht. 9 individuell eingerichtete Zimmer mit Kamin, sehr gute Küche. Rechtzeitig buchen. DZ ab 1000 Rs.

YWCA Anandagiri: Ettines Rd., Tel. 04 23-244 22 18. 26 Zimmer bzw. Bungalows, der rustikale Speisesaal und das große Wohnzimmer schaffen eine heimelige Atmosphäre. DZ 230–1200 Rs.

Blue Hills International: State Bank Rd., Tel. 04 23-244 44 66, Fax 04 23-244 4466. Funktionaler Bau mit sauberen Zimmern (TV). DZ 450–1500 Rs.

🍴 **Earl's Secret:** im Hotel King's Cliff (s. o.). Sehr feine nordindische Küche, ausgezeichnete Tandoori-Gerichte, chinesische und europäische Küche in holzgetäfelten Räumen. 150–500 Rs.

Blue Hills: Commercial Rd., neben Hotel Nahar, Tel. 04 23-244 20 34. Unter einer Decke aus geflochtenen Matten isst man gute südindische vegetarische Thalis, gebratenen Fisch oder ein Lammcurry. Meist gut besucht, denn das Essen ist sehr lecker und billig. 30–150 Rs.

🛍 Die Nilgiri-Region ist bekannt für ihren Tee. Außerdem werden die verschiedensten Öle hergestellt. Ooty ist zudem berühmt für sein gutes Sortiment an hausge-

The Green Shop

Ökologisch und sozial verträglich hergestellte Produkte wie Tee, Honig, Gewürze und Textilien verkauft die Keystone Foundation, die in und um Ooty insgesamt drei Läden betreibt: 144 A, Sargan Villa, gegenüber Hill Bunk, Ooty; 418 Jograj Building, 1. Stock, Bedford Circle, Upper Coonoor; und in Kotagiri (s. S. 408). Nähere Infos unter www.keystone-foundation.org.

machten Schokoladen. Im Main Bazaar von Ooty findet man viele Schmuckläden. Der viel gerühmte Toda-Silberschmuck ist jedoch nur noch äußerst selten zu finden.

Sarkkar Supermarket: 23 PNA Bazaar, Garden Rd. Tee, Öle, sehr gute Schokolade (z. B. mit Cashewnüssen und Datteln), großes Sortiment an Gewürzen und Trockenfrüchten.

Toda Sales Centre: Charring Cross, neben dem Tourist Information Centre. Handgefertigte Schals und andere Textilien der Todas, eines lokalen Stammes.

The Big Shop: Commercial Rd. Auf mehreren Etagen wird alles angeboten – von Kunsthandwerk bis zu Kühlschränken, von Silber, Porzellan und Glas bis zu Bronzen und Antiquitäten.

Mohan's Department Store: gegenüber Collector's Office. Seit mehr als 40 Jahren verkauft man hier Antiquitäten neben Textilien und Haushaltswaren.

↔ **Flüge:** Der nächstgelegene Flughafen befindet sich in Coimbatore, 90 km entfernt von Ooty.

Züge: Ooty wird von der Nilgiri-Blue-Mountain-Bahn angesteuert (s. S. 405), Zusteigemöglichkeiten bestehen in Coonoor (s. S. 404) und Mettupalayam. In Mettupalayam gibt es Anschluss an den Nilgiri Express nach Coimbatore und Chennai, von Coimbatore nach Bangalore und Kochi.

Busse: Regelmäßige Verbindungen zwischen Ooty, Coonoor und Coimbatore sowie nach Mysore bzw. Bangalore (über die Nationalparks Mudumalai und Bandipur).

Mietwagen: In Ooty gibt es mehrere Taxistände: bei Charing Cross, gegenüber dem Hotel Nahar und neben dem Busbahnhof.

Die Umgebung von Ooty

Reiseatlas: S. 18, F 2

Ausflüge von Ooty führen in die Gegend des 28 km östlich gelegenen **Kotagiri.** In der Nähe liegen der **Catherine-** und der **Elk-Wasserfall** sowie der **Kodanad-Aussichtspunkt** mit tollem Ausblick auf das Mysore-Plateau.

Interessante Einblicke in das Leben der Nilgiri-Bergstämme bietet das **Tribal Reseach Centre** bei M Palada etwa 10 km südlich von Ooty an der Straße nach Emerald (Mo–Fr 10–17 Uhr, Eintritt frei).

Kodaikanal (Kodai) und Umgebung

Reiseatlas: S. 20, F 2

Rund 175 km südöstlich von Coimbatore, bereits auf halbem Weg nach Madurai (120 km, s. S. 463), befindet sich **Kodaikanal,** die dritte Hill Station im Bund der drei kühlen Schönen mit dem kolonialen Flair. Wie Ooty ist auch Kodaikanal bei indischen Touristen sehr beliebt. Sie kommen vor allem in den heißen Sommermonaten von April bis Juni, denn im Winter wird es hier oben auf 2100 m recht kühl. Während der Regenzeit von Juni bis September sind die Gipfel oft in Nebel gehüllt und die Straßen teils unpassierbar. Die landschaftlich reizvollste Anfahrt nach Kodaikanal führt über das 65 km nördlich gelegene Palani.

Kodaikanal bietet sich an für Wanderungen und zum Ausspannen vor oder nach einer Tempeltour in Tamil Nadu. Das Städtchen liegt inmitten von bewaldeten Berghängen, Wasserfällen und steil abfallenden Felsen. Amerikanische Missionare errichteten hier 1901 eine internationale Schule, heute gehört die Kodaikanal International School zu den führenden Internaten des Landes.

Das Zentrum von Kodaikanal befindet sich östlich des Sees, um den sich jedoch eben-

Kirchen und Friedhöfe in den Nilgiris erinnern an die Zeit, als die ›Blauen Berge‹ eine beliebte britische Sommerfrische waren

falls jede Menge Hotels, Restaurants und Läden angesiedelt haben. Der ca. 5 km lange Weg entlang dem Ufer ist ideal für Spaziergänge und zum Fahrradfahren. Fahrräder und auch Ruderboote können am See geliehen werden.

Einen Besuch wert ist **Bryants's Park** weiter südlich mit seinem reichen Baumbestand. Nahebei verläuft der reizvolle **Coaker's Walk,** von wo man an klaren Tagen tolle Aussichten genießen kann. Im Nordwesten des Städtchens, ca. 3 km oberhalb vom Zentrum, liegt der **Chettiar Park** mit ebenfalls schönem Baumbestand und Blumenrabatten. Alle 12 Jahre ist er übersät mit den blauen Blüten der Kurunji-Blume – das nächste Mal allerdings erst 2018.

7 km südlich von Kodaikanal erheben sich die **Pillar Rocks,** einige Granitfelsen, die steil in den Himmel ragen. Auf dem Weg dorthin passiert man die **Fairy-Wasserfälle.** Auf Kodakaikanals höchstem Punkt in 2347 m Höhe steht das **Astrophysical Observatory** mit einem kleinen Museum (während der Saison tgl. 10–12, 14–17 Uhr, 3 Rs).

Tamil Nadu Tourist Office: Anna Salai, Tel. 045 42-24 16 75, Mo–Fr 10–17.45 Uhr. Umgebungspläne, Vermittlung von Wanderführern.

The Carlton Hotel: Tel. 045 42-24 00 56. Luxushotel am See von Kodaikanal mit schöner Aussicht und geräumigen Zimmern. Von Billardzimmer und Bar bis zum Kinderspielplatz und Fitnessbereich reicht das große Angebot. DZ ab 6000 Rs.
Cinnabar: Chettiar Rd., Tel. 045 42-24 02 20. Freundliche Privatunterkunft inmitten eines schönen Gartens. DZ 2500 Rs.
Garden Manor: Lake Rd., Tel. 045 42-24 04 63. Neben angenehmen Zimmern gibt es einen schönen Terrassengarten mit tollem Blick auf den See und ein gutes Restaurant. DZ ab 1500 Rs.
Tamil Nadu: Fern Hill Rd., Tel. 045 42-24 13 36. Das staatliche Hotel von Tamil Nadu Tourism bietet einfache saubere Zimmer und ein Restaurant. DZ ab 650 Rs.

 Silver Inn: PT Rd. Gutes Lokal für ein Frühstück, aber auch jede andere Mahlzeit. Es gibt internationale Küche, darunter Pizza und Pasta. Ab 40 Rs.
Tibetan Kitchen und **Royal Tibet:** beide PT Rd. Gute tibetische Gerichte. Ab 30 Rs.
Bharat Bakery: nahe Presentation Convent. Hier werden köstliche Ingwerplätzchen und andere Leckereien gebacken.

Potter's Shed: PT Rd. Attraktive Keramikwaren.

Wandern: Zahlreiche Wanderwege in der Umgebung bieten ein großes Betätigungsfeld für Naturfreunde.

Züge: Der Bahnhof Kodaikanal Road Station liegt drei Busstunden östlich von Kodaikanal nahe Nilakkottai, daher ist die Anfahrt mit Bus bzw. Taxi zu empfehlen.
Busse: Es gibt regelmäßige Verbindungen mit Coimbatore (ca. 5 Std.) und Madurai (ca. 3,5 Std.). Busse fahren auch nach Bangalore, Chennai, Kochi und Palani.

Indira Gandhi (Annamalai) Wildlife Sanctuary
Reiseatlas: S. 20, D 1
Zwischen Coimbatore und Kodaikanal passiert man am Highway den Ort **Pollachi,** der als Startpunkt für einen Besuch des 108 km² großen **Indira Gandhi Wildlife Sanctuary** dient. Das Schutzgebiet ist vor allem für seine Elefantenherden berühmt, doch es beheimatet auch Tiger, Panther, verschiedene Hirsch- und Affenarten sowie viele Vögel. Für Besucher ist der Park nur im Rahmen geführter Touren zugänglich, die außerhalb der Monsunzeit morgens um 8 Uhr und nachmittags um 15 Uhr starten (Eintritt 20 Rs, Tour 50 Rs).

Wildlife Warden: 178 Meenakarai Salai, Pollachi, Tel. 042 59-222 53 56.

 Mehrere einfache Unterkünfte findet man in **Topslip,** das 35 km südwestlich von Pollachi liegt und von dort am einfachsten mit einem Taxi zu erreichen ist.

Weithin sichtbar sind die bis zu 50 m hohen Gopurams des Meenakshi-Sundareshvara-Tempels in Madurai, einer der ältesten Städte Südasiens

Chennai und der Südosten

Chennai
Mamallapuram
Thiruvanamalai
Puducherry
Tiruchirapalli
Thanjavur
Madurai
Kanniyakumari

Auf einen Blick:
Chennai und der Südosten

Tempelland mit Tiefgang

Stolz blicken die Menschen von Tamil Nadu auf ihre lange Geschichte. Hier, im äußersten Süden des Subkontinents, entwickelte sich über die Jahrtausende eine immens reiche Kultur. Die Zeugnisse dafür sind vielfältig: in der Literatur oder Musik, im Brauchtum und in den vielen eindrucksvollen Bauwerken, die die Zeiten überdauert haben. Weit mehr als 1000 Tempel gibt es in dieser Region – der Bundesstaat Tamil Nadu ist Tempelland par excellence, nirgends auf dem Subkontinent findet man eine so hohe Dichte großartiger Heiligtümer.

Von der frühen Felsarchitektur in **Mamallapuram** im Norden bis zu den gigantischen Tempelstädten in **Srirangam** und **Madurai** im Süden war es ein gewaltiger Schritt. Eine Reise durch diesen Teil des Landes ermöglicht auch eine intensive Begegnung mit dem Hinduismus und dessen vielfältigen Gebräuchen. Denn anders als in Kerala dürfen Tamil Nadus Heiligtümer – oder zumindest Teile davon – auch von Nicht-Hindus betreten werden.

Tamil Nadu ist jedoch viel mehr als das Land der Tempel und Traditionen. Seine aufstrebende Hauptstadt **Chennai** (ehemals Madras) hat sich zu einem Zentrum der Informationstechnologie und besonders der Autoindustrie entwickelt. Die berühmten Tempelstädte sind oftmals wichtige Bildungszentren, an deren Universitäten die Computeringenieure von morgen ausgebildet werden.

Eine entspannende Abwechslung zu den vielen Tempelbesuchen bietet die frühere französische Enklave **Puducherry** (ehemals

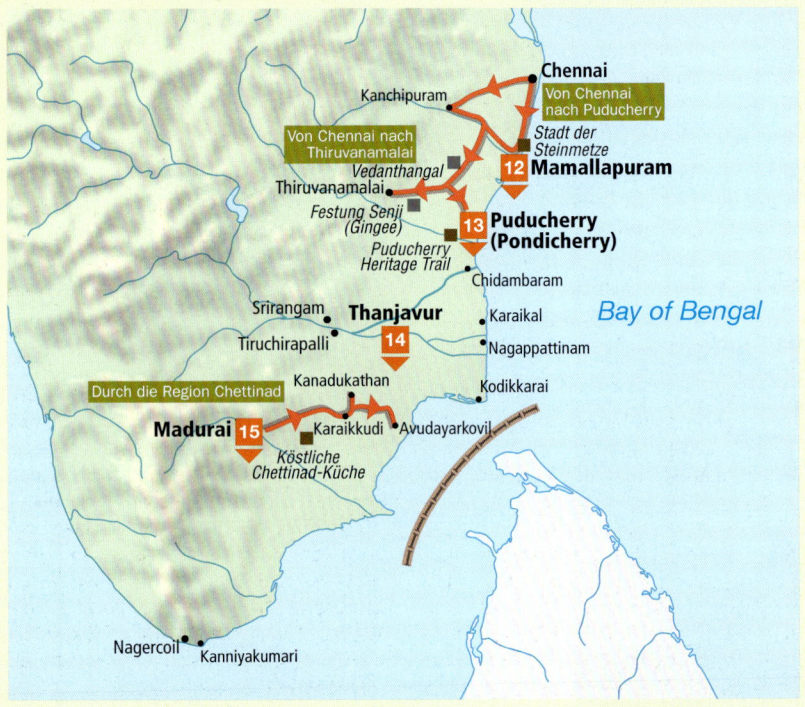

Pondicherry) mit ihrem mediterranen Flair, ihren tollen Hotels und Restaurants. Die langen Sandstrände rund um Puducherry oder Mamallapuram laden zum Verweilen ein.

Besonders reizvoll ist eine Fahrt durch das ländliche Tamil Nadu, vorbei an grünen Reisfeldern und kleinen Dörfern. Vielleicht mit einem Stopp an einem der kleinen Restaurants, die köstliche Idlis und heißen Kaffee servieren. Unvergesslich aber ist der Blick hinaus aufs Meer in **Kanniyakumari** an der Südspitze des Subkontinents, dort, wo Indien beginnt und endet – oder fast, denn die Inseln der Andamanen und Nicobaren, über 1000 km vor der Küste in der Bucht von Bengalen gelegen, gehören auch noch dazu.

Highlights

12 Mamallapuram: Höhlenheiligtümer, Tempel, ein großartiges Felsrelief – Mamallapuram geizt nicht mit seinen Attraktionen und liegt zudem am Meer (s. S. 433).

13 Puducherry (Pondicherry): Die ehemalige französische Kolonie begeistert mit interessanter Architektur, guten Hotels und Restaurants, schönen Stränden sowie einer bezaubernden Atmosphäre (s. S. 441).

14 Thanjavur: Ein Meisterstück der südindischen Tempelarchitektur ist der berühmte Brihadeshvara-Tempel aus dem 11. Jh., der die Stadt Thanjavur unter die begehrtesten Reiseziele Südindiens rückt (s. S. 457).

15 Madurai: Nicht minder sehenswert ist die riesengroße Tempelanlage des Meenakshi-Sundareshvara-Tempels in der Stadt Madurai aus dem 16./17. Jh. (s. S. 463).

Empfehlenswerte Routen

Von Chennai nach Thiruvanamalai: Über die Tempelstadt Kanchipuram, das Vogelschutzgebiet Vedanthangal und die alte Festung Senji (Gingee) führt die Route von Chennai zur Stadt Thiruvanamalai am heiligen Berg Arunachala (s. S. 423).

Richtig Reisen-Tipps

Stadt der Steinmetze: Seit Jahrtausenden blüht die Kunst der Bildhauerei in Mamallapuram. Zu bewundern ist sie nicht nur an den grandiosen alten Bauwerken, sondern auch in den unzähligen Läden der heutigen Steinmetze (s. S. 439).

Eine Stadt, zwei Welten – der Puducherry Heritage Trail: Bei einem Spaziergang durch die Gassen von Puducherry entdeckt man die Besonderheiten tamilisch-französischer Architektur (s. S. 444).

Die köstliche Chettinad-Küche: Die Region Chettinad ist berühmt für ihre würzigen und vielseitigen Spezialitäten – ein kulinarischer Tipp für neugierige Gourmets (s. S. 469).

Von Chennai nach Puducherry: Entlang der Ostküste nach Mamallapuram auf einer schönen Panoramastraße nahe dem Meer und von dort weiter bis Puducherry (s. S. 432).
Durch die Region Chettinad: Von Madurai aus lässt sich die Region Chettinad mit ihrer außergewöhnlichen Architektur erkunden. Für einen Zwischenstopp empfiehlt sich Karaikkudi, das Herz der Region (s. S. 469).

Reise- und Zeitplanung

Tamil Nadu besitzt viele Tempelstätten. Um das Reiseprogramm nicht zu überfrachten, sollte man sich bei der Routenplanung auf bestimmte Orte beschränken und zwischen den Besuchen genügend Ruhepausen gönnen.

Das Klima im Südosten Indiens wird geprägt vom Nordost- (Nov./Dez.) und Südwestmonsun (Juni–Sept.). Die beste Reisezeit ist zwischen Oktober und März, ideal sind die Monate Januar und Februar. Mindestens zehn Tage sollte man sich für die Region auf jeden Fall Zeit nehmen.

Chennai

Chennai zählt neben Mumbai und Bangalore zu Südindiens größten Metropolen. Die Hauptstadt Tamil Nadus wird wegen ihres Rufs als Zentrum der Automobilindustrie auch gerne Detroit des Subkontinents genannt. Tatsächlich ist Chennai, ehemals Madras, ein Spiegelbild des neuen Südindien: ökonomisch aufstrebend und offen, gleichzeitig aber konservativ und traditionell.

Reiseatlas: S. 8, E 1; **Cityplan:** S. 416
Seit jeher bestimmte das Meer die Geschicke der hiesigen Bewohner. Unter den Briten entwickelte sich Chennai aus verschiedenen Fischerdörfern zur kolonialen Hafenstadt.

Als einer der ältesten Stadtteile gilt die tamilische Siedlung Mylapore. Nahebei wurde 1522 der erste europäische Stützpunkt, das Fort São Tomé, von den Portugiesen gegründet. 1639 pachtete die britische East India Company nördlich davon Land und errichtete binnen eines Jahres den militärischen Handelsposten Fort St. George, der zur Ausgangsbasis wachsender ökonomischer Aktivitäten wurde. Aus der Festung entwickelte sich die Hafenstadt Madras mit ihrem kommerziellen Mittelpunkt Georgetown. Im 18. Jh. wurde Madras zur Hauptstadt der Madras

Stadt der Automobilindustrie – für Fußgänger ist in Chennai ein Fortkommen nicht ganz einfach

Presidency und um die Mitte des 18. Jh. zum Zankapfel zwischen Franzosen und Briten, wobei Letztere – wie fast überall in Indien – die Oberhand behielten. Ihren imperialen Anspruch demonstrierten sie im 19. Jh. durch den Bau zahlreicher imposanter Gebäude. Viele davon wurden im indo-sarazenischen Stil errichtet und prägen noch heute entscheidend das Gesicht von Chennai.

Schon vor der Unabhängigkeit Indiens galt Tamil Nadu als Hort tamilischer nationaler Bewegungen. Nach 1947 avancierte Madras dann zum Zentrum eines tamilischen Nationalismus. Bei vielen Auseinandersetzungen mit der Regierung im fernen Delhi, von der sich die südindischen Regionen oftmals bevormundet sahen, waren die Tamilen tonangebend. Dabei ging es vor allem um kulturelle Belange, z. B. um die Frage, in welcher Sprache an den Schulen unterrichtet werden sollte. Auch heute werden in der Politik von Tamil Nadu solche Themen großgeschrieben. Es gibt mehrere einflussreiche tamilische Parteien, die wiederum mit der starken Filmindustrie von Chennai vernetzt sind. Nicht nur einmal mutierten berühmte Filmstars zu führenden Politikern. Tamilischer Nationalismus drückte sich auch in der 1997 erfolgten Umbenennung von Madras zu Chennai aus. Die neue Bezeichnung geht zurück auf eine vorkoloniale lokale Siedlung namens Chennai Patnam.

Orientierung

Chennai erstreckt sich in Nord-Süd-Richtung entlang der Bucht von Bengalen. Zwei Flüsse, Cooum und Adyar, fließen von West nach Ost durch die Stadt und münden ins Meer. Chennais historisches Zentrum erstreckt sich rund um das **Fort St. George** und **Georgetown,** nördlich des langen Stadtstrandes **Marina Beach.** Der Cooum River mündet südlich von Fort St. George ins Meer.

Südwestlich von Georgetown liegt das geschäftige Viertel **Egmore,** an das sich weiter südwestlich der Stadtteil **Nungambakkam** anschließt. Westlich des Marina Beach befindet sich der Stadtteil **Tiruvallikeni** (Triplicane) und südlich davon das alte Viertel **Mylapore.** Die quirligen Basare von **Thyagaraja-Nagar** (T-Nagar) sind weiter westlich. Im Süden des Adyar-Flusses erstrecken sich große Parks und Villenviertel sowie der **Elliot Beach.** Ganz im Süden, entlang der alten **Mahabalipuram Road,** befindet sich der IT-Korridor, wo sich viele Softwarefirmen niedergelassen haben.

Mehrspurige, schwer überquerbare Straßen wie der Vorzeigeboulevard Anna Salai (ehemals Mount Road), der die Stadt vom Fort St. George in südwestliche Richtung durchzieht, machen es dem Fußgänger nicht immer leicht, in Chennai voranzukommen. Die Stadt besitzt kein wirkliches Zentrum, da-

Mit der Autorin unterwegs

Tanz in Bronze
Die Chola-Bronzen aus dem 10. Jh. bis 13. Jh. gehören mit zum Besten, was die südindische Kunst zu bieten hat. Das **Government Museum** hat ihnen eine eigene Galerie gewidmet. Besonders eindrucksvoll sind die Darstellungen von Shiva als Nataraja, dem Herrn des Tanzes (s. S. 418).

Traum in Seide
Chennai ist ein Einkaufsparadies für Seidenstoffe aller Art. Besonders in den Basarvierteln **T-Nagar** und **Pondi Bazaar** wird man fündig (s. S. 420).

Spaziergang in Stille
Ein idealer Ort, um der Hektik der Großstadt zu entfliehen, ist der bezaubernde **Park der Theosophischen Gesellschaft** südlich der Mündung des Adyar River (s. S. 420).

Mahlzeit in Gesellschaft
Zusammen mit Herren in schwarzen Roben genießt man im **Ninan's** köstliche Fischcurrys, Hähnchen und Biryani. Es ist immer ziemlich voll, denn der halbe Gerichtshof von gegenüber scheint dort zu speisen (s. S. 421).

Chennai: Cityplan

für aber sehr unterschiedliche Stadtviertel, und rühmt sich, mit dem Marina Beach einen der längsten Stadtstrände der Welt zu besitzen. Dies ist zugleich einer der wenigen Orte, die man tatsächlich zu Fuß entdecken kann. Die Sehenswürdigkeiten, vor allem die Kolonialbauten, liegen verstreut in den verschiedenen Teilen der Stadt. Für ihre Besichtigung braucht man ein Taxi oder eine Riksha.

Rund um die Beach Road

Marina Beach

So viel Platz wie am breiten, 13 km langen **Marina Beach** 1 bietet Chennai seinen Bewohnern sonst nirgends. Zwischen dem Hafen und Fort St. George im Norden sowie dem Leuchtturm im Süden erstreckt sich der zentrale, ca. 4 km lange Teil des Strandes.

Sehenswürdigkeiten

1 Marina Beach
2 Chennai University
3 Vivekanandar Illam
4 Parthasarathy-Tempel
5 Fort St. George
6 High Court
7 Anderson Church
8 Government Museum
9 Kapaleshvar-Tempel
10 St. Thomas Cathedral
11 Luz Church
12 Theosophical Society
13 Eliott Beach
14 Guindy National Park

Übernachten

1 Taj Connemara
2 GRT Grand
3 The Savera
4 The Royal Regency
5 Nilgiris Nest
6 Park Plaza
7 Central Tower
8 New Woodlands
9 Ranjith

Essen und Trinken

10 Kabul
11 Ponnusamy
12 Ninan's Restaurant
13 Saravana Bhavan
14 Murugan Idli Shop

Vor allem abends und an den Wochenenden ist dies eine beliebte Flaniermeile, an der entlang allerlei Vergnügungen und Leckereien geboten werden. Südlich des Leuchtturms befindet sich ein **Fischerviertel,** wo Frauen an der Straße den frischen Fang verkaufen.

Kamaraja Salai (Beach Road)

Wie ein breites Band trennt die vierspurige Kamaraja Salai den Strand Marina Beach von der Kette der Repräsentationsbauten gegenüber. Sie reihen sich von Nord nach Süd entlang der Straße und sind ein Schaufenster der britischen Kolonialarchitektur. Dazu gehören die **Chennai University** 2 sowie diverse Regierungsgebäude und Colleges, darunter das ehrwürdige Presidency College und das Queen Mary College weiter südlich.

Ebenfalls in der Kamaraja Road befindet sich der **Vivekanandar Illam** 3, eine Gedenkstätte für Swami Vivekananda, den Gründer der Ramakrishna-Mission. Sie ist im ehemaligen Eishaus der Briten untergebracht, wo man früher Tonnen von Eis lagerte. Das kleine angeschlossene **Museum** gewährt nicht nur Einblicke in den Lebensweg Vivekanandas, sondern erzählt auch die Geschichte des

Eishauses. Eine Buchhandlung mit spiritueller Literatur und ein Meditationsraum im Obergeschoss gehören ebenfalls dazu (www. sriramakrishnamath.org, Do–Di 10–12, 15–19 Uhr).

Westlich der Beach Road im Viertel **Tiruvallikeni** (Triplicane) steht der **Parthasarathy-Tempel** 4 für Vishnu. Seine Ursprünge sollen auf das 8. Jh. zurückgehen.

Fort St. George

Am nördlichen Ende der Kamaraja Salai befindet sich das alte **Fort St. George** 5 von 1640. Seine Festungsmauern stehen noch und schützen nach wie vor die Regierenden. Früher war dies das Zentrum des alten britischen Madras, heute befindet sich hier das Landesparlament von Tamil Nadu.

Zwischen Regierungsgebäuden, wachsamen Polizisten und parkenden Autos erhebt sich inmitten eines kleinen Gartens die geschichtsträchtige und sehr sehenswerte Kirche **St. Mary** von 1679. In Kriegszeiten diente das Gotteshaus mit den trutzigen Mauern als Zufluchtsort. Aus dem Hochzeitsregister geht hervor, dass Elihu Yale, Gouverneur von Madras und Namensgeber der amerikanischen

Chennai

Yale University in St. Mary geheiratet hat. Viele Gedenktafeln verraten die Namen von Gouverneuren und Soldaten, die hier begraben wurden. Die Inschriften bezeugen, wie wenig den Fremden das feucht-heiße Klima zuträglich war: Viele starben an typischen Tropenkrankheiten.

Westlich der Kirche steht das **Clive House,** in dem der gleichnamige Gouverneur wohnte. Heute ist in dem Gebäude ein Büro des Archeological Survey of India untergebracht. Wenige Meter östlich befindet sich das interessante **Fort Museum** mit militärischen Erinnerungsstücken, alten Drucken und Gemälden, die das Madras der früheren Tage zeigen (Sa–Do 10–17 Uhr, 100 Rs).

Die mit Zwiebeltürmen und reichen Verzierungen geschmückten Gebäude aus der Blütezeit indo-sarazenischer Architektur beherbergen Indiens beste Sammlung von Chola-Bronzen und viele weitere sehr sehenswerte Objekte. Von den sechs Hauptgalerien sollte man auf keinen Fall die **Bronze-Galerie** verpassen. Besonders beeindruckend ist die Kollektion von Shiva als Nataraja, dem Herrn des Tanzes. Sehr sehenswert ist auch die **Skulpturen-Galerie** mit exzellenten Originalen vom buddhistischen Stupa in Amaravati sowie vielen anderen Skulpturen aus verschiedenen Epochen. Die **Contemporary Art Gallery** zeigt u. a. Werke des berühmten keralesischen Malers Raja Ravi Varma, während in der **National Art Gallery** traditionelle Mi-

Georgetown und Egmore

Georgetown

Nördlich vom Fort St. George erstreckt sich das alte Viertel **Georgetown.** Entlang der Südseite der breiten NSC Bose Road erheben sich die imposanten Gebäude des **High Court** und des **High Court** 6, die 1892 unter der Leitung des britischen Architekten Henry Irwin fertiggestellt wurden. Der High Court gehört zu den größten Justizgebäuden der Welt und ist ein eindrucksvolles Beispiel des einst beliebten indo-sarazenischen Stils.

Gegenüber, an der Nordseite der NSC Bose Road, befinden sich viele Restaurants und die schöne alte **Anderson Church** 7. Nördlich davon liegt ein geschäftiges Basarviertel mit engen Gassen rund um **Parry's Corner.**

Egmore und Government Museum

Eines der Hauptzentren von Chennai befindet sich rund um das Viertel **Egmore** südwestlich von Georgetown. Vom alten Kolonialbahnhof Egmore Station sowie der nahe gelegenen Central Station fahren Züge in verschiedene Richtungen. In dieser Gegend liegen auch viele günstige Hotels.

Ein absolutes Highlight ist das **Government Museum** 8 an der Pantheon Road.

niaturmalereien und Tanjore-Bilder ausgestellt sind. Weitere Galerien beherbergen Exponate aus anthropologischen Sammlungen, Botanik und Zoologie (Tel. 044-28 19 32 38, www.chennaimuseum.org, Sa–Do 9.30–17.30 Uhr, 250 Rs, Foto 200 Rs, Video 500 Rs, wegen Renovierungsarbeiten sind nicht immer alle Galerien geöffnet).

Südliche und westliche Stadtteile

Mylapore

Pfauen stolzierten hier früher durch die Felder, so heißt es, bevor Mylapore (›Stadt der Pfauen‹) als eine der frühesten Siedlungen

von Chennai errichtet wurde. Schon zu Zeiten der Pallava-Dynastie im 8. Jh. befand sich hier ein wichtiger Hafen.

In Mylapore steht das größte Heiligtum der Stadt, der **Kapaleshvar-Tempel** 9 für Shiva und Parvati. Das Bauwerk im südindischen Stil mit Gopurams und Umfassungsmauer stammt aus dem 16. Jh. und ist sehr populär bei den Gläubigen. Freitags kommen vor allem Frauen, die sich einen Ehemann und Kinder wünschen. Ein Erlebnis ist die Fütterung der Welse im Tempelbecken an der Westseite des Heiligtums.

Nordöstlich des Tempels und nahe am Marina Beach erhebt sich die bekannte **St. Thomas Cathedral** 10, so benannt nach dem Apostel Thomas, der laut Legende 52 n. Chr.

Platz für Götter und Menschen: Gott Ganesha residiert auch im Stadtteil Egmore

419

nach Indien kam und einige Kilometer südlich auf dem Mount St. Thomas ermordet worden sein soll. In einer Gruft östlich der Kirche werden seine Reliquien verehrt. Das Gotteshaus im neugotischen Stil stammt aus dem Jahr 1893 und ersetzt den alten Bau der Portugiesen vom Anfang des 16. Jh. Er beherbergt auch die hoch verehrte Marienstatue Our Lady of Mylapore (tgl. 6–20 Uhr).

Weiter westlich steht die **Luz Church** 11. Sie wurde Ende des 16. Jh. von den Portugiesen errichtet und gilt als älteste Kirche von Chennai.

Thyagaraja-Nagar (T-Nagar) und Pondi Bazaar

Vor allem vor großen Festtagen sind die Basare und Shoppingkomplexe von **T-Nagar** und **Pondi Bazaar** einige Kilometer westlich von Mylapore zwei der angesagtesten Adressen der Stadt. Schwer bepackte Frauen schleppen ihre neuen Schätze in Plastiktüten nach Hause. T-Nagar und Pondi Bazaar sind ein Mekka für Seidenstoffe und andere Textilien, die man in bester Qualität und Auswahl erhält. Daneben gibt es Gold und Juwelen in Hülle und Fülle sowie viele andere schöne Dinge, die den Geldbeutel leichter machen.

Südlich des Adyar-Flusses

Überquert man den Fluss Adyar Richtung Süden, so gelangt man in weitläufige Villenviertel wie **Besant Nagar** oder **Adyar** und zu

ausgedehnten Parks. Südlich der Mündung des Adyar erstreckt sich der Park, in dem die **Theosophical Society** 12 ihren Sitz hat. Er ist eine Oase der Ruhe und ein wunderbarer Ort für Spaziergänge. Große Banyanbäume, zirpende Vögel und eine Vielzahl von Pflanzen wachsen hier. Die Bibliothek der Theosophical Society beherbergt eine große Sammlung philosophischer und religiöser Schriften. Eine kleine Ausstellung zeigt ausgewählte Manuskripte (www.ts-adyar.org, Di–Sa 9.30–12, 14–16 Uhr).

Südöstlich davon liegt der **Eliott Beach** 13, dessen Promenade vor allem bei jungen Leuten beliebt ist. Hier gibt es viele Restaurants und Boutiquen. Einige Kilometer westlich erstreckt sich der **Guindy National Park** 14, der als Wildschutzgebiet mitten in der Stadt gerühmt wird. Hier leben u. a. verschiedene Affen- und Antilopenarten (Mi–Mo 9–17.30 Uhr, 2 Rs). Neben dem Nationalpark befinden sich der **Chennai Snake Park** und ein **Children's Park** mit einem kleinen Zoo (Mi–Mo 8.30–17.30 Uhr).

Tamil Nadu Tourism Complex: 2 Wallajah Rd., 1. Stock, Tel. 044-25 36 83 58, www.tamilnadutourism.org, Mo–Fr 10–17.45 Uhr (im gleichen Gebäude sind Informationsbüros vieler anderer Bundesstaaten untergebracht); Zweigstellen: No. 4 EVR Salai, gegenüber Central Railway Station, Tel. 044-25 38 43 56; an der Südseite der Egmore Railway Station; am Busbahnhof; am Flughafen, tgl. 10–17.30 Uhr. Infos über Reisemöglichkeiten im gesamten Staat Tamil Nadu, Stadtbesichtigungen, Ausflüge, Buchungen für die staatlichen TTDC-Hotels etc.

India Tourism: 154 Anna Salai, Tel. 044-28 46 02 85, www.india-tourism.com, Mo–Fr 9–18, Sa 9–13 Uhr. Infos für Reisen in ganz Indien und brauchbare Landkarten.

Taj Connemara 1: Binny Rd., Mylapore, Tel. 044-66 00 00 00, www.taj hotels.com. Die Eleganz des britischen Raj, gepaart mit modernem Komfort. Mehrere gute Restaurants, Pool, und wem die Läden zu wenig Auswahl bieten – das Shopping

Centre Spencer Plaza liegt gleich um die Ecke. DZ ab 10 000 Rs.

GRT Grand [2]: 120 Thyagaraja Rd., T-Nagar, Tel. 044-28 15 07 78, www.grttemplebay.com. Modernes Hotel mit mehreren Restaurants und Ayurveda-Zentrum. DZ ab 7500 Rs.

The Savera [3]: 146 Dr. Radhakrishnan Salai, Mylapore, Tel. 044-28 11 47 00. Mit mehreren Restaurants und Pool. DZ ab 3200 Rs.

The Royal Regency [4]: 26 & 27 Periyar EVR High Rd. (Poonamallee High Rd.), Periamedu, Tel. 044-25 61 17 77, www.royalregency.co.in. Neues Hotel in Bahnhofsnähe, 101 Zimmer (alle mit Klimaanlage), Multicuisine-Restaurant und Internetzugang. DZ ab 2300 Rs.

Nilgiris Nest [5]: 105 Dr. Radhakrishnan Salai Rd., Mylapore, Tel. 044-28 11 51 11. Günstige Lage, gutes Restaurant. DZ ab 2100 Rs.

Park Plaza [6]: 29 Whannels Rd., Egmore, Tel. 044-30 77 77 77, www.hotelparkplaza.in. Angenehmes Hotel mitten im Stadtteil Egmore und nahe dem Bahnhof. Alle 42 Zimmer mit Klimaanlage. DZ ab 2000 Rs.

Central Tower [7]: 17/2 Periyar EVR High Rd. (Poonamallee High Rd.), Periamedu, Tel. 044-25 38 22 22. Neues Hotel wenige Meter westlich der Central Railway Station. Die Standardzimmer sind ziemlich klein, die Deluxe aber in Ordnung. Ab 1500 Rs.

New Woodlands [8]: 72–75 Dr. Radhakrishnan Rd., Mylapore, Tel. 044-28 11 31 11, www.newwoodlands.com. Großer Hotelkomplex, der mitten in Chennai einfache, aber geräumige Zimmer mit Balkon und teils mit Klimaanlage bietet. Da hier oft Hochzeiten gefeiert werden, sollte man ein Zimmer abseits der Wedding Hall buchen. Mit gutem vegetarischem Restaurant. DZ ab 1350 Rs.

Ranjith [9]: 15 Mahatma Gandhi Rd., Tel. 044-28 27 05 21. Eines der günstigeren Hotels im Zentrum, Zimmer mit/ohne Klimaanlage, mehrere Restaurants (s. rechts). DZ ab 1250 Rs.

Raintree [1]: im Hotel Taj Connemara (s. S. 420). Feines Chettinad-Restaurant, das Spezialitäten aus dieser unter Gourmets bekannten Region serviert, darunter viele würzige Fleisch- und Fischgerichte. Mit musikalischem Beiprogramm. Ab 700 Rs.

Kabul [10]: 35 TTK Rd., Teynampet, Tel. 044-24 99 67 61. Für diejenigen, die das Essen des Nordwestens lieber mögen als das des Südostens. Gute Kebabs, Biryanis und mehr. Ab 300 Rs.

Pinnacle Roof Top Restaurant [9]: im Hotel Ranjith (s. l.). Tolles Dachterrassen-Restaurant in ethnisch angehauchtem Ambiente und mit schöner Aussicht, u. a. sehr gute Tandoori-Gerichte. Ab 150 Rs.

Ponnusamy [11]: 55/1 Gowdia Mutt Rd., Royapettah, Tel. 044-28 13 09 86. Das Restaurant ist berühmt für seine würzige Chettinad-Küche, z. B. leckere Fisch- und Fleischgerichte, u. a. Kaninchen. Ab 100 Rs.

Ninan's Restaurant [12]: 223, NSC Bose Rd., YMCA Building, Tel. 044-25 38 12 69. Mittags essen hier die Richter und Staatsanwälte vom gegenüberliegenden High Court ihre Hähnchen-Biryanis oder Fischcurrys und die beste Crème Caramel, die man sich vorstellen kann. Ab 60 Rs.

Saravana Bhavan [13]: 48 Anna Salai, im Vorhof des Devi Theatre Complex, www.saravanabhavan.com. In Lokalen der Saravana-Bhavan-Kette werden Vegetarier normalerweise nicht enttäuscht; weitere Filialen: 293 Peter's Rd., 77 Usman Rd. in T-Nagar und Central Railway Station. Ab 30 Rs.

Murugan Idli Shop [14]: am Südende des Eliott Beach, gegenüber der Velankanni-Kirche. Leckere Idlis und Dosas gibt es in dem einfachen, aber sehr populären Restaurant, das noch 2 Ableger im Basarviertel T-Nagar besitzt (GN Chetty Rd. und North Usman Rd.). Ab 25 Rs.

Spencer Plaza: Anna Salai. In dem mehrstöckigen, zentralen Shopping-Komplex gibt es Boutiquen, Kosmetikläden, Feinkostgeschäfte sowie viele Fast-Food-Restaurants.

The Bookpoint: 160 Anna Salai, gegenüber Spencer Plaza. Der große Buchladen hat eine gute Auswahl an Literatur und Landkarten.

Artisans: 151 Anna Salai, gegenüber Spencer Plaza. Es gibt eine riesige Auswahl an Kunsthandwerk und Antiquitäten. In der Nachbarschaft auf der gleichen Seite der

Chennai

Anna Salai befinden sich weitere Kunsthandwerks- und Antiquitätenläden.

Nalli Chinnasami Chetty: 9 Nageswaran Rd., T-Nagar. Eines der bekannten Seidengeschäfte der Stadt.

Kumaran Textiles: 12 Nageswaran Rd., T-Nagar. Wenige Meter neben dem Nalli-Seidengeschäft, ebenfalls riesige Auswahl an Stoffen auf mehreren Etagen.

SIPA's Craftlink: 70 Kodambakkam High Rd., Nungambakkam. Der Fair-Trade-Laden verkauft lokal produziertes Kunsthandwerk.

Ramkrishna Bhavan Sweetshop: YMCA Building, 223 NSC Bose Rd., Georgetown. Leckere indische Süßigkeiten.

Chennai ist im Vergleich zu Mumbai oder Bangalore eher traditionell orientiert, d. h. auch das Nachtleben ist nicht mit dem der beiden anderen großen Städte zu vergleichen. Die Luxushotels und alle anderen besseren Hotels besitzen aber Bars.

Chennai ist ein Zentrum der klassischen Künste Südindiens, insbesondere der klassischen südindischen Musik, auch Carnatic Music genannt. In der zentral gelegenen **Musikakademie,** TTK Rd., Ecke Dr. Radhakrishnan Salai, finden regelmäßig Konzerte statt. Infos über musikalische Veranstaltungen findet man auf der Webseite www.kutcheribuzz.com.

Andamanen und Nicobaren

Über 1000 km östlich von Chennai in der Bucht von Bengalen liegen die Inselgruppen der Andamanen und Nicobaren, einer der abgelegensten Teile Indiens und eines der Unionsterritorien. Früher dienten die Eilande als britische Sträflingskolonie, heute sind sie ein begehrtes Ziel für Taucher und Schnorchler, die viel unberührte Natur und eine reiche Unterwasserwelt mit unzähligen Korallenriffen erwartet – wer weiß, wie lange noch, denn das labile ökologische Gleichgewicht der Inseln ist bedroht (Infos: www.tourism.andaman.nic.in, www.and.nic.in).

Kalakshetra: Dr. Muthulaksmi Rd., Thiruvanmiyur, südwestlich von Eliott Beach, Tel. 044-24 52 40 57, www.kalakshetra.in. Die 1936 gegründete, sehr bekannte Organisation fördert die klassischen Künste, insbesondere Tanzformen wie Bharatiya Natyam und südindische klassische Musik. Es finden ganzjährig kulturelle Programme statt, die meist um 18.30 Uhr beginnen. Zudem werden jährlich drei Festivals (Sept., Ende Dez./Anfang Jan., Ende Feb.) organisiert.

Yoga: Im Vivekanandar Illam, dem ehemaligen Eishaus an der Kamaraja Road, finden regelmäßig Yogakurse statt (Infos unter www.sriramakrishnamath.org).

Royal-Enfield-Fabrik: Motorradsfans pilgern zur Produktionsstätte der berühmten Marke in Tiruvottiyur, 17 km nördlich von Chennai Tel. 044-42 04 33 00, www.royalenfield.com.

Flüge: Der Anna International Airport liegt 16 km südwestlich des Zentrums. Ihm ist der Kamaraj Domestic Airport angeschlossen. Es gibt zahlreiche Verbindungen ins In- und Ausland, darunter eine Direktverbindung mit Lufthansa von/nach Frankfurt und eine Verbindung nach Port Blair auf den Andamanen.

Züge: Vom Bahnhof Central Station fahren Züge Richtung Norden und Westen, vom Bahnhof Egmore in Richtung Süden. Reservierungen tätigt man im Train Reservation Complex, Westseite der Central Station, Mo–Sa 8–20, So 8–,15 Uhr.

Busse: Der Chennai Mofussil Bus Terminus (auch Koyambedu-Busbahnhof genannt), liegt 7 km westlich des Zentrums. Von hier fahren Busse in alle größeren Städte Tamil Nadus sowie nach Bangalore, Mysore und natürlich nach Puducherry.

Mietwagen: Moksha Tours, 112 Nungambakkam High Rd., Tel. 044-43 02 10 08, www.mokshatours.com.

Fähren: Von Chennai aus gibt es Schiffsverbindungen auf die Andamanen nach Port Blair mit Shipping Corporation of India, Tel. 044-25 22 08 41, www.shipindia.com (außerhalb des Monsuns ca. 1 x wöchentl., 60 Std.).

Nur 75 km südwestlich von Chennai gelegen, bietet die alte Pilgerstadt Kanchipuram mit ihren großartigen Heiligtümern einen ersten Eindruck von der kulturellen Fülle Tamil Nadus. Auch der riesige Shiva-Tempel von Thiruvanamalai ist einen Besuch wert. Bei so viel Kultur darf das Naturerlebnis nicht zu kurz kommen: Ausflüge ins Vogelschutzgebiet Vedanthangal oder zum alten Fort von Senji sind mit schönen Spaziergängen verbunden.

Kanchipuram (Kanchi)

Karte: S. 430
Stadt der tausend Tempel wird **Kanchipuram 1** genannt. Über 100 Heiligtümer erinnern daran, dass der Ort – auch ein Zentrum der Seidenproduktion in Südindien – zu den sieben heiligen Städten der Hindus gehört. Er wird von den Shivaiten und von den Vishnuiten verehrt, auch Buddhisten und Jainas galt Kanchipuram lange Zeit als wichtige religiöse Stätte. Unter den zahlreichen hinduistischen Tempeln befinden sich einige herausragende Beispiele früher südindischer Tempelbaukunst aus der Zeit der Pallava-Dynastie, deren Hauptstadt Kanchipuram vom 6. Jh. bis zum 8. Jh. war.

Wie ihre Konkurrenten, die Frühen Westlichen Chalukyas von Badami, erwiesen sich auch die Pallavas als Meister der frühen hinduistischen Tempelarchitektur und -skulptur. Ab dem 6. Jh. beherrschten sie weite Gebiete des nördlichen Tamil Nadu und bauten Kanchipuram zu ihrer Hauptstadt aus. Ihre Tempel wurden richtungsweisend für die späteren südindischen Sakralbauten im dravidischen Stil. Bis zum Ende des 8. Jh., als die erstarkende Chola-Dynastie die Macht übernahm, war Kanchipuram Zentrum des Pallava-Reichs.

Kanchipuram erstreckt sich in Ost-West-Richtung am Nordufer des Vegavathi River.

Das eigentliche Kanchi wird als Shiva-Kanchi bezeichnet, weil sich hier die meisten Gott Shiva geweihten Heiligtümer befinden, beispielsweise der berühmte Kailasanatha-Tempel am Westrand der Stadt, der große Ekambareshvara-Tempel weiter nordöstlich und der populäre Kamakshi-Amman-Tempel. Der südöstliche Stadtteil heißt Vishnu-Kanchi. Hier stehen einige große Tempel aus der Vijayanagar-Zeit, die Vishnu geweiht sind, u. a. der Vadaraja-Tempel. Zu den Vishnu-Tempeln gehört auch der alte Vaikuntha-Perumal-Tempel aus der Pallava-Zeit im Stadtzentrum.

Kailasanatha-Tempel

Seine Größe ist es sicherlich nicht, die den **Kailasanatha-Tempel** zu den bewunderungswürdigsten Bauwerken von Kanchipuram macht. Es ist sein eindrucksvolles Skulpturwerk, das wie wenige andere Bauwerke die Meisterschaft der Bildhauer jener Zeit verrät. Der eher kleine und schlichte Tempel ist das älteste Gebäude der Stadt und wurde unter den Pallava-Herrschern Rajasimha und seinem Sohn Mahendravarman I. ab Ende des 7. Jh. errichtet. Er steht innerhalb einer Umfassungsmauer, die an ihrer Innenseite 58 Schreine beherbergt. Das Sanktum für Shiva wird von einem vierstöckigen Vimana-Turm bekrönt. Ihm ist eine kleine Säulenhalle vorgelagert, die man erst später mit dem Zen-

Mit der Autorin unterwegs

Morgens

Der Aufstieg zum Fort auf dem Rajagiri Hill in **Senji** belohnt Wanderer mit einem tollen Blick. Morgens sind die Temperaturen am erträglichsten (s. S. 428).

Abends

Der Spätnachmittag und der Abend sind ideal für einen Besuch im **Vogelschutzgebiet Vedanthangal**. Dann taucht die Sonne die Nistplätze der Vögel in ein sanftes Licht – ideal für Fotografen (s. S. 428).

tralschrein verbunden hat. Der Eingang zum Tempelhof liegt im Osten. Sein kleiner pagodenartiger Aufbau zeigt schon erste Anzeichen der späteren Gopurams. Die im Laufe der Zeit immer weiter in die Höhe wachsenden Tempeltore sollten zu den eindrücklichsten Elementen südindischer Tempel späterer Zeiten werden. Zur Anlage gehört auch der Mahendravarmeshvara-Schrein mit zweistöckigem Dach, der dem eigentlichen Sanktum gegenübersteht.

Das Schmuckstück des Tempels ist sein außergewöhnlich lebendiges Skulpturwerk in den 58 Nischen an der Innenseite der Umfassungsmauern, das besonders an der Südseite samt einigen Resten von Originalmalereien erhalten blieb. Darstellungen des meditierenden Shiva oder Parvati, die in entspannter Haltung die Füße übereinanderschlägt, verraten eine lebhafte und dynamische Körpersprache. Bewegung wird spürbar in vielen der Skulpturen, auch in den Nischen an der Außenwand des Sanktums. Eine richtig coole Bande sind die Musikanten

Hinweis für den Besuch von Tempeln

Fast alle Tempel in Tamil Nadu sind zwischen 12.30 Uhr und 16 Uhr geschlossen. Während dieser Zeit ist eine Besichtigung nur von außen möglich.

an der Nordseite des Tempelsockels, zu denen auch der das Tanzbein schwingende Elefantengott Ganesha gehört.

Ebenfalls sehr sehenswert ist das Innere des Sanktums, wo der Tanzwettbewerb zwischen Shiva und Parvati dargestellt ist. Gegen ein kleines Entgelt erklärt der Priester des Tempels alle Einzelheiten. Auch ein sechzehneckiger, schwarzer Lingam ist im Innenraum aufgestellt. Leider sind viele der in Sandstein gemeißelten Figuren des alten Heiligtums durch Erosion ziemlich angegriffen. Der Schutzüberzug durch eine Gipsschicht vor rund 100 Jahren hat sich nicht gerade als Vorteil erwiesen und wurde deswegen in Teilen wieder entfernt. Dennoch ist der Kailasantha-Tempel eine wahre Schatzkammer früher hinduistischer Tempelskulptur und Vorbild vieler späterer Sakralbauten in Südindien (tgl. 6–18 Uhr).

Ekambareshvara-Tempel

In welche Richtung sich der südindische Tempel entwickelt hat, lässt sich am **Ekambareshvara-Tempel** (Ekambaranatha-Tempel) nordöstlich des Kailasanatha erkennen. Das Shiva-Heilgtum ist das größte sakrale Bauwerk der Stadt und wurde zu Beginn des 16. Jh. überwiegend von den Vijayanagar-Königen errichtet. Sein Kern stammt vermutlich schon aus der Pallava-Zeit und wurde unter der Chola-Dynastie erweitert. Der Tempel ist auf einer Ost-West-Achse angelegt und besteht aus mehreren Innenhöfen sowie einem Wasserbecken mit Pavillon in der Nordostecke. Sein Haupteingang befindet sich jedoch im Süden und wird durch einen fast 60 m hohen Eingangs-Gopuram markiert. Diesen ließ der Vijayanagar-Herrscher Krishnadevaraja 1509 errichten.

Sehr sehenswert ist die 1000-Pfeiler-Halle, die dem Zentralschrein vorgelagert ist. Ihre reich geschmückten Säulen zeigen Darstellungen aus Shiva-Legenden und viele andere interessante Details. Westlich des Zentralschreins für Shiva, der nur Hindus zugänglich ist, liegt ein Innenhof mit einem Mangobaum. Dieser gilt als Symbol der Fruchtbarkeit und wird vor allem von Frauen mit Kinderwunsch

Shiva sind viele Tempel in Kanchipuram geweiht, auch der Ekambareshvara-Tempel, das größte Heiligtum der Stadt

aufgesucht. Sowohl der Zentralschrein als auch der Innenhof können in einem Säulenumgang umwandelt werden, der aus üppig verzierten Pfeilern besteht. Viele weisen Muster auf, die sich in den Borten der berühmten Seidensaris von Kanchipuram wiederfinden. An den Wänden des Umgangs stehen 108 Yoni-Lingams.

Kammakshi-Amman-Tempel

Der **Kammakshi-Amman-Tempel** ist Shivas Frau Parvati als Kammakshi (›Göttin mit den liebevollen Augen‹) geweiht und zählt zu den drei wichtigsten Heiligtümern für Shakti, die weibliche Kraft. Darum wird er auch bevorzugt von Frauen und jungen Paaren mit Kinderwunsch besucht.

Wie andere Heiligtümer hat sich auch der Kammakshi-Amman-Tempel im Laufe der Zeit immer weiter ausgedehnt. Sein Sanktum mit vergoldetem Dach befindet sich gegenüber dem hohen Gopuram an der Südseite, der den Eingang zur Anlage überragt. Nördlich des Sanktums liegt ein Tempelbecken, in dem sich Fische tummeln. Sehr sehenswert

ist die Hochzeitshalle aus der Vijayanagar-Zeit nordöstlich des Haupteingangs. Ihre reich geschmückten Säulen zeigen Shiva und Parvati, Yogis und tanzende Paare. Unmittelbar nördlich der Hochzeitshalle steht ein Baum mit einem Schlangenheiligtum. Unverheiratete Frauen schlingen Fäden um den Baum und wünschen sich einen Ehemann. Verheiratete Paare hängen kleine Wiegen in den Baum und bitten um ein Kind. Die aufgeschichteten Steine der Männer erzählen von der Sehnsucht nach dem eigenen Haus. Von Kammakshi erhofft man sich die Erfüllung all seiner existenziellen Wünsche – kein Wunder, dass dies einer der populärsten Tempel von Kanchipuram ist.

Vaikuntha-Perumal-Tempel

Mitten im Zentrum von Kanchipuram befindet sich der zweite gut erhaltene Pallava-Tempel, der **Vaikuntha-Perumal-Tempel.** Das kleine Heiligtum für Vishnu steht inmitten eines Gartens und wurde Ende des 8. Jh. errichtet. Den Zentralschrein krönt ein vierstöckiger Vimana. In seinem Innern, das nur Hin-

dus betreten dürfen, sind auf drei Ebenen Kultzellen angeordnet, in denen Vishnu stehend, sitzend und liegend dargestellt ist. Auf Wunsch und gegen ein kleines Entgelt besteht die Möglichkeit, durch einen Aufgang an der Ostseite in den ersten Stock zu gelangen und den Vimana-Turm von außen zu umrunden. Dort sieht man interessante Darstellungen aus dem Epos Ramayana sowie Inkarnationen Vishnus als Krishna, Narasimha und Trivikrama. Wie beim Kailasanatha-Tempel umgibt ein Hof mit Umfassungsmauer das Sanktum. An den Innenwänden verlaufen schön gegliederte Friese mit Darstellungen verschiedener Götter und Geschichten aus dem Leben der Pallava-Könige. Gandharvas blicken von oben auf das Geschehen herab. Interessant ist auch die Darstellung von einem Modell des Strandtempels in Mamallapuram an der Ostseite der Mauer. Neben dem Tempel befinden sich ein Wasserbecken und eine kleine Moschee.

Vadaraja-Tempel

Das große Heiligtum für Vishnu liegt im Südosten der Stadt und entstand im 16. Jh. während der Zeit der Vijayanagar-Herrschaft. Zwei mächtige Gopurams erheben sich an der Ost- und Westseite des **Vadaraja-Tempels.** Durch das Westtor führt der Haupteingang ins Innere des Hofes mit Wasserbecken und mehreren Schreinen. Das Schmuckstück des Tempels ist seine 100-Pfeiler-Halle mit exquisit skulptierten Säulen. Besonders beeindruckend sind die sich aufbäumenden Pferde und Fabelwesen, die allesamt Reiter tragen. Auch Paare beim Liebesspiel und Vishnu in verschiedenen Inkarnationen zieren die Pfeiler. In der Mitte der Halle befindet sich ein quadratischer Sockel, dessen Basis eine Schildkröte bildet. Dort werden während der Tempelfeste geschmückte Statuen platziert (1 Rs, Kamera 5 Rs).

In Kanchipuram gibt es kein Tourist Office. Die nächsten Büros von Tamil Na-

Kanchipuram ist ein Zentrum der Seidenproduktion

du Tourism sind in Chennai (s. S. 420) und im 65 km entfernten Mamallapuram (s. S. 439). Informationen findet man unter www.tamil naductourism.org.

Viele Touristen besuchen Kanchipuram im Rahmen eines Tagesausflugs von einer der beiden Städte aus mit dem Taxi oder per Bahn/Bus. Wer jedoch alle fünf hier beschriebenen Tempel ansehen und/oder noch die Seidengeschäfte durchforsten möchte, sollte eine Übernachtungspause einlegen. Das Hotel Tamil Nadu vermittelt Führer zum Besuch der Tempel.

GRT Regency: 487 Mahatma Gandhi Rd., Tel. 044-27 22 52 50 (zentrale Reservierung in Chennai), www.grthotels.com. Bestes Hotel am Ort, zentral, mit Restaurant und Bar. Alle Räume haben Klimaanlage. DZ ab 1750 Rs.

Tamil Nadu: Kammakshi Amman Sannathi St., nahe Bahnhof, Tel. 041 12-27 22 25 53. Einfache Zimmer mit/ohne Klimaanlage und ein kleines Restaurant. DZ ab 350 Rs.

Saravana Bhavan: 504 Gandhi Rd., Tel. 041 12-27 22 25 05. Gutes vegetarisches Restaurant der populären Saravana-Kette. Ab 30 Rs.

Im Stadtzentrum entlang der Mahatma Gandhi Road und in vielen weiteren Straßen wird Seide angeboten, z. B. **Sri Ganapathi Silk House:** 132 TK Nambi St., Tel. 041 12-27 23 03 71, www.sriganapa thisilks.com. Hier kann man auch beim Weben zuschauen.

Züge: Lokalzüge fahren vom Bahnhof im Norden der Stadt nach Chennai (ca. 2 Std.).

Busse: Vom Busbahnhof im Zentrum regelmäßige Verbindungen nach Chennai und Mamallapuram (ca. 2 Std.) sowie nach Tiruchirapalli, Puducherry, Vellore, Thiruvanamalai.

Rikscha und Fahrrad: Beide kann man in der Umgebung des Bahnhofs mieten. Da die Tempel einige Kilometer auseinanderliegen, ist man auf ein Fahrzeug angewiesen.

Vedanthangal Bird Sanctuary

Karte: S. 430

Natur statt Kultur – diese Möglichkeit eröffnet das **Vedanthangal Bird Sanctuary** [2], ein kleines, aber feines Vogelschutzgebiet ca. 40 km südwestlich von Chengalpattu. Die Saison beginnt Mitte November, wenn die großen Wasservogelschwärme zum Brüten kommen. Graue Pelikane, Buntstörche, Löffler und Silberklaffschnabel lieben den See besonders, der zum nur 30 ha großen Schutzgebiet gehört. Auch Kormorane, verschiedene Ibis- und Reiherarten sind hier beheimatet. Sie brüten ab Dezember in den Mangroven, Akazien und Neembäumen, die auf den kleinen Inseln, im Wasser und am Ufer wachsen.

Das Schutzgebiet hat eine interessante Geschichte, denn schon Ende des 18. Jh. beklagten sich die Menschen aus den umliegenden Dörfern über die britischen Soldaten, die die Vögel abschossen. Daraufhin wurde die Jagd eingeschränkt, doch erst 1936 ernannten die Briten den See offiziell zum Schutzgebiet. Heute ist die Forstverwaltung von Tamil Nadu für die Geschicke des Parks zuständig und ließ in den letzten Jahren weitere Mangrovenbäume pflanzen, um den Vögeln mehr Nistplätze zu bieten. Bis zu 30 000 Vögel werden während der Hochsaison zwischen Dezember und Februar gezählt. Auf einem schmalen, ungefähr 1 km langen Pfad kann man am See entlangspazieren. Es gibt auch einen Beobachtungsturm. Die beste Zeit ist am Spätnachmittag, wenn die Vögel zu ihren Nistplätzen zurückkehren. Da der Pfad westlich des Sees verläuft, ist das Licht dann auch zum Fotografieren besser.

Das Vedanthangal Bird Sanctuary erreicht man über den Chennai-Trichy-Highway. Von der Ausfahrt ca. 30 km südlich von Chengalpattu sind es noch rund 12 km. Das Vogelschutzgebiet lässt sich in einem Tagesausflug von Mamallapuram oder Kanchipuram aus oder auf der Durchreise von/nach Puducherry besuchen (15. Nov.–Ende April tgl. 6–18 Uhr, 5 Rs, Foto 25 Rs, Video 150 Rs).

 www.tamilnadutourism.org: Webseite von Tamil Nadu Tourism.
www.forests.tn.nic.in: Webseite des Tamil Nadu Forest Department.
www.indiabirds.com: Webseite mit vielen Fotos und Vogelstimmen.

Forest Rest House: Buchungen über Wildlife Warden (Tamil Nadu Forest Department), 259 Anna Salai, DMS Compound, Teynampet, Chennai, Tel. 044-22 43 21 47. Ab 400 Rs.

Busse: Verbindungen von Chengalpattu (am Highway auf halber Strecke zwischen Mamallapuram und Kanchipuram gelegen) nach Vedanthangal.

Senji (Gingee)

Karte: S. 430

Markant ragen die beiden Felsenhügel Rajagiri und Krishnagiri mit den Ruinen des alten **Forts** westlich des Städtchens **Senji** [3] aus der flachen Landschaft. Die eindrucksvolle Festungsanlage, seit 1921 ein Nationales Monument, gehört zu den wenigen gut erhaltenen Forts in Tamil Nadu.

Senji liegt 36 km westlich von Thiruvanamalai und kann von dort bequem im Rahmen eines Tagesausflugs besucht werden. Auch als Zwischenstopp auf dem Weg von Puducherry (67 km) nach Thiruvanamalai lässt sich der Besuch der Festung einplanen. Man sollte schon morgens mit der Besichtigung beginnen, um nicht in der Mittagshitze zu den Ruinen aufzusteigen. Die Übernachtungsmöglichkeiten in Senji sind sehr dünn gesät und nicht zu empfehlen.

Geschichte

Die Ursprünge des Forts gehen auf die Chola-Dynastie zurück. Ab dem 16. Jh. wurde es von den Nayaks, ursprünglich Vasallen der Vijayanagar-Herrscher, ausgebaut und um einige Tempel erweitert. Die von riesigen Felsbrocken übersäte Landschaft erinnert in vielem an die Gegend von Hampi mit der Hauptstadt Vijayanagar (s. S. 342), und man ist gar nicht überrascht, dass viele Monumente die Handschrift dieser Dynastie tragen. Nach dem Niedergang dieses großen Imperiums regierten die Nayaks von Senji Fort aus einen unabhängigen Fürstenstaat. Im 17. Jh. und 18. Jh. wurde die Festung jedoch mehrmals von verschiedenen Mächten erobert, u. a. von den Sultanen von Bijapur, dem Marathen-Führer Shivaji und dem Mogul-Kaiser Aurangzeb. Letztendlich gelangte Senji in britischen Besitz.

Rajagiri Fort

Über insgesamt drei Hügel verläuft die mächtige Festungsmauer mit zwei Zitadellen auf den Hügeln Krishnagiri und Rajagiri. Unterhalb des Letzteren, südlich der Straße, befindet sich das innere Fort mit den meisten noch erhaltenen Bauten. Hier beginnt man am besten auch die Besichtigung der Anlage.

Imposant überragt der achtstöckige Turm **Kalyana Mahal** die anderen Gebäude. Der quadratische Bau vereint muslimische Elemente in der Fassade mit einer tempelartigen Dachkonstruktion. Südlich davon stehen einige alte Getreidespeicher sowie der **Elefant Tank,** ein Wasserbecken. Über teils steile Treppen und Pfade geht es aufwärts zur **Zitadelle,** die man nach ungefähr einstündiger Wanderung erreicht. Der Weg lohnt sich, da man von oben einen schönen Blick auf die Landschaft sowie mehrere Seen und Tempel genießen kann. Man sollte allerdings eine Wasserflasche mitnehmen, da es unterwegs keine Erfrischungsstände gibt (tgl. 9–17 Uhr, letzter Einlass 16.30 Uhr, 100 Rs, das Ticket gilt auch für die Anlage auf dem Krishnagiri-Hügel, s. rechts).

Weitere Sehenswürdigkeiten

Vom Parkplatz am Eingang des Forts führt eine Straße nach Osten vorbei an der **Sadad-Ullah-Khan-Moschee** zum **Venkataramana-Tempel,** Senjis größtem Heiligtum, das zwischen 1540 und 1550 unter den Nayaks errichtet wurde. Sein hoher Eingangs-Gopuram und die beiden Innenhöfe mit dem Sanktum sind schon von der Spitze des Ra-

jagiri-Hügels aus gut zu sehen. Das Tor besitzt schön gemeißelte Säulen mit den typischen Flachreliefs im Vijayanagar-Stil. Ein großer Teil des Skulpturwerks ist jedoch zerstört oder verschwunden.

Interessant ist auch ein Abstecher zum winzigen **Hanuman-Tempel,** der südlich des Parkplatzes liegt. Dort werden die lebenden Verwandten des Affengottes mit Milch gefüttert und toben durch die Zweige des großen Banyanbaums.

Nördlich der Verbindungsstraße Thiruvanamalai–Senji erhebt sich der **Krishnagiri-Hügel.** Treppen führen hinauf zur zweiten Zitadelle, wo sich Getreidespeicher, Tempel und eine Audienzhalle befinden (tgl. 9–17 Uhr, letzter Einlass 16.30 Uhr, 100 Rs, das Ticket gilt für beide Forts).

 Es gibt kein Tourist Office.

 Vasantham: 116 Gandhi Bazaar, gegenüber dem Busbahnhof. Einfaches vegetarisches Restaurant für eine Stärkung zwischendurch.

Busse: Regelmäßige Verbindungen nach Thiruvanamalai.

Thiruvanamalai

Karte: S. 430

Am Fuße des heiligen Berges Arunachala liegt die Pilgerstadt **Thirunvanamalai** 4 mit ihrem großen Shiva-Tempel. Das ganze Jahr über zieht es Gläubige hierher, wo Shiva als Feuer-Lingam erschienen sein soll und seine Überlegenheit gegenüber den anderen Göttern demonstrierte. Besonders an Vollmondtagen und zum Karthigai Deepam Festival im November/Dezember drängen sich Massen von Pilgern in Thiruvanamalai. In der Stadt und rund um den Berg gibt es zahlreiche Ashrams, die Menschen aus der ganzen Welt anziehen, darunter der Ashram des bekannten, 1950 verstorbenen Gurus Sri Ramana Maharshi.

Von Chennai nach Madurai

Arunachaleswar-Tempel

Der mächtige Bergrücken des Arunachala bildet die eindrucksvolle Kulisse für den **Arunachaleswar-Tempel,** dessen schneeweiße Gopurams dem Besucher schon von Ferne eine der größten Tempelanlagen von ganz Südindien ankündigen. Der Komplex ist ein gutes Beispiel dafür, wie die südindischen Tempel im Laufe der Jahrhunderte gewachsen sind.

Die Ursprünge des Heiligtums stammen noch aus den Zeiten der Cholas im 11. Jh.

Auch die nachfolgenden Herrscher der Hoysalas und der Vijayanagar-Dynastie hinterließen ihre Spuren und erweiterten die Anlage. Der 66 m hohe Ost-Gopuram, der den Haupteingang markiert, gehört zu den jüngsten Teilen der Anlage und stammt aus dem 17. Jh. Rechter Hand des hohen Eingangstors im Osten steht der **Patala Lingam Shrine,** in dem der große Guru Sri Ramana Maharshi in einer unterirdischen Kammer meditiert haben soll. Insgesamt drei Innenhöfe mit vielen Schreinen und einem Tempelteich umgeben das zentrale Heiligtum, in dem sich ein Shiva-Lingam befindet.

Gläubige schieben sich vor allem zu den Puja-Zeiten morgens und abends in schnellem Schritt durch die Höfe und Hallen des Tempels. Für Nicht-Hindus ist dies der Ort und auch die richtige Zeit, um die vielfältigen Riten und Zeremonien zu beobachten, die in einem Tempel stattfinden. Wahre Akkordarbeiter sind beispielsweise die Tempelelefanten, die in einer der Säulenhallen ihren Dienst verrichten. Sie sammeln unablässig und fast mechanisch die Münzen der Gläubigen mit dem Rüssel auf und segnen mit selbigem den Spender für seine Gabe. Erst wenn der Rüssel ziemlich voll mit Kleingeld ist, leeren sie ihn in die Hand des Priesters. In einer anderen Halle trommeln und singen Musiker zu Ehren Gottes, oftmals werden sie spontan von Besuchern begleitet. Schmale Gänge an der Nordseite des Hofes führen zu kleinen Schreinen unter hohen Bäumen abseits des Trubels. Am Heiligtum mit den Schlangensteinen versammeln sich vor allem Frauen, die um Fruchtbarkeit bitten.

Arunachala Hill

Eine riesige Feuersäule, gespeist von Unmengen Butterfett, brennt jedes Jahr während des Karthigai-Deepam-Festes auf der Spitze des 800 m hohen **Arunachala Hill.** Sie ist ein beeindruckendes Symbol für Shiva in seiner Form als Feuer-Lingam. Shivaiten pilgern jedoch das ganze Jahr über hierher und besteigen in mehrstündiger anstrengender Wanderung den Berg auf einem der Pfade, die von der Stadt hinauf zur Spitze führen.

Noch relativ weit unten am Berg und über einen Weg zu erreichen, der gegenüber dem Westeingang vom Tempel beginnt, liegen die **Virupaksha-Höhle** und die **Skandaraman-Höhle,** wo Sri Ramana Maharshi Anfang des 20. Jh. für viele Jahre lebte. Als glücksverheißend gilt die Umrundung des Berges im Uhrzeigersinn. Vor allem während der Vollmondnächte wird dies von vielen Pilgern praktiziert. Entlang der 14 km langen Straße am Fuße des Arunachala liegen zahlreiche Ashrams, kleine Tempel und Teebuden.

Sri-Ramanasramam-Ashram

Von den vielen Ashrams in und um Thiruvanamalai ist der **Sri-Ramanasramam-Ashram** ca. 2 km westlich der Stadt der bekannteste. Hier lebte Sri Maharshi von 1922 bis zu seinem Tod im Jahr 1950. Heute zieht der ruhige und freundliche Ort Menschen aus der ganzen Welt an. Sie besuchen die Gedenkstätte, wo der Guru starb, oder die Meditationshalle. Zum Ashram gehören auch ein gut sortierter Buchladen sowie Unterkünfte. Für Besucher ist der Ashram von 5 bis 12.30 Uhr und von 14 bis 21 Uhr geöffnet (www.ramana-maharshi.org).

 Es gibt kein Tourist Office (Infos unter www.tamilnadutourism.org).

Arunai Anantha: NH 66, Puducherry–Bangalore Rd., Tel. 041 75-23 72 75. Bestes Hotel am Ort inmitten eines großen Gartens 4 km westlich des Stadtzentrums, mit gutem vegetarischem Restaurant und teils schönem Blick auf den heiligen Berg. DZ ab 1500 Rs.

Ramakrishna: 34-F Polur Rd., Tel. 041 75-25 00 05. Zentral in der Nähe des Busbahnhofs gelegenes Hotel mit 60 passablen Zimmern, teils mit Klimaanlage. Ein vegetarisches Restaurant ist auch dabei. DZ ab 550 Rs.

 Karthigai Deepam Festival: November/Dezember. Gefeiert wird das Erscheinen von Shiva als große Lichtsäule. Tausende von Pilgern drängen sich während des zehntägigen Festivals in der Stadt. Wer Thiruvanamalai zu dieser Zeit besuchen möchte, sollte unbedingt im Voraus eine Unterkunft buchen.

Züge: Nahverkehrszüge zwischen Vellore (85 km nördlich) und Villapuram (Richtung Puducherry) halten in Thiruvanamalai.

Busse: Vom Busbahnhof im Osten der Stadt fahren regelmäßig Busse nach Chennai (ca. 188 km), Vellore und einige direkt nach Puducherry (97 km). Es gibt auch Busverbindungen nach Senji.

Wie die Malabar-Küste in Kerala, so ist auch die Coromandel-Küste in Tamil Nadu schon seit Jahrtausenden ein Schauplatz der Geschichte. Die alte Hafenstadt Mamallapuram besitzt die ältesten Tempel Südindiens, und die ehemalige französische Kolonie Puducherry bezaubert mit ihrer internationalen Atmosphäre. Auch weiter südwärts bleibt es spannend, von Tarangambadi bis Point Calimere.

Von Chennai nach Mamallapuram

Karte: S. 430

Von Chennai Richtung Süden führen zwei Straßen zum 60 km entfernten Mamallapuram: der mehrspurige Highway und eine kleine, zum Teil reizvolle Küstenstraße. Entscheidet man sich für Letztere, so passiert man auf dem Weg zwischen Chennai und Mamallapuram eine Künstlerkolonie, ein Kulturzentrum sowie eine Krokodilfarm. Außerdem liegt das schöne Hotel Fisherman's Cove (s. rechts) auf der Route.

Cholamandal Artists' Village

Die kleine Künstlerkolonie **Cholamandal Artists' Village** 5 9 km südlich von Chennai wurde in den 1960er-Jahren von Malern und Bildhauern gegründet und beherbergt eine Reihe von Studios, Galerien und Wohnhäusern. Interessenten sind willkommen, die wechselnden Ausstellungen zu besuchen (Tel. 044-24 49 00 92, tgl. 6–18.30 Uhr).

DakshinaChitra

Mitte der 1990er-Jahre eröffnete die Madras Crafts Foundation im Ort **Muttukadu** 6, etwa 30 km südlich von Chennai, das Kunst- und Kulturzentrum **DakshinaChitra,** das verschiedenen Kunsttraditionen Indiens gewidmet ist. Der Schwerpunkt liegt auf der Förderung traditioneller südindischer Volkskunst. In vielen Werkstätten wird getöpfert, gewebt, geflochten oder gemalt. Besucher können bei den Aktivitäten zuschauen oder auch selbst Hand anlegen. Es werden geführte Touren durch das Kulturzentrum angeboten. Zur Anlage gehören auch ein Restaurant sowie ein kleines Gästehaus (Tel. 044-24 46 24 35, www.dakshinachitra.net, Mi–Mo 9–18 Uhr).

Madras Crocodile Bank Trust

Zum Schutz von Krokodilen wurde vor über 30 Jahren der **Madras Crocodile Bank Trust** gegründet. Von anfänglich wenigen Tieren ist der Bestand der Krokodilfarm auf mehrere Hundert angewachsen und heute tummeln sich außer den einheimischen Gavialen, Sumpfkrokodilen und Salzwasserkrokodilen auch noch viele andere Arten in den umzäunten Teichen und auf Sandbänken. Neben den Echsen zählen viele Schlangenarten sowie Land- und Wasserschildkröten zu den Bewohnern der Farm, die ca. 15 km südlich vom **Covelong Beach** 7 und 15 km nördlich von Mamallapuram liegt (Tel. 044-27 47 24 47, www.madrascrocodilebank.org, Di–So 9–17.30 Uhr, 20 Rs).

Fisherman's Cove: Covelong Beach, Tel. 044-67 41 33 33, www.tajhotels.com. Eines der schönsten Hotels der Taj-Gruppe befindet sich auf etwa halbem Weg zwischen Chennai und Mamallapuram direkt am Covelong Beach und ist eine Oase der Entspannung. Neben Pool, Spa und diversen Sportmöglichkeiten gibt es mehrere tolle Restaurants – das direkt am Meer gelegene Bay View Point bietet gute Fischspezialitäten und dazu eine umwerfende Aussicht. DZ ab 9500 Rs.

 Busse zwischen Chennai und Mamallapuram passieren die Orte.

12 Mamallapuram (Mahabalipuram)

Karte: S. 430; **Cityplan:** S. 436
Wenige Orte präsentieren ihre Schätze in solch spektakulärer Weise wie **Mamallapuram** – mitten in dem kleinen Küstenstädtchen, direkt an der Straße, stößt man auf ein großes, eindrucksvolles Felsrelief aus der Pallava-Zeit (7. Jh.). Auch sonst geizt Mamallapuram nicht mit herausragenden Tempeln, Höhlen und Skulpturen. Die vielen Werkstätten der Steinmetze und ihr unablässiges Hämmern erinnern an die Kontinuität von Geschichte und Gegenwart. Denn noch heute produzieren die Nachfahren der damaligen Künstler wundervolle Skulpturen von riesigen Buddhas bis zum Mini-Ganesha und bieten sie zum Verkauf an.

Mamallapuram liegt 60 km südlich von Chennai an der Bucht von Bengalen. Das Städtchen besitzt einen schönen Sandstrand und ein großes Hotelangebot. Für Touristen ist dies ein idealer Ort, um zu entspannen und gleichzeitig die vielen Tempel zu besichtigen. Mamallapuram eignet sich auch als Ausgangsbasis für Ausflüge zu anderen interessanten Stätten in der Umgebung wie in die Tempelstadt Kanchipuram (s. S. 423), das Vogelschutzgebiet Vedanthangal (s. S. 428) oder zur Festung von Senji (s. S. 428).

Geschichte

Seit dem 6. Jh. dominierte die Pallava-Dynastie weite Teile des nördlichen Tamil Nadu von ihrer Hauptstadt Kanchipuram aus. Mamallapuram, das seinen Namen dem be-

Mit der Autorin unterwegs

Für Fotografen
Das wunderbare **Felsrelief von Mamallapuram** sollte man morgens besuchen, da es sich dann im besten Licht zeigt und – sofern es nicht regnet – von der Sonne beschienen wird (s. S. 434).

Für Kunst- und Antiquitätenliebhaber
Eine wirklich gute Sammlung hochwertiger Kunst und Antiquitäten aus Südindien findet man bei **Southern Arts & Crafts** in Mamallapuram (s. S. 441).

Für Träumer und Romantiker
Sanft träumen zu günstigen Preisen lässt es sich in Puducherry im netten **Hotel Le Rêve Bleu,** für etwas mehr Geld auch im bezaubernden **Hotel de l'Orient,** wo man bei Kerzenlicht im Innenhof diniert (s. S. 447).

Für Wind- und Wetterfeste
Das Meer ist nur Meter entfernt, die Brandung rauscht die ganze Nacht, und eine frische Brise umweht meist den **Bungalow on the Beach,** eine stilvoll renovierte Kolonialvilla am Strand von Tarangambadi (s. S. 450).

Für Vogelfreunde
Vor allem von November bis Februar lohnt das **Point Calimere Wildlife Sanctuary** einen Besuch. Man sollte sich aber auf einfachste Unterkünfte einstellen oder nur einen Tagesausflug dorthin unternehmen (s. S. 451).

rühmten Herrscher Narasimhavarman Mamalla I. (630–668) verdankt, war der Hafen des Königreichs, von dem aus die Pallavas zwei Kriegszüge nach Lanka unternahmen. Die Stadt erlebte eine kurze Blütezeit als Handels- und Militärhafen, fiel aber nach dem Niedergang der Pallavas in die Bedeutungslosigkeit zurück. Erst im 20. Jh. erinnerte man sich an die Monumente aus jener Epoche und renovierte viele der alten Bauwerke.

Die Küste südlich von Chennai

Die Granithügel, die sich etwa 1 km parallel zur Küstenlinie durch das Hinterland ziehen, waren wie geschaffen für den Bau von Felsenhöhlen und -reliefs. Hier meißelten die Steinmetze der Pallavas unzählige Tempel aus dem Stein und schufen vor allem im 7. Jh. unvergängliche Bauwerke sowie ein rund 30 m langes Felsrelief. Zu den beeindruckendsten Zeugnissen der Pallava-Architektur gehört eine Gruppe von fünf kleinen Tempeln, die sogenannten Rathas, aus dem 7. Jh. Sie sollten sich als wegweisend für die Entwicklung der dravidischen Tempelbaukunst erweisen. Im 8. Jh. entstand der großartige Ufertempel.

Als gäbe es in Mamallapuram nicht schon unzählige Monumente, legte der verheerende Tsunami von 2004 weitere Fragmente von Bauwerken und Tempeln in Ufernähe frei. Sie alle zeugen von der reichen und lebendigen Bildhauerkunst jener Zeiten – nicht von ungefähr wurde Mamallapuram 1985 in die Liste des Unesco-Welterbes aufgenommen.

Orientierung

Mamallapuram erstreckt sich in Nord-Süd-Richtung entlang der Küste. Viele der großartigen Sehenswürdigkeiten liegen direkt im Zentrum des Städtchens und lassen sich bequem auf einem Spaziergang besichtigen. Der Ufertempel und die fünf Rathas befinden sich am südlichen Ende von Mamallapuram nahe dem Meer und sind ebenfalls bequem zu Fuß zu erreichen. Ganz im Norden, etwa 6 km außerhalb, liegt die sehr sehenswerte Tigerhöhle. Entlang dem nördlichen Strandabschnitt wurden viele größere Hotelanlagen errichtet. Kleinere Hotels findet man nahe dem Strand und dem Busbahnhof im Zentrum, wo auch die meisten Restaurants und Läden versammelt sind.

Felsrelief ›Arjunas Buße‹ bzw. ›Herabkunft der Ganga‹

Eines der meistbesuchten und meistfotografierten Kunstwerke Indiens ist das rund 30 m lange und 14 m hohe **Felsrelief ›Arjunas Buße‹** **1** (auch ›Herabkunft der Ganga‹) an der West Ratha Street im Zentrum von

Mamallapuram. Es wurde während der Regierungsperiode von Mamalla I. erschaffen. Rund um eine natürliche Felsspalte versammeln sich Götter, Menschen und Tiere, darunter zwei große Elefanten, alle meisterlich herausgemeißelt aus dem Granit. Sowohl die Gesamtkomposition als auch der Blick für Details verraten die hoch entwickelte Kunst der damaligen Steinmetze. Mitten in der Felsspalte, durch die früher Wasser floss, sieht man einen Schlangenkönig samt Gemahlin. Links davon erkennt man einen Asketen in Yoga-Position auf einem Fuß stehend mit

Tempel am Strand – Mamallapuram verbindet Kultur mit Entspannung

Shiva zur Linken und einem kleinen Schrein darunter. Diese Szene, die als ›Arjunas Buße‹ oder ›Herabkunft der Ganga‹ interpretiert wird, gab dem Relief seine Namen. ›Arjunas Buße‹ deutet den Asketen als Arjuna, der durch seine intensive Meditation am Ufer des Flusses Ganga Shivas Wunderwaffe Pasupatha erhielt. Eine andere Version sieht in dem meditierenden Mann den Asketen Bagiratha, der durch eine ähnliche Anstrengung die Flussgöttin Ganga veranlasste, auf die Erde zu kommen, um diese zu retten. Nach der letzteren Legende repräsentierte das frü-

her herabfließende Wasser den heiligen Fluss und die hier versammelten Götter, Tiere und Menschen eine feierliche Zusammenkunft, bei der die Rettung der Erde zelebriert wurde. Da die Felswand nach Osten gerichtet ist, taucht die Morgensonne das Relief in ein besonders schönes Licht.

Krishna Mandapa und Pancha Pandava Mandapa

Südlich des Felsreliefs befinden sich zwei in den Hügel gehauene Höhlen. Die südlichere davon ist der **Krishna Mandapa** 2, so be-

Mamallapuram: Cityplan

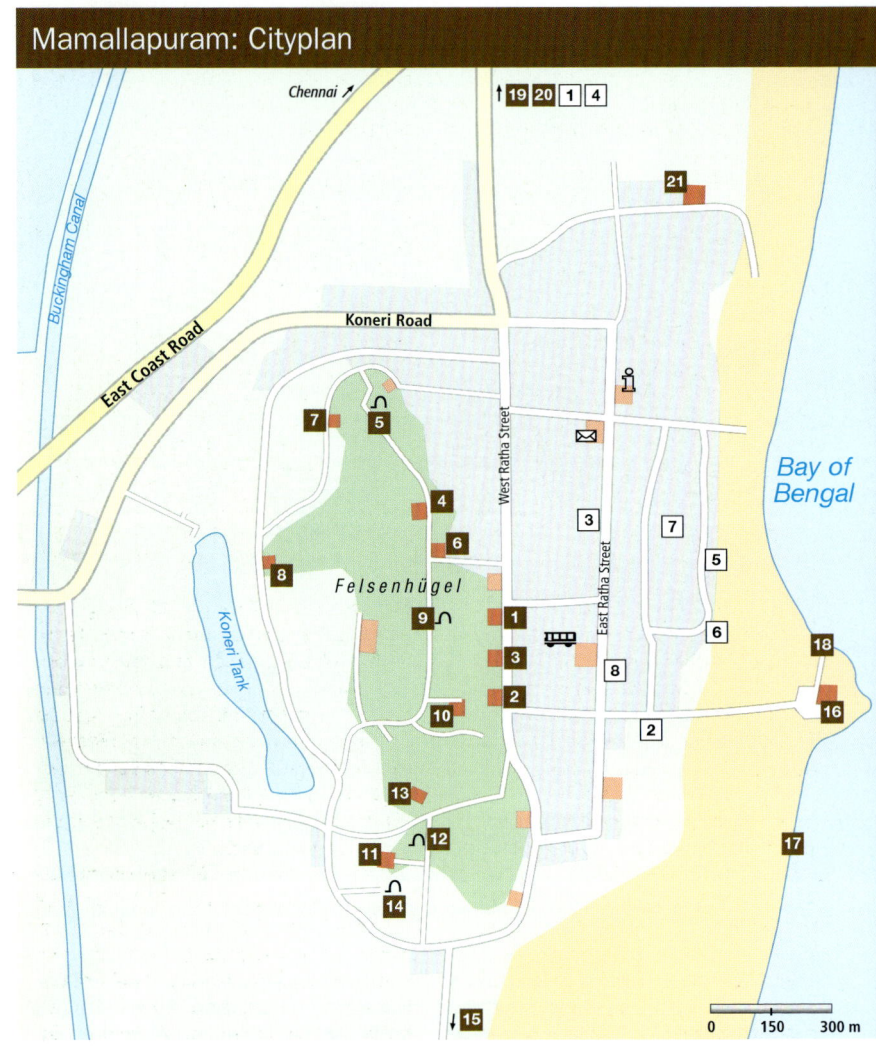

Chennai ↗

19 20 1 4

21

Koneri Road

Buckingham Canal

East Coast Road

West Ratha Street

East Ratha Street

7 · 5

4

6

8

Felsenhügel

Koneri Tank

9 · 1

3

2

10

3

1

3

2

8

2

Bay of Bengal

3

7

5

6

18

16

13

12

11

14

17

15

0   150   300 m

nannt nach Ereignissen aus der Krishna-Legende, die an der Felswand im Innern dargestellt sind. Die sehenswerten Reliefs zeigen Krishna, wie er den Berg Govardhana in die Höhe hebt, und viele bäuerliche Szenen. Erst später wurde die vorgelagerte Säulenhalle angebracht. Der nördlich danebenliegende **Pancha Pandava Mandapa** 3 ist eine große unvollendete Säulenhalle.

Von Nord nach Süd entlang dem Felshang

Nordwestlich des großen Felsreliefs und oberhalb einer kleinen steinernen Affenfamilie weist ein großer, runder Felsklotz mit dem Namen **Krishnas Butterkugel** 4 den Weg zu weiteren Sehenswürdigkeiten auf einem von Nord nach Süd verlaufenden Granithügel. Ein schmaler Pfad führt den Hügel hinauf,

Sehenswürdigkeiten

1. Felsrelief ›Arjunas Buße‹
2. Krishna Mandapa
3. Pancha Pandava Mandapa
4. Krishnas Butterkugel
5. Trimurti-Höhle
6. Schrein für Ganesha
7. Kotikal Mandapa
8. Koneri Mandapa
9. Varaha-Höhle
10. Rayala Gopuram
11. Ramanuja Mandapa
12. Mahishasuramardini-Höhle
13. Olakkanatha-Tempel
14. Adivaraha-Höhle
15. Fünf Rathas
16. Ufertempel
17. Ganesha-Tempel
18. Mahishasura-Felsen
19. Tigerhöhle
20. Tempel für Gott Murugan
21. College of Sculpture

Übernachten

1. GRT Temple Bay
2. Sterling Mahabalipuram
3. Mamalla Heritage
4. TTDC Beach Resort
5. Green Woods Beach Resort
6. Uma Guest House

Essen und Trinken

7. Moonrakers
8. Mamalla Bhavan

vorbei an der **Trimurti-Höhle** 5 mit Flachreliefs von Brahma, Vishnu und Shiva. Südlich von Krishnas Butterkugel befindet sich ein kleiner **Schrein für Ganesha** 6 und westlich davon der **Kotikal Mandapa** 7 mit Pfeilerhalle sowie der unfertige **Koneri Mandapa** 8.

Auf dem weiteren Weg zwischen Felsen hindurch gelangt man zur **Varaha-Höhle** 9, die sich linker Hand des Wegs befindet. In ihrem Innern sind schöne Reliefs zu sehen, darunter an der Nordseite Varaha, eine Frau auf dem Arm haltend, und Gajalakshmi, von zwei Elefanten flankiert.

Der Pfad führt weiter durch felsiges Gelände, in dem sich zahlreiche Ziegen tummeln, in Richtung des weithin sichtbaren Leuchtturms. Man passiert linker Hand den unvollendeten **Rayala Gopuram** 10 aus der späteren Vijayanagar-Epoche. Weiter geht es bergab und wieder hinauf zum **Ramanuja Mandapa** 11. Er war ursprünglich ein Shiva-Tempel, wurde jedoch später Vishnu geweiht, dessen Embleme Rad und Muschelhorn an den Wänden zu sehen sind.

Wenige Meter südlich des Leuchtturms befindet sich die sehr sehenswerte **Mahishasuramardini-Höhle** 12 mit zwei großen Reliefs. Links vom Eingang sieht man Vishnu auf der Weltenschlange Adishesha ruhend und rechts Durga als Mahishasuramardini im Kampf gegen den Büffeldämon Mahisha. Ein Aufstieg zum Leuchtturm lohnt vor allem wegen des tollen Blicks in alle Richtungen. Der danebenstehende **Olakkanatha-Tempel** 13 (auch **Old Lighthouse Temple**) wurde zu Beginn des 8. Jh. errichtet.

Weiter westlich liegt die sehenswerte **Adivaraha-Höhle** 14 aus dem 7. Jh. Sie zeigt Flachreliefs von Vishnu in seiner Eber-Inkarnation, Shiva, Durga sowie andere Götter. Interessant ist das Bildnis von zwei Pallava-Herrschern, da es eines der ältesten Porträts in der hinduistischen Kunst darstellt. Inschriften identifizieren die Männer als Simhavishnu (555–590) und Mahendravarman I. (590–630) in Begleitung ihrer Frauen (tgl. 6–18 Uhr, 250 Rs).

Die Fünf Rathas

Südlich des Zentrums steht eine Gruppe von kleinen Tempeln. Sie werden als **Fünf Rathas** 15 (›Tempelwagen‹) bezeichnet, da sie den bei Tempelfesten benutzten Prozessionswa-

Die Küste südlich von Chennai

Tempel in Miniaturform, vermutlich Modelle für spätere Bauten – die fünf Rathas

gen ähneln. Die monolithischen Bauten sind nach den fünf Pandava-Helden aus dem Epos Mahabharata sowie ihrer gemeinsamen Gattin Draupadi benannt und wurden um die Mitte des 7. Jh. errichtet. Über ihre Funktion wird bis heute gerätselt. Weit verbreitet ist die Annahme, dass sie Modelle für verschiedene Tempelbauten darstellten. Tatsächlich zeigen sie unterschiedliche Stilmerkmale und gehören zu den frühesten noch erhaltenen Beispielen dravidischer Sakralarchitektur. Ihre teils pyramidalen Stufendächer entwickelten sich in späteren Zeiten zu typischen Kennzeichen südindischer Tempel.

Ganz im Süden der umzäunten Anlage steht der **Dharmaraja Ratha** auf quadratischem Grundriss mit dreifach gestuftem Pyramidendach. Miniaturpavillons und Götterfiguren schmücken die Fassade. Am Unterbau sind Shiva als Ardhanaishvara und als Harihara sowie die Götter Brahma und Skanda zu erkennen. Auch der Bauherr Mamalla I. ist hier verewigt. Der Tempel gilt als Prototyp vieler späterer dravidischer Sakralbauten.

Nördlich davon erhebt sich der **Bhima Ratha** auf rechteckigem Grundriss. Er ist der größte der Gruppe und besitzt ein tonnenförmiges Dach, das an die früher entstandenen buddhistischen Chaitya-Hallen erinnert. Vier Löwensäulen flankieren die Längsseiten des Bhima-Ratha.

Der **Arjuna Ratha** ist ein kleineres Modell des Dharamraja Ratha mit Vorhalle und Sanktum. Seine Außenwände sind geschmückt mit den Göttern Shiva, Vishnu und Indra. Daneben befindet sich ein monolithischer Nandi, das Reittier Shivas.

Der nördlichste der Gruppe ist der kleine **Draupadi Ratha** mit der Göttin Durga als Kultbild. Sein Dach ist ein Abbild der strohgedeckten Hütten jener Zeit. Der Gruppe vorgelagert ist der **Nakula-Sahadeva Ratha,** so benannt nach den Zwillingsbrüdern der Pandavas. Neben dem apsisförmigen Bau steht ein großer steinerner Elefant (tgl. 6–18 Uhr, 250 Rs, das Ticket ist am gleichen Tag auch gültig für den Ufertempel).

Ufertempel und Umgebung

Nahe dem Strand erheben sich die Doppeltürme des **Ufertempels** **16**. Seit 1300 Jahren trotzt das eindrucksvolle Heiligtum Wind und Wetter sowie diversen Tsunamis. Der Tempel wurde zu Beginn des 8. Jh. unter dem Pallava-Herrscher Rajasimha (700–728) errichtet. Shiva sind die beiden Schreine im Osten und Westen geweiht. Der Hauptschrein mit dem höheren Vimana-Turm öffnet sich nach Osten zum Meer hin und beherbergt einen sechzehneckigen Lingam. Auf der Westseite seiner Außenfassade befindet sich eine schöne Somaskanda-Darstellung, bestehend aus Shiva und Parvati mit ihrem Sohn Skanda. Das zweite, nach Westen hin geöffnete Sanktum für Shiva wird von dem niedrigeren Vimana bekrönt. Interessanterweise findet man zwischen beiden Schreinen ein drittes Heiligtum für Vishnu. Der Gott ruht hier nicht auf der Weltenschlange, sondern auf dem nackten Boden – eine in ganz Indien einzigartige Darstellung. Zur Anlage gehört auch ein kleines Wasserbecken mit einer verzierten Steinsäule in der Mitte (tgl. 6–18 Uhr, 250 Rs, das Ticket ist am gleichen Tag auch gültig für den Besuch der fünf Rathas).

Südlich des Ufertempels wurden durch den Tsunami im Jahr 2004 die Überreste eines **Ganesha-Tempels** 17 freigelegt. Die gleiche Flutwelle brachte auch eine Mauer, die auf die Überreste der alten Hafenanlage schließen lässt, zum Vorschein. Nördlich des Ufertempels zeigt der **Mahishasura-Felsen** 18 ein Bildnis der achtarmigen Göttin Durga.

Tigerhöhle und Murugan-Tempel

6 km nördlich von Mamallapuram befindet sich die interessante **Tigerhöhle** 19, ein Durga-Heiligtum umringt von Tigerköpfen. Nur wenige Meter entfernt fand man nach dem großen Tsunami von 2004 die Überreste eines **Tempels für Gott Murugan** 20. Inschriften in Brahmi und Alttamil nennen die Spender, die zu seiner Errichtung beitrugen. Die ältesten Teile des Heiligtums stammen vermutlich aus der Zeit um 150 n. Chr.

Weitere Sehenswürdigkeiten

Im **College of Sculpture** 21 stellen Studenten ihre Werke aus und verkaufen sie auch (tgl. 9–17 Uhr, 2 Rs). 7 km südlich von Ma-

Richtig Reisen-Tipp: Stadt der Steinmetze

Am nördlichen und südlichen Rand von Mamallapuram hämmert und klopft es den ganzen Tag, denn dies ist die Stadt der Steinmetze. Ob aus grauem bzw. grünem Granit oder aus Marmor – in Hunderten von Werkstätten werden Skulpturen für den inländischen und internationalen Markt hergestellt. Das Angebot reicht von populären hinduistischen Göttern über Buddhastatuen bis zu Kerzenhaltern. Vor allem nahe der fünf Rathas gibt es zahlreiche Geschäfte mit kleineren Objekten. Hier eine Auswahl von empfehlenswerten Werkstätten bzw. Läden:
Creative Sculptures: 12 Light House Rd., Tel. 044-27 44 25 30. Der Bildhauer T. Baskaran produziert qualitativ hochwertige Skulpturen und fertigt Auftragsarbeiten an. Besonders seine Buddhafiguren sind sehr gefragt.
Mohan Stone Gallery: 7 Aanai Katti St. (Verbindungsstraße zw. East und West Raja St.). Schöne Selektion von Steinmetzarbeiten aller Art. Hier findet man sicher ein Mitbringsel.
Balaji Handicrafts: Laden 49 bei den fünf Rathas. Skulpturen und Kerzenleuchter, Ganeshas am Computer und andere lustige Objekte aus Stein.

mallapuram finden im Dorf **Kadumbadi** regelmäßig kulturelle Programme statt. Besucher sind willkommen, bei den dörflichen Aktivitäten zuzuschauen. Informationen dazu gibt es im Tourist Office (s. u.).

i **Tamil Nadu Tourist Office:** East Raja St., Tel. 044-27 44 22 32, www.tamilnadutourism.org, tgl. 10–17.45 Uhr. Hier bekommt man Informationen über Mamallapuram und Reisen in Tamil Nadu sowie einen brauchbaren Stadtplan.

GRT Temple Bay 1: Tel. 044-27 44 36 36, www.grttemplebay.com. Luxuriöse Anlage direkt am Meer, schöner Pool und gute Restaurants. DZ ab 8000 Rs.

Sterling Mahabalipuram 2 : Shore Temple Rd., Tel. 044-27 44 22 87, www.indecohotels. com. Schönes Hotel nahe dem Ufertempel mit ethnischem Ambiente und angesehenem Ayurveda-Zentrum. DZ ab 70 €.

Mamalla Heritage 3 : East Raja St., Tel. 044-27 44 22 60, www.hotelmamallaheritage. com. Zentral gelegenes, modernes Hotel mit Pool und gutem Restaurant. DZ ab 1400 Rs.

TTDC Beach Resort 4 : ca. 2 km nördlich von Mamallapuram am Strand, Tel. 044-27 44 23 61. Die Bungalowanlage von Tamil Nadu Tourism bietet einfache Zimmer, aber von den Balkonen hat man eine tolle Aussicht aufs Meer. DZ ab 1350 Rs.

Green Woods Beach Resort 5 : 7 Othavadai Cross St., Tel. 044-27 44 22 12. Rund um einen kleinen Garten liegen die unterschiedlich ausgestatteten Zimmer des freundlichen, von einer Familie betriebenen Hotels. Es gibt auch ein nettes Dachterrassen-Restaurant. DZ ab 900 Rs.

Uma Guest House 6 : 15 Othavadai Cross St., Tel. 044-27 44 26 97. Zwischen Zentrum und Strand, 19 einfache Zimmer. Ab 300 Rs.

Moonrakers 7 : 34 Othavadai St., www.moonrakersrestaurant.com. Das Restaurant ist bekannt für seine leckeren Fisch- und Meeresfrüchtespezialitäten. Es gibt außerdem gute Pastagerichte und Bier. Ab 80 Rs.

Mamalla Bhavan 8 : beim Busbahnhof. Authentische Küche mit scharfen Krabbencurrys, gebratenem Fisch oder Thalis. Hier essen die Einheimischen, denn sie wissen, wo es schmeckt. Ab 24 Rs.

Southern Arts & Crafts: 72 East Raja St., Tel. 044-27 44 36 75, www.south ernarts.in. Ein traditionsreiches und sehr seriöses Antiquitätengeschäft, das seinen Namen wirklich verdient. Die Auswahl an südindischen Objekten ist exzellent, von Stein- und Bronzeskulpturen bis zu Tanjore-Malereien und Raja-Ravi-Varma-Drucken.

Erbe der Kolonialzeit: die Église de Sacre Cœur de Jesus in Puducherry

Mamallapuram Dance Festival: Dez./ Jan. Bei dem vom Tourist Office organisierten mehrwöchigen Festival treten Künstler aus ganz Indien auf, die die ganze Bandbreite indischer Tänze von klassischen bis zu volkstümlichen Formen zeigen.

Züge: Der nächste Bahnhof liegt 30 km westlich in Chengalpattu. Tickets bekommt man im Railway Reservation Office, East Raja St., Mamallapuram. Gute Verbindungen in alle Richtungen gibt es ab Chennai.

Busse: Vom Busbahnhof im Stadtzentrum fahren zahlreiche Busse nach Chennai und Puducherry (jeweils ca. 2 Std.). Über Chengalpattu gibt es eine Verbindung nach Kanchipuram.

Fahrradverleih: Hi! Tours, 123 East Raja St.

13 Puducherry (Pondicherry)

Karte: S. 430; **Cityplan:** S. 442

Mediterranes Flair umgibt **Puducherry,** die ehemalige Hauptstadt der französischen Gebiete an der Coromandel-Küste. Zumindest im östlichen Teil der Stadt mit seinen stattlichen Kolonialvillen und breiten Boulevards, an denen elegante Hotels und Restaurants französisches *savoir vivre* verbreiten. Weiter westlich herrscht die vertraut hektische Atmosphäre einer südindischen Stadt mit engen Gassen, hupenden Autos und vollen Basaren. Zwischen beiden Welten pendelt der Besucher hin und her, so wie viele Menschen, die in Puducherry leben. Hier, wo sogar die Rikschafahrer ein wenig französisch sprechen, das Rathaus noch ein Hôtel de Ville und Boule statt Kricket das Spiel der Straße ist. Bekanntheit hat die Stadt zudem als Sitz des Sri-Aurobindo-Ashrams und für das internationale Zentrum von Auroville erlangt.

Geschichte

Die Franzosen waren nicht die ersten Europäer, die die hiesigen Küsten betraten. Römische Münzfunde rund um den alten Hafen Arikamedu, 7 km südlich von Puducherry,

Puducherry: Cityplan

zeigen, dass die heimischen Herrscher schon ab dem 1. Jh. v. Chr. regen Handel mit Übersee betrieben. Die Region zählte zum Machtbereich der großen südindischen Dynastien der Pallavas, Cholas und Pandyas. Später herrschten die Nayaks von Senji, bis die Sultane von Bijapur im 17. Jh. das Ruder über-

nahmen. Von diesen erwarben die Franzosen 1674 das Fischerdorf Puducheri und bauten es zur Stadt Pondicherry auf. Mehrmals war der Ort heiß umkämpft zwischen Holländern, Briten und den Franzosen, die letztendlich die Oberhand behielten. Unter den Gouverneuren Martin und Dupleix entwickelte sich

Sehenswürdigkeiten

1. Statue Mahatma Gandhis
2. Museum von Puducherry
3. Notre Dame des Anges
4. Sri Aurobindo Ashram
5. Manakkula-Vinayagar-Tempel
6. Bharati Park
7. Gouverneurssitz Raj Nivas
8. Rathaus
9. Botanical Gardens
10. Église de Sacre Coeur de Jesus

Übernachten

1. Le Dupleix
2. Calve Heritage
3. Anandha Inn
4. Hotel de l'Orient
5. Le Rêve Bleu
6. Kailash Beach Resort

Essen und Trinken

7. Le Club
8. Le Rendezvous
9. Satsanga
10. Le Café

Pondicherry zu einem wichtigen Macht- und Handelszentrum der Franzosen. Nachdem die Briten die Stadt 1761 dem Erdboden gleichgemacht hatten, bauten die Franzosen sie neu auf. Ein in Nord-Süd-Richtung verlaufender Kanal teilte die Stadt in einen französischen und einen tamilischen Teil, die Ville Blanche und die Ville Noir. Die Straßen wurden in Form eines Gitternetzes angelegt und breite Boulevards wie die Meerespromenade verliehen Pondicherry ein neues Gesicht. Noch heute prägt die koloniale Bauweise entscheidend den Charakter der Stadt, denn erst 1954 übergaben die Franzosen ihre Kolonie an den indischen Staat. Heute ist Puducherry – so lautet seit 2006 der neue Name von Pondicherry – eines von sieben Unionsterritorien Indiens.

Orientierung

Die Innenstadt gliedert sich in den ehemals **französischen Teil** östlich des Kanals und den **indischen Teil** westlich davon. Viele Hotels und Restaurants befinden sich an der Uferpromenade oder in deren Seiten- bzw. Parallelstraßen. Auch der bekannte Sri Aurobindo Ashram liegt im ehemals französischen Viertel.

Um Puducherry kennenzulernen, empfiehlt sich ein Spaziergang auf dem Heritage Trail (s. S. 444). Wichtige Einkaufsstraßen sind die **Mahatma Gandhi Road,** die **Jawaharlal** **Nehru Street,** die **Mission Street** (Rue de la Cathédrale) und die **NSC Bose Street.** Im Südwesten der Stadt liegt der Botanische Garten.

Zum Baden muss man einige Kilometer Richtung Süden oder Norden fahren, wo sich einige schöne Strände befinden. Die internationale Siedlung **Auroville** liegt 12 km nördlich von Puducherry.

Rund um die Goubert Avenue

Auf der **Goubert Avenue** (Beach Road) flanierten früher die französischen Damen. Auch heute ist die Uferpromenade mit den stattlichen Kolonialgebäuden auf der Westseite und dem Stadtstrand gegenüber eine beliebte Spaziermeile, besonders am Abend.

Ungefähr in der Mitte der rund 1,5 km langen Straße steht an prominenter Stelle eine **Statue Mahatma Gandhis** 1 in einem Pavillon und umringt von acht Säulen, die die Franzosen aus der Festung Senji hierher gebracht haben. Etwas weiter nördlich gegenüber ragt der alte Leuchtturm in die Höhe.

Wenige Meter nordwestlich an der Rue St. Louis befindet sich das **Museum von Puducherry** 2, in dem sich die jahrtausendealte Vergangenheit der Region in all ihren Facetten ausbreitet. Von alten römischen Münzen aus dem antiken Arikamedu über Skulpturen der Pallava- und Cholazeit bis zu einem kun-

Richtig Reisen-Tipp: Eine Stadt, zwei Welten – der Puducherry Heritage Trail

»Bonjour Madame, Riksha Monsieur?« Fremd klingt das Französische in unseren Ohren, das sonst kaum jemand auf dem Subkontinent spricht, schon gar nicht die Rikscha- oder Taxifahrer. Um die Stadt näher kennenzulernen, die einen Eindruck davon vermittelt, wie der Subkontinent ausgesehen hätte, wenn nicht die Briten, sondern die Franzosen siegreich aus dem Machtkampf in Indien hervorgegangen wären, empfiehlt sich ein Spaziergang auf dem Heritage Trail. Er beginnt in der Rue Sri Aurobindo im Büro von INTACH (Indian National Trust for Art & Cultural Heritage). Dort haben die engagierten Mitarbeiter eine Ausstellung zur Architekturgeschichte der Stadt erstellt. Sie zeigt den Aufbau von Puducherry und erläutert die besonderen lokalen Bauformen, die architektonische Elemente aus Frankreich und aus Tamil Nadu aufweisen.

Ausgestattet mit einem im Büro erhältlichen Stadtplan geht es los. Der Weg führt zunächst wenige Meter nach Westen zur Mahatma Gandhi Road. Hier biegt man links ab und geht bis zur **Rue Calve Subbraya Chetty** (Vysial Street), in die man wiederum links abzweigt. Die Straße ist ein Schaufenster der tamilisch-französischen Architektur. Viele der Häuser zeigen im Erdgeschoss typisch tamilische Elemente wie Säulen und Veranden mit kleinen Sitzplätzen, angebauten Dächern und verzierten Brüstungen. Im Obergeschoss hingegen wird oftmals französischer Einfluss deutlich, was z. B. die Rundbogenfenster oder Pfeiler mit Kapitellen bezeugen. Auch die Fensterläden und Balkone erinnern eher an Paris oder Marseille als an die Häuser Südindiens.

Nun biegt man links in die Rue de la Cathédrale (Mission Street) und dann in die **Rue Isvaran Dharmaraja Koil** nach rechts. Auch hier finden sich viele interessante Bauten im tamilisch-französischen Mischstil. Am Ende der Straße gelangt man auf die HM Kasim Road und wendet sich hier Richtung Süden. Man überquert den **Kanal,** die alte Grenze zwischen dem französischen und dem indischen Teil der Stadt, und befindet sich auf der NSC Bose Road. Auf der Höhe der Rue St. Gilles biegt man nach links ein und steht nach wenigen Metern vor dem **Sri Aurobindo Ashram** (s. u.). Zum Eingang des mächtigen Gebäudes gelangt man, indem man bis zur **Rue François Martin** geht und auf dieser bis zur Rue de la Marine.

Spaziert man die Rue de la Marine wenige Meter in westliche Richtung, so stößt man auf die Manakkula Vinayagar Koil Street, an der linker Hand in südlicher Richtung der große **Ma-**

terbunten Sammelsurium aus der französischen Kolonialperiode reichen die Exponate der Ausstellung (Di–So 10–13, 14–17 Uhr).

Südlich des Bharati Parks erhebt sich die Kirche **Notre Dame des Anges** **3**, in deren Garten sich eine Statue der Jeanne d'Arc befindet.

Sri Aurobindo Ashram

In der Rue de la Marine, mitten im ehemaligen französischen Viertel, liegt der weltweit bekannte **Sri Aurobindo Ashram** **4** des bengalischen Philosophen Sri Aurobindo Ghose (1872–1950). Dieser ließ sich auf der Flucht vor den Briten 1919 in Pondicherry nieder und gründete 1926 zusammen mit der Französin Mirra Alfassa den Ashram. Die Mutter, wie sie genannt wurde, übernahm dessen Leitung, als sich Sri Aurobindo zum Studium des Integralen Yoga zurückzog. Nach dem Tod von Sri Aurobindo ging seine spirituelle Autorität auf Mirra Alfassa über, die 1973 im Alter von 95 Jahren starb.

Unablässig strömen Menschen aus Indien und der ganzen Welt in das Hauptgebäude, wo die beiden spirituellen Führer zeitweise lebten. Besonders im Hof des Ashrams versammeln sich viele Menschen, um am Sa-

nakkula-Vinayagar-Tempel **5** steht, ein populäres Heiligtum. Nach wenigen Schritten weiter geradeaus trifft man auf die Rue Ananda Rangapillai und den dahinterliegenden **Bharati Park 6**, in dessen Mitte der kleine weiße Pavillon **Aayi Madapam** an eine Kurtisane aus dem 16. Jh. erinnert.

Vor dem Park wendet man sich nach Osten und passiert den eindrucksvollen **Gouverneurssitz Raj Nivas 7**. Gleich dahinter liegt in der Rue St. Louis das **Museum von Puducherry** (s. S. 443). Die Rue Ananda Rangapillai führt bis zur Meerespromenade **Goubert Avenue** (Beach Road), die bestückt ist mit vielen repräsentativen Gebäuden wie dem **Rathaus 8** und dem alten Zollgebäude, in dem heute das Finanzministerium seinen Sitz hat. Zweigt man nach dem Rathaus nach rechts ab, so trifft man auf die Rue Dumas, in die man Richtung Süden einbiegt. Hier geht es geradeaus bis zur **Rue de Bussy** (Lal Bahadur Shastri Street). Spaziert man nun in westliche Richtung, so findet man sich mitten in einem lebhaften Viertel mit Hotels, Restaurants und einigen schönen Läden wieder. Alte Kolonialvillen mit Gärten, versteckt hinter hohen Umfassungsmauern und stattlichen Toren, säumen die

Straßen. Auch das berühmte **Hotel de l'Orient** befindet sich hier (s. S. 447), dessen bezauberndes Restaurant im Innenhof zu einer Pause einlädt.

Wer jetzt noch nicht genug hat, kann einen Abstecher in das sehr reizvolle **muslimische Viertel** machen. Dazu geht man die Rue Romain Rolland in südliche Richtung bis zur Rue du Bazar St Laurent, biegt nach rechts ab und überquert wieder den Kanal. Hier zweigt die Rue Chanda Sahib ab, die ins muslimische Viertel zur **Rue Kazi** führt. Sie ist eine der schönsten Straßen in dieser Gegend und begeistert mit exzellent geschnitzten Holzbrüstungen an den Häusern. An westlichen Straßenende stößt man auf die **Rue de l'ancien hôpital**, ebenfalls mit sehr sehenswerten Bauten. In der **Rue Mulla**, einer Parallelstraße zur Rue Kazi, befinden sich eine **Moschee** sowie weitere schön renovierte Gebäude.

Für die gesamte Route sollte man ungefähr drei Stunden einplanen. Informationen sowie den sehr empfehlenswerten Stadtplan mit verschiedenen Heritage-Routen gibt es beim Büro von INTACH, 62 Rue Sri Aurobindo, Tel. 04 13-222 59 91, www.intachpondicherry.org, Mo–Fr 9.30–13, 14–18, Sa 9.30–13 Uhr. Auf Anfrage werden auch von Fachleuten begleitete Touren durchgeführt.

madhi, der Grabstätte von Sri Aurobindo und der Mutter, zu beten und Blumen niederzulegen. Im Kulturzentrum finden Vorträge und Filmvorführungen statt (Mo–Sa 8–12, 14–18 Uhr, www.sriaurobindoashram.org).

Südwestlich des Zentrums

Schattige Spazierwege führen durch die **Botanical Gardens 9** im Südwesten des Zentrums und laden zum Verweilen und Ausruhen ein. Der Park wurde im 19. Jh. von den Franzosen angelegt und besitzt einen umfangreichen Baumbestand mit vielen seltenen Arten (tgl. 6–18 Uhr).

Etwas weiter östlich erhebt sich die **Église de Sacre Cœur de Jesus 10**, eine der größten Kirchen der Stadt, die zu Beginn des 18. Jh. errichtet wurde.

Strände

Ungefähr 8 km südlich von Puducherry erstreckt sich der schöne **Paradise Beach.** Im dortigen Chunnambar Resort von PTDC kann man Boote leihen und im kleinen Restaurant essen.

Sehr populär ist der **Auroville Beach** beim gleichnamigen, 12 km nördlich von Puducherry gelegenen Ort. Etwas näher an der

Die Küste südlich von Chennai

Stadt, ebenfalls in nördlicher Richtung, befindet sich der **Serenity Beach.**

Auroville

12 km nördlich von Puducherry ist mit dem Projekt **Auroville** ein weltweit beachtetes Experiment menschlichen Zusammenlebens entstanden. Getragen von den Ideen Sri Aurobindos und umgesetzt von Mirra Alfassa, ›der Mutter‹, bildete sich eine internationale Gemeinschaft, die geleitet ist von der Vision eines friedlichen Miteinanders jenseits religiöser, kultureller und nationaler Grenzen. Ungefähr 1800 Einwohner aus 35 Ländern zählt Auroville heute, nur eine Minderheit davon stammt aus Indien selbst.

Im Jahr 1968 wurde die Idee in die Tat umgesetzt und nach teils stürmischen Zeiten existiert heute eine funktionierende Kommune mit Büros, Werkstätten, Schulen und kleinen landwirtschaftlichen Betrieben. Nachhaltige Entwicklung ist eines der Ziele der Gemeinschaft, deshalb stehen Aufforstungsprogramme, organische Landwirtschaft sowie soziales Engagement ganz oben auf der Liste der Aktivitäten. Ihr Einkommen erwirtschaften die Bewohner von Auroville beispielsweise durch die Produktion von Kunsthandwerk, Textilien oder Nahrungsmitteln, aber auch mit technischen und elektronischen Dienstleistungen. Dem Projekt steht eine Fläche von 20 km² zur Verfügung, die in

Meditation beim Matrimandir, der Seele der Stadt Auroville

eine internationale, eine kulturelle und eine industrielle Zone sowie den Wohnbereich gegliedert ist.

Im Zentrum von Auroville erhebt sich der **Matrimandir,** die Seele der Stadt. Die 29,5 m hohe und im Durchmesser 36 m breite Kugel ist über und über mit goldbeschichteten Platten bedeckt und bildet das spirituelle Zentrum der Gemeinschaft. Entworfen wurde sie von dem französischen Architekten Roger Anger. In ihrem Innern befindet sich eine Meditationskammer mit einer Kristallkugel, die 70 cm im Durchmesser misst. Ein Spiegel leitet Sonnenstrahlen direkt in den Kristall, der den Mittelpunkt des Raumes bildet.

Die Bewohner sehen es nicht gerne, wenn der Matrimandir oder ihr Projekt als touristische Attraktion betrachtet werden. Interessierte sind aber trotzdem willkommen und erhalten im Besucherzentrum ausführliche Informationen. Es gibt auch eine Ausstellung über den Matrimandir sowie Filme über Auroville und seine Ziele.

Den Matrimandir kann man nicht einfach besichtigen. Wer ernsthaftes Interesse daran hat, muss sich vorher anmelden. Im Besucherzentrum erhält man eine Erlaubnis zum Besuch des Amphitheaters und der Gärten, von wo aus man den Matrimandir von außen betrachten kann. Die genaue Prozedur ist auf der Internetseite www.auroville.org beschrieben. Dort bekommt man auch Informationen über Möglichkeiten eines längeren Aufenthalts in Auroville, Übernachtungsmöglichkeiten vor Ort sowie die Mitarbeit an einzelnen Projekten. Neben dem Besucherzentrum befinden sich ein gutes Restaurant mit internationaler Küche, ein Buchladen und Geschäfte, in denen Produkte aus Auroville verkauft werden (Besucherzentrum: Tel. 04 13-262 34 49, Mo–Sa 10.30–12.30, 14–16.30, So 10–12.30 Uhr).

i **Puducherry Tourism (PTDC):** 40 Goubert Ave., Tel. 04 13-233 94 97, http:// tourism.pondicherry.gov.in/, Mo–Sa 9–17 Uhr. U. a. halb- und ganztägige Stadtbesichtigungen, die auch Auroville einschließen (9.30–17, 13.30–17 Uhr).

... in Puduchery:
Le Dupleix [1]**:** 5 Rue de la Caserne, Tel. 04 13-233 52 78, www.ledupleix.com. Elegant restaurierte, an manchen Stellen allerdings etwas überrenovierte Kolonialvilla mit 14 stilvoll eingerichteten Zimmern und feinem Restaurant. Von der oberen Etage hat man einen prachtvollen Blick. DZ ab 3250 Rs.
Calve Heritage [2]**:** 44 Vysial St. (Rue Calve), Tel. 04 13-222 37 38, www.calve.in. Die geschmackvoll renovierte, 150 Jahre alte Villa bietet 10 Zimmer und Suiten mitten im Zentrum in einer der Vorzeigestraßen von Puducherry, wo viele alte restaurierte Häuser stehen. DZ ab 3050 Rs.
Anandha Inn [3]**:** SV Patel Rd., Tel. 04 13-223 30 00, www.anandhainn.com. Am Nordende der Innenstadt gelegenes modernes Hotel mit Wellnessbereich und mehreren Restaurants. DZ ab 2750 Rs.
Hotel de l'Orient [4]**:** 17 Rue Romain Rolland, Tel. 04 13-234 30 67, www.neemranahotels.com. Elegante alte Villa mit Innenhof, in dem das gute Hotelrestaurant untergebracht ist. Von großen Suiten mit kolonialem Ambiente bis zu kleinen, kuscheligen Zimmern reicht das Angebot. DZ ab 2500 Rs.
Le Rêve Bleu [5]**:** 33 Milad St. (Rue de l'ancien hôpital), Tel. 098 94 80 23 35/33. Reizvolles altes Haus im muslimischen Viertel mit Innenhof samt kleinem Garten sowie Dachterrasse und geschnitztem Holzbalkon. Zwei freundlich eingerichtete DZ (500/700 Rs), ein EZ (300 Rs) sowie ein Studio für mind. 4 Pers. (1000 Rs). Zudem ist eine Küche vorhanden, auf Wunsch wird Frühstück serviert.
Gästehäuser des Sri Aurobindo Ashram **4**: Der Ashram bietet eine Reihe von teils sehr günstigen Übernachtungsmöglichkeiten. Infos unter www.sriaurobindoashram. org, Buchungen über das Bureau Central, Information Centre of Sri Aurobindo Ashram, Cottage Complex, 3 Rangapillai Street, Tel. 04 13-223 36 04, tgl. 6–20 Uhr.
... außerhalb:
Kailash Beach Resort [6]**:** Poornankuppam Village, 10 km südlich von Puducherry, Tel. 04 13-233 18 72. Weiträumige Hotelanlage direkt am Meer mit Pool und umfangreichem

Die Küste südlich von Chennai

Kulturprogramm, zu dem regelmäßige Tanzdarbietungen gehören. Im Restaurant werden indische und französische Spezialitäten serviert. DZ ab 3500 Rs.

Le Club 7 : 38 Dumas St., Tel. 04 13-233 97 45. Coq au vin und Profiterole schmecken auch in Indien. Auch die Cocktails sind nicht zu verachten. Eines der elegantesten und teuersten Restaurants am Platz. Ab 500 Rs.

Le Rendezvous 8 : 30 Suffren St., Tel. 04 13-233 91 32. Hervorragende internationale Küche und leckeres Frühstück. Di geschlossen. Ab 150 Rs.

Satsanga 9 : 30/32 Rue Labourdonnais, Tel. 04 13-222 58 67. Bei Pierre aus Frankreich gibt es tolle französische und italienische Gerichte in einem hübschen Innenhof und ab 8 Uhr morgens Frühstück mit gutem Kaffee. Ab 100 Rs.

Le Café 10 : Goubert Ave. In prominenter Lage direkt am Meer gelegen, genießt man Kaffee oder Eis mit tollem Blick. Ab 30 Rs.

The Neemrana Shop: 17 Rue Romain Rolland, neben dem Hotel de l'Orient. Gut sortierte Geschenkboutique mit hochwertigem Kunsthandwerk, Schmuck und Textilien.

Mira Boutique: Visitor's Centre, Auroville. Baumwollkleider, Seidenschals, Taschen in großer Auswahl.

Boutique d'Auroville: Nehru St. All die schönen Dinge, die in den Werkstätten von Auroville hergestellt werden, findet man hier.

Casablanca: 165 Mission St. Wer Lederartikel, insbesondere Taschen, kaufen möchte – dies ist der richtige Ort dafür. Außerdem gibt

es schöne Textilien und viele kleine hübsche Geschenke.

Kalki: Mission St., gegenüber Casablanca. Handgeschöpftes Papier, Kerzen, Räucherstäbchen und natürlich Auro-Mode vor allem für Damen gibt es in dem gestylten Laden.

The Governor's Lounge: im Hotel Dupleix (s. S. 447). Stilvolle Bar mit einer tollen Auswahl an Drinks, Cocktails und Weinen. Ab 200 Rs.

Meditationskurse/Yoga: In Auroville werden eine Vielzahl von Yoga-Kursen sowie Unterricht in anderen Entspannungstechniken angeboten. Infos unter www.auroville.org.

Züge: Vom Bahnhof südlich des Zentrums gibt es nur wenige Verbindungen zum 38 km westlich gelegenen Villupuram. Reservierungen für Anschlusszüge kann man aber vom Bahnhof aus tätigen.

Busse: Am westlichen Stadtrand befindet sich der Busbahnhof. Von hier fahren regelmäßig Busse nach Chennai, Mamallapuram, Chidambaram, Nagapattinam, Karaikal, Bangalore etc.

Mietwagen: Können über das Tourist Office gebucht werden (s. S. 447).

Fahrräder: Verleih rund um die MG Rd., Goubert Ave. und Mission St.

Zwischen Puducherry und Kodikkarai

Grüne Reisfelder prägen die flache Landschaft rund um die Flussmündungen von Ponnaiyar bei der Hafenstadt Cuddalore und Kollidam/Kaveri weiter südlich. Vor allem südlich der Kollidam- und Kaveri-Mündung im Distrikt Nagapattinam wird klar, warum der verheerende Tsunami von 2004 sich hier mancherorts kilometerweit ins Landesinnere wälzen konnte, denn außer Reisfeldern, kleinen Seen und Flüssen gibt es nichts, was die Welle hätte aufhalten können. Rund um die Distrikthauptstadt Nagappattinam hat die

Flut besonders zahlreiche Opfer gefordert. So haben die vielen auffallend neuen Häuser, die man hier sieht, einen schalen Beigeschmack, denn sie erinnern an die Zerstörungswut der gewaltigen Welle. Sie ist auch heute noch ein ständiges Thema für die Menschen dieses Landstrichs, die sich, gestützt durch Hilfsprojekte, erneut dem Alltag gestellt haben. Im Distrikt Nagappattinam liegen entlang der Küste einige kleine interessante Orte wie die ehemalige dänische Kolonie Tranquebar, heute Tarangambadi, die frühere französische Enklave Karaikal, die zum Unionsterritorium Puducherry gehört, sowie der populäre katholische Pilgerort Velanganni mit seiner eindrucksvollen Kirche. Ganz im Süden befindet sich bei Kodikkarai am Point Calimere ein bekanntes Vogelschutzgebiet.

Tarangambadi
Karte: S. 430

50 km südlich von Chidambaram (s. S. 452) ragen am langen und breiten Sandstrand von **Tarangambadi** 8 die massiven Mauern von Fort Dansborg in die Höhe und erinnern an die Zeit, als sich hier eine Kolonie der Dänen befand. Auch in dem freundlichen kleinen Fischerstädtchen mit rund 20 000 Einwohnern weisen einige Bungalows sowie ein imposantes Stadttor von 1792 auf die Kolonialzeit hin. Tarangambadi wurde wie viele andere Küstenorte vom Tsunami stark betroffen. Inzwischen sind zahlreiche Häuser neu aufgebaut oder renoviert worden. Auch der Tourismus hat einen Schub bekommen. Fort Dansborg und die schön renovierte und in ein Hotel umgewandelte Kolonialvilla Bungalow on the Beach bilden ein attraktives, wind- und wellenfestes Duo am Strand.

Im Jahr 1620 erwarb die dänische Ostindienkompanie Land vom Nayak-Herrscher von Thanjavur und errichtete den Handelsposten Tranquebar mit Fort Dansborg. Daraus entwickelte sich ein wichtiger Hafen und Umschlagplatz für Güter aus der Region. Im Gefolge der Dänen kamen 1706 auch die beiden deutschen Missionare Bartholomäus Ziegenbalg und Heinrich Plütschau nach

Bis zu 1,80 m hoch werden die Reispflanzen, die regelmäßig neu ausgesät werden

Die Küste südlich von Chennai

Tranquebar. Sie starteten von hier aus ihre Missionstätigkeit im Auftrag der Dänisch-Halleschen Mission. Ihnen ist ein Gedenkstein am Strand nördlich des Forts gewidmet. Bis 1845 hielten die Dänen den Posten, gaben ihn aber 1845 an die Briten ab, die den Ort teils verfallen ließen.

Schon mehreren Fluten hatten die dicken Mauern von **Fort Dansborg** standhalten müssen. Die Reste der von Mauern umgebenen Festung können heute besichtigt werden. Der dänische Admiral Ove Gedde ließ die Festung 1620/21 errichten. Im unteren Teil beherbergte die zweigeschossige Festung Räume für die Soldaten sowie das Gefängnis. Höhere militärische Ränge und Priester durften im oberen Geschoss wohnen. Heute ist an der Ostseite ein kleines Museum untergebracht. Eine interessante Ausstellung informiert über die Geschichte der dänischen Siedlung. Landkarten, Dokumente und eine aus den alten dänischen Bungalows zusammengetragene Sammlung von Objekten vermitteln ein lebendiges Bild jener Zeit (Sa–Do 10–17.45 Uhr, 50 Rs, Foto 30 Rs).

 Es gibt kein Tourist Office.

 Die Hotelgruppe Neemrana betreibt in Tarangambadi mehrere Unterkünfte in schön renovierten Häusern, u. a.
Bungalow on the Beach: 24 King St., Tel. 043 64-28 80 65, www.neemranahotels.com. Direkt am Strand liegt der stilvoll renovierte alte Bungalow. Es gibt 8 elegant eingerichtete Zimmer und Suiten, die die Namen dänischer Prinzen und Prinzessinnen tragen. Von der Terrasse, die rund ums Haus verläuft, genießt man tolle Blicke auf das Meer und die Festung. DZ ab 4000 Rs.
Tamil Nadu: wenige Meter hinter dem Bungalow on the Beach. Einfache Zimmer mit Klimaanlage sowie zwei Schlafsäle (150 Rs p. P.). DZ 600 Rs.

 Von Tarangambadi gibt es eine Busverbindung ins 50 km nördlich gelegene Chidambaram. Zahlreiche Busse zwischen Puducherry (135 km nördlich) und Karaikal (12 km südlich) passieren den Ort nahe am Highway. Ideal ist ein Taxi, z. B. von Chidambaram oder von Karaikal aus.

Karaikal

Karte: S. 430

Etwa 12 km südlich von Tarangambadi liegt **Karaikal** , die kleinere Schwesterstadt von Puducherry. Auch sie war früher eine französische Enklave, gehört heute aber zum Unionsterritorium Puducherry. Die lange Uferpromenade und das rechtwinklige Straßennetz erinnern an die französische Vergangenheit. Erfüllt ist Karaikal jedoch mit dem prallen Leben einer südindischen Stadt.

Im Herzen steht der **Tempel für Karaikal Ammaiyar,** einer mildtätigen Frau, die Gott Shiva, der als Bettler verkleidet war, Reis und eine Mango gespendet haben soll. Besonders reizvoll ist die **Mastaan Saheb Sayed Dawood Buhari Dargah,** ebenfalls im Zentrum gelegen, mit ihren blauen Minaretten. Hinter dem langen Namen versteckt sich die Grabstätte *(dargah)* für einen Sufi-Heiligen, der im 19. Jh. aus Buchara nach Karaikal gekommen war.

 Tourist Office: Nehru St., Tel. 043 68-22 21 77, http://karaikal.nic.in.

 Karaikal besitzt eine Reihe einfacher Hotels.

Nagappattinam und Nagore

Karte: S. 430

Die alte Küstenstadt **Nagappattinam** ca. 20 km südlich von Karaikal ist ein wichtiger Fischereihafen und Distrikthauptstadt. Sie zählt heute fast 100 000 Einwohner. Nagappattinam besitzt einen Bahnhof, die Busverbindungen sind jedoch besser.

7 km nördlich von Nagappattinam, auf halber Strecke, von Karaikal kommend, liegt das Städtchen **Nagore** mit seiner berühmten Dargah, die das Grabmal des Sufi-Heiligen Meeran Sahib sowie seines Sohnes und seiner Schwiegertochter enthält. Das sehr populäre Heiligtum befindet sich innerhalb einer Um-

fassungsmauer mit vier mächtigen Toren. Weithin sichtbar ist der fast 40 m hohe Turm Periya Minaraa, der davor steht.

 Vom Busbahnhof in Nagappattinam fahren Busse z. B. nach Thanjavur und Thiruchirapally. Weitere Infos unter http://nagappattinam.nic.in.

Velanganni (Vailankanni)

Karte: S. 430

12 km südlich von Nagappattinam liegt **Velanganni** 11, der wichtigste katholische Pilgerort Südindiens. Er wird auch Lourdes des Ostens genannt und kann es in punkto Pilgerzahlen getrost mit seinem französischen Original aufnehmen. Täglich strömen Tausende von Gläubigen aus ganz Indien in das große, weiße Gotteshaus mit seinen gotisch anmutenden Türmen und Spitzbogenfenstern, das **Our Lady of Good Health** (auch Our Lady of Vailankanni) geweiht ist. Um sie ranken sich viele Legenden über ihre Wundertätigkeit. 1962 erhielt die Kirche nach einem Papstbesuch den Status einer Basilika. Sie besteht eigentlich aus drei Kirchen, deren älteste Teile auf das 17. Jh. zurückgehen sollen. Die Hauptkirche hat ihren Eingang nach Osten und befindet sich nur wenige Meter vom Meer entfernt – was während des Tsunami von 2004 zu einer großen Katastrophe führte, denn hier ertranken ungefähr 2000 Pilger, die zum Weihnachtsfest gekommen waren. Die Aura dieses Ortes scheint das aber nicht geschmälert zu haben. Dies vermittelt das eindrucksvolle kleine **Museum** gegenüber dem Haupteingang im Osten. Es zeigt in Wechselausstellungen all die Gaben und Dankesbriefe, die Our Lady of Vailankanni von Gläubigen dargebracht wurden (tgl. 6.30–20 Uhr).

 Passable Übernachtungsmöglichkeiten bieten z. B.
Sea Gate: Main Rd., Tel. 043 65-226 39 10.
Quality Inn: Tel. 043 65-26 39 00.

Velanganni ist mit dem Bus von Nagappattinam aus zu erreichen.

Point Calimere Wildlife Sanctuary (Kodikkarai)

Karte: S. 430

Hauptsächlich Ornithologen zieht es in das **Point Calimere Wildlife Sanctuary** 12 60 km südlich von Nagappattinam. Das 17,26 km² große Schutzgebiet am Südostzipfel des Küstenstreifens wurde ursprünglich für die bedrohte Hirschziegenantilope eingerichtet. Unter Vogelfreunden ist es jedoch vor allem bekannt für seine großen Schwärme von Wasservögeln. Besonders zwischen November und Februar sammeln sich hier Buntstörche, Pelikane, Reiher, verschiedene Entenarten und bis zu 20 000 Flamingos. Auch Seeschwalben, Möwen sowie der seltene Löffelstrandläufer sind zu finden.

Das Schutzgebiet mit seinen Mangroven und Salzlagunen liegt 12 km südlich des kleinen Städtchens **Vedaranniyam** beim Dorf **Kodikkarai**. Der Eingang zum Schutzgebiet befindet sich östlich der Straße (tgl. 6–17 Uhr, 5 Rs). Besonders gut zur Vogelbeobachtung eignen sich die Gebiete westlich der Straße, wo Salz gewonnen wird. Ein kleiner Weg führt im Dorf Kodikkarai südlich des Tempels und nördlich der Moschee zum Wasser.

www.tamilnadutourism.org und www. forests.tn.nic.in (Webseite des Forest Department, Link ›Ecotourism‹).

Forest Rest House: Point Calimere. Das staatliche Forest Rest House bietet sehr einfache Übernachtungsmöglichkeiten. Infos: Wildlife Warden, Public Officers Rd., Nagappattinam, Tel. 043 65-25 30 92; Forest Range Office, Kodikkarai, Tel. 043 69-27 24 24.
PV Thevar Lodge: nahe Busbahnhof in Vedaranniyam, Tel. 043 69-25 03 30. Absolut einfache Unterkunft, nur für den Notfall zu empfehlen. DZ ab 150 Rs.

Vedaranniyam besitzt Busverbindungen mit Nagappattinam, Thanjavur und Pudukkottai. Kodikkarai ist am besten mit Taxi oder Rikscha von Vedaranniyam aus zu erreichen.

Rund um das Mündungsgebiet der Flüsse Kaveri und Kollidam befand sich einst das Kerngebiet der Cholas, der größten und berühmtesten südindischen Dynastie. Ihre herausragenden Tempel stehen sinnbildlich für das reiche kulturelle Erbe Tamil Nadus und machen die Region zwischen Chidambaram und Thanjavur zur bevorzugten Destination für Kunstliebhaber.

Das fruchtbare Flussdelta der Flüsse Kaveri und Kollidam gilt als das Herz von Tamil Nadu. Intensiver Reisanbau prägt die Landwirtschaft. Während des Monsuns, wenn die Flüsse anschwellen, ist die Gegend oftmals Überschwemmungen ausgesetzt. Chidambaram, Thanjavur und Tiruchirapalli sind die bekanntesten Städte der Region. Hier stehen einige der schönsten und größten Tempel von ganz Indien, die während der Blütezeit der Chola-Dynastie entstanden und teils von nachfolgenden Herrschern weiter ausgebaut wurden. Die Konzentration sehenswerter Bauten ist so hoch, dass selbst Kunstfreunden schwindlig wird. Keinesfalls verpassen sollte man das Glanzstück der Chola-Baukunst, den Brihadeshvara-Tempel von Thanjavur und seinen nahezu ebenbürtigen Namensvetter in Gangaikondacholapuram. Auch das große Shiva-Heiligtum in Chidambaram ist äußerst sehenswert. Die riesige Anlage von Srirangam beeindruckt vor allem durch ihre Ausmaße, denn sie ist die größte Tempelstadt Südindiens.

Chidambaram

Karte: S. 430
Eine der eindrucksvollsten Darstellungen von Shiva ist die als Nataraja (Herr des Tanzes). Bei seinem kosmischen Tandava-Tanz soll Shiva die Welt zerstört und neu erschaffen haben. Die große Tempelanlage im Ort **Chidambaram 13** ist Shiva in der Form des Nataraja geweiht und zählt zu den heiligsten Stätten für die Shivaiten in Südindien. Der Bau des **Nataraja-Tempels** geht auf die Dynastie der Cholas zurück, die zwischen dem 10. Jh. und 13. Jh. die Region beherrschten. Das Heiligtum liegt mitten im Zentrum der Stadt und ist umgeben von Marktstraßen, die während der großen religiösen Feste ihrem ursprünglichen Zweck als Prozessionsstraßen dienen.

Da es in Chidambaram außer dem Tempel keine Sehenswürdigkeiten gibt, kann man die Stadt auch in einem Tagesausflug von Puducherry oder Tarangambadi bzw. auf der Durchreise von/nach Kumbakonam und Thanjavur besuchen. Man sollte bei der Reiseplanung allerdings die Öffnungszeiten des Tempels beachten.

Ursprung und Aufbau des Nataraja-Tempels

Die ältesten Teile des Komplexes stammen aus der Zeit der Chola-Dynastie ab dem 10. Jh. Nachfolgende Herrscher der Pandyas sowie die Vijayanagar-Könige erweiterten die Anlage und errichteten die hohen Gopurams.

Das Hauptheiligtum für Shiva, erkennbar durch das mit Kupferplatten bedeckte Dach, steht im Innersten von drei Höfen, die durch Korridore und Umfassungsmauern voneinander getrennt sind. Auch ein Tempelbecken ist Teil der Anlage. Verschiedene reich geschmückte Säulenhallen mit teils schönen Wand- und Deckenmalereien sowie mehrere Nebenschreine gehören ebenfalls zum weitläufigen Tempelbezirk. Vier mächtige, mit bunten Gipsfiguren bedeckte Gopurams führen in das Innere des Heiligtums. Der Haupteingang zu Anlage befindet sich beim Ost-Gopuram.

Besichtigung

Das Heiligtum steht unter der privaten Verwaltung der Brahmanengruppe der Dikshitars, von denen etwa 300 Mitglieder im Tempel die Opferzeremonien durchführen. Für den Besuch des Tempels wird eine Spende erwartet. Leider hört man immer wieder Klagen vonseiten der Besucher, dass sie sich ausgenommen fühlen, weil in jeder Halle ein neuer Priester mit der Opferbüchse wartet. Von diesem Vorgehen sollte man sich nicht einschüchtern lassen und beherzt darauf verweisen, wenn man seine Spende bereits entrichtet hat. Touristenführer von außerhalb werden in der Regel nicht in den Tempel gelassen, da die Priester an den Führungen gerne selbst verdienen. Das Zentralheiligtum darf nur von Hindus betreten werden. Fotografieren im inneren Bereich ist tabu. Der Tempel ist zwischen 12.30 Uhr und 16 Uhr geschlossen.

Die Legende vom Tanzduell zwischen Shiva und Parvati

Viele Legenden ranken sich um Shiva als Nataraja, den unbestrittenen Herrn des Tanzes. Eine besonders populäre Version berichtet vom Tanzwettbewerb zwischen ihm und seiner Gefährtin Parvati. Shiva hob dabei nach vielen Tanzdarbietungen, die Parvati ebenso meisterte, seinen linken Fuß senkrecht empor – eine Position, die Parvati aus Gründen der Scham nicht nachvollzog. Shiva ging daher als Sieger aus dem Duell hervor – und das Ehrgefühl der Frau sicherte einmal mehr die scheinbare Überlegenheit des Mannes. In der Tanzhalle Nritta Sabha des Nataraja-Tempels lässt sich eine Darstellung dieser Geschichte bewundern.

Mit der Autorin unterwegs

Schöne Deckenmalereien

Reich geschmückt mit Tänzerinnen und Musikantinnen ist die Decke im **Shivagami-Amman-Tempel** in Chidambaram – ein Rundgang mit Blick nach oben reizt den Nacken, aber belohnt die Sinne (s. S. 454).

Wunderbare Skulptur

Am Nordeingang des **Brihadeshvara-Tempels** in Gangaikondacholapuram windet Shiva dem Heiligen Chandesha einen Blumenkranz um den Kopf – eine besonders berührende Skulptur (s. S. 455).

Schmucker Tempel

Klein, aber fein: Der **Airavateshvara-Tempel** in Darasuram wird oft links liegen gelassen, ist aber ein Schmuckstück unter den hiesigen Heiligtümern (s. S. 456).

Eindrucksvolle Säulen

Wild sich aufbäumende Pferde, kämpferisch blickende Reiter und unheimliche Fabelwesen – die ausdrucksstarken Skulpturen an den Pfeilern des **Sheshagiri Mandapa** in Srirangam sind einen Blick wert (s. S. 462).

Rundgang

Schon am Osttor des Tempels wird man eindrücklich auf das bestimmende Thema des Tanzes verwiesen. Dort sind, ebenso wie am West-Gopuram, die 108 klassischen Tanzpositionen aus dem Lehrbuch Natyashastra dargestellt. Weiter westlich leuchten die beiden kupferbeschichteten Dächer der Zentralschreine im innersten Hof. Ein Nandi, das Reittier Shivas, blickt auf die heiligen Hallen **Kanaka Sabha** und **Chit Sabha**. Die beiden heiligsten Schreine ruhen auf zwei Sockeln und sind miteinander verbunden. Letzterer beherbergt eine Bronzestatue von Shiva als Nataraja und seiner Gefährtin Shivagamasundari. Shiva wird hier in der unsichtbaren Form des Akasa Lingams, des sogenannten Äther-Lingams verehrt.

Von Chidambaram Richtung Madurai

Südlich davon befindet sich die Tanzhalle **Nritta Sabha,** einer der ältesten Teile des Bezirks mit exzellent gemeißelten Säulen und herrlichen Tanzdarstellungen. Die Halle hatte ursprünglich die Form eines Tempelwagens, was durch Wagenräder und Pferde an der Ost- und Westseite verdeutlicht wird. Neben Schreinen für Ganesha, Murugan und viele andere Götter befindet sich mit dem **Govindaraja-Schrein** auch ein Heiligtum für Vishnu inmitten des Shiva-Tempels. Seine Priester gehören zu einer anderen Unterkaste.

Nördlich des innersten Bereichs liegt **Shivaganga,** der große Tempelteich, umgeben von Treppenanlagen und Säulengängen. Besonders sehenswert ist der **Shivagami-Amman-Tempel** westlich des Tempelbeckens mit reich dekorierten Säulen, auf denen Shiva in verschiedenen Tanzpositionen dargestellt ist. Hier lohnt sich auch der Blick nach oben, denn die Decke wird von herrlichen Malereien geschmückt, die Tänzerinnen und Musikantinnen darstellen.

In der Nordostecke der Anlage steht die **1000-Pfeiler-Halle** oder **Raja Sabha,** das größte Gebäude und an Festtagen Ort verschiedener Zeremonien.

Tourist Office: Railway Feeder Rd., Tel. 041 44-23 87 39, Mo–Fr 9–17 Uhr.

Saradham: 19 Venugopal Pillai St., Tel. 041 44-22 13 36. Zentral gelegenes Hotel mit 41 Zimmern (mit/ohne Klimaanlage) und drei verschiedenen Restaurants. DZ 499–1400 Rs.

Wagenfestivals: Dez./Jan. und Juni/Juli. Von farbenfrohen Prozessionen begleitet werden Statuen der Götter auf Wagen durch die Stadt gefahren.
Natyanjali-Tanzfestival: Feb./März. Tänzer aus ganz Indien zeigen ihre Kunst zu Ehren des größten Tänzers Shiva Nataraja. Die jeweiligen Termine sind beim Tourist Office zu erfragen.

Einziges, aber eindrucksvolles Überbleibsel der alten Hauptstadt Gangaikondacholapuram: der Brihadeshvara-Tempel

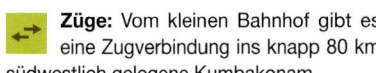 **Züge:** Vom kleinen Bahnhof gibt es eine Zugverbindung ins knapp 80 km südwestlich gelegene Kumbakonam.

Busse: Der zentrale Busbahnhof bietet Verbindungen nach Kumbakonam, Puducherry (58 km), Chennai (ca. 250 km) und Madurai.

Gangaikondacholapuram

Karte: S. 430

Geschichte

Hinter dem zungenbrecherischen Namen des Ortes Gangaikondacholapuram verbirgt sich eine historische Begebenheit. Bis zu den Ufern des Flusses Ganga (Ganges) führte der erfolgreiche Feldzug des Chola-Königs Rajendra I. (1012–44). Seiner gesteigerten Machtposition verlieh er Ausdruck mit der Errichtung einer neuen Hauptstadt namens Gangaikondacholapuram, die alle an seinen siegreichen Krieg erinnern sollte. Die Herrscher der nördlichen Reiche mussten, so heißt es, König Rajendra Wasser aus dem heiligen Ganges schicken, das er in den Tempelteich des **Brihadeshvara-Tempels** füllen ließ. Er war das imposanteste Wahrzeichen der neuen Stadt und ist das einzige heute noch erhaltene Monument. Alle anderen Gebäude sind verschwunden oder nurmehr mit ihren Grundmauern vorhanden. Trotzdem lohnt gerade dieses eine Bauwerk einen Zwischenstopp, denn der Eleganz des Brihadeshvara-Tempels kommen wenige andere Heiligtümer nahe.

Der Tempel befindet sich etwa auf halber Strecke zwischen Chidambaram und Kumbakonam nahe der Hauptverbindungsstraße bei dem kleinen Dorf **Gangaikondacholapuram 14**, das immer noch den Namen der alten Hauptstadt trägt. Vor Ort gibt es nur einige Teebuden. Die nächsten größeren Raststätten findet man an der Verbindungsstraße Chidambaram–Kumbakonam.

Brihadeshvara-Tempel

Inmitten eines gepflegten grünen Parks und umgeben von Subschreinen erhebt sich der wunderschöne Brihadeshvara-Tempel. Sein Name ist identisch mit dem Vorgängerbau aus Thanjavur, den Rajendras Vater, Rajaraja Chola I., zuvor hatte errichten lassen. Auch im Aufbau folgt der Brihadeshvara-Tempel weitgehend dem Thanjavur-Tempel.

Eine lange Säulenhalle führt zum Sanktum, dessen Fassaden über und über mit Skulpturwerk bedeckt sind und das von einem ebenfalls reich geschmückten Vimana bekrönt wird. Eleganz gewinnt das Tempeldach durch seinen leicht konkaven Schwung, der dem Bauwerk ein weniger strenges Aussehen verleiht und es dadurch vom Thanjavur-Tempel unterscheidet.

Zu den Höhepunkten südindischer Bildhauerkunst gehört das feine Skulpturwerk, das oftmals fast vollplastisch gearbeitet ist. Rund um die Fassaden des Sanktums verlaufen auf zwei Ebenen Nischen, die mit Shiva als Nataraja, Parvati und anderen Göttern besetzt sind. Reste von alten Wandmalereien sind dort ebenfalls zu erkennen. Ein absolutes Meisterstück ist die Skulpturengruppe am nördlichen Seiteneingang des Tempels. Dort schmückt Shiva mit behutsamer Geste den Heiligen Chandesha – in einer anderen Interpretation König Rajendra I. selbst – mit einer Blumengirlande. Gelassenheit und Eleganz schwingt im Ausdruck der Figuren, in denen sich das hohe Niveau der Architektur fortsetzt (Sanktum: tgl. 6.30–12.30, 16–20 Uhr; Tempelinnenhof: auch über Mittag geöffnet; Eintritt frei).

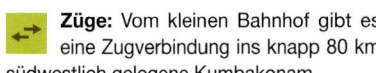 Von Gangaikondacholapuram gibt es regelmäßige Busverbindungen nach Kumbakonam (35 km). Auf der guten Straße von Chidambaram oder Kumbakonam aus ist der Ort per Taxi in rund einer Stunde zu erreichen.

Kumbakonam und Umgebung

Karte: S. 430

Mitten im Tempelland gelegen und selbst mit zahlreichen Heiligtümern aus verschiedenen

Von Chidambaram Richtung Madurai

Epochen ausgestattet ist die geschäftige Stadt **Kumbakonam** `15` 38 km nordöstlich von Thanjavur bzw. 74 km südwestlich von Chidambaram. Gegründet wurde der Ort während der Chola-Zeit, aus der auch noch das älteste Heiligtum stammt, der Nageshvara-Swami-Tempel. Später entstanden der Sarangapani-Tempel sowie der Kumbareshvara-Tempel weiter nordwestlich davon. Ein beschaulicher Ort ist das heilige Wasserbecken Mahamaham Tank im südöstlichen Teil der Stadt. Das Zentrum von Kumbakonam erstreckt sich rund um die von Ost nach West verlaufende **TSR Big Street** und die südliche Parallelstraße **Thanjavur Road.**

Nageshvara-Swami-Tempel

Von modernen Anbauten umgeben und deswegen sicherlich nicht auf den ersten Blick als ältestes Bauwerk der Stadt zu erkennen ist der zentrale **Nageshvara-Swami-Tempel** aus der frühen Chola-Zeit (Ende 9. Jh.). Das kleine Shiva-Heiligtum besteht aus einem Schrein mit vorgelagerter Säulenhalle. Sehenswert ist es vor allem wegen seiner fein gearbeiteten und mit subtilem Ausdruck gestalteten Skulpturen in den Nischen rund um den Schrein, die zu den herausragenden Zeugnissen der frühen Chola-Kunst gehören. Die Figuren stellen Shiva Dakshinamurti im Süden, Ardhanaishvara im Westen sowie Brahma und Durga im Norden dar, begleitet von weiblichen und männlichen Gestalten.

Kumbeshvara-Tempel und Sarangapani-Tempel

Ebenfalls Shiva geweiht ist der große, aus dem 17. Jh. stammende **Kumbeshvara-Tempel** mit seinem hohen Gopuram und mehreren Hallen. Er beherbergt einen legendenumrankten Lingam, der von Shiva selbst hergestellt worden sein soll und eng mit dem Entstehungsmythos der Stadt verknüpft ist.

Ein fast 45 m hoher Gopuram bekrönt den Haupteingang zum **Sarangapani-Tempel,** dem größten Vishnu-Heiligtum der Stadt. Seine ältesten Teile stammen aus der späten Chola-Zeit im 12./13. Jh. Der Hauptschrein besitzt die Form eines Tempelwagens.

Mahamaham Tank

Ein ruhiger und angenehmer Platz ist das von Schreinen umgebene Wasserbecken, an dessen Treppen man eine kurze Rast einlegen kann. Von den vielen Teichen der Stadt wird der **Mahamaham Tank** am meisten verehrt. Hier soll sich der Legende nach göttlicher Nektar gesammelt haben, nachdem Shiva das Gefäß mit dem Nektar der Unsterblichkeit zerbrochen hatte. Alle 12 Jahre wird in Kumbakonam das Mahamaham Festival gefeiert, bei dem mehrere Millionen Gläubige die Stadt besuchen. Dann soll Wasser aus dem heiligen Fluss Ganga in das Wasserbecken fließen.

Darasuram

Ein kleines Juwel unter den Chola-Bauwerken ist der **Airavateshvara-Tempel** in **Darasuram,** 4 km westlich von Kumbakonam. Er besticht vor allem durch sein reiches und meisterhaft in Szene gesetztes Skulpturwerk. Das Heiligtum ist Shiva geweiht und bezieht seinen Namen von Gott Indras weißem Elefanten Airavata, der Shiva hier verehrt haben soll. Erbauen ließ es der Chola-König Rajaraja II. Mitte des 12. Jh.

Sein quadratisches Sanktum, das einen Lingam beherbergt, wird von einem fünfstöckigen Vimana bekrönt und besitzt zwei ihm vorgelagerte Mandapas. Der äußeren Säulenhalle verleihen Pferde und Wagenräder am Sockel die Form eines Tempelwagens. Dynamik prägt auch die vorwärts stürmenden Elefanten an den Treppenaufgängen der Halle. Besondere Aufmerksamkeit verdient das schöne Skulpturwerk in den Nischen der Vorhalle und des Schreins mit Shiva in verschiedenen Formen, z. B. als Sharabha, einer Mischung aus Mensch- und Tiergestalt, als Schlangenkönig Nagaraja oder als Manifestation in einem Lingam. Die Figuren sind aus schwarzem Basalt gearbeitet, während der Tempel selbst aus Granit besteht. Er steht inmitten eines von Arkaden umgebenen Innenhofes. Ihm zur Seite befindet sich ein separater Devi-Schrein. Darasuram ist von Kumbakonam aus bequem mit der Rikscha zu erreichen.

Swamimalai

Die Cholas taten sich nicht nur als bemerkenswerte Baumeister hervor, eng verknüpft mit der Dynastie sind auch ihre unerreichten Bronzeskulpturen. In **Swamimalai** 8 km westlich von Kumbakonam wird noch heute die Kunst der **Bronzegießerei** gepflegt. Der kleine Ort ist ein Zentrum dieser jahrtausendealten Technik, die die lokale Kaste der Metallschmiede (Sthapathis) praktiziert. Dabei werden die Originalfiguren aus Wachs geformt, dann mit einer Lehmmischung überzogen und gebrannt. Das durch die Hitze geschmolzene und durch spezielle Öffnungen abgeflossene Wachs gibt einen Hohlraum frei, in den die Schmiede eine flüssige Metallmischung gießen. Nach ihrer Abkühlung wird die Lehmhülle zerschlagen und die entstandene Figur kann weiter bearbeitet und verfeinert werden.

In vielen Werkstätten im Basar von Swamimalai hat man die Möglichkeit, bei der Herstellung der Bronzefiguren zuzusehen und die Objekte zu erwerben. Zudem besitzt Swamimalai mehrere Heiligtümer, darunter den sehr verehrten **Swaminatha-Tempel** für Murugan, einen Sohn Shivas.

Ein Besuch im Ort lässt sich gut mit der Besichtigung des nahe gelegenen Tempels von Darasuram verbinden (s. S. 456).

ℹ Es gibt kein Tourist Office in Kumbakonam. Infos unter www.tamilnadutourism.org.

🛏 ... in Kumbakonam:
Athityaa: 48 Ayikulam Rd., gegenüber dem Sarangapani-Tempel, Tel. 04 35-242 17 94. Zentral, einfache Zimmer, mit Restaurant. DZ ab 450 Rs.
... außerhalb:
Sterling Swamimalai: 6/30-B-Agraharam, Thimmakudy Village, 4 km südwestlich von Kumbakonam, Tel. 044-24 98 41 14, www.sterlingswamimalai.net. Rustikale Bungalows in dörflicher Umgebung und in einer reizvollen Anlage mit Bananenplantagen, Pool und kleinem Bauernhof, idealer Ausgangspunkt zum Besuch der vielen Tempel in der Umgebung. Am Abend entspannt man sich bei klassischen Konzerten oder einer ayurvedischen Behandlung. DZ ab 60 €.
Paradise Resort: 3/1216, Tanjore Main Rd., Darasuram, Ammapet, Tel. 04 35-241 64 69, www.paradiseresortindia.com. Schönes Resort mit geräumigen, teils mit antiken Möbeln ausgestatteten Zimmern. Es werden auch Ayurveda-Kuren angeboten. DZ ab 2450 Rs.

↔ Züge: Vom kleinen Bahnhof im Südosten der Stadt verkehren Passenger Trains nach Chidambaram und Thanjavur.
Busse: Regelmäßige Verbindungen nach Chennai, Thanjavur, Chidambaram und Puducherry. Der Busbahnhof liegt ca. 2 km östlich des Zentrums.

14 Thanjavur (Tanjore) und Umgebung

Karte: S. 430
Majestätisch ragt der hohe Tempelturm des Brihadeshvara-Tempels über die Häuser von **Thanjavur.** Er ist das Wahrzeichen der Stadt und eindrucksvolles Erbe der Chola-Dynastie, deren Hauptstadt sich vom 9. Jh. bis 13. Jh. größtenteils hier befand. Doch auch aus späteren Epochen erinnern verschiedene Bauwerke an die lebhafte Geschichte von Thanjavur.

Die angenehme Stadt ist auf der Tempelroute durch Tamil Nadu ein absolutes Highlight und ein idealer Standort zum Besuch weiterer Stätten in der Umgebung. Zudem ist Thanjavur ein Zentrum verschiedener künstlerischer Traditionen: Die berühmten Tanjore-Malereien (s. S. 62) haben hier ihren Ursprung, auch die Herstellung von Bronzefiguren (s. S. 60) wird immer noch praktiziert.

Orientierung

Der Ort ist durch den **Grand Anicut Canal** in zwei Hälften geteilt. Nördlich des Kanals befindet sich die **Altstadt** mit dem Nayak-Palast. Westlich davon und ebenfalls an der Nordseite des Kanals steht der Brihadeshvara-Tempel. Die zentrale Ader der Stadt ist die **Gandhiji Road**. Sie verläuft in Nord-Süd-Richtung über den Kanal und wird gesäumt von Restaurants und Geschäften.

Brihadeshvara-Tempel

Als unbestrittenes Meisterwerk der Chola-Architektur gilt der inzwischen zum Unesco-Welterbe gehörende **Brihadeshvara-Tempel** für Gott Shiva, der 1010 unter dem Chola-Herrscher Rajaraja I. errichtet wurde. Das Heiligtum steht inmitten eines von Arkaden umstandenen großen Innenhofes, in den man durch zwei an der Ostseite befindliche Gopurams hineingeht. Der zweite Torbau wird von mächtigen Torwächtern, den sogenannten Dvarapalas, bewacht. Hier sind – im Vergleich zu früheren Bauten – die Tempeltore erstmals stark in die Höhe gewachsen, überragen aber nicht den Vimana des Sanktums. Der Tempel besteht aus einer vorgelagerten, später errichteten Säulenhalle, die einen großen, schwarzen Nandi beherbergt, sowie Vorhalle und Haupttheiligtum.

Der quadratische **Zentralschrein** enthält einen schwarzen, fast 4 m hohen Lingam. Er wird überwölbt von einem über 60 m hohen, pyramidenförmig angelegten Vimana, der aus einem einzigen Stück Felsen herausgearbeitet wurde. Vielfältig sind die Spekulationen über die Entstehung der monolithischen, ca. 80 t schweren Kuppel. Eine weit verbreitete Theorie besagt, dass der dafür notwendige Felsblock mithilfe einer 6 km langen Rampe von Elefanten an seinen Bestimmungsort gezogen wurde.

Sowohl im Innern der Sanktums als auch an den Außenfassaden des Tempels sind herausragende Skulpturen und Malereien zu sehen. An den Außenwänden des Umwandlungsgangs, der rund um die Cella führt, entdeckt man alte Malereien aus Shiva-Legenden, die teilweise noch aus der Entstehungszeit des Tempels stammen. Darüber ist Shiva als Nataraja in den verschiedenen Tanzpositionen des Lehrbuchs Natyashastra zu sehen. Rund um den Sockel läuft ein schöner Fries mit Reitern und Fabeltieren. Hier angebrachte Inschriften enthalten interessante Informationen über das Tempelleben jener Zeit und die vielen Stiftungen und Geldgeschenke des Bauherrn.

Sehenswert ist auch der kleine **Subramanya-Schrein** in der Nordwestecke der Anlage. Er besitzt schönes Skulpturwerk und wurde während der Herrschaft der Nayaks im 16./17. Jh. errichtet. Nördlich der Säulenhalle liegt ein interessantes **Devi-Heiligtum** und im Südwesten steht ein **Ganapati-Tempel** mit mehreren Skulpturen des populären Elefantengottes. Das nahe gelegene **Archäologische Museum** zeigt weitere Fundstücke aus der Chola-Zeit (Tempel: tgl. 6–12.30, 15–20 Uhr; Museum: 10–12.30, 15–18 Uhr).

Nayak-Palast

Ab dem 16. Jh. herrschten die Nayaks, ehemalige Provinzgouverneure der Vijayanagar-Könige, in Thanjavur und begannen mit dem Bau der großen Palastanlage. Vollendet wurde das Bauwerk von den späteren Marathen-Herrschern, die bis zur Mitte des 19. Jh. das Zepter in der Hand hielten. Einige Bereiche des teils verfallenen **Nayak-Palasts** stehen Besuchern offen. Von der ehemaligen Pracht des Gebäudes zeugt vor allem die alte **Audienzhalle** mit kunstvoll verzierten Decken und Wänden. Sie wurde unter den Marathen Ende des 17. Jh. erneuert. Eine attraktive Aussicht genießt man vom benachbarten achtstöckigen **Turm** (tgl. 9–18 Uhr, 50 Rs).

Eine Reihe von Museen im Palastbereich birgt Schätze aus vielen Jahrhunderten. Das interessanteste Museum ist unbestritten die **Art Gallery** mit einer ausgezeichneten Sammlung von Chola-Bronzen aus dem 9. Jh. bis 12. Jh. Auch hochwertige Steinskulpturen gehören dazu (tgl. 9–13, 15–18 Uhr, 50 Rs, Kamera 30 Rs, Video 200 Rs).

Im **Königlichen Palastmuseum** und in der **Raja Serfoji Hall** sind Möbel, Gemälde, Kleidungsstücke und Waffen aus dem Besitz der ehemaligen Marathen-Herrscher ausgestellt (tgl. 9–18 Uhr, 2 Rs).

Fantastische Skulpturen schmücken den Brihadeshvara-Tempel, z. B. eine Darstellung von Shiva und Parvati

Von Chidambaram Richtung Madurai

Die **Schwartz-Kirche** von 1779 im Garten des Palasts erinnert an den ehemaligen Missionar Schwartz aus der dänischen Enklave Tranquebar, der in freundschaftlichen Beziehungen zum Marathen-Herrscher Raja Serfoji stand.

Sarasvati Mahal Library

Eine der bedeutendsten Sammlungen von Palmblattmanuskripten ist in der **Sarasvati Mahal Library** untergebracht. Sie stammen aus dem Besitz der Nayaks und Marathen-Herrscher, dürfen aber nur von Wissenschaftlern näher begutachtet werden. Einblicke in ausgewählte Schätze der Bibliothek erhält man jedoch im benachbarten **Museum** (Do–Di 10–13, 13.30–17.30 Uhr, Eintritt frei).

Tourist Office: im TTDC Hotel, Gandhiji Rd., Tel. 043 62-23 09 84, Mo–Fr 10–17.45 Uhr.

Sangam: Trichy Rd., Tel. 043 62-23 94 51, www.hotelsangam.com. Elegantes Hotel mit angenehmen Zimmern, teils mit Blick auf den Tempel, Pool und gutem Restaurant. DZ ab 115 €.

Ideal River View Resort: Vennar Bank, Pali Agraharam, ca. 4 km außerhalb, Tel. 043 62-25 05 33, www.idealresort.com. Schöne Bungalowanlage inmitten eines großen Gartens am Fluss Vennar mit Pool, Ayurveda-Zentrum und gutem Restaurant. DZ ab 3200 Rs.

TTDC Hotel: Gandhiji Rd., nahe Bahnhof, Tel. 043 62-32 14 21, www.ttdconline.com. Unterschiedlich große Zimmer mit/ohne Klimaanlage. DZ ab 350 Rs.

Saravana Bhavan: Gandhiji Rd. Gute vegetarische Snacks und Gerichte. Ab 20 Rs.

Sri Venkata: 84 Gandhiji Rd., nahe dem Busbahnhof. Einfaches vegetarisches Restaurant, es gibt Thalis, auf dem Bananenblatt serviert. Ab 20 Rs.

Poompuhar Emporium: Gandhiji Rd. Große Auswahl an Kunsthandwerk aus Tamil Nadu.

Antiquitätengeschäfte: V. a. in der East Main Rd. nahe dem Nayak-Palast. Tanjore-Malereien, Bronze-Skulpturen und andere Schätze aus lokaler Kunsthandwerksproduktion.

Tanjore Collections: East Main Rd., beim Palasteingang. Schöne Bronzefiguren.

Thyagaraja Music Festival: Jan. Musikfestival in Thiruvaijaru (13 km nördlich von Thanjavur) zu Ehren von Thyagaraja, dem berühmten Komponisten karnatischer Musik (s. S. 64).

Züge: Vom Bahnhof südlich des Zentrums fahren einige Züge nach Kumbakonam und Tiruchirappalli. Auch nach Chennai und Bangalore/Mysore gibt es eine Verbindung.

Busse: Thanjavur hat zwei Busbahnhöfe, einen im Zentrum und einen weiteren im Süden der Stadt. Letzterer bedient vor allem Verbindungen Richtung Süden. Zahlreiche Busse verkehren nach Chennai, Tiruchirapalli, Chidambaram und Kumbakonam.

Tiruchirapalli (Trichy) und Srirangam

Karte: S. 430

Lebendig und geschäftig gibt sich die Metropole **Tiruchirapalli** 16, kurz Trichy genannt. Sie ist das wichtigste Handelszentrum der Region und verfügt auch über einen Flughafen. Die Stadt dient als Ausgangspunkt zum Besuch der nahe gelegenen Tempelstadt Srirangam, eine der größten sakralen Anlagen Indiens. Trichy selbst besitzt jedoch auch eine lange Vergangenheit, die der Stadt verschiedene Monumente hinterlassen hat. Markant erhebt sich Rock Fort, ein über 80 m hoher befestigter Felsen in der Stadt, er ist der Sitz einiger interessanter Tempel und ein sehr attraktiver Aussichtspunkt.

Geschichte

Schon die Pallava-Dynastie verewigte sich mit Höhlentempeln an dem mächtigen Felsen der Stadt. Später regierten in Tiruchirapalli die Pandyas und Cholas. Die Nayak-Herrscher bauten die Befestigungsanlagen am Rock Fort weiter aus und benutzten Trichy abwechselnd mit Madurai als Hauptstadt ihres Reichs. Während der Karnatischen Kriege (s. S. 32) war die Stadt umkämpftes Gebiet zwischen Franzosen und Briten. Aus der Kolonialzeit stammen viele der hiesigen Kirchen. Heute ist Trichy eine wichtige Industriestadt und hat fast 1 Mio. Einwohner.

Orientierung

Trichy liegt am Südufer des Flusses Kaveri. Im alten Viertel **Cantonement,** nahe dem Bahnhof Trichy Junction, liegen viele Hotels, Restaurants sowie das Tourist Office. Die belebte **Bazaar Road** ist die Verbindung zu den weiter nördlich gelegenen Stadtteilen und führt zum **Rock Fort.** Dazwischen liegen die quirligen Basare der Stadt, in denen man u. a. Textilien, Kupferwaren, Schmuck und Zigarren erhält.

Rock Fort

Der sandfarbene Felsenhügel **Rock Fort** dominiert nicht nur das Stadtbild, sondern ist in der flachen Landschaft des Mündungsdeltas von Kaveri und Kollidam auch weithin sichtbar. Im 16. Jh. befestigten ihn die Nayaks, doch schon die Pallavas meißelten im 6./7. Jh. mehrere Felsenheiligtümer in den Stein, die noch schönes Skulpturwerk zeigen.

Die **Pallava-Tempel** befinden sich am Südhang. Fast 440 Stufen führen dort auf den über 80 m hohen Hügel. Bei dem lohnenswerten, aber etwas beschwerlichen Aufstieg passiert man neben den **Pallava-Höhlen** auf halbem Weg auch den **Sri-Thayumanaswamy-Tempel** für Shiva. Oben auf dem Plateau thront der **Vinayaka-Tempel**, ein Ganesha-Schrein, der eine große Skulptur des populären Elefantengottes beherbergt.

Umwerfend ist die Aussicht von oben. Im Süden liegt die Stadt zu Füßen, im Norden erkennt man die riesige Tempelstadt Srirangam, zwischen den Flüssen Kaveri und Kollidam eingebettet in ein Palmenmeer. Im Südwesten unterhalb des Felsens liegt umgeben von alten Häusern das heilige Wasserbecken

Teppakulam. Es ist der Schauplatz eines alljährlich stattfindenden Festivals, bei dem Götterstatuen auf einem Floß in den Teich gebracht werden (s. S. 462).

Weitere Sehenswürdigkeiten im Zentrum

Außer seinen Tempeln besitzt Trichy auch zahlreiche Kirchen und Moscheen. Am bekanntesten ist **Our Lady of Lourdes** westlich von Rock Fort. Vorbild für das etwa 100 Jahre alte Gotteshaus war die Basilika von Lourdes.

Die **Natharvalli Dargah** beherbergt das Grab eines berühmten muslimischen Heiligen. Während des alljährlichen Urs-Festes bringen hier nicht nur Muslime, sondern auch Christen und Hindus dem Heiligen ihre Ehrerbietung dar.

Srirangam

Die riesige Tempelanlage von **Srirangam,** auf einer Insel zwischen den Flüssen Kaveri und Kollidam 3 km nördlich von Trichy gelegen, verdeutlicht in ganz besonderem Maße die architektonische Verbindung von Tempel und Stadt. Mit einer Ausdehnung von 950 m x 815 m ist der Sri-Ranganatha-Tempel das größte Heiligtum Südindiens und gilt als Paradebeispiel einer dravidischen Tempelstadt. Seine Ursprünge datieren auf die Chola-Zeit. Es waren aber vor allem die nachfolgenden Vijayanagar-Herrscher und die Nayaks, die der Tempelanlage ihre heutige Gestalt verliehen. So ist der heilige Komplex über die Jahrhunderte gewachsen und verändert worden. Der hohe Süd-Gopuram, durch den man den Tempel betritt, wurde erst Ende der 1980er-Jahre fertiggestellt.

Beim **Sri-Ranganatha-Tempel** umschließen sieben Höfe den Zentralschrein für Vishnu als Sri Ranganatha. Die Eingänge werden von insgesamt 21 Tempeltürmen geschmückt, worunter der über 70 m messende Süd-Gopuram der höchste ist. Im äußersten Hof befinden sich Läden und Wohnhäuser der Brahmanen, die somit in den Tempelkomplex integriert sind. Der innere Tempelbezirk beginnt erst ab dem vierten Hof, wo man seine Schuhe zurücklassen muss, wenn man weitergehen möchte. Im südöstlichen Teil des vierten Hofes befindet sich der äußerst sehenswerte **Sheshagiri Mandapa,** eine Säulenhalle mit exzellent bearbeiteten Pfeilern. Sie zeigen wild sich aufbäumende Pferde samt Reitern, Kriegern und Fabeltieren. Die Skulpturen zählen zu den Meisterwerken indischer Bildhauerkunst und stammen aus der zweiten Hälfte des 16. Jh. Wenige Meter nördlich liegt die **1000-Säulen-Halle,** ebenfalls mit reichen Verzierungen versehen. In der Nordwestecke des vierten Hofes steht ein Schrein für die Göttin Ranganayaki, einer Form Lakshmis und Gefährtin Sri Ranganathas, der Hauptgottheit des Tempels. Auch der kleine, fein bearbeitete **Venugopala-Schrein** für Krishna vom Ende des 17. Jh. ist wegen seiner reich dekorierten Außenwände sehr sehenswert. Im kleinen **Museum** östlich des Eingangs zum vierten Hof ist eine Sammlung von Stein- und Bronzeskulpturen ausgestellt (tgl. 8–13, 14–18 Uhr, 1 Rs). Der dritte Innenhof ist der letzte, den Nicht-Hindus betreten dürfen. Dort steht hinter dem südlichen Eingang der **Garuda-Mandapa** mit schön skulptierten Säulen. Er stammt wie der Venugopala-Schrein aus der Zeit der Nayak-Herrscher. Der erste und zweite Innenhof mit ihren engen Korridoren umrahmen das Sanktum, in dem Vishnu als Sri Ranganatha auf der heiligen Schlange Shesha ruht. Über dem Zentralheiligtum wölbt sich ein goldenes Dach, das im 13. Jh. angebracht wurde.

Ca. 3 km östlich der großen Tempelstadt für Vishnu residiert Shiva im viel kleineren **Sri-Jambukeshvara-Tempel** (Tiruvanaikkaval). Dieser besitzt fünf Innenhöfe und stammt aus der Zeit der Pandyas und Nayaks. Im Sanktum wird der Gott in Form eines Lingams verehrt, das teils von Wasser bedeckt ist. Nicht-Hindus haben allerdings keinen Zutritt zum Zentralschrein.

Tourist Office: Cantonement, Tel. 04 31-246 01 36, Mo–Fr 10–17.45 Uhr; Filialen am Flughafen und am Bahnhof.

Sangam: Collector's Office Rd., Tel. 04 31-241 47 00, www.hotelsangam.com.

60 modern ausgestattete und freundliche Zimmer, mit Pool und Multicuisine-Restaurant. DZ ab 115 €.

Mathura: 1 Rockins Rd., Tel. 04 31-241 47 37, www.hotelmathura.com. Angenehme Zimmer mit/ohne Klimaanlage sowie ein gutes Restaurant. DZ ab 485 Rs.

Ashby: 17 A Junction Rd., Tel. 04 31-246 06 52, www.ashbyhotel.com. Geräumige Zimmer in altem Kolonialgebäude mit Garten; nettes Restaurant. DZ ab 350 Rs.

Tamil Nadu: MC Donald's Rd., gegenüber dem Busbahnhof, Tel. 04 31-241 43 46, www.ttdconline.com. Zimmer mit/ohne Klimaanlage. DZ ab 325 Rs.

Chembiam: im Hotel Sangam (s. links). Gute internationale Küche und große Auswahl an Gerichten. Ab 200 Rs.

Shree Krishnas: im Hotel Mathura (s. oben). Das vegetarische Restaurant serviert ausgezeichnete Thalis sowie nordindische und chinesische Gerichte. Ab 30 Rs.

Tempelwagen- und Floß-Feste: z. B. April/Mai. Auf Tempelwagen und begleitet von Prozessionen werden die Gottheiten durch die Straßen gezogen bzw. auf dem Floß in den Tempelteich gebracht.

Vaikunta Ekadasi Festival: Dez. Wichtiges vishnuitisches Fest, das 10 Tage lang in Srirangam begangen wird.

Flüge: Vom Trichy Airport 7 km östlich der Stadt gibt es mehrere Verbindungen nach Chennai sowie nach Kozhikode und Thiruvananthapuram.

Züge: Der Bahnhof Trichy Junction im Süden liegt an der Hauptverbindungsstrecke Chennai–Madurai. Auch nach Bangalore/Mysore besteht eine Verbindung.

Busse: Vom zentralen Busbahnhof gibt es viele Verbindungen nach Thanjavur, Chennai und Madurai sowie nach Chidambaram, Puducherry und Coimbatore. Nahverkehrsbusse pendeln zwischen Trichy Junction bzw. Rock Fort und dem Südtor des Sri-Ranganatha-Tempels von Srirangam und halten unterwegs bei Tiruvanaikkaval.

Die eindrucksvolle Tempelstadt Madurai zählt zu den großen Highlights einer Südindienreise. Von hier lässt sich die interessante Region Chettinad erkunden, wo imposante Herrenhäuser in verschlafenen Dörfern stehen. Auch an die Spitze des Subkontinents nach Kanniyakumari ist es von Madurai nicht mehr weit.

15 Madurai

Reiseatlas: S. 7, C 3

Weithin sichtbar ragen die vier gewaltigen Torbauten des Meenakshi-Sundareshvara-Tempels aus dem Häusermeer der Millionenstadt **Madurai.** Sie führen in eine der größten und eindrucksvollsten Tempelanlagen Südindiens, die zu den Höhepunkten der südindischen Tempelbaukunst zählt. Die außergewöhnliche Architektur, die Lebendigkeit der Rituale und nicht zuletzt die vielen interessanten Nebensächlichkeiten, die in und außerhalb der Tempelmauern stattfinden, machen das Heiligtum zu einem äußerst interessanten Ziel für Touristen.

Der Legende nach wurde Madurai einst mit einem Tropfen göttlichen Nektars, der aus Shivas Locken auf die Erde fiel, bedacht. Daher erhielt die Stadt den Namen Madhupur, ›Stadt des göttlichen Nektars‹. Doch Shivas göttlicher Tropfen berührte nicht unfruchtbaren Boden. Schon lange vor der Popularisierung der Hochgötter des Hinduismus wurden in Südindien weibliche Gottheiten verehrt. Die hiesige Lokalgottheit trug den Namen Meenakshi (›die Fischäugige‹) und war mit drei Brüsten ausgestattet. Nach einer Prophezeiung sollte die Überzählige verschwinden, wenn Meenakshi den richtigen Mann träfe. Dies war Shiva als Sundareshvara, ›der Schöne‹. Sie heirateten schließlich in Madurai und so verwandelte sich die lokale weibliche Gottheit in die Frau Shivas. Ihre Vereinigung wird jedes Jahr im April/Mai beim Chithirai-Fest aufs Neue gefeiert. Die Geschichte ist ein Beispiel dafür, wie volkstümliche religiöse Vorstellungen und lokale Gottheiten im Prozess der Hinduisierung mit brahmanischen Hochgöttern und brahmanischer Ideologie verschmolzen.

Geschichte

Madurai zählt zu den ältesten Städten Südasiens, seine Geschichte reicht weit über 2000 Jahre zurück. Schon um 300 v. Chr. berichtete der griechische Botschafter und Reisende Megasthenes vom Reichtum der Stadt, in der zu jener Zeit die Pandyas, eine der ältesten bekannten südindischen Dynastien, herrschten. Bereits damals befand sich in Madurai ein Zentrum tamilischer Kultur. Eng verknüpft damit waren die legendären Sangams oder Dichterakademien. Bis zum 3. Jh. herrschten die Pandyas, und erneut vom 6. Jh. bis zum 10. Jh. sowie ein letztes Mal im 13. Jh.

Zu Beginn des 14. Jh. plünderten und zerstörten die Truppen von Malik Kufur, einem General der Delhi-Sultane, die Stadt. 50 Jahre lang war Madurai unter einem von Delhi eingesetzten Gouverneur ein Sultanat, bis die Vijayanagar-Herrscher, Südindiens neue Großmacht, das Gebiet eroberten. Sie setzten Nayaks (Provinzgouverneure) ein, um ihr riesiges Reich zu verwalten. Nach dem Niedergang des Vijayanagar-Reichs im Jahr 1565 erlangten die Nayaks ihre Selbststän-

Mit der Autorin unterwegs

Unerschwinglich

ist es nicht, sich bei den Schneidern in der Pudu Mandapa in **Madurai** auf die Schnelle ein Kleidungsstück nähen zu lassen. Eine große Auswahl an Stoffen gibt es in den vielen Textilgeschäften nahebei (s. S. 466).

Ungewöhnlich

bunt und freundlich sind die Zimmer von **Elements,** einer kleinen Herberge, die sich Madurais Only Boutique Hostel nennt (s. S. 468).

Unglaublich

viele Antiquitäten und Krimskrams gibt es in der **Muneesvaran Temple Street** in Karaikkudi/Chettinad – ein Mekka für Sucher und Sammler, die auf der Jagd nach Kostbarkeiten sind (s. S. 470).

Unbeachtet

von den meisten ausländischen Touristen blieb bisher der schöne **Tempel von Avudaiyarkovil** bei Chettinad, da er etwas abseits liegt. Er besitzt herrliches Skulpturwerk und interessante Malereien (s. S. 471).

Unübersehbar

sind in ganz Tamil Nadu, besonders jedoch in Chettinad, die vielen Pferdeskulpturen oder kleinen Tempel mit Pferd und Reiter, die auf dem freien Feld oder am Ortsrand stehen. Sie gehören zum Kult um den **Gott Aiyyanar,** einer alten lokalen Dorfgottheit, die als Wächter und Beschützer der Siedlungen gilt. Die Pferde sind Votivgaben wohlhabender Bauern und aus Ton hergestellt. Oftmals sind sie bunt bemalt.

Unendlich

ist der Blick von den Felsen bei **Kanniyakumari** an der Südspitze des Subkontinents. Einmal den Sonnenauf- oder untergang dort zu erleben gehört zu den faszinierendsten Momenten einer Südindienreise (s. S. 471).

digkeit. Für ungefähr 200 Jahre erlebte die Stadt eine Blütezeit. In jene Periode fielen auch der Ausbau des schon unter den Pandyas bestehenden Meenakshi-Sundareshvara-Tempels sowie die Errichtung des großartigen Thirumallai-Nayak-Palastes. Im Jahr 1781 übernahmen die Briten das Ruder. Heute zählt Madurai zu den großen Wirtschaftszentren des Südens.

Orientierung

Der Fluss Vaigai trennt die Stadt in zwei Teile. Am Nordufer liegt der moderne Teil der Stadt, wo sich auch viele Hotels befinden. Südlich des Flusses erstreckt sich die Altstadt mit ihren engen Gassen, lebhaften Basaren und dem Meenakshi-Sundareshvara-Tempel in ihrem Mittelpunkt. Mehrere Ringstraßen umgeben den Tempel, die im Groben seinen Umrissen folgen. Der Thirumallai-Nayak-Palast liegt weiter südöstlich, ebenfalls noch innerhalb des Innenstadtbereichs.

Meenakshi-Sundareshvara-Tempel

Der größte Teil des **Meenakshi-Sundareshvara-Tempels** entstand im 16./17. Jh. unter den Nayak-Herrschern. Thirumallai Nayak (1623–59), der bedeutendste der Regenten, ließ den Tempelkomplex vollenden. Innerhalb von drei Innenhöfen und auf einer Fläche von etwa 6 ha liegen die beiden Zentralschreine für Shiva als Sundareshvara und die Göttin Meenakshi, umgeben von mehreren Umfassungsmauern, Säulenhallen, weiteren Schreinen und einem großen Tempelteich.

Die vier imposanten und weithin sichtbaren Gopurams der Tempelanlage sind die dominantesten Wahrzeichen des Heiligtums und ragen bis zu 50 m in die Höhe. Sie sind über und über bevölkert mit himmlischen Wesen, Helden und Dämonen, die als bunt bemalte Gipsfiguren die Oberfläche der Torbauten bedecken. Der Süd-Gopuram ist der höchste, der Haupteingang zum Tempel befindet sich jedoch an der Ostseite, links neben dem Ost-Gopuram.

Von der geschäftigen East Market Street führt der Haupteingang ins Innere des Tem-

Zu fast allen Tageszeiten finden sich Gläubige im Meenakshi-Sundareshvara-Tempel ein, um zu beten

pelkomplexes. Man betritt zuerst den **Ashta Shakti Mandapa,** eine Säulenhalle mit acht Erscheinungsformen der Shakti, in der sich diverse kleine Läden eingerichtet haben. Rechter Hand in der Nordostecke befindet sich die **1000-Pfeiler-Halle,** heute ein Museum. Den Besucher begrüßen acht außergewöhnlich elegant skulptierte Figuren, die den Herrscher Thirumallai Nayak ganz links neben Göttern und Torwächtern darstellen. Dynamische Reiterskulpturen und Yalis schmücken die reich dekorierten Säulen des Mittelgangs der Halle. Die Skulpturen gehören zu den schönsten des Tempels (tgl. 7–19.30 Uhr, 5 Rs).

Verlässt man die 1000-Pfeiler-Halle wieder und geht Richtung Westen, so nähert man sich den beiden von Umfassungsmauern und breiten Säulenkorridoren umgebenen Zentralschreinen, deren Inneres nur von Hindus betreten werden darf. Im Nordwesten liegt das **Shiva-Sundareshvara-Heiligtum.** Seine geräumige Umwandlungshalle ist bestückt mit vielen Skulpturen, die teils vollkommen mit Farbe bepudert oder mit Butterfett eingerieben sind. Vor dem Eingang zum Schrein, der einen Lingam beherbergt, befindet sich ein Nandi.

Hält man sich links in südliche Richtung, so gelangt man zum **Meenakshi-Schrein,**

465

der ebenfalls von Umfassungsmauern und säulenbestandenen Korridoren umgeben ist. Ihm gegenüber befindet sich auch der große, von Arkaden umrahmte **Tempelteich.**

Vor allem morgens und abends strömen Massen von Gläubigen zu den Pujas in den Tempel. Fast den ganzen Tag über, außer zur Mittagszeit, ist das Heiligtum erfüllt mit prallem Leben, Musik und Düften. In den äußeren Hallen sitzen die Blumenverkäuferinnen, weiter innen verrichten die Tempelelefanten ihre Arbeit und segnen die Gläubigen, und im Sanktum sind die Priester ständig damit beschäftigt, die vielen Opferzeremonien durchzuführen. Für die Besichtigung des Tempels sollte man mindestens ein bis zwei Stunden einplanen (13–16 Uhr geschlossen).

Pudu Mandapa

Markttreiben herrscht den ganzen Tag rund um den großen Tempel, vor allem an seiner Ost- und Südseite. Manchen Besuchern entgeht bei so vielen Eindrücken und dem ständigen Trubel das künstlerische Glanzstück außerhalb des Tempels: der **Pudu Mandapa** gegenüber dem Osteingang des Bauwerks. Auch diese reich dekorierte Säulenhalle stammt aus der Herrschaftszeit von Thirumallai Nayak und wird deswegen auch **Thirumallai Choultry** genannt. Die vielen eindrucksvollen Figuren in der Halle werden heute teils verdeckt von den ca. 200 Schneidern und ihren Nähmaschinen, die in den Hallen ihren Arbeitsplatz aufgeschlagen haben. Sie arbeiten unter dem immer noch wachsamen Auge des Herrschers, der samt Familienmitgliedern und vielen Göttern auf sie herabblickt. Profanes und Religiöses haben hier ihren Platz, und gestärkt durch die kraftvolle Energie der Götter produzieren die emsigen Schneider auch für Besucher innerhalb von Stunden aus einem Stück Stoff ein ansehnliches Kleidungsstück.

Thirumallai-Nayak-Palast

Beeindruckend sind die Reste des monumentalen **Thirumallai-Nayak-Palastes** weiter im Südosten. Er wurde von Thirumallai Nayak um 1636 errichtet und im 19. Jh. von den Briten renoviert. Mächtige Säulen flankieren den Innenhof. Gegenüber dem Eingang befindet sich die Audienzhalle mit dem geschmückten **Thronsaal,** der von einer großen Kuppel überwölbt wird. Im Nordwesten liegt die sehr sehenswerte ehemalige **Tanzhalle,** in der heute ein **Museum** untergebracht ist. Der hohe, längliche Raum ist von Arkaden umgeben. Reiches Stuckwerk, bestehend aus Elefantenprozessionen, Yalis, Vögeln und menschlichen Figuren, schmückt die Bogenspitzen über den Arkaden und die

Fenster an den Seiten. Das Museum zeigt Fundstücke aus der Umgebung (tgl. 9–17 Uhr, 50 Rs).

Gandhi Memorial Museum und Government Museum

Nordöstlich des Flusses, ca. 5 km vom Zentrum entfernt, steht der alte Tamukkam-Sommerpalast der Rani Mangammal aus dem Jahr 1670, in dem das ausgezeichnete **Gandhi Memorial Museum** untergebracht ist. Besucher erhalten hier detaillierten Einblick in den indischen Unabhängigkeitskampf und Gandhis Lebensweg. Ausgestellt ist u. a. das blutbefleckte Lendentuch, das der Mahatma bei seiner Ermordung trug. Eine umfangreiche Bibliothek mit Werken von und über Gandhi sowie die indische Kultur vervollständigen das Angebot (Tel. 04 52-253 10 60, www.gandhimmm.org, Sa–Do 10–13, 14–17.45 Uhr, Eintritt frei).

Im benachbarten Buchladen wird Literatur zu den Themenkreisen Gandhi, Yoga, Meditation etc. verkauft (Mo–Sa 10–19 Uhr). Auf

In der Region Chettinad findet man prachtvolle Herrenhäuser, hinter deren Fassaden sich nicht minder prachtvolle, säulenbestandene Innenhöfe verbergen

dem gleichen Gelände befindet sich das **Government Museum** mit einer Sammlung von archäologischen Fundstücken aus der Umgebung, darunter Stein- und Holzskulpturen, Bronzen aus dem 11. Jh. bis 17. Jh. und Gemälde der Tanjore-Schule (Sa–Do 9.30–17 Uhr, 100 Rs).

Mariamman-Teppakkulam-Becken

Das große **Mariamman-Teppakkulam-Becken** 5 km südöstlich des Zentrums ist jährlich im Januar/Februar Schauplatz der Hochzeitszeremonie von Shiva und Meenakshi. Beim **Teppakkulam Floating Festival** wird das Götterpaar in einer Prozession zum Wasser geleitet und auf einem mit Lichtern geschmückten Floß dreimal um den Schrein im Teich gezogen.

Blumenmarkt

Zwischen Betonhallen in der Nähe des Central Bus Stand im nordöstlichen Teil der Stadt ist der große **Blumenmarkt** ausgelagert worden. Berge von Jasmin- und Rosenblüten, Lotos und Ringelblumen duften um die Wette. Mit ihnen werden vor allem die Blumenhändler rund um den großen Tempel beliefert.

Tamil Nadu Tourist Office: 1 West Veli St., Tel. 04 52-233 47 57, Mo–Fr 10–16.45 Uhr. Beratung für Touren in Tamil Nadu.

Sangam: Alagar Koil St., Tel. 04 52-253 75 31, www.hotelsangam.com. Freundliche Zimmer mit Klimaanlage, guter Service, Pool sowie ein gutes Restaurant mit internationaler Küche und Bar. DZ ab 115 €.

Fortune Pandyan: Race Course, Tel. 04 52-435 67 89. Nördlich des Flusses, mit Pool, alle Zimmer mit Klimaanlage. DZ ab 3300 Rs.

GRT Regency: 38 Madakulam Main Rd., Tel. 04 52-237 11 55, www.grthotels.com. 3 km vom Bahnhof entfernt, 57 klimatisierte Zimmer und Multicuisine-Restaurant plus Bar. DZ ab 3000 Rs.

Elements Hostel: 642 KK Nagar, gegenüber Hindu Office, Tel. 05 24 39 11 16, www.elementshostel.com. Die empfehlenswerte kleine Herberge hat hübsche, farbig bemalte Zimmer und liegt in einer Wohngegend nördlich des Flusses. Schlafsaal 300 Rs p. P. DZ 1000 Rs.

Supreme: 110 West Perumal Maistry St., Tel. 04 52-234 31 51, www.supremehotels.com. Nahe dem Bahnhof mit Zimmern unterschiedlicher Preisklassen (teils mit Blick auf den Tempel) und gutem Restaurant auf dem Dach. DZ ab 600 Rs.

Tamil Nadu: Alagar Kovil St., Tel. 04 52-253 74 61, www.ttdconline.com. Im staatlichen Hotel von Tamil Nadu Tourism kann man günstig übernachten. Restaurant im Haus, Organisation von Taxis für die Weiterreise. DZ ab 450 Rs.

Surya: im Hotel Supreme (s. o.). Das Dachterrassen-Restaurant bietet nicht nur eine tolle Aussicht auf die Stadt, sondern auch gute internationale Küche und Thalis. Ab 40 Rs.

High Class: 56 A West Perumal Maistry St., gegenüber New College House. Einfaches und sehr populäres vegetarisches Restaurant im Zentrum nahe dem Tempel. Ab 25 Rs.

Only Appam: Ajmal Khan Rd., nahe All India Radio, Tel. 04 52-253 06 33. Hier gibt es nicht nur die leckeren Reiskuchen Appam, sondern auch allerlei andere köstliche vegetarische Spezialitäten. Ab 25 Rs.

Pudu Mandapa: Madurai ist ein Zentrum für Textilien aller Art. Auf die Schnelle etwas schneidern lassen kann man sich in der Pudu Mandapa östlich des Tempels (s. S. 466). In den umliegenden Straßen, z. B. in der East Market Street, gibt es viele Stoffgeschäfte.

West Veli Street: Hier gibt es diverse staatliche Kunsthandwerksgeschäfte sowie den Khadi Bhavan mit Produkten aus den Gandhi-Werkstätten.

North Chitrai Street: Straße an der Nordseite des Tempels mit vielen Kashmiri-Läden, die Kunsthandwerk verkaufen. Von den Dächern der Häuser hat man oftmals einen tollen Blick auf die Tempelanlage.

Richtig Reisen-Tipp: Die köstliche Chettinad-Küche

Chettinad ist berühmt für zwei Dinge: seine elegante Architektur und seine schmackhafte Küche, die in ganz Indien einen besonderen Ruf genießt und in vielen Spezialitätenrestaurants angeboten wird. Zwar isst man auch in Chettinad – wie im übrigen Tamil Nadu – viele vegetarische Gerichte, doch die Chettiars lieben Fleisch, Fisch und Meeresfrüchte. Frische Shrimps, würzig gebratene Chettinad-Hähnchen und saftiges Lammcurry kommen häufig auf den Tisch, mit Reis in verschiedenen Variationen. In die Kochtöpfe der Chettiars wandern auch Hasen und Rebhühner aus dem Umland – für die indische Küche eher exotische Zutaten. Einflüsse aus Birma und anderen südostasiatischen Ländern, in

denen die Händler früher unterwegs waren, finden sich ebenfalls unter den Spezialitäten. Zu den Basiszutaten gehören elegante Gewürzmischungen aus Sternanis, Lorbeer, Zimt und Bockshornkleesamen, geschärft mit viel Pfeffer und Chili – jedes Mahl ein Fest für den Gaumen, besonders mit einem süßen Payasam aus gewürzter Milch, Rosinen und Vermicelli als Abschluss. Kostproben all dieser Köstlichkeiten, serviert auf Bananenblättern, erhält man beispielsweise in **The Bangala** in Karaikkudi (s. S. 470). Das Hotel ist berühmt für seine tollen Chettinad-Gerichte und kocht nach Anmeldung auch für Tagesgäste (ca. 1000 Rs pro Mahlzeit). Kontakt: Tel. 045 65-22 02 21, www.thebangala.com.

Teppakkulam Floating Festival: Jan./ Febr. Hochzeitszeremonie für Shiva und Meenakshi auf dem Teppakkulam-Teich.
Chithirai Festival: April/Mai. 12–tägiges Fest mit speziellen Pujas und Wagenprozessionen, bei dem die Hochzeit von Shiva und Meenakshi gefeiert wird.

Flüge: Der Flughafen liegt 12 km südlich der Stadt und hat Verbindungen nach Chennai, Bangalore und Mumbai.
Züge: Vom Bahnhof Madurai Junction westlich des Zentrums an der Strecke Chennai–Kannyakumari fahren täglich mehrere Züge in beide Richtungen. Züge Richtung Chennai halten auch in Tiruchirapalli. Außerdem gibt es Verbindungen nach Bangalore, Coimbatore, Thiruvananthapuram und Mumbai.
Busse: Der Zentrale Busbahnhof liegt 6 km nordöstlich des Zentrums. Von hier fahren Busse nach Chennai, Bangalore, Coimbatore und Palani, Kodaikanal und Tiruchirapalli. Westlich des Bahnhofs befindet sich der Arappalayam-Busbahnhof, der Verbindungen nach Kumily beim Periyar Wildlife Sanctuary in Kerala bietet.
Mietwagen: Taxis vermitteln das Tourist Office und die Hotels.

Die Region Chettinad

Reiseatlas: S. 8, D 3
Elegante mehrstöckige Villen und Herrenhäuser mit teils aufwendig dekorierten Fassaden entsprechen nicht unbedingt den Wohnstätten, die man in südindischen Dörfern vermutet. Dennoch findet man in der **Region Chettinad,** die nur zwei Autostunden östlich von Madurai liegt, jede Menge davon. Die ungewöhnliche Architektur der Gegend zusammen mit ihrer exzellenten Küche machen Chettinad zu einem attraktiven, bislang aber wenig frequentierten Reiseziel. Als Basis zur Erkundung der Gegend dienen einige sehr gute Unterkünfte, aber man kann Chettinad auch im Rahmen eines Tagesausflugs per Taxi von Madurai oder Tiruchirapalli aus besuchen.

75 Dörfer umfasst die Region. Sie sind die ursprüngliche Heimat der Chettiars, einer Händlerkaste, die im 19. Jh. und zu Beginn des 20. Jh. durch Geschäfte in diversen südostasiatischen Ländern zu großem Reichtum gelangte. Die Männer der Klans lebten oftmals in Birma oder Indonesien, investierten ihr Geld jedoch in den Dörfern ihrer Familien. Vor allem zwischen 1850 und 1940 errichte-

Von Madurai zur Südspitze

ten die Chettiars prachtvolle Häuser und konkurrierten dabei gegenseitig um die Wette. Die Gebäude bestehen in der Regel aus mehreren, in einer Längsachse angeordneten säulenbestandenen Innenhöfen, um die sich die Räume für die zahlreichen Familienmitglieder anschließen. Imposante und reich verzierte Eingangstore sowie Empfangsräume gehören zu den Statussymbolen der Villen. Beim Bau wurden edle Materialien wie Teak aus Birma, Marmor aus Italien oder belgisches Glas verwendet. Der Architekturstil vereint traditionelle tamilische mit europäischen Elementen verschiedener Epochen, besonders der Art-déco-Stil war sehr beliebt. Heute stehen viele der alten Gebäude den größten Teil des Jahres leer, da ihre Besitzer in den Städten leben.

Unterwegs in Chettinad

Flach ist die Gegend zwischen Madurai und der Küste. Kleine Seen, die zur Zeit der Regenperioden über das Ufer treten, liegen verstreut zwischen Reisfeldern. Auch Cashewplantagen sieht man vereinzelt, doch weite Landstriche sind nur mit trockenem Gestrüpp bedeckt.

Die größte Stadt der Region ist Karaikkudi. Ein sehr lohnenswerter Ausflug führt von dort zum Palast des ehemaligen Rajas von Chettinad im Städtchen Kanadukathan. Auch der Ort Athangudi lockt mit interessanten Häusern, einem großen Tempel sowie seinen berühmten Ziegel-Werkstätten. Ein Schmuckstück ist der alte Manikkavasagar-Tempel von Avudaiyarkoil nahe der Küste. Chettinad ist eine Gegend, wo man auf Entdeckungsreise gehen kann. Man braucht allerdings ein Auto und am besten auch einen ortskundigen Führer bzw. Fahrer. Die im Folgenden empfohlenen Hotels bieten auch Besichtigungstouren durch Chettinad an.

Karaikkudi

Das lebendige Städtchen **Karaikkudi** liegt ca. 80 km östlich von Madurai und besitzt mehrere Hotels sowie einen tollen Antiquitätenmarkt. In den Webereien der Stadt werden wunderschöne farbenfrohe Baumwollstoffe mit Karomustern und Streifen gewebt. Karaikkudi eignet sich hervorragend als Ausgangspunkt zur Besichtigung der Gegend und hat sowohl einen Bahnhof als auch einen Busbahnhof.

The Bangala: Devakottai Rd., Senjai, Tel. 045 65-22 02 21, www.thebangala. com. Im über 75 Jahre alten Familienbungalow der Meyyappans ist ein tolles kleines Heritage-Hotel untergebracht. Liebevoll eingerichtete Zimmer, ein schön angelegter Garten und allerbeste Chettinad-Küche (1000 Rs pro Mahlzeit) erwarten die Gäste. Nach vorheriger Anmeldung wird auch für durchreisende Gäste gekocht. DZ 5100 Rs inkl. Frühstück und Steuern.
Udhayam: Krishna Arcade, Sekkalai Rd., Tel. 045 65-23 40 68. Günstige Option in Karaikkudi, Zimmer mit/ohne Klimaanlage. DZ ab 350 Rs.

Muneesvaran Temple Street: Ein Paradies für Antiquitätenliebhaber, denn in den vollgestopften Läden findet man Schätze aus aufgegebenen Chettiar-Häusern – von Holzskulpturen über Öllampen bis zu Tanjore-Malereien (s. S. 62) und alten Ravi-Varma-Drucken (s. S. 63) reicht das Angebot. Außerdem Objekte aus dem alten Birma, europäische Emailleware und jede Menge Überraschungen.

Züge: Am kleinen Bahnhof in Karaikkudi halten Züge der Linie Chennai–Rameshwaram.
Busse: Regelmäßige Verbindungen mit Madurai, Pudukkottai und Dindigul.

Kanadukathan, Athangudi und Umgebung

Schmuckstück des Dorfes **Kanadukathan,** das ungefähr 15 km nordöstlich von Karaikkudi liegt, ist der ehemalige **Palast des Rajas von Chettinad.** Mehrere Innenhöfe, reich geschmückte Veranden sowie ein imposanter Empfangssaal gehören zu dem über 100 Jahre alten Bau (tgl. 9–16.30 Uhr, Eintritt frei). Im Nebengebäude wurde ein interessantes

Museum eingerichtet, das eine Sammlung von Alltagsutensilien zeigt.

Südlich des Orts befindet sich der alte **Bahnhof der Rajas.** Rund um Kanadukathan liegen viele **Tempel,** darunter nördlich des Dorfes ein interessanter kleiner Tempel, der dem Gott Aiyyanar geweiht ist, sowie ein Shiva-Tempel.

Das 9 km entfernte Dorf **Athangudi** ist berühmt für die sogenannten Athangudi Tiles, bunt gemusterte Fliesen, die heute in ganz Indien gefragt sind. Einige der Werkstätten können besichtigt werden. In Athangudi befinden sich im Zentrum auch ein besonders schönes Herrenhaus sowie ein großes Shiva-Heiligtum mit einem großen Wasserbecken davor.

... in Kanadukathan:

Visalam: Reservierungen unter Tel. 04 84-361 17 11, www.cghearth.com. Stilvoll renovierte Chettiar-Villa mit rustikal eingerichteten luftigen Räumen inmitten eines Gartens mit tollem Pool. Man kann nicht nur den Köchen beim Kochen über die Schulter schauen, sondern auch selbst Hand anlegen. DZ ab 170 €.

Chettinadu Mansion: Tel. 045 65-27 30 80, www.chettinadumansion.com. Vieles erinnert an vergangene Zeiten im 100 Jahre alten, riesengroßen Chettinadu Mansion, das mehr ein Palast als ein Herrenhaus ist. Auch hier wird typische Chettinad-Küche serviert. DZ ab 3650 Rs.

Avudayarkovil (Avudaiyarkoil)

Rund 50 km östlich von Karaikkudi liegt in **Avudayarkovil** ein verstecktes Juwel: der **Manikkavasagar-Tempel.** Seine Ursprünge stammen aus der Zeit des berühmten Tamil-Dichters und Heiligen Manikkavasagar (9. Jh.), doch in der Folgezeit wurde der Shiva-Tempel unter verschiedenen Dynastien erweitert und besteht heute aus mehreren Hallen mit großartig geschnitzten Säulen, Decken und Skulpturwerk. Teile der Wände und der Decke sind bemalt mit floralen Mustern sowie mit Episoden aus verschiedenen Legenden und Epen.

Kanniyakumari und der äußerste Süden

Reiseatlas: S. 7, C 4

Der heilige Ort **Kanniyakumari** (Cape Comorin) markiert die Südspitze Indiens. Anfang und Ende des Subkontinents treffen an diesem ganz besonderen Ort zusammen. Auch die bezaubernden Sonnenauf- und Sonnenuntergänge, zu denen täglich viele Menschen hierher kommen, symbolisieren eindrücklich Beginn und Ende, Werden und Vergehen. Kein Wunder, dass dieser Platz zu den wichtigsten Pilgerorten Indiens zählt, die jeder Hindu im Laufe seines Lebens einmal besucht haben sollte.

Umspült wird die felsige Landspitze vom Wasser der Bucht von Bengalen im Osten, dem Indischen Ozean im Süden und dem Arabischen Meer im Westen. Viele Menschen nehmen hier ein rituelles Bad. In der Umgebung befinden sich einige Tempel, Denkmäler und andere Monumente, die nicht alle unbedingt zur Verschönerung des Ortes beitragen. Kanniyakumari ist voll von Pilgerherbergen, Hotels und vegetarischen Restaurants. Ausländische Touristen besuchen die kleine Stadt häufig im Rahmen eines Tagesausflugs von den Städten Thiruvanthapuram (s. S. 258) oder Kovalam (s. S. 265) in Kerala aus.

Kanniyakumari-Tempel und Gandhi Madapam

Der Legende nach ist die lokale Schutzgöttin Kanniyakumari (›jungfräuliche Kanniya‹) eine Form Parvatis. Sie soll strenge Buße geübt haben, um Gott Shiva heiraten zu können. Als ihr dennoch kein Erfolg beschieden war, beschloss sie, Kumari (›Jungfrau‹) zu bleiben. Ihr ist der **Kanniyakumari-Tempel** im Osten der Landspitze geweiht, den nur Hindus betreten dürfen.

Ca. 300 m nordwestlich davon steht der **Gandhi Madapam.** Die Gedenkstätte wurde an dem Ort errichtet, wo man Gandhis Asche aufbewahrte, bevor sie in die drei Meere verteilt wurde (tgl. 7–19 Uhr, Eintritt frei, Spende erwünscht). Wenige Meter westlich steht eine

Von Madurai zur Südspitze

Gedenkstätte für den bekannten tamilischen Politiker Kamarajar.

Vivekananda Memorial und Thiruvalluvar-Statue

Im Jahr 1970 wurde auf einer Felsinsel unge-fähr 400 m vor der Küste das **Vivekananda Memorial,** eine Gedächtnisstätte für den in-dischen Philosophen Swami Vivekananda (1863–1902) errichtet. Der aus Bengalen stammende Philosoph hatte auf der kleinen Insel meditiert, darum gehört auch eine Me-ditationshalle zum Gebäude. Zu sehen sind außerdem die angeblichen Fußabdrücke der Göttin Kanniyakumari, die hier ihre Buße tat. Wenige Meter westlich erhebt sich auf einem zweiten aus dem Wasser ragenden Felsen die mächtige **Statue** des tamilischen Gelehr-ten und Heiligen Thiruvalluvar.

Vom Hafen verkehren regelmäßig Boote zu beiden Inseln (8–16 Uhr, Boot 20 Rs, Ein-tritt 10 Rs). Nähere Informationen über Vive-kananda erhält man in Vivekanandapuram 3 km nördlich der Stadt sowie unter www. vkendra.org.

Government Museum und Baywatch

Das **Government Museum** wenige Hundert Meter nördlich der Landspitze zeigt archäo-logische Fundstücke (Sa–Do 9.30–17.30 Uhr, 100 Rs). Weiter westlich in der Kovalam Road gibt es im **Baywatch-Vergnügungspark** ein Wellenbad und Wasserrutschen, ein Aus-flugsziel, das vor allem für Familien mit Kin-dern geeignet ist (tgl. 10–19 Uhr, 200 Rs).

i Tourist Office: Beach Rd., Tel. 046 52-24 62 76, Mo–Fr 10–16.45 Uhr. Berät bei Ausflügen und bietet einen brauchbaren Stadtplan.

🛏 Sea View: East Car St., Tel. 046 52-24 78 41, www.hotelseaview.in. Eines der besten Hotels am Ort. Von einigen Zimmern in den oberen Stockwerken hat man eine tolle Aussicht auf die Landspitze und den kleinen Fischerhafen. Ein Multicuisine-Restaurant ist auch dabei. DZ ab 2450 Rs.

Tamil Nadu: Beach Rd., westlich der Land-spitze, Tel. 046 52-24 62 57, www.ttdcon line.com. 23 angenehme Zimmer (mit/ohne Klimaanlage) in einem weiträumigen Ge-bäude sowie 8 Zimmer im benachbarten ehe-maligen Sommerhaus der Kerala-Rajas, nahe dem Meer, mit Restaurant. DZ ab 550 Rs.

↔ Züge: Vom Bahnhof nördlich des Zen-trums verkehren regelmäßig Züge

Einer der heiligsten Plätze des Subkontinents: Einmal im Leben sollte jeder gläubige Hindu nach Kanniyakumari an der Südspitze Indiens gepilgert sein

nach Chennai, Madurai, Tiruchirapalli und Thiruvananthapuram

Busse: Kovalam Rd., westlich des Zentrums. Von hier fahren Busse nach Madurai, Chennai, Thiruvananthapuram und Kovalam (nur einmal pro Tag).

Suchindaram

14 km nordwestlich von Kanniyakumari liegt das reizvolle Städtchen **Suchindaram** mit seinem lebendigen Shiva-Tempel, der auch eine riesige Statue des Affengottes Hanuman beherbergt. Er befindet sich neben einem kleinen Teich mit Brahmanenhäusern und einem Wasserpavillon in der Mitte (13–16 Uhr geschlossen).

Man erreicht den Ort per Taxi oder Rikscha von Kanniyakumari aus oder als Zwischenstopp auf einem Tagesausflug von Thiruvananthapuram/Kovalam.

Register

Der Haupteintrag ist **fett** hervorgehoben.

Register

Der Haupteintrag ist **fett** hervorgehoben.

Register

Der Haupteintrag ist **fett** hervorgehoben.

1 / 2

Surat

Satpura Range

Nagpur

Raipur

Nasik

Ahmednagar

Chandrapur

Koti

Nanded

Indravati

Pune

Nizamabad

5 / 6

Solapur

Bidar

Godavari

Warangal

Ratnagiri

Kolhapur

Gulbarga

Rajahmundry

Malwan

Vijaywada

Kakinada

9 / 10

11 / 12

Hospet

Vasco da Gama

13 / 14

Nellore

Coromandel Coast

Bhatkal

Tirupati

Arabisches Meer

15 / 16

Vellore

Mangalore

Kanchipuram

Thalassery

17 / 18

Lakshadweep Islands

Amindivi Islands

Agatti

Kavaratti

Androth

Kozhikode (Calicut)

Tiruchirapalli

Thanjavur

Kalpeni

Thrissur

19 / 20

Periyar

Madurai

Malabar Coast

Alappuzha

Jaffna

Kollam

21 / 22

Tirunelveli

Palayankottai

SRI LANKA

Minicoy

Nagercoil

Tiruchendur

7 / 8

Cuttack

Vishakapatnam

Golf von Bengalen

Legende

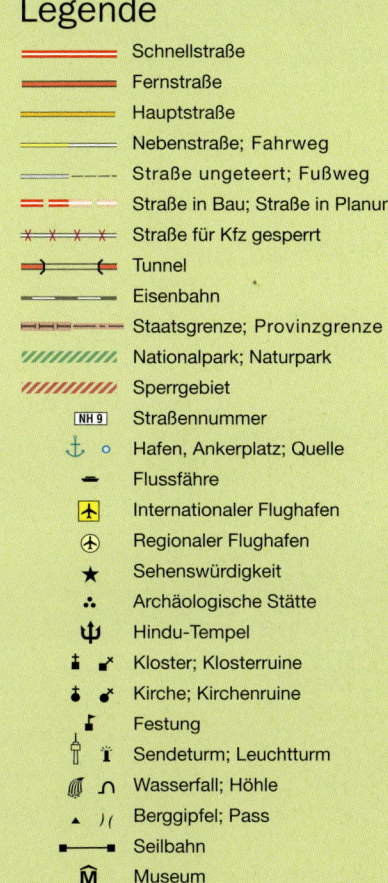

	Schnellstraße
	Fernstraße
	Hauptstraße
	Nebenstraße; Fahrweg
	Straße ungeteert; Fußweg
	Straße in Bau; Straße in Planung
x x x x	Straße für Kfz gesperrt
	Tunnel
	Eisenbahn
	Staatsgrenze; Provinzgrenze
/////////	Nationalpark; Naturpark
/////////	Sperrgebiet
NH 9	Straßennummer
⚓ ○	Hafen, Ankerplatz; Quelle
	Flussfähre
✈	Internationaler Flughafen
✈	Regionaler Flughafen
★	Sehenswürdigkeit
⸫	Archäologische Stätte
ॐ	Hindu-Tempel
	Kloster; Klosterruine
	Kirche; Kirchenruine
	Festung
	Sendeturm; Leuchtturm
	Wasserfall; Höhle
▲)(	Berggipfel; Pass
	Seilbahn
M̂	Museum
	Badestrand
	Campingplatz
	Aussichtspunkt

Reiseatlas
Südindien

A
B
C
1
2
3
4
Palitana
Alang
Hansot
Ankleshwar
diapada
Taloda
Shahada
Sendhwa
NH 3
NH 8
Umbarpada
Nandurbar
Shirpur
Gulf of Khambhat
Mandvi
Tapti
Ukai
Dondaicha
Chopda
Mahuva
SURAT
Navapur
NH 6
Songir
Amalner
Valod
Sakri
Navsari
Dharangaon
Jalga
Chikhli
Waghai
Dhule
DAMAN AND DIU
Vansada
Ahwa
Valsad
Bhadgaon
Pahur
Pardi
Khakurdi
NH 3
NH 211
Daman
Dharampur
Satana
Malegaon
DADRA AND
NAGAR HAVELI
Wapi
Chandvad
Chalisgaon
Vani
Silvassa
Kannad
Sanjan
Pimpalgaon
Basvant
Manmad
Devgaon
Trimbakeshwar-
Tempel
Nasik
Yeola
Ellora
Niphad
Khuldabad
Daulatabad
Tarapur
Kasa Khurd
Pandu Lena
Deolali
Godavari
Palghar
Khodala
Sinnar
Aurangabad
Vada
Igatpuri
Samsherpur
Sangamner
NH 8
NH 3
Fachud
Virar
Srirampur
Vasai
Bhiwandi
Bhanas
Palthan
NH 211
Sanjay Gandhi
National Park
Kalyan
Wari Godri
Thane
Junnar
Bote
Takli
Dhokeshwar
Shevgaon
Bhima-
shankar
NH 50
Balaim
Takli
MUMBAI
(BOMBAY)
Narayangaon
Belhe
Tisgaon
Ahmadnagar
Matheran
Karla
Manchar
Uran
Lonavala
Sirur
Pen
Pabal
Pargaon
Sudrik
Alibag
Malavli
Bedsa
Jamkhed
NH 17
NH 4
Bhaja
PUNE
Jalgaon
Pathrud
Roha
NH 9
Daund
Karjat
Sasvad
Karmala
Murud
Patas
Mangaon
Bhiavan
Parenda
Nira
Mahad
Indapur
Wangi
Srivardhan
Baramati
Wai
Poladpur
Lonand
Kurduvadi
Mahabaleshwar
Phaltan
Watar
NH 9
Mohol
Dapoli
Khed
Pandharpur
Satara
Mhasvad
Dabhol
Belati
Chiplun
NH 4
Mahud
Budrukh
Guhagar
Karad
Pusesavli
Mangalwedha
Patan
Mayni
Atpadi
Maravade
Umbraj
Sangola
Ganapatipule
Sangameshwar
Vita
Gherdi
Nerla
Zalki
Ratnagiri
Hatkamba
Tasgaon
Nagaj
Karajagi
Charan
Jath
NH 204
Kuchi
Arabisches
Meer
Belkar
Sangli
NH 17
Miraj
Malkapur
Tikota
Raypatan
Bij
Kolhapur
Athni
Nate
Telsang
Rajapur
Ichalkaranji
NH 4
Vijayadurg
Murgud
Chikodi
Phonda
Jamkhandi
Rabkavi
Banhatti
Nipani
Mudhol
NH 218
Konnur
Malvan
Bhadwan
Bagalkot
Kudal
Tarag
Amboli
Guledagudda
Tarkarli
Yargatti
Belgaum
Vengurla
Savantvati
Mahakouta

5

Khargon
Asapur
Kheri
Multai
Pench Sillari
National Park and
Tiger Reserve
NH 7
Katang
D
P
E
Gugdaon
F
hua
Pandhana
Harisal
Warud
Saoner
Ramtek
Tu
Dharni
NH 69
Kamthi
Burhanpur
Chikalda
1177 m
Achalpur
Morsi
Bori
NAGPUR
1
Yaval
Bhusawal
Akot
Amravati
Talegaon
NH 6
Umrer
Pauni
on
Edalabad
Jalgaon
Daryapur
Badnera
Arvi
Nagbhir
Malkapur
Purna
Murtajapur
Deoli
Wardha
Jamb
Nandura
Khamgaon
NH 6
Akola
Karanja
Hinganghat
Chimur
Soygaon
Buldana
Ralegaon
Tadoba National Park
and Andhari Wildlife Sanctuary
Ajanta
illod
Chikhli
Amdapur
Yavatmal
Karanji
Warora
Mul
Jafarabad
Malegaon
Darwha
Mehekar
Washim
Digras
Wani
Jalna
Lonar
Khandala
Kap
NH 7
Chandrapur
2
Ambad
Partur
Jintur
Hingoli
Umarkhed
Adilabad
Wardha
As
e
Selu
Aundah
Hangaon
Kinwat
Utnur
Asifabad
a
Gevrai
Basmat
Bhokar
Kaddam
Dam
Sirsala
Parbhani
Purna
Nanded
Bhaisa
Nirmal
Kaddam
Bir
Gangakher
Kandahar
Basar
Raikal
Mancheral
Ch r
Ambajogai
Parli
Warshi
Armur
NH 16
Jagtlal
3
Kallam
Ahmadpur
Bodhan
Nizamabad
Peddapalli
Osmannagar
Mar
Latur
Diglur
Sirsilla
Karimnagar
Udgir
Huzurabad
Osmanabad
Ausa
Nilanga
Bhalki
Nizam Sagar
Domkonda
Siddipet
Nasanabad
Yelkatu
Tuljapur
Narajankher
Medak
Warangal
Naldrug
Dalimb
Umarga Matala
Bidar
Ramayampet
Gajwel
211
NH 9
Homnabad
Jogipet
Tupran
Jangaon
Mahbu
SOLAPUR
Akalkot
Aland
Zahirabad
Sadaseopet
Bhongir
ANDHRA
Dantalpalti
Sargapur
Secunderabad
13
Gulbarga
Vikarabad
Tandur
Golconda
HYDERABAD
PRAD
Indi
Afzalpur
Seram
Korangal
Shamsabad
Chityal
NH 9
Suriap
Almel
Chitapur
Farrukhnagar
NH 7
Nalgonda
apur
Jevargi
Yadgir
Mahbubnagar
Badepalli
Kalvakurti
Mailepalli
Mirialguda
Basavana
Bagewani
Malla
Shahpur
Marikal
Nagar Karnul
Vijayapuri
North
Guru
Huvin
ppargi
Talikota
Makhtal
Devadurg
Farahabad
Nagarjunasagar
Vijayapuri
South
Machera
NH 13
Muddebihal
Nalatvad
Lingsugur
Kalmali
Wanparti
Narasa
Aihole
Hungund
Mudgal
Nawalkar
Manvi
Raichur
Gadwal
Yergara
Ko
Srisailam
6
2

A · B · C

Bichhua
ch Sillari Park and Reserve
NH 7
Katangi
Balaghat
Silheti
NH 12A
Nandghat
Seorinarayan
Mahanac
Kamthi
Ramtek
Tumsar
Gondia
Khairagarh
Bemetara
Simga
NH 200
Bhilai-nagar
Raipur
Tumgaon
NH 6
Saraipali
NH
Bhandara
Kardha
Dongargarh
Deori
NH 6
Durg
Mahasa-mund
Chhura
Padampur
NAGPUR
Arjuni
Raj-Nandgaon
NH 43
Nawapara
Umrer
Pauni
Kurkhera
Balod
Dhamtari
Gariaband
NH 217
Jamb
Nagbhir
Bramhapuri
Kusumkasa
Santipur
Chimur
Malewara
Boria Tibhu
Sihawa
Kanker
Bardula
Khariar
doba National Park
dhari Wildlife Sanctuary
Warora
Garhchiroli
Muramgaon
Ghutkel
Fitlac
Mul
Ghot
Narainpur
Umarkote
NH 201
rapur
Ashti
Borgi
Narainpur
Kondagaon
Pappadahandi
NH 43
Indravati
Asifabad
Allapalli
Repanpalli
Indravati National Park
Jagdalpur
Borigumma
an
ncheral
Chinnur
Sironcha
Bhopalpatnam
NH 16
Gidam
Jeypore
Koraput
Simi
gtia
Peddapalli
Manthani
Bijapur
Kirandul
Boipariguda
NH
smannagar
Eturnagaram
Mattili
Ramabhad
Araku
Karimnagar
Parkal
Palampet
Chintainar
Malakanagiri
Araku Valley
Arma Ko
1680 m
Huzurabad
Yelkaturti
Chelvai
Albaka
Balimela Reservoir
Paderu
Srunga
rapuk
Nasanabad
Narsampet
Gundala
Konta
Simh
Warangal
Chodavaram
Anakapalle
gaon
Mahbubabad
Borgampad
Chinturu
Krishnadevipera
Narsipatnam
ANDHRA
Dantalpalli
Yellandu
Bhadrachalam
ABAD
PRADESH
Khammam
Kottagudem
Ashwaraopet
Polavaram
Elesvaram
Tuni
ityal
NH 9
Suriapet
Tiruvuru
Zangareddi-gudem
Bithapuram
Igonda
Kodar
Nidadavole
Rajahmundry
Samalkot
Mirialguda
Jaggayyapeta
Madavaram
Eluru
NH 5
Ramachandrapuram
Kakinada
Vijayapuri North
Nandigama
Tadepallegudem
Maruteru
PUDUCHERRY
nasagar
Amaravati
Vijayawada
Kolleru
Bhimavaram
Amalapuram
Vijayapuri South
Guruzala
Undavalli
Gudivada
Narasapuram
Machena
Guntur
Tenali
Narasaraopet
NH 5
Ponnuru
Nidubrolu
Machilipatnam
Vinukonda
Chilakalurupet
analem

A · B · C

oladpur
Mahabaleshwar
Khed
Chiplun
Patan
Karad
Satara
NH 4
Logand
Watar
Phal
Baramati
Kurduvadi
NH 211
Tuljapur
anga
Bhalk
NH 9
Mohol
Dalimb
Umarga
Matala
NH 9

Pusesavli
Mhasvad
Pandharpur
Naldrug

Sangameshwar
Umbraj
Mayni
Mahud
Budrukh
Belati
SOLAPUR
Akalkot
Aland

Hatkamba
Belkar
Raypatan
NH 204
Charan
Nerla
Vita
Atpadi
Sangola
Mangalwedha
Maravade
NH 13
Indi
Afzalpur
Almel
Sargapur
Gulbar

Rajapur
Malkapur
Sangli
Miraj
Tasgaon
Nagaj
Gherdi
Zalki
NH 13
Jevargi
Chit
Ya

Kolhapur
NH 4
Ichalkaranji
Kuchi
Jath
Karajagi
Athni
Tikota
Bijapur
Basavana
Bagewani
Malla
Shahpur
Krishna

Phonda
Murgud
Chikodi
Rabkavi
Banhatti
Jamkhandi
Mudhol
Huvin
Hippargi
Talikota
Muddebihal
Nalatyad
Devadurg
Kalma

Ivan
Kudal
Nipani
Bhadwan
Konnur
NH 218
Bagalkot
NH 13
Guledagudda
Lingsugur
Nawalkal
Manv

Tarkarli
Vengurla
Amboli
Savantvati
Tarag
Belgaum
Yargatti
Nargund
Mahakouta
Badami
Aihole
Pattadakal
Hungund
Kushtagi
Mudgal
Mantralaya

9/10
Mapusa
NH 17
Bail Hongal
Khanapur
Konda
Naregal
Gajen-
dragarh
Tawar-
geri
Sidhnur
Kuppa-
gallu

Panaji
Marmagao
Vasco
da Gama
Velha Goa
Madgaon
NH 4A
Dharwad
Annigeri
Talakalla
NH 63
Koppal
Hampi
Siruguppa
Holala

Cape
Rama
11/12
Jagvi
Haliyal
HUBLI
Kalghatti
Belhatti
Gadag
Hospet
Vijayanagar

GOA
Chauri
13/14
Karwar
Anshi
Yellapur
NH 63
Mundgod
Savanur
Hadagali
Itiki
Kudligi
Gudekota
Bellary
Uravakonda

Ankola
Gokarna
Mirjan
Holekal
Hangal
NH 4
Haveri
Harpanahalli
Kotturu
Motalkmuru
Rayadrug

Kumta
Honavar
Siddapur
Sirsi
Ranibennur
Harihar
Jagalur
NH 13
Kalyandrug

Kargal
NH 206
Sorab
Davangere
Challakere
Kundup

Sagar
Shikarpur
Honnali
Chitradurga
Pavagada

Bhatkal
Baindur
NH 17
Arasalu
Hosanagara
Shimoga
Bhadravati
Hosdurga
Sira
Madhugi
Nelahalu

Kundapura
Tirthahalli
Nardali
Tarikere
Birur
NH 13
Hulliyar
NH 4

Udupi
Agumbe
Koppa
Narasim-
harajapura
Kadur
NH 206
Arsikeri
Tiptur
Kibba-
nahalli
Tumkur
Ba

Karkala
Chikmagalur
Balur
Mudigere
Belur
Halebid
Nelamangala
NH 48

Mulki
Mudbidri
Hassan
Channara-
yapatna
Kunigal

15/16
NH 13
Sakleshpur
Alur
Sravana Belgola
Bannerghatta

Mangalore
Ullal
Puttur
NH 48
Arkalgud
Krishnarajpet
Mandya

Kumbla
Kasaragod
Subrahmanya
Krishnara-
janagara
Srirangapatna

Kallar
Madikeri
Piriyapatna
MYSORE
NH 17
7

Konkan Coast

KARNATAKA

Tungabhadra
Reservoir

Linganamakki
Reservoir

Vanivilasa
Sagara

Bhadra

Bhir

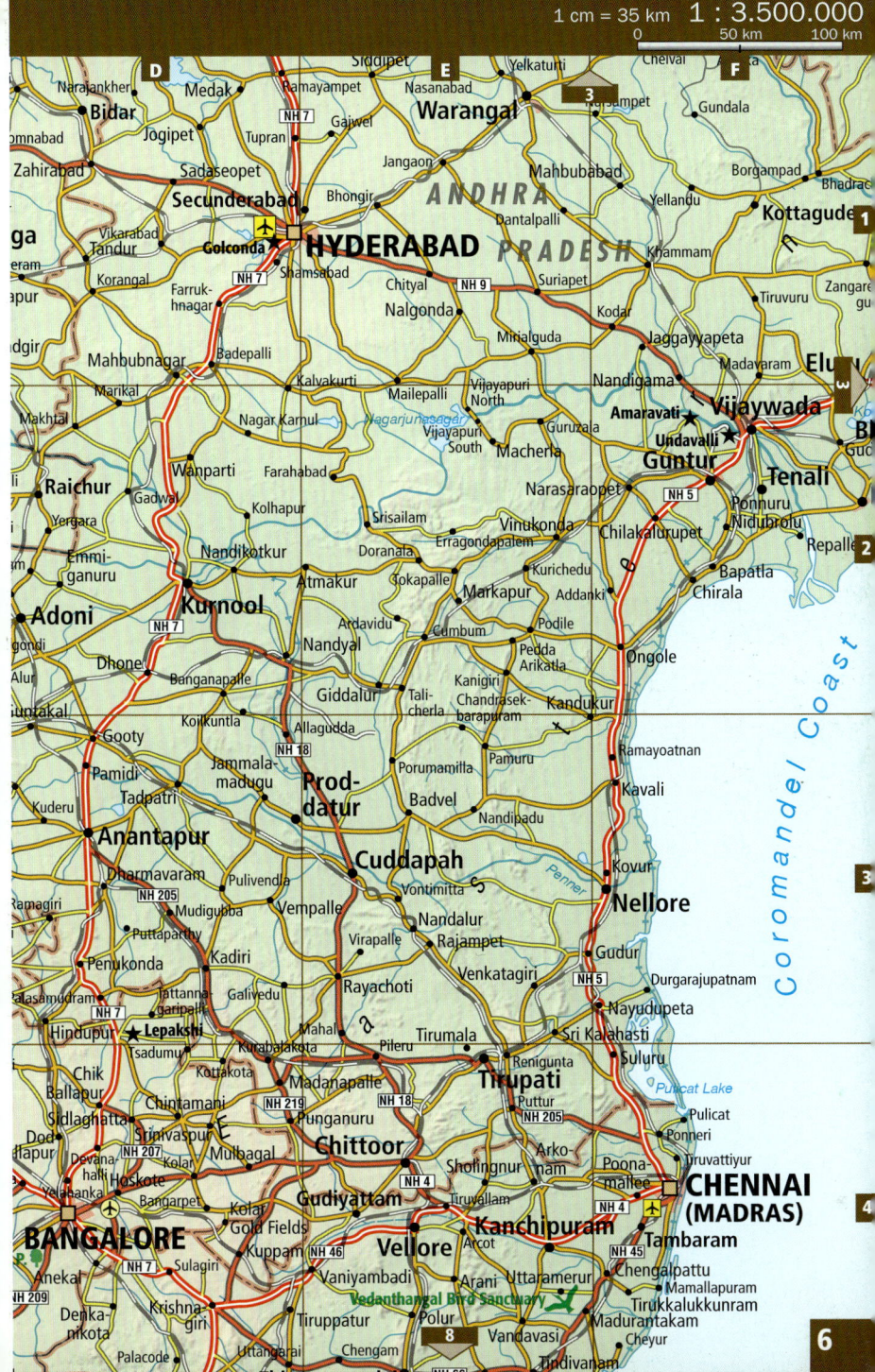

NH 17 | A | Tirthahalli | ikere | Bhadrav | Hosdurga | B | Sira | C | NH 7 | garip
Kundapura | Hardali | Koppa | 5 | Birur | NH 13 | Kadur | Hulliyar | Madhugiri | Hindupur | Lepaks | Tsadumu
Hardali | Agumbe | Narasim- | harajapura | NH 206 | Arsikeri | Tiptur | Kibba- | nahalli | NH 4 | Nelahalu | Dod | Ballapur | Chik | Ballapur | Chinta
Udupi | Karkala | Chikmagalur | Halebid | Channara- | yapatna | Nelamangala | NH 48 | Devana- | halli | Hoskote | NH 207 | Kola | Srinivas
Mulki | Mudbidri | Balur | Mudigere | Hassan | Sravana Belgola | Kunigal | Yelahanka | Bangar
15 / 16 | Saklespur | Alur | Krishnarajpet | BANGALORE
Mangalore | Ullal | Puttur | NH 48 | Arkalgud | Mandya | Maddur | NH 209 | Anekal | Denka- | nikota | Krishn
Kumbla | Subrahmanya | Krishnara- | janagara | Srirangapatna | Bannerghatta N.P. | Palacode
Kasaragod | Kallar | Madikeri | Piriyapatna | Hunsur | MYSORE | NH 212 | Kollegal | Dharmapur
Payyannur | Virarajen- | drapet | Heggada- | devankote | Nanjangud | Ramasamudram | Chamrajnagar | Mettur | Stanley | Reservoir | NH
Taliparamba | Rajiv Gandhi N.P. | Bandipur N.P. | Gundlupet | NH 209 | Ammapettai | Idappadi | NH 47
Alikkod | Kannur | Manantoddy | Mulchole | Mudumalai W.L.S. | Satyman- | galam | Tiruche
PUDUCHERRY | Mahe | Badagara | Bandipur | Theppakadu | Mettup- | pallayam | Gopichetti- | palaiyam | Erode
Quilandi | Devarshola | Ooty | Kotagiri | Karamadai
Kozhikode (Calicut) | Gudalur | NH 212 | (Udagamandalam) | Coonoor | COIMBATORE | Tiruppur | NH 67 | Karur
Ferokh | Pudur | Tirurangani | Manjeri | NH 213 | Palakkad | Pollachi | Dharapuram
Trikkandiyur | Shoranur | Thrissur | Anaimalai | Udumalaippettai | NH 7
Ponnani | 17 / 18 | (Trichur) | Indira Gandhi W.L.S. | Palani | Dindigul
Chavakkad | 19 / 20 | Kizhake | Chalakudi | Valparai | Kodaikanal | Sembatti
KERALA | NH 17 | Anai Mudi | 2695 m | Allina- | garam | MADURAI
Parur | NH 47 | Perumpavur | Kotamangalam | Tirumangalam
Ernakulam | NH 49 | Muvattupula | NH 220 | Peraiyur | Virudunagar
KOCHI (COCHIN) | Vaikam | Gudalur | Tirup
Vembanad | Lake | Ettumanur | Kanjirapalli | Srivilliputtur | Arup
Alappuzha (Alleppey) | Kottayam | Rajapalaiyam
21 / 22 | Changana- | cheri | Tiruvalla | Chengannur | Puliyangudi | NH 208 | Kovilpatti | NH 45
Haripad | Mavelikara | Sanka- | rankovil | Ettai
Kayankulam | Kilikkollur | Punalur | Tenkasi | Kadambur
Kollam | Kundara | Tirunelveli | Otta | Tisaiyanv
Arabisches Meer | NH 47 | Kallidaikurichchi | Palayan
Attingal | NH 7 | Nanguneri | Ar
Nedumangad | Neyyattinkara | Kula
THIRUVANANTHAPURAM | Panakudi
(Trivandrum) | Padmanabhapuram | Vijayapati
Indischer Ozean | Nagercoil | Kanniyakumari
Cape Comorin
7

6

F

Coromandel Coast

Idupeta
Sri Kalahasti
Suluru
Renigunta
Tirumala
Pileru
Tirupati
Puttur
NH 205
Arko-nam
Poona-mallee
Pulicat Lake
Pulicat
Ponneri
Truvattiyur
1

Kurabalakota
Madanapalle
Punganuru
NH 219
NH 18
Chittoor
Sholingnur
Tiruvallam
CHENNAI
(MADRAS)
Mulbagal
Gudiyattam
NH 4
Kanchipuram
Tambaram
Kolar
Gold Fields
Kuppam
NH 46
Vellore
Arcot
Uttaramerur
NH 4
NH 45
Chengalpattu
Mamallapuram
Vaniyambadi
Arani
Tiruppatur
Polur
Vandavasi
Vedanthangal Bird Sanctuary
Tirukkalukkunram
Madurantakam
Cheyur

Uttangarai
Chengam
Thiruvanamalai
NH 66
Senji
Tindivanam
Merkanam

Moram-pur
Harur
Tirukko-yilur
Ponnaiyar
Villupuram
NH 45A
Puducherry
(Pondicherry)

Salem
NH 68
Attur
Kallakkurichchi
Kiranur
Veppur
Vriddhachalam
Cuddalore
2

Uttayampatti
ngodu
Namakkal
Talaivasal
Vriddhachalam
Settiya
Chidambaram
Perambalur
Pennadam
Sirkazhi
NH 45
Ariyalur
Srirang-gam
Tiruvaluru
Mayuram
Tarangambadi
ruchirapalli
Ammapettai
Kumbakonam
PUDUCHERRY
Karaikal
NH 67
Nagore
Thanjavur
Nagapattinam
Orattanadu
Mannargudi
Velanganni
NH 45
TAMILNADU
Tiruturaippundi
Nattam
Pudukkottai
Pattukkottai
Tiruppattur
Arantangi
Vedaranniyam
Kodikkarai
Point Calimere
Point Calimere
W.L.S.
3
Melur
Sivaganga
Karaikkudi
parangunram
Devakottai
Palk   *Strait*
NH 210
Kankesanturai
Point Pedro
NH 49
Partibanur
Tondi
Chavakachcheri
kottai
Paramakkudi
Jaffna
Parantan
SRI LANKA
Kamudi
Ramanathapuram
Pooneryn
Pandi-valasai
Rameswaram
Mullaittivu
Kilinochchi
Sayalkudi
Kilakkarai
Dhanushkodi
Vellankulam
apuram
Pamban
Island
Talaimannar
A32
Nedunkeni
Pulmoddai
Tuticorin
Uyilankulam
Vavuniya
A9
Trincomalee
4
kottai
umuganeri
Silavatturai
A14
Horowu-potana
A12
Kinniya
Mutur
ruchchendur
Wilpattu N.P.
Medawachchiya
A6
Kantalai
ilai
Kalpitiya
Anuradhapura
Mihintale
Maradankadawala
A15
Maragahawewa
A12
Sigiriya
Gulf of Mannar
Tambuttegama
Polonnaruwa
Puttalam
Galgamuwa
Kekirawa
Habarane
Valachchenai
8

Golf von

Bengalen

Palk Bay

A **B** **C**

5 150 m 87 m

Chandel

Tiracol
Tiracol Fort
Querim (Keri)
Querim (Keri) Beach
Tiracol River
Paliem
Corgao
Shri Bhagavati Temple
Naibaga
Pernem
St. Joseph's Church
Deshprabhu House
Varconda
NH 17

1
Lakeside Beach
Arambol (Harmal)
Shri Rawalnath Temple
Arambol (Harmal) Beach
Dunas
Dunas Beach
Davanvado
Sapteshwar-Bhagwati Temple
Mandrem
P l a n a l t o   de   P e r n e m
Parcem
Shri Bhagwati Temple
Shri Shantadurga Temple
Dargalim
Bondir
Macasana
Revora
Pernem Railway Station
Nagzor
Pirna
Chapora River
P l a n a l t o

Asvem
Asvem Beach
Mandrem Beach
86 m
Agarvado
Chopdem
Camurlim
112 m
St. Francis of Assisi
Colvale Fort
Colvale
Tivim
129 m
Tivim Railway

2
Shri Morajaee Temple
Siolim House
Siolim
St. Anthony
Cunchelim
Marna
Mapusa Market
Mapusa
Our Lady of Miracles
St. Christopher
Assonora
Fort Cojurem
Morjim Beach
Morjim
Chapora Fort
Chapora Beach
Chapora
Siddeshwar Temple
Vagator Beach
Vagator
Ozran Beach
North Anjuna Beach
Anjuna
St. Anthony
South Anjuna Beach
Badem
Assagao
Parra
Bastora
Bogdeshwar Temple
Moira
St. Thomas
Aldona
Corjuem

3
St. Ann
Baga Point
Baga Beach
Baga
Nagoa
Arpora
Ingo's Saturday Night Bazaar
Guirim
NH 17
Paliem
Socorro (Serula)
Pomburpa
Chorao Island
Chorao
Koteshwar
Calangute (Kalangut)
Calangute (Kalangut) Beach
Our Lady of Piety
St. Anthony
Mae de Deus
Saligao
Porvorim
Our Lady of Compassion
Divar
Candolim (Kandoli)
Candolim (Kandoli) Beach
Esperance
Bom Sucesso
Nerul River
Pilerne
Nossa Senhora de Penha-de-France
Penha-de-Franca (Britona)
Salim Ali Bird Sanctuary
Sinquerim Beach
Nerul
62 m
Betim
Reis Magos
Mandovi River
Ribander
St. Francis Church
NH 4A
Basilica o Bom Jesu
Reis Magos Fort
Fort Aguada
Coco Beach
PANAJI

4
Miramar Beach
Mahalakshmi Temple
Santa Cruz
Merces
P l a n a l t o   de
A r a b i s c h e s
Aguada Bay
Caranzalem Beach
Caranzalem
Taleigao
Talaulim
Santana Chu
M e e r
Cabo Fort (Raj Bhavan)
Cabo Raj Bhavan
Goa University
Bambolim
B a m b o l i m
Dona Paula
Dona Paula Beach
Vaiguinim Beach
Bambolim Beach
St. Andrew
Siridao
Goa Velha

9
Marmagao Bay
Siridao Beach
Mercurim
NH 17
Railv
Marmagao Head
Marmagao Fort
11
MARMAGAO
Kharevaddo Beach
Sao Jacinto Lighthouse
Sao Jacinto Island
Agassaim
Zuari River

Marmagao Bay

A

Siridao Beach

B

Goa Velha

Railway Station

C

Shri Mahalsa-Narayani Temple

Velin

9

Mercurim

NH 17 St. Lawrence

Marcaim

Lakshmi Narcenha Mandir

120

Agassaim

Cortalim (Kortali)

Shri Mahalakshmi Temple

Shri Nagesh Temple

Bandora

Marmagao Head

Pilot Point

Marmagao Fort

Kharevaddo Beach

St. Andrews

Cambariem Island

Zuari River

Shri Ramnath Templ

Queul (Kavle

MARMAGAO

Sao Jacinto Lighthouse

Sao Jacinto Island

Sancoale

Father Joseph Vaz Sanctuary

Shri Shantadur Temp

Chicalim

NH 17A

1 **VASCO DA GAMA**

Baina Beach

Planalto de Marmagao

Consua

Quelossim

Durbhat

Kesarvale

M

Naval Aviation Museum

Dabolim Railway Station

Nagoa

Verna Railway Station

Racaim

Pequeno Island

Dabolim International Airport (GOI)

Dabolim

107 m

Verna

Shri Shantadur

Miranda House

Matha Patches

Bogmalo Beach

Bogmalo

Velsao

Casa Arajao Alvarez

Sao Jorge Island

Grande Island Lighthouse

Santra Beach

Issorcim (Ijorsi)

Hollant Beach

Grande Island

Velsao Beach

Cansaulim Railway Station

Sal River

177 m

Camurlim

2

Cansaulim Beach

Arossim Beach

Utorda Beach

Majorda

Nuvem

Majorda Railway Station

Majorda Beach

Betalbatim

Betalbatim Beach

Seraulim Railway Station

NH 17

Fatorda

Colva

Damodar Sal Temple

Holy Spirit

Colva Beach

Fama de Menino Jesus

MARGAO

Arabisches

Sernabatim Beach

Benaulim (Benavli)

Benaulim Beach (Benavli Beach)

Meer

Waddi Beach

Navelim

Vel Vaddo Beach

3

Pedde Beach

Varca (Varka)

Nossa Senhora da Gloria

Fatrade

Varca (Varka) Beach

Fatrade Beach

Carmona (Karmane)

Chinchinim

Cavelossim

Cavelossim Beach

Assolna

Santa Cruz

Tibet

Velim

Ambe

Mobor Beach

Mobor

Sal River

4

Betul Beach

Betul

Maddhamol

Canaguinim Point

Pirwad

Canaguinim Beach

Canaguinim

99 m

Nagueri Bondoy

Daber

Nuven

Canaguinim Bay

13

Moliem Point

A | 11 | **B** | **C**

Mobor

Büring

Bali

Bullopon

Betul Beach
Canaguinim Point

Betul

Maddhamol

Fatorpa

Bali Railway Station

Bendordem

Cavorem

Pirwad

Shri Shantaduerga Temple

Canaguinim Beach

Canaguinim

99 m

Nagueri Bondoy

Dabem

NH 17

462 m

Vellavada

Maina

1

Canaguinim Bay

Nuven

Morpirla

Khadde

Moliem Point

270 m

East Peak

Kamanwada

Rama Bay

476 m

Quedem

Subdale

Serra de

Cabo da Rama Fort

Molorem

Padi

Gocoldem

Cabo da Rama False Bluff

Cabo da Rama

247 m

Cola (Kola)

Barcem Railway Station

Barcem

Xelem

Quisconda

Saleri

Gaonkerwada (Barcem)

Serra de

2

Agonda

Barren Hill

Agonda Beach

643 m

Undraua

Pandigat Point

191 m

Gullem

Ansali

Planicie

Nagorcem

Butterfly Beach

Palolem

Chaudi (Chauri)

Canacona Island

Palolem Beach

Colomb Beach

Colomb

Canacona

Colomb Beach

Canacona Railway Station

Talpona River

Patnem Beach

173 m

Rajbaga Beach

NH 17

Talpona Beach

Talpona

Poinguinim

Magdal

3

Galgibaga Beach

Galgibaga

Mashem

174 m

Loliem

Loliem Railway St

Loliem Point

Tanos

175 m

Polem

Polem Beach

111 m

Arabisches

Meer

4

Mudhalla Point

Kangiguda Islands

Oyster Rocks
Devgadgudda Island

13

5

Karwar Bay

Devba

Rivona
Pandava
Caves
Colomba
Shantadurga
Temple
Camona

D

Curdi

Curpem

280 m

E nim

Villiena

Dongor

F mban

882 m

12

1

Gankerwada

Pirla

C o r l a

Sukorna

Corla

Cazur

Krishnavali River

Vadem

Netorli
(Netravali)

Jaqui

**Netravali
Wildlife
Sanctuary**

Sanguem River

Poonawaddoo

V a u l

643 m

Mangal

Nundem

**Mamai Devi
Temple**

Shri Mallikarjuna
Temple

Sristhal
Gaudongrem

G O A

831 m

926 m

Tudou

Govar

2

Anvali

C a n a c o n a

Saturli

510 m

Avem

Edda

Cotigao

Verlem

Salginim

Anshi National Park

5

Shri Saunsthan Gokarn
Partagali Jeevotam Math

Astagal

Wildlife Sanctuary

Nadquem

Butpal

Talpona River

Enrem

Endrem

447 m

3

571 m

514 m

River

Tirvol

Matem

ation

394 m

Kalinadi River

Halga

K A R N A T A K A

4

NH 17

75 m

Chitakula

610 m

Sadashivgarh

Kali
Bridge

KARWAR

Kalinadi River

5

365 m

Bellur

14

Beach

Param
Derebail
MANGALORE
Padavu
Kankanadi
NH 17
Mape
Bantval
Panemangluru
Kalladaka
Mani
Punjalkatte
NH 13
Uppinangadi
Golitattu
Yera
353 m.
Kadaba
NH 48
Sunk
Kudalamerkala

Ullal Beach
Ullal
Peramunnuru
Kotekara
Someshwar
Kaliyuru
Vittal
Bender Thirtha
Kav
Puttur
Netravati River
335 m.
Panaja
B
Kur

Kanvatheertha Beach
Udyavara
Manjeshvara
Kurchipalla
Kudalamerkala
Bayar
Adkastala
317 m
Perdala
Padre
303 m
Muchil Gudda
368 m
711 m
Kanakamajalu

Shiriya
Madwa
Kumbla
Putturu
NH 17
Madhur
Ananthapuram
Aduru
Bellipadi
Sulva
Kandadka

Kudlu
Vidyanagar
Yednir
Natekal
Muleri
Muliyaru
Sappekallu
Kottancherry Forest
Kottakal
630 m
K
O
995 m

Kasaragod
Chandragiri
Poinachi
Kutrikolu
Kallar
Panathadi
Karike
Madakkana Motte
1146 m
Brahmagiri
1355 m

Kotikulam
Kapil Beach
Bekal
Pallikara
Bekal
Fort
Mutnadi
Paniyal
Periya
Belluru
Otayarchal
Chullikare
Voni Betta
624 m
Nattakkal
Kottancherry
Kundupalli

Pulluru
Ramnagar
Tayannur
620 m

Ajanoor
Matikai
Kozhithatta
Kozhichal
Kottathalachi Male
810 m
Udayagiri

Kanhangad
Ariakaduva Hole
Cherupuzha
Vayakkara
KERALA
667 m
Karthikapuram

Nileshwar
Valiyaparamba
Backwaters
Cheruvattur
Alappadamba
Eramamkuttur
Peringathur

Trikkaripur
Panappula
Kuppam River
Kudiya
Chapparadavu

Kokkanissen
Pilathara
Elimala
NH 17
Pariyaram
Payyanur
Taliparamba
Srika

Elimala Beach
Ezhi Malai
255 m
Palayangadi
Trichambaram
Kannapuram
Valapattanam
Kuttiatur

Kotte Kunnu
Kaliasseri
Kizhunna Ezhara Beach
Irinava
Chalode

Parassinikadavu
Valapattanam
Puzhathi

Meenkunnu Beach
Azhikod
Chirakkal
Elayavoor

Payyambalam Beach
Kannur (Cannanore)
Moppila Bay Beach
Thottada Beach
Mambaram

Edakkad
Muzhapilangad Beach
Dharmadom
Erannoli
Thalassery (Tellicherry)
NH

Arabisches
Meer

Dharmasthala

5

A
B
C

1

2

3

4

15

A   B   C

Kerala map labels:

Muzhappilangad Beach
Dharm...
Erannoli
Kodi
Thalassery (Tellicherry)
NH 17
Mahe
New Mahe
16
Mokeri
Valayam
Peringalam
Mahe River
Thodikalam
Vanimel
Nadapuram Mudi 1387 m
Koroth
Kellur
Kuppathod
Tharuvana
Panamaram
992 m
Kaniyambetta

PUDUCHERRY

Edacheri
Chombal
Nadapuram
Kuttyadi
Kovilumpora
Banasuram 2027 m
Wayanad

Nadapuram Road
Paleri
Tariyod
Kalpetta (Kottapadi)
1371 m

Vadakara (Badagara)
Kizhal
Kallod
Mennanyam
951 m
Chundale
Vythiri
Pookot Lake

Sandbanks Beach
Silent Beach
Iringal
Thurayur
Nochad
Kallanod
Natikot
Lakkidi
1552 m
Elambaleri 2066 m
1110 m

Sacrifice Rock
Payyoli
Kotur
Kattula Malai 701 m
Naduvannur
Puduppadi
Kodancheri

Tikkoti
Pandalayini
Ulliyeri
Balusseri
Thamaraseri (Kedavur)
286 m
Chemdr
2302

Kalladur Point
Kollam
Quilandi
Chemancheri
Thiruvangoor
Atholy
Pukkunnu 292 m
Cheru Putra
16

Elattur
Elattur Cape
NH 17
Koduvalli
Kannankara
Mokkam
Tazhekkod
Arikkod
945

Kappad
Etakkad
Kappad
West Hill
NH 212
Kunnamangalam
Mavur
Kiluparamba
591 m

Kappad Beach
Olavanna
Vazhakkad
Arikkod
Edavan

KOZHIKODE (CALICUT)
Kozhikode Beach
Chaliyar River
Kuzhimanna
Kanavur

Cheruvannur
Ferokh
NH 213
Kondotti
Morayur
Pulpatta

Beypore
Valluvambram
Urot Malai 471 m
Manjeri

Kadalundi
Tenhippalam
Anakkayam

Vallikunnu
Vengara
Malappuram

Arabisches Meer

Munniyur
Tirurangadi
NH 17

Parappanangadi
Tanur
Nannambra
Kottakkal

Tanur Beach
Valakkulam
Ponmundan
Valavannur
Kollattu

Tanalur
Athavanad
Kattipuram

Tirur
Thirunavaya
Valancheri

Talakkad
Kuttipuram

... River
Pallippuram

Edappal
Trittala

Ponnani
Kuttanad

Veliyangod
Pallikara
Challiss

Pazanji

Kadikkad
Kunamkulam

Punnayur
Iringapuram
Er

NH 17
Kottapadi
Chavakkad
Guruvayur

Vammenad

Chavakkad
Aranat

1

2

3

4

17   19

A Kunamkulam   **B**   **C**

Kadikkad   Attippotta
Punnayur   Iringapuram   Vadakkancheri   212 m   Alattur
NH 17   Eravallur   Elanad   Vadakkancheri   Pudukkod   Kollengode
Kottapadi   **17**   Vilvattom   557 m   Citalancheri   Nemmara
Chavakkad   Guruvayur   Anjur   Kolazhi   NH 47   Kallanakara   452 m
Chavakkad   Vammenad   Pattikad   Peechi   Padagiri
Aranattukara   **Mannutti**   Peechi   1608
Engandiyur   Amalanagar   *Reservoir*   1527 m   Padagiri

1

THRISSUR (TRICHUR)   *Mangalam Lake*   *Nelliampathi*
Vadanappilly   **Chiyyaram**   Ollur   **Marattakara**   854 m   914 m   1108 m
Thalikkulam   Kanimangalam   *Anaimalai Hills*   *Chimoni Puzha*
Thaniyam   Urakam   Edakkunni   1088 m   *Parambiku*
Nattika   **Pudukad**   *Mappil Puzha*   *Param Re*
Pallippuram   Edattirutti   Nellayi   Mattathur
Kaipamangalam   **Irinjalakuda**   392 m   Athirappily Waterfalls   932 m
Perinjanam   **Chalakudi**   631 m   Athirappily   *Paring*
Karuvapadna   Thekkumkara   Muringur   *Chalakudi River*   Kallana   *Reser*
Eriyad   Karukurti   778 m
Pappinivattam   Mala

2

Kodungallur (Cranganore)   Kothakulangara   386 m   Perumtodu   630 m
Azhikod   **Methala**   Nedumbassery   **Angamali**   Malayattur   Bagavatikulam
Mar Thoma Pontifical Shrine ★   Int. Airport   Kaladi   *Periyar River*
Chendamagalam   Chewarra   Perumtodu
Paravur   *Periyar*   NH 47   Perumpavur   Thattekad
Pallippuram   *River*   Aluva   Rayamangalam   Palamatt
Vypeen Island   NH 17   **Kottuvally**   **Edathala**   Vengola   Ramallur
Narakal   **Elur**   Arkkapadi   Kizhillam   **Kotamangalam**
Cherai   **Edappalli**   Pannorkod   Mulavur   Varapatti
Cherai Beach   **Kalamassery**   **Muvattupula**   Perungala   Vand
Vypeen   Peringol   Valakom   Vazhakkulam
Willingdon   **ERNAKULAM**   Nadambi   NH 49   Arakulam
Fort Cochin   **Thrippunithura**   *Muvattupuzha River*   204 m   Olipiram   Palakuzha
Mahatma Gandhi Beach   Hill Palace   Kuttattukulam

3

KOCHI (COCHIN)   **Chottanikkara**   408 m
Maradu   NH 47   **Piravam**   Monipally   Ramapuram   Pizha
Aroot   **Arukutti**   Paravur   Kurianad
Ezhupunna   Amittom   Talayolaparambu   Kuravalangad
Chantiru   Kanjiramittam   Vaikam Road   Pra
Perumbalam   **Palai (Lalam)**
Kuttiyatodu   Panavalli   **Vaikam**   Kurupanthara   Minachil
Turavu   Taikattusseri   *Vembanad Lake*   Onamturuttu   Ettumanur
Vayalar   Pudiyakavu   *Minachil River*
Arabisches   Topi   Adirumpuzha   Kurunam
Padinjarebhagam   **Cherthala (Shertallai)**   Mannanam   Anikad
Meer   Kanilkazhi   Pannivelibhagam   Kumaranellur   Tamb
Purunnermangalam   Charamangalam   **Cheriapally Church**   Anikad
NH 47   Kuttiveli   Puthpally   Pambadi

4

Kottamkulangara   Kumarakom   Pakku   Karukachal   Cher
Marari Beach   Kalavur   **Kottayam**   Chingavanam   Kangazha
Kattoor   Valiyapally Church   Matapali   Mallappally
Pathirapally   Pakku   Thanganal
Changanacheri Beach   **Changanacherry (Changanassery)**   *Manimala*
ALAPPUZHA (ALLEPPEY)   Kalarkod

19   **21**   Chennam-kari   Mancombu
Pumpra   Vandanam

1 cm = 7,5 km   **1 : 750.000**

0   10 km   20 km

D 18   **E** 7   **F**

Chittur
(Tattamangalam)
Pollachi
Pusanppatti
Kolarpatti
Iduppalayam
Kw
Dalavaypattanam
Alangiyam

ilakkottara
Marchinaicken
palayam
Karattoluvu
Dasanayakkanpatti

Kambratuchalla
hemmanampathi
Indira Gandhi
Wildlife Sanctuary
Suleeswarampatti
Samattur
Pulankinar
Udumalaipettai
Karattoluvu
Thoppampatti

Peechi Vazhani
life Sanctuary
m.
Odayakulam
Anamalai
Uttukkuli
Kodingram
Bodipatti
Malvadi Road
Agraharakannadiputhur
Vilvathampat

Elattodu
1158 m
Vettaikkaranpudur
Malaiyandipattanam
Angalakurichi
Palar River
Jellippatti
Dhali
Kurichikottai
Andigoundanur
Manuppatti
Kumaralingam
Talaiyuthu
Pushpattur
Neikkarapatti
Palani
1

C
Velloni
Tadaganachi Malai
1386 m
Trimurthiswami
Kivol
904 m
Pappampatti
Malaikovil Ψ

a
Aliyar Reservoir
Aliyatnagar
1926 m
Amaravatinagar
Pambu Malai
2029 m
Kallapuram
Kombu
1503 m
Amaravathi
Lake
Pulavadi

Plateau
r
Parambikulam
Parambikulam
Wildlife Sanctuary
1425 m
Mudisi
Tanaka Malai
2473 m
Chinnar
Wildlife
Sanctuary
Manturai
Palamputtur
2260 m
Kodaikanal
Lake

kulam
ervoir
Sholaiyar
Lake
Valparai
Sholaiyar
Kalliyangpandal
1632 m
2374 m
Pambar
2204 m
Kukkal
Manjampati
Kulanavari
Kodaikanal
Kumbu
2

alkuthu
oir
Chinchona
1225 m
Kumarikkal Malai
2512 m
Maraiyur
Nachivayal
2667 m
Mennavanur
Palur
2518 m
TAMIL NADU

damalai Ar
m
1324 m
KERALA
1817 m
Anamudi
2695 m
Gundumalai
2497 m
Ellapatti
Periyakulam
Tamaraikulam

dimali
Kutampuzha
m 481 m
861 m
1203 m
Rajamala
Eravikulam
National Park
Munnar
Mattupetti
Reservoir
2245 m
Mattupetty
2617 m
Kottagudi
2188 m
Pakshipuram
Unja ti

Valara
Irumpupalam
Pallivasal
Devikulam
2150 m
NH 49
Pooparai
2008 m
Teni-
Allinagaram
3

Kaliyar Estate
amattam
Sengulam
Plenave
Kumudi
Pottankad
Rajakkad
Mullakkanam
Bodinayakkanur
1712 m
Collectorate
Virapandi
Kodangipatti
Uppukottai
Virapandi
Gandamar

Karumannur
odupuzha
Panikkanudi
Perinjakutti Ar
Attupara
Udumbanshola
Rasingapuram
Sankarapuram
728 m
NH 220
Kottur
1115 m

Pannimattam
740 m
Painavu
Mullakkanam
Nedumkandam
Toparankudi
1258 m
Tevaram
Meenakshipuram
Pannaipuram
1383 m
Kombai
Silayampatti
Markayankottai
Chinnamanur
Uttamapalaiyam
Odaipatti
Sipalakottai
Kadamala

jayattur
kukara
Chemmala
1099 m
Pullikanam
Estate
1252 m
Idukki
Wildlife
Sanctuary
Kallar
Tukkupalam
Vellayankudi
Puliyamala
Pallikkanam
Ramaka
Hanumanthanpatti
Pudupatti
1058 m
Erasakkanayakkanur
760 m
Kovilaipuram

vithanam
haraahanganam
Erattupeta
Punjar
Mannam
929 m
Elankedu
Estate
Anandi Malai
1242 m
Idukki
Vandamettu
Kambam
Gudalur
Kamayakkavandanpatti
Surulipatti
916 m
4

nala
alakadu
Kuttikal
Kanjirapalli
289 m
Aladi
1462 m
Chenkara
Kilagudalur
622 m
1856 m
Megamalai

Porikunnam
Parathodu
Pirmed
(Peermade)
1490 m
Azhutha
Washnidingi
Kumily
1933 m
1340 m
1712 m
Pe Malai
1673 m
Ayyanar Kovil

uvalli
Mundakayam
956 m
Vandiperiyar
Vallakkadavu
Arnakal
Thekkadi
Periyar Lake
Periyar
National Park
1369 m
Kottai Malai
2019 m

Karikkatur
Erumeli
304 m
River
Ponnambala Medu
1260
22
Thanikudi
Me Malai
RAJAPALA
Kollan
20

A

19

B

C

Changanacheri Beach
ALAPPUZHA (ALLEPPEY)
Kalarkod
Chingavanam
Kangazha
Mallappally
Changanacherry
(Changanassery)
Thanganal
Manimal
Paravur
Chennam
kari
Mancombu
Nalukody
Punnapra
Vandanam
Champakulam-Kirche
Vennikulam
Ela
Ambalappulai
Takazhi
Tiruvalla
Tottapalli
Edattuva
★ **Kaviyoor**
53 m
1
Karuvatta
Odara
Mannar
Chengannur
Aranmula
K
Mannarashala
Pallipad
Haripad
Tannakad
Pantalan
Ⓗ **Mannarassala-Tempel**
Achankovil River
Omallu
Trikkunnapuzha
Kartikapalli
Kandiyur
Mavelikara
Tonnal
Cheppad
Pattiyur
Vettiyar
Kanakakunnu
Pattiyur
Kayankulam
Charummudu
**Krishnapuram
Palace**
Tamarakulam
Nuranad
Kayankulam Lake
Ochira
Chunna
Churanadu
Perinad
Provelli
Kunnattur
NH 47
Todi
2
Amritapuri
Kula
Karunagapalli
Ko
Sasthankotta
Chavara
Perunad
Kundara
**Ashtamudi
Lake**
Thirumullavaram Beach
NH 220
Tangasseri Beach
Tangasseri
Kilikkollur
KOLLAM (QUILON)
Vadakkevila
Eravipuram
Chattanur
Puthakulam
Kayal Lake
Paravoor
Nadayara Kayal
Kappil
Papanasam Beach
Varkala
Agattum

*Arabisches
Meer*

3

Kad
C

T

4

21

7

1 cm = 7,5 km   1 : 750.000

0   10 km   20 km

D   E   F   20

Karikkatur   Erumeli   Ponnambala Medu   RAJAPALAIYAM
304 m   1260 m   Thanikudi   Kollankodan   Settur

Pambiyar River   Me Malai   Muttuswamipuram   Cholapuram
1795 m

Rani   Perinad   Lahai   Pamba   Thever Malai   NH 220   Pambiyar Camp   441 m   Sivagiri   Rajagiri
chenchery   Manakkayam   853 m   Sabarimala   Karivalamvandalur

Vadasserikara   362 m   Sittar Estate   Pamba Lake   Periyar Plateau   NH 208   Rajagiri
Kakkiar Malai   1813 m

Pathanamthitta   599 m   1228   TAMIL NADU   Vasudevanallur   Perumputtur

KERALA   1314 m   Kakki   Reservoir

Chandanappalli   413 m   Devar Malai   Puliyangudi   Sankarankovil
220 m   Konni   981 m   1922 m   Chokkampatti   Madatuppatti
Adoor   NH 220   Athirunkal   Thannithodu   Chinnakovilankulam
Kudall   Naduvathumoozhy   Krishnapuram   1569 m   Virasikhamani
Padam   549 m   676 m   Kadaiyanallur   Sendamangalam
Pattanapuram   Achankovil River   Achankovil   Panpuli   Achchampatti   Marudappaura
Talavur   Thenmala   Vandaiampottal   1150 m   Nainaragaram   Anaikkulam
Avanisvaram   Pulyara   Ilattur   Sambavarvadagarai   Uttumalai
Punalur   Edamon   Ariyankavu   NH 208   Tenkasi   Surandai   Devarkulam
Kattayil   Ottakkal   Edapalayam   Shencottah   Ilanji   Melagaram   Virakaralampudur
Velunallur   Station   Kuttralam   Melappuvur   Viranam
Anchal   Tenmala   Pavur   Chitra R.
Ummannur   (Tenmalai)   Agastiyakod   Kolattupuzha   Chatram
Ayur   427 m   Vairatti Mottai   Attittu   Atangalam
Chatayumangalam   1596 m   Kadaiyamperumbattu   Mettur   Marudamputtur
Paringam   1098 m   Karimalaikakadal   Kilkadaiyam   Pottal Pudur   Alwarkurichchi
Pulimattu   Ittiva   Kadakkal   1763 m   Pappamkulam
Thattathumala   Muthayil   482 m   Thattekkad   Karunai Ar   Pappa
Kallambalam   Vallikarakan   Wildlife   Sanctuary   Kil Ambur   Viravanallanur
NH 47   Kilimanur   1079 m   Pon Mudi   Sempanji Mottai   Ambasamudram
Alamcode   Vamanapuram   Ponmudi   1738 m   Kallidaikurichi
Attingal   Palod   Kallar   Vikramasingapuram   Singampatti
Chirayinkil   Venjaramudu   Patcha   Bonaccord   Chemmunji Mottai   Papanasam   Manimuttar
Mangalapuram   Panavoor   298 m   Vidura   1713 m   Lake   672 m   1088 m
Murukkumpuzha   355 m   Childmanor   Papanasam   Padmaneri
Kaniyapuram   196 m   Nedumangad   Aduppukkal Mottai   Mudan Turzio
Anad   1862 m   1584 m
Attipara   Parattipalli   Neyyar   Neyyar Dam   Manjolai
Attikulam   Vellanad   Wildlife   Nalumukku
Shankhumugham Beach   Perumkulam   Sanctuary   Kodayar   Kalakkadu
Akkulam   Aruvikkara   Kovilur   Lake   1829 m
THIRUVANANTHAPURAM   Kazhakuttam   Vallarada   885 m   822 m   Mutukulivayal
(TRIVANDRUM)   Mukkunni Malai   Ottase Kharamangalam   Pechippara   Tirukkurungudi
Neman   252 m   Peppara Wildlife Sanctuary   Moliyadi Malai   Priam
Balaramapuram   Perumkadavila   699 m   Mahendra Giri
Lighthouse Beach   Puntura   Neyyatinkara   Kaliel   Othakadai   1657 m
Kovalam   Amaravila   Perunchani
Kovalam Point   Vizhinjam   Parassala   Arumana   Kulasegaram   Lake
Pulinkudi Beach   Vilinjam   NH 47   Parassala   Thiruvattar
Puvar   Kuzhithurai   Mencode   Azhakiapandipuram
Chowara Beach   Kollankod   Venkanji   Veli Malai   Bhutapandi   Tadaka
Thuthur   Marthandum   944 m
Painkulam   7   22

Abbildungsnachweis

Kartografie

Umschlagfotos

Über die Autorin: Karen Schreitmüller ist seit über 20 Jahren regelmäßig in Indien unterwegs und lebte zeitweise in Bangalore und Mumbai. Seit vielen Jahren schreibt sie als Autorin und Reisejournalistin über Indien mit Veröffentlichungen im In- und Ausland. Sie ist zudem als interkulturelle Beraterin mit Schwerpunkt Indien tätig.

Hinweis: Autorin und Verlag haben alle Informationen mit größtmöglicher Sorgfalt geprüft. Gleichwohl sind Fehler nicht vollständig auszuschließen. Alle Angaben erfolgen ohne Gewähr. Bitte schreiben Sie uns! Über Ihre Rückmeldung zum Buch und über Verbesserungsvorschläge freuen sich Autorin und Verlag:
DuMont Reiseverlag, Postfach 3151, 73751 Ostfildern, E-Mail: info@dumontreise.de

1. Auflage 2009
© DuMont Reiseverlag, Ostfildern
Alle Rechte vorbehalten
Grafisches Konzept: Groschwitz, Hamburg
Druck: Rasch, Bramsche
Buchbinderische Verarbeitung: Bramscher Buchbinder Betriebe